FICHA CATALOGRÁFICA

(Preparada na Editora)

Kardec, Allan, 1804-1869.

K27k *Kardec - Espíritos & Evangelho* (Reunião das obras: *O Livro dos Espíritos* e *O Evangelho Segundo o Espiritismo,* / Allan Kardec; tradução de Salvador Gentile, Revisão de Elias Barbosa. Araras, SP, IDE, 1ª edição, 2022.

736 p.

ISBN 978-65-86112-28-3

Tradução de : *Le Livre des Esprits* e *L'Évangile Selon Le Spiritisme,*
1. Espiritismo I. Gentile, Salvador 1927-2019 II. Barbosa, Elias, 1934-2011 III. Título.

CDD- 133.9
133.901 3
133.91
226

1. Espiritismo 133.9
2. Espiritismo: Filosofia 133.901 3
3. Vida depois da Morte: Espiritismo 133.901 3
4. Espíritos: Comunicações mediúnicas: Espiritismo 133.91
5. Evangelho 226

Allan Kardec

ISBN 978-65-86112-28-3

1ª edição - julho/2022
1ª reimpressão - agosto/2025

Conselho Editorial:
Doralice Scanavini Volk
Wilson Frungilo Júnior

Produção e Coordenação:
Jairo Lorenzeti

Revisão de texto:
Mariana Frungilo Paraluppi

Capa:
Samuel Carminatti Ferrari

Diagramação:
Maria Isabel Estéfano Rissi

Impressão:
Plena Print

Parceiro de distribuição:
Instituto Beneficente Boa Nova
Fone: (17) 3531-4444
www.boanova.net
boanova@boanova.net

INSTITUTO DE DIFUSÃO ESPÍRITA - IDE
Rua Emílio Ferreira, 177 - Centro
CEP 13600-092 - Araras/SP - Brasil
(19) 3541-5215 (19) 99791-8779
CNPJ 44.220.101/0001-43
Inscrição Estadual 182.010.405.118
www.ideeditora.com.br
editorial@ideeditora.com.br

Allan Kardec

Espíritos & Evangelho

O Livro dos Espíritos
O Evangelho Segundo o Espiritismo

ide

Sumário

O LIVRO DOS ESPÍRITOS

LIVRO TERCEIRO

AS LEIS MORAIS

O EVANGELHO SEGUNDO O ESPIRITISMO

FILOSOFIA ESPIRITUALISTA

O *Livro* *dos* *Espíritos*

COMPILADOS E ORDENADOS POR

ALLAN KARDEC

OS PRINCÍPIOS DA DOUTRINA ESPÍRITA
sobre a imortalidade da alma, a natureza dos Espíritos e suas relações com os homens, as leis morais, a vida presente, a vida futura e o futuro da Humanidade segundo o ensinamento dado pelos Espíritos superiores com a ajuda de diversos médiuns.

Introdução ao Estudo da Doutrina Espírita

I

Para as coisas novas se necessitam de palavras novas, assim o quer a clareza da linguagem para evitar a confusão inseparável do sentido múltiplo dos mesmos vocábulos. As palavras **espiritual, espiritualista, espiritualismo** têm uma acepção bem definida: dar-lhes uma nova para aplicá-las à doutrina dos Espíritos seria multiplicar as causas já numerosas de anfibologia. Com efeito, o espiritualismo é o oposto do materialismo; quem crê haver em si outra coisa que a matéria, é espiritualista. Mas não se segue daí que crê na existência dos Espíritos ou em suas comunicações com o mundo visível. Em lugar das palavras **espiritual, espiritualismo,** empregamos para designar esta última crença as de **espírita** e de **Espiritismo,** das quais a forma lembra a origem e o sentido radical, e que, por isso mesmo, têm a vantagem de ser perfeitamente inteligíveis, reservando à palavra **espiritualismo** a sua acepção própria. Diremos pois, que a Doutrina **Espírita** ou o **Espiritismo** tem por princípios as relações do mundo material com os Espíritos ou seres do mundo invisível. Os adeptos do Espiritismo serão os **espíritas** ou, se o quiserem, os **espiritistas.**

Como especialidade, **O Livro dos Espíritos** contém a Doutrina Espírita; como generalidade, ele se prende à doutrina **espiritualista** da qual apresenta uma das fases. Tal a razão porque traz no seu cabeçalho as palavras: **filosofia espiritualista.**

II

Há um outro termo sobre o qual importa, igualmente, se entender, porque é uma das chaves de abóboda de toda a doutrina moral e que é objeto de numerosas controvérsias, por falta de uma acepção bem determinada: é a palavra **alma.** A divergência de opiniões sobre a natureza da alma vem da aplicação particular que cada um faz dessa palavra. Uma língua perfeita, em que cada ideia teria sua representação por um termo próprio, evitaria discussões.

Com uma palavra para cada coisa, todo mundo se entenderia.

Segundo alguns, a alma é o princípio da vida material orgânica; ela não tem existência própria e cessa com a vida; é o materialismo puro. Nesse sentido, e por comparação, dizem de um instrumento rachado que não produz mais som: que ele não tem alma. Segundo essa opinião, a alma seria um efeito e não uma causa.

Outros pensam que a alma é o princípio da inteligência, agente universal do qual cada ser absorve uma porção. Segundo eles, não haveria, por todo o Universo, senão uma só alma que distribui centelhas entre os diversos seres inteligentes durante a sua vida. Depois da morte, cada centelha retorna à fonte comum onde se confunde no todo como os riachos e os rios retornam ao mar de onde saíram.

Esta opinião difere da precedente naquilo que, nesta hipótese, há em nós mais que a matéria e que resta alguma coisa depois da morte; mas é mais ou menos como se não restasse nada, uma vez que, não tendo mais individualidade, não teríamos mais consciência de nós mesmos. Nesta opinião, a alma universal seria Deus e cada ser uma porção da Divindade: é uma variedade do **panteísmo.**

Segundo outros, enfim, a alma é um ser moral, distinto, independente da matéria e que conserva sua individualidade depois da morte. Esta acepção é, sem contradita, a mais geral, porque, sob um nome ou sob outro, a ideia deste ser que sobrevive ao corpo se encontra no estado da crença instintiva e, independentemente de todo ensinamento, entre todos os povos, qualquer que seja o grau de sua civilização. Esta doutrina, segundo a qual a alma é a **causa e não o efeito,** é a dos **espiritualistas.**

Sem discutir o mérito dessas opiniões, e nelas não considerando senão o lado linguístico da coisa, diremos que essas três aplicações da palavra **alma** constituem três ideias distintas que reclamam, cada uma, um termo diferente. Essa palavra, pois, tem uma tríplice acepção, e cada um tem razão em seu ponto de vista, na definição que dá; o erro é a língua não ter senão uma palavra para três ideias. Para evitar todo equívoco, precisar-se-ia restringir a acepção da palavra **alma** a uma dessas três ideias; a escolha é indiferente, tudo está em se entender, é um processo de convenção. Cremos mais lógico tomá-la em sua acepção mais vulgar; por isso, chamamos ALMA **ao ser imaterial e individual que reside em nós e sobrevive ao corpo.**

Ainda que esse ser não existisse e não fosse senão um produto da imaginação, seria preciso, assim mesmo, um termo para designá-lo.

Na falta de uma palavra especial para cada uma das duas outras acepções, chamaremos:

Princípio vital, o princípio da vida material e orgânica, qualquer que lhe seja a fonte, e que é comum a todos os seres vivos, desde as plantas até o homem. A vida podendo existir, abstração feita da faculdade de pensar, o princípio vital é uma coisa distinta e independente. A palavra **vitalidade** não dá a mesma ideia. Para alguns, o princípio vital é uma propriedade da matéria, um efeito que se produz quando a matéria se encontra em certas circunstâncias dadas. Segundo outros, e é a ideia mais comum, ele reside num fluido especial, universalmente espalhado e do qual cada ser absorve e assimila uma parte durante a vida, como vemos os corpos inertes absorverem a luz. Esse seria, então, o **fluido vital** que segundo certas opiniões, não seria outro que o fluido elétrico animalizado, designado também sob os nomes de fluido magnético, fluido nervoso, etc.

Seja como for, há um fato que não se poderia contestar, porque é resultado da observação, e é que os seres orgânicos têm em si uma força íntima que produz o fenômeno da vida, tanto que essa força existe; que a vida material é comum a todos os seres orgânicos e que ela é independente da inteligência e do pensamento; que a inteligência e o pensamento são faculdades próprias de certas espécies orgânicas; enfim que, entre as espécies orgânicas dotadas de inteligência e de pensamento, há uma dotada de um senso moral especial que lhe dá uma incontestável superioridade sobre as outras e que é a espécie humana.

Concebe-se que, com um significado múltiplo, a alma não exclui nem o materialismo, nem o panteísmo. O próprio espiritualista pode muito bem entender a alma segundo uma ou outra das duas primeiras definições, sem prejuízo do ser imaterial distinto ao qual, então, ele dará um nome qualquer. Assim, essa palavra não representa uma opinião: é um Proteu que cada um acomoda à sua maneira; daí a fonte de tantas disputas intermináveis.

Evitar-se-ia igualmente a confusão, servindo-se da palavra alma nos três casos, juntando-lhe um qualificativo que especificasse o ponto de vista sob o qual a consideramos ou a aplicação que dela se faz. Seria, então, uma palavra genérica, representando, ao mesmo tempo, o princípio da vida material, da inteligência e do senso moral, e que se distinguiria por um atributo, como o gás, por exemplo, que se distingue juntando-lhe as palavras **hidrogênio, oxigênio** ou **azoto.** Poder-se-ia, então, dizer, e talvez fosse o melhor, **a alma vital** para o princípio da vida material, **a alma intelectual** para o princípio da inteligência e **a alma espírita** para o princípio da nossa individualidade depois da morte. Como se vê, tudo isso é uma questão de palavras, mas uma questão muito importante para se entender. Segundo isso, **a alma vital** seria comum a todos os seres orgânicos: plantas, animais e homens; **a alma intelectual** seria a própria dos animais e homens, e **a alma espírita** pertenceria somente ao homem.

Acreditamos dever insistir tanto mais sobre essas explicações quanto a Doutrina Espírita repousa naturalmente sobre a existência, em nós, de um ser independente da matéria e sobrevivente ao corpo. A palavra **alma,** devendo aparecer frequentemente no curso desta obra, importava ser fixada no sentido que lhe atribuímos, a fim de evitar qualquer equívoco.

Vamos, agora, ao objeto principal desta instrução preliminar.

III

A Doutrina Espírita, como toda coisa nova, tem seus adeptos e seus contraditores. Vamos procurar responder a algumas das objeções destes últimos, examinando o valor dos motivos sobre os quais eles se apoiam, sem ter, todavia, a pretensão de convencer a todos, porque há pessoas que creem ter a luz sido feita só para elas. Dirigimo-nos às pessoas de boa fé, sem ideias preconcebidas ou mesmo intransigentes, mas sinceramente desejosas de instruir-se, e lhes demonstraremos que a maioria das objeções que se opõem à doutrina provêm de uma observação incompleta dos fatos e de um julgamento feito com muita irreflexão e precipitação.

Lembraremos primeiro, em poucas palavras, a série progressiva dos fenômenos que deram nascimento a esta doutrina.

O primeiro fato observado foi o de objetos diversos colocados em movimento.

Designaram-no vulgarmente sob o nome de **mesas girantes** ou **dança das mesas.** Esse fenômeno, que parecia ter sido observado primeiro na América, ou antes, que se renovou nesse continente, porque a história prova que ele remonta à mais alta antiguidade, produziu-se acompanhado de circunstâncias estranhas, tais como ruídos insólitos e pancadas sem causa ostensiva conhecida. De lá, ele se propagou rapidamente pela Europa e outras partes do mundo. A princípio levantaram muita incredulidade, mas a multiplicidade das experiências logo não mais permitiu que se duvidasse da realidade.

Se esse fenômeno tivesse sido limitado ao movimento dos objetos materiais, poderia se explicar por uma causa puramente física. Estamos longe de conhecer todos os agentes ocultos da Natureza e todas as propriedades daqueles que conhecemos: a eletricidade, aliás, multiplica, cada dia, ao infinito, os recursos que proporciona ao homem e parece dever iluminar a Ciência com uma nova luz.

Não haveria, pois, nada impossível em que a eletricidade, modificada por certas circunstâncias, ou outro agente desconhecido, fosse a causa desse movimento. A reunião de várias pessoas, aumentando a força de ação, parecia apoiar essa teoria, porque se poderia considerar esse conjunto como uma pilha múltipla da qual a força está na razão do número de elementos.

O movimento circular não tinha nada de extraordinário. Está na Natureza; todos os astros se movem circularmente. Poderíamos, pois, ter em ponto pequeno um reflexo do movimento geral do Universo, ou, melhor dizendo, uma causa que, até então desconhecida, poderia produzir, acidentalmente, com pequenos objetos e em dadas circunstâncias, uma corrente análoga à que arrasta os mundos.

Mas o movimento não era sempre circular. Frequentemente, era brusco, desordenado, o objeto violentamente sacudido, tombado, levado numa direção qualquer e, contrariamente a todas as leis da estática, levantado da terra e mantido no espaço. Nada ainda, nesses fatos, que não se possa explicar pela força de um agente físico invisível. Não vemos a eletricidade derrubar os edifícios, destruir as árvores, lançar ao longe os corpos mais pesados, atraí-los ou repeli-los?

Os ruídos insólitos, as pancadas, supondo que não fossem um dos efeitos ordinários da dilatação da madeira ou de outra causa acidental, poderiam ainda muito bem ser produzidos pela acumulação do fluido oculto: a eletricidade não produz os mais violentos ruídos?

Até aí, como se vê, tudo pode entrar no domínio dos fatos puramente físicos e fisiológicos. Sem sair desse círculo de ideias, havia aí matéria de estudos sérios e dignos de fixar a atenção dos sábios. Por que, assim, não ocorreu? É penoso dizê-lo, mas isso se prende a causas que provam, entre mil fatos semelhantes, a leviandade do espírito humano. Primeiro, a vulgaridade do objeto principal que serviu de base às primeiras experimentações a eles não foi estranha. Que influência uma palavra, frequentemente, não tem tido sobre as coisas mais graves? Sem considerar que o movimento poderia ser imprimido a um objeto qualquer, a ideia das mesas prevaleceu, sem dúvida, porque esse era o objeto mais cômodo e se assenta mais naturalmente ao redor de uma mesa que ao redor de outro móvel. Ora, os homens superiores são, algumas vezes, tão pueris que não seria nada impossível que certos espíritos de elite tenham acreditado abaixo deles se ocupar daquilo que se tinha convencionado chamar **a dança das mesas.** É mesmo provável que se o fenômeno observado por Galvani o tivesse sido por homens vulgares e ficasse caracterizado por um nome burlesco, estaria ainda relegado ao lado da varinha mágica.

Qual é, com efeito, o sábio que não teria acreditado transigir em se ocupando da **dança das rãs?**

Entretanto, alguns, bastante modestos para convir que a Natureza poderia bem não ter dito sua última palavra para eles, quiseram ver, para desencargo de sua consciência. Mas ocorreu que o fenômeno não respondeu sempre à sua espera, e do fato de que ele não se produziu constantemente à sua vontade e segundo seu método de experimentação, concluíram pela negativa.

Malgrado sua sentença, as mesas, pois há mesas, elas continuam a girar, e podemos dizer com Galileu: **e, contudo, elas se movem!**

Diremos mais: "é que os fatos se multiplicaram de tal forma que eles têm hoje direito de cidadania, que não se trata mais senão de lhes encontrar uma explicação racional". Pode-se objetar contra a realidade do fenômeno pelo fato de ele não se produzir de maneira sempre idêntica, segundo a vontade e as exigências do observador?

Porque os fenômenos de eletricidade e de química não estão subordinados a certas condições, deve-se negá-los por que não se produzem fora dessas condições? Portanto, não há nada de espantoso que o fenômeno do movimento dos objetos pelo fluido humano tenha também suas condições de ser e cesse de produzir-se quando o observador, colocando-se em seu ponto de vista, pretende fazê-lo marchar ao sabor de seu capricho ou sujeitá-lo às leis dos fenômenos conhecidos, sem considerar que para fatos novos pode e deve ter leis novas? Ora, para conhecer essas leis, é preciso estudar as circunstâncias nas quais esses fatos se produzem, e esse estudo não pode ser senão o fruto de uma observação firme, atenta e, frequentemente, durável.

Mas, objetam certas pessoas, com frequência há fraude evidente.

Mas lhes perguntaremos primeiro se elas estão bem certas que havia fraude e se não tomaram por fraudes os efeitos dos quais elas não entendiam, mais ou menos como o camponês que tomou um sábio professor de física, fazendo experiências por um destro escamoteador.

Supondo mesmo que isso tenha podido ocorrer algumas vezes, seria uma razão para negar o fato? É preciso negar a física porque há prestidigitadores que se intitulam físicos? É preciso, aliás, ter em conta o caráter das pessoas e do interesse que elas poderiam ter em enganar. Isso seria, pois, um gracejo?

Pode-se bem se divertir um instante, mas um gracejo indefinidamente prolongado seria tão fastidioso para o mistificador como para o mistificado. De resto, numa mistificação que se propaga de um extremo a outro do mundo, e entre pessoas das mais sérias, das mais honoráveis e das mais esclarecidas, haveria alguma coisa ao menos tão extraordinária quanto o próprio fenômeno.

IV

Se os fenômenos que nos ocupam fossem limitados ao movimento dos objetos, teriam ficado, como o dissemos, no domínio das ciências físicas. Mas não foi assim: cabia-lhes colocar-nos sobre o caminho de fatos de uma ordem estranha. Acreditou-se descobrir, não sabemos por qual iniciativa, que o impulso dado aos objetos não era somente o produto de uma força mecânica cega, mas que havia nesse movimento a intervenção de uma causa inteligente. Este caminho, uma vez aberto, era um campo todo novo de observações; era o véu levantado sobre muitos mistérios. Há nisso, com efeito, uma força inteligente? Tal é a questão. Se essa força existe, qual é ela, qual a sua natureza, a sua origem? Está acima da Humanidade? Tais são as outras questões que decorrem da primeira.

As primeiras manifestações inteligentes ocorreram por meio de mesas levantando-se e batendo, com um pé, um número determinado de pancadas e respondendo, desse modo, por **sim** e por **não,** segundo a convenção, a uma questão posta. Até aqui, nada que convencesse seguramente os céticos, porque se poderia crer num efeito do acaso. Obtiveram-se depois respostas mais desenvolvidas por meio das letras do alfabeto: o objeto móvel, batendo um número de pancadas correspondente ao número de ordem de cada letra, chegava, assim, a formular palavras e frases que respondiam às questões propostas. A precisão das respostas, sua correlação com a pergunta, aumentaram o espanto. O ser misterioso, que assim respondia, interrogado sobre a sua natureza, declarou que era um Espírito ou **gênio,** deu-se um nome e forneceu diversas informações a seu respeito. Há aqui uma circunstância muito importante a notar.

Ninguém imaginou os Espíritos como um meio de explicar os fenômenos; foi o próprio fenômeno que revelou a palavra. Frequentemente, fazem-se, nas ciências exatas, hipóteses para ter uma base de raciocínio; ora, isso não ocorreu neste caso.

O meio de correspondência era demorado e incômodo. O Espírito, e isto é ainda uma circunstância digna de nota, indicou um outro. É um desses seres invisíveis que dá o conselho de adaptar um lápis a um cesto ou a um outro objeto. Esse cesto, pousado sobre uma folha de papel, pôs-se em movimento pela mesma força oculta que faz mover as mesas. Mas em lugar de um simples movimento regular, o lápis traça, por ele mesmo, caracteres formando palavras, frases e discursos inteiros de várias páginas, tratando das mais altas questões de filosofia, de moral, de metafísica, de psicologia, etc., e isto, com tanta rapidez, como se o fosse escrito com a mão.

Esse conselho foi dado simultaneamente na América, na França e em diversos países. Eis os termos pelos quais ele foi dado em Paris, a 10 de junho de 1853, a um dos mais ardentes adeptos da doutrina que, já há vários anos, desde 1849, ocupava-se com a evocação dos Espíritos: "Vá pegar, no quarto ao lado, o pequeno cesto; prenda nele um lápis; coloque-o sobre um papel; coloque os dedos sobre a borda". Alguns instantes depois, o cesto se pôs em movimento e o lápis escreveu, muito visivelmente, esta frase: "O que vos digo aqui, eu vos proíbo expressamente de o dizer a alguém: a próxima vez que escrever, escreverei melhor."

O objeto ao qual se adapta o lápis, não sendo senão um instrumento, sua natureza e sua forma são completamente indiferentes; procurou-se sua mais cômoda disposição; é, assim, que muitas pessoas fazem uso de uma pequena prancheta.

O cesto ou a prancheta não podem ser postos em movimento senão sob a influência de certas pessoas dotadas, a esse respeito, de uma força especial e que são designadas com o nome de **médiuns,** quer dizer, meios ou intermediários entre os Espíritos e os homens. As condições que dão essa força especial se prendem a causas, ao mesmo tempo, físicas e morais, ainda imperfeitamente conhecidas, porque são encontrados médiuns de todas as idades, de ambos os sexos e em todos os graus de desenvolvimento intelectual. Essa faculdade, de resto, desenvolve-se pelo exercício.

V

Mais tarde, reconheceu-se que o cesto e a prancheta, na realidade, não formavam senão um apêndice da mão, e o médium, tomando diretamente o lápis, pôs-se a escrever por um impulso involuntário e quase febril. Por esse meio, as comunicações se tornaram mais rápidas, mais fáceis e mais completas. É hoje o mais difundido, tanto mais que o número de pessoas dotadas dessa aptidão é muito considerável e se multiplica todos os dias. A experiência, enfim, fez conhecer várias outras variedades na faculdade medianímica, e soube-se que as comunicações poderiam igualmente ter lugar pela palavra, pelo ouvido, pela vista, pelo tato, etc, e mesmo pela escrita direta dos Espíritos, quer dizer, sem o concurso da mão do médium, nem do lápis.

Obtido o fato, um ponto essencial ficava a constatar: o papel do médium nas respostas e a parte que ele pode nelas tomar, mecânica e moralmente. Duas circunstâncias capitais, que não poderiam escapar a um observador atento, podem resolver a questão. A primeira é o modo pelo qual o cesto se move sob sua influência, pela só imposição dos dedos sobre a borda; o exame demonstra a impossibilidade de uma direção qualquer. Essa impossibilidade se torna, sobretudo, patente, quando duas ou três pessoas se colocam, ao mesmo tempo, no mesmo cesto; seria preciso entre elas uma coordenação de movimentos verdadeiramente fenomenal; precisaria mais, concordância de pensamentos para que pudessem se entender sobre a resposta a dar para a questão proposta. Um outro fato, não menos singular, vem ainda juntar-se à dificuldade: a mudança radical da escrita segundo o Espírito que se manifesta, e, cada vez que o mesmo Espírito retorna, sua escrita se reproduz.

Seria preciso, pois, que o médium se aplicasse a mudar sua própria caligrafia de vinte maneiras diferentes e, sobretudo, que ele pudesse se lembrar da que pertence a este ou àquele Espírito.

A segunda circunstância resulta da própria natureza das respostas, que estão, na maioria das vezes, sobretudo quando se trata de questões abstratas ou científicas, notoriamente fora dos conhecimentos e, algumas vezes, da capacidade intelectual do médium, que, de resto, comumente, não tem consciência do que se escreve sob sua influência; que, muito frequentemente mesmo, não ouve ou não compreende a questão proposta, uma vez que pode ser numa língua que lhe é estranha, ou mesmo mentalmente, e que a resposta pode ser dada nessa língua. Acontece, frequentemente, enfim, que o cesto escreve espontaneamente, sem questão prévia, sobre um objeto qualquer e inteiramente inesperado.

Essas respostas, em certos casos, têm uma tal marca de sabedoria, de profundidade e de oportunidade; revelam pensamentos tão elevados, tão sublimes, que não poderiam emanar senão de uma inteligência superior, marcada pela mais pura moralidade: outras vezes, são tão levianas, tão frívolas, tão triviais mesmo, que a razão se recusa a crer que possam proceder da mesma fonte.

Essa diversidade de linguagens não pode se explicar senão pela diversidade de inteligências que se manifestam. Essas inteligências estão na Humanidade ou fora dela? Tal é o ponto a esclarecer e do qual se encontrará explicação completa nesta obra, tal como foi dada pelos próprios Espíritos.

Eis aqui, pois, efeitos patentes que se produzem fora do círculo habitual de nossas observações, que não se passam com mistério, mas à luz do dia, que todos podem ver e constatar, que não são privilégios apenas de um indivíduo, mas que milhares de pessoas repetem todos os dias, à vontade. Esses efeitos têm, necessariamente, uma causa, e do momento que eles revelam a ação de uma inteligência e de uma vontade, saem do domínio puramente físico. Várias teorias foram emitidas a esse respeito. Examiná-las-emos todas em sua hora, e veremos se elas podem fornecer a razão de todos os fatos que se produzem. Admitamos, até lá, a existência de seres distintos da Humanidade, uma vez que tal é a explicação fornecida pelas inteligências que se revelam, e vejamos o que nos dizem.

VI

Os próprios seres que se comunicam designam-se, como o dissemos, sob o nome de Espíritos ou de gênios, e como tendo pertencido, pelo menos alguns, a homens que viveram sobre a Terra.

Constituem o mundo espiritual, como nós constituímos, durante a nossa vida, o mundo corporal.

Resumimos assim, em poucas palavras, os pontos mais importantes da doutrina que eles nos transmitiram, a fim de responder mais facilmente a certas objeções.

"Deus é eterno, imutável, imaterial, único, todo-poderoso, soberanamente justo e bom.

Criou o Universo, que compreende todos os seres animados e inanimados, materiais e imateriais.

Os seres materiais constituem o mundo visível ou corporal, e os seres imateriais, o mundo invisível ou espírita, quer dizer, dos Espíritos.

O mundo espírita é o mundo normal, primitivo, eterno, preexistente e sobrevivente a tudo.

O mundo corporal não é senão secundário; poderia cessar de existir ou não ter jamais existido, sem alterar a essência do mundo espírita.

Os Espíritos revestem, temporariamente, um envoltório material perecível, cuja destruição, pela morte, torna-os livres.

Entre as diferentes espécies de seres corpóreos, Deus escolheu a espécie humana para a encarnação dos Espíritos que atingiram um certo grau de desenvolvimento, o que lhe dá a superioridade moral e intelectual sobre os outros.

A alma é um Espírito encarnado, do qual o corpo não é senão um envoltório.

Há no homem três coisas: 1º – o corpo ou ser material análogo aos dos animais e animado pelo mesmo princípio vital; 2º – a alma ou ser imaterial, Espírito encarnado no corpo; 3º – o laço que une a alma ao corpo, princípio intermediário entre a matéria e o Espírito.

O homem tem assim duas naturezas: pelo corpo, participa da natureza dos animais, dos quais tem o instinto; pela alma, participa da natureza dos Espíritos.

O laço ou **perispírito,** que une o corpo e o Espírito, é uma espécie de envoltório semimaterial. A morte é a destruição do envoltório mais grosseiro, o Espírito conserva o segundo, que constitui, para ele, um corpo etéreo, invisível para nós no estado normal, mas que pode, acidentalmente, tornar-se visível e mesmo tangível, como ocorre no fenômeno das aparições.

O Espírito não é, assim, um ser abstrato, indefinido, que só o pensamento pode conceber; é um ser real, circunscrito, que, em certos casos, é apreciado pelos sentidos da **visão, audição** e **tato.**

Os Espíritos pertencem a diferentes classes e não são iguais nem em força, nem em inteligência, nem em saber, nem em moralidade.

Os da primeira ordem são os Espíritos superiores, que se distinguem dos outros pela sua perfeição, seus conhecimentos, sua aproximação de Deus, a pureza de seus sentimentos e seu amor ao bem; são os anjos ou Espíritos puros. As outras classes se distanciam cada vez mais dessa perfeição; os das classes inferiores são inclinados à maioria das nossas paixões: o ódio, a inveja, o ciúme, o orgulho, etc.; eles se comprazem no mal. Entre eles, há os que não são nem muito bons nem muito maus, mais trapalhões e importunos que maus, a malícia e as inconsequências parecem ser sua diversão: são os Espíritos estouvados ou levianos.

Os Espíritos não pertencem perpetuamente à mesma ordem. Todos progridem, passando por diferentes graus de hierarquia espírita.

Esse progresso ocorre pela encarnação, que é imposta a uns como expiação, e a outros como missão. A vida material é uma prova que devem suportar por várias vezes, até que hajam alcançado a perfeição absoluta. É uma espécie de exame severo ou depurador, de onde eles saem mais ou menos purificados.

Deixando o corpo, a alma reentra no mundo dos Espíritos, de onde havia saído, para retomar uma nova existência material, depois de um lapso de tempo mais ou menos longo, durante o qual permanece no estado de Espírito errante.

O Espírito, devendo passar por várias encarnações, disso resulta que todos tivemos várias existências e que teremos ainda outras, mais ou menos aperfeiçoadas, seja sobre a Terra, seja em outros mundos.

A encarnação dos Espíritos ocorre sempre na espécie humana: seria um erro acreditar que a alma ou Espírito possa se encarnar no corpo de um animal[1].

As diferentes existências corporais do Espírito são sempre progressivas e jamais retrógradas; mas a rapidez do progresso depende dos esforços que fazemos para atingir a perfeição.

As qualidades da alma são as do Espírito que está encarnado em nós; assim, o homem de bem é a encarnação do bom Espírito, e o homem perverso a de um Espírito impuro.

A alma tinha sua individualidade antes da sua encarnação e a conserva depois da sua separação do corpo.

Na sua reentrada no mundo dos Espíritos, a alma aí reencontra todos aqueles que conheceu sobre a Terra, e todas as suas existências anteriores se retratam em sua memória com a lembrança de todo o bem e de todo o mal que fez.

O Espírito encarnado está sob a influência da matéria; o homem que supera essa influência pela elevação e depuração de sua alma, aproxima-se dos bons Espíritos com os quais estará um dia. Aquele que se deixa dominar pelas más paixões e coloca toda a sua alegria na satisfação dos apetites grosseiros, aproxima-se dos Espíritos impuros, dando preponderância à natureza animal.

Os Espíritos encarnados habitam os diferentes globos do Universo.

Os Espíritos não encarnados ou errantes não ocupam uma região determinada e circunscrita; estão por toda a parte, no espaço e ao nosso lado, vendo-nos e acotovelando-nos sem cessar; é toda uma população invisível que se agita em torno de nós.

Os Espíritos exercem, sobre o mundo moral e mesmo sobre o mundo físico, uma ação incessante. Agem sobre a matéria e sobre o pensamento e constituem uma das forças da Natureza, causa eficiente de uma multidão de fenômenos, até agora

---

[1] Há entre esta doutrina da encarnação e a da metempsicose, tal como a admitem certas seitas, uma diferença característica que é explicada na sequência da obra.

inexplicados ou mal explicados e que não encontram uma solução racional senão no Espiritismo.

As relações dos Espíritos com os homens são constantes. Os bons Espíritos nos solicitam para o bem, sustentam-nos nas provas da vida e nos ajudam a suportá-las com coragem e resignação; os maus nos solicitam ao mal: é, para eles, uma alegria ver-nos sucumbir e nos assemelharmos a eles.

As comunicações dos Espíritos com os homens são ocultas ou ostensivas. As ocultas ocorrem pela influência, boa ou má, que eles exercem sobre nós com o nosso desconhecimento; cabe ao nosso julgamento discernir as boas e más inspirações. As comunicações ostensivas ocorrem por meio da escrita, da palavra ou outras manifestações materiais, e mais frequentemente por intermédio dos médiuns que lhes servem de instrumento.

Os Espíritos se manifestam espontaneamente ou por evocação. Podem-se evocar todos os Espíritos: aqueles que animaram homens obscuros, como aqueles de personagens mais ilustres, qualquer que seja a época na qual tenham vivido; os de nossos parentes, de nossos amigos ou de nossos inimigos, e com isso obter, por comunicações escritas ou verbais, conselhos, informações sobre a sua situação no além-túmulo, sobre seus pensamentos a nosso respeito, assim como as revelações que lhes são permitidas nos fazer.

Os Espíritos são atraídos, em razão de sua simpatia, pela natureza moral do meio que os evoca. Os Espíritos superiores se alegram nas reuniões sérias onde dominem o amor do bem e o desejo sincero de instruir-se e melhorar-se. Sua presença afasta os Espíritos inferiores que aí encontram, ao contrário, um livre acesso e podem agir com toda liberdade entre as pessoas frívolas ou guiadas só pela curiosidade, e por toda parte onde se encontrem os maus instintos. Longe de eles obterem bons avisos ou ensinamentos úteis, não se deve esperar senão futilidades, mentiras, maus gracejos ou mistificações, porque eles tomam emprestado, frequentemente, nomes venerados para melhor induzir ao erro.

A distinção dos bons e dos maus Espíritos é extremamente fácil. A linguagem dos Espíritos superiores é constantemente digna, nobre, marcada pela mais alta moralidade, livre de toda paixão inferior; seus conselhos exaltam a mais pura sabedoria, e têm sempre por objetivo nosso progresso e o bem da Humanidade. A dos Espíritos inferiores, ao contrário, é inconsequente, frequentemente trivial e mesmo grosseira; se dizem, por vezes, coisas boas e verdadeiras, mais frequentemente, dizem coisas falsas e absurdas, por malícia ou por ignorância. Eles se divertem com a credulidade e se distraem às custas daqueles que os interrogam, vangloriando-se da sua vaidade, embalando seus desejos com falsas esperanças. Em resumo, as comunicações sérias, na total acepção da palavra, não ocorrem senão nos centros sérios, naqueles cujos membros estão unidos por uma comunhão de pensamentos para o bem.

A moral dos Espíritos superiores se resume, como a do Cristo, nesta máxima evangélica: "Agir para com os outros como quereríamos que os outros agissem para conosco"; quer dizer, fazer o bem e não fazer o mal. O homem encontra, neste princípio, a regra universal de conduta para as suas menores ações.

Eles nos ensinam que o egoísmo, o orgulho, a sensualidade são paixões que nos aproximam da natureza animal e nos prendem à matéria; que o homem que, desde este mundo, desliga-se da matéria pelo desprezo das futilidades mundanas e, pelo amor ao próximo, aproxima-se da natureza espiritual; que cada um de nós deve se tornar útil segundo suas faculdades e os meios que Deus colocou entre suas mãos para prová-lo; que o Forte e o Poderoso devem apoio e proteção ao Fraco, porque aquele que abusa de sua força e do seu poder para oprimir seu semelhante viola a lei de Deus. Ensinam, enfim, que, no mundo dos Espíritos, nada podendo ser oculto, o hipócrita será desmascarado e todas as suas torpezas descobertas; que a presença inevitável, e de todos os instantes, daqueles para com os quais agimos mal, é um dos castigos que nos estão reservados; que ao estado de inferioridade e de superioridade dos Espíritos são fixados penas e gozos que nos são desconhecidos sobre a Terra.

Mas eles nos ensinaram também que não há faltas irremissíveis e que não possam ser apagadas pela expiação. O homem encontra o meio, nas diferentes existências, que lhe permite avançar, segundo seu desejo e seus esforços, na senda do progresso e na direção da perfeição, que é seu objetivo final".

Este é o resumo da Doutrina Espírita, como resulta do ensinamento dado pelos Espíritos superiores. Vejamos agora as objeções que se lhe opõem.

VII

Para muitas pessoas, a oposição dos cientistas se não é uma prova, é pelo menos uma forte presunção contrária. Não somos daqueles que se levantam contra os sábios, porque não queremos que digam que os insultamos; temo-los, ao contrário, em grande estima e seríamos muito honrados de estar entre eles. Mas sua opinião não poderia ser, em todas as circunstâncias, um julgamento irrevogável.

Desde que a Ciência sai da observação material dos fatos e trata de apreciar e de explicar esses fatos, o campo está aberto às conjecturas. Cada um traz seu pequeno sistema, que quer fazer prevalecer, e o sustenta com obstinação. Não vemos, todos os dias, as opiniões mais divergentes alternativamente preconizadas e rejeitadas, logo repelidas como erros absurdos, depois proclamadas como verdades incontestáveis? Os fatos, eis o verdadeiro critério dos nossos julgamentos, o argumento sem réplica. Na ausência de fatos, a dúvida é a opinião do sábio.

Para as coisas notórias, a opinião dos sábios faz fé a justo título, porque eles sabem mais e melhor que o vulgo, mas em fatos de princípios novos, de coisas desconhecidas, sua maneira de ver não é sempre senão hipotética, porque não são mais que os outros isentos de preconceitos. Eu diria mesmo que o sábio, talvez, tem mais preconceito que qualquer outro, porque uma propensão natural o leva a tudo subordinar ao ponto de vista que ele aprofundou: o matemático não vê prova senão numa demonstração algébrica, o químico relaciona tudo com a ação dos elementos, etc. Todo homem que faz uma especialidade, a ela subordina todas as suas ideias; tirai-o de lá e, frequentemente, ele desarrazoa, porque quer submeter tudo ao mesmo crivo: é uma consequência da fraqueza humana. Consultarei, pois, voluntariamente e com toda a confiança, um químico sobre uma questão de análise, um físico sobre a força elétrica, um mecânico sobre uma força motriz, mas eles me permitirão, sem que isso prejudique o apreço de seu saber especial, de não ter, na mesma conta, a sua opinião negativa em fatos do Espiritismo, não mais que do julgamento de um arquiteto sobre uma questão de música.

As ciências vulgares repousam sobre as propriedades da matéria que se pode experimentar e manipular à vontade; os fenômenos espíritas repousam sobre a ação de inteligências que têm a sua própria vontade e nos provam, a cada instante, que elas não estão à disposição dos nossos caprichos. As observações, portanto, não podem ser feitas da mesma maneira; elas requerem condições especiais e um outro ponto de partida; querer submetê-las aos nossos processos ordinários de investigação, é estabelecer analogias que não existem. A Ciência, propriamente dita, como ciência, portanto, é incompetente para se pronunciar na questão do Espiritismo: não tem que se ocupar com isso e seu julgamento, qualquer que seja, favorável ou não, não poderia ter nenhuma importância. O Espiritismo é o resultado de uma convicção pessoal que os sábios podem ter como indivíduos, abstração feita de sua qualidade de sábios; mas querer deferir a questão à Ciência, equivaleria a decidir a existência da alma por uma assembleia de físicos ou de astrônomos. Com efeito, o Espiritismo está inteiramente baseado na existência da alma e de seu estado depois da morte. Ora, é soberanamente ilógico pensar que um homem deve ser um grande psicólogo porque é um grande matemático ou um grande anatomista. O anatomista, dissecando o corpo humano, procura a alma, e porque não a encontra sob o seu escalpelo, como nele encontra um nervo, ou porque não a vê fugir como um gás, conclui daí que ela não existe, porque ele se coloca em ponto de vista exclusivamente material; segue-se que ele tenha razão contra a opinião universal? Não. Vede, pois, que o Espiritismo não é da alçada da Ciência.

Quando as crenças espíritas forem vulgarizadas, quando forem aceitas pelas massas e a julgar pela rapidez com que elas se propagam, esse tempo não estaria longe, ocorrerá com ela o que ocorre com todas as ideias novas que encontraram oposição: os sábios se renderão à evidência.

Eles a atingirão individualmente pela força das coisas. Até lá, é intempestivo desviá-los dos seus trabalhos especiais, para constrangê-los a se ocuparem de uma coisa estranha, que não está nem nas suas atribuições, nem em seu programa. À espera disso, aqueles que, sem um estudo prévio e aprofundado da matéria, pronunciam-se pela negativa e zombam de quem não lhes colhe a opinião, esquecem que o mesmo ocorreu na maioria das grandes descobertas que honram a Humanidade. Eles se expõem a ver seus nomes aumentarem a lista dos ilustres proscritores das ideias novas, e inscrito ao lado dos membros da douta assembleia que, em 1752, acolheram com uma imensa explosão de riso o relatório de Franklin sobre os para-raios, julgando-o indigno de figurar ao lado das comunicações que lhe eram endereçadas; e desse outro que ocasionou perder a França o benefício da iniciativa da marinha a vapor, declarando o sistema de Fulton um sonho impraticável; e essas eram questões de sua alçada.

Se, pois, essas assembleias que contavam em seu seio com a elite dos sábios do mundo, não tiveram senão o escárnio e o sarcasmo por ideias que não compreendiam, e que alguns anos mais tarde deveriam revolucionar a Ciência, os costumes e a indústria, como esperar que uma questão estranha aos seus trabalhos obtenha mais favor?

Esses erros de alguns, lamentáveis por sua memória, não poderiam lhes tirar os títulos que, por outras coisas, adquiriram a nossa estima. Mas é necessário um diploma oficial para ter bom senso e não se contam fora das poltronas acadêmicas senão tolos e imbecis?

Que se analisem os adeptos da Doutrina Espírita e se verá se nela não se encontram senão ignorantes, e se o número imenso de homens de mérito que a abraçaram permite se a relegue ao nível das crenças vulgares. O caráter e o saber desses homens valem bem o que se disse: uma vez que eles afirmam, é preciso ao menos que haja alguma coisa.

Repetimos ainda que se os fatos que nos ocupam se encerrassem no movimento mecânico dos corpos, a procura da causa física desse fenômeno entraria no domínio da Ciência. Mas, desde que se trata de uma manifestação fora das leis da Humanidade, ela escapa da competência da ciência material, porque ela não pode se exprimir nem por algarismos nem pela força mecânica. Quando surge um fato novo, que não compete a nenhuma ciência conhecida, o sábio, para estudá-lo, deve fazer abstração de sua ciência e dizer-se que é para ele um estudo novo, que não se pode fazer com ideias preconcebidas.

O homem que considera a sua razão infalível está bem perto do erro; mesmo os que têm as ideias mais falsas se apoiam sobre a sua razão e é em virtude disso que rejeitam tudo o que lhes parece impossível. Os que outrora repeliram as admiráveis descobertas de que a Humanidade se honra, faziam todo apelo a esse julgamento para rejeitá-los.

Ao que se chama razão, frequentemente, não é senão orgulho disfarçado, e quem quer que se creia infalível se coloca como igual a Deus. Dirigimo-nos, pois, àqueles que são bastante sábios para duvidar daquilo que não viram, e que, julgando o futuro pelo passado, não creem que o homem tenha alcançado seu apogeu, nem que a Natureza tenha virado para ele a última página de seu livro.

VIII

Acrescentemos que o estudo de uma doutrina, tal como a Doutrina Espírita, que nos lança de repente numa ordem de coisas tão novas e tão grandes, não pode ser feito, com resultado, senão por homens sérios, perseverantes, isentos de prevenções e animados de uma firme e sincera vontade de atingir um resultado. Não poderíamos dar essa qualificação àqueles que julgam, **a priori,** levianamente e sem ter visto tudo; que não dão aos seus estudos nem a continuidade, nem a regularidade, nem o recolhimento necessários; saberíamos menos ainda dá-la a certas pessoas que, para não faltar à sua reputação de pessoas de espírito, empenham-se em procurar um lado burlesco nas coisas mais verdadeiras ou julgadas tais, por pessoas cujo saber, caráter e convicção dão direito ao respeito de quem se vanglorie de educado. Portanto, aqueles que não julgam os fatos dignos deles e da sua atenção, que se abstenham; ninguém sonha violentar suas crenças, mas que queiram, pois, respeitar a dos outros.

O que caracteriza um estudo sério é a continuidade que se lhe dá. Deve-se admirar de não se obter, frequentemente, nenhuma resposta sensata a questões, graves por si mesmas, quando são feitas ao acaso e à queima-roupa, no meio de uma multidão de questões extravagantes? Uma questão, aliás, frequentemente, é complexa e exige, para ser esclarecida, questões preliminares ou complementares. Quem quer adquirir uma ciência deve fazê-lo por um estudo metódico, começando pelo princípio e seguindo o encadeamento e o desenvolvimento das ideias. Aquele que dirige por acaso, a um sábio, uma questão sobre uma ciência da qual não sabe a primeira palavra, obterá algum proveito? O próprio sábio poderia, com a maior boa vontade, dar-lhe uma resposta satisfatória? Essa resposta isolada será forçosamente incompleta e frequentemente, por isso mesmo, ininteligível, ou poderá parecer absurda e contraditória. Ocorre exatamente o mesmo nas relações que estabelecemos com os Espíritos. Se quisermos nos instruir em sua escola, devemos fazer com eles um curso, mas, como entre nós, é preciso escolher os professores e trabalhar com assiduidade.

Dissemos que os Espíritos superiores não vêm senão em reuniões sérias e naquelas onde, sobretudo, reine uma perfeita comunhão de pensamentos e de sentimentos para o bem. A leviandade e as questões ociosas os afastam, como, entre os homens, distanciam as pessoas razoáveis; o campo, então, fica livre à turba de Espíritos mentirosos e frívolos, sempre à espreita de ocasiões para zombar e divertir-se às nossas custas. Em que se torna, numa tal reunião, uma questão séria? Aí será respondida: mas por quem? É como se no meio de um bando de jovens lançássemos estas questões: o que é a alma? O que é a morte? e outras coisas também recreativas. Se quereis respostas sérias, sede sérios, vós mesmos, em toda a acepção da palavra e vos colocai em todas condições necessárias: só, então, obtereis grandes coisas. Sede mais laboriosos e perseverantes em vossos estudos, sem isso os Espíritos superiores vos abandonam, como faz um professor com os alunos negligentes.

IX

O movimento dos objetos é um fato firmado; a questão é saber se, nesse movimento, há, ou não, uma manifestação inteligente e, em caso afirmativo, qual é a fonte dessa manifestação.

Não falamos do movimento inteligente de certos objetos, nem das comunicações verbais, nem mesmo daquelas que são escritas diretamente pelo médium; esse gênero de manifestação, evidente para aqueles que viram e aprofundaram a coisa, não é, à primeira vista, bastante independente da vontade para assentar a observação de um observador novato. Não falaremos, pois, senão da escrita obtida com a ajuda de um objeto qualquer munido de um lápis, tal como o cesto, a prancheta, etc. A maneira pela qual os dedos do médium pousam sobre o objeto desafia, como o dissemos, a destreza mais completa de poder participar, em que o seja, no traçado dos caracteres. Mas admitamos, ainda, que, por uma agilidade maravilhosa, ele possa enganar o olhar mais perscrutador; como explicar a natureza das respostas, quando elas estão fora de todas as ideias e de todos os conhecimentos do médium? E note-se que não se trata de respostas monossilábicas, mas, frequentemente, de várias páginas escritas com a mais espantosa rapidez, seja espontaneamente, seja sobre um assunto determinado; sob a mão do médium, mais estranho à literatura, nascem, algumas vezes, poesias de uma sublimidade e de uma pureza irrepreensíveis e que não renegariam os melhores poetas humanos. O que se adita, ainda, à estranheza desses fatos é que eles se produzem por toda parte, e que os médiuns se multiplicam ao infinito. São esses fatos reais ou não? Para isso, não temos senão uma coisa a responder: vede e observai, as ocasiões não vos faltarão, mas, sobretudo, observai com frequência, por longo tempo e segundo as condições necessárias.

Diante da evidência, que respondem os antagonistas? Sois, dizem eles, vítimas do charlatanismo ou joguetes de uma ilusão. Diremos primeiro que é preciso afastar a palavra charlatanismo de onde não há proveito; os charlatães não fazem seu trabalho de graça. Seria, pois, tudo no mais uma mistificação. Mas, por que estranha coincidência, esses mistificadores se teriam entendido dum extremo ao outro do mundo para agir da mesma maneira, produzir os mesmos efeitos e dar sobre os mesmos assuntos e em línguas diversas, respostas idênticas, senão quanto às palavras, ao menos quanto ao sentido? Como pessoas graves, sérias, honradas, instruídas, se prestariam a semelhantes manobras e com que fim? Como encontrar, entre as crianças, a paciência e a habilidade necessárias? Porque, se os médiuns não são instrumentos passivos, é-lhes preciso uma habilidade e conhecimentos incompatíveis com certa idade e certas posições sociais.

Então, acrescentam que, se não há fraude, os dois lados podem ser vítimas de uma ilusão. Em boa lógica, a qualidade dos testemunhos tem um certo peso; ora, está aqui o caso de se perguntar se a Doutrina Espírita, que conta hoje, seus adeptos aos milhares, não os recruta senão entre os ignorantes? Os fenômenos sobre os quais ela se apoia são tão extraordinários que concebemos a dúvida; mas, o que não se poderia admitir é a pretensão de certos incrédulos ao monopólio do bom senso, e que, sem respeito pelas conveniências ou o valor moral de seus adversários, taxam, sem cerimônia, de ineptos todos aqueles que não têm a sua opinião. Aos olhos de toda pessoa judiciosa, a opinião das pessoas esclarecidas que por muito tempo viram, estudaram e meditaram uma coisa, será sempre senão uma prova, ao menos uma presunção em seu favor, uma vez que pode fixar a atenção de homens sérios que não têm nenhum interesse em propagar um erro,nem tempo a perder com futilidades.

X

Entre as objeções, há as mais sutis, pelo menos na aparência, porque tiradas da observação e feitas por pessoas sérias.

Uma das objeções é tirada da linguagem de certos Espíritos, que não parece digna da elevação que se supõe aos seres sobrenaturais. Se se quer referir-se ao resumo da doutrina que apresentamos por cima, aí se verá que os próprios Espíritos nos ensinam que eles não são iguais, nem em conhecimentos, nem em qualidades morais, e que não se deve tomar ao pé da letra tudo o que eles dizem. Cabe às pessoas sensatas distinguirem os bons dos maus Espíritos. Seguramente, aqueles que tiram desse fato a consequência de que nós não temos contato senão com seres malfazejos, cuja única ocupação é a de nos mistificarem, não têm conhecimentos das comunicações que ocorrem nas reuniões, onde não se manifestam senão Espíritos superiores; de outro modo não pensariam assim. É deplorável que o acaso os tenha servido tão mal, por não lhes mostrar senão o lado mau do mundo espírita, porque queremos supor que uma tendência simpática atrai para eles os maus Espíritos, antes que os bons, os Espíritos mentirosos ou aqueles cuja linguagem é revoltante de grosseria. Poder-se-ia, no máximo, disso concluir que a solidez dos seus princípios não é tão potente para afastar o mal, e que, encontrando um certo prazer em satisfazer a sua curiosidade a esse respeito, os maus Espíritos deles aproveitam para se introduzir entre eles, enquanto os bons se afastam.

Julgar a questão dos Espíritos, sobre esses fatos, seria tão pouco lógico como julgar o caráter de um povo pelo que se diz e se faz numa assembleia de alguns estouvados ou de gente de má fama, à qual não frequentam nem os sábios, nem as pessoas sensatas. Essas pessoas se encontram na situação de um estranho que, chegando a uma grande capital pelo mais feio subúrbio, julgasse todos os habitantes pelos costumes e pela linguagem desse bairro ínfimo. No mundo dos Espíritos, há também uma boa sociedade e uma sociedade má; que essas pessoas estudem bem o que se passa entre os Espíritos de elite e elas ficarão convencidas de que a cidade celeste encerra outra coisa além do refugo do povo. Mas, dizem, os Espíritos de elite vêm entre nós? A isso respondemos: Não ficai no subúrbio; vede, observai e julgareis; os fatos aí estão para todos; a menos que não seja a elas que se apliquem estas palavras de Jesus: **Têm olhos e não veem, têm ouvidos e não ouvem.**

Uma variante dessa opinião consiste na de não ver, nas comunicações espíritas, em todos os fatos materiais a que elas dão lugar, senão a intervenção de uma força diabólica, novo Proteu que revestiria todas as formas, para melhor enganar-nos. Não a cremos suscetível de um exame sério, por isso nela não nos deteremos; ela se encontra refutada por aquilo que dissemos; aditaremos somente que se assim fosse, seria preciso convir que o diabo, algumas vezes, é bem sábio, bem razoável e, sobretudo, bem moral, ou que há também bons diabos.

Como crer, com efeito, que Deus não permite senão ao Espírito do mal de manifestar-se para nos perder, sem nos dar, por contrapeso, os conselhos dos bons Espíritos? Se ele não o pode, não tem poder; se pode e não o faz, isso é incompatível com a sua bondade; uma ou outra suposição seria uma blasfêmia. Notai que admitir a comunicação dos maus Espíritos é reconhecer o princípio das manifestações; ora, do momento que elas existem, isso não pode ser senão com a permissão de Deus. Como crer, sem impiedade, que ele não permite senão o mal com exclusão do bem? Uma tal doutrina é contrária às mais simples noções do bom senso e da religião.

XI

Uma coisa bizarra, acrescentam, é que não se fala senão com Espíritos de personagens conhecidas e se pergunta por que só eles se manifestam. É um erro proveniente, como muitos outros, de uma observação superficial. Entre os Espíritos que vêm espontaneamente, há mais desconhecidos para nós do que ilustres, que se designam por um nome qualquer e, frequentemente, por um nome alegórico ou característico. Quanto àqueles que se evocam, a menos que não seja um parente ou amigo, é bastante natural que se dirija àqueles que se conhece mais do que àqueles que não se conhece. O nome de personagens ilustres impressiona mais e é, por isso, que são mais notados.

Acham singular ainda que os Espíritos de homens eminentes venham familiarmente ao nosso apelo e se ocupem, algumas vezes, de coisas insignificantes em comparação com as que realizaram durante a sua vida. Isso não tem nada de espantoso para aqueles que sabem que a força ou a consideração da qual esses homens gozaram neste mundo não lhes dá nenhuma supremacia no mundo dos Espíritos. Os Espíritos confirmam nisso estas palavras do Evangelho: "Os grandes serão rebaixados, e os pequenos, elevados", o que se deve entender como a posição que cada um de nós ocupará entre eles. É assim que, aquele que foi o primeiro sobre a Terra, pode lá encontrar-se como um dos últimos; aquele diante do qual curvamos a cabeça durante sua vida pode, pois, vir entre nós como o mais humilde operário, porque, deixando a vida, ele deixou toda a sua grandeza, e o mais poderoso monarca pode ser que esteja abaixo do último dos seus soldados.

XII

Um fato demonstrado pela observação e confirmado pelos próprios Espíritos é que os Espíritos inferiores tomam emprestado, frequentemente, nomes conhecidos e reverenciados. Quem, pois, pode nos assegurar que aqueles que dizem ter sido, por exemplo, Sócrates, Júlio César, Carlos Magno, Fénelon, Napoleão, Washington, etc., tenham realmente animado esses personagens? Essa dúvida existe entre muitos adeptos fervorosos da Doutrina Espírita; eles admitem a intervenção e a manifestação dos Espíritos, mas se perguntam qual o controle que se pode ter de sua identidade.

Esse controle é, com efeito, bastante difícil de se estabelecer; se ele não o pode ser de maneira bastante autêntica, como por um ato de estado civil, pode-o ao menos por presunção, depois de certos indícios.

Quando o Espírito de qualquer um que nos é pessoalmente conhecido se manifesta, um parente ou um amigo, por exemplo, sobretudo se morreu há pouco tempo, ocorre, em geral, que sua linguagem está em relação perfeita com o caráter que lhe conhecemos; é já um indício de identidade. Mas a dúvida não é quase mais permitida quando esse Espírito fala de coisas íntimas, lembra de circunstâncias de família que não são conhecidas senão do interlocutor. Um filho não se equivocaria seguramente com a linguagem de seu pai e de sua mãe, nem os pais sobre a dos seus filhos. Passam-se, algumas vezes, nessas espécies de evocações íntimas, coisas surpreendentes, de natureza a convencer o mais incrédulo. O cético mais endurecido, frequentemente, fica assombrado com as revelações inesperadas que lhe são feitas.

Uma outra circunstância, muito característica, vem em apoio da identidade.

Dissemos que a escrita do médium muda geralmente com o Espírito evocado e que essa escrita se reproduz exatamente a mesma cada vez que o mesmo Espírito se apresenta; tem-se constatado, muitas vezes, que, para as pessoas mortas há pouco tempo, essa escrita tem uma semelhança marcante com a da pessoa em sua vida; têm-se visto assinaturas de uma exatidão perfeita. Estamos, de resto, longe de dar esse fato como uma regra e, sobretudo, como constante; mencionamo-lo como uma coisa digna de nota.

Só os Espíritos que atingiram um certo grau de depuração estão libertos de toda influência corporal; mas, quando não estão completamente desmaterializados (é a expressão da qual se servem), eles conservam a maioria das ideias, das tendências e mesmo das manias que tinham sobre a Terra, e é ainda esse um meio de reconhecimento; mas ele se encontra sobretudo numa multidão de fatos, de detalhes, que só podem ser revelados por uma observação atenta e firme. Veem-se escritores discutir suas próprias obras ou doutrina, aprová-las ou condenarem certas partes; outros Espíritos lembrarem circunstâncias ignoradas ou pouco conhecidas de sua vida ou de sua morte, coisas, enfim, que são todas ao menos provas morais de identidade, as únicas que se podem invocar, tratando-se de coisas abstratas.

Se, pois, a identidade do Espírito evocado pode ser, até certo ponto, estabelecida em alguns casos, não há razão para que não o seja em outros, e se não há, para as pessoas cuja morte é mais antiga, os mesmos meios de controle, tem-se sempre o da linguagem e do caráter; porque, seguramente, o Espírito de um homem de bem não falará como o de um homem perverso ou debochado. Quanto aos Espíritos que se enfeitam com nomes respeitáveis, eles se traem pela sua linguagem e suas máximas; aquele que se dissesse Fénelon, por exemplo, e que ofendesse, não fosse senão acidentalmente, o bom senso e a moral, mostraria, por isso, a fraude. Se, ao contrário, os pensamentos que ele exprime são sempre puros, sem contradição e constantemente à altura do caráter de Fénelon, não há motivos para duvidar da sua identidade; de outro modo seria preciso supor que um Espírito que não prega senão o bem, pode conscientemente empregar a mentira, e isso sem utilidade. A experiência nos ensina que os Espíritos do mesmo grau, do mesmo caráter, e animados dos mesmos sentimentos, reúnem-se em grupos e famílias; ora, o número de Espíritos é incalculável e estamos longe de conhecer a todos; a maioria não tem mesmo nome para nós.

Um Espírito da categoria de Fénelon pode, pois, vir em seu lugar, frequentemente, mesmo enviado por ele como mandatário; ele se apresenta sob o seu nome, porque lhe é idêntico e pode substituí-lo e porque nos é preciso um nome para fixar as ideias. Mas que importa, em definitivo, que um Espírito seja realmente, ou não, o de Fénelon? Do momento em que ele não diz senão coisas boas e que fala como o teria dito o próprio Fénelon, é um bom Espírito; o nome sob o qual se faz conhecer é indiferente e, frequentemente, não é senão um meio de fixar nossas ideias. Não seria o mesmo nas evocações íntimas; mas aí, como o dissemos, a identidade pode ser estabelecida por provas de alguma forma patentes.

De resto, é certo que a substituição dos Espíritos pode dar lugar a uma multidão de enganos e que isso pode resultar em erros e, frequentemente, em mistificações; é essa uma dificuldade do **Espiritismo prático;** mas não dissemos jamais que esta Ciência era uma coisa fácil nem que se podia aprendê-la brincando, não mais que nenhuma outra ciência. Não será demasiado repetir: ela exige um estudo assíduo e, frequentemente, longo demais; não podendo provocar os fatos, é preciso esperar que eles se apresentem e, no geral, eles são conduzidos por circunstâncias das quais nem ao menos se sonha. Para o observador atento e paciente, os fatos se produzem em quantidade, porque ele descobre milhares de nuanças características que são, para ele, rasgos de luz. Assim o é nas ciências vulgares; enquanto que o homem superficial não vê numa flor senão uma forma elegante, o sábio nela descobre tesouros pelo pensamento.

XIII

As observações acima nos levam a dizer algumas palavras de uma outra dificuldade: a da divergência que existe na linguagem dos Espíritos.

Os Espíritos sendo muito diferentes, uns dos outros, sob o ponto de vista dos conhecimentos e da moralidade, é evidente que a mesma questão pode ser resolvida num sentido oposto, segundo a posição que eles ocupam, absolutamente como se ela fosse colocada, entre os homens, alternativamente, a um sábio, a um ignorante ou a um mau gracejador. O ponto essencial, já o dissemos, é saber a quem é dirigida.

Mas, acrescenta-se, como ocorre que os Espíritos, reconhecidos por seres superiores, não estejam sempre de acordo? Diremos, primeiro, que independentemente da causa que assinalamos, há outras que podem exercer uma certa influência sobre a natureza das respostas, abstração feita da qualidade dos Espíritos.

Este é um ponto capital, cujo estudo dará a explicação; por isso, dizemos que esses estudos requerem uma atenção firme, uma observação profunda e sobretudo, como de resto em todas as ciências humanas, continuidade e perseverança. São precisos anos para fazer um médico medíocre, e os três quartos da vida para fazer um sábio, e se quer, em algumas horas, adquirir a ciência do Infinito. Portanto, não nos enganemos: o estudo do Espiritismo é imenso, toca em todas as questões da metafísica e da ordem social, e é todo um mundo que se abre diante de nós.

Deve-se espantar que é preciso de tempo, e muito tempo, para adquiri-lo?

A contradição, aliás, não é sempre tão real como pode parecer. Não vemos, todos os dias, homens que professam a mesma Ciência, variar na definição que dão de uma coisa, seja porque empregam termos diferentes, seja porque a examinam sob um outro ponto de vista, ainda que a ideia fundamental seja sempre a mesma? Que se conte, se possível, o número de definições que deram da gramática. Acrescentemos, ainda, que a forma da resposta depende, frequentemente, da forma da pergunta. Haveria, pois, puerilidade em procurar uma contradição onde não há, mais frequentemente, senão uma diferença de palavras. Os Espíritos superiores não se prendem de modo algum à forma; para eles o fundo do pensamento é tudo.

Tomemos, por exemplo, a definição da alma. Esta palavra não tendo acepção fixa, os Espíritos podem, pois, assim como nós, diferir na definição que dão; um poderá dizer que ela é o princípio da vida, outro chamá-la centelha anímica, um terceiro dizer que ela é interna, um quarto que ela é externa, etc., e todos terão razão do seu ponto de vista. Poder-se-ia mesmo crer que, dentre eles, alguns professam teorias materialistas e, todavia, não ser assim. Ocorre o mesmo com relação a Deus; ele será: o princípio de todas as coisas, o Criador do Universo, a soberana inteligência, o Infinito, o grande Espírito, etc., etc., e, em definitivo, será sempre Deus. Citamos, enfim, a classificação dos Espíritos. Eles formam uma sequência ininterrupta desde o grau inferior ao grau superior; a classificação é, pois, arbitrária: um poderá dar-lhe três classes, outro cinco, dez ou vinte, à vontade, sem estar, por isso, em erro. Todas as ciências humanas, a esse respeito, oferecem-nos o exemplo: cada sábio tem seu sistema e os sistemas mudam, mas a Ciência não muda. Que se aprenda a botânica pelo sistema de Linneu, de Jussieu ou de Tournefort, e ela será sempre a botânica. Cessemos, pois, de dar às coisas de pura convenção mais importância do que merecem para nos prender àquilo que é verdadeiramente sério e, frequentemente, a reflexão fará descobrir, naquilo que parece o mais contraditório, uma semelhança que havia escapado a um primeiro exame.

XIV

Passaríamos ligeiramente sobre a objeção de certos céticos às falhas de ortografia cometidas por alguns Espíritos, se ela não devesse dar lugar a uma observação essencial. Sua ortografia, é preciso dizê-lo, não é sempre irrepreensível; mas é preciso ser bem curto de razão para fazê-la objeto de uma crítica séria, dizendo que, uma vez que os Espíritos sabem de tudo, eles devem saber ortografia. Poderíamos lhes opor os numerosos pecados desse gênero cometidos por mais de um sábio da Terra, o que não lhes tira o mérito. Mas há nesse fato uma questão mais grave. Para os Espíritos, e sobretudo para os Espíritos superiores, a ideia é tudo, a forma não é nada. Livres da matéria, sua linguagem, entre eles, é rápida como o pensamento, uma vez que é o pensamento que se comunica sem intermediário. Eles devem, pois, encontrarem-se desacomodados quando são obrigados, para se comunicarem conosco, a servir-se das formas longas e embaraçosas da linguagem humana, e, sobretudo, da insuficiência e da imperfeição dessa linguagem para exprimir todas as ideias; é o que eles mesmos dizem. Também é curioso ver os meios que eles empregam, frequentemente, para atenuar esse inconveniente. Seria o mesmo conosco se tivéssemos que nos exprimir numa língua mais extensa em suas palavras e em suas expressões, e mais pobre nessas expressões do que aquela que usamos. É o embaraço que experimenta o homem de gênio impacientando-se com a lentidão de sua pena, que está sempre aquém do seu pensamento. Concebe-se, depois disso, que os Espíritos liguem pouca importância à puerilidade da ortografia, quando se trata, sobretudo, de um ensinamento grave e sério. Já não é maravilhoso, aliás, que eles se exprimam indiferentemente em todas as línguas e as compreendam todas? Não é preciso concluir-se disso, todavia, que a correção convencional da linguagem lhes seja desconhecida: eles a observam quando isso é necessário. É assim que, por exemplo, a poesia ditada por eles desafia, frequentemente, a crítica mais meticulosa, e isso **malgrado a ignorância do médium.**

XV

Há, ainda, pessoas que encontram perigo por toda a parte e em tudo o que não conhecem; também não faltam de tirar uma consequência desfavorável do fato de certas pessoas, em se entregando a estes estudos, terem perdido a razão. Como homens sensatos podem ver nesse fato uma objeção séria? Não ocorre o mesmo com todas as preocupações intelectuais sobre um cérebro fraco?

Sabe-se o número de loucos e de maníacos produzidos pelos estudos matemáticos, médicos, musicais, filosóficos e outros? É preciso, por isso, banir esses estudos? O que isso prova? Pelos trabalhos corporais se estropiam os braços e as pernas, que são os instrumentos da ação material; pelos trabalhos da inteligência se estropia o cérebro, que é o instrumento do pensamento. Mas se o instrumento está quebrado, o Espírito não o está por isso: ele está intacto e, quando desligado da matéria, não goza menos da plenitude de suas faculdades. É no seu gênero, como homem, um mártir do trabalho.

Todas as grandes preocupações do espírito podem ocasionar a loucura: as ciências, as artes, a própria religião, fornecem seus contingentes. A loucura tem, por causa primeira, uma predisposição orgânica do cérebro que o torna mais ou menos acessível a certas impressões. Estando dada uma predisposição à loucura, esta toma o caráter da preocupação principal que se torna, então, uma ideia fixa. Essa ideia fixa poderá ser a dos Espíritos, naquele que se ocupa com eles, como poderá ser a de Deus, dos anjos, do diabo, da fortuna, do poder, de uma arte, de uma ciência, da maternidade, de um sistema político-social. É provável que o louco religioso viesse a ser um louco espírita se o Espiritismo tivesse sido sua preocupação dominante, como o louco espírita o teria sido sob uma outra forma, segundo as circunstâncias.

Digo, pois, que o Espiritismo não tem nenhum privilégio sob esse aspecto; mas, vou mais longe: digo que, bem compreendido, é um preservativo contra a loucura.

Entre as causas mais numerosas de superexcitação cerebral, é preciso contar as decepções, os desgostos, as afeições contrariadas, que são, ao mesmo tempo, as causas mais frequentes de suicídio. Ora, o verdadeiro espírita vê as coisas deste mundo de um ponto de vista bastante elevado; elas lhe parecem tão pequenas, tão mesquinhas, diante do futuro que o espera; a vida é para ele tão curta, tão fugidia, que as atribulações não são, aos seus olhos, senão os incidentes de uma viagem desagradável. O que, em outro, produziria uma violenta emoção, o afeta mediocremente; ele sabe, aliás, que os desgostos da vida são provas que servem para o seu adiantamento, se as suporta sem murmurar, porque será recompensado segundo a coragem com a qual as tenha suportado. Suas convicções lhe dão, pois, uma resignação que o preserva do desespero e, por conseguinte, de uma causa permanente de loucura e de suicídio. Ele sabe, por outro lado, pelo espetáculo que lhe dão as comunicações com os Espíritos, a sorte daqueles que abreviam voluntariamente os seus dias, e esse quadro é o bastante para fazê-lo refletir; também o número daqueles que se detiveram sobre essa inclinação funesta, é considerável. É este um dos resultados do Espiritismo. Que os incrédulos se riam dele quanto o quiserem; eu lhes desejo as consolações que ele proporciona a todos aqueles que se dão ao trabalho de sondar-lhe as misteriosas profundezas.

Ao número das causas de loucura é preciso acrescentar ainda o medo, e o medo do diabo desarranjou mais de um cérebro. Sabe-se o número de vítimas que se fez amedrontando imaginações fracas com esse quadro que se esforça por tornar mais pavoroso com hediondos detalhes? O diabo, diz-se, não amedronta senão a crianças; é um freio para torná-las ajuizadas; sim, como o bicho-papão e o lobisomem, e, quando não têm mais medo deles, estão pior que antes; e por esse belo resultado não se conta o número das epilepsias causadas pelo abalo de um cérebro delicado. A religião seria bem fraca se, na falta do medo, sua força pudesse ser comprometida. Felizmente, não é assim. Há outros meios de ação sobre as almas. O Espiritismo, para isso, fornece-lhe os mais eficazes e os mais sérios, se ela sabe usá-los com proveito: ele mostra a realidade das coisas e, com isso, neutraliza os efeitos funestos de um medo exagerado.

XVI

Resta-nos examinar duas objeções, as únicas que merecem verdadeiramente esse nome, porque estão baseadas sobre teorias racionais. Uma e outra admitem a realidade de todos os fenômenos, materiais e morais, mas excluem a intervenção dos Espíritos.

Segundo a primeira dessas teorias, todas as manifestações atribuídas aos Espíritos não seriam outra coisa que efeitos magnéticos. Os médiuns estariam num estado que se poderia chamar de sonambulismo desperto, fenômeno do qual toda pessoa que estudou o magnetismo pôde ser testemunha. Nesse estado, as faculdades intelectuais adquirem um desenvolvimento anormal: o círculo das percepções intuitivas se estende fora dos limites da nossa concepção normal. Desde então, o médium tiraria de si mesmo, e pelo fato da sua lucidez, tudo o que ele diz e todas as noções que transmite, mesmo sobre as coisas que lhe são as mais estranhas em seu estado habitual.

Não seremos nós que contestaremos a força do sonambulismo, do qual vimos os prodígios e estudamos todas as fases durante mais de trinta e cinco anos; concordamos que, com efeito, muitas manifestações espíritas podem se explicar por esse meio. Mas uma observação firme e atenta mostra uma multidão de fatos onde a intervenção do médium, de outro modo que como instrumento passivo, é materialmente impossível. Àqueles que partilham dessa opinião, diremos como aos outros: "vede e observai, porque seguramente não vistes tudo". Opor-lhe-emos, em seguida, duas considerações tiradas da sua própria doutrina. De onde veio a teoria espírita? É um sistema imaginado por alguns homens para explicar os fatos? De nenhum modo. Quem, pois, a revelou? Precisamente esses mesmos médiuns, de quem exaltais a lucidez. Se, pois, essa lucidez é tal como a supondes, por que teriam eles atribuído aos Espíritos o que possuíam em si mesmos? Como teriam dado essas informações tão precisas, tão lógicas, tão sublimes sobre a natureza dessas inteligências extra-humanas? De duas coisas, uma: ou eles são lúcidos ou não o são. Se o são e se se confia em sua veracidade, não se poderia, sem contradição, admitir que eles não estão com a verdade. Em segundo lugar, se todos os fenômenos tivessem sua fonte no médium, eles seriam idênticos no mesmo indivíduo, e não se veria a mesma pessoa ter uma linguagem discordante e exprimir alternativamente as coisas mais contraditórias. Essa falta de unidade nas manifestações obtidas pelo médium prova a diversidade das fontes; se, pois, não se as pode encontrar todas no médium, é preciso procurá-las fora dele.

Segundo outra opinião, o médium é a fonte das manifestações, mas em lugar de tirá-las de si mesmo, assim como o pretendem os construtores da teoria sonambúlica, ele as tira do meio ambiente. O médium seria, assim, uma espécie de espelho, refletindo todas as ideias, todos os pensamentos e todos os conhecimentos das pessoas que o cercam; ele não diria nada que não fosse conhecido pelo menos de alguns. Não se poderia negar, e isso é mesmo um princípio da doutrina, a influência exercida pelos assistentes sobre a natureza das manifestações. Mas essa influência é diferente daquela que se supõe existir, e, daí a que o médium seja o eco de seus pensamentos, há uma grande distância, porque milhares de fatos estabelecem peremptoriamente o contrário. Há nisso, pois, um erro grave que prova, uma vez mais, o perigo das conclusões prematuras. Essas pessoas, não podendo negar a existência de um fenômeno, do qual a Ciência vulgar não pode se aperceber, e não querendo admitir a presença dos Espíritos, o explicam a seu modo. Sua teoria seria sutil se ela pudesse abraçar todos os fatos; mas não é assim. Quando se lhes demonstra, até a evidência, que certas comunicações do médium são completamente estranhas aos pensamentos, aos conhecimentos, às próprias opiniões dos assistentes, que essas comunicações são, frequentemente, espontâneas e contradizem todas as ideias preconcebidas, eles não ficam atrás por tão pouca coisa.

A irradiação, dizem eles, estende-se muito além do círculo imediato que nos cerca; o médium é o reflexo da Humanidade inteira, de tal sorte que se ele não haure suas inspirações no ambiente, vai procurá-las fora, na cidade, no país, em todo o globo, e mesmo em outras esferas.

Não penso que se encontre nessas teorias uma explicação mais simples e mais provável que aquela do Espiritismo, porque ela supõe uma causa bem mais maravilhosa. A ideia de que seres povoam os espaços e que, estando em contato permanente conosco, nos comunicam seus pensamentos, nada tem que choque mais a razão que a suposição dessa irradiação universal, de todos os pontos do Universo, se concentrar no cérebro de um indivíduo.

Ainda uma vez, e está aí um ponto capital sobre o qual não poderíamos insistir muito: a teoria sonambúlica e a que se poderia chamar **refletiva** foram imaginadas por alguns homens; são opiniões individuais criadas para explicar um fato, enquanto que a Doutrina dos Espíritos não é de concepção humana. Ela foi ditada pelas próprias inteligências que se manifestam, quando ninguém não as sonhava e a opinião geral as repudiava. Ora, perguntamos: onde os médiuns hauriram uma doutrina que não existia no pensamento de ninguém sobre a Terra? Perguntamos, por outro lado: por qual estranha coincidência, milhares de médiuns disseminados sobre todos os pontos do globo, que jamais se viram, combinaram-se para dizer a mesma coisa? Se o primeiro médium que apareceu na França suportou a influência de opiniões já aceitas na América, por que esquisitice foi procurar suas ideias a 2000 léguas além do mar, entre um povo estranho de costumes e de linguagem, em lugar de tomá-las ao seu redor?

Mas há uma outra circunstância sobre a qual não se tem pensado o bastante. As primeiras manifestações na França, como na América, não ocorreram pela escrita, nem pela palavra, mas por pancadas, concordando com as letras do alfabeto e formando palavras e frases. Foi por esse meio que as inteligências que se revelaram, declararam ser Espíritos. Se, pois, poder-se-ia supor a intervenção do pensamento dos médiuns nas comunicações verbais ou escritas, o mesmo não ocorreria com as pancadas, cuja significação não poderia ser conhecida previamente.

Poderíamos citar numerosos fatos que demonstram, na inteligência que se manifesta, uma individualidade evidente e uma independência absoluta de vontade. Remetemos, pois, os dissidentes a uma observação mais atenta; se querem estudar sem prevenção e não concluir antes de ver tudo, eles reconhecerão a impossibilidade de sua teoria para dar a razão de tudo. Limitar-nos-emos a colocar as questões seguintes: Por que a inteligência que se manifesta, qualquer que ela seja, recusa responder a certas questões sobre assuntos perfeitamente conhecidos como, por exemplo, sobre o nome ou a idade do interrogante, sobre o que tem na mão, o que fez na véspera, seu projeto do dia seguinte, etc.? Se o médium é o espelho do pensamento dos assistentes, nada lhe seria mais fácil do que responder.

Os adversários retrucam o argumento perguntando, por seu turno, por que os Espíritos, que devem tudo saber, não podem dizer coisas tão simples, segundo o axioma: **quem pode o mais, pode o menos;** de onde concluem que não são os Espíritos. Se um ignorante ou um zombador apresentando-se diante de uma douta assembleia, perguntasse, por exemplo, por que é dia em pleno meio-dia, crê-se que ela se daria ao trabalho de responder seriamente? E seria lógico concluir-se, de seu silêncio ou escárnio com que gratificasse o perguntador, que seus membros não são senão tolos? Ora, é precisamente porque os Espíritos são superiores, que eles não respondem a questões ociosas e ridículas, e não querem ser colocados em evidência. Por isso, eles se calam ou dizem se ocupar de coisas mais sérias.

Perguntaremos enfim, por que os Espíritos vêm e se vão, frequentemente, num momento dado, e por que, passado esse momento, não há preces nem súplicas que os possam fazer voltar? Se o médium não agisse senão pelo impulso dos assistentes, é evidente que, nessa circunstância, o concurso de todas as vontades reunidas deveria estimular sua clarividência. Se, pois, ele não cede ao desejo da assembleia, corroborado pela sua própria vontade, é porque obedece a uma influência estranha a ele e aos que o rodeiam, e essa influência acusa, com isso, a sua independência e a sua individualidade.

XVII

O ceticismo, no tocante à Doutrina Espírita, quando não é o resultado de uma oposição sistemática interessada, tem quase sempre sua fonte no conhecimento incompleto dos fatos, o que não impede certas pessoas de decidirem a questão como se a conhecessem perfeitamente. Pode-se ter muito espírito, instrução mesmo, e carecer de julgamento. Ora, o primeiro indício de uma falha no julgamento é crer-se infalível. Muitas pessoas também não veem nas manifestações espíritas senão um objeto de curiosidade; esperamos que, pela leitura deste livro, elas encontrarão nesses fenômenos estranhos outra coisa além de um simples passatempo.

A ciência espírita compreende duas partes: uma experimental, sobre as manifestações em geral; outra, filosófica, sobre as manifestações inteligentes. Aquele que não observou senão a primeira, está na posição daquele que não conhece a física senão por experiências recreativas, sem ter penetrado no fundo da ciência. A verdadeira Doutrina Espírita está no ensinamento dado pelos Espíritos, e os conhecimentos que esse ensinamento comporta são muito graves para serem adquiridos de outro modo que não por um estudo sério e continuado, feito no silêncio e no recolhimento; porque, só nessa condição, pode-se observar um número infinito de fatos e de nuanças que escapam ao observador superficial e permitem assentar uma opinião. Este livro, não tivesse ele por resultado apenas mostrar o lado sério da questão e provocar estudos nesse sentido, isso já seria muito, e nos aplaudiríamos de ter sido escolhido para realizar uma obra da qual não pretendemos, de resto, nenhum mérito pessoal, uma vez que os princípios que ela encerra não são nossa criação; seu mérito, portanto, é inteiramente dos Espíritos que a ditaram. Esperamos que ela tenha um outro resultado, o de guiar os homens desejosos de se esclarecerem, mostrando-lhes, nesses estudos, um objetivo grande e sublime: o do progresso individual e social, e de indicar-lhes o caminho a seguir para atingi-lo.

Concluímos com uma última consideração. Os astrônomos, sondando o espaço, encontraram, na distribuição dos corpos celestes, lacunas não justificadas e em desacordo com as leis do conjunto; eles supuseram que essas lacunas deveriam estar ocupadas por globos que escaparam à sua observação; de outro lado, observaram certos efeitos dos quais a causa lhes era desconhecida e disseram a si mesmos: Ali deve haver um mundo, porque essa lacuna não pode existir e esses efeitos devem ter uma causa. Julgando, então, da causa pelo efeito, puderam calcular os elementos, e, mais tarde, os fatos vieram justificar as suas previsões.

Apliquemos esse raciocínio a uma outra ordem de ideias. Se se observar a série dos seres, verifica-se que eles formam uma cadeia sem solução de continuidade, desde a matéria bruta, até o homem mais inteligente. Mas entre o homem e Deus, que é o alfa e o ômega de todas as coisas, que imensa lacuna! É racional pensar que nele terminam os anéis dessa cadeia? Que ele transponha, sem transição, a distância que o separa do Infinito? A razão nos diz que entre o homem e Deus deve haver outros escalões, como disse aos astrônomos que entre os mundos conhecidos devia haver mundos desconhecidos. Qual é a filosofia que preencheu essa lacuna? O Espiritismo no-la mostra ocupada pelos seres de todas as posições do mundo invisível, e esses seres não são outros senão os Espíritos dos homens que atingiram os diferentes graus que conduzem à perfeição; então tudo se liga, tudo se encadeia, desde o alfa até o ômega. Vós, que negais a existência dos Espíritos, preenchei, pois, o vazio que eles ocupam; e vós que rides deles, ousai rir das obras de Deus e de sua onipotência.

ALLAN KARDEC

Prolegômenos

Fenômenos que escapam das leis da Ciência vulgar se manifestam em toda a parte e revelam, em sua causa, a ação de uma vontade livre e inteligente.

A razão diz que um efeito inteligente deve ter por causa uma força inteligente, e os fatos provaram que essa força pode entrar em comunicação com os homens por meio de sinais materiais.

Essa força, interrogada sobre a sua natureza, declarou pertencer ao mundo dos seres espirituais que se despojaram do envoltório corporal do homem. É, assim, que foi revelada a Doutrina dos Espíritos.

As comunicações entre o mundo espírita e o mundo corporal estão na natureza das coisas e não constituem nenhum fato sobrenatural. Por isso, delas se encontram vestígios entre todos os povos e em todas as épocas. Hoje, elas são gerais e patentes para todo o mundo.

Os Espíritos anunciam que os tempos marcados pela Providência, para uma manifestação universal, são chegados e que, sendo os ministros de Deus e os agentes de sua vontade, sua missão é instruir e esclarecer os homens, abrindo uma nova era para a regeneração da Humanidade.

Este livro é a compilação dos seus ensinamentos. Foi escrito por ordem e sob o ditado dos Espíritos superiores para estabelecer os fundamentos de uma filosofia racional, livre dos preconceitos do espírito de sistema. Nada contém que não seja a expressão do seu pensamento e que não tenha se submetido ao seu controle. Somente a ordem e a distribuição metódica das matérias, assim como as notas e a forma de algumas partes da redação, são obras daquele que recebeu a missão de o publicar.

Entre os Espíritos que concorreram para a realização desta obra, vários viveram em diversas épocas sobre a Terra, onde pregaram e praticaram a virtude e a sabedoria. Outros não pertencem, pelo seu nome, a nenhum personagem do qual a História tenha guardado a lembrança, mas sua elevação é atestada pela pureza de sua doutrina e sua união com aqueles que trazem um nome venerado.

Eis os termos pelos quais deram por escrito, e por intermédio de vários médiuns, a missão de escrever este livro:

"Ocupa-te com zelo e perseverança do trabalho que empreendeste com o nosso concurso, porque esse trabalho é nosso. Nele, pusemos as bases do novo edifício que se eleva e deve um dia reunir todos os homens num mesmo sentimento de amor e de caridade; mas antes de propagá-lo, nós o reveremos em conjunto a fim de controlar todos os detalhes.

Estaremos contigo todas as vezes que o pedires e para te ajudar em teus outros trabalhos, porque esta não é senão uma parte da missão que te está confiada e que já te foi revelada por um dos nossos.

Entre os ensinamentos que te são dados, há os que deves guardar só para ti, até nova ordem. Nós te indicaremos quando o momento de publicá-los tenha chegado. Até lá, medite-os, a fim de estar preparado quando o dissermos.

Coloca na cabeça do livro a cepa de vinha que te desenhamos (1), porque ela é o emblema do trabalho do Criador; todos os princípios materiais que podem melhor representar o corpo e o espírito nela encontram-se reunidos: o corpo é a cepa; o espírito é o licor; a alma ou o espírito unido à matéria é o grão. O homem quintessencia o espírito pelo trabalho, e tu sabes que não é senão pelo trabalho do corpo que o espírito adquire conhecimentos.

Não te deixes desencorajar pela crítica. Encontrarás contraditores obstinados, sobretudo entre as pessoas interessadas nos abusos. Encontra-los-ás mesmo entre os Espíritos, porque os que não estão completamente desmaterializados procuram, frequentemente, semear a dúvida por malícia ou por ignorância. Mas prossegue sempre.

---

(1) A cepa da página anterior é o fac-símile daquela que foi *desenhada* pelos Espíritos.

Crê em Deus e caminha com confiança. Aqui estaremos para sustentar-te, e está próximo o tempo em que a verdade brilhará por toda a parte.

A vaidade de certos homens que creem tudo saber e querem tudo explicar à sua maneira, fará nascer opiniões dissidentes. Mas todos aqueles que tiverem em vista o grande princípio de Jesus, se confundirão no mesmo sentimento de amor ao bem e se unirão por um laço fraternal que abrangerá o mundo inteiro. Eles deixarão de lado as miseráveis disputas de palavras, para não se ocupar senão das coisas essenciais, e a doutrina será sempre a mesma, quanto ao fundo, para todos aqueles que receberão as comunicações dos Espíritos superiores.

É com a perseverança que chegarás a recolher o fruto do teu trabalho. O prazer que experimentarás, vendo a doutrina propagar-se e ser compreendida, será uma recompensa da qual conhecerás todo o valor, talvez mais no futuro que no presente. Não te inquietes, pois, com as sarças e as pedras que os incrédulos ou os maus semearão sobre teu caminho. Conserva a confiança: com a confiança tu chegarás ao fim e merecerás ser sempre ajudado.

Lembra-te de que os bons Espíritos não assistem senão aqueles que servem a Deus com humildade e desinteresse e repudiam a qualquer que procure, no caminho do céu, um degrau para as coisas da Terra. Eles se distanciam do orgulhoso e do ambicioso. O orgulho e a ambição serão sempre uma barreira entre o homem e Deus; é um véu atirado sobre as claridades celestes, e Deus não pode se servir do cego para fazer compreender a luz."

São João Evangelista, Santo Agostinho, São Vicente de Paulo, São Luís, O Espírito de Verdade, Sócrates, Platão, Fénelon, Franklin, Swedenborg, etc., etc.

LIVRO PRIMEIRO

As causas primeiras

Capítulo I

Deus

1. Deus e o infinito. – 2. Provas da existência de Deus.
3. Atributos da Divindade. – 4.Panteísmo.

Deus e o infinito.

1 – Que é Deus?

– Deus é a inteligência suprema, causa primeira de todas as coisas. (1)

2 – Que se deve entender por infinito?

– O que não tem começo e nem fim; o desconhecido; tudo o que é desconhecido é infinito.

3 – Poder-se-ia dizer que Deus é o infinito?

– Definição incompleta. Pobreza da linguagem dos homens, que é insuficiente para definir as coisas que estão acima de sua inteligência.

Deus é infinito em suas perfeições, mas o infinito é uma abstração. Dizer que Deus é o **infinito** é tomar o atributo pela própria coisa e definir uma coisa que não é conhecida, por uma coisa que também não o é.

Provas da existência de Deus.

4 – Onde se pode encontrar a prova da existência de Deus?

– Num axioma que aplicais às vossas ciências: não há efeito sem causa. Procurai a causa de tudo o que não é obra do homem, e vossa razão vos responderá.

Para crer em Deus basta lançar os olhos sobre as obras da criação. O Universo existe; ele tem, pois, uma causa. Duvidar da existência de Deus seria negar que todo efeito tem uma causa e adiantar que o nada pôde fazer alguma coisa.

---

(1) As perguntas feitas aos Espíritos estão em letras normais e as respostas destes em grifo logo em seguida. As notas de Allan Kardec constam em caracteres menores para melhor distinção do seu texto, salvo nas dissertações.

5 – Que consequência se pode tirar do sentimento intuitivo que todos os homens carregam em si mesmos da existência de Deus?

– Que Deus existe; porque de onde lhe viria esse sentimento se ele não repousasse sobre nada? É ainda uma consequência do princípio de que não há efeito sem causa.

6 – O sentimento íntimo, que temos em nós mesmos, da existência de Deus, não seria o fato da educação e o produto de ideias adquiridas?

– Se assim fosse, por que os vossos selvagens teriam esse sentimento?

Se o sentimento da existência de um ser supremo não fosse senão o produto de um ensinamento, ele não seria universal, e não existiria, como as noções de ciência, senão naqueles que teriam podido receber esse ensinamento.

7 – Poder-se-ia encontrar a causa primeira da formação das coisas nas propriedades íntimas da matéria?

– Mas, então, qual seria a causa dessas propriedades? É preciso sempre uma causa primeira.

Atribuir a formação primeira das coisas às propriedades íntimas da matéria seria tomar o efeito pela causa, porque essas propriedades são elas mesmas um efeito que deve ter uma causa.

8 – Que pensar da opinião que atribui a formação primeira a uma combinação fortuita da matéria, isto é, ao acaso?

– Outro absurdo! Que homem de bom senso pode olhar o acaso como um ser inteligente? Aliás, que é o acaso? Nada.

A harmonia que regula as atividades do Universo revela combinações e fins determinados e, por isso mesmo, revela a força inteligente. Atribuir a formação primeira ao acaso seria um contrassenso, porque o acaso é cego e não pode produzir os efeitos da inteligência. Um acaso inteligente não seria mais o acaso.

9 – Onde se vê, na causa primeira, uma inteligência suprema e superior a todas as inteligências?

– Tendes um provérbio que diz isto: pela obra se reconhece o artífice. Pois bem! olhai a obra e procurai o artífice. É o orgulho que engendra a incredulidade. O homem orgulhoso não vê nada acima dele e é, por isso, que ele se chama de espírito forte. Pobre ser, que um sopro de Deus pode abater!

Julga-se o poder de uma inteligência pelas suas obras; nenhum ser humano não podendo criar o que produz a Natureza, a causa primeira, pois, é uma inteligência superior à Humanidade.

Quaisquer que sejam os prodígios realizados pela inteligência humana, essa inteligência tem, ela mesma, uma causa, e quanto mais o que ela realiza é grande, mais a causa primeira deve ser grande. Esta inteligência é a causa primeira de todas as coisas, qualquer que seja o nome sob o qual o homem a designe.

Atributos da Divindade.

10 – O homem pode compreender a natureza íntima de Deus?

– *Não; é um sentido que lhe falta.*

11 – Um dia será dado ao homem compreender o mistério da Divindade?

– *Quando seu espírito não estiver mais obscurecido pela matéria e, pela sua perfeição, estiver próximo dele, então, ele o verá e o compreenderá.*

A inferioridade das faculdades do homem não lhe permite compreender a natureza íntima de Deus. Na infância da Humanidade, o homem o confunde, frequentemente, com a criatura, da qual lhe atribui as imperfeições. Mas, à medida que o senso moral se desenvolve nele, seu pensamento penetra melhor o fundo das coisas e dele faz uma ideia mais justa e mais conforme a sã razão, embora sempre incompleta.

12 – Se não podemos compreender a natureza íntima de Deus, podemos ter uma ideia de algumas de suas perfeições?

– *Sim, de algumas. O homem as compreende melhor à medida que se eleva acima da matéria; ele as entrevê pelo pensamento.*

13 – Quando dizemos que Deus é eterno, infinito, imutável, imaterial, único, todo-poderoso, soberanamente justo e bom, não temos uma ideia completa dos seus atributos?

– *Do vosso ponto de vista, sim, porque credes tudo abraçar. Mas sabei bem que há coisas acima da inteligência do homem mais inteligente e para as quais vossa linguagem, limitada às vossas ideias e às vossas sensações, não tem expressão adequada. A razão vos diz, com efeito, que Deus deve ter essas perfeições no supremo grau, porque se o tivesse uma só de menos ou não fosse de um grau infinito, ele não seria superior a tudo e, por conseguinte, não seria Deus. Por estar acima de todas as coisas, Deus não deve suportar nenhuma vicissitude e não ter nenhuma das imperfeições que a imaginação pode conceber.*

Deus é **eterno;** se ele tivesse tido um começo, teria saído do nada ou teria sido criado, ele mesmo, por um ser anterior. É assim que, de degrau em degrau, remontamos ao infinito e à eternidade.

É **imutável;** se estivesse sujeito às mudanças, as leis que regem o Universo não teriam nenhuma estabilidade.

É **imaterial**; quer dizer, sua natureza difere de tudo o que chamamos matéria, de outro modo ele não seria imutável, porque estaria sujeito às transformações da matéria.

É **único;** se houvesse vários deuses, não haveria unidade de vistas, nem unidade de poder no ordenamento do Universo.

É **todo-poderoso;** porque é único. Se não tivesse o soberano poder, haveria alguma coisa mais poderosa ou tão poderosa quanto ele; não teria feito todas as coisas e as que não tivesse feito seriam obras de um outro Deus.

É **soberanamente justo e bom.** A sabedoria providencial das leis divinas se revela nas menores coisas, como nas maiores, e essa sabedoria não permite duvidar da sua justiça, nem da sua bondade.

Panteísmo.

14 – Deus é um ser distinto ou seria, segundo a opinião de alguns, o resultante de todas as forças e de todas as inteligências do Universo reunidas?

– Se o fora assim, Deus não seria, porque seria o efeito e não a causa; ele não pode ser, ao mesmo tempo, um e outra.

Deus existe, não o podeis duvidar, é o essencial. Crede-me, não vades além. Não vos percais num labirinto de onde não podereis sair. Isso não vos tornaria melhores, mas, talvez, um pouco mais orgulhosos, porque acreditaríeis saber o que na realidade nada saberíeis. Deixai, pois, de lado, todos esses sistemas; tendes muitas coisas que vos tocam mais diretamente, a começar por vós mesmos. Estudai as vossas próprias imperfeições, a fim de vos desembaraçai delas, isto vos será mais útil do que querer penetrar o que é impenetrável.

15 – Que pensar da opinião segundo a qual todos os corpos da Natureza, todos os seres, todos os globos do Universo seriam partes da Divindade e constituiriam, pelo seu conjunto, a própria Divindade: ou seja, da doutrina panteísta?

– O homem, não podendo se fazer Deus, quer ao menos ser uma parte dele.

16 – Aqueles que professam esta doutrina pretendem nela encontrar a demonstração de alguns atributos de Deus. Os mundos, sendo infinitos,

Deus é, por isso mesmo, infinito; o vazio ou nada não estando em nenhuma parte, Deus está por toda parte; Deus, estando por toda parte, uma vez que tudo é parte integrante de Deus, ele dá a todos os fenômenos da Natureza uma razão de ser inteligente. Que se pode opor a esse raciocínio?

– A razão. Refleti maduramente e não vos será difícil reconhecer-lhe o absurdo.

Esta doutrina faz de Deus um ser material que, embora dotado de uma inteligência suprema, seria em grande o que somos em pequeno. Ora, a matéria transformando-se sem cessar, se o fosse assim, Deus não teria nenhuma estabilidade e estaria sujeito a todas as vicissitudes, a todas as necessidades, mesmo da Humanidade; faltar-lhe-ia um dos atributos essenciais da Divindade: a imutabilidade. As propriedades da matéria não podem se aliar à ideia de Deus sem o rebaixar em nosso pensamento e todas as sutilezas do sofisma não chegariam para resolver o problema de sua natureza íntima. Não sabemos tudo o que ele é, mas sabemos o que ele não pode deixar de ser, e esse sistema está em contradição com as suas propriedades mais essenciais. Ele confunde o criador com a criatura, absolutamente como se se quisesse que uma máquina engenhosa fosse uma parte integrante do mecânico que a concebeu.

A inteligência de Deus se revela em suas obras como a de um pintor em seu quadro; mas as obras de Deus não são mais o próprio Deus que o quadro não é o pintor que o concebeu e executou.

II
Capítulo 2

Elementos gerais do Universo

1. Conhecimento do princípio das coisas.
2. Espírito e matéria. – 3. Propriedades da matéria.
4. Espaço universal.

Conhecimento do princípio das coisas.

17 – É dado ao homem conhecer o princípio das coisas?

– Não. Deus não permite que tudo seja revelado ao homem neste mundo.

18 – Um dia, o homem penetrará o mistério das coisas que lhe estão ocultas?

– O véu se levanta para ele à medida que se depura; contudo, para compreender certas coisas, precisa de faculdades, que ainda não possui.

19 – Pelas investigações científicas, não pode o homem penetrar alguns dos segredos da Natureza?

– A Ciência lhe foi dada para o seu adiantamento em todos os campos, mas ele não pode ultrapassar os limites fixados por Deus.

Quanto mais é dado ao homem penetrar nesses mistérios, mais cresce sua admiração pelo poder e sabedoria do Criador; mas, seja por orgulho, seja por fraqueza, sua própria inteligência o faz joguete da ilusão. Ele amontoa sistemas sobre sistemas e, cada dia que passa, mostra-lhe quantos erros tomou por verdades, e quantas verdades rejeitou como erros. São outras tantas decepções para o seu orgulho.

20 – Fora das investigações científicas, pode o homem receber comunicações de ordem mais elevada acerca do que lhe escapa ao testemunho dos sentidos?

– Sim, se Deus o julgar útil, pode revelar-lhe o que a Ciência não consegue apreender.

São por essas comunicações que o homem adquire, dentro de certos limites, o conhecimento do seu passado e do seu futuro.

Espírito e matéria.

21 – A matéria existe desde o princípio, como Deus, ou foi criada por ele em determinado momento?

– *Só Deus o sabe. Entretanto, há uma coisa que a vossa razão deve indicar: Deus, modelo de amor e de caridade, jamais esteve inativo. Por mais distante que se consiga imaginar o início da sua ação, poder-se-á compreendê-lo um segundo sequer na ociosidade?*

22 – Define-se, geralmente, a matéria como sendo o que tem extensão, impressiona os nossos sentidos e é impenetrável. São exatas estas definições?

– *Do vosso ponto de vista essas definições são exatas, porque não falais senão do que conheceis. Mas a matéria existe em estados que vos são desconhecidos. Pode ser, por exemplo, tão etérea e sutil que nenhuma impressão vos cause aos sentidos; entretanto, é sempre matéria, embora para vós não o seja.*

– Que definição podeis dar da matéria?

– *A matéria é o laço que retém o espírito; é o instrumento de que ele se serve e, ao mesmo tempo, sobre o qual exerce a sua ação.*

Sob este ponto de vista, pode-se dizer que a matéria é o agente, o meio com o auxílio do qual e sobre o qual atua o espírito.

23 – Que é o espírito?

– *O princípio inteligente do Universo.*

– Qual é a natureza íntima do espírito?

– *O espírito, com a linguagem humana, não é fácil de ser analisado. Porque o espírito não é uma coisa palpável, para vós ele não é nada; mas, para nós, é alguma coisa. Sabei bem: o nada é coisa nenhuma e o nada não existe.*

24 – O espírito é sinônimo de inteligência?

– *A inteligência é um atributo essencial do espírito. Todavia, como ambos se confundem num princípio comum, para vós são a mesma coisa.*

25 – O espírito é independente da matéria ou não é mais que uma

propriedade desta, como as cores são propriedades da luz e o som uma propriedade do ar?

– *Ambos são distintos; mas é necessária a união do espírito e da matéria para dar inteligência à matéria.*

– Esta união é igualmente necessária para a manifestação do espírito? (Entendemos, aqui, por Espírito, o princípio da inteligência, abstração feita das individualidades designadas sob esse nome).

– *Ela é necessária para vós porque não tendes organização para perceber o espírito sem a matéria; vossos sentidos não estão aptos para isso.*

26 – Pode-se conceber o espírito sem a matéria e a matéria sem o espírito?

– *Pode-se, sem dúvida, pelo pensamento.*

27 – Haveria, assim, dois elementos gerais do Universo: a matéria e o espírito?

– *Sim, e, acima de tudo, Deus, o criador, o pai de todas as coisas; essas três coisas são o princípio de tudo o que existe, a trindade universal. Mas ao elemento material é preciso juntar o fluido universal, que desempenha papel intermediário entre o espírito e a matéria propriamente dita, muito grosseira para que o espírito possa ter uma ação sobre ela. Ainda que, sob certo ponto de vista, se possa incluí-lo no elemento material, ele se distingue por propriedades especiais; se fosse matéria não haveria razão para que o espírito também não o fosse. Ele está colocado entre o espírito e a matéria; é fluido, como a matéria é matéria, suscetível, pelas inumeráveis combinações com esta e sob a ação do espírito, de produzir uma infinita variedade de coisas das quais não conheceis senão uma pequena parte. Esse fluido universal, ou primitivo, ou elementar, sendo agente que o espírito utiliza, é o princípio sem o qual a matéria estaria em perpétuo estado de divisão e jamais adquiriria as propriedades que a gravidade lhe dá.*

– Esse fluido seria o que designamos sob o nome de eletricidade?

– *Dissemos que ele é suscetível de inúmeras combinações e o que chamais fluido elétrico, fluido magnético, são modificações do fluido universal, que não é, propriamente falando, senão uma matéria mais perfeita, mais sutil, e que pode ser considerada como independente.*

28 – Uma vez que o espírito é, ele mesmo, alguma coisa, não seria mais exato e menos sujeito a confusões designar esses dois elementos gerais pelas palavras: *matéria inerte e matéria inteligente*?

– As palavras pouco nos importam. Cabe a vós formular linguagem adequada a vos entenderdes. As controvérsias surgem, quase sempre, por não vos entenderdes sobre as palavras, visto que a vossa linguagem é incompleta para exprimir as coisas que não ferem os vossos sentidos.

Um fato patente domina todas as hipóteses: vemos matéria que não é inteligente e vemos um princípio inteligente independente da matéria. A origem e a conexão dessas duas coisas nos são desconhecidas. Que elas tenham ou não uma fonte comum, com pontos de contato necessários; que a inteligência tenha sua existência própria ou que ela seja uma propriedade, um efeito; que seja mesmo, segundo a opinião de alguns, uma emanação da Divindade, é o que ignoramos. Elas nos parecem distintas e, por isso, admitimo-las como formando os dois princípios constituintes do Universo. Vemos, acima de tudo isso, uma inteligência que domina todas as outras e as governa, distinguindo-se por atributos essenciais. A esta inteligência suprema é que chamamos Deus.

Propriedades da matéria.

29 – A ponderabilidade é um atributo essencial da matéria?

– Da matéria como a entendeis, sim; mas não da matéria considerada como fluido universal. A matéria etérea e sutil que forma esse fluido é imponderável para vós e nem por isso é menos o princípio da vossa matéria pesada.

A gravidade é uma propriedade relativa; fora das esferas de atração dos mundos, não há peso, do mesmo modo que não há nem acima, nem abaixo.

30 – A matéria é formada de um só ou de vários elementos?

– De um só elemento primitivo. Os corpos que considerais como corpos simples, não são verdadeiros elementos, mas transformações da matéria primitiva.

31 – De onde provêm as diferentes propriedades da matéria?

– São modificações que as moléculas elementares sofrem pela sua união e em certas circunstâncias.

32 – Diante disso, os sabores, os odores, as cores, o som, as qualidades venenosas ou salutares dos corpos não seriam mais que as modificações de uma só e mesma substância primitiva?

– Sim, sem dúvida, e que não existem senão pela disposição de órgãos destinados a percebê-los.

Esse princípio é demonstrado pelo fato de que nem todos percebem as qualidades dos corpos do mesmo modo; um acha uma coisa agradável ao gosto, enquanto outro a acha ruim, alguns veem azul o que outros veem vermelho; o que é um veneno para uns, é inofensivo ou salutar para outros.

33 – A mesma matéria elementar é suscetível de receber todas as modificações e de adquirir todas as propriedades?

– *Sim, e isso é o que se deve entender quando dizemos que tudo está em tudo.* (1)

O oxigênio, o hidrogênio, o azoto, o carbono, e todos os corpos que catalogamos como simples, não são mais que modificações de uma substância primitiva. Dada a impossibilidade, até o presente a que estamos submetidos, de remontarmos, a não ser pelo pensamento, a essa matéria primitiva, esses corpos são para nós verdadeiros elementos e podemos, sem maiores consequências, considerá-los como tais, até nova ordem.

– Essa teoria parece dar razão à opinião daqueles que não admitem na matéria senão duas propriedades essenciais: a força e o movimento, e que pensam que todas as outras propriedades não são mais que efeitos secundários, variando segundo a intensidade da força e a direção do movimento?

– *Essa opinião é exata. É preciso ajuntar também: segundo a disposição das moléculas, como vês, por exemplo, num corpo opaco que pode se tornar transparente e vice-versa.*

34 – As moléculas têm uma forma determinada?

– *Sem dúvida, as moléculas têm uma forma determinada, mas que não é, para vós, apreciável.*

– Essa forma é constante ou variável?

– *Constante para as moléculas elementares primitivas, mas variáveis para as moléculas secundárias que não são mais que aglomerações das primeiras; porque o que chamais molécula está ainda distante da molécula elementar.*

---

(1) Este princípio explica o fenômeno conhecido de todos os magnetizadores e que consiste em dar, pela ação da vontade, a uma substância qualquer, a água, por exemplo, propriedades diversas: um gosto determinado e mesmo as qualidades ativas de outras substâncias. Visto que não há senão um elemento primitivo e que as propriedades dos diferentes corpos não são senão modificações desse elemento, resulta que a substância mais inofensiva tem o mesmo princípio que a mais deletéria.

Assim, a água, que é formada de uma parte de oxigênio e duas de hidrogênio, torna-se corrosiva, se se duplica a proporção de oxigênio. Uma transformação análoga pode se produzir pela ação magnética dirigida pela vontade.

Espaço universal.

35 – O espaço universal é infinito ou limitado?

– *Infinito. Supõe-no limitado; que haveria além? Isto te confunde a razão, bem o sei, e, todavia, tua razão diz que não pode ser de outro modo. Ele é como o infinito em todas as coisas; não é na vossa pequenina esfera que podereis compreendê-lo.*

Supondo-se um limite ao espaço, por mais distante que o pensamento o possa conceber, a razão diz que além desse limite há alguma coisa e assim, passo a passo, até o infinito, porque se essa alguma coisa fosse o vazio absoluto, ainda assim seria espaço.

36 – O vazio absoluto existe em alguma parte do espaço universal?

– *Não, nada é vazio; o que te parece vazio está ocupado por uma matéria que escapa aos teus sentidos e instrumentos.*

III

Capítulo

3

Criação

1. Formação dos mundos. – 2. Formação dos seres vivos. – 3. Povoamento da Terra. Adão. 4. Diversidade das raças humanas. 5. Pluralidade dos mundos. 6. Considerações e concordâncias bíblicas referentes à Criação.

Formação dos mundos.

O Universo compreende a infinidade dos mundos que vemos e aqueles que não vemos, todos os seres animados e inanimados, todos os astros que se movem no espaço, assim como os fluidos que o enchem.

37 – O Universo foi criado ou existe de toda a eternidade como Deus?

– Sem dúvida que ele não pôde se fazer por si mesmo e, se fosse de toda a eternidade, como Deus, não poderia ser obra de Deus.

A razão nos diz que o Universo não pôde se ter feito a si mesmo e que, não podendo ser obra do acaso, deve ser obra de Deus.

38 – Como Deus criou o Universo?

– Por sua vontade. Nada traduz melhor essa vontade todo-poderosa que estas belas palavras do Gênese: "Deus disse: que a luz seja: e a luz foi".

39 – Poderemos conhecer o modo da formação dos mundos?

– Tudo o que se pode dizer, e podeis compreender, é que os mundos se formam pela condensação da matéria disseminada pelo espaço.

40 – Os cometas seriam, como se pensa atualmente, um começo de condensação da matéria e de mundos em via de formação?

– Isso é exato; mas o que é absurdo é crer-se em sua influência. Quero dizer, a influência que vulgarmente se lhe atribui; porque todos os corpos celestes têm sua parte de influência em certos fenômenos físicos.

41 – Um mundo completamente formado pode desaparecer, e a matéria que o compõe disseminar-se de novo no espaço?

– Sim. Deus renova os mundos como renova os seres vivos.

42 – Poderemos conhecer a duração da formação dos mundos: da Terra, por exemplo?

– Nada te posso dizer a respeito, porque só o Criador o sabe, e bem louco seria quem pretendesse saber ou conhecer o número de séculos dessa formação.

Formação dos seres vivos.

43 – Quando a Terra começou a ser povoada?

– No começo, tudo era caos; os elementos estavam em confusão. Pouco a pouco, cada coisa tomou o seu lugar; então, apareceram os seres vivos apropriados ao estado do globo.

44 – De onde vieram os seres que vivem sobre a Terra?

– A Terra continha os germes que aguardavam momento favorável para se desenvolverem. Os princípios orgânicos se congregaram desde que cessou a força que os mantinha afastados, e eles formaram os germes de todos os seres vivos. Os germes estiveram em estado latente e inerte, como a crisálida e as sementes das plantas, até o momento propício para a eclosão de cada espécie; então, os seres de cada espécie se reuniram e se multiplicaram.

45 – Onde estavam os elementos orgânicos antes da formação da Terra?

– Eles estavam, por assim dizer, em estado de fluido pelo espaço, entre os Espíritos ou em outros planetas, esperando a criação da Terra para começar uma nova existência sobre um novo globo.

A química nos mostra as moléculas dos corpos inorgânicos unindo-se para formarem cristais de uma regularidade constante, segundo cada espécie, desde que estejam nas condições desejadas. A menor perturbação, nessas condições, basta para impedir a reunião dos elementos ou, pelo menos, a disposição regular que constitui o cristal. Por que não ocorreria o mesmo com os elementos orgânicos? Conservamos, durante anos, sementes de plantas e de animais que não se desenvolvem senão em uma dada temperatura e num meio propício; têm-se visto grãos de trigo germinarem depois de vários séculos. Há, portanto, nessas sementes, um princípio latente de vitalidade que aguarda uma circunstância favorável para se desenvolver. O que se passa diariamente sob nossos olhos, não pode ter existido desde a origem do globo? Essa formação de seres vivos, partindo do caos pela força da própria Natureza, diminuiu alguma coisa da grandeza de Deus? Longe disso, ela responde melhor à ideia que fazemos de sua força se exercendo sobre os mundos infinitos por meio de leis eternas. Essa teoria não resolve, é verdade, a questão da origem dos elementos vitais; mas Deus tem seus mistérios e pôs limites às nossas investigações.

46 – Existem, ainda, seres que nasçam espontaneamente?

– Sim, mas o germe primitivo existia já em estado latente. Sois testemunhas, todos os dias, desse fenômeno. Os tecidos dos homens e dos animais não encerram os germes de uma multidão de vermes que aguardam, para eclodir, a fermentação pútrida necessária à sua existência? É um pequeno mundo que dormita e que se cria.

47 – A espécie humana se encontrava entre os elementos orgânicos contidos no globo terrestre?

– Sim, e ela veio a seu tempo; foi o que levou a se dizer que o homem foi feito do limo da Terra.

48 – Podemos conhecer a época do aparecimento do homem e dos outros seres vivos sobre a Terra?

– Não; todos os vossos cálculos são quiméricos.

49 – Se o germe da espécie humana se encontrava entre os elementos orgânicos do globo, por que não se formam mais, espontaneamente, os homens como na sua origem?

– O princípio das coisas está nos segredos de Deus; todavia, pode-se dizer que os homens, uma vez espalhados sobre a Terra, absorveram neles os elementos necessários à sua formação para transmiti-los segundo as leis da reprodução. O mesmo se deu com as diferentes espécies de seres vivos.

Povoamento da Terra. Adão.

50 – A espécie humana começou por um só homem?

– Não; aquele a quem chamais Adão não foi o primeiro, nem o único que povoou a Terra.

51 – Podemos saber em que época viveu Adão?

– *Mais ou menos na que assinalais: aproximadamente 4000 anos antes de Cristo.*

O homem, cuja tradição se conservou sob o nome de Adão, foi um dos que sobreviveram, em certo país, após alguns dos grandes cataclismos que, em épocas diversas, perturbaram a superfície do globo e veio a ser o tronco de uma das raças que hoje o povoam. As leis da Natureza se opõem a que os progressos da Humanidade, constatados muito tempo antes de Cristo, tenham-se cumprido em alguns séculos, se o homem não estivesse sobre a Terra senão depois da época assinalada para a existência de Adão. Alguns consideram, e com muita razão, Adão como um mito ou uma alegoria, personificando as primeiras idades do mundo.

Diversidade das raças humanas.

52 – De onde vêm as diferenças físicas e morais que distinguem as variedades de raças humanas sobre a Terra?

– *Do clima, da vida e dos costumes. O mesmo ocorre com dois filhos da mesma mãe que, educados um longe do outro e diferentemente, não se assemelham em nada quanto ao moral.*

53 – O homem nasceu sobre diversos pontos do globo?

– *Sim, e em épocas diversas, e isso é uma das causas da diversidade de raças; depois os homens, em se dispersando sob diferentes climas e aliando-se a outras raças, formaram os novos tipos.*

– Essas diferenças constituem espécies distintas?

– *Certamente que não, todos são da mesma família; as diferentes variedades de um mesmo fruto impedem que pertençam à mesma espécie?*

54 – Se a espécie humana não procede de um só, os homens devem deixar, por isso, de se reconhecerem como irmãos?

– *Todos os homens são irmãos em Deus, porque são animados pelo espírito e tendem ao mesmo fim. Quereis sempre tomar as palavras, literalmente.*

Pluralidade dos mundos.

55 – Todos os globos que circulam no espaço são habitados?

– *Sim, e o homem da Terra está longe de ser, como crê, o primeiro em inteligência, em bondade e perfeição. Todavia, há homens que se creem muito fortes, que imaginam que somente seu pequeno globo tem o privilégio de abrigar seres racionais. Orgulho e vaidade! Julgam que Deus criou o Universo só para eles.*

Deus povoou os mundos de seres vivos, concorrendo todos ao objetivo final da Providência. Acreditar que os seres vivos estão limitados ao único ponto que habitamos no Universo, seria pôr em dúvida a sabedoria de Deus, que não fez nada inútil; ele deve ter determinado, para esses mundos, um fim mais sério que o de recrear nossa visão. Nada, aliás, nem na posição, no volume ou na constituição física da Terra, pode razoavelmente fazer supor que só ela tenha o privilégio de ser habitada, com exclusão de tantos milhares de mundos semelhantes.

56 – A constituição física dos diferentes globos é a mesma?

– *Não, eles não se assemelham de modo algum.*

57 – A constituição física dos mundos, não sendo a mesma para todos, seguir-se-á tenham organização diferente os seres que os habitam?

– *Sem dúvida, como para vós os peixes são feitos para viverem na água e os pássaros no ar.*

58 – Os mundos mais afastados do Sol estão privados de luz e de calor, uma vez que o Sol se mostra a eles apenas com a aparência de uma estrela?

– *Crede, pois, que não existem outras fontes de luz e de calor além do Sol, e não considerais em nada a eletricidade que, em certos mundos, tem um papel que desconheceis e muito mais importante que sobre a Terra? Aliás, não dissemos que todos os seres sejam da mesma matéria vossa e com órgãos dispostos como os vossos.*

As condições de existência dos seres que habitam os diferentes mundos devem ser apropriadas ao meio para o qual foram chamados a viver. Se não tivéssemos jamais visto os peixes, não compreenderíamos como esses seres podem viver dentro da água. Assim acontece em outros mundos que contêm, sem dúvida, elementos que desconhecemos. Não vemos nós, sobre a Terra, as longas noites polares iluminadas pela eletricidade das auroras boreais? Que há de impossível que, em certos mundos, a eletricidade seja mais abundante que sobre a Terra e desempenhe um papel de ordem geral cujos efeitos não podemos compreender? Esses mundos podem, pois, conter em si mesmos as fontes de calor e de luz necessárias aos seus habitantes.

Considerações e concordâncias bíblicas referentes à Criação.

59 – Os povos formaram ideias muito divergentes sobre a Criação, segundo o grau dos seus conhecimentos. A razão, apoiada na Ciência, reconheceu a impossibilidade de certas teorias. Aquela dada pelo Espíritos confirma a opinião admitida, há longo tempo, pelos homens mais esclarecidos.

A objeção que se pode fazer a essa teoria é que está em contradição com o texto dos livros sagrados; mas um exame sério faz reconhecer que essa contradição é mais aparente que real e que ela resulta da interpretação dada a um significado frequentemente alegórico.

A questão do primeiro homem, na pessoa de Adão, como única fonte da Humanidade, não é o único ponto sobre o qual as crenças religiosas tiveram que se modificar. O movimento da Terra pareceu, em certa época, de tal forma oposto ao texto sagrado, que não houve tipo de perseguições que essa teoria não tivesse servido de pretexto e, todavia, a Terra gira malgrado os anátemas, não podendo, hoje, ninguém contestá-lo sem agravar a sua própria razão.

A Bíblia diz, igualmente, que o mundo foi criado em seis dias e fixa a época em torno de 4000 anos antes da era cristã. Antes disso, a Terra não existiria; foi tirada do nada; o texto é formal. Eis que a Ciência positiva, a ciência inexorável, veio provar o contrário. A formação do globo está escrita em caracteres perenes no mundo fóssil, estando provado que os seis dias da criação indicam períodos, cada um podendo ser de várias centenas de milhares de anos. Isto não é um sistema, uma doutrina, uma opinião isolada, é um fato também constante como aquele do movimento da Terra e que a Teologia não pode se recusar a admitir, prova evidente do erro em que podem cair os que se atêm à letra das expressões de uma linguagem frequentemente figurada. É preciso concluir que a Bíblia é um erro? Não, mas que os homens se equivocaram ao interpretá-la.

A Ciência, escavando os arquivos da Terra, reconheceu a ordem pela qual os diferentes seres vivos apareceram em sua superfície, e esta ordem está de acordo com aquela indicada na Gênese, com a diferença de que esta obra, ao invés de sair milagrosamente das mãos de Deus, em algumas horas, realizou-se sempre pela sua vontade, mas segundo a lei das forças da Natureza em alguns milhões de anos. Deus ficou, por isso, menor ou menos poderoso? Sua obra ficou menos sublime por não ter o prestígio da instantaneidade?

Não, evidentemente; seria preciso fazer-se da divindade uma ideia bem mesquinha para não se reconhecer a sua onipotência nas leis eternas que estabeleceu para reger os mundos. A Ciência, longe de diminuir a obra divina, no-la mostra sob um aspecto mais grandioso e mais conforme as noções que temos do poder e da majestade de Deus, pela razão mesma de se cumprir sem derrogar as leis da Natureza.

A Ciência, de acordo nisso com Moisés, coloca o homem em último lugar na ordem da criação dos seres vivos. Todavia, Moisés indica o dilúvio universal no ano 1654 do mundo, enquanto a Geologia nos mostra o grande cataclismo anterior à aparição do homem, atendendo que, até hoje, não se encontrou nas camadas primitivas qualquer traço de sua presença, nem de animais da mesma categoria sob o ponto de vista físico. Mas nada prova que isso seja impossível. Várias descobertas já fizeram surgir dúvidas a tal respeito. Pode ocorrer que, de um momento para outro, adquira-se a certeza material dessa anterioridade da raça humana, e, então, se reconhecerá que, sob esse ponto, como sobre os outros, o texto bíblico é uma alegoria.

A questão é de saber se o cataclismo geológico é o mesmo a que assistiu Noé. Ora, o tempo necessário à formação das camadas fósseis não permite mais confundi-los e do momento em que se encontrem os vestígios da existência do homem antes da grande catástrofe, ficará provado, ou que Adão não foi o primeiro homem, ou que a sua criação se perde na noite dos tempos. Contra a evidência não há raciocínios possíveis, e seria preciso aceitar esse fato como se aceitou aquele do movimento da Terra e dos seis períodos da Criação.

A existência do homem antes do dilúvio geológico, em verdade, é ainda hipotética, mas, eis aqui o que o é menos.

Admitindo-se que o homem apareceu pela primeira vez sobre a Terra, 4000 anos antes de Cristo, se 1650 anos depois toda a raça humana foi destruída, à exceção de uma só família, disso resulta que o povoamento da Terra data de Noé, quer dizer, de 2350 anos antes da nossa era. Ora, quando os Hebreus emigraram do Egito, no décimo oitavo século, encontraram esse país muito povoado e já bem avançado em civilização. A história prova que, nessa época, a Índia e outros países estavam igualmente florescentes, sem mesmo levar-se em conta a cronologia de certos povos, que remontam a uma época bem mais recuada. Seria preciso, pois, que, do vigésimo quarto ao décimo oitavo século, quer dizer, num espaço de 600 anos, não somente a posteridade de um único homem pudesse povoar todos os imensos países então conhecidos, supondo-se que os outros não o fossem, mas que, nesse curto intervalo, a espécie humana pudesse se elevar da ignorância absoluta do estado primitivo, ao mais alto grau de desenvolvimento intelectual, o que é contrário a todas as leis antropológicas.

A diversidade das raças vem, ainda, em apoio desta opinião. O clima e os costumes produzem, sem dúvida, modificações nos caracteres físicos, mas se conhece até onde podem chegar as influências dessas causas, e o exame fisiológico prova que há, entre certas raças, diferenças constitucionais mais profundas que aquelas que podem o clima produzir. O cruzamento das raças produz os tipos intermediários. Ele tende a apagar os caracteres extremos, mas não os produz; apenas cria variedades. Ora, para que houvesse cruzamento de raças era preciso que houvesse raças distintas, e como explicar sua existência dando-lhes um tronco comum e, sobretudo, ainda próximo? Como admitir-se que, em alguns séculos, certos descendentes de Noé se transformaram a ponto de produzirem a raça etíope, por exemplo? Uma tal metamorfose não é mais admissível que a hipótese de um tronco comum para o lobo e o cordeiro, para o elefante e o pulgão, para o pássaro e o peixe. Ainda uma vez, nada pode prevalecer contra a evidência dos fatos. Tudo se explica, ao contrário, em se admitindo a existência do homem antes da época que lhe é vulgarmente assinalada; que as origens são diversas; que vivendo há seis mil anos, Adão tenha povoado uma região ainda desabitada; o dilúvio de Noé como uma catástrofe parcial confundida com o cataclismo geológico; tendo-se em conta, enfim, a forma alegórica particular ao estilo oriental e que se encontra nos livros sagrados de todos os povos. Por isso, é prudente não se negar, apressadamente, como falsas, doutrinas que cedo ou tarde, como tantas outras, podem desmentir aqueles que as combatem. As ideias religiosas, longe de perderem, engrandecem-se, caminhando com a Ciência; esse é o único meio de não apresentarem, ao ceticismo, um lado vulnerável.

IV
Capítulo
4

Princípio vital

1. Seres orgânicos e inorgânicos.
2. A vida e a morte.
3. Inteligência e instinto.

Seres orgânicos e inorgânicos.

Os seres orgânicos são aqueles que têm, em si mesmos, uma fonte de atividade íntima que lhes dá a vida. Eles nascem, crescem, reproduzem-se por si mesmos e morrem. São dotados de órgãos especiais para realizarem os diferentes atos da vida e que são apropriados às suas necessidades de conservação. Compreendem os homens, os animais e as plantas. Os seres inorgânicos são todos aqueles que não têm vitalidade, nem movimento próprio e não se formam senão pela agregação da matéria. Tais são os minerais, a água, o ar, etc.

60 – É a mesma força que une os elementos da matéria nos corpos orgânicos e nos corpos inorgânicos?

– Sim, a lei de atração é a mesma para tudo.

61 – Existe alguma diferença entre a matéria dos corpos orgânicos e aquela dos corpos inorgânicos?

– A matéria é sempre a mesma, porém, nos corpos orgânicos, está animalizada.

62 – Qual é a causa da animalização da matéria?

– Sua união com o princípio vital.

63 – O princípio vital reside num agente particular ou não é mais que uma propriedade da matéria organizada; numa palavra, é um efeito ou uma causa?

– É uma e outra coisa. A vida é um efeito produzido pela ação de um

agente sobre a matéria; esse agente sem a matéria não é a vida, da mesma forma que a matéria não pode viver sem esse agente. Ele dá a vida a todos os seres que o absorvem e assimilam.

64 – Vimos que o espírito e a matéria são dois elementos constitutivos do Universo; o princípio vital forma um terceiro?

– Sem dúvida, é um dos elementos necessários à constituição do Universo, mas ele tem sua fonte na matéria universal modificada; é, para vós, um elemento como o oxigênio e o hidrogênio que, todavia, não são elementos primitivos, visto que tudo parte de um mesmo princípio.

– Parece resultar daí que a vitalidade não tem seu princípio num agente primitivo distinto, mas, numa propriedade especial da matéria universal, em razão de certas modificações?

– É a consequência do que dissemos.

65 – O princípio vital reside em alguns dos corpos que conhecemos?

– Ele tem sua fonte no fluido universal; é o que chamais de fluido magnético ou fluido elétrico animalizado. É o intermediário, o elo entre o espírito e a matéria.

66 – O princípio vital é o mesmo para todos os seres orgânicos?

– Sim, modificado segundo as espécies. É ele que lhes dá o movimento e atividade, e os distingue da matéria inerte, pois o movimento da matéria não é vida. Ela recebe esse movimento, não o dá.

67 – A vitalidade é um atributo permanente do agente vital ou se desenvolve apenas em razão do funcionamento dos órgãos?

– Não se desenvolve senão com o corpo. Não dissemos que esse agente sem a matéria não é a vida? É necessária a união dessas duas coisas para produzir a vida.

– Poder-se-á dizer que a vitalidade está em estado latente quando o agente vital não está unido ao corpo?

– Sim, é isso.

O conjunto dos órgãos constitui uma espécie de mecanismo que recebe estímulo da atividade íntima ou princípio vital que existe neles. O princípio vital é a força motriz dos corpos orgânicos.

Ao mesmo tempo que o agente vital estimula os órgãos, a ação dos órgãos entretém e desenvolve a atividade do agente vital, aproximadamente como se dá com o atrito, que desenvolve o calor.

A vida e a morte.

68 – Qual a causa da morte entre os seres orgânicos?

– *O esgotamento dos órgãos.*

– Poder-se-ia comparar a morte à cessação do movimento de determinada máquina desorganizada?

– *Sim; se a máquina está mal montada, a atividade cessa; se o corpo adoece, a vida se extingue.*

69 – Por que uma lesão do coração, de preferência que a dos outros órgãos, causa a morte?

– *O coração é máquina de vida; mas o coração não é o único órgão em que a lesão causa a morte; não é mais que uma das peças essenciais.*

70 – Em que resultam a matéria e o princípio vital dos seres orgânicos, quando estes morrem?

– *A matéria inerte se decompõe e toma nova forma; o princípio vital retorna à massa.*

Morrendo o ser orgânico, os elementos que o compõem experimentam novas combinações que formam novos seres, os quais tiram da fonte universal o princípio da vida e da atividade, o absorvem e assimilam para devolvê-lo à mesma fonte, quando deixarem de existir.

Os órgãos estão, por assim dizer, impregnados de fluido vital. Esse fluido dá, a todas as partes do organismo, uma atividade que as une em certas lesões e restabelece as funções momentaneamente suspensas. Mas, quando os elementos essenciais ao funcionamento dos órgãos estão destruídos ou muito profundamente alterados, o fluido vital é impotente para transmitir-lhe o movimento da vida, e o ser morre.

Os órgãos reagem, mais ou menos necessariamente, uns sobre os outros; é da harmonia do seu conjunto que resulta a sua ação recíproca. Quando uma causa qualquer destrói essa harmonia, suas funções cessam, como o movimento de um mecanismo cujas peças principais estão desarranjadas. Tal um relógio que se desgasta com o tempo ou se desconjunta por acidente, no qual a força motriz fica impotente para pô-lo em movimento.

Temos uma imagem mais exata da vida e da morte num aparelho elétrico. Esse aparelho recolhe eletricidade, como todos os corpos da Natureza, em estado latente. Os fenômenos elétricos só se manifestam quando o fluido é posto em movimento por uma causa especial. Nesse caso, poder-se-ia dizer que o aparelho está vivo. Cessando a causa da atividade, o fenômeno cessa; o aparelho volta ao estado de inércia. Os corpos orgânicos seriam, assim, como espécies de pilhas ou aparelhos elétricos nos quais a atividade do fluido determina o fenômeno da vida; a cessação dessa atividade produz a morte.

A quantidade de fluido vital não é fator absoluto para todos os seres orgânicos; varia segundo as espécies e não é fator constante, seja no mesmo indivíduo, seja nos indivíduos da mesma espécie. Existem alguns que são, por assim dizer, saturados, enquanto que outros dispõem apenas de uma quantidade suficiente; daí, para alguns, a vida é mais ativa, mais vibrante e, de certo modo, superabundante.

A quantidade de fluido vital se esgota; pode vir a ser insuficiente para manter a vida se não se renova, pela absorção, a assimilação das substâncias que o contêm.

O fluido vital se transmite de um indivíduo para outro. Aquele que tem o bastante, pode dá-lo àquele que tem pouco e, em certos casos, restabelecer a vida prestes a apagar-se.

Inteligência e instinto.

71 – A inteligência é um atributo do princípio vital?

– *Não, pois as plantas vivem e não pensam; têm apenas vida orgânica. A inteligência e a matéria são independentes, pois um corpo pode viver sem inteligência; mas a inteligência não pode se manifestar senão por meio de órgãos materiais; é necessária a união com o espírito para intelectualizar a matéria animalizada.*

A inteligência é uma faculdade especial, própria de certas classes de seres orgânicos e que lhes dá, com o pensamento, a vontade de agir, a consciência de sua existência e de sua individualidade, assim, como os meios de estabelecer intercâmbio com o mundo exterior e de prover às suas necessidades.

Podem distinguir-se assim: 1º – os seres inanimados, constituídos de matéria, sem vitalidade nem inteligência, que são os corpos brutos; 2º – os seres animados não pensantes, formados de matéria e dotados de vitalidade, mas desprovidos de inteligência; 3º – os seres animados pensantes, formados de matéria, dotados de vitalidade e tendo a mais um princípio inteligente que lhes dá a faculdade de pensar.

72 – Qual é a fonte da inteligência?

– *Já o dissemos: a inteligência universal.*

– Poder-se-ia dizer que cada ser toma uma porção de inteligência da fonte universal e a assimila, como toma e assimila o princípio da vida material?

– *Isto não é mais que uma comparação e que não é exata, porque a inteli-*

gência é uma faculdade própria de cada ser e constitui sua individualidade moral. De resto, como sabeis, há coisas que não é dado ao homem penetrar e esta é desse número, no momento.

73 – O instinto é independente da inteligência?

– Não, precisamente, porque é uma espécie de inteligência. O instinto é uma inteligência não racional e é por esse meio que todos os seres provêm às suas necessidades.

74 – Pode-se assinalar um limite entre o instinto e a inteligência, quer dizer, precisar onde termina um e começa a outra?

– Não, porque frequentemente eles se confundem; mas se podem muito bem distinguir os atos que pertencem ao instinto e aqueles que pertencem à inteligência.

75 – É exato dizer-se que as faculdades instintivas diminuem à medida que aumentam as faculdades intelectuais?

– Não; o instinto existe sempre, mas o homem o negligencia. O instinto pode também conduzir ao bem; ele nos guia quase sempre e, algumas vezes, com mais segurança que a razão. Ele não se transvia nunca.

– Por que a razão não é sempre um guia infalível?

– Ela seria infalível se não fosse falseada pela má educação, pelo orgulho e o egoísmo. O instinto não raciocina; a razão permite a escolha e dá ao homem o livre-arbítrio.

O instinto é uma inteligência rudimentar que difere da inteligência propriamente dita, em que suas manifestações são quase sempre espontâneas, enquanto que as da inteligência são o resultado de uma combinação e de um ato deliberado.

O instinto varia em suas manifestações, segundo as espécies e suas necessidades. Nos seres que têm a consciência e a percepção das coisas exteriores, ele se alia à inteligência, quer dizer, à vontade e à liberdade.

LIVRO SEGUNDO

Mundo espírita ou dos Espíritos

Capítulo I

Dos Espíritos

1. Origem e natureza dos Espíritos.
2. Mundo normal primitivo. – 3. Forma e ubiquidade dos Espíritos. – 4. Perispírito.
5. Diferentes ordens de Espíritos.
6. Escala espírita. – 7. Progressão dos Espíritos.
8. Anjos e demônios.

Origem e natureza dos Espíritos.

76 – Que definição se pode dar dos Espíritos?

– *Pode-se dizer que os Espíritos são os seres inteligentes da Criação. Povoam o Universo fora do mundo material.*

Nota: O vocábulo **Espírito** é empregado aqui para designar as individualidades dos seres extracorpóreos, e não mais o elemento inteligente universal.

77 – Os Espíritos são seres distintos da Divindade ou seriam apenas emanações ou porções da Divindade e chamados, por essa razão, filhos de Deus?

– *Meu Deus! São sua obra absolutamente como um homem que faz uma máquina; essa máquina é obra do homem, e não ele mesmo. Sabes que quando o homem faz uma coisa bela, útil, ele a chama sua filha, sua criação. Pois bem, o mesmo se dá com relação a Deus: somos seus filhos, uma vez que somos sua obra.*

78 – Os Espíritos tiveram princípio, ou existem como Deus, de toda a eternidade?

– *Se os Espíritos não tivessem tido princípio, seriam iguais a Deus, ao passo que eles são sua criação e submetidos à sua vontade. Deus existe de toda eternidade e isto é incontestável; mas saber quando e como nos criou, não o sabemos. Podes dizer que não tivemos princípio, se entenderes com isso que, sendo Deus eterno, tem criado sem descanso; mas quando e como ele criou cada um de nós, digo-te, ainda, ninguém o sabe; aí é que está o mistério.*

79 –Visto que existem dois elementos gerais no Universo – o elemento inteligente e o elemento material – poder-se-á dizer que os Espíritos são formados do elemento inteligente como os corpos inertes são formados do elemento material?

– Evidentemente; os Espíritos são individualizações do princípio inteligente como os corpos são individualizações do princípio material. A época e o modo dessa formação é que são desconhecidos.

80 – A criação dos Espíritos é permanente, ou só ocorreu na origem dos tempos?

– É permanente; quer dizer, Deus não cessou jamais de criar.

81 – Os Espíritos se formam espontaneamente ou procedem uns dos outros?

– Deus os cria, como a todas as outras criaturas, pela sua vontade; mas, ainda uma vez, a origem deles é mistério.

82 – É exato dizer-se que os Espíritos são imateriais?

– Como se pode definir uma coisa, quando faltam termos de comparação e com uma linguagem insuficiente? Pode um cego de nascimento definir a luz? Imaterial não é o termo; incorpóreo seria mais exato, pois deves compreender que, sendo o Espírito uma criação, deve ser alguma coisa. É a matéria quintessenciada, mas sem analogia para vós outros, e tão etérea que não pode ser percebida pelos vossos sentidos.

Dizemos que os Espíritos são imateriais, porque sua essência difere de tudo o que conhecemos sob o nome de matéria. Uma comunidade de cegos não teria termos para definir a luz e seus efeitos. Um cego de nascença crê possuir todas as percepções pelo ouvido, o odor, o gosto e o tato; ele não compreende as ideias que lhe dariam o sentido que lhe falta. Da mesma forma, com relação à essência dos seres sobre-humanos somos verdadeiros cegos. Não os podemos definir senão por comparações sempre imperfeitas ou por um esforço da nossa imaginação.

83 – Os Espíritos têm fim? Compreende-se que o princípio de onde eles emanam seja eterno, mas o que perguntamos é se sua individualidade tem um termo e se, num tempo dado, mais ou menos longo, o elemento de que são formados não se dissemina e não retorna à massa donde saiu, como ocorre com os corpos materiais. É difícil de conceber-se que uma coisa que teve começo, possa não ter fim.

– Existem coisas que não compreendeis porque a vossa inteligência é limi-

tada e isso não é razão para que as rejeiteis. A criança não compreende tudo o que seu pai compreende, nem o ignorante tudo o que o sábio compreende.

Dissemos que a existência do Espírito não tem fim; é tudo o que podemos dizer, por enquanto.

Mundo normal primitivo.

84 – Os Espíritos constituem um mundo à parte, fora daquele que vemos?

– Sim, o mundo dos Espíritos ou das inteligências incorpóreas.

85 – Na ordem das coisas, qual dos dois é o principal, o mundo dos Espíritos ou o mundo corpóreo?

– O mundo espírita; ele preexiste e sobrevive a tudo.

86 – O mundo corpóreo poderia deixar de existir ou não ter jamais existido, sem alterar a essência do mundo espírita?

– Sim, eles são independentes; no entanto, sua correlação é incessante, porque reagem incessantemente um sobre o outro.

87 – Os Espíritos ocupam uma região determinada e circunscrita no Espaço?

– Os Espíritos estão por toda a parte. Povoam infinitamente os espaços infinitos. Estão sempre ao vosso lado, observando e agindo sobre vós sem o perceberdes, porque os Espíritos são uma das forças da Natureza e instrumentos de que Deus se serve para a realização dos seus desígnios providenciais; mas nem todos vão a toda parte, pois há regiões interditadas aos menos adiantados.

Forma e ubiquidade dos Espíritos.

88 – Os Espíritos têm uma forma determinada, limitada e constante?

– Para vós, não; para nós, sim. O Espírito é, se quiserdes, uma chama, um clarão ou uma centelha etérea.

– Essa chama ou centelha tem uma cor qualquer?

– Para vós, ela varia da sombra ao brilho do rubi, segundo seja o Espírito mais ou menos puro.

Representam-se ordinariamente os gênios com uma flama ou estrela sobre a fronte; é uma alegoria que lembra a natureza essencial dos Espíritos. Colocam-na na altura da cabeça porque aí está a sede da inteligência.

89 – Os Espíritos gastam algum tempo para percorrer o espaço?

– Sim, porém, rápido como o pensamento.

– O pensamento não é a própria alma que se transporta?

– Quando o pensamento está em qualquer parte, a alma aí está também, pois é a alma quem pensa. O pensamento é um atributo.

90 – O Espírito que se transporta de um lugar a outro tem consciência da distância que percorre e dos espaços que atravessa, ou é subitamente transportado para o lugar aonde quer ir?

– Ocorrem ambas as coisas. O Espírito pode, muito bem, se ele quiser, tomar conhecimento da distância que percorre, mas essa distância pode desaparecer completamente, dependendo da sua vontade e da sua natureza mais ou menos depurada.

91 – A matéria constitui obstáculo aos Espíritos?

– Não; eles penetram em tudo: o ar, a terra, as águas e mesmo o fogo lhes são igualmente acessíveis.

92 – Os Espíritos têm o dom da ubiquidade? Por outras palavras, o mesmo Espírito pode se dividir ou existir em vários lugares ao mesmo tempo?

– Não pode haver divisão do mesmo Espírito, mas cada um é um centro que irradia em diversas direções e é por isso que parecem estar em vários lugares ao mesmo tempo. Vês o Sol? É apenas um. No entanto, ilumina tudo ao redor e leva seus raios a longas distâncias; apesar disso, ele não se divide.

– Todos os Espíritos se irradiam com o mesmo poder?

– Muito longe disso; depende do grau da sua pureza.

Cada Espírito é uma unidade indivisível, mas cada um deles pode irradiar seu pensamento em diversas direções sem com isso se dividir. É nesse sentido somente que se deve entender o dom da ubiquidade atribuída aos Espíritos. Tal como uma centelha que se projeta à distância, sua claridade pode ser percebida de todos os pontos do horizonte. Tal como ainda um homem que, sem mudar de lugar e sem se repartir, pode transmitir suas ordens, seus sinais e o movimento para diferentes pontos.

Perispírito.

93 – O Espírito propriamente dito tem alguma cobertura ou está, como pretendem alguns, envolvido numa substância qualquer?

– O Espírito está revestido de uma substância vaporosa para os teus olhos, mas ainda bem grosseira para nós; muito vaporosa, entretanto, para poder elevar-se na atmosfera e transportar-se para onde queira.

Assim como o germe de um fruto é envolvido pelo perisperma, da mesma forma o Espírito, propriamente dito, está revestido de um envoltório que, por comparação, pode-se chamar de **perispírito.**

94 – De onde o Espírito toma o seu invólucro semimaterial?

– Do fluido universal de cada globo. Por isso, ele não é o mesmo em todos os mundos. Passando de um mundo para outro, o Espírito troca seu envoltório, como mudais de roupa.

– Assim, quando os Espíritos que habitam mundos superiores vêm entre nós, tomam um perispírito mais grosseiro?

– Já o dissemos: é preciso que eles se revistam da vossa matéria.

95 – O envoltório semimaterial do Espírito tem formas determinadas e pode ser perceptível?

– Sim; tem uma forma que o Espírito deseja, e é assim que ele se vos apresenta algumas vezes, seja em sonho, seja em estado de vigília, podendo tomar forma visível e mesmo palpável.

Diferentes ordens de Espíritos.

96 – Os Espíritos são iguais ou existe, entre eles, uma hierarquia?

– São de diferentes ordens, segundo o grau de perfeição ao qual chegaram.

97 – Existe um número determinado de ordens ou de graus de perfeição entre os Espíritos?

– O número é ilimitado, pois não existe entre essas ordens uma linha de demarcação traçada como uma barreira e, assim, podem se multiplicar ou restringir as divisões à vontade. Todavia, se consideramos os caracteres gerais, elas podem reduzir-se a três principais.

Podem-se colocar em primeiro lugar aqueles que tenham alcançado a perfeição: os Espíritos puros. Os da segunda ordem alcançaram a metade da escala: o desejo do bem é a sua preocupação. Os da última ordem estão ainda no início da escala: os Espíritos imperfeitos, caracterizados pela ignorância, o desejo do mal e todas as más paixões que lhes retardam o progresso.

98 – Os Espíritos da segunda ordem têm apenas o desejo do bem ou terão também o poder de praticá-lo?

– Eles dispõem desse poder, segundo o grau de sua perfeição: alguns possuem a ciência, outros, a sabedoria e a bondade, mas todos têm ainda provas a suportar.

99 – Os Espíritos da terceira ordem são, todos eles, essencialmente maus?

– Não; alguns não fazem bem nem mal; outros, ao contrário, comprazem-se no mal e ficam satisfeitos quando encontram oportunidade de fazê-lo. Aliás, existem ainda os Espíritos levianos ou estouvados, mais enganadores do que malvados, que se comprazem antes na malícia que na maldade e que encontram prazer em mistificar e causar as pequenas contrariedades, das quais se riem.

Escala espírita.

100 – Observações preliminares: A classificação dos Espíritos se baseia sobre o grau do seu adiantamento, sobre as qualidades que adquiriram e sobre as imperfeições das quais devem ainda despojar-se. Esta classificação, de resto, nada tem de absoluta; cada categoria não apresenta um caráter nítido senão no seu conjunto.

Todavia, de um grau a outro, a transição é insensível e, sobre seus limites, a pequena diferença se apaga como nos reinos da Natureza, como nas cores do arco-íris ou ainda como nos diferentes períodos da vida do homem. Pode-se, pois, formar maior ou menor número de classes, segundo o ponto de vista sobre o qual se considera a questão. Ocorre o mesmo que em todos os sistemas de classificações científicas: esses sistemas podem ser mais ou menos completos, mais ou menos racionais, mais ou menos cômodos para a inteligência, mas, quaisquer que sejam, não mudam em nada as bases da Ciência. Os Espíritos interrogados sobre essa questão podem, pois, ter divergido sobre o número de categorias, sem que isso tenha consequências. Alguns se armaram dessa contradição aparente, sem refletirem que os Espíritos não ligam nenhuma importância ao que é puramente convencional. Para eles, o pensamento é tudo. Deixam para nós a forma, a escolha dos termos, as classificações, numa palavra,os sistemas.

Acrescentamos ainda esta consideração que não se deve jamais perder de vista: é que entre os Espíritos, do mesmo modo que entre os homens, há os muito ignorantes, não sendo demais se colocar em guarda contra a tendência a crer que todos devem tudo saber porque são Espíritos. Toda classificação exige método, análise e conhecimento profundo do assunto. Ora, no mundo dos Espíritos, aqueles que têm conhecimentos limitados são, como neste mundo, os ignorantes, os inaptos a abranger um conjunto, a formular um sistema. Não conhecem ou não compreendem, senão imperfeitamente, uma classificação qualquer; para eles, todos os Espíritos que lhes são superiores são da primeira ordem, sem que possam apreciar as diferenças de saber, de capacidade e de moralidade que os distinguem, como entre nós um homem rude em relação aos homens civilizados. Aqueles mesmos que estão aptos podem variar nos detalhes segundo seu ponto de vista, sobretudo quando uma divisão não tem nada de absoluta. Lineu, Jussieu e Tournefort tiveram, cada um, seu método, e a Botânica não mudou por isso; é que não inventaram as plantas, nem seus caracteres, mas observaram as analogias com as quais depois formaram os grupos ou classes. Foi assim, também, que procedemos; não inventamos os Espíritos, nem seus caracteres. Vimos e observamos, julgando-os pelas suas palavras e atos, e depois os classificamos pelas semelhanças, baseados em dados que eles próprios nos forneceram.

Os Espíritos, geralmente, admitem três categorias principais ou três grandes divisões. Na última, aquela que está no início da escala, estão os Espíritos imperfeitos, caracterizados pela predominância da matéria sobre o Espírito e pela inclinação ao mal. Os da segunda se caracterizam pela predominância do espírito sobre a matéria e pelo desejo do bem: são os bons Espíritos. A primeira, enfim, compreende os Espíritos puros, aqueles que alcançaram o supremo grau de perfeição.

Esta divisão nos parece perfeitamente racional e apresenta caracteres bem definidos.

Só nos restava ressaltar, por um número suficiente de subdivisões, as diferenças principais do conjunto; foi o que fizemos com o concurso dos Espíritos, cujas instruções benevolentes jamais nos faltaram.

Com o auxílio deste quadro será mais fácil determinar a ordem e o grau de superioridade ou inferioridade dos Espíritos com os quais podemos entrar em comunicação e, por consequência, o grau de confiança e de estima que merecem.

É de alguma forma a chave da ciência espírita, porque só ele pode nos informar das anomalias que as comunicações apresentam, esclarecendo-nos quanto às desigualdades intelectuais e morais dos Espíritos. Observaremos, contudo, que os Espíritos não pertencem para sempre exclusivamente a tal ou tal classe; seu progresso, não se realizando senão gradualmente e, frequentemente, mais num sentido que em outro, eles podem reunir os caracteres de várias categorias, o que se pode apreciar pela sua linguagem e pelos seus atos.

Terceira ordem – Espíritos imperfeitos.

101 – Caracteres gerais. – Predominância da matéria sobre o espírito. Propensão ao mal. Ignorância, orgulho, egoísmo e todas as más paixões que lhes são consequências.

Têm a intuição de Deus, mas não o compreendem.

Não são todos essencialmente maus; em alguns há mais de irreflexão, de inconsequência e de malícia, do que verdadeira maldade. Uns não fazem o bem, nem o mal, porém, só pelo fato de não fazerem o bem, denotam a sua inferioridade. Outros, ao contrário, comprazem-se no mal e ficam satisfeitos quando encontram oportunidade de fazê-lo. Eles podem aliar a maldade e a malícia à inteligência, mas qualquer que seja seu desenvolvimento intelectual, suas ideias são pouco elevadas e seus sentimentos mais ou menos inferiores.

Os seus conhecimentos sobre as coisas do mundo espírita são limitados e o pouco que sabem se confunde com as ideias e os preconceitos da vida corpórea. Não podem nos dar senão noções falsas e incompletas, porém, o observador atento encontra, frequentemente, em suas comunicações, mesmo imperfeitas, a confirmação das grandes verdades ensinadas pelos Espíritos superiores.

O seu caráter se revela pela sua linguagem. Todo Espírito que, em suas comunicações, revela um mau pensamento, pode ser classificado na terceira ordem. Por conseguinte, todo mau pensamento que nos é sugerido, provém de um Espírito dessa ordem.

Veem a felicidade dos bons e isso, para eles, é um tormento incessante, porque experimentam todas as angústias que a inveja e o ciúme podem produzir.

Conservam a lembrança e a percepção dos sofrimentos da vida corporal e essa impressão, frequentemente, é mais penosa que a realidade. Sofrem, pois, verdadeiramente, pelos males que suportaram e pelos que fizeram os outros suportarem e, como sofrem por longo tempo, creem sofrer sempre: Deus, para puni-los, quer que eles creiam assim.

Pode-se dividi-los em cinco classes principais.

102 – Décima classe – ESPÍRITOS IMPUROS. – São inclinados ao mal e fazem dele objeto de suas preocupações.

Como Espíritos, dão conselhos desleais, fomentam a discórdia, a desconfiança e se mascaram de todas as formas para melhor enganar. Ligam-se aos homens de caráter bastante fraco para cederem às suas sugestões, a fim de prejudicá-los, satisfeitos em poderem retardar o seu progresso e fazê-los sucumbir nas provas por que passam.

Podem ser reconhecidos, em suas manifestações, pela sua linguagem: a trivialidade e a grosseria das expressões, nos Espíritos como nos homens, é sempre um indício de inferioridade moral, senão intelectual. Suas comunicações revelam a baixeza de suas inclinações e, se tentam enganar, falando de maneira sensata, não podem sustentar por muito tempo seu papel e acabam sempre por revelar a sua origem.

Certos povos fizeram deles divindades malfazejas, outros os designaram sob o nome de demônios, gênios maus e Espíritos do mal.

Quando estão encarnados, os seres que eles animam são inclinados a todos os vícios que engendram as paixões vis e degradantes: a sensualidade, a crueldade, o embuste, a hipocrisia, a cupidez e a avareza sórdida. Fazem o mal pelo prazer de fazê-lo e, muito frequentemente, sem motivos, escolhendo suas vítimas, por ódio que têm ao bem, quase sempre entre as pessoas honestas. São flagelos para a Humanidade, qualquer que seja a categoria social a que pertençam, e o verniz da civilização não os livra do opróbrio e da ignomínia.

103 – Nona classe – ESPÍRITOS LEVIANOS. – São ignorantes, maliciosos, inconsequentes e zombeteiros. Envolvem-se em tudo, respondem a tudo, sem se preocuparem com a verdade. Comprazem-se em causar pequenos desgostos e pequenas alegrias, atormentando, induzindo maliciosamente ao erro por meio de mistificações e travessuras. A esta classe pertencem os Espíritos vulgarmente designados sob os nomes de *gnomos, duendes, diabretes, trasgos.* Estão sob a dependência dos Espíritos superiores, que, frequentemente, empregam-nos, como fazemos com os nossos servidores.

Nas suas comunicações com os homens, a sua linguagem é algumas vezes espiritual e engraçada, mas, quase sempre, sem conteúdo. Compreendem os defeitos e o ridículo humanos, exprimindo-os em tiradas mordazes e satíricas. Se usam nomes supostos, é mais por malícia do que por maldade.

104 – Oitava classe – ESPÍRITOS PSEUDOSSÁBIOS. – Seus conhecimentos são bastante amplos, mas creem saber mais do que realmente sabem. Tendo, algumas vezes, progredido em diversos pontos de vista, sua linguagem tem um caráter sério que pode iludir sobre as suas capacidades e a sua iluminação interior. Em geral, porém, isso não passa de um reflexo dos preconceitos e ideias sistemáticas da vida terrena. É uma mistura de algumas verdades ao lado dos erros mais absurdos, nos quais se percebe a presunção, o orgulho, a inveja e a obstinação das quais não puderam se despir.

105 – Sétima classe – ESPÍRITOS NEUTROS. – Não são nem muito bons para fazerem o bem, nem muito maus para fazerem o mal, inclinando-se tanto para um como para outro, e não se elevam acima da condição vulgar da Humanidade, tanto pelo moral como pela inteligência. Apegam-se às coisas deste mundo, cujas alegrias grosseiras não têm mais.

106 – Sexta classe – ESPÍRITOS BATEDORES E PERTURBADORES. – Estes Espíritos não formam, propriamente falando, uma classe distinta pelas suas qualidades pessoais, podendo pertencer a todas as classes da terceira ordem. Manifestam, frequentemente, sua presença por meio de efeitos sensíveis e físicos, tais como pancadas, o movimento e o deslocamento anormal dos corpos sólidos, a agitação do ar, etc. Parecem ser, mais que os outros, agarrados à matéria, os agentes principais das perturbações dos elementos do globo, quer atuem sobre o ar, a água, o fogo, os corpos duros, ou nas entranhas da terra. Reconhece-se que esses fenômenos não são devidos a uma causa fortuita e física, quando têm um caráter intencional e inteligente.

Todos os Espíritos podem produzir esses fenômenos, mas os Espíritos elevados os deixam, em geral, como atribuições dos Espíritos subalternos, mais aptos às coisas materiais do que às coisas inteligentes. Quando julgam que as manifestações desse gênero são úteis, servem-se desses Espíritos como seus auxiliares.

Segunda ordem – Bons Espíritos.

107 – Caracteres gerais: – Predominância do espírito sobre a matéria. Desejo do bem. Suas qualidades e seu poder em fazer o bem estão relacionados com o adiantamento que alcançaram: uns têm a ciência, outros a sabedoria e a bondade. Os mais avançados reúnem o saber às qualidades morais. Não estando ainda completamente desmaterializados, conservam, mais ou menos, segundo sua categoria, os traços da existência corpórea, seja na forma da linguagem, seja nos seus hábitos, onde se descobrem mesmo algumas de suas manias; de outro modo, seriam Espíritos perfeitos.

Compreendem Deus e o infinito e já desfrutam da felicidade dos bons. São venturosos pelo bem que fazem e pelo mal que impedem de ser feito. O amor que os une é para eles fonte de inefável bondade, que não se altera, nem pela inveja, nem pelo remorso, nem por qualquer das más paixões que fazem o tormento dos Espíritos imperfeitos. Todavia, todos ainda têm provas a suportar, até que alcancem a perfeição absoluta.

Como Espíritos, suscitam bons pensamentos, desviam os homens do caminho do mal, protegem a vida daqueles que se mostram dignos e neutralizam a influência dos Espíritos imperfeitos naqueles que não se comprazem em suportá-la.

Quando encarnados, são bons e benevolentes para com os semelhantes. Não os move, nem o orgulho, nem o egoísmo, nem a ambição. Não experimentam ódio, rancor, inveja ou ciúme, e fazem o bem pelo bem.

A esta ordem pertencem os Espíritos designados pelas crenças vulgares sob o nome de *gênios bons, gênios protetores e Espíritos do bem.* Nas épocas de superstições e ignorância, transformaram-nos em divindades benfazejas.

Pode-se classificá-los em quatro grupos principais:

108 – Quinta classe – ESPÍRITOS BENEVOLENTES. – Sua qualidade dominante é a bondade. Alegram-se em prestar serviço aos homens e protegê-los, mas seu saber é limitado. Seu progresso é mais efetivo no sentido moral do que no sentido intelectual.

109 – Quarta classe – ESPÍRITOS SÁBIOS. – São os que se distinguem, principalmente, pela extensão dos seus conhecimentos. Preocupam-se menos com as questões morais que com as questões científicas, para as quais têm mais aptidão. Não consideram a Ciência senão do ponto de vista de sua utilidade, e não a misturam com nenhuma das paixões que são próprias dos Espíritos imperfeitos.

110 – Terceira classe – ESPÍRITOS DE SABEDORIA. – Caracterizam-se pelas qualidades morais da natureza mais elevada. Sem possuírem conhecimentos ilimitados, são dotados de uma capacidade intelectual que lhes possibilita um julgamento sadio sobre os homens e as coisas.

111 – Segunda classe – ESPÍRITOS SUPERIORES. – Reúnem a ciência, a sabedoria e a bondade. Sua linguagem, que não revela senão benevolência, é constantemente digna, elevada e, frequentemente, sublime. Sua superioridade os torna mais aptos do que os outros para nos darem noções mais justas sobre as coisas do mundo incorpóreo, nos limites do que é permitido aos homens conhecerem. Comunicam-se voluntariamente com aqueles que procuram a verdade de boa fé e que têm a alma desligada dos laços terrenos para compreendê-la. Distanciam-se daqueles que se animam só de curiosidade ou que a influência da matéria afasta da prática do bem.

Quando, por exceção, encarnam sobre a Terra, é para cumprirem missão de progresso, oferecendo-nos o modelo de perfeição a que a Humanidade pode aspirar neste mundo.

Primeira ordem – Espíritos puros.

112 – Caracteres gerais. – Não sofrem influência da matéria. Superioridade intelectual e moral absoluta em relação aos Espíritos das outras ordens.

113 – Primeira classe. Classe única – Percorreram todos os graus da escala e se despojaram de todas as impurezas da matéria. Tendo alcançado a soma de perfeições de que é suscetível a criatura, não têm mais que suportar provas ou expiações. Não estando mais sujeitos à reencarnação em corpos perecíveis, é para eles a vida eterna, que desfrutam no seio de Deus.

Gozam de inalterável felicidade, visto que não estão sujeitos, nem às necessidades, nem às vicissitudes da vida material; mas essa felicidade não é a de uma *ociosidade monótona a transcorrer numa contemplação perpétua.* São os mensageiros e ministros de Deus, cujas ordens executam para a manutenção da harmonia universal. Comandam a todos os Espíritos que lhe são inferiores, ajudam-nos a se aperfeiçoarem e lhes designam as suas missões. Assistir os homens em suas aflições, concitá-los ao bem ou à expiação das faltas que os mantêm distanciados da felicidade suprema é, para eles, uma doce ocupação. São designados, às vezes, sob o nome de anjos, arcanjos ou serafins.

Os homens podem entrar em comunicação com eles, mas bem presunçoso seria aquele que pretendesse tê-los constantemente às suas ordens.

Progressão dos Espíritos.

114 – Os Espíritos são bons ou maus por natureza, ou são eles mesmos que se melhoram?

– São os próprios Espíritos que se melhoram e, melhorando-se, passam de uma ordem inferior para uma ordem superior.

115 – Entre os Espíritos, alguns foram criados bons e outros maus?

– Deus criou todos os Espíritos simples e ignorantes, quer dizer, sem ciência. Deu a cada um determinada missão com o fim de esclarecê-los e fazê-los alcançar, progressivamente, a perfeição para o conhecimento da verdade e para aproximá-los dele. A felicidade eterna e pura é para aqueles que alcançam essa perfeição.

Os Espíritos adquirem esses conhecimentos, passando pelas provas que Deus lhes impõe. Alguns aceitam essas provas com submissão e alcançam mais prontamente o fim de sua destinação. Outros não as suportam senão murmurando e, por suas faltas, permanecem distanciados da perfeição e da felicidade prometida.

– Segundo isto, os Espíritos seriam, em sua origem, como são as crianças, ignorantes e sem experiência, adquirindo, pouco a pouco, os conhecimentos que lhes faltam em percorrendo as diferentes fases da vida?

– Sim, a comparação é justa; a criança rebelde permanece ignorante e imperfeita; segundo sua docilidade, ela aproveita mais ou menos. Todavia, a vida do homem tem um termo, e a dos Espíritos se estende ao infinito.

116 – Há Espíritos que permanecerão perpetuamente nas ordens inferiores?

– Não; todos se tornarão perfeitos. Eles mudam de ordem, mas lentamente; porque, como já dissemos de outra vez, um pai justo e misericordioso não pode banir eternamente seus filhos. Pretenderias pois, que Deus, tão grande, tão bom, tão justo, fosse pior que vós mesmos?

117 – Depende dos Espíritos apressar seu progresso para a perfeição?

– Certamente, eles o alcançam mais ou menos rapidamente segundo seu desejo e sua submissão à vontade de Deus. Uma criança dócil não se instrui mais rapidamente que uma criança insubmissa?

118 – Podem os Espíritos degenerar?

– Não; à medida que avançam, compreendem o que os distancia da perfeição. Quando o Espírito finda uma prova, fica com o conhecimento que não esquece mais. Pode permanecer estacionário, mas não retrograda.

119 – Deus não poderia isentar os Espíritos das provas que devem suportar para alcançarem a primeira ordem?

– Se eles tivessem sido criados perfeitos não teriam mérito para desfrutar os benefícios dessa perfeição. Onde estaria o merecimento sem a luta? Aliás, a desigualdade que existe entre eles é necessária às suas personalidades e, a missão que eles cumprem nos diferentes graus da escala está nos desígnios da Providência, para a harmonia do Universo.

Visto que, na vida social, todos os homens podem alcançar as primeiras funções, igualmente poder-se-ia perguntar por que o soberano de um país não promove cada um dos seus soldados a general; por que todos os empregados subalternos não são empregados superiores, todos os estudantes não são mestres. Ora, entre a vida social e a espiritual há esta diferença: a primeira é limitada e não permite sempre alcançar todos os graus, enquanto a vida espiritual é indefinida e deixa, a cada um, a possibilidade de elevar-se ao grau supremo.

120 – Todos os Espíritos passam pela fieira do mal para alcançar o bem?

– Não pela fieira do mal, mas, pela da ignorância.

121 – Por que certos Espíritos seguiram o caminho do bem, e outros, o do mal?

– Não têm eles o livre-arbítrio? Deus não os criou maus, criou-os simples e ignorantes, isto é, com aptidão tanto para o bem quanto para o mal. Aqueles que são maus, assim se tornaram por sua vontade.

122 – Como podem os Espíritos, em sua origem, quando não têm consciência de si mesmos, desfrutar da liberdade de escolha entre o bem e o mal? Existe neles um princípio, uma tendência qualquer que os incline mais para um caminho que para outro?

– O livre-arbítrio se desenvolve à medida que o Espírito adquire a consciência de si mesmo. Ele não teria mais liberdade se a escolha fosse determinada por uma causa independente da sua vontade. A causa não está nele, está fora dele, nas influências a que cede em virtude de sua vontade livre. É a grande figura da queda do homem e do pecado original; alguns cederam à tentação, outros resistiram.

– De onde provêm as influências que se exercem sobre ele?

– Dos Espíritos imperfeitos, que procuram se aproximar para dominá-lo e que se alegram em fazê-lo sucumbir. Foi isso que se intentou simbolizar na figura de Satanás.

– Esta influência não se exerce sobre o Espírito senão em sua origem?

– Ela o segue na sua vida de Espírito, até que tenha tanto império sobre si mesmo, que os maus desistem de obsidiá-lo.

123 – Por que Deus tem permitido que os Espíritos possam seguir o caminho do mal?

– Como ousais pedir a Deus contas de seus atos? Pensais poder penetrar-lhe os desígnios? Todavia, podeis dizer assim: A sabedoria de Deus está na liberdade que ele deixa a cada um de escolher, porque cada um tem o mérito de suas obras.

124 – Uma vez que há Espíritos que, desde o princípio, seguem o caminho do bem absoluto e outros o do mal absoluto, deve haver, sem dúvida, degraus entre esses dois extremos?

– Sim, certamente, e é a grande maioria dos Espíritos.

125 – Os Espíritos que seguiram o caminho do mal poderão alcançar o mesmo grau de superioridade que os outros?

– Sim; porém, as eternidades serão para eles mais longas.

Por essa expressão – **as eternidades** – se deve entender a ideia que os Espíritos inferiores fazem da perpetuidade dos seus sofrimentos, visto que não lhes é dado anteverem seu termo, e essa ideia se renova em todas as provas, nas quais eles sucumbem.

126 – Os Espíritos que alcançaram o grau supremo de perfeição, depois de passarem pelo mal, têm menos mérito que os outros, aos olhos de Deus?

– Deus contempla os transviados de igual maneira e os ama com o mesmo coração. São chamados maus, porque sucumbiram; não eram, antes, mais que simples Espíritos.

127 – Os Espíritos são criados iguais quanto às faculdades intelectuais?

– São criados iguais, mas, não sabendo de onde vêm, é preciso que o livre-arbítrio tenha seu curso. Progridem mais ou menos rapidamente, em inteligência quanto em moralidade.

Os Espíritos que seguiram, desde o princípio, o caminho do bem não são, por isso, Espíritos perfeitos. Se não têm más tendências, precisam, porém, adquirir ainda a experiência e os conhecimentos necessários para alcançarem a perfeição. Podemos compará-los a crianças que, qualquer que seja a bondade de seus instintos naturais, têm necessidades de se desenvolverem, de se esclarecerem e que não passam sem transição da infância à madureza. Assim como há homens que são bons, e outros maus, desde a infância, existem Espíritos que são bons ou maus desde a sua origem, com a diferença capital de que a criança tem os instintos todos formados enquanto que, o Espírito, em sua formação, não é nem mau, nem bom. Tem todas as tendências e prefere uma ou outra direção, por efeito de seu livre-arbítrio.

Anjos e demônios.

128 – Os seres que chamamos de anjos, arcanjos e serafins formam uma categoria especial de natureza diferente das dos outros Espíritos?

– Não; esses são os Espíritos puros; os que se acham no mais alto grau da escala e reúnem todas as perfeições.

A palavra **anjo** revela, geralmente, a ideia da perfeição moral; entretanto, aplica-se, frequentemente, a todos os seres bons e maus que estão fora da Humanidade. Diz-se: o bom ou mau anjo, o anjo de luz e o anjo das trevas. Nesse caso, é sinônimo de **Espírito** ou de **gênio.** Nós a tomamos aqui na sua boa acepção.

129 – Os anjos percorreram todos os graus da escala?

– Percorreram todos os graus, mas, como já dissemos, alguns aceitaram suas missões sem murmurar e chegaram mais depressa; outros, gastaram um tempo mais ou menos longo para alcançarem a perfeição.

130 – Se a opinião que admite seres criados perfeitos e superiores a todas as outras criaturas é errônea, como se explica que essa crença esteja na tradição de quase todos os povos?

– Fica sabendo que teu mundo não existe de toda a eternidade e que, muito antes que ele existisse, já havia Espíritos que tinham atingido o grau supremo. Os homens acreditaram que eles foram sempre assim.

131 – Há demônios, no sentido que se dá a esta palavra?

– Se houvesse demônios, eles seriam obra de Deus, e Deus seria justo e bom se houvesse criado seres devotados eternamente ao mal e infelizes? Se há demônios, eles habitam em teu mundo inferior e em outros semelhantes. São esses homens hipócritas que fazem de um Deus justo, um Deus mau e vingativo, e creem lhe serem agradáveis pelas abominações que cometem em seu nome.

A palavra **demônio** não implica na ideia de Espírito mau senão na sua significação moderna, porque a palavra grega **daimôn,** da qual se origina, significa **gênio, inteligência,** emprega-se para designar os seres incorpóreos, bons ou maus, sem distinção.

Por demônios, segundo a significação vulgar da palavra, entendem-se seres essencialmente malfazejos. Seriam, como todas as coisas, criação de Deus. Ora, Deus, que é soberanamente justo e bom, não pode ter criado seres predispostos ao mal por sua natureza e condenados por toda a eternidade. Se não são obras de Deus, seriam, pois, como ele, de toda a eternidade, ou então haveria várias potências soberanas.

A primeira condição de toda doutrina é de ser lógica. Ora, a dos demônios, em seu sentido absoluto, peca por essa base essencial.

Compreende-se que na crença dos povos atrasados, que não conheciam os atributos de Deus, fossem admitidas as divindades malfazejas, como também os demônios, mas, é ilógico e contraditório para aqueles que fazem da bondade de Deus um atributo por excelência, supor que ele possa ter criado seres devotados ao mal e destinados a praticá-lo perpetuamente, pois isso nega sua bondade. Os partidários da doutrina dos demônios se apoiam nas palavras do Cristo. Não seremos nós quem conteste a autoridade dos seus ensinamentos, pois os desejamos ver mais no coração que na boca dos homens. Mas estarão bem certos do sentido que ele dava à palavra demônio? Não se sabe que a forma alegórica era um dos caracteres distintivos da sua linguagem? Tudo que o Evangelho contém deve ser tomado ao pé da letra? Não precisamos de outra prova além desta passagem:

"Logo após esses dias de aflição, o Sol obscurecerá, e a Lua não derramará mais sua luz, as estrelas cairão do céu e as potências celestes serão abaladas. Digo-vos, em verdade, que esta geração não passará sem que todas estas coisas se tenham cumprido."

Não temos visto a **forma** do texto bíblico ser contraditada pela Ciência no que se refere à Criação e ao movimento da Terra? Não pode ocorrer o mesmo com certas figuras empregadas pelo Cristo, que devia falar de acordo com os tempos e os lugares? O Cristo não poderia dizer, conscientemente, uma coisa falsa. Assim, pois, se em suas palavras há coisas que parecem chocar a razão, é porque não as compreendemos ou as interpretamos mal.

Os homens fizeram com os demônios o que fizeram com os anjos; da mesma forma que acreditaram em seres perfeitos de toda a eternidade, tomaram os Espíritos inferiores por seres perpetuamente maus. Pela palavra demônio, devem, pois, entender-se os Espíritos impuros que, frequentemente, não valem mais do que as entidades designadas por esse nome, mas, com a diferença de que seu estado é transitório. São os Espíritos imperfeitos que murmuram contra as provas que devem suportar, e que, por isso, suportam-nas por mais tempo; chegarão, porém, por seu turno, a sair desse estado, quando o quiserem. Poder-se-ia aceitar então a palavra **demônio** com esta restrição. Mas como é entendida num sentido exclusivo, poderia induzir ao erro fazendo crer na existência de seres especiais, criados para o mal.

Com relação a Satanás, é evidentemente a personificação do mal sob uma forma alegórica, pois não se poderia admitir um ser mau a lutar, de potência a potência, com a Divindade e cuja única preocupação seria a de contrariar os seus desígnios. Precisando o homem de figuras e de imagens para impressionar a sua imaginação, ele pintou os seres incorpóreos sob uma forma material, com atributos lembrando as suas qualidades ou os seus defeitos. É assim que os antigos, querendo personificar o tempo, pintaram-no com a figura de um ancião portando uma foice e uma ampulheta; a figura de um homem jovem seria um contrassenso.

A mesma coisa se verifica com as alegorias da fortuna, da verdade, etc.

Modernamente, os anjos ou Espíritos puros são representados por uma figura radiosa, com asas brancas, símbolo da pureza; Satanás, com dois chifres, garras e os atributos da animalidade, emblemas das paixões inferiores. O vulgo, que toma as coisas pela letra, viu nesses emblemas um indivíduo real, como outrora vira Saturno na alegoria do Tempo.

II
Capítulo 2

Encarnação dos Espíritos

1. Objetivo da encarnação.
2. Da alma. – 3. Materialismo.

Objetivo da encarnação.

132 – Qual o objetivo da encarnação dos Espíritos?

– Deus lhes impõe a encarnação com o objetivo de fazê-los chegar à perfeição. Para alguns, é uma expiação, para outros, é uma missão. Todavia, para alcançarem essa perfeição, devem suportar todas as vicissitudes da existência corporal; nisto é que está a expiação. A encarnação tem também outro objetivo que é o de colocar o Espírito em condições de cumprir sua parte na obra da criação. Para realizá-la é que, em cada mundo, ele toma um aparelho em harmonia com a matéria essencial desse mundo, cumprindo aí, daquele ponto de vista, as ordens de Deus, de tal sorte que, concorrendo para a obra geral, ele próprio se adianta.

A ação dos seres corpóreos é necessária à marcha do Universo, mas Deus, em sua sabedoria, quis que, por essa mesma ação, eles encontrassem um meio de progredir e de se aproximarem dele. É assim que, por uma lei admirável de sua providência, tudo se encadeia, tudo é solidário na Natureza.

133 – Os Espíritos que, desde o princípio, seguiram o caminho do bem, têm necessidade da encarnação?

– Todos foram criados simples e ignorantes; instruíram-se nas lutas e tribulações da vida corporal. Deus, que é justo, não poderia fazer a alguns felizes, sem dificuldades e sem trabalho e, por conseguinte, sem mérito.

– Mas, então, de que serve aos Espíritos terem seguido o caminho do bem se isso não os isenta das dificuldades da vida corporal?

– Eles alcançam mais depressa o objetivo. Aliás, as dificuldades da vida, frequentemente, são consequência da imperfeição do Espírito; quanto menos tenha

de imperfeições, menos tem de tormentos. Quem não é invejoso, nem ciumento, nem avarento, nem ambicioso, não terá os tormentos que nascem desses defeitos.

Da alma.

134 – Que é a alma?

– *Um Espírito encarnado.*

– Que era a alma antes de se unir ao corpo?

– *Espírito.*

– As almas e os Espíritos são, pois, identicamente a mesma coisa?

– *Sim, as almas não são senão os Espíritos. Antes de se unir ao corpo, a alma é um dos seres inteligentes que povoam o mundo invisível e que revestem temporariamente um envoltório carnal para se purificar e esclarecer.*

135 – Existe no homem outra coisa que a alma e o corpo?

– *Existe o laço que une a alma ao corpo.*

– Qual é a natureza desse laço?

– *Semimaterial, quer dizer, intermediário entre o Espírito e o corpo, e necessário para que possam comunicar-se um com o outro. É por esse laço que o Espírito atua sobre a matéria, e, reciprocamente, a matéria atua sobre o Espírito.*

O homem é formado, assim, de três partes essenciais:

1º – O corpo ou ser material, análogo ao dos animais e animado pelo princípio vital;

2º – A alma, Espírito encarnado, do qual o corpo é habitação;

3º – O princípio intermediário ou **perispírito,** substância semimaterial que serve de primeiro envoltório ao Espírito e une a alma ao corpo. São, como num fruto, o germe, o perisperma e a casca.

136 – A alma é independente do princípio vital?

– *O corpo não é senão um envoltório, repetimo-lo sem cessar.*

– O corpo pode existir sem a alma?

– *Sim; todavia, desde que cessa a vida do corpo, a alma o abandona. Antes do nascimento, não há ainda união definitiva entre a alma e o corpo; enquanto que depois que essa união está estabelecida, a morte do corpo rompe os laços que o unem à alma, e a alma o deixa. A vida orgânica pode animar um corpo sem alma, mas a alma não pode habitar um corpo privado de vida orgânica.*

– Que seria o nosso corpo se não tivesse alma?

– *Massa de carne sem inteligência, tudo o que desejardes, menos um homem.*

137 – O mesmo Espírito pode encarnar em dois corpos diferentes ao mesmo tempo?

– *Não, o Espírito é indivisível e não pode animar, simultaneamente, dois seres distintos. (Ver em* O Livro dos Médiuns, *capítulo:* Bi-corporeidade e transfiguração*).*

138 – Que pensar da opinião daqueles que consideram a alma como o princípio da vida material?

– *É uma questão de palavras que não a temos; começai por vos entenderdes mutuamente.*

139 – Certos Espíritos, e antes deles alguns filósofos, definiram a alma como *uma centelha anímica emanada do grande Todo;* **por que essa contradição?**

– *Não há contradição; depende da significação das palavras. Por que não tendes uma palavra para cada coisa?*

A palavra **alma** é empregada para designar coisas muito diferentes. Alguns chamam assim o princípio da vida e, nesta significação, é exato dizer, **em sentido figurado,** que alma é uma centelha anímica emanada do grande Todo. Essas últimas palavras indicam a fonte universal do princípio vital, de onde cada ser absorve uma porção, e que, depois da morte, retorna à massa. Essa ideia não exclui a de um ser moral distinto, independente da matéria e que conserva a sua individualidade. É a esse ser que nós, igualmente, chamamos **alma** e é nessa significação que podemos dizer que a alma é um Espírito encarnado. Dando, à palavra alma, definições diferentes, os Espíritos falam segundo a aplicação que fazem dela, e segundo as ideias terrestres de que estão ainda mais ou menos imbuídos. Isso decorre da insuficiência da linguagem humana que não tem uma palavra para cada ideia, tornando-se a fonte de uma multidão de enganos e discussões. Eis porque os Espíritos superiores nos dizem que nos entendamos primeiro acerca das palavras (1).

140 – Que pensar da teoria da alma subdividida em tantas partes quantas são os músculos e presidindo, assim, a cada uma das funções do corpo?

– *Isso depende ainda do sentido que se dê à palavra alma; entendida como o fluido vital, é razoável; porém, se entende a alma como o Espírito encarnado, é errada. Dissemos que o Espírito é indivisível e transmite movimento aos órgãos por meio do fluido intermediário, sem, por isso, dividir-se.*

---

(1) Ver na "Introdução", § II, a explicação sobre a palavra **alma.**

– Entretanto, alguns Espíritos deram essa definição.

– *Os Espíritos ignorantes podem tomar o efeito pela causa.*

A alma atua por intermédio dos órgãos, e os órgãos são animados pelo fluido vital que se reparte entre eles, e mais abundantemente naqueles que são centros ou sede dos movimentos. Mas essa explicação não se aplica quando se considera a alma como sendo o Espírito que habita o corpo durante a vida e o deixa quando ocorre a morte.

141 – Há alguma coisa de verdadeiro na opinião daqueles que pensam que a alma é exterior e circunda o corpo?

– *A alma não está aprisionada no corpo como o pássaro numa gaiola. Ela irradia e se manifesta ao seu redor como a luz através de um globo de vidro ou como o som em torno de um centro sonoro; nesse sentido, pode-se dizer que ela é exterior, mas não é, por si, o envoltório do corpo. A alma tem dois envoltórios: um sutil e leve, que é o primeiro e que chamas perispírito; outro grosseiro, material e pesado, que é o corpo. A alma é o centro desses envoltórios como o germe em um núcleo; já o dissemos.*

142 – Que dizer desta outra teoria segundo a qual a alma, numa criança, completa-se a cada período da vida?

– *O Espírito é um só e está inteiro na criança como no adulto. São os órgãos, ou instrumentos de manifestação da alma, que se desenvolvem e se completam. É ainda tomar o efeito pela causa.*

143 – Por que todos os Espíritos não definem a alma da mesma maneira?

– *Todos os Espíritos não são igualmente esclarecidos sobre essas questões; há Espíritos ainda com limitações que não entendem as coisas abstratas, como ocorre, entre vós, com as crianças. Há também Espíritos pseudossábios que fazem desfile de palavras para se imporem, como ocorre, ainda, entre vós. Aliás, os próprios Espíritos esclarecidos, frequentemente, podem se exprimir em termos diferentes que, no fundo, têm o mesmo valor, sobretudo quando se trata de coisas que a vossa linguagem é inadequada para exprimir claramente; precisam de figuras, de comparações que tomais pela realidade.*

144 – Que se deve entender por alma do mundo?

– *É o princípio universal da vida e da inteligência de onde se originam as individualidades. Mas aqueles que se servem dessas expressões, frequentemente, não se compreendem uns aos outros. A palavra alma é tão elástica que cada um a interpreta ao sabor das suas fantasias. Já se atribuiu também uma alma à Terra;*

é preciso entendê-la como o conjunto dos Espíritos devotados que dirigem as vossas ações no bom caminho quando os escutais e que, de certa maneira, são os prepostos de Deus com relação à Terra.

145 – Como se explica que tantos filósofos, antigos e modernos, tenham discutido tanto tempo sobre a ciência psicológica sem terem alcançado a verdade?

– *Esses homens eram precursores da doutrina espírita eterna; prepararam os caminhos, mas eram homens e se enganaram por tomarem as próprias ideias pela luz. Mas os próprios erros servem para deduzir a verdade, mostrando o pró e o contra. Aliás, entre esses erros se encontram grandes verdades, que um estudo comparativo vos faz compreender.*

146 – A alma tem uma sede determinada e circunscrita no corpo?

– *Não; mas ela está mais particularmente na cabeça dos grandes gênios, em todos aqueles que pensam muito, e no coração, naqueles que sentem muito e dirigem suas ações a toda a Humanidade.*

– Que pensar da opinião daqueles que situam a alma num centro vital?

– *Quer dizer que o Espírito habita, de preferência, essa parte do vosso organismo, uma vez que é para lá que convergem todas as sensações. Aqueles que a situam no que consideram como o centro da vitalidade, confundem-na com o fluido ou princípio vital. Contudo, pode-se dizer que a sede da alma está mais particularmente nos órgãos que servem às manifestações intelectuais e morais.*

Materialismo.

147 – Por que os anatomistas, os fisiologistas e, em geral, aqueles que se aprofundam nas ciências naturais são, com frequência, levados ao materialismo?

– *O fisiologista narra tudo aquilo que vê. Orgulho dos homens que creem tudo saber e não admitem que alguma coisa possa ultrapassar os seus conhecimentos. Sua própria Ciência os torna presunçosos; pensam que a Natureza não pode lhes ocultar nada.*

148 – Não é de lamentar que o materialismo seja uma consequência de estudos que deveriam, ao contrário, mostrar ao homem a superioridade da inteligência que governa o mundo? É necessário concluir que eles são perigosos?

– Não é verdade que o materialismo seja uma consequência desses estudos; o homem é quem tira deles uma falsa consequência, porque ele pode abusar de tudo, mesmo das melhores coisas. O nada, aliás, amedronta-os mais do que o demonstram, e os espíritos fortes são, frequentemente, mais fanfarrões que corajosos. No mais das vezes, são materialistas por não terem nada com que encher o vazio do abismo que se abre diante deles. Mostre-lhes uma âncora de salvação e a ela se agarrarão apressadamente.

Por uma aberração da inteligência, há pessoas que não veem nos seres orgânicos senão a ação da matéria a que atribuem todos os nossos atos. Não veem no corpo humano senão a máquina elétrica; não estudaram o mecanismo da vida senão pelo funcionamento dos órgãos que viram se apagar, frequentemente, pela ruptura de um fio, e não viram nada mais que esse fio. Pesquisaram se restava alguma coisa e como não encontraram mais que a matéria, que se tornara inerte, e não viram a alma se escapar, não a puderam apanhar, concluíram que tudo estava nas propriedades da matéria e, assim, depois da morte, o pensamento se aniquilava. Triste consequência se assim fora, porque então o bem e o mal não teriam finalidade. O homem teria razão em pensar só em si mesmo e em colocar, acima de tudo, a satisfação dos seus prazeres materiais. Os laços sociais se quebrariam e as mais santas afeições se romperiam para sempre. Felizmente, essas ideias estão longe de serem gerais; pode-se dizer que são muito circunscritas e não constituem mais que opiniões individuais, pois, em parte alguma, ainda se constituíram em doutrina. Uma sociedade apoiada sobre essas bases carregaria em si o germe da sua dissolução, e seus membros se entredevorariam como animais ferozes.

O homem tem, instintivamente, a convicção de que tudo, para ele, não se acaba com a vida; tem horror ao nada e obstina-se, inutilmente, contra a ideia do futuro, quando chega o momento supremo; e são poucos os que não perguntam o que vai ser deles, porque a ideia de deixar a vida, para não mais retornar, tem qualquer coisa de dolorosa. Quem poderia, com efeito, encarar com indiferença uma separação absoluta, eterna, de tudo aquilo que amou? Quem poderia ver, sem pavor, abrir-se diante de si o abismo imenso do nada, onde virão se dissipar para sempre todas as nossas faculdades, todas as nossas esperanças, e se dizer: O quê! depois de mim nada, nada mais que o vazio; tudo acabado para sempre, ainda alguns dias e minha lembrança terá se apagado da memória daqueles que me sobreviveram e bem cedo não restará nenhum traço de minha passagem sobre a Terra. O bem que fiz será esquecido pelos ingratos a quem eu servi, e nada para compensar tudo isto, nenhuma outra perspectiva que aquela do meu corpo roído pelos vermes!

Este quadro não tem alguma coisa de apavorante, de glacial? A religião nos ensina que não pode ser assim, e a razão nos confirma, mas, esta existência futura, vaga e indefinida, não tem nada que satisfaça o nosso amor pelo positivo, sendo para muitos a origem da dúvida. Temos uma alma, mas o que é a nossa alma? Ela tem uma forma, uma aparência qualquer? É um ser limitado ou indefinido? Alguns dizem que é um sopro de Deus, outros, que é uma centelha, outros, ainda, uma parte do grande Todo, o princípio da vida e da inteligência, mas, de tudo isto, o que aprendemos?

Que nos importa ter uma alma, se depois da morte ela se confunde na imensidade, como as gotas dágua no oceano? A perda da nossa individualidade não é para nós como o nada? Diz-se que ela é imaterial, mas uma coisa imaterial não tem proporções definidas; e para nós representa nada. A religião nos ensina também que seremos felizes ou infelizes segundo o bem ou o mal que houvermos feito; mas em que consiste essa felicidade que nos espera no seio de Deus? É uma beatitude, uma contemplação eterna sem outra finalidade que cantar louvores ao Criador? As chamas do inferno são uma realidade ou um símbolo? A própria Igreja o entende como um símbolo, mas quais são esses sofrimentos? Onde está o lugar de suplício? Numa palavra, o que se faz, o que se vê nesse mundo que nos espera a todos? Diz-se que ninguém voltou para nos prestar contas. É um erro, e a missão do Espiritismo é precisamente de esclarecer-nos sobre esse futuro, de fazer-nos, até certo ponto, atingi-lo com o dedo e com o olhar, não mais pela razão, mas pelos fatos. Graças às comunicações espíritas, isto não é mais uma presunção, uma probabilidade sobre a qual cada um entende à sua vontade, que os poetas embelezam suas ficções ou semeiam imagens alegóricas que nos enganam, é a realidade que se nos apresenta, pois que são os próprios seres do outro mundo que vêm nos descrever sua situação, dizer-nos o que foram, que nos permitem assistir, por assim dizer, a todas as peripécias de sua nova vida e, por esse meio, mostrando-nos o destino inevitável que nos está reservado, segundo os nossos méritos e os nossos deméritos. Há nisto algo de antirreligioso? Bem ao contrário, uma vez que os incrédulos aí encontram a fé e os indecisos uma renovação de fervor e de confiança. O Espiritismo é, pois, o mais poderoso auxiliar da religião. Uma vez que é assim, é porque Deus o permite, e ele o permite para reanimar as nossas esperanças vacilantes e reconduzir-nos ao caminho do bem, pela perspectiva do futuro.

III
Capítulo 3

Retorno da vida corpórea à vida espiritual

1. A alma depois da morte; sua individualidade. Vida eterna. – 2. Separação da alma e do corpo. – Perturbação espiritual.

A alma depois da morte.

149 – Em que se torna a alma no instante da morte?

– Volta a ser Espírito, quer dizer, retorna ao mundo dos Espíritos, que deixou momentaneamente.

150 – A alma depois da morte conserva a sua individualidade?

– Sim, não a perde jamais. Que seria ela se não a conservasse?

– Não tendo mais seu corpo material, como a alma constata a sua individualidade?

– Ela tem ainda um fluido que lhe é próprio, tomado da atmosfera de seu planeta e que representa a aparência de sua última encarnação: seu perispírito.

– A alma nada leva consigo deste mundo?

– Nada mais do que a lembrança e o desejo de ir para um mundo melhor. Essa lembrança é cheia de doçura ou de amargura, segundo o emprego que fez da vida. Quanto mais pura, mais compreende a futilidade do que deixa sobre a Terra.

151 – Que pensar da opinião que, após a morte, a alma retorna ao todo universal?

– O conjunto dos Espíritos não forma um todo? Não é todo um mundo? Quando estás numa assembleia, és parte integrante dessa assembleia e, todavia, tens sempre a tua individualidade.

152 – Que prova poderemos ter da individualidade da alma após a morte?

– *Não tendes esta prova pelas comunicações que obtendes? Se não fôsseis cegos, veríeis; se não fôsseis surdos, ouviríeis, pois, frequentemente, uma voz vos fala, revelando a existência de um ser fora de vós.*

Aqueles que pensam que, com a morte, a alma retorna ao todo universal, estão errados se entendem com isso que, semelhante a uma gota d'água que cai no oceano, ela aí perde a sua individualidade; eles estão certos se entendem, pelo todo universal, o conjunto dos seres incorpóreos do qual cada alma ou Espírito é um elemento.

Se as almas estivessem confundidas na massa, não teriam senão as qualidades do conjunto e nada as distinguiria, uma das outras. Elas não teriam nem inteligência nem qualidades próprias, ao passo que, em todas as comunicações, elas acusam a consciência do seu **eu** e uma vontade distinta. A infinita diversidade que apresentam durante todas as comunicações é a consequência mesma das individualidades. Se não houvesse, após a morte, senão isto que chamam o grande Todo, absorvendo todas as individualidades, este todo seria uniforme, e, desta maneira, todas as comunicações que se recebesse, do mundo invisível, seriam idênticas. Uma vez que aí se encontram seres bons e outros maus, sábios e ignorantes, felizes e infelizes, alegres e tristes, levianos e sérios, etc., é evidente que são seres distintos. A individualidade se mostra mais evidente quando esses seres provam sua identidade por sinais incontestáveis, por detalhes pessoais relativos à sua vida terrestre e que podem ser constatados. Ela não pode ser colocada em dúvida quando se mostram visíveis nas aparições. A individualidade da alma nos era ensinada em teoria como um artigo de fé; o Espiritismo a torna patente e, de certo modo, material.

153 – Em que sentido se deve entender a vida eterna?

– *É a vida do Espírito que é eterna; a do corpo é transitória e passageira. Quando o corpo morre, a alma retorna à vida eterna.*

– Não seria mais exato chamar *vida eterna* **a dos Espíritos puros, que, atingindo o grau de perfeição, não têm mais provas a suportar?**

– *É antes a felicidade eterna; mas isto é uma questão de palavras; chamai as coisas como quiserdes, contanto que vos entendais.*

Separação da alma e do corpo.

154 – A separação da alma e do corpo é dolorosa?

– *Não, o corpo sofre, frequentemente, mais durante a vida que no momento da morte; neste a alma não toma parte. Os sofrimentos que experimenta, algumas vezes, no momento da morte, são um prazer para o Espírito, que vê chegar o fim do seu exílio.*

Na morte natural, que chega por esgotamento dos órgãos, em consequência da idade, o homem deixa a vida sem o perceber; é uma lâmpada que se apaga por falta de alimentação.

155 – Como se opera a separação da alma e do corpo?

– *Rompidos os laços que a retinham, ela se liberta.*

– A separação se opera instantaneamente e por uma transição brusca? Há uma linha de demarcação bem nítida entre a vida e a morte?

– *Não, a alma se liberta gradualmente e não escapa como um pássaro cativo que ganha subitamente a liberdade. Esses dois estados se tocam e se confundem; assim o Espírito se libera, pouco a pouco, de seus laços: os laços se desatam, não se quebram.*

Durante a vida, o Espírito se liga ao corpo por seu envoltório semimaterial ou perispírito. A morte é apenas a destruição do corpo, e não desse segundo envoltório que se separa do corpo quando cessa neste a vida orgânica. A observação prova que, no instante da morte, o desligamento do perispírito não se completa subitamente; ele não opera senão gradualmente e com uma lentidão que varia muito segundo os indivíduos. Para alguns, ele é muito rápido, e pode-se dizer que o momento da morte é aquele do desligamento, algumas horas após. Para outros, aqueles sobretudo, cuja vida foi **toda material e sensual,** o desligamento é muito menos rápido e dura, algumas vezes, dias, semanas e mesmo meses, o que não implica existir no corpo a menor vitalidade nem a possibilidade de um retorno à vida, mas uma simples afinidade entre o corpo e o Espírito, afinidade que está sempre em razão da preponderância que, durante a vida, o Espírito deu à matéria. Com efeito, é racional conceber que, quanto mais o Espírito se identifica com a matéria, mais ele sofre ao separar-se dela. Ao passo que a atividade intelectual e moral, a elevação dos pensamentos, operam um começo de libertação mesmo durante a vida do corpo e, quando chega a morte, ela é quase instantânea. Tal é o resultado dos estudos feitos sobre todos os indivíduos observados no momento da morte. Essas observações provam ainda que a afinidade persistente entre a alma e o corpo, em certos indivíduos, é algumas vezes muito penosa, porque o Espírito pode experimentar o horror da decomposição. Este caso é excepcional e particular a certos gêneros de vida, e a certos gêneros de morte; ele se apresenta entre alguns suicidas.

156 – A separação definitiva da alma e do corpo pode ocorrer antes de cessação completa da vida orgânica?

– *Algumas vezes, na agonia, a alma já deixou o corpo e não há mais que a vida orgânica. O homem não tem mais consciência de si mesmo e, entretanto, resta-lhe ainda um sopro de vida. O corpo é uma máquina que o coração movimenta; existe enquanto o coração faz circular o sangue nas veias e, para isso, não necessita da alma.*

157 – No momento da morte, a alma tem, algumas vezes, uma inspiração ou êxtase que lhe faça entrever o mundo em que vai entrar?

– Frequentemente, a alma sente se desatarem os laços que a ligam ao corpo; ela faz, então, todos os seus esforços para rompê-los inteiramente. *Já, em parte, desligada da matéria, vê o futuro desenrolar-se diante dela e se alegra, por antecipação, da situação de Espírito.*

158 – O exemplo da lagarta, que primeiro rasteja sobre a terra, depois se encerra em sua crisálida sob uma morte aparente, para renascer numa existência brilhante, pode nos dar uma ideia da vida terrestre, depois do túmulo e, finalmente, de nossa nova existência?

– Uma ideia restrita; a imagem é boa, mas é necessário não tomá-la ao pé da letra, como sempre o fazem.

159 – Que sensação experimenta a alma no momento em que se reconhece no mundo dos Espíritos?

– Depende. Se fizeste o mal com o desejo de fazê-lo, no primeiro momento, envergonhar-te-ás de tê-lo feito. Para o justo é bem diferente; ele se sente como aliviado de um grande peso, pois não teme nenhum olhar perquiridor.

160 – O Espírito reencontra imediatamente aqueles que ele conheceu sobre a Terra e que morreram antes dele?

– Sim, segundo a afeição que lhes tinha e a que tinham por ele. Frequentemente, eles o vêm receber em sua volta ao mundo dos Espíritos e ajudam a libertá-lo das faixas da matéria; reencontra também a muitos que havia perdido de vista em sua permanência sobre a Terra. Vê aqueles que estão na erraticidade, aqueles que estão encarnados, e vai visitá-los.

161– Na morte violenta e acidental, quando os órgãos não estão ainda enfraquecidos pela idade ou pelas doenças, a separação da alma e a cessação da vida ocorrem simultaneamente?

– Geralmente é assim, mas, em todos os casos, o instante que os separa é muito curto.

162 – Após a decapitação, por exemplo, o homem conserva por alguns instantes a consciência dele mesmo?

– Frequentemente, ele a conserva por alguns minutos, até que a vida orgânica esteja completamente extinta. Mas, muitas vezes, também a expectativa da morte lhe faz perder esta consciência antes do instante do suplício.

Trata-se aqui da consciência que o supliciado pode ter de si mesmo, como homem e por intermédio dos órgãos e não como Espírito. Se não perdeu esta consciência antes do suplício, pode conservá-la por alguns instantes, que são de breve duração, e que cessa necessariamente com a vida orgânica do cérebro, o que não quer dizer que o perispírito esteja inteiramente desligado do corpo. Ao contrário, em todos os casos de morte violenta, quando ela não resulta da extinção gradual das forças vitais, os laços que prendem o corpo ao perispírito são mais tenazes, e o desligamento completo é mais lento.

Perturbação espiritual.

163 – A alma, deixando o corpo, tem imediata consciência de si mesma?

– Consciência imediata não é bem o termo. Ela passa algum tempo em estado de perturbação.

164 – Todos os Espíritos experimentam, no mesmo grau e durante o mesmo tempo, a perturbação que se segue à separação da alma e do corpo?

– Não, isso depende da elevação de cada um. Aquele que já está purificado reconhece-se quase imediatamente, visto que já se libertou da matéria durante a vida física, enquanto que o homem carnal, aquele cuja consciência não é pura, conserva por tempo mais longo a impressão dessa matéria.

165 – O conhecimento do Espiritismo exerce influência sobre a duração, mais ou menos longa, da perturbação?

– Uma influência muito grande, uma vez que o Espírito já compreendia antecipadamente a sua situação. Mas a prática do bem e a pureza da consciência são os que exercem maior influência.

No momento da morte tudo, a princípio, é confuso. A alma necessita de algum tempo para se reconhecer. Ela se acha como aturdida e no estado de um homem que, despertando de um sono profundo, procura orientar-se sobre sua situação. A lucidez das ideias e a memória do passado lhe voltam, à medida que se apaga a influência da matéria da qual se libertou, e se dissipe a espécie de neblina que obscurece seus pensamentos.

A duração da perturbação que se segue à morte do corpo varia muito; pode ser de algumas horas, de muitos meses e mesmo de muitos anos. É menos longa para aqueles que desde sua vida terrena se identificaram com o seu estado futuro, porque, então, compreendem imediatamente a sua posição.

Essa perturbação apresenta circunstâncias particulares, segundo o caráter dos indivíduos e, sobretudo, de acordo com o gênero de morte. Nas mortes violentas, por suicídio, suplício, apoplexia, ferimentos, etc., o Espírito é surpreendido, espanta-se, e não acredita que morreu e sustenta essa ideia com obstinação. Entretanto, vê seu corpo, sabe que esse corpo é seu e não compreende por que está separado dele; acerca-se das pessoas a quem estima, fala-lhes e não compreende por que elas não o ouvem. Essa ilusão perdura até a inteira libertação do perispírito e, só então, o Espírito se reconhece e compreende que não pertence mais ao número dos vivos. Este fenômeno se explica facilmente. Surpreendido de improviso pela morte, o Espírito fica atordoado com a brusca mudança que nele se operou. Para ele, a morte é ainda sinônimo de destruição, aniquilamento; ora, como ele pensa, vê e escuta, não se considera morto. Sua ilusão é aumentada pelo fato de ver-se com um corpo de forma semelhante ao precedente, mas cuja natureza etérea ainda não teve tempo de estudar; ele o crê sólido e compacto como o primeiro e, quando chamam sua atenção para esse ponto, admira-se de não poder apalpá-lo. Esse fenômeno é análogo ao dos sonâmbulos iniciantes que não acreditam dormir. Para eles, o sono é sinônimo de suspensão das faculdades; ora, como pensam e veem, julgam que não dormem. Certos Espíritos apresentam essa particularidade, embora a morte não lhes tenha chegado inesperadamente; todavia, é sempre mais generalizada naqueles que, apesar de doentes, não pensam em morrer. Vê-se, então, o singular espetáculo de um Espírito assistindo ao próprio funeral, como se fora um estranho, e dele falando como de uma coisa que não lhe dissesse respeito, até o momento em que compreende a verdade.

A perturbação, que se segue à morte, nada tem de penosa para o homem de bem; é calma e em tudo semelhante à que acompanha um despertar tranquilo. Para os que não têm a consciência pura, ela é cheia de ansiedade e de angústias, que aumentam à medida que ela se reconhece.

Nos casos de morte coletiva, tem-se observado que todos os que perecem ao mesmo tempo nem sempre se reveem imediatamente. Na perturbação que se segue à morte, cada um vai para o seu lado ou se preocupa apenas com aqueles que lhe interessam.

IV
Capítulo 4

Pluralidade das existências

1. Da reencarnação. – 2. Justiça da reencarnação.
3. Encarnação nos diferentes mundos.
4. Transmigração progressiva. – 5. Destino das crianças depois da morte. – 6. Sexos nos Espíritos. – 7. Parentesco, filiação. – 8. Semelhanças físicas e morais. – 9. Ideias inatas.

Da reencarnação.

166 – A alma que não alcançou a perfeição na vida corpórea, como acaba de depurar-se?

– *Suportando a prova de uma nova existência.*

– Como a alma realiza essa nova existência? É por sua transformação como Espírito?

– *Depurando-se, a alma sofre, sem dúvida, uma transformação; mas para isso lhe é necessária a prova da vida material.*

– A alma passa, pois, por várias existências corporais?

– *Sim, todos nós passamos por várias existências físicas. Os que dizem o contrário, pretendem manter-vos na ignorância em que eles próprios se encontram; esse o seu desejo.*

– Parece resultar desse princípio que a alma, depois de deixar um corpo, toma outro, ou, então, ela se reencarna em novo corpo; é assim que se deve entender?

– *É evidente.*

167 – Qual é o objetivo da reencarnação?

– Expiação, aprimoramento progressivo da Humanidade, sem o que, onde estaria a justiça?

168 – O número de existências corporais é limitado, ou o Espírito se reencarna perpetuamente?

– A cada nova existência, o Espírito dá um passo no caminho do progresso; quando se despojou de todas as suas impurezas, não tem mais necessidade das provas da vida corporal.

169 – O número de encarnações é o mesmo para todos os Espíritos?

– Não, aquele que caminha depressa se poupa das provas. Todavia, as encarnações sucessivas são sempre muito numerosas, porque o progresso é quase infinito.

170 – Em que se transforma o Espírito depois da sua última encarnação?

– Espírito bem-aventurado; é um Espírito puro.

Justiça da reencarnação.

171 – Sobre o que está baseado o dogma da reencarnação?

– Sobre a justiça de Deus e a revelação, pois, repetimos sempre: Um bom pai deixa sempre aos seus filhos uma porta aberta ao arrependimento. Não lhe diz a razão que seria injusto privar, para sempre, da felicidade eterna, todos aqueles cujo progresso não dependeu deles mesmos? Não são todos os homens filhos de Deus? Somente entre os egoístas se encontram a iniquidade, o ódio implacável e os castigos sem perdão.

Todos os Espíritos tendem à perfeição, e Deus lhes fornece os meios pelas provas da vida corpórea; mas, em sua justiça, faculta-lhes realizar, em novas existências, **o que não puderam fazer ou concluir numa primeira prova.**

Não estaria de acordo com a equidade, nem com a bondade de Deus, castigar para sempre aqueles que encontraram obstáculos ao seu progresso, independentemente da sua vontade, no próprio meio onde foram colocados. Se o destino do homem está irrevogavelmente fixado após a sua morte, Deus não teria pesado as ações de todos na mesma balança, e não os teria tratado com imparcialidade.

A doutrina da reencarnação, isto é, aquela que admite para o homem várias existências sucessivas, é a única que responde à ideia que fazemos da justiça de Deus em relação aos homens colocados em uma condição moral inferior, a única que nos explica o futuro e fundamenta nossas esperanças, pois que nos oferece o meio de resgatar nossos erros através de novas provas. A razão indica essa doutrina e os Espíritos no-la ensinam.

O homem, consciente da sua inferioridade, tem, na doutrina da reencarnação, uma esperança consoladora. Se acredita na justiça de Deus, não pode esperar, por toda a eternidade, estar em pé de igualdade com aqueles que agiram melhor do que ele. O pensamento de que essa inferioridade não o deserdará para sempre do bem supremo, e que ele poderá superá-la por meio de novos esforços, sustenta-o e lhe reanima a coragem. Qual é aquele que, no fim do seu caminho, não lamenta ter adquirido muito tarde uma experiência que não pode mais aproveitar? Essa experiência tardia não ficará perdida; ele a aproveitará numa nova existência.

Encarnação nos diferentes mundos.

172 – Nossas diferentes existências corporais se passam todas sobre a Terra?

– *Não, não todas, mas nos diferentes mundos; a que passamos neste globo não é a primeira, nem a última e é uma das mais materiais e das mais distanciadas da perfeição.*

173 – A alma, a cada nova existência corporal, passa de um mundo a outro ou pode viver várias vezes sobre o mesmo globo?

– *Pode reviver muitas vezes sobre o mesmo globo se não é bastante avançada para passar para um mundo superior.*

– Assim, podemos reaparecer várias vezes sobre a Terra?

– *Certamente.*

– Podemos voltar a ela depois de termos vivido em outros mundos?

– *Seguramente; já vivestes em outros mundos e sobre a Terra.*

174 – Voltar a habitar a Terra é uma necessidade?

– *Não, mas se não progredistes, podereis ir para outro mundo que não seja melhor, e que pode ser pior.*

175 – Existe alguma vantagem em voltar a habitar sobre a Terra?

– *Nenhuma vantagem particular, a menos que seja em missão; nesse caso, se progride aí como em outro mundo.*

– Não seria melhor permanecer como Espírito?

– *Não, não; estacionar-se-ia e o que se quer é avançar para Deus.*

176 – Os Espíritos depois de terem encarnado em outros mundos, podem encarnar neste sem jamais terem passado por aqui?

– Sim, como vós em outros mundos. Todos os mundos são solidários; o que não se faz num, pode-se fazer noutro.

– Há homens que estão sobre a Terra pela primeira vez?

– Há muitos e em diversos graus.

– Pode-se reconhecer, por um sinal qualquer, quando um Espírito está pela primeira vez na Terra?

– Nenhuma utilidade teria isso.

177 – Para alcançar a perfeição e o bem supremo, objetivo final de todos os homens, o Espírito deve passar por todos os mundos que existem no Universo?

– Não, pois há muitos mundos que estão no mesmo nível e onde o Espírito não aprenderia nada de novo.

– Como se explica, nesse caso, a pluralidade de suas existências sobre um mesmo globo?

– Ele pode se encontrar aí cada vez em posições bem diferentes, que são outras tantas ocasiões de adquirir experiência.

178 – Os Espíritos podem reviver corporalmente num mundo relativamente inferior àquele em que já viveram?

– Sim, quando devem cumprir uma missão para ajudar o progresso, e, nesse caso, aceitam com alegria as tribulações dessa existência, visto que lhes fornecem um meio de progredir.

– Isso não pode ocorrer por expiação, e Deus não pode enviar os Espíritos rebeldes para mundos inferiores?

– Os Espíritos podem permanecer estacionários, mas não retrogradam; a sua punição, pois, é a de não avançar e de recomeçar as existências mal empregadas num meio conveniente à sua natureza.

– Quais são aqueles que devem recomeçar a mesma existência?

– Os que faliram em suas missões ou em suas provas.

179 – Os seres que habitam cada mundo alcançaram um mesmo grau de perfeição?

– Não, é como ocorre sobre a Terra: existem os mais e os menos avançados.

180 – Passando deste mundo para outro, o Espírito conserva a inteligência que tinha aqui?

– *Sem dúvida, a inteligência não se perde, mas ele pode não dispor dos mesmos meios para manifestá-la, dependendo isso da sua superioridade e das condições do corpo que tomar. (Ver Influência do organismo).*

181 – Os seres que habitam os diferentes mundos têm corpos semelhantes ao nosso?

– *Sem dúvida, eles têm corpos, porque é preciso que o Espírito esteja revestido de matéria para poder agir sobre a matéria; mas esse envoltório é mais ou menos material de acordo com o grau de pureza a que chegaram os Espíritos, e é isso que diferencia os mundos que devemos percorrer. Há várias moradas na casa de nosso Pai e muitos graus, portanto. Alguns sabem disso e estão conscientes aqui na Terra; outros nada sabem.*

182 – Podemos conhecer com exatidão o estado físico e moral dos diferentes mundos?

– *Nós, os Espíritos, só podemos responder de acordo com o grau de adiantamento em que vos achais; quer dizer que não devemos revelar estas coisas a todos, porque nem todos estão em condições de compreendê-las,* e isso os perturbaria.

À medida que o Espírito se purifica, o corpo que ele reveste se aproxima igualmente da natureza espírita. A matéria é menos densa, não rastejam mais penosamente na superfície do solo, as necessidades físicas são menos grosseiras e os seres vivos não têm mais necessidade de se entredevorarem para se nutrir. O Espírito é mais livre e tem, para as coisas distantes, percepções que nos são desconhecidas; vê pelos olhos do corpo o que vemos apenas pelo pensamento.

A purificação dos Espíritos se reflete na perfeição moral dos seres em que estão encarnados. As paixões animais enfraquecem, e o egoísmo cede lugar ao sentimento de fraternidade. É, assim, que, nos mundos superiores à Terra, as guerras são desconhecidas, os ódios e as discórdias não têm motivo, visto que ninguém se preocupa em causar dano ao seu semelhante. A intuição que seus habitantes têm do futuro, a segurança que lhes dá uma consciência isenta de remorsos, fazem com que a morte não lhes cause nenhuma apreensão; recebem-na sem medo como uma simples transformação.

A duração da vida nos diferentes mundos parece ser proporcional ao grau de superioridade física e moral desses mundos; e isto é perfeitamente racional. Quanto menos o corpo é material, menos está sujeito às vicissitudes que o desorganizam; quanto mais puro o Espírito, menos paixões para destruí-lo. É esse um auxílio da Providência, que deseja abreviar os sofrimentos.

183 – Passando de um mundo a outro, o Espírito passa por uma nova infância?

– A infância é, em toda parte, uma transição necessária, porém, não é em toda parte assim, precária como entre vós.

184 – O Espírito pode escolher o novo mundo que vai habitar?

– Nem sempre, mas pode pedir e, se tiver méritos, pode ser atendido; pois os mundos são acessíveis aos Espíritos de acordo com o seu grau de elevação.

– Se o Espírito nada pede, o que determina o mundo em que deve se reencarnar?

– O grau de sua elevação.

185 – As condições físicas e morais dos seres vivos, em cada globo, são sempre as mesmas, perpetuamente?

– Não; os mundos também são submetidos à lei do progresso. Todos começaram como o vosso, por um estado inferior, e a própria Terra suportará uma transformação semelhante. Tornar-se-á um paraíso terrestre, quando os homens se tornarem bons.

É assim que as raças que povoam hoje a Terra desaparecerão um dia e serão substituídas por seres cada vez mais perfeitos; essas raças transformadas sucederão às atuais, como estas sucederam a outras mais atrasadas. (*)

186 – Há mundos onde o Espírito, cessando de habitar corpos materiais, só tenha por envoltório o perispírito?

– Sim, e esse próprio envoltório se torna tão etéreo que, para vós, é como se não existisse; é o estado dos Espíritos puros.

– Resulta daí, ao que parece, que não há uma demarcação definida entre o estado das últimas encarnações e aquele dos Espíritos puros?

– Essa demarcação não existe; a diferença, que se desfaz pouco a pouco, torna-se imperceptível, como a noite que se desfaz aos primeiros clarões do dia.

187 – A substância do perispírito é a mesma em todos os mundos?

– Não; ela é mais ou menos etérea. Passando de um mundo para outro, o Espírito se reveste da matéria própria de cada um, com mais rapidez que um relâmpago.

188 – Os Espíritos puros habitam mundos especiais ou estão no espaço universal sem estarem mais ligados a um mundo que a outro?

(*) Vide Nota Explicativa da Editora no final do livro

– Os Espíritos puros habitam certos mundos, mas não estão confinados neles como os homens sobre a Terra; eles podem, melhor que os outros, estar por toda a parte. (1)

Transmigração progressiva.

189 – Desde o princípio de sua formação, goza o Espírito da plenitude de suas faculdades?

– Não, porque o Espírito, como o homem, tem sua infância. Em sua origem, os Espíritos não têm mais que uma existência instintiva e possuem apenas a consciência de si mesmos e de seus atos. Não é senão, pouco a pouco, que a inteligência se desenvolve.

190 – Qual é o estado da alma em sua primeira encarnação?

---

(1) Segundo os Espíritos, de todos os globos que compõem o nosso sistema planetário, a Terra é um daqueles onde os Espíritos são os menos avançados, física e moralmente. Marte seria ainda inferior, e Júpiter, o mais superior em relação a todos. O Sol não seria um mundo habitado por seres corporais, mas um local de reunião dos Espíritos superiores que, de lá, irradiam seus pensamentos para outros mundos, que dirigem por intermédio dos Espíritos menos elevados, transmitindo-os a estes, por intermédio do fluido universal. Como constituição física, o Sol seria um foco de eletricidade. Todos os sóis parecem estar numa posição idêntica.

O volume e a distância que estão do Sol não têm nenhuma relação necessária com o grau de adiantamento dos mundos, pois parece que Vênus é mais adiantado que a Terra, e Saturno menos adiantado que Júpiter.

Vários Espíritos que animaram pessoas conhecidas sobre a Terra, disseram estar encarnados em Júpiter, um dos mundos mais próximos da perfeição, e ficaram admirados de ver, nesse globo tão adiantado, homens que, na opinião do nosso mundo, não eram tão elevados. Isso não deve causar admiração, se considerarmos que certos Espíritos que habitam aquele planeta podiam ter sido enviados à Terra para cumprir uma missão, que, aos nossos olhos, não os colocava em primeiro plano; em segundo lugar que, entre a existência que viveram na Terra e a que vivem em Júpiter, devem ter tido outras intermediárias, nas quais se melhoraram; em terceiro lugar, que nesse mundo, como no nosso, existem diferentes graus de adiantamento e que, entre esses graus, pode haver a mesma distância que separa, entre nós, o selvagem do homem civilizado. Assim, do fato de habitarem Júpiter não se segue que estão ao nível dos seres mais avançados, da mesma forma que não se está ao mesmo nível de um sábio do Instituto, só porque se habita em Paris.

As condições de longevidade não são também, em toda parte, as mesmas de sobre a Terra e a idade não se pode comparar. Uma pessoa desencarnada havia alguns anos, sendo evocada, disse estar encarnada há seis meses num mundo cujo nome nos é desconhecido. Interrogada sobre a idade que tinha esse mundo, respondeu: "Não posso avaliá-la porque não contamos o tempo como vós; depois, o nosso modo de vida não é o mesmo, desenvolvemo-nos com muito maior rapidez; embora não faça mais que seis dos vossos meses que lá estou, quanto à inteligência, posso dizer que tenho trinta anos da idade que tive sobre a Terra."

Muitas respostas análogas nos foram dadas por outros Espíritos e isso nada tem de inacreditável. Não vemos sobre a Terra um grande número de animais adquirir, em poucos meses, o seu desenvolvimento normal? Por que não poderia ocorrer a mesma coisa com o homem de outras esferas? Notemos, por outro lado, que o desenvolvimento alcançado pelo homem na Terra, na idade de trinta anos, pode ser uma espécie de infância comparado àquele que deve alcançar. Bem curto de vista se revela quem nos toma em tudo por protótipos da Criação, e é rebaixar a Divindade acreditar-se que, fora o homem, nada mais seja possível a Deus.

– O estado da infância na existência corpórea. Sua inteligência apenas desabrocha: ela se ensaia para a vida.

191 – As almas dos nossos selvagens são almas em estado de infância?

– Infância relativa; mas são almas que já progrediram, pois têm paixões.

– As paixões são, pois, um sinal de desenvolvimento?

– De desenvolvimento sim, mas não de perfeição; as paixões são um sinal de atividade e da consciência do eu, enquanto que, na alma primitiva, a inteligência e a vida estão em estado de germe.

A vida do Espírito, no seu conjunto, percorre as mesmas fases que vemos na vida corporal; passa gradualmente do estado de embrião ao da infância para alcançar, por uma sucessão de períodos, a idade adulta, que é a da perfeição, com a diferença de que não conhece o declínio e a decrepitude como na vida corporal; que essa vida, que teve começo, não terá fim; que é preciso um tempo imenso, do nosso ponto de vista, para passar da infância espírita a um desenvolvimento completo, e seu progresso se realiza não sobre uma só esfera, mas, passando por mundos diversos. A vida do Espírito se compõe, assim, de uma série de existências corporais, sendo cada uma, para ele, uma oportunidade de progresso, da mesma forma que cada existência corporal se compõe de uma série de dias em cada um dos quais o homem adquire um acréscimo de experiências e de instrução. Todavia, da mesma forma que na vida do homem existem dias que não produzem fruto, na vida do Espírito há existências corporais sem nenhum resultado, porque ele não as soube aproveitar.

192 – Pode-se, desde esta vida, por uma conduta perfeita, superar todos os graus e tornar-se Espírito puro, sem passar pelos graus intermediários?

– Não, pois o que o homem acredita ser perfeito, está longe da perfeição; há qualidades que lhe são desconhecidas e que não pode compreender. Ele pode ser tão perfeito quanto o permita a sua natureza terrestre, mas isso não é a perfeição absoluta. Uma criança, por precoce que seja, deve passar pela juventude antes de atingir a idade madura; da mesma forma também, o doente passa pelo estado de convalescença antes de recuperar toda a saúde. Aliás, o Espírito deve avançar em ciência e em moralidade; e, se ele não progride senão num sentido, é necessário que progrida também no outro para alcançar o alto da escala. Todavia, quanto mais o homem avança na sua vida atual, menos as provas seguintes são longas e penosas.

– Pode o homem, ao menos, assegurar, nesta vida, uma existência futura menos cheia de amarguras?

– Sim, sem dúvida, pode abreviar a extensão e as dificuldades do caminho. Só o negligente se encontra sempre na mesma situação.

193 – Um homem, em suas novas existências, pode descer mais baixo que na atual?

– *Como posição social, sim; como Espírito, não.*

194 – A alma de um homem de bem pode, numa nova encarnação, animar o corpo de um homem perverso?

– *Não, visto que ela não pode degenerar.*

– A alma de um homem perverso pode vir a ser a de um homem de bem?

– *Sim, se se arrependeu e isso, então, é uma recompensa.*

A marcha dos Espíritos é progressiva, jamais retrógrada. Eles se elevam gradualmente na hierarquia e não descem da categoria que já alcançaram. Nas suas diferentes existências corporais, podem descer como homens, mas não como Espíritos. Assim, a alma de um potentado da Terra pode, mais tarde, animar o mais modesto artesão e **vice-versa,** porque as posições entre os homens, frequentemente, estão na razão inversa da elevação dos sentimentos morais. Herodes era rei, Jesus, carpinteiro.

195 – A possibilidade de melhorar-se numa outra existência, não pode conduzir certas pessoas a perseverarem no mau caminho com a ideia de que poderão sempre corrigir-se mais tarde?

– *Aquele que pensa assim não crê em nada e a ideia de um castigo eterno não o deteria mais, porque a sua razão a repele e essa ideia conduz à incredulidade sobre todas as coisas. Se se houvesse empregado apenas meios racionais para conduzir os homens, não haveria tantos céticos. Um espírito imperfeito pode, com efeito, pensar durante sua existência corporal, como dizes, mas, uma vez desligado da matéria, ele pensará de outra forma, pois perceberá que fez cálculo errado* e é, então, que trará um sentimento contrário em uma nova existência. *É assim que se realiza o progresso e é por essa razão que, na Terra, existem homens uns mais adiantados do que outros. Alguns já têm experiências que outros não conhecem ainda, mas que adquirirão pouco a pouco. Depende de cada um apressar seu progresso ou atrasar-se indefinidamente.*

O homem que ocupa uma posição má deseja trocá-la o mais depressa possível. Aquele que está convencido de que as tribulações desta vida são consequências de suas imperfeições, procurará garantir uma nova existência, menos penosa. Esta ideia o desviará mais depressa do caminho do mal, que a ideia do fogo eterno, no qual não acredita.

196 – Os Espíritos não podendo se melhorar, senão suportando as tribulações da vida corporal, seguir-se-ia que a vida material seria uma espécie

de *cadinho* ou *depurador*, pelo qual devem passar os seres do mundo espírita para atingirem a perfeição?

– *Sim, é bem isso. Eles se melhoram nessas provas, evitando o mal e praticando o bem. Porém, é só depois de várias encarnações ou depurações sucessivas, num tempo mais ou menos longo, e* segundo seus esforços, *que eles atingem o objetivo para o qual tendem.*

– É o corpo que influi sobre o Espírito para melhorá-lo ou o Espírito que influi sobre o corpo?

– *Teu Espírito é tudo; teu corpo é uma veste que apodrece; eis tudo.*

No suco da videira, encontramos uma comparação material dos diferentes graus de depuração da alma. Ele contém o licor chamado espírito ou álcool, mas enfraquecido por uma multidão de matérias estranhas que lhe alteram a essência. Depois de várias destilações, em cada uma da qual se depura de algumas impurezas, ele alcança a pureza absoluta. O alambique é o corpo no qual ele deve entrar para se purificar; as matérias estranhas são como o perispírito que se depura, ele mesmo, à medida que o Espírito se aproxima da perfeição.

Destino das crianças depois da morte.

197 – O Espírito de uma criança, morta em tenra idade, é tão avançado como o de um adulto?

– *Algumas vezes muito mais, porque pode ter vivido mais e adquirido maior soma de experiência, sobretudo se progrediu.*

– O Espírito de uma criança pode, assim, ser mais adiantado do que o do seu pai?

– *Isto é muito frequente; vós mesmos não vedes isso muitas vezes na Terra?*

198 – Pertence a uma categoria superior o Espírito de uma criança que morreu em tenra idade, não podendo ter feito o mal?

– *Se não fez o mal, também não fez o bem, e Deus não o isenta das provas que deve suportar. Se é puro não é porque é criança, mas porque progrediu muito.*

199 – Por que a vida, frequentemente, é interrompida na infância?

– *A duração da vida de uma criança pode ser, para o Espírito que está nela encarnado, o complemento de uma existência interrompida antes do seu tempo marcado, e sua morte, no mais das vezes, é uma prova ou uma expiação para os pais.*

– Que sucede ao Espírito de uma criança que morreu em tenra idade?

– *Recomeça uma nova existência.*

Se o homem tivesse uma só existência, e se, depois dessa existência, sua sorte futura fosse fixada para a eternidade, qual seria o mérito da metade da espécie humana que morre em tenra idade para desfrutar, sem esforços, da felicidade eterna, e por qual direito ficaria isenta das condições, frequentemente, tão duras, impostas à outra metade? Uma tal ordem de coisas não estaria de acordo com a justiça de Deus. Pela reencarnação, a igualdade é para todos; o futuro pertence a todos sem exceção e sem favor para ninguém; os que chegam por último não podem culpar senão a si mesmos. O homem deve ter o mérito dos seus atos, como tem a responsabilidade.

Não é racional, aliás, considerar a infância como um estado normal de inocência. Não se veem crianças dotadas dos piores instintos em idade na qual a educação não pôde, ainda, exercer sua influência? Algumas não há que parecem trazer, no berço, a astúcia, a felonia, a perfídia, o instinto mesmo para o roubo e o homicídio, não obstante os bons exemplos dados pelos que com ela convivem? A lei civil as absolve de suas ações porque, diz ela, não agem com discernimento, e tem razão porque, com efeito, elas agem mais instintivamente que pela própria vontade. Mas de onde podem provir esses instintos tão diferentes em crianças da mesma idade, educadas nas mesmas condições e submetidas às mesmas influências? De onde vem essa perversidade precoce, senão da inferioridade do Espírito, uma vez que a educação não contribuiu para isso? As que são viciadas é porque seu Espírito progrediu menos e, então, sofrem as consequências, não por seus atos de crianças, mas por aqueles de suas existências anteriores. É, assim, que a lei é a mesma para todos, e a justiça de Deus alcança todo mundo.

Sexos nos Espíritos.

200 – Os Espíritos têm sexos?

– *Não como o entendeis, pois os sexos dependem do organismo. Entre eles há amor e simpatia baseados na identidade de sentimentos.*

201 – O Espírito que animou o corpo de um homem, em nova existência, pode animar o de uma mulher, e vice-versa?

– *Sim, são os mesmos Espíritos que animam os homens e as mulheres.*

202 – Quando se é Espírito, prefere-se encarnar no corpo de um homem ou de uma mulher?

– *Isso pouco importa ao Espírito; ele escolhe segundo as provas que deve suportar.*

Os Espíritos se encarnam homens ou mulheres, porque eles não têm sexos.

Como devem progredir em tudo, cada sexo, como cada posição social, oferece-lhes provas e deveres especiais, além da oportunidade de adquirir experiência. Aquele que fosse sempre homem não saberia senão o que sabem os homens.

Parentesco, filiação.

203 – Os pais transmitem aos filhos uma porção da sua alma ou se limitam a dar-lhes a vida animal a que uma nova alma, mais tarde, vem adicionar a vida moral?

– A vida animal somente, porque a alma é indivisível. Um pai estúpido pode ter filhos inteligentes, e vice-versa.

204 – Uma vez que temos tido várias existências, a parentela remonta além da nossa existência atual?

– Não pode ser de outra forma. A sucessão das existências corporais estabelece entre os Espíritos laços que remontam às existências anteriores. Daí, muitas vezes, decorrem as causas da simpatia entre vós e certos Espíritos que vos parecem estranhos.

205 – Na opinião de certas pessoas, a doutrina da reencarnação parece destruir os laços de família, fazendo-os remontar às existências anteriores.

– Ela os estende, mas não os destrói. A parentela, estando baseada sobre as afeições anteriores, os laços que unem os membros de uma família são menos precários. Ela aumenta os deveres da fraternidade, visto que, entre os vizinhos ou entre os servidores, pode se encontrar um Espírito que esteve ligado a vós pelos laços consanguíneos.

– Ela diminui, entretanto, a importância que alguns dão à sua genealogia, visto que, pode ter por pai um Espírito pertencente a outra raça e vindo de uma condição diferente?

– É verdade, mas essa importância se baseia no orgulho; o que a maioria honra em seus ancestrais, são os títulos, posição e fortuna. Alguém que coraria por ter como antepassado um honesto sapateiro, gabar-se-ia de descender de um gentil-homem debochado. Mas o que quer que digam ou façam, não impedirão que as coisas sejam como são, porque Deus não regulou as leis da Natureza pela sua vaidade. (*)

206 – Do fato de não haver filiação entre os Espíritos descendentes de uma mesma família, segue-se que o culto dos ancestrais seja uma coisa ridícula?

(*) Vide Nota Explicativa da Editora no final do livro

– Seguramente que não, porque se deve sentir feliz de pertencer a uma família na qual Espíritos elevados se encarnaram. Embora os Espíritos não procedam uns dos outros, eles não têm menos afeição aos que lhes estão ligados pelos laços de família, visto que os Espíritos, frequentemente, são atraídos em tal ou tal família em razão de simpatia ou por ligações anteriores. Mas crede que os Espíritos dos vossos ancestrais não se honram pelo culto que lhes fazeis por orgulho. Seus méritos não refletem sobre vós senão pelo esforço que fizerdes para seguir os bons exemplos que vos deram, e é só assim que a lembrança pode não somente lhes ser agradável, mas até útil.

Semelhanças físicas e morais.

207 – Os pais transmitem, frequentemente, aos filhos uma semelhança física. Transmitem também uma semelhança moral?

– Não, uma vez que têm alma ou Espírito diferentes. O corpo procede do corpo, mas o Espírito não procede do Espírito. Entre os descendentes das raças não há senão consanguinidade. (*)

– De onde provêm as semelhanças morais que existem, algumas vezes, entre pais e filhos?

– São Espíritos simpáticos, atraídos pela semelhança de suas tendências.

208 – Os Espíritos dos pais não exercem influência sobre o do filho, depois do nascimento?

– Uma influência muito grande; como dissemos, os Espíritos devem concorrer para o progresso uns dos outros. Muito bem! Os Espíritos dos pais têm por missão desenvolver os dos seus filhos pela educação; é para eles uma tarefa: se falharem, serão culpados.

209 – Por que de pais bons e virtuosos nascem filhos de natureza perversa? Melhor dizendo, por que as boas qualidades dos pais não atraem sempre, por simpatia, um bom Espírito para lhes animar o filho?

– Um mau Espírito pode pedir pais bons, na esperança de que seus conselhos o encaminhem para um caminho melhor e, frequentemente, Deus lho concede.

210 – Podem os pais, por seus pensamentos e preces, atrair, para o corpo do filho, um bom Espírito, de preferência a um Espírito inferior?

(*) Vide Nota Explicativa da Editora no final do livro

– Não, mas podem melhorar o Espírito do filho a que deram nascimento e que lhes foi confiado; é seu dever. Os maus filhos são uma prova para os pais.

211 – De onde provém a semelhança de caráter que existe, muitas vezes, entre dois irmãos, sobretudo, se gêmeos?

– São Espíritos simpáticos, que se aproximam pela semelhança de seus sentimentos, e que são felizes por estarem juntos.

212 – Nas crianças em que os corpos estão ligados e que têm certos órgãos em comum, existem dois Espíritos, melhor dizendo, duas almas?

– Sim, mas sua semelhança, frequentemente, faz com que pareçam apenas um, aos vossos olhos.

213 – Visto que os Espíritos encarnam como gêmeos por simpatia, de onde vem a aversão que se vê, algumas vezes, entre estes últimos?

– Não é uma regra que os gêmeos sejam Espíritos simpáticos; maus Espíritos podem querer lutar juntos no teatro da vida.

214 – Que pensar das histórias de crianças que se agridem no ventre materno?

– Lendas! Para exemplificar que seu ódio era inveterado, fizeram-no presente antes do nascimento. Geralmente, não levais em conta as figuras poéticas.

215 – De onde provém o caráter distintivo que se nota em cada povo?

– Os Espíritos têm também famílias formadas pela semelhança de seus pendores mais ou menos purificados, segundo sua elevação. Muito bem! um povo é uma grande família na qual se reúnem os Espíritos simpáticos. A tendência que têm os membros dessas famílias a se unirem é a origem da semelhança que existe no caráter distintivo de cada povo. Julgas que os Espíritos bons e humanitários procurem um povo duro e grosseiro? Não, os Espíritos simpatizam com as coletividades como simpatizam com os indivíduos; aí eles estão em seu meio.

216 – O homem conserva, em suas novas existências, os traços do caráter moral de suas existências anteriores?

– Sim, isso pode acontecer. Mas, em se melhorando, ele muda. Sua posição social pode também não ser a mesma; se de senhor passa a escravo, seus gostos serão diferentes e teríeis dificuldades em reconhecê-lo. Sendo o mesmo Espírito nas diversas encarnações, suas manifestações podem ter, de uma a outra, certas analogias, modificadas, todavia, pelos costumes da sua nova posição, até que um aperfeiçoamento notável venha a mudar completamente seu caráter. De orgulhoso e mau, pode tornar-se humilde e humano, se se arrependeu.

217 – O homem, em suas diferentes encarnações, conserva os traços do caráter físico das existências anteriores?

– O novo corpo nenhuma relação tem com o antigo, que está destruído. Entretanto, o Espírito se reflete sobre o corpo. Sem dúvida, o corpo não é mais que matéria, mas, malgrado isso, ele é modelado pela capacidade do Espírito, que lhe imprime um certo caráter, principalmente sobre o rosto, e é com fundamento que se designam os olhos como espelho da alma, quer dizer que, o rosto, mais particularmente, reflete a alma. Por isso, uma pessoa excessivamente feia, quando nela habita um Espírito bom, criterioso e humano, tem alguma coisa que agrada, ao passo que existem rostos muito belos que nada fazem sentir e pelos quais se tem mesmo repulsa. Poderias crer que só os corpos bem feitos servem de envoltório aos Espíritos mais perfeitos, embora encontres, todos os dias, homens de bem sob aparências disformes? Sem haver uma semelhança pronunciada, a similitude de gostos e de pendores pode, pois, dar o que se chama "um ar de família".

O corpo que reveste a alma, numa nova encarnação, não tendo nenhuma relação necessária com o corpo que ela deixou, uma vez que pode ele ter tido uma procedência muito diferente, seria absurdo admitir-se uma sucessão de existências com uma semelhança física que não é senão fortuita. Entretanto, as qualidades do Espírito modificam, muitas vezes, os órgãos que servem à sua manifestação e imprimem sobre o rosto, e mesmo ao conjunto de maneiras, um cunho especial. É assim que, sob um envoltório mais humilde, podem-se encontrar expressões de grandeza e de dignidade, enquanto que sob o vestuário de um grande senhor se veem, às vezes, as expressões da baixeza e da ignomínia. Certas pessoas, saídas das posições mais obscuras, adquirem, sem esforços, os hábitos e as maneiras da alta sociedade. Parece que elas *reencontram* seu ambiente, ao passo que outras, malgrado o seu berço e a sua educação, estão sempre deslocadas nesse meio. Como explicar esse fato senão como um reflexo do que foi o Espírito?

Ideias inatas.

218 – O Espírito encarnado conserva algum traço das percepções que teve e dos conhecimentos que adquiriu nas suas existências anteriores?

– Resta-lhe uma vaga lembrança, que lhe dá o que se chama de ideias inatas.

– A teoria das ideias inatas não é, pois, uma quimera?

– Não, os conhecimentos adquiridos em cada existência não se perdem. Libertado da matéria, o Espírito os conserva. Durante a encarnação, ele pode esquecê-los em parte momentaneamente, mas a intuição que deles guarda ajuda

o seu adiantamento. Sem isso, deveria sempre recomeçar. O Espírito parte, em cada nova existência, do ponto em que chegou na existência anterior.

– Deve haver, assim, uma grande conexão entre duas existências sucessivas?

– Nem sempre tão grande como poderias supor, porque as posições, frequentemente, são bem diferentes e, no intervalo, o Espírito pode ter progredido (216).

219 – Qual é a origem das faculdades extraordinárias de indivíduos que, sem estudo prévio, parecem ter a intuição de certos conhecimentos, como as línguas, o cálculo, etc.?

– Lembrança do passado; progresso anterior da alma, mas do qual não tem consciência. De onde queres que elas venham? O corpo muda, mas o Espírito não muda, embora troque de vestimenta.

220 – Em mudando de corpo, podem perder-se certas faculdades intelectuais, deixando-se de ter, por exemplo, o gosto pelas artes?

– Sim, se conspurcou essa inteligência ou se fez dela um mau emprego. Ademais, uma faculdade pode permanecer adormecida durante uma existência, porque o Espírito veio para exercitar uma outra que com ela não tem relação; então, ela fica em estado latente para ressurgir mais tarde.

221 – É a uma lembrança retrospectiva que o homem deve, mesmo no estado selvagem, o sentimento instintivo da existência de Deus e o pressentimento da vida futura?

– É uma lembrança que ele conserva daquilo que sabia, como Espírito, antes de encarnar; mas o orgulho sufoca, muitas vezes, esse sentimento.

– É a essa lembrança que se devem certas crenças relativas à Doutrina Espírita, e que se registram em todos os povos?

– Esta doutrina é tão antiga quanto o mundo; por isso, encontramo-la por toda a parte, sendo uma prova de que é verdadeira. O Espírito encarnado, conservando a intuição de seu estado como Espírito, tem consciência instintiva do mundo invisível, porém, muitas vezes, os preconceitos falseiam essa ideia, e a ignorância a mistura com a superstição.

V

Capítulo 5

Considerações sobre a pluralidade das existências.

222 – O dogma da reencarnação, dizem certas pessoas, não é novo, pois foi tomado de Pitágoras. Jamais dissemos que a Doutrina Espírita é invenção moderna; o Espiritismo, decorrendo de uma lei natural, deve existir desde a origem dos tempos e nos esforçamos sempre em provar que se encontram traços dele desde a mais alta antiguidade. Pitágoras, como sabemos, não é o autor do sistema da metempsicose, pois o tomou dos filósofos indianos e dos meios egípcios, onde existiu desde tempos imemoriais. A ideia da transmigração das almas era, pois, uma crença comum, admitida pelos homens mais eminentes. Por que meio chegou até eles? Pela revelação ou pela intuição? Não sabemos, porém, qualquer que seja, uma ideia não atravessa os tempos e é aceita por inteligências destacadas, sem ter um lado sério. A antiguidade dessa doutrina seria, pois, antes uma prova que uma objeção. Todavia, como se sabe igualmente, há entre a metempsicose dos antigos e a doutrina moderna da reencarnação, esta grande diferença que os Espíritos rejeitam de maneira absoluta: a transmigração da alma do homem para os animais e dos animais para o homem.

Os Espíritos, ensinando a doutrina da pluralidade das existências corporais, renovam, pois, uma doutrina que nasceu nas primeiras idades do mundo e que se conservou, até os nossos dias, no pensamento íntimo de muitas pessoas.

Apresentam-na apenas sob um ponto de vista mais racional, mais conforme com as leis progressivas da Natureza e mais em harmonia com a sabedoria do Criador, despojada dos acessórios da superstição. Uma circunstância digna de nota é que não foi somente neste livro que eles a ensinaram nos últimos tempos. Antes da sua publicação, numerosas comunicações da mesma natureza foram obtidas, em diversos países, e depois se multiplicaram consideravelmente. Seria o caso de examinarmos, aqui, porque todos os Espíritos não parecem de acordo com este ponto; isto faremos mais tarde.

Examinemos o assunto sob um outro ponto de vista, e, abstração feita de toda a intervenção dos Espíritos, deixemo-los de lado por enquanto; suponhamos que esta teoria não foi ensinada por eles e mesmo que ela não foi jamais por eles cogitada. Coloquemo-nos, momentaneamente, em um terreno neutro, admitindo o mesmo grau de probabilidade para uma e outra hipótese, a saber: a da pluralidade e da unidade das existências corpóreas, e vejamos para qual delas nos guiará a razão e o nosso próprio interesse.

Certas pessoas repelem a ideia da reencarnação por motivos apenas da sua conveniência, dizendo acharem bastante uma só existência e que não gostariam de recomeçar outra semelhante; reconhecemos que o simples pensamento de que tenham de reaparecer sobre a Terra, as faz pularem de furor. Temos só uma coisa a perguntar-lhes: é se pensam que Deus pediu seus conselhos e consultou seu gosto para regular o Universo. Ora, de duas coisas, uma: ou a reencarnação existe, ou não existe; se existe, embora os contrarie, será preciso suportá-la sem que Deus tenha que lhes pedir permissão para isso. Parece-nos ouvir um doente dizer: "Já sofri demais hoje e não quero mais sofrer amanhã". Qualquer que seja a sua irritação, ela não o ajudará a sofrer menos amanhã e nos dias seguintes, até que esteja curado; portanto, se eles devem tornar a viver corporalmente, eles viverão, eles se reencarnarão; protestarão, inutilmente, como uma criança que não quer ir à escola ou um condenado que não quer ir para a prisão, pois é necessário que passem por ela. Semelhantes objeções são muito pueris para merecerem um exame mais sério. Diremos, entretanto, para tranquilizá-los, que a doutrina espírita sobre a reencarnação não é tão terrível como imaginam, e se a tivessem estudado a fundo não ficariam tão assustados. Saberiam que as condições dessa nova existência depende deles; ela será feliz ou infeliz segundo o que tiverem feito neste mundo, *e podem, a partir desta vida, elevarem-se tão alto que não temerão mais a queda no lodaçal.*

Supomos que falamos a pessoas que creem em um futuro qualquer depois da morte, e não àqueles que tomam o nada por perspectiva ou que pretendem afogar sua alma no todo universal, sem individualidade, como as gotas de chuva no oceano, o que vem a ser o mesmo. Se, pois, credes num futuro qualquer, não admitireis, sem dúvida, que ele seja o mesmo para todos, pois, de outro modo, onde estaria a utilidade do bem? Por que reprimir-se, não satisfazer todas as suas paixões, todos os seus desejos, mesmo à custa de outros, uma vez que não teria consequência?

Credes que este futuro será mais ou menos feliz ou infeliz segundo o que fizermos durante a vida; tendes, pois, o desejo de que seja tão feliz quanto possível, uma vez que deve sê-lo pela eternidade. Teríeis, por acaso, a pretensão de serdes um dos homens mais perfeitos dos que existiram sobre a Terra e de ter, assim, o direito de alcançar sem dificuldade a felicidade suprema dos eleitos? Não. Admitis que há homens que valem mais que vós e que têm direito a uma melhor situação, sem que com isso estejais entre os condenados. Muito bem! Colocai-vos, por um instante, pelo pensamento, nessa situação intermediária que seria a vossa, como o admitis, e supondo que alguém venha dizer-vos: "Sofreis; não sois tão felizes como poderíeis ser, enquanto tendes, diante de vós, seres que gozam uma felicidade perfeita; quereis trocar vossa posição com a deles?" – Sem dúvida direis, "que é preciso fazer?" – Menos que nada, recomeçar o que fizestes mal e procurar fazer melhor. – Hesitaríeis em aceitar mesmo ao preço de várias existências de provas? Tomemos uma comparação mais prosaica. Se a um homem que, sem estar entre os últimos dos miseráveis, sofre privações em consequência da escassez de seus recursos, viessem dizer: "Eis uma imensa fortuna de que podeis gozar, sendo necessário, para isso, trabalhar arduamente durante um minuto". Fosse ele o mais preguiçoso da Terra, diria sem hesitar: – "Trabalhemos um minuto, dois minutos, uma hora, um dia se for preciso; que importa isso se vou terminar minha vida na abundância?" Ora, o que é a duração da vida corpórea em confronto com a eternidade? Menos que um minuto, menos que um segundo.

Raciocinemos desta maneira: Deus, que é soberanamente bom, não pode impor ao homem o recomeço de uma série de misérias e de tribulações. Concluiremos, por acaso, que há mais bondade em condenar o homem a um sofrimento perpétuo por alguns momentos de erro, antes que lhe dar os meios de reparar suas faltas? "Dois fabricantes tinham, cada um, um operário que podia aspirar a vir a ser o sócio do patrão. Ora, aconteceu que esses dois operários empregaram uma vez muito mal a sua jornada de trabalho e mereceram ser despedidos. Um dos dois fabricantes despediu seu operário, malgrado suas súplicas, e ele, não tendo encontrado trabalho, morreu de miséria. O outro disse ao seu: perdeste um dia e me deves outro em compensação. Executaste mal o teu trabalho e me deves a reparação. Eu te permito recomeçar; trata de executá-lo bem e eu te conservarei, podendo ainda aspirar sempre à posição superior que te prometi." Há necessidade de se perguntar qual dos dois fabricantes foi mais humano? Será Deus, a própria clemência, mais impiedoso que um homem? O pensamento de que nosso destino está fixado para sempre em razão de alguns anos de provas, ainda mesmo quando não tenha dependido de nós alcançarmos a perfeição sobre a Terra, tem qualquer coisa de doloroso, enquanto que a ideia contrária é eminentemente consoladora: ela nos deixa a esperança. Assim, sem nos pronunciarmos pró ou contra a pluralidade das existências, sem admitir uma hipótese à outra, diremos que, se podemos escolher, não existe ninguém que prefira um julgamento sem apelação. Um filósofo disse que, se Deus não existisse, seria preciso inventá-lo para felicidade do gênero humano; poder-se-ia dizer o mesmo da pluralidade das existências. Mas, como dissemos, Deus não nos pede permissão, não consulta nosso gosto; isto é ou não é. Vejamos de que lado estão as probabilidades e tomemos a questão sob outro ponto de vista, sempre abstração feita do ensinamento dos Espíritos e unicamente como estudo filosófico.

Se não há reencarnação, não há senão uma existência corporal, isto é evidente. Se nossa atual existência corporal é a única, a alma de cada homem é criada no seu nascimento, a menos que se admita a anterioridade da alma, caso em que se perguntaria o que era a alma antes do seu nascimento e se esse estado não consistiria, de alguma forma, uma existência. Não há meio-termo: ou a alma existia ou não existia antes do corpo; se ela existia antes do corpo, qual era a sua situação? Tinha, ou não, consciência de si mesma? Se não tinha consciência, é como se não existisse. Se tinha sua individualidade, era ela progressiva ou estacionária? Num ou noutro caso, em que grau estava ao tomar o corpo? Admitindo, de acordo com a crença vulgar, que a alma nasce com o corpo ou, o que vem a ser o mesmo, que antes da encarnação ela não tinha senão faculdades negativas, colocamos as seguintes questões:

1 – Por que a alma mostra aptidões tão diversas e independentes das ideias adquiridas pela educação?

2 – De onde vem a aptidão extranormal, de certas crianças de tenra idade por tal arte ou tal ciência, enquanto outras se conservam inferiores ou medíocres, por toda a vida?

3 – De onde provêm, para alguns, as ideias inatas ou intuitivas que não existem em outros?

4 – De onde vêm, para certas crianças, os instintos precoces de vícios ou de virtudes, os sentimentos inatos de dignidade ou de baixeza, que contrastam com o meio em que nasceram?

5 – Por que certos homens, abstração feita da educação, são uns mais avançados que outros?

6 – Por que há selvagens e homens civilizados? Se tomardes uma

criança hotentote recém-nascida e a educardes nas melhores escolas, fareis dela, um dia, um Laplace ou um Newton?

Perguntamos: qual é a filosofia ou a teosofia capaz de resolver estes problemas? Não resta dúvida que, ou as almas são iguais ao nascerem, ou são desiguais. Se são iguais, por que aptidões tão diversas? Dir-se-ia que isto depende do organismo? É, então, a doutrina mais monstruosa e mais imoral. O homem não é mais que uma máquina, joguete da matéria, sem responsabilidade dos seus atos, podendo tudo repelir em razão de suas imperfeições físicas. Se elas são desiguais é que Deus as criou assim; mas, então, por que a superioridade inata concedida a algumas? Esta parcialidade está conforme a sua justiça e o amor igual que ele tem a todas as suas criaturas?

Admitamos, ao contrário, uma sucessão de existências anteriores progressivas e tudo estará explicado. Os homens trazem, ao nascer, a intuição do que aprenderam antes. São mais ou menos avançados segundo o número de existências que viveram, segundo estejam mais ou menos distantes do ponto de partida; absolutamente, como numa reunião de indivíduos de todas as idades, cada um terá um desenvolvimento proporcional ao número de anos que tenha vivido. As existências sucessivas serão, para a vida da alma, o que os anos são para a vida do corpo. Reuni, um dia, mil indivíduos de um a oitenta anos; suponde que um véu caia sobre todos os dias que precederam e que, na vossa ignorância, os creiais nascidos no mesmo dia; perguntareis, naturalmente, por que uns são grandes e outros pequenos, uns velhos e outros jovens, uns instruídos e outros ainda ignorantes; mas se a nuvem que oculta o passado vem a se dissipar, compreendereis que eles viveram um tempo mais ou menos longo, e tudo se explicará. Deus, em sua justiça, não pode ter criado almas mais ou menos perfeitas; mas, com a pluralidade das existências, a desigualdade que vemos não contraria a mais rigorosa equidade, pois apenas vemos o presente, não o passado. Repousa este raciocínio sobre um sistema ou uma suposição gratuita? Não, partimos de um fato patente, incontestável: a desigualdade das aptidões e do desenvolvimento intelectual e moral, que se encontra inexplicado em todas as teorias correntes; enquanto que a explicação é simples, natural, lógica, por uma outra teoria. É racional preferir aquela que não explica nada, a esta que explica?

Em relação à sexta questão, dir-se-á, sem dúvida, que o hotentote é de uma raça inferior; então, perguntaremos se o hotentote é um homem ou não. Se é um homem, por que Deus o fez, e à sua raça, deserdado dos privilégios concedidos à raça caucásica? Se não é um homem, por que procurar fazê-lo cristão? A Doutrina Espírita tem mais amplitude do que tudo isto. Segundo ela, não há várias espécies de homens, há apenas homens cujos espíritos estão mais ou menos atrasados, mais suscetíveis de progresso; isto não está mais conforme a justiça de Deus?

Vimos a alma em seu passado e em seu presente; se a considerarmos quanto ao seu futuro, encontraremos as mesmas dificuldades:

1 – Se nossa existência atual, unicamente, deve decidir o nosso destino, qual é, na vida futura, a posição respectiva do selvagem e do homem civilizado? Estão eles no mesmo nível ou distanciados em relação à felicidade eterna?

2 – O homem que trabalhou toda a sua vida no seu aprimoramento está na mesma posição daquele que permaneceu inferior, não por sua culpa, mas porque não teve tempo, nem possibilidade de se aperfeiçoar?

3 – O homem que praticou o mal porque não pôde se esclarecer, será culpado de um estado de coisas que não dependeu dele?

4 – Trabalha-se para esclarecer, moralizar e civilizar os homens. Mas por um que se esclarece, há milhões que morrem, cada dia, antes que a luz chegue até eles. Qual o destino destes últimos? São tratados como réprobos? No caso contrário, que fizeram para merecerem estar na mesma categoria que os outros?

5 – Qual o destino das crianças que morrem em tenra idade, antes de poderem fazer o bem ou o mal? Se estão entre os eleitos, por que este favor, sem haverem nada feito para o merecer? Por qual privilégio estão isentas das tribulações da vida?

Existe uma doutrina que possa resolver todas essas questões?

Admiti as existências consecutivas e tudo se explicará conforme a justiça de Deus. O que não se puder fazer numa existência, se fará em outra. É assim que ninguém escapa à lei do progresso, em que cada um será recompensado segundo o seu mérito *real,* e ninguém está excluído da felicidade suprema a que todos podem pretender, quaisquer que sejam os obstáculos que tenham encontrado em seu caminho.

Essas questões poderiam ser multiplicadas ao infinito, porque os problemas psicológicos e morais que não encontram solução, senão na pluralidade das existências, são inumeráveis; limitamo-nos aos mais gerais. Qualquer que ele seja, dir-se-á que a doutrina da reencarnação não é admitida pela Igreja; isto seria, pois, a subversão da religião.

Nosso objetivo não é tratar esta questão neste momento; nos é suficiente o termos demonstrado que ela é eminentemente moral e racional. Ora, o que é moral e racional, não pode ser contrário a uma religião que proclama Deus a bondade e a razão por excelência. Que teria sido da religião se, contra a opinião universal e o testemunho da Ciência, ela se obstinasse contra a evidência e rejeitasse, do seu seio, todos os que não acreditassem no movimento do Sol e nos seis dias da Criação? Que crédito houvera merecido e que autoridade teria tido, entre povos esclarecidos, uma religião baseada em erros manifestos dados como artigos de fé? Quando a evidência se patenteou, a Igreja se colocou a seu lado. Se está provado que, sem a reencarnação, as coisas que existem são impossíveis, se certos pontos do dogma não podem ser explicados senão por este meio, é preciso admitir-se e reconhecer-se que o antagonismo desta doutrina e desses dogmas não é mais que aparente. Mais tarde, mostraremos que a religião está menos distanciada do que se pensa, desta doutrina, e que não sofreria mais do que já sofreu com a descoberta do movimento da Terra e dos períodos geológicos que, à primeira vista, pareceram desmentir os textos sagrados. O princípio da reencarnação ressalta, aliás, de várias passagens das Escrituras e se encontra notavelmente formulado, de maneira explícita no Evangelho:

"Quando desciam do monte (após a transfiguração), Jesus lhes ordenou, dizendo: A ninguém conteis do que acabais de ver, até que o Filho do homem seja ressuscitado de entre os mortos. Os seus discípulos então o interrogaram dizendo: Por que, pois, dizem os escribas que é preciso que Elias venha primeiro? Mas Jesus lhes respondeu: Em verdade, Elias virá primeiro e restabelecerá todas as coisas. Mas vos declaro que Elias já veio, e não o conheceram, mas lhe fizeram sofrer tudo o que quiseram. Assim, farão eles também morrer o Filho do homem. Então, entenderam os discípulos que lhes falara de João Batista" (São Mateus, cap. XVII).

Uma vez que João Batista era Elias, há, pois, uma reencarnação do Espírito ou da alma de Elias no corpo de João Batista.

Qualquer que seja, de resto, a opinião que se tenha sobre a reencarnação, que se a aceite ou não, se existe deve ser suportada, não obstante toda a crença em contrário. O ponto essencial é que o ensinamento dos Espíritos é eminentemente cristão: apoia-se na imortalidade da alma, nas penas e recompensas futuras, na justiça de Deus, no livre-arbítrio do homem, na moral do Cristo, não sendo, portanto, antirreligioso.

Raciocinamos, como o dissemos, abstração feita de todo ensinamento espírita – que para certas pessoas não tem autoridade – que, se nós, e tantos outros, adotamos a opinião da pluralidade das existências, não é só porque ela nos veio dos Espíritos, mas porque nos pareceu a mais lógica e a única que resolveu essas questões, até então insolúveis.

Viesse ela de um simples mortal, e a teríamos adotado da mesma forma e não hesitaríamos mais tempo em renunciar às nossas próprias ideias. Do momento que um erro está demonstrado, o amor-próprio tem mais a perder, que a ganhar, se se obstina em uma ideia falsa. Do mesmo modo, nós a teríamos repelido, embora vinda dos Espíritos, se nos parecesse contrária à razão, como repelimos tantas outras, porque sabemos por experiência que não é preciso aceitar cegamente tudo o que vem deles, como aquilo que vem da parte dos homens. Seu primeiro título, para nós, antes de tudo, é de ser lógico, mas existe outro que é de ser confirmado pelos fatos: fatos positivos e, por assim dizer, materiais, que um estudo atento e racional pode revelar a qualquer um que se dê ao trabalho de observar com paciência e perseverança, na presença daqueles que não permitem mais a dúvida. Quando esses fatos se popularizarem, como os da formação e do movimento da Terra, será necessário reconhecer a evidência, e os seus opositores terão gasto em vão os argumentos contrários. Reconheçamos, pois, em resumo, que a doutrina da pluralidade das existências é a única que explica isto que, sem ela, é inexplicável; que ela é eminentemente consoladora, conforme a mais rigorosa justiça e é, para o homem, a âncora de salvação dada por Deus em sua misericórdia.

As próprias palavras de Jesus não podem deixar dúvidas a respeito.

Eis o que diz no Evangelho segundo São João, capítulo III:

3. "Jesus, respondendo a Nicodemos, disse: Em verdade, em verdade te digo, que se um homem não *nascer de novo,* não pode ver o reino de Deus.

4. Disse-lhe Nicodemos: Como pode um homem nascer, sendo velho? Pode tornar a entrar no ventre de sua mãe, e nascer uma segunda vez?

5. Jesus respondeu: Em verdade, em verdade te digo, que se um homem não nascer da água e do Espírito, não pode entrar no reino de Deus. O que é nascido da carne é carne, e o que é nascido do Espírito é espírito. Não te espantes do que te disse: É preciso que *nasçais de novo."* (Ver a seguir o artigo Ressurreição da carne, item 1010).

VI
Capítulo 6

Vida espírita

1. Espíritos errantes. – 2. Mundos transitórios.
3. Percepções, sensações e sofrimentos dos Espíritos.
4. Ensaio teórico sobre a sensação nos Espíritos.
5. Escolha das provas. – 6. Relações de além-túmulo.
7. Relações simpáticas e antipáticas dos Espíritos.
Metades eternas – 8. Lembrança da existência
corporal. – 9. Comemoração dos mortos. Funerais.

Espíritos errantes.

223 – A alma se reencarna imediatamente após ter se separado do corpo?

– Algumas vezes reencarna imediatamente; porém, com mais frequência, depois de intervalos mais ou menos longos. Nos mundos superiores, a reencarnação é, quase sempre, imediata; a matéria corporal sendo menos grosseira, o Espírito encarnado goza aí de quase todas as suas faculdades de Espírito; seu estado normal é o dos vossos sonâmbulos lúcidos.

224 – Que se torna a alma nos intervalos das encarnações?

– Espírito errante que aspira a seu novo destino; ele espera.

– Qual pode ser a duração desses intervalos?

– De algumas horas a alguns milhares de séculos. De resto, não há, propriamente falando, limite extremo assinalado para o estado errante, que pode prolongar-se por muito tempo, mas que, entretanto, não é jamais perpétuo. O Espírito encontra sempre, cedo ou tarde, oportunidade de recomeçar uma existência que sirva à purificação das anteriores.

– Essa duração está subordinada à vontade do Espírito ou pode lhe ser imposta como expiação?

– É uma consequência do livre-arbítrio. Os Espíritos sabem perfeitamente o que fazem, porém, para alguns, é também uma punição imposta por Deus. Outros, pedem para que ela seja prolongada, a fim de continuarem estudos que não podem ser feitos com proveito, senão no estado de Espírito.

225 – A erraticidade, por si mesma, é um sinal de inferioridade nos Espíritos?

– Não, pois há Espíritos errantes de todos os graus. Já dissemos que a encarnação é um estado transitório; no seu estado normal, o Espírito está liberto da matéria.

226 – Pode-se dizer que todos os Espíritos, que não estão encarnados, são errantes?

– Os que devem se reencarnar, sim, mas os Espíritos puros, que alcançaram a perfeição, não são errantes: seu estado é definitivo.

Com relação às qualidades íntimas, os Espíritos são de diferentes ordens ou graus, que percorrem sucessivamente, à medida que se depuram. Quanto ao estado, podem ser: **encarnados,** quer dizer, unidos a um corpo; **errantes,** isto é, livres do corpo material e esperando uma nova encarnação para se melhorarem; **Espíritos puros,** perfeitos, e não tendo mais necessidade de encarnação.

227 – De que maneira os Espíritos errantes se instruem? Sem dúvida, eles não o fazem do mesmo modo que nós?

– Estudam o seu passado e procuram os meios para se elevarem. Veem, observam o que se passa nos lugares que percorrem; ouvem as palavras dos homens mais esclarecidos e os avisos dos Espíritos mais elevados, e isso lhes dá ideias que não tinham.

228 – Os Espíritos conservam algumas das paixões humanas?

– Os Espíritos elevados, perdendo seu envoltório físico, deixam as más paixões e só guardam as do bem; quanto aos Espíritos inferiores, conservam-nas, pois, de outra forma, seriam da primeira ordem.

229 – Por que os Espíritos, deixando a Terra, não deixam nela todas as suas más paixões, uma vez que eles veem os seus inconvenientes?

– Tens nesse mundo pessoas que são excessivamente invejosas; acreditas que, mal o deixem, perdem os seus defeitos? Depois de sua partida da Terra, sobretudo para aqueles que têm paixões bem acentuadas, resta uma espécie de atmosfera que os envolve e conserva todas as suas coisas más, porque o Espírito não está inteira-

mente desprendido; só por momentos vê a verdade, como para mostrar-lhe o bom caminho.

230 – O Espírito progride no estado errante?

– Pode melhorar-se muito, sempre segundo a sua vontade e o seu desejo; mas é na existência corporal que ele põe em prática as novas ideias que adquiriu.

231 – Os Espíritos errantes são felizes ou infelizes?

– Mais ou menos de acordo com os seus méritos. Sofrem as paixões cuja essência conservaram, ou são felizes segundo eles sejam mais ou menos desmaterializados. No estado errante, o Espírito entrevê o que lhe falta para ser mais feliz e procura os meios para alcançar a felicidade; mas não lhe é sempre permitido reencarnar-se como seria do seu agrado, e isso, então, lhe é uma punição.

232 – No estado errante, podem os Espíritos ir para todos os mundos?

– Conforme. Quando o Espírito deixa o corpo, ele não está, por isso, completamente liberto da matéria e pertence ainda ao mundo onde viveu ou a um mundo do mesmo grau, a menos que, durante a sua vida, ele se tenha elevado; e deve ser esse seu objetivo, pois, caso contrário, não se aperfeiçoará jamais. Ele pode, entretanto, ir a certos mundos superiores, mas, nesse caso, aí é como um estranho; não faz, por assim dizer, mais do que os entrever e é isso que lhe dá o desejo de se melhorar, para ser digno da felicidade que neles se desfruta e poder habitá-los mais tarde.

233 – Os Espíritos já purificados vão aos mundos inferiores?

– Eles vão frequentemente para ajudar o seu progresso; sem isso, esses mundos estariam entregues a si mesmos, sem guias para dirigi-los.

Mundos transitórios.

234 – Como ficou dito, existem mundos que servem aos Espíritos errantes como estações e locais de repouso?

– Sim, há mundos particularmente destinados aos seres errantes e nos quais podem habitar temporariamente; espécies de acampamentos, de campos para se repousar de uma muito longa erraticidade, estado sempre um pouco penoso. São posições intermediárias entre os outros mundos, graduados de acordo com a natureza dos Espíritos que podem alcançá-los, e nele gozam de um bem-estar maior ou menor.

– Os Espíritos que habitam esses mundos podem deixá-los à vontade?

– Sim, os Espíritos que se acham nesses mundos podem deixá-los para irem aonde devem ir. Imaginai-os como aves que, de passagem, pousam numa ilha para refazerem suas forças, a fim de alcançarem o seu destino.

235 – Os Espíritos progridem durante sua estada nos mundos transitórios?

– Certamente; aqueles que se reúnem assim fazem-no com o objetivo de se instruírem e de poderem mais facilmente obter a permissão de alcançarem lugares melhores e ascender à posição dos eleitos.

236 – Os mundos transitórios, por sua natureza especial, são perpetuamente destinados aos Espíritos errantes?

– Não, sua posição é apenas temporária.

– São eles, ao mesmo tempo, habitados por seres corporais?

– Não, sua superfície é estéril. Aqueles que os habitam não têm necessidade de nada.

– Essa esterilidade é permanente ou resulta da sua natureza especial?

– Não, são estéreis transitoriamente.

– Esses mundos, então, devem ser desprovidos de belezas naturais?

– A natureza se traduz pelas belezas da imensidade, que não são menos admiráveis das que chamais de belezas naturais.

– Visto que o estado desses mundos é transitório, a Terra estará um dia no mesmo estado?

– Já esteve.

– Em que época?

– Durante a sua formação.

Nada é inútil na Natureza: cada coisa tem o seu objetivo, a sua destinação; nada é vazio, tudo é habitado, a vida está em toda a parte. Assim, durante a longa série de séculos que se escoaram antes da aparição do homem sobre a Terra, durante esses lentos períodos de transição atestados pelas camadas geológicas, antes mesmo da formação dos primeiros seres orgânicos sobre esta massa informe, neste árido caos onde os elementos estavam confundidos, não havia ausência de vida. Os seres que não tinham as nossas necessidades, nem as nossas sensações físicas, aí procuravam refúgio. Deus quis que mesmo neste estado imperfeito ele servisse para alguma coisa. Quem, então, ousaria dizer que entre esses bilhões de mundos que circulam na imensidade, um só, um dos menores, perdido na multidão, tivesse o privilégio exclusivo de ser povoado?

Qual seria, então, a utilidade dos outros? Deus não os teria feito senão para recrear os nossos olhos? Suposição absurda, incompatível com a sabedoria que emana de todas as suas obras, e inadmissível quando se imagina tudo aquilo que não podemos perceber. Ninguém contestará que nesta ideia de mundos ainda impróprios à vida material e, portanto, povoado de seres viventes apropriados a este meio, há alguma coisa de grande e de sublime, onde se encontra, talvez, a solução de mais de um problema.

Percepções, sensações e sofrimentos dos Espíritos.

237 – Uma vez no mundo dos Espíritos, a alma conserva ainda as percepções que tinha quando da sua vida física?

– Sim, e outras que ela não possuía, porque seu corpo era como um véu que as obscureciam. A inteligência é um atributo do Espírito, mas que se manifesta mais livremente quando não há obstáculos.

238 – As percepções e os conhecimentos dos Espíritos são indefinidos; em uma palavra, sabem eles todas as coisas?

– Quanto mais se aproximam da perfeição, mais sabem; se são superiores, sabem muito. Os Espíritos inferiores são mais ou menos ignorantes sobre todas as coisas.

239 – Os Espíritos conhecem o princípio das coisas?

– Conhecem segundo a sua elevação e a sua pureza; os Espíritos inferiores, a esse respeito, não sabem mais que os homens.

240 – Os Espíritos compreendem o tempo como nós?

– Não, e é por isto que não nos compreendeis sempre, quando se trata de fixar datas ou épocas.

Os Espíritos vivem fora do tempo, tal como o compreendemos; o tempo para eles se anula, por assim dizer, e os séculos, tão longos para nós, não são aos seus olhos senão instantes que se esvaecem na eternidade, da mesma forma que as desigualdades do solo se apagam e desaparecem para aqueles que se elevam no espaço.

241 – Os Espíritos têm, do presente, uma ideia mais precisa e mais justa que nós?

– Do mesmo modo que aquele que vê claramente as coisas tem uma ideia

mais justa do que o cego. Os Espíritos veem o que não vedes; eles julgam, pois, de outro modo que vós, mas, ainda uma vez, isto depende da sua elevação.

242 – Como é que os Espíritos têm conhecimento do passado? Esse conhecimento lhes é limitado?

– O passado, quando nos ocupamos dele, é presente; precisamente como te recordas de uma coisa que te impressionou durante o teu exílio. Entretanto, como não temos mais o véu material que obscurece a tua inteligência, lembramo-nos de coisas que se apagam para a tua memória, mas os Espíritos não conhecem tudo, a começar pela sua própria criação.

243 – Os Espíritos conhecem o futuro?

– Isto depende ainda de sua perfeição; frequentemente, eles apenas o entreveem, mas nem sempre têm a permissão de o revelar.

Quando o veem, parece-lhes presente. O Espírito vê o futuro mais claramente, à medida que se aproxima de Deus. Depois da morte, a alma vê e abrange, de um golpe de vista, suas migrações passadas, *mas não pode ver o que Deus lhe reserva; para isso, é necessário que esteja integrada nele, depois de muitas existências.*

– Os Espíritos que alcançaram a perfeição absoluta têm o conhecimento completo do futuro?

– Completo não é a palavra, porque só Deus é soberano senhor e ninguém o pode igualar.

244 – Os Espíritos veem a Deus?

– Só os Espíritos superiores o veem e o compreendem; os Espíritos inferiores o sentem e o adivinham.

– Quando um Espírito inferior diz que Deus lhe proíbe ou lhe permite uma coisa, como sabe que a ordem vem de Deus?

– Ele não vê a Deus, mas sente a sua soberania e, quando uma coisa não deve ser feita ou uma palavra não deve ser dita, ele pressente como por uma intuição, uma advertência invisível que o proíbe de fazê-lo. Vós mesmos não tendes pressentimentos, que são como uma advertência secreta, de fazer ou não alguma coisa? Ocorre o mesmo para nós, somente que num grau superior, porque como compreendes, sendo a essência dos Espíritos mais sutil que a tua, eles podem melhor receber as advertências divinas.

– A ordem é transmitida diretamente por Deus ou por intermédio de outros Espíritos?

– *Ela não vem diretamente de Deus; para comunicar-se com ele é preciso ser digno. Deus lhes transmite suas ordens pelos Espíritos mais elevados em perfeição e em instrução.*

245 – A visão dos Espíritos é circunscrita como nos seres corpóreos?

– *Não, ela reside neles.*

246 – Os Espíritos têm necessidade da luz para ver?

– *Veem por si mesmos, não têm necessidade da luz exterior; para eles não há trevas, a não ser aquelas em que se encontram por expiação.*

247 – Os Espíritos têm necessidade de se transportarem para ver dois lugares diferentes? Podem, por exemplo, ver simultaneamente os dois hemisférios do globo?

– *Como o Espírito se transporta com a rapidez do pensamento, pode-se dizer que vê tudo a uma só vez; seu pensamento pode irradiar e se dirigir, ao mesmo tempo, sobre vários pontos diferentes. Esta faculdade depende de sua pureza: quanto menos puro ele for, mais sua visão é limitada; somente os Espíritos superiores podem ter visão de conjunto.*

A faculdade de ver, nos Espíritos, é uma propriedade inerente à sua natureza e que reside em todo o seu ser como a luz reside em todas as partes de um corpo luminoso. É uma espécie de lucidez universal que se estende a tudo, envolve, a uma só vez, o espaço, o tempo e as coisas e para a qual não há trevas nem obstáculos materiais. Compreende-se que deve ser assim; no homem a visão se realiza através do funcionamento de um órgão impressionado pela luz, e sem luz ele fica na obscuridade. No Espírito, a faculdade de ver, sendo um atributo próprio, abstração feita de todo agente exterior, a visão é independente da luz (Veja-se: **Ubiquidade,** nº 92).

248 – O Espírito vê as coisas tão distintamente como nós?

– *Mais distintamente, porque sua visão penetra aquilo que não podeis penetrar; nada a obscurece.*

249 – O Espírito percebe os sons?

– *Sim, e percebe até mesmo o que os vossos sentidos obtusos não podem perceber.*

– A faculdade de ouvir, como a de ver, está em todo o seu ser?

– *Todas as percepções são atributos do Espírito e fazem parte do seu ser.*

Quando está revestido de um corpo material, elas não lhe chegam senão por um canal de órgãos; mas no estado de liberdade, não estão mais localizadas.

250 – Sendo as percepções atributos do próprio Espírito, é possível que ele deixe de usá-las?

– O Espírito só vê e ouve o que ele quiser. Isto de uma maneira geral e, sobretudo, para os Espíritos elevados; os imperfeitos ouvem e veem frequentemente, queiram ou não, aquilo que pode ser útil ao seu adiantamento.

251 – Os Espíritos são sensíveis à música?

– Quereis falar de vossa música? O que é ela diante da música celeste? Desta harmonia que nada sobre a Terra pode vos dar uma ideia? Uma é para a outra o que o canto do selvagem é para a suave melodia. Entretanto, os Espíritos vulgares podem experimentar um certo prazer em ouvir a vossa música, porque não são ainda capazes de compreender outra mais sublime. A música tem, para os Espíritos, encantos infinitos, em razão de suas qualidades sensitivas muito desenvolvidas. Refiro-me à música celeste, que é tudo o que a imaginação espiritual pode conceber de mais belo e de mais suave.

252 – Os Espíritos são sensíveis às belezas da Natureza?

– As belezas naturais dos diversos mundos são tão diferentes que se está longe de as conhecer. Sim, são sensíveis de acordo com a sua aptidão em apreciá-las e compreendê-las. Para os Espíritos elevados, há belezas de conjunto diante das quais desaparecem, por assim dizer, as belezas dos detalhes.

253 – Os Espíritos experimentam as nossas necessidades e os nossos sofrimentos físicos?

– Eles os conhecem, *visto que os suportaram, mas não sentem materialmente como vós, porque são Espíritos.*

254 – Os Espíritos experimentam a fadiga e a necessidade de repouso?

– Não podem sentir a fadiga tal como a entendeis e, por conseguinte, não têm necessidade de vosso repouso corporal, pois eles não têm órgãos cujas forças devam ser reparadas. O Espírito repousa no sentido de que não tem uma atividade constante. Sua ação não é material, mas intelectual, e, seu repouso, moral. Há momentos em que seu pensamento deixa de ser tão ativo e não se fixa sobre um objeto determinado; é um verdadeiro repouso, mas que não pode ser comparado ao repouso do corpo. A espécie de fadiga que os Espíritos podem experimentar está em razão da sua inferioridade: quanto mais sejam elevados, menos necessitam de repouso.

255 – Quando um Espírito diz que sofre, qual a natureza dos sofrimentos que experimenta?

– *Angústias morais, que o torturam mais dolorosamente que os sofrimentos físicos.*

256 – Por que, então, alguns Espíritos se queixam de sofrer frio ou calor?

– *Lembrança do que padeceram durante a vida, tão penosa, algumas vezes, como a realidade. Frequentemente, é uma comparação que fazem para exprimirem melhor a sua situação. Quando se lembram do corpo, experimentam uma espécie de impressão como quando se tira um capote e se crê ainda vesti-lo algum tempo depois.*

Ensaio teórico sobre a sensação nos Espíritos.

257 – O corpo é o instrumento da dor e, se não é a sua causa primeira, pelo menos é a causa imediata. A alma tem a percepção da dor, mas essa percepção é um efeito. A lembrança que dela conserva pode ser muito penosa, contudo, não pode ter ação física. Com efeito, nem o frio, nem o calor podem desorganizar os tecidos da alma e esta não pode gelar-se nem queimar-se. Não vemos, todos os dias, a lembrança ou a apreensão de um mal físico produzir efeitos tão reais e ocasionar mesmo a morte? Todo o mundo sabe que as pessoas amputadas sentem dor no membro que não existe mais. Seguramente, não é nesse membro que está a sede ou o ponto de partida da dor; apenas o cérebro conservou a impressão da dor. Pode-se, pois, crer que há alguma coisa de analogia com os sofrimentos do Espírito depois da morte. Um estudo mais aprofundado do perispírito, que desempenha um papel muito importante em todos os fenômenos espíritas, como as aparições vaporosas ou tangíveis, o estado do Espírito no momento da morte, a ideia tão frequente de que ainda está vivo, o quadro tão comovente dos suicidas, dos supliciados, dos que se deixaram absorver nos prazeres materiais, e tantos outros fatos, vieram fazer luz sobre essa questão e dar lugar às explicações que damos, aqui, resumidas.

O perispírito é o laço que une o Espírito à matéria do corpo, sendo tirado do meio ambiente, do fluido universal; contém, ao mesmo tempo, eletricidade, fluido magnético e, até certo ponto, a matéria inerte. Poder-se-ia dizer que é a quintessência da matéria, o princípio da vida orgânica, mas não da vida intelectual, porque esta está no Espírito. É, além disso, o agente das sensações externas. No corpo, essas sensações estão localizadas pelos órgãos que lhes servem de canais. Destruído o corpo, as sensações ficam generalizadas.

Eis porque o Espírito não diz que sofre mais da cabeça do que dos pés. É preciso, de resto, não confundir as sensações do perispírito, que se tornou independente, com as do corpo; não podemos tomar estas últimas como análogas, mas apenas como termo de comparação. Liberto do corpo, o Espírito pode sofrer, mas esse sofrimento não é corporal, embora não seja exclusivamente moral como o remorso, uma vez que ele se queixa de frio e de calor. Ele não sofre mais no inverno que no verão e o temos visto passar através das chamas sem nada experimentar de penoso; a temperatura não lhes causa, pois, nenhuma impressão. A dor que ele sente não é propriamente uma dor física, mas um vago sentimento íntimo que o próprio Espírito nem sempre entende, precisamente porque a dor não está localizada e não é produzida por agentes externos: é mais uma lembrança que uma realidade, porém, uma recordação também penosa. Há, algumas vezes, entretanto, mais que uma lembrança, como iremos ver.

A experiência nos ensina que, no momento da morte, o perispírito se liberta mais ou menos lentamente do corpo. Durante os primeiros instantes, o Espírito não entende sua situação: não se crê morto, porque se sente vivo; vê seu corpo de um lado, sabe que é seu, mas não entende por que está separado dele. Este estado perdura enquanto existe alguma ligação entre o corpo e o perispírito. Um suicida nos disse: Não, não estou morto – e ajuntou – *entretanto, sinto os vermes que me roem.* Ora, seguramente, os vermes não roíam o perispírito e, muito menos, o Espírito; roíam apenas o corpo. Entretanto, como a separação do corpo e do perispírito não tinha se completado, resultava uma espécie de repercussão moral que lhe transmitia a sensação do que se passava no corpo. Repercussão pode não ser, talvez, a palavra certa, pois faria supor um efeito muito material; era, antes, a visão do que se passava no corpo, ligado ainda ao seu perispírito, que produzia nele uma ilusão, a qual tomava por uma realidade. Assim, não era uma lembrança, pois que, durante sua vida, não havia sido roído pelos vermes; era o sentimento de um fato atual. Vê-se, por aí, as deduções que se podem tirar dos fatos quando são observados atentamente. Durante a vida, o corpo recebe as impressões exteriores e as transmite ao Espírito por intermédio do perispírito que constitui, provavelmente, o que se chama de fluido nervoso. Morto o corpo, ele não sente mais nada, visto que não há mais nele Espírito, nem perispírito. O perispírito, desprendido do corpo, experimenta sensação, mas como esta não lhe chega mais por um canal limitado, é generalizada. Ora, como na realidade ele não é mais que um agente de transmissão, pois é no Espírito que está a consciência, resulta disso que, se pudesse existir um perispírito sem Espírito, ele não sentiria mais do que um corpo morto. Da mesma forma, se o Espírito não tivesse o perispírito, seria inacessível a toda a sensação penosa, como ocorre com os Espíritos completamente purificados. Sabemos que, quanto mais eles se purificam, mais a essência do perispírito se torna etérea, do que se segue que a influência material diminui à medida que o Espírito progride, quer dizer, à medida que o próprio perispírito se torna menos grosseiro.

Mas, dir-se-á, as sensações agradáveis são transmitidas ao Espírito pelo perispírito, da mesma forma que as sensações desagradáveis; ora, se o Espírito puro é inacessível a umas, deve ser igualmente a outras. Sim, sem dúvida, para aquelas que provêm unicamente da influência da matéria que conhecemos: o som dos nossos instrumentos, o perfume de nossas flores, nenhuma impressão lhe causam. Entretanto, ele experimenta sensações íntimas, de um encanto indefinível que nem podemos imaginar, pois a esse respeito somos como cegos de nascença em relação à luz: sabemos que ela existe, mas por que meio? Aí se detém a nossa ciência.

Sabemos que existe percepção, sensação, audição, visão; que essas faculdades são atributos de todo o ser, e não, como no homem, de uma parte do ser; mas, ainda uma vez, por que intermediário? É o que não sabemos. Os próprios Espíritos não podem nos dar conta, visto que nossa linguagem não está em condições de exprimir as ideias que não temos, da mesma forma que a língua dos selvagens não tem termos para exprimir nossas artes, nossas ciências e nossas doutrinas filosóficas.

Dizendo que os Espíritos são inacessíveis às impressões da nossa matéria, queremos falar dos Espíritos muito elevados, cujo envoltório etéreo não encontra analogia em nosso mundo. O mesmo não ocorre com os de perispírito mais denso, que percebem os nossos sons e os nossos odores, embora não o façam por uma parte da sua individualidade, como quando em vida. Poder-se-ia dizer que as vibrações moleculares se fazem sentir em todo o ser e chegam, assim, ao seu *sensorium commune,* que é o próprio Espírito, embora de um modo diferente, e pode ser também com uma impressão diferente, o que produz uma modificação na percepção. Eles ouvem o som da nossa voz, entretanto, compreendem-nos sem o auxílio da palavra, apenas pela transmissão do pensamento. Isso vem em apoio ao que dissemos: essa penetração é tanto mais fácil quanto mais o Espírito está desmaterializado. Quanto à visão, ela independe da nossa luz. A faculdade de ver é um atributo essencial da nossa alma; para ela não há obscuridade e se apresenta mais extensa, mais penetrante, para os que estão mais purificados. A alma, ou o Espírito, tem pois, em si mesmo, a faculdade de todas as percepções; na vida corpórea elas são limitadas pela grosseria de seus órgãos, contudo, na vida extracorpórea, o são cada vez menos à medida que se torna menos compacto o envoltório semimaterial.

Esse envoltório, tirado do meio ambiente, varia de acordo com a natureza dos mundos. Passando de um mundo a outro, os Espíritos trocam de envoltório como trocamos de roupa ao passarmos do inverno para o verão ou do polo para o equador. Os Espíritos mais elevados, quando vêm-nos visitar, revestem-se do perispírito terrestre e, então, suas percepções operam como nos Espíritos vulgares; mas todos, inferiores como superiores, não ouvem e não sentem mais do que aquilo que querem ouvir ou sentir. Sem possuírem órgãos sensitivos, podem tornar, à vontade, ativas ou nulas suas percepções; só uma coisa são forçados a ouvir: os conselhos dos bons Espíritos. A visão é sempre ativa, mas eles podem, reciprocamente, tornarem-se invisíveis uns aos outros. Segundo a categoria que ocupem, podem ocultar-se dos que lhes são inferiores, mas não o podem dos que lhes são superiores. Nos primeiros momentos que se seguem à morte, a visão do Espírito é sempre perturbada e confusa e se aclara à medida que se desprende e pode adquirir a mesma clareza que tinha durante a vida, independentemente da sua penetração através dos corpos que nos são opacos. Quanto à sua extensão pelo espaço infinito, no futuro e no passado, depende do grau de pureza e elevação do Espírito.

Toda esta teoria, dir-se-á, não é nada tranquilizadora. Pensávamos que, uma vez desembaraçados do nosso envoltório grosseiro, instrumento das nossas dores, não sofreríamos mais e nos informais que ainda sofreremos e, seja de uma maneira ou de outra, é sempre sofrer. Ah! sim, podemos ainda sofrer muito e por muito tempo, mas podemos também não mais sofrer, mesmo desde o instante em que deixamos a vida corpórea.

Os sofrimentos deste mundo, algumas vezes, independem de nós, mas muitos são consequências da nossa vontade. Remontando à origem, ver-se-á que, em sua maior parte, resultam de causas que poderíamos evitar. Quantos males e enfermidades deve o homem aos seus excessos, à sua ambição, às suas paixões? O homem que tivesse vivido sempre sobriamente, sem abusar de nada, com simplicidade de gostos, modesto em seus desejos, se pouparia de muitas tribulações. Ocorre o mesmo com o Espírito; os sofrimentos que enfrenta são consequência da maneira que viveu sobre a Terra. Sem dúvida, não terá mais a gota e o reumatismo, mas terá outros sofrimentos que não são menores. Vimos que esses sofrimentos resultam dos laços que ainda existem entre o Espírito e a matéria e que quanto mais se liberta da influência da matéria, quanto mais se desmaterializa, sofre menos as sensações penosas. Ora, depende dele libertar-se dessa influência desde a vida atual; tem o seu livre-arbítrio e, por conseguinte, a faculdade de escolher entre fazer e não fazer. Dome ele as suas paixões animais, não sinta ódio, nem inveja, nem ciúme, nem orgulho; não se deixe dominar pelo orgulho e purifique a sua alma pelos bons sentimentos, que faça o bem e dê, às coisas deste mundo, a importância que elas merecem, então, mesmo estando encarnado, já estará depurado, liberto da matéria e, quando deixar seu corpo, não mais lhe suportará a influência. Nenhuma recordação dolorosa, nenhuma impressão desagradável lhe restará dos sofrimentos físicos que experimentou, porque elas afetaram o corpo e não o Espírito. Sentir-se-á feliz de ter se libertado delas, e a calma de sua consciência o isentará de todo o sofrimento moral. Interrogamos milhares de Espíritos, que pertenceram a todas as categorias da sociedade terrena, a todas as posições sociais; estudamo-los em todos os períodos da sua vida espírita, a partir do momento em que deixaram o corpo; seguimo-los, passo a passo, nessa vida de além-túmulo, para observar as mudanças que neles se operavam, em ideias, em suas sensações e, sob esse aspecto, os homens mais vulgares não foram os que nos forneceram materiais de estudo menos preciosos. Ora, constatamos sempre que os sofrimentos tinham relação com a conduta, da qual suportavam as consequências, e que essa nova existência era a fonte de uma felicidade inefável para os que seguiram o bom caminho. Segue-se daí, que os que sofrem, sofrem porque quiseram e só de si mesmos podem queixar-se, tanto neste como no outro mundo.

Escolha das provas.

258 – Quando no estado errante e antes de reencarnar-se, o Espírito tem a consciência e a previsão das coisas que lhe sucederão durante a vida?

– Ele próprio escolhe o gênero de provas que quer suportar e é nisso que consiste o seu livre-arbítrio.

– Não é Deus que lhe impõe, então, as tribulações da vida como castigo?

– Nada ocorre sem a permissão de Deus, pois é Ele quem estabelece todas as leis que regem o Universo. Perguntai, então, por que fez tal lei ao invés de outra. Dando ao Espírito a liberdade de escolha, deixa-lhe toda a responsabilidade de seus atos e suas consequências, de maneira que nada entrava o seu futuro; o caminho do bem, como o do mal, lhe está aberto. Se sucumbe, resta-lhe a consolação de

que nem tudo se acabou para ele; Deus, na sua bondade, lhe dá a oportunidade de recomeçar o que foi mal feito. É necessário, aliás, distinguir o que é obra da vontade de Deus do que é da vontade do homem. Se um perigo vos ameaça, não fostes vós que criastes, mas Deus; contudo, pela própria vontade, a ele vos expondes porque vedes um meio de adiantar-vos, e Deus o permitiu.

259 – Se o Espírito pode escolher o gênero de provas que deve suportar, segue-se daí que todas as tribulações que experimentamos na vida foram previstas e escolhidas por nós?

– Todas, não é a palavra, pois não se pode dizer que escolhestes e previstes tudo o que vos acontece no mundo, até as menores coisas; escolhestes o gênero de provas, os detalhes são consequências da vossa posição e, frequentemente, dos vossos próprios atos. Se o Espírito quis nascer entre malfeitores, por exemplo, ele sabia a que arrastamentos se expunha, mas não cada um dos atos que viria a praticar e que são resultado de sua vontade ou do seu livre-arbítrio. O Espírito sabe que, escolhendo tal caminho, terá de suportar tal gênero de luta; sabe também a natureza das vicissitudes que enfrentará, mas não sabe quais os acontecimentos que o aguardam. Os detalhes dos acontecimentos nascem das circunstâncias e da força das coisas. Somente são previstos os grandes acontecimentos que influem no seu destino. Se tomas um caminho cheio de sulcos profundos, sabes que deves tomar grandes precauções para não caíres, e não sabes em qual deles cairás; pode ser também que não caias se fores bastante prudente. Se, passando por uma rua, uma telha te cair na cabeça, não creias que estava escrito, como vulgarmente se diz.

260 – Como o Espírito pode querer nascer no meio de pessoas de má vida?

– É necessário que ele seja colocado num meio onde possa suportar a prova que pediu. Pois bem! É preciso que haja analogia nas situações. Para lutar contra o instinto do roubo é preciso que se encontre entre pessoas dadas à prática de roubar.

– Se não houvesse pessoas de má vida sobre a Terra, o Espírito não poderia, pois, aí encontrar meio adequado a certas provas?

– Precisar-se-ia lamentar isso? É o que ocorre nos mundos superiores onde o mal não tem acesso, visto que são habitados por Espíritos bons. Fazei que, em breve, o mesmo ocorra sobre a Terra.

261 – O Espírito, nas provas que deve suportar para chegar à perfeição, deve experimentar todos os gêneros de tentações? Deve passar por todas

as circunstâncias que podem excitar seu orgulho, inveja, avareza, sensualidade, etc.?

– *Certamente que não, pois sabeis que há Espíritos que, desde o começo, tomam um caminho que os isenta de muitas provas; mas aquele que se deixa arrastar para o mau caminho, corre todos os perigos desse caminho. Um Espírito, por exemplo, pode pedir a riqueza e esta ser-lhe concedida; então, conforme seu caráter, ele poderá tornar-se avaro ou pródigo, egoísta ou generoso, ou se entregará a todos os prazeres da sensualidade. Mas isso não quer dizer que deva passar forçosamente por todas essas tendências.*

262 – Como pode o Espírito, que em sua origem é simples, ignorante e sem experiência, escolher uma existência com conhecimento de causa e ser responsável por essa escolha?

– *Deus supre a sua inexperiência, traçando-lhe o caminho que deve seguir, como o fazes para uma criança desde o berço. À medida que o seu livre-arbítrio se desenvolve, ele o deixa, pouco a pouco, livre para escolher; é, então, que frequentemente se extravia tomando o mau caminho, se não escuta o conselho dos bons Espíritos; é o que podemos chamar a queda do homem.*

– Quando o Espírito goza do seu livre-arbítrio, depende exclusivamente da sua vontade a escolha da existência corporal, ou essa existência pode lhe ser imposta pela vontade de Deus como expiação?

– *Deus sabe esperar: não apressa a expiação. Entretanto, Deus pode impor uma existência a um Espírito, quando este, por sua inferioridade ou sua má vontade, não está apto a compreender o que poderia ser-lhe mais salutar e quando vê que essa existência pode servir à sua purificação e adiantamento, ao mesmo tempo que encontra nela uma expiação.*

263 – O Espírito faz sua escolha imediatamente depois da morte?

– *Não, muitos acreditam na eternidade das penas e, como já se disse, é um castigo.*

264 – O que dirige o Espírito na escolha das provas que quer suportar?

– *Ele escolhe as que podem ser, para ele, uma expiação, segundo a natureza de suas faltas, e o faça avançar mais rapidamente. Alguns se impõem uma vida de misérias e privações para tentar suportá-la com coragem. Outros querem se experimentar nas tentações da fortuna e do poder, bem mais perigosas pelo abuso e mau uso que delas se pode fazer e pelas más paixões que desenvolvem. Outros, enfim, querem experimentar-se pelas lutas que devem sustentar ao contato do vício.*

265 – Se alguns Espíritos escolhem o contato com o vício como prova, existem os que o escolhem por simpatia e por desejo de viver num meio do seu gosto, ou para poderem se entregar materialmente aos seus pendores materiais?

– Há, sem dúvida, mas apenas entre aqueles cujo senso moral está pouco desenvolvido; a prova vem deles mesmos e a suportarão por mais tempo. *Cedo ou tarde, compreenderão que a satisfação das paixões brutais tem, para eles, consequências deploráveis, que suportarão durante um tempo que lhes parecerá eterno. Deus poderá deixá-los nesse estado até que compreendam suas faltas e peçam, por si mesmos, os meios de resgatá-las em provas vantajosas.*

266 – Não parece natural que os Espíritos escolham as provas menos penosas?

– Para vós, sim; para o Espírito, não. Quando se liberta da matéria, a ilusão desaparece e ele pensa de outra maneira.

O homem sobre a Terra é colocado sob a influência das ideias carnais, não vê em suas provas senão o lado penoso; é, por isso, que lhe parece natural escolher aquelas que, do seu ponto de vista, podem coexistir com os prazeres materiais. Na vida espiritual, contudo, ele compara esses prazeres fugitivos e grosseiros com a felicidade inalterável que entrevê e, então, que lhe importam alguns sofrimentos passageiros? O Espírito pode, pois, escolher as provas mais rudes e, por conseguinte, a existência mais penosa na esperança de alcançar mais depressa um estado melhor, como o doente escolhe, frequentemente, o remédio mais desagradável para se curar mais rapidamente. O que quer ver seu nome ligado ao descobrimento de um país desconhecido não escolhe um caminho florido; sabe os perigos que corre, mas sabe também a glória que o espera, se for bem sucedido.

A doutrina da liberdade na escolha de nossas existências e das provas que devemos suportar deixa de parecer extraordinária se se considerar que os Espíritos, desprendidos da matéria, apreciam as coisas de maneira diferente da nossa; entreveem o fim, bem mais sério para eles que os prazeres fugidios do mundo. Depois de cada existência, avaliam o passo que deram e compreendem o que lhes falta ainda, em pureza, para alcançarem aquele fim. Eis porque eles se submetem voluntariamente a todas as vicissitudes da vida corporal, pedindo, eles mesmos, as provas que lhes permitam chegar mais prontamente. Não há, pois, motivo de espanto no fato de o Espírito não dar preferência a uma existência mais suave. Essa vida, isenta de amargura, não pode gozá-la em seu estado de imperfeição; ele a entrevê e é para alcançá-la que procura se melhorar.

Não temos, aliás, todos os dias, sob nossos olhos, exemplos de escolhas semelhantes? Que faz o homem que trabalha uma parte da sua vida, sem trégua nem descanso, para reunir haveres que lhe garantam o bem-estar, senão uma tarefa que se impôs, tendo em vista um futuro melhor?

O militar que sofre por uma missão perigosa, o viajante que não enfrenta menores perigos, no interesse da Ciência ou da sua fortuna, não se submetem a provas voluntárias que devem lhes proporcionar honra e proveito, se forem bem sucedidos? A que o homem não se submete e não se expõe pelo seu interesse ou pela sua glória? Todos os concursos não são também provas voluntárias às quais os homens se submetem para se elevarem na carreira que escolheram? Não se chega a uma posição social de destaque nas ciências, nas artes, na indústria, senão passando por uma série de posições inferiores que são outras tantas provas. A vida humana é uma cópia da vida espiritual onde encontramos, em ponto pequeno, todas as mesmas peripécias. Se pois, nesta vida escolhemos as provas mais rudes para alcançarmos um objetivo mais elevado, por que o Espírito, que vê mais longe que o corpo e para o qual a vida do corpo não é mais que um incidente fugidio, não escolheria uma existência penosa e laboriosa, se ela deve conduzi-lo a uma felicidade eterna? Aqueles que dizem que, se o homem tem a escolha da sua existência, pediriam para ser príncipes ou milionários, são como míopes, que só veem o que tocam, ou como crianças gulosas, às quais, quando perguntamos a profissão que preferem, respondem: pasteleiros ou confeiteiros.

Assim é o viajante que, no fundo do vale obscurecido pelo nevoeiro não vê a extensão, nem os pontos extremos do seu caminho. Chegado ao cume da montanha, divisa ele o caminho que percorreu e o que resta a percorrer, vê o seu fim e os obstáculos que tem ainda a transpor e pode, então, planejar com mais segurança os meios de atingi-lo. O Espírito encarnado está como o viajor na base da montanha: desembaraçado dos laços físicos, ele domina o cenário como aquele que está no cume da montanha. Para o viajante, o objetivo é o repouso depois da fadiga, para o Espírito, porém, é a felicidade suprema após as tribulações e as provas.

Todos os Espíritos dizem que, no estado errante, buscam, estudam, observam para fazerem sua escolha. Não temos um exemplo desse fato na vida corporal? Não buscamos, frequentemente, durante anos, a carreira sobre a qual fixamos livremente nossa escolha, porque a cremos a mais apropriada para os objetivos do nosso caminho? Se fracassamos numa, procuramos outra. Cada carreira que abraçamos é uma fase, um período da vida. Não empregamos cada dia para planejar o que faremos no dia seguinte?

Ora, que são as diferentes existências corporais para o Espírito senão fases, períodos e dias de sua vida espírita que é, como o sabemos, sua vida normal, uma vez que a vida corpórea não é mais que transitória e passageira?

267 – Poderá o Espírito fazer sua escolha durante a vida corporal?

– Seu desejo pode ter influência, dependendo da intenção; como Espírito, porém, muitas vezes vê as coisas de maneira diferente e é, nesse estado, que faz sua escolha. Mas, ainda uma vez, pode fazê-la na sua vida material, porque o Espírito tem sempre momentos nos quais fica independente da matéria que habita.

– Muitas pessoas desejam grandezas e riquezas; não é, certamente, como expiação, nem como prova?

– Sem dúvida, é a matéria que deseja essas grandezas para gozá-las; como Espírito, deseja-as para conhecer-lhes as vicissitudes.

268 – Até alcançar o estado de pureza perfeita, o Espírito tem, constantemente, provas a suportar?

– Sim, mas elas não são como as entendeis, pois chamais de provas as tribulações materiais. Ora, o Espírito, alcançando um certo grau, sem ser perfeito, não tem mais provas a suportar, porém, tem sempre deveres que o ajudam a se aperfeiçoar e que não lhe são penosos, constituindo-se em ajudar os outros a se aperfeiçoarem.

269 – O Espírito pode enganar-se quanto à eficiência da prova que escolheu?

– Pode escolher uma que esteja acima de suas forças e, então, sucumbe; pode também escolher uma que não lhe dê proveito algum, como ocorre se prefere um gênero de vida ociosa e inútil. Nesse caso, uma vez de volta ao mundo dos Espíritos, ele percebe que nada ganhou e pede outra existência para reparar o tempo perdido.

270 – A que se devem as vocações de algumas pessoas, e sua vontade de seguir uma carreira de preferência a outra?

– Parece-me que vós mesmos podeis responder a esta questão. Não é a consequência de tudo o que dissemos sobre a escolha das provas e sobre o progresso realizado numa existência anterior?

271 – No estado errante, o Espírito, estudando as diversas condições nas quais poderá progredir, como pensa realizar seu progresso, nascendo, por exemplo, entre canibais?

– Não são os Espíritos já avançados que nascem entre os canibais, mas Espíritos da natureza dos próprios canibais ou que lhes são inferiores.

Sabemos que os nossos antropófagos não estão no último grau da escala evolutiva e que existem mundos onde o embrutecimento e a ferocidade não têm analogia sobre a Terra. Esses Espíritos, portanto, são inferiores aos mais inferiores do nosso mundo e encarnar entre os nossos selvagens é para eles um progresso, da mesma forma que seria um progresso para os nossos antropófagos exercer, entre nós, uma profissão que não os obrigasse a derramar sangue (*). Se não veem mais

(*) No original que usamos, lê-se: "... d'exercer parmi nous une profession qui les obligerait à verser le sang." Ora, "uma profissão que os obrigasse a derramar sangue" não corresponde ao ensinamento que Kardec pretendeu ministrar, posto que não representaria um progresso. Deve ter havido uma mutilação do texto original que nos permitimos reparar para completar o raciocínio. (N. do T.).

alto é porque a inferioridade moral não lhes permite a compreensão de um progresso mais completo. O Espírito não pode avançar senão gradualmente; não pode transpor, de um salto, a distância que separa a barbárie da civilização, e é, nesse fato, que vemos uma das necessidades da reencarnação para que corresponda verdadeiramente à justiça de Deus. De outra forma, em que se tornariam esses milhões de seres que morrem, cada dia, no último estado de degradação, se não tivessem os meios de alcançar a superioridade? Por que Deus os deserdaria dos favores concedidos aos outros homens?

272 – Os Espíritos que procedem de um mundo inferior à Terra ou de um povo muito atrasado, como os canibais, por exemplo, poderiam nascer entre os povos civilizados?

– Sim, há os que se desencaminham, querendo subir muito mais alto; mas, nesse caso, eles ficam desajustados, entre vós, porque têm costumes e instintos que não se afinam com os vossos.

Esses seres nos dão o triste espetáculo da ferocidade dentro da civilização. O retorno para junto dos canibais não será para eles uma queda, pois não farão mais que retomar o seu lugar, talvez com maior proveito.

273 – Um homem pertencente a uma raça civilizada, por expiação, poderia encarnar numa raça selvagem?

– Sim, mas isso depende do gênero da expiação; um senhor que foi duro para os seus escravos poderá vir a ser escravo, a seu turno, e sofrer os maus tratos que fez suportar. Aquele que um dia comandou pode, numa nova existência, obedecer àqueles mesmos que se curvaram à sua vontade. É uma expiação se ele abusou de seu poder, e Deus a pode impor-lhe. Um bom Espírito pode também, para ajudar--lhe o progresso, escolher uma existência influente entre esses povos, e, então, é uma missão. (*)

Relações de além-túmulo.

274 – As diferentes ordens de Espíritos estabelecem, entre elas mesmas, uma hierarquia de poder? Há, entre elas, subordinação e autoridade?

– Sim, e muito grande; os Espíritos têm, uns sobre os outros, uma autoridade relacionada com a sua superioridade, que exercem por uma ascendência moral irresistível.

(*) Vide Nota Explicativa da Editora no final do livro

– Os Espíritos inferiores podem se subtrair à autoridade dos que lhes são superiores?

– Eu disse: irresistível.

275 – O poder e a consideração que um homem desfrutou sobre a Terra lhe dão supremacia no mundo dos Espíritos?

– Não, porque os pequenos serão elevados, e os grandes, rebaixados. Lê os salmos.

– Como devemos entender essa elevação e esse rebaixamento?

– Não sabes que os Espíritos pertencem a diferentes ordens, segundo seus méritos? Pois bem! O maior da Terra pode estar na última categoria entre os Espíritos, ao passo que o seu servidor estará na primeira. Compreendes isto? Não disse Jesus: aquele que se humilhar será elevado, e quem se elevar será humilhado?

276 – Aquele que foi grande na Terra e se encontra inferiorizado entre os Espíritos, experimenta, com isso, humilhação?

– Frequentemente muito grande, sobretudo, se era orgulhoso e invejoso.

277 – O soldado que, depois da batalha, reencontra seu general no mundo dos Espíritos reconhece-o ainda por seu superior?

– O título não é nada, a superioridade real é tudo.

278 – Os Espíritos das diferentes ordens estão misturados?

– Sim e não; quer dizer, eles se veem, mas se distinguem uns dos outros. Eles se evitam ou se aproximam segundo a analogia ou a antipatia de seus sentimentos, como acontece entre vós. É todo um mundo do qual o vosso é o reflexo obscuro. *Os Espíritos da mesma categoria se reúnem por uma espécie de afinidade e formam grupos ou famílias de Espíritos unidos pela simpatia e pelo objetivo que se propuseram: os bons, pelo desejo de fazer o bem, os maus, pelo desejo de fazer o mal, pela vergonha de suas faltas e pela necessidade de se encontrarem entre os que se lhe assemelham.*

Tal uma grande cidade, onde os homens de todas as categorias e de todas as condições se veem e se encontram sem se confundirem; onde as sociedades se formam pela analogia de gostos; onde o vício e a virtude convivem sem se falarem.

279 – Todos os Espíritos têm, reciprocamente, acesso uns entre os outros?

– Os bons vão por toda a parte, e é preciso que seja assim para que possam

exercer sua influência sobre os maus. Mas as regiões habitadas pelos bons estão interditadas aos Espíritos imperfeitos, a fim de que estes não as perturbem com suas más paixões.

280 – Qual a natureza das relações entre os bons e os maus Espíritos?

– *Os bons se empenham no combate das más inclinações dos outros,* a fim de ajudá-los a subir; *é uma missão.*

281 – Por que os Espíritos inferiores se comprazem em levar-nos ao mal?

– *Por inveja de não terem merecido estar entre os bons. Seu desejo é impedir, o quanto possam, os Espíritos inexperientes de alcançarem o bem supremo; querem que os outros experimentem aquilo que eles mesmos experimentam. Não vedes o mesmo entre vós?*

282 – Como os Espíritos se comunicam entre si?

– *Eles se veem e se compreendem, a palavra é material: é o reflexo do Espírito. O fluido universal estabelece entre eles uma comunicação constante; é o veículo da transmissão do pensamento, como para vós o ar é o veículo do som; uma espécie de telégrafo universal, que liga todos os mundos e permite aos Espíritos se corresponderem de um mundo ao outro.*

283 – Podem os Espíritos, reciprocamente, dissimularem seus pensamentos? Podem se ocultar uns dos outros?

– *Não, para eles tudo está a descoberto, sobretudo aos que são perfeitos. Podem se distanciar, mas se veem sempre. Isto, entretanto, não é uma regra absoluta, pois certos Espíritos podem muito bem tornar-se invisíveis para outros Espíritos, se julgam útil fazê-lo.*

284 – Como os Espíritos que não têm mais corpo, podem constatar sua individualidade e distinguir-se dos outros seres espirituais que os cercam?

– *Constatam sua individualidade pelo perispírito, que faz os seres distintos uns dos outros, como o corpo entre os homens.*

285 – Os Espíritos se conhecem por terem coabitado a Terra? O filho reconhece o pai, o amigo, seu amigo?

– *Sim, e assim de geração a geração.*

– Como os homens que se conheceram sobre a Terra se reconhecem no mundo dos Espíritos?

– Vemos nossa vida passada e a lemos como num livro; vendo o passado de nossos amigos e de nossos inimigos, vemos sua passagem da vida para a morte.

286 – A alma, deixando seus despojos mortais, vê imediatamente seus parentes e seus amigos que a precederam no mundo dos Espíritos?

– Imediatamente não é sempre a palavra, pois, como vos dissemos, ela precisa de algum tempo para se reconhecer e sacudir o véu material.

287 – Como é acolhida a alma em seu regresso ao mundo dos Espíritos?

– A do justo, como um irmão bem-amado esperado há longo tempo; a do perverso, como um ser que se enganou.

288 – Que sentimentos experimenta um Espírito impuro à chegada de um outro mau Espírito?

– Os perversos ficam satisfeitos de ver os seres à sua imagem e privados, como eles, da felicidade infinita, qual sobre a Terra, um velhaco entre seus iguais.

289 – Nossos parentes e nossos amigos vêm, algumas vezes, ao nosso reencontro, quando deixamos a Terra?

– Sim, vêm ao encontro da alma que estimam; felicitam-na como ao retorno de uma viagem, se ela escapou aos perigos do caminho, e a ajudam a livrar-se dos laços corporais. *É um privilégio para os bons Espíritos quando aqueles que estimam vêm ao seu encontro, ao passo que aquele que está manchado fica no isolamento ou, a rodeá-lo, tem apenas os que lhe são semelhantes: é uma punição.*

290 – Os parentes e os amigos se reúnem sempre depois da morte?

– Isso depende da sua elevação e do caminho que seguem para seu progresso. Se um deles está mais avançado e caminha mais depressa que outro, não poderão ficar juntos: poderão ver-se algumas vezes, mas não estarão reunidos para sempre, senão quando puderem marchar, lado a lado, ou quando tiverem alcançado a igualdade na perfeição. Assim, a privação de ver seus parentes e seus amigos é, algumas vezes, uma punição.

Relações simpáticas e antipáticas dos Espíritos. Metades eternas.

291 – Além da semelhança geral de afinidade, há, entre os Espíritos, afeições particulares?

– *Sim, do mesmo modo que entre os homens; todavia, o laço que une os Espíritos é mais forte na ausência do corpo, por não estarem mais expostos às vicissitudes das paixões.*

292 – Existe ódio entre os Espíritos?

– *Não existe ódio senão entre os Espíritos impuros e são eles que insuflam, entre vós, as inimizades e as dissensões.*

293 – Duas pessoas que foram inimigas sobre a Terra, conservarão ressentimento, uma contra a outra, no mundo dos Espíritos?

– *Não, elas compreenderão que seu ódio foi estúpido e o motivo pueril. Os Espíritos imperfeitos conservam apenas uma espécie de animosidade, até que estejam purificados. Se foi um interesse material que os dividiu, eles não pensarão mais nisso, por pouco que sejam desmaterializados. Se não há mais antipatia entre eles, o motivo da discussão não mais existindo, podem rever-se com prazer.*

Como dois escolares chegados à idade da razão, reconhecem a puerilidade das desavenças que tiveram na infância e deixam de se malquerer.

294 – A lembrança das más ações que dois homens cometeram um contra o outro, é um obstáculo à sua simpatia?

– *Sim, ela os leva a se distanciarem.*

295 – Que sentimentos experimentam depois da morte aqueles a quem fizemos mal aqui, neste mundo?

– *Se são bons, perdoam de acordo com o vosso arrependimento. Se são maus, podem conservar ressentimento e, algumas vezes, perseguir-vos até em uma outra existência. Deus pode permiti-lo como um castigo.*

296 – As afeições de cada Espírito são suscetíveis de alteração?

– *Não, pois eles não podem se enganar;* não têm mais a máscara sob a qual se escondem as hipocrisias. *Por isso, suas afeições são inalteráveis, quando são puros. O amor que os une lhes é uma fonte de suprema felicidade.*

297 – A afeição que duas pessoas se dedicam neste mundo continuará sempre no mundo dos Espíritos?

– *Sim, sem dúvida, se ela se alicerça sobre uma simpatia verdadeira; mas se as causas físicas foram maiores que a simpatia, ela cessa com a causa. As afeições entre os Espíritos são mais sólidas e mais duráveis que sobre a Terra, porque não estão mais subordinadas aos caprichos dos interesses materiais e do amor-próprio.*

298 – As almas que deverão se unir estão predestinadas a essa união desde sua origem, e cada um de nós tem, em alguma parte do Universo, *sua metade* à qual se reunirá fatalmente um dia?

– Não; não existe união particular e fatal entre duas almas. A união existe entre todos os Espíritos, mas em graus diferentes segundo a categoria que ocupam, quer dizer, segundo a perfeição que adquiriram: quanto mais perfeitos, mais unidos. Da discórdia, nascem todos os males humanos; da concórdia, resulta a felicidade completa.

299 – Em que sentido se deve entender o termo *metade* de que certos Espíritos se servem para designar os Espíritos simpáticos?

– A expressão é inexata; se um Espírito fosse a metade de outro, separado dele, seria incompleto.

300 – Dois Espíritos perfeitamente simpáticos, uma vez reunidos, o serão pela eternidade ou podem se separar unindo-se a outros Espíritos?

– Todos os Espíritos são unidos entre si; falo dos que atingiram a perfeição. Nas esferas inferiores, quando um Espírito se eleva, não tem a mesma simpatia por aqueles que deixou atrás.

301 – Dois Espíritos simpáticos são o complemento um do outro ou essa simpatia é o resultado de uma identidade perfeita?

– A simpatia que atrai um Espírito para o outro é o resultado da perfeita concordância de suas inclinações, de seus instintos. Se um devesse completar o outro, perderia sua individualidade.

302 – A identidade necessária para a simpatia perfeita consiste na semelhança de pensamentos e de sentimentos ou também na uniformidade de conhecimentos adquiridos?

– Na igualdade dos graus de elevação.

303 – Os Espíritos que não são simpáticos hoje poderão sê-lo mais tarde?

– Sim, todos o serão. Assim, o Espírito que está, hoje, numa esfera inferior, em se aperfeiçoando, alcançará a esfera onde reside o outro. Seu reencontro terá lugar mais prontamente, se o Espírito mais elevado, suportando mal as provas a que está submetido, permanece no mesmo estado.

– Dois Espíritos simpáticos poderão deixar de sê-lo?

– Certo, se um é preguiçoso.

A teoria das metades eternas é uma figura que representa a união de dois Espíritos simpáticos; é uma expressão usada mesmo na linguagem vulgar e que se faz necessário não se prender à letra. Os Espíritos que a usam não pertencem, certamente, a uma ordem mais elevada. A esfera de suas ideias é, necessariamente, limitada e eles expressam seus pensamentos pelos termos de que se serviram durante a vida corporal. É preciso, portanto, rejeitar essa ideia de que dois Espíritos, criados um para o outro, deverão um dia, fatalmente, reunirem-se na eternidade, depois de estarem separados durante um lapso de tempo mais ou menos longo.

Lembrança da existência corporal.

304 – O Espírito se lembra da sua existência corporal?

– *Sim, quer dizer, tendo vivido muitas vezes como homem, recorda-se do que foi, e te asseguro que, por vezes, ri-se apiedado de si mesmo.*

Como o homem que, atingindo a idade da razão, ri dos excessos de sua adolescência ou das puerilidades de sua infância.

305 – A lembrança da existência corporal se apresenta ao Espírito de maneira completa e inopinada depois da morte?

– *Não, ele a revê pouco a pouco, como alguma coisa surgindo do nevoeiro, e à medida que fixa nisso sua atenção.*

306 – O Espírito se lembra, pormenorizadamente, de todos os acontecimentos de sua vida? Alcança o conjunto deles de um golpe de vista retrospectivo?

– *Ele se lembra das coisas em razão das consequências que tiveram para o seu estado de Espírito; mas compreendes que há circunstâncias de sua vida às quais ele não liga nenhuma importância e que nem mesmo procura recordar.*

– Poderia lembrar-se delas se quisesse?

– *Pode se lembrar dos detalhes e dos incidentes mais minuciosos, seja dos acontecimentos, seja mesmo dos seus pensamentos; mas quando isso não tem utilidade, não procura lembrar-se.*

– O Espírito entrevê a finalidade da vida terrena, com relação à vida futura?

– *Certamente, ele a vê e a compreende bem melhor que enquanto encarnado; compreende a necessidade de purificação para alcançar o infinito e sabe que, a cada existência, deixa algumas impurezas.*

307 – Como a vida passada se retrata na memória do Espírito? Por um esforço da sua imaginação ou como num quadro que tenha diante dos olhos?

– De uma e outra maneira; todos os atos de que tenha interesse de se lembrar são para ele como se fossem presentes. Os outros estão mais ou menos vagos em sua mente ou totalmente esquecidos. Quanto mais se desmaterializa, menos importância atribui às coisas materiais. Fazes, frequentemente, a evocação de um Espírito errante que acabou de deixar a Terra e que não se lembra mais os nomes das pessoas que amou, nem os detalhes que te parecem importantes; é que pouco lhe interessam e caem no esquecimento. O que ele se lembra muito bem são os fatos principais que o ajudam a melhorar-se.

308 – O Espírito se lembra de todas as existências que precederam a última que acaba de deixar?

– Todo o seu passado se desenrola diante dele, como as etapas do caminho que o viajante percorreu. Mas dissemos que ele não se lembra de maneira absoluta de todos os atos, recordando-os em razão da influência que têm sobre seu estado presente. Quanto às primeiras existências, as que podemos considerar a infância do Espírito, perdem-se no vago e desaparecem na noite do esquecimento.

309 – De que maneira o Espírito considera o corpo que acaba de deixar?

– Como uma veste incômoda que o molestava e da qual se sente feliz por estar livre.

– Que sentimento lhe faz experimentar a visão do seu corpo em decomposição?

– Quase sempre de indiferença, como por uma coisa que não tem mais.

310 – Ao cabo de um certo lapso de tempo, o Espírito reconhece os ossos ou outros objetos que lhe tenham pertencido?

– Algumas vezes; isso depende do ponto de vista mais ou menos elevado sob o qual considera as coisas terrenas.

311 – O respeito que se tem às coisas materiais, deixadas pelo Espírito, atrai a sua atenção sobre esses mesmos objetos e ele vê esse respeito com prazer?

– O Espírito é sempre feliz por ser lembrado; as coisas dele, que se conservaram, trazem-no à memória, porém, é o pensamento que o atrai para vós e não seus objetos.

312 – Os Espíritos conservam a lembrança dos sofrimentos que experimentaram durante sua última existência corporal?

– Frequentemente, eles a conservam e essa lembrança lhes faz sentir melhor o preço da felicidade que podem gozar como Espíritos.

313 – O homem que foi feliz neste mundo, lamenta seus prazeres, quando deixa a Terra?

– Somente os Espíritos inferiores podem lamentar as alegrias que se harmonizam com a sua imperfeição e que expiam pelos seus sofrimentos. Para os Espíritos elevados, a felicidade eterna é mil vezes preferível aos prazeres efêmeros da Terra.

Tal o homem adulto que despreza aquilo que fez as delícias da sua infância.

314 – Aquele que começou grandes trabalhos com fim útil e que os vê interrompidos pela morte, lamenta, no outro mundo, tê-los deixado inacabados?

– Não, porque vê que outros estão destinados a terminá-los. Ao contrário, procura influenciar outros Espíritos humanos a continuá-los. Seu objetivo sobre a Terra foi o bem da Humanidade; esse objetivo é o mesmo no mundo dos Espíritos.

315 – Aquele que deixou trabalhos de arte e de literatura, conserva, pelas suas obras, o amor que tinha quando vivo?

– Segundo sua elevação, ele os julga sob outro ponto de vista e, frequentemente, condena aquilo que mais admirava.

316 – O Espírito se interessa ainda pelos trabalhos que se executam sobre a Terra pelo progresso das artes e das ciências?

– Isso depende da sua elevação ou da missão que pode ter que desempenhar. O que vos parece magnífico, frequentemente, é bem pouca coisa para certos Espíritos; admiram-na como o sábio admira a obra de um escolar. Eles examinam o que pode provar a elevação dos Espíritos encarnados e seus progressos.

317 – Os Espíritos, depois da morte, conservam o amor à pátria?

– É sempre o mesmo princípio: para os Espíritos elevados, a pátria é o Universo; sobre a Terra, ela está onde possuem mais pessoas simpáticas.

A situação dos Espíritos e sua maneira de ver as coisas variam ao infinito em razão do grau do seu desenvolvimento moral e intelectual. Os Espíritos de uma ordem elevada não fazem sobre a Terra, geralmente, senão paradas de curta duração;

tudo o que aí se faz é tão mesquinho em comparação com as grandezas do infinito, as coisas às quais os homens ligam a maior importância são tão pueris aos seus olhos, que eles aí encontram poucos atrativos, a menos que sejam chamados com o objetivo de concorrer para o progresso da Humanidade. Os Espíritos de uma ordem mediana aí estacionam mais frequentemente, se bem que considerem as coisas de um ponto de vista mais elevado do que quando em vida. Os Espíritos vulgares aí são, de certo modo, sedentários e constituem a massa da população ambiente do mundo invisível; conservam, com pouca diferença, as mesmas ideias, os mesmos gostos e as mesmas inclinações que tinham quando no corpo físico; intrometem-se nas nossas reuniões, nas nossas ocupações, nas nossas recreações, nas quais tomam parte mais ou menos ativa, conforme seus caracteres. Não podendo satisfazer suas paixões, gozam com os que a elas se abandonam e os excitam. Entre eles existem alguns mais sérios que veem e observam para se instruírem e se aperfeiçoarem.

318 – As ideias dos Espíritos se modificam no estado de desencarnados?

– Muito. Elas sofrem modificações muito grandes, à medida que o Espírito se desmaterializa. Ele pode, algumas vezes, ficar muito tempo com as mesmas ideias, mas, pouco a pouco, a influência da matéria diminui, e vê as coisas mais claramente; é, então, que procura os meios de se tornar melhor.

319 – Uma vez que o Espírito já viveu a vida espírita antes da encarnação, de onde se origina seu espanto ao reentrar no mundo dos Espíritos?

– Isso não é mais que o efeito de um primeiro momento e da perturbação que segue ao despertar; mais tarde, ele se reconhece perfeitamente, à medida que lhe volta a lembrança do passado e se apaga a impressão da vida terrestre. (163 e seguintes.)

Comemoração dos mortos. Funerais.

320 – Os Espíritos ficam sensibilizados, ao lembrarem-se deles, os que amaram sobre a Terra?

– Às vezes, mais do que podeis crer; se são felizes, essa lembrança lhes aumenta a felicidade; se são infelizes, são para eles um alívio.

321 – O dia da comemoração dos mortos tem alguma coisa de mais solene para os Espíritos? Eles se preparam para vir visitar os que irão orar sobre seus despojos?

– Os Espíritos atendem ao apelo do pensamento, nesse dia, como nos outros dias.

– Esse dia é, para eles, um dia de encontro junto às suas sepulturas?

– *Nesse dia, estão aí em maior número, porque existem mais pessoas que os chamam; mas cada um vem por causa dos seus amigos e não pela multidão dos indiferentes.*

– Sob que forma aí comparecem e como os veríamos, se pudessem tornar-se visíveis?

– *Sob a que eram conhecidos como encarnados.*

322 – Os Espíritos esquecidos, cujos túmulos ninguém vai visitar, também aí comparecem, apesar disso, e ficam pesarosos ao verem que ninguém se lembra deles?

– *Que lhes importa a Terra? Não se prendem senão pelo coração. Se aí não há amor, não há nada que retenha o Espírito: ele tem todo o Universo para si.*

323 – A visita ao túmulo dá mais satisfação ao Espírito do que uma prece feita em sua intenção?

– *A visita ao túmulo é um modo de manifestar que se pensa no Espírito ausente: é a imagem. Já vos disse: é a prece que santifica o ato de lembrar; pouco importa o lugar, se ela é ditada pelo coração.*

324 – Os Espíritos de pessoas às quais se elevaram estátuas ou monumentos, assistem às suas inaugurações e as veem com prazer?

– *Muito, e aí comparecem quando podem, porém, são menos sensíveis às homenagens que lhes prestam que à lembrança.*

325 – De onde provém o desejo de certas pessoas de serem enterradas num lugar mais do que noutro? Reveem esse lugar com maior satisfação depois da morte? Essa importância dada a uma coisa material é um sinal da inferioridade do Espírito?

– *Afeição do Espírito por certos lugares: inferioridade moral. Que vale um pedaço de terra mais que outro para um Espírito elevado? Não sabe ele que a sua alma se reunirá aos que ama, mesmo quando os ossos estejam separados?*

– A reunião dos despojos mortais de todos os membros de uma mesma família deve ser considerada como uma coisa fútil?

– *Não, é um costume piedoso e um testemunho de simpatia pelos entes amados; se essa reunião pouco importa aos Espíritos, ela é útil aos homens: as lembranças são mais concentradas.*

326 – A alma, voltando à vida espiritual, fica sensibilizada com as homenagens prestadas aos seus despojos mortais?

– Quando o Espírito alcançou um certo grau de perfeição, não tem mais a vaidade terrena e compreende a futilidade de todas essas coisas. Ficai sabendo, há Espíritos que, nos primeiros momentos da sua morte material, sentem um grande prazer com as homenagens que lhes prestam ou um desgosto com o abandono dos seus despojos, porque conservam ainda alguns preconceitos desse mundo.

327 – O Espírito assiste ao seu enterro?

– Muito frequentemente assiste, mas, algumas vezes, não compreende o que se passa, se está ainda perturbado.

– Ele se lisonjeia com a concorrência de assistentes ao seu enterro?

– Mais ou menos, de acordo com o sentimento que os anima.

328 – O Espírito daquele que acaba de morrer, assiste à reunião dos seus herdeiros?

– Quase sempre. Deus o permite para sua própria instrução e o castigo dos culpados; é, então, que ele julga o valor das manifestações que lhe fazem. Para ele, todos os sentimentos estão a descoberto e a decepção que experimenta, vendo a cobiça dos que partilham seus despojos, esclarece-o sobre seus sentimentos; mas sua vez virá.

329 – O respeito instintivo que o homem, em todos os tempos e entre todos os povos, testemunha pelos mortos, é um efeito da intuição que tem da existência futura?

– É a consequência natural dessa intuição; sem ela, esse respeito não teria sentido.

VII
Capítulo 7

Retorno à vida corporal

1. Prelúdios do retorno. – 2. União da alma e do corpo. Aborto. – 3. Faculdades morais e intelectuais do homem. – 4. Influência do organismo. 5. Idiotismo, loucura. – 6. Da infância. 7. Simpatias e antipatias terrestres. 8. Esquecimento do passado.

Prelúdios do retorno.

330 – Os espíritos conhecem a época em que reencarnarão?

– Eles a pressentem como um cego sente o fogo de que se aproxima. Sabem que devem retomar um corpo, como sabeis que devereis morrer um dia, mas sem saber quando isso se dará. (166.)

– A reencarnação é, então, uma necessidade da vida espírita, como a morte é uma necessidade da vida corporal?

– Certamente, assim é.

331 – Todos os Espíritos se preocupam com sua reencarnação?

– Existem os que nem pensam nisso e mesmo não a compreendem; isso depende de sua natureza mais ou menos avançada. Para alguns, a incerteza em que se encontram de seu futuro é uma punição.

332 – Pode o Espírito aproximar ou retardar o momento de sua encarnação?

– Pode-se apressá-lo solicitando-o por seus votos; pode também retardá-lo se recua diante das provas, pois, entre os Espíritos, existem também covardes e indiferentes. Todavia, não o fazem impunemente, pois sofrem como aquele que recua diante de um remédio salutar que o pode curar.

333 – Se um Espírito se encontra bastante feliz, numa condição mediana entre os Espíritos errantes, da qual não tem ambição de se elevar, poderia prolongar esse estado indefinidamente?

– Não indefinidamente; o progresso é uma necessidade que o Espírito experimenta, cedo ou tarde. Todos devem elevar-se: é seu destino.

334 – A união da alma, com tal ou tal corpo, é predestinada ou é apenas no último momento que se faz a escolha?

– O Espírito é sempre designado antes. O Espírito, escolhendo a prova que deve suportar, pede a encarnação. Ora, Deus que tudo sabe e tudo vê, sabe e vê antecipadamente que tal alma se unirá a tal corpo.

335 – O Espírito tem o direito de escolher o corpo no qual vai encarnar ou somente o gênero de vida que lhe deve servir de prova?

– Pode também escolher o corpo, porque as imperfeições desse corpo são, para ele, provas que ajudam o seu progresso, se vence os obstáculos que nele encontra, mas a escolha não depende sempre dele; ele pode pedir.

– Poderia o Espírito, no último momento, recusar o corpo escolhido por ele?

– Se o recusasse, sofreria sempre mais do que aquele que não tentou nenhum prova.

336 – Poderia acontecer que uma criança que deveria nascer, não encontrasse Espírito que quisesse se encarnar nela?

– Deus aí proveria. A criança, desde que deva nascer viável, está sempre predestinada a ter uma alma; nada é criado sem finalidade.

337 – A união do Espírito com o corpo pode ser imposta por Deus?

– Pode ser imposta, assim como as diferentes provas, sobretudo quando o Espírito não está ainda apto para fazer uma escolha com conhecimento de causa. Como expiação, o Espírito pode ser constrangido a unir-se ao corpo de tal criança que, pelo seu nascimento e a posição que terá no mundo, poderá vir a ser, para ele, um instrumento de castigo.

338 – Se acontecesse que vários Espíritos se apresentassem para um mesmo corpo que deve nascer, o que decidiria entre eles?

– Vários podem pedir; nesse caso é Deus que julga qual deles é o mais capaz para desempenhar a missão à qual a criança está destinada. Mas eu disse: o Espírito é designado antes do instante em que se deve unir ao corpo.

339 – O momento da encarnação é acompanhado de uma perturbação semelhante àquela que tem lugar na desencarnação?

– *Muito maior e, sobretudo, mais longa. Na morte, o Espírito sai da escravidão; no nascimento, entra nela.*

340 – O instante em que o Espírito deve se encarnar é para ele um momento solene? Realiza esse ato como uma coisa grave e importante?

– *É como um viajante que embarca para uma travessia perigosa e não sabe se encontrará a morte nas ondas que enfrenta.*

O viajante que embarca, sabe a que perigos se expõe, mas não sabe se naufragará; é assim com o Espírito: ele conhece o gênero de provas às quais se submete, mas não sabe se sucumbirá.

Da mesma forma que a morte do corpo é uma espécie de renascimento para o Espírito, a reencarnação é uma espécie de morte, ou antes, uma espécie de exílio e de clausura. Ele deixa o mundo dos Espíritos pelo mundo corporal, como o homem deixa o mundo corporal pelo mundo dos Espíritos. O Espírito sabe que reencarnará, como o homem sabe que morrerá; mas, como este, ele não tem consciência senão no último momento, quando a hora é chegada.

Então, nesse momento supremo, a perturbação se apodera dele, qual no homem em agonia, e essa perturbação persiste até que a nova existência esteja francamente formada. Os prelúdios da reencarnação são uma espécie de agonia para o Espírito.

341 – A incerteza em que se encontra o Espírito sobre os eventuais sucessos nas provas que vai suportar na vida, é, para ele, uma causa de ansiedade antes da encarnação?

– *Uma ansiedade bem grande, visto que as provas de sua existência retardarão ou acelerarão seu progresso, conforme as suporte bem ou mal.*

342 – No momento da reencarnação, o Espírito está acompanhado por outros Espíritos, de seus amigos, que vêm assistir à sua partida do mundo espírita, como o vêm receber quando para lá retorna?

– *Isso depende da esfera que o Espírito habita. Se está nas esferas onde reina a afeição, os Espíritos que o amam o acompanham até o último momento, encorajam-no e, frequentemente, seguem-no durante a vida.*

343 – Os Espíritos amigos que nos seguem durante a vida, são, algumas vezes, aqueles que vemos em sonho, os quais nos testemunham afeição e que se nos apresentam sob aparências desconhecidas?

– *Muito frequentemente são eles; vêm vos visitar como ides visitar um encarcerado.*

União da alma e do corpo. Aborto.

344 – Em que momento a alma se une ao corpo?

– *A união começa na concepção, mas não se completa senão no momento do nascimento. Desde o momento da concepção, o Espírito designado para habitar tal corpo, a ele se liga por um laço fluídico que vai se apertando, cada vez mais, até que a criança nasça; o grito que se escapa, então, da criança, anuncia que ela se conta entre os vivos e servidores de Deus.*

345 – A união entre o Espírito e o corpo é definitiva a partir do momento da concepção? Durante esse primeiro período, o Espírito poderia renunciar em habitar o corpo designado?

– *A união é definitiva no sentido que um outro Espírito não poderia substituir aquele que está designado para esse corpo; porém, como os laços que o prendem são muitos fracos, rompem-se facilmente, podem romper-se pela vontade do Espírito, que recua diante da prova que escolheu. Nesse caso, a criança não vive.*

346 – Que acontece para o Espírito se o corpo que escolheu morrer antes de nascer?

– *Ele escolhe outro.*

– Qual pode ser a utilidade dessas mortes prematuras?

– *As imperfeições da matéria são as mais frequentes causas dessas mortes.*

347 – De que utilidade pode ser para o Espírito sua encarnação num corpo que morre poucos dias depois do nascimento?

– *O ser não tem consciência bastante desenvolvida de sua existência; a importância da morte é quase nula. Como vos dissemos, é, frequentemente, uma prova para os pais.*

348 – O Espírito sabe, de antemão, que o corpo que ele escolheu não tem chance de vida?

– *Sabe-o algumas vezes, porém, se escolheu por esse motivo, é porque está recuando diante da prova.*

349 – Quando uma encarnação falha para o Espírito, por uma causa qualquer, ela é suprida imediatamente por outra?

– *Nem sempre imediatamente; o Espírito precisa de tempo para escolher de novo, a menos que a reencarnação imediata provenha de uma determinação anterior.*

350 – O Espírito, uma vez unido ao corpo da criança e quando já não pode voltar atrás, lamenta, algumas vezes, a escolha que fez?

– Queres dizer se, como homem, lastima a vida que tem? Se desejaria outra? Sim; se lamenta a escolha que fez? Não, ele não sabe que a escolheu. O Espírito, uma vez encarnado, não pode lamentar uma escolha da qual não tem consciência. Mas pode achar a carga muito pesada e, se a crê acima de suas forças, recorre, então, ao suicídio.

351 – No intervalo entre a concepção e o nascimento, o Espírito goza de todas as suas faculdades?

– Mais ou menos de acordo com a época, porque ele não está ainda encarnado, mas vinculado. Desde o instante da concepção, a perturbação começa a assenhorear-se do Espírito, advertindo-o de que é chegado o momento de tomar uma nova existência; essa perturbação vai crescendo até o nascimento. Nesse intervalo, seu estado é pouco próximo ao de um Espírito encarnado durante o sono do corpo. À medida que o momento do nascimento se aproxima, suas ideias se apagam, assim como a lembrança do passado da qual não tem mais consciência, como homem, uma vez entrando na vida; mas essa lembrança lhe volta, pouco a pouco, à memória, no seu estado de Espírito.

352 – Ao nascer, o Espírito recobra imediatamente a plenitude de suas faculdades?

– Não, elas se desenvolvem gradualmente com os órgãos. É para ele uma nova existência e é necessário que aprenda a se servir dos seus instrumentos. As ideias lhe tornam pouco a pouco, como a um homem que sai do sono e se encontra em posição diferente da que tinha na véspera.

353 – A união do Espírito e do corpo não estando completa e definitivamente consumada senão depois do nascimento, pode-se considerar o feto como tendo uma alma?

– O Espírito que o deve animar existe, de alguma forma, fora dele. Ele não tem propriamente falando, uma alma, pois a encarnação está somente em vias de operar-se; mas está ligado à alma que o deve possuir.

354 – Como explicar a vida intrauterina?

– É aquela da planta que vegeta. A criança vive a vida animal. O homem

possui em si a vida animal e a vida vegetal que ele completa, no nascimento, pela vida espiritual.

355 – Existe, como indica a Ciência, crianças que, desde o seio materno, não são viáveis? Com que fim isso ocorre?

– Isso ocorre com frequência; Deus o permite como prova, seja para os pais, seja para o Espírito destinado a reencarnar.

356 – Existem natimortos que não foram destinados à encarnação de um Espírito?

– Sim, há os que jamais tiveram um Espírito designado para os seus corpos: nada deviam realizar por eles. É, então, somente pelos pais que essa criança veio.

– Um ser dessa natureza pode chegar a termo?

– Sim, algumas vezes, mas não vive.

– Toda criança que sobrevive ao nascimento, necessariamente tem um Espírito nela encarnado?

– Que seria sem ele? Não seria um ser humano.

357 – Quais são, para o Espírito, as consequências do aborto?

– É uma existência nula a recomeçar.

358 – O abortamento voluntário é um crime, qualquer que seja a época da concepção?

– Existe sempre crime quando transgredis a lei de Deus. A mãe, ou qualquer pessoa, cometerá sempre crime tirando a vida à criança antes de nascer, porque está impedindo essa alma de suportar as provas das quais o corpo deveria ser o instrumento.

359 – No caso em que a vida da mãe estivesse em perigo com o nascimento da criança, há crime em sacrificar a criança para salvar a mãe?

– É preferível sacrificar o ser que não existe ao ser que existe.

360 – É racional ter pelo feto a mesma atenção que se tem pelo corpo de uma criança que tivesse vivido?

– Em tudo isso vedes a vontade de Deus e sua obra; não trateis, pois, levianamente as coisas que deveis respeitar. Por que não respeitar as obras da Criação, que são incompletas às vezes pela vontade do Criador? Isso pertence aos seus desígnios, que pessoa alguma é chamada a julgar.

Faculdades morais e intelectuais do homem.

361 – De onde vêm, para o homem, as qualidades morais, boas ou más?

– São as do Espírito que está encarnado nele; quanto mais o Espírito é puro, mais o homem é guiado para o bem.

– Parece resultar disso que o homem de bem é a encarnação de um bom Espírito, e o homem viciado a de um mau Espírito?

– Sim, mas dize antes que é um Espírito imperfeito, de outra forma poder-se-ia crer em Espíritos sempre maus, os que chamais demônios.

362 – Qual o caráter dos indivíduos em que se encarnam Espíritos travessos e levianos?

– De indivíduos estouvados, espertalhões e, algumas vezes, malfazejos.

363 – Os Espíritos têm paixões que não pertencem à Humanidade?

– Não, de outro modo eles vo-las teriam comunicado.

364 – É o mesmo Espírito que dá ao homem as qualidades morais e as da inteligência?

– Seguramente, é o mesmo, e isso em razão do grau que alcançou. Não tem o homem em si dois Espíritos.

365 – Por que homens muito inteligentes, que evidenciam em si um Espírito superior, algumas vezes, ao mesmo tempo, são profundamente viciados?

– É que o Espírito encarnado não é tão puro, e o homem cede à influência de outros Espíritos piores. O Espírito progride através de uma insensível caminhada ascendente, mas o progresso não se realiza, simultaneamente, em todos os sentidos; em uma etapa, ele pode avançar em ciência, em outra, em moralidade.

366 – Que pensar da opinião segundo a qual as diferentes faculdades intelectuais e morais do homem seriam o produto de diferentes Espíritos encarnados nele, e tendo, cada um, uma aptidão especial?

– Refletindo, reconhece-se que é absurda. O Espírito deve ter todas as aptidões; para poder progredir, lhe é necessária uma vontade única. Se o homem fosse um amálgama de Espíritos, essa vontade não existiria e ele não teria individualidade, pois que, em sua morte, esses Espíritos seriam qual um bando de pássaros escapados de uma gaiola. O homem lamenta, frequentemente,

não compreender certas coisas e é curioso ver como multiplica as dificuldades, enquanto que tem sob a mão uma explicação muito simples e natural. Ainda aqui, toma o efeito pela causa; é fazer para o homem o que os pagãos fizeram para Deus. Acreditavam em tantos deuses quantos são os fenômenos do Universo, mas, entre eles, as pessoas sensatas não viam nesses fenômenos senão efeitos, tendo por causa um Deus único.

O mundo físico e o mundo moral nos oferecem, a esse respeito, numerosas comparações. Acreditou-se na existência múltipla da matéria enquanto se esteve apegado à aparência dos fenômenos; hoje, compreende-se que esses fenômenos, conquanto variados, podem não ser senão modificações da matéria elementar única. As diversas faculdades são manifestações de uma mesma causa, que é a alma ou Espírito encarnado, e não de muitas almas, da mesma forma que os diferentes sons do órgão são o produto de uma mesma qualidade de ar, e não de outras tantas espécies quantas sejam as do sons. Resultaria desse sistema que quando um homem perde ou adquire certas aptidões, certas inclinações, isso seria pela ação de outros tantos Espíritos que vieram ou que se foram, fazendo dele um ser múltiplo, sem individualidade, e, por consequência, sem responsabilidades. É outra contradição aos exemplos, tão numerosos, de manifestações através das quais os Espíritos provam sua personalidade e sua identidade.

Influência do organismo.

367 – O Espírito, unindo-se ao corpo, identifica-se com a matéria?

– A matéria não é senão um envoltório do Espírito, como o vestuário é o envoltório do corpo. Unindo-se ao corpo, o Espírito conserva os atributos de sua natureza espiritual.

368 – O Espírito exerce, com toda liberdade, suas faculdades depois da sua união com o corpo?

– O exercício das faculdades depende dos órgãos que lhes servem de instrumento; elas são enfraquecidas pela grosseria da matéria.

– Segundo isso, o envoltório material seria um obstáculo à livre manifestação das faculdades do Espírito, como um vidro opaco se opõe à livre emissão da luz?

– Sim, e muito opaco.

Pode-se ainda comparar a ação da matéria grosseira do corpo sobre o Espírito à da água lamacenta, que tira a liberdade dos movimentos aos corpos nela mergulhados.

369 – O livre exercício das faculdades da alma está subordinado ao desenvolvimento dos órgãos?

– *Os órgãos são os instrumentos de manifestação das faculdades da alma. Essas manifestações se encontram subordinadas ao desenvolvimento e ao grau de perfeição desses mesmos órgãos, como a boa qualidade de um trabalho, à boa qualidade da ferramenta.*

370 – Pode-se deduzir, da influência dos órgãos, uma relação entre o desenvolvimento dos órgãos cerebrais e o desenvolvimento das faculdades morais e intelectuais?

– *Não confundais o efeito com a causa. O Espírito tem sempre as faculdades que lhe são próprias; ora, não são os órgãos que dão as faculdades, mas as faculdades que conduzem ao desenvolvimento dos órgãos.*

– Assim sendo, a diversidade das aptidões do homem provém unicamente do estado do Espírito?

– *Unicamente não é toda a exatidão do fato; as qualidades do Espírito, que pode ser mais ou menos avançado, são o princípio, mas é preciso ter em conta a influência da matéria que entrava, mais ou menos, o exercício dessas faculdades.*

O Espírito, encarnando-se, traz certas predisposições, admitindo-se, para cada uma, um órgão correspondente no cérebro, o desenvolvimento desses órgãos será um efeito e não uma causa. Se as faculdades se originassem nesses órgãos, o homem seria máquina sem livre-arbítrio e sem responsabilidade dos seu atos. Seria preciso admitir que os maiores gênios, sábios, poetas, artistas, não são gênios senão porque o acaso lhes deu órgãos especiais, do que se seguiria que, sem esses órgãos, não poderiam ser gênios e que o último imbecil poderia ser um Newton, um Virgílio ou um Rafael, se estivesse provido de certos órgãos; suposição mais absurda ainda quando se a aplica às qualidades morais. Assim, segundo esse sistema, São Vicente de Paulo, dotado pela Natureza de tal ou tal órgão, poderia ter sido um celerado, e não faltaria, ao maior celerado, senão um órgão para ser São Vicente de Paulo. Admiti, ao contrário, que os órgãos especiais, se é que existam, são consequentes e se desenvolvem pelo exercício da faculdade, como os músculos pelo movimento, e vós não tereis nada irracional. Façamos uma comparação trivial por ser verdadeira: por certos sinais fisionômicos, reconheceis o homem dado à bebida; são esses sinais que o tornam um ébrio, ou a ebriedade que faz aparecer esses sinais? Pode-se dizer que os órgãos recebem o cunho das faculdades.

Idiotismo, loucura.

371 – Tem fundamento a opinião segundo a qual os cretinos e os idiotas têm uma alma de natureza inferior?

– Não, eles têm uma alma humana, muitas vezes mais inteligente do que pensais, e que sofre a insuficiência dos meios de que dispõe para se comunicar, do mesmo modo que o mudo sofre a de não poder falar.

372 – Qual o objetivo da Providência criando seres infelizes como os cretinos e os idiotas?

– São os Espíritos em punição, habitando corpos de idiotas. Esses Espíritos sofrem pelo constrangimento que experimentam e pela impossibilidade em que se encontram de se manifestarem por meio de órgãos não desenvolvidos ou desarranjados.

– Não é exato, então, dizer que os órgãos não têm influência sobre as faculdades?

– Jamais dissemos que os órgãos não tivessem influência. Eles têm uma influência muito grande sobre a manifestação das faculdades, porém não dão as faculdades, e aí está a diferença. Um bom músico com um mau instrumento não fará boa música, e isso não o impedirá que seja um bom músico.

É necessário distinguir o estado normal do estado patológico. No estado normal, o moral suplanta o obstáculo que lhe opõe a matéria; mas existem casos em que a matéria oferece uma resistência tal que as manifestações são obstadas ou desnaturadas, como na idiotia e na loucura. São casos patológicos e, nesse estado, a alma não gozando de toda a sua liberdade, a própria lei humana a isenta da responsabilidade dos seus atos.

373 – Qual será o mérito da existência para seres, como os idiotas e os cretinos, que não podem fazer nem bem nem mal, não podendo progredir?

– É uma expiação imposta ao abuso que fizeram de certas faculdades; é um tempo de prisão.

– Um corpo de idiota pode, assim, abrigar um Espírito que animou um homem de gênio na existência precedente?

– Sim, o gênio, às vezes, torna-se um flagelo quando dele se abusa.

A superioridade moral não está sempre em razão da superioridade intelectual, e os maiores gênios podem ter muito a expiar; daí resulta, frequentemente, para eles uma existência inferior à que tiveram e uma causa de sofrimentos. Os entraves que o Espírito experimenta em suas manifestações lhe são como as correntes que comprimem os movimentos de um homem vigoroso. Pode-se dizer que o cretino e o idiota são estropiados pelo cérebro, como o é o coxo pelas pernas, o cego pelos olhos.

374 – O idiota, no estado de Espírito, tem consciência de seu estado mental?

– Sim, muito frequentemente; ele compreende que as cadeias que entravam seu voo são uma prova e uma expiação.

375 – Qual é a situação do Espírito na loucura?

– O Espírito, no estado de liberdade, recebe diretamente suas impressões e exerce diretamente sua ação sobre a matéria; encarnado, porém, encontra-se em condições muito diferentes e na contingência de só o fazer com a ajuda de órgãos especiais. Que uma parte ou o conjunto desses órgãos seja alterada, sua ação ou suas impressões, naquilo que concerne a esses órgãos, ficam interrompidas. Se ele perde os olhos, torna-se cego; se perde o ouvido, torna-se surdo, etc. Imagina agora que o órgão que preside aos efeitos da inteligência e da vontade seja parcial ou inteiramente atacado ou modificado e te será fácil compreender que o Espírito, não tendo mais a seu serviço senão órgãos incompletos ou desnaturados, deve lhe resultar uma perturbação, da qual, por si mesmo e no seu foro íntimo, tem perfeita consciência, mas não é senhor para deter o curso.

– É, então, sempre o corpo e não o Espírito que está desorganizado?

– Sim, mas é preciso não perder de vista que, do mesmo modo que o Espírito atua sobre a matéria, esta reage sobre ele em uma certa medida, e que o Espírito pode se encontrar momentaneamente impressionado pela alteração dos órgãos pelos quais se manifesta e recebe suas impressões. Pode acontecer que, com o tempo, quando a loucura durou bastante, a repetição dos mesmos atos acabe por ter, sobre o Espírito, uma influência da qual não se livra senão depois de sua completa separação de todas as impressões materiais.

376 – Por que motivo a loucura leva, algumas vezes, ao suicídio?

– O Espírito sofre com o constrangimento que experimenta e com a impossibilidade, em que se encontra, de manifestar-se livremente; por isso, busca na morte um meio de romper os seus laços.

377 – O Espírito do alienado se ressente, depois da morte, do desarranjo de suas faculdades?

– Ele pode sentir algum tempo depois da morte, até que esteja completamente desligado da matéria, como o homem que acorda se ressente algum tempo da perturbação em que o sono o mergulha.

378 – Por que a alteração do cérebro pode reagir sobre o Espírito depois da morte?

– É uma lembrança; um peso oprime o Espírito e, como ele não teve conhecimento de tudo o que se passou durante sua loucura, precisa sempre um certo

tempo para pôr-se ao corrente. É, por isso, que, quanto mais durar a loucura durante a vida, muito mais tempo dura a opressão, o constrangimento depois da morte. O Espírito liberto do corpo se ressente, algum tempo, da impressão dos seus laços.

Da infância.

379 – O Espírito que anima o corpo de uma criança é tão desenvolvido como o de um adulto?

– Pode ser mais, se mais progrediu; não são senão os órgãos imperfeitos que o impedem de se manifestar. Ele age de acordo com o instrumento, com a ajuda do qual pode se manifestar.

380 – Em uma criança de tenra idade, o Espírito, pondo-se de lado o obstáculo que a imperfeição dos órgãos opõe à sua livre manifestação, pensa como uma criança ou um adulto?

– Quando ele é criança, é natural que os órgãos da inteligência, não estando desenvolvidos, não podem lhe dar a intuição de um adulto. Ele tem, com efeito, a inteligência muito limitada enquanto a idade faz amadurecer sua razão. A perturbação que acompanha a reencarnação não cessa subitamente no momento de nascer; ela não se dissipa senão gradualmente com o desenvolvimento dos órgãos.

Uma observação vem em apoio desta resposta: é que os sonhos, em uma criança, não têm o caráter dos de um adulto; seu objeto é quase sempre pueril, o que é indício da natureza das preocupações do Espírito.

381 – Morrendo a criança, o Espírito retoma imediatamente o seu vigor anterior?

– Ele deve retomá-lo, pois está desembaraçado do seu envoltório carnal; entretanto, não readquire sua lucidez anterior senão quando a separação for completa, quer dizer, quando não exista mais nenhum laço entre o Espírito e o corpo.

382 – Sofre o Espírito encarnado, durante a infância, com o constrangimento que lhe impõe a imperfeição dos seus órgãos?

– Não; esse estado é uma necessidade, é natural e segundo as vistas da Providência: é um tempo de repouso para o Espírito.

383 – Qual é, para o Espírito, a utilidade de passar pelo estado de infância?

– O Espírito, encarnando-se para se aperfeiçoar, é mais acessível, durante esse período, às impressões que recebe e que podem ajudar o seu adiantamento, para o qual devem contribuir aqueles que estão encarregados da sua educação.

384 – Por que as primeiras crises da criança são de choro?

– Para excitar o interesse da mãe e provocar as atenções que lhe são necessárias. Não compreendes que se ela tivesse apenas crises de alegrias, quando ainda não sabe falar, pouco se inquietariam com suas necessidades? Admirai em tudo a sabedoria da Providência.

385 – De onde provém a mudança que se opera no caráter, a uma certa idade, e particularmente ao sair da adolescência? É o Espírito que se modifica?

– É o Espírito que retoma sua natureza e se mostra como ele era. Não conheceis os segredos que escondem as crianças em sua inocência; não sabeis o que são, o que foram e o que serão, e, todavia, as amais, as quereis bem como se fossem uma parte de vós mesmos, a tal ponto que o amor de uma mãe por seus filhos é considerado o maior amor que um ser pode ter por um outro ser. De onde vem essa doce afeição, essa terna benevolência, que mesmo os estranhos experimentam para com uma criança? Vós sabeis? Não; é isso que vou explicar-vos.

As crianças são os seres que Deus envia em novas existências e, para que não lhes possa impor uma severidade muito grande, dá-lhes todas as aparências da inocência. Mesmo para uma criança naturalmente má, cobrem-se-lhe as faltas com a não consciência dos seus atos. Essa inocência não é uma superioridade real sobre o que eram antes; não, é a imagem do que elas deveriam ser e, se não o são, é sobre elas somente que recai o castigo.

Mas não é somente por elas que Deus lhes dá esse aspecto, é também e, sobretudo, por seus pais, de cujo amor sua fraqueza necessita; esse amor seria singularmente enfraquecido à vista do caráter impertinente e rude, enquanto que crendo seus filhos bons e dóceis, dão-lhes toda a sua afeição e os cumulam de atenções as mais delicadas. Mas, logo que os filhos não têm mais necessidade dessa proteção, dessa assistência, que lhes deram durante quinze ou vinte anos, seu caráter real e individual reaparece em toda a sua nudez. Conservam-se bons se eram fundamentalmente bons, mas se revestem sempre de matizes que estiveram ocultos pela primeira infância.

Vedes que os caminhos de Deus são sempre os melhores e, quando se tem o coração puro, a explicação é facilmente concebida.

Com efeito, imaginai que o Espírito das crianças que nascem entre vós pode vir de um mundo onde tomou hábitos muito diferentes; como quereríeis que permanecesse em vosso meio esse novo ser que vem com paixões diferentes das que possuís, com inclinações e gostos inteiramente opostos aos vossos? Como quereríeis que ele se incorporasse em vossas fileiras de outra forma que aquela que Deus quis, quer dizer, pela peneira da infância? Aí se confundem todos os pensamentos, todos os caracteres, todas as variedades de seres engendrados por essa multidão de mundos nos quais crescem as criaturas. Vós mesmos, morrendo, encontrar-vos-eis em uma espécie de infância entre novos irmãos e na vossa nova existência não-terrestre ignorais os hábitos, os costumes, as relações desse novo mundo para vós. Manejareis com dificuldade uma língua que não estais habituados a falar, língua mais viva do que é hoje o vosso pensamento. (319)

A infância tem ainda uma outra utilidade: os Espíritos não entram na vida corporal senão para se aperfeiçoar, se melhorar; a fraqueza da pouca idade os torna flexíveis, acessíveis aos conselhos da experiência e daqueles que os devem fazer progredir. É quando se pode reformar seu caráter e reprimir-lhes as más inclinações; tal é o dever que Deus confiou aos pais, missão sagrada pela qual deverão responder. Por isso, a infância não é somente útil, necessária, indispensável, mas ainda ela é a consequência natural das leis que Deus estabeleceu e que regem o Universo.

Simpatias e antipatias terrestres.

386 – Dois seres que se conhecem e se amam, podem se encontrar em uma outra existência corporal e se reconhecerem?

– Reconhecer-se, não; mas, ser atraído um para o outro, sim. Frequentemente, essas ligações íntimas fundadas sobre uma afeição sincera, não têm outra causa. Dois seres se aproximam, um do outro, por circunstâncias aparentemente fortuitas, mas que são o fato da atração de dois Espíritos que se procuram na multidão.

– Não seria mais agradável, para eles, reconhecerem-se?

– Nem sempre; a lembrança de existências passadas teria inconvenientes maiores do que acreditais. Depois da morte, eles se reconhecerão e saberão o tempo que passaram juntos. (392).

387 – A simpatia tem sempre por princípio um conhecimento anterior?

– Não, dois Espíritos que se compreendem, procuram-se naturalmente sem que tenham se conhecido como homens.

388 – Os encontros que ocorrem, algumas vezes, de certas pessoas e que se atribuem ao acaso, não seriam o efeito de uma espécie de relações simpáticas?

– *Há, entre os seres pensantes, laços que não conheceis ainda. O magnetismo é o guia desta ciência que compreendereis melhor mais tarde.*

389 – De onde provém a repulsa instintiva que se experimenta por certas pessoas, à primeira vista?

– *Espíritos antipáticos que se adivinham e se reconhecem, sem se falarem.*

390 – A antipatia instintiva é sempre um sinal de natureza má?

– *Dois Espíritos não são necessariamente maus porque não se simpatizam. A antipatia pode nascer da dessemelhança na maneira de pensar, mas, à medida que eles se elevam, as diferenças se apagam e a antipatia desaparece.*

391 – A antipatia entre duas pessoas nasce, em primeiro lugar, naquele que tem o Espírito pior ou melhor?

– *Em um e em outro, mas as causas e os efeitos são diferentes. Um Espírito mau tem antipatia contra qualquer um que o possa julgar e desmascarar; vendo uma pessoa pela primeira vez, ele sabe que vai ser desaprovado. Seu afastamento se transforma em ódio, em ciúme, e lhe inspira o desejo de fazer o mal. O bom Espírito tem repulsa pelo mau, porque sabe que não será compreendido e que não partilham os mesmos sentimentos; mas, seguro de sua superioridade, não tem contra o outro nem ódio, nem ciúme, contentando-se em evitá-lo e lastimá-lo.*

Esquecimento do passado.

392 – Por que o Espírito encarnado perde a lembrança do seu passado?

– *O homem não pode, nem deve, tudo saber; Deus o quer assim em sua sabedoria. Sem o véu que lhe cobre certas coisas, ficaria deslumbrado, como aquele que passa, sem transição, da obscuridade à luz.* Pelo esquecimento do passado, ele é mais ele mesmo.

393 – De que maneira pode o homem ser responsável por atos e resgatar faltas de que não se lembra? Como pode aproveitar a experiência adquirida nas existência caídas no esquecimento? Conceber-se-ia que as tribulações da vida fossem uma lição para ele, se se lembrasse do que as originou; mas do momento que não se lembra, cada existência é para ele como se fosse a

primeira e está, assim, sempre a recomeçar. Como conciliar isso com a justiça de Deus?

– A cada nova existência, o homem tem mais inteligência e pode melhor distinguir o bem e o mal. Onde estaria o mérito se ele se lembrasse de todo o passado? Quando o Espírito volta à sua vida primitiva (a vida espírita), toda a sua vida passada se desenrola diante dele; ele vê as faltas que cometeu e que são causa do seu sofrimento, e o que o poderia tê-lo impedido de cometê-las. Compreende que a posição que lhe é dada é justa e procura, então, a existência que poderá reparar aquela que vem de se escoar. Procura provas análogas àquelas pelas quais passou ou lutas que crê adequadas ao seu adiantamento, pedindo aos Espíritos que lhe são superiores para ajudá-lo nessa nova tarefa que empreende, porque sabe que o Espírito que lhe será dado por guia nessa nova existência procurará fazê-lo reparar suas faltas, dando-lhe uma espécie de intuição das que cometeu. Essa mesma intuição é o pensamento, o desejo criminoso que vos vem, frequentemente, e ao qual resistis instintivamente, atribuindo, no mais das vezes, vossa resistência aos princípios que recebestes de vossos pais, enquanto que é a voz da consciência que vos fala, e essa voz é a lembrança do passado; voz que vos adverte para não recairdes nas faltas que já cometestes. O Espírito, entrado nessa nova existência, se suporta essas provas com coragem e se resiste, eleva-se e ascende na hierarquia dos Espíritos, quando volta entre eles.

Se não temos, durante a vida corporal, uma lembrança precisa do que fomos e do que fizemos, de bem ou de mal, nas nossas existências anteriores, temos a intuição, e nossas tendências instintivas são uma reminiscência do nosso passado. Aquela nossa consciência, que é o desejo que abrigamos de não mais cometer as mesmas faltas, nos previne a resistência.

394 – Nos mundos mais avançados que o nosso, onde os homens não estão premidos por todas as nossas necessidades físicas e nossas enfermidades, eles compreendem que são mais felizes do que nós? A felicidade, em geral, é relativa, sentimo-la por comparação com um estado menos venturoso. Visto que, em definitivo, alguns desses mundos, ainda que melhores do que o nosso, não estão no estado de perfeição, os homens que os habitam devem ter seu gênero de motivos de aborrecimentos. Entre nós, o rico, que não tem as angústias das necessidades materiais como o pobre, não tem menos tribulações que tornam sua vida amarga. Ora, eu pergunto se, na sua posição, os habitantes desses mundos não se creem mais infelizes do que nós e não se lamentam de sua sorte, não tendo a lembrança de uma existência anterior para comparação?

– A isso é preciso dar duas respostas diferentes. Há mundos, entre aqueles de que falas, cujos habitantes têm uma lembrança muito clara e muito precisa de suas existências passadas. Esses, tu o compreendes, podem e sabem apreciar a felicidade que Deus lhes permite saborear. Mas existem outros onde os habitantes, como tu o disseste, colocados em melhores condições do que vós, não têm menos aborrecimentos, infelicidade mesmo; esses não apreciam sua felicidade pelo fato mesmo de que não têm lembrança de um estado ainda mais infeliz. Se eles não a apreciam como homens, apreciam-na como Espíritos.

Não há, no esquecimento dessas existências passadas, sobretudo naquelas que foram penosas, alguma coisa de providencial e na qual se revela a sabedoria divina? É nos mundos superiores, quando a lembrança das existências infelizes não é mais do que um sonho mau, que elas afloram à memória. Nos mundos inferiores, as infelicidades atuais não seriam agravadas pela lembrança de tudo aquilo que se suportou?

Concluamos daí, então, que tudo que Deus fez está bem feito e que não nos cabe criticar-lhe as obras e dizer como deveria regular o Universo.

A lembrança de nossas individualidades anteriores teria inconvenientes muito graves; poderia, em certos casos, humilhar-nos extraordinariamente e, em outros, exaltar o nosso orgulho e, por isso mesmo, entravar o nosso livre-arbítrio. Deus nos deu, para nos melhorarmos, o que nos é necessário e nos basta: a voz da consciência e nossas tendências instintivas, privando-nos do que nos poderia prejudicar. Acrescentemos ainda que, se tivéssemos a lembrança de nossos atos pessoais anteriores, teríamos igualmente dos atos dos outros e esse conhecimento poderia ter os mais deploráveis efeitos sobre as relações sociais. Não havendo sempre motivos para nos glorificarmos do nosso passado, ele é quase sempre feliz quando um véu lhe seja lançado. Isso concorda perfeitamente com a doutrina dos Espíritos sobre os mundos superiores ao nosso. Nesses mundos, onde não reina senão o bem, a lembrança do passado não tem nada de penosa; eis porque sabem aí de sua existência precedente, como nós sabemos o que fizemos na véspera. Quanto à estada que fizeram nos mundos inferiores, como dissemos, não é mais que um sonho mau.

395 – Podemos ter algumas revelações sobre nossas existências anteriores?

– Nem sempre. Muitos sabem, entretanto, o que foram e o que fizeram; se lhes fosse permitido dizê-lo abertamente, fariam singulares revelações sobre o passado.

396 – Certas pessoas creem ter uma vaga lembrança de um passado desconhecido que se lhes apresenta como a imagem fugidia de um sonho que se procura, em vão, reter. Essa ideia não é uma ilusão?

– Algumas vezes é real; mas, frequentemente, é uma ilusão contra a

qual é preciso se colocar em guarda, porque pode ser o efeito de uma imaginação superexcitada.

397 – Nas existências corporais de uma natureza mais elevada que a nossa, a lembrança das existências anteriores é mais precisa?

– Sim, à medida que o corpo é menos material, lembra-se melhor. A lembrança do passado é mais clara para aqueles que habitam os mundos de uma ordem superior.

398 – As tendências instintivas do homem, sendo uma reminiscência do seu passado, segue-se que, pelo estudo dessas tendências, pode conhecer as faltas que cometeu?

– Sem dúvida, até um certo ponto; mas é preciso ter em conta o progresso que pode ter-se operado no Espírito e as resoluções que tomou no estado errante. A existência atual pode ser muito melhor do que a precedente.

– Pode ser pior? O homem pode cometer, em uma existência, faltas que não cometeu na precedente?

– Isso depende de sua elevação. Se não sabe resistir às provas, ele pode ser arrastado a novas faltas, que são a consequência da posição que escolheu. Mas, em geral, essas faltas acusam mais um estado estacionário que um estado retrógrado, porque o Espírito pode avançar ou parar, mas não recua.

399 – As vicissitudes da vida corporal, sendo, ao mesmo tempo, uma expiação pelas faltas passadas e provas para o futuro, segue-se que da natureza dessas vicissitudes se pode induzir o gênero da existência anterior?

– Muito frequentemente, pois, cada um é punido por aquilo que pecou; entretanto, não é preciso fazer disso uma regra absoluta. As tendências instintivas são um índice mais certo, porque as provas que o Espírito suporta são tanto pelo futuro como pelo passado.

Alcançado o termo marcado pela Providência para sua vida errante, o próprio Espírito escolhe as provas às quais quer se submeter para acelerar o seu progresso, quer dizer, o gênero de existência que ele crê mais apropriado para fornecer-lhe os meios, e essas provas estão sempre em relação com as faltas que deve expiar. Se triunfa, eleva-se; se sucumbe, está por recomeçar.

O Espírito goza sempre do seu livre-arbítrio e é em virtude dessa liberdade que, no estado de espírito, escolhe as provas da vida corporal e que, no estado de encarnado, delibera se as cumpre ou não, escolhendo entre o bem e o mal. Denegar ao homem o seu livre-arbítrio será reduzi-lo à condição de máquina.

Entrando na vida corporal, o Espírito perde momentaneamente a lembrança de suas existências anteriores, como se um véu as ocultasse. Todavia, ele tem, algumas vezes, uma vaga consciência e elas podem mesmo lhe serem reveladas em certas circunstâncias; mas é apenas pela vontade de Espíritos superiores que o fazem espontaneamente, com um fim útil e jamais para satisfazer uma vã curiosidade.

As existências futuras não podem ser reveladas em nenhum caso, pela razão de que elas dependem da maneira que se cumpra a existência presente e da escolha ulterior do Espírito.

O esquecimento das faltas cometidas não é um obstáculo ao progresso do Espírito, porque, se não tem uma lembrança precisa, o conhecimento que teve no estado errante e o desejo que tomou de as reparar guiam-no pela intuição e lhe dão o pensamento de resistir ao mal. Esse pensamento é a voz da consciência, que é secundada pelos Espíritos que o assistem, se escuta as boas inspirações que sugerem.

Se o homem não conhece os atos que cometeu nas suas existências anteriores, ele pode sempre saber de que gênero de faltas se tornou culpado e qual era seu caráter dominante. Basta estudar-se e pode julgar do que foi, não pelo que é, mas por suas tendências.

As vicissitudes da vida corporal são, ao mesmo tempo, uma expiação pelas faltas do passado e provas para o futuro. Elas nos depuram e nos elevam segundo as suportemos com resignação e sem murmurar.

A natureza das vicissitudes e das provas que suportamos pode também esclarecer-nos sobre o que fomos e o que fizemos, como, neste mundo, julgamos os fatos de um culpado pelos castigos que lhe inflige a lei.

Assim, alguém será castigado no seu orgulho pela humilhação de uma existência subalterna; o mau rico e o avaro, pela miséria; o que foi duro para com os outros, pela dureza que suportará; o tirano, pela escravidão; o mau filho, pela ingratidão dos seus filhos; o preguiçoso, por um trabalho forçado, etc.

VIII

Capítulo 8

Emancipação da alma

1. O sono e os sonhos. – 2. Visitas espíritas entre pessoas vivas. 3. Transmissão oculta do pensamento. 4. Letargia, catalepsia e mortes aparentes. 5. Sonambulismo. – 6. Êxtase. 7. Segunda vista. 8. Resumo teórico do sonambulismo, do êxtase e da segunda vista.

O sono e os sonhos.

400 – O Espírito encarnado permanece voluntariamente em seu envoltório corporal?

– *É como se perguntasses se o prisioneiro se alegra com a prisão. O Espírito encarnado aspira sem cessar à sua libertação, e quanto mais o envoltório é grosseiro, mais deseja estar dele desembaraçado.*

401 – Durante o sono, a alma repousa como o corpo?

– *Não, o Espírito jamais está inativo. Durante o sono, os laços que o unem ao corpo se relaxam, e o corpo não necessita do Espírito. Então, ele percorre o espaço e* entra em relação mais direta com os outros Espíritos.

402 – Como podemos apreciar a liberdade do Espírito durante o sono?

– *Pelos sonhos. Crede, enquanto o corpo repousa, o Espírito dispõe de mais faculdades do que na vigília. Tem o conhecimento do passado e, algumas vezes, previsão do futuro. Adquire maior energia e pode entrar em comunicação com os outros Espíritos,* seja neste mundo, seja em outro. *Muitas vezes, dizes: Tive um sonho bizarro, um sonho horrível, mas que não tem nada de verossímil; enganaste, é frequentemente uma lembrança dos lugares e das coisas que viste e verás em uma outra existência ou em um outro momento. Estando o corpo entorpecido, o Espírito se esforça por quebrar seus grilhões, procurando no passado e no futuro.*

Pobres homens, que pouco conheceis os fenômenos mais simples da vida! Acreditai-vos sábios e vos embaraçais com as coisas mais vulgares. Ficais perturbados a esta pergunta de todas as crianças: que fazemos quando dormimos, e que é o sonho?

O sono liberta, em parte, a alma do corpo. Quando se dorme, se está, momentaneamente, no estado em que o homem se encontra, de maneira fixa, depois da morte. Espíritos que se desligam logo da matéria, em sua morte, tiveram sonhos inteligentes; estes, quando dormem, reúnem-se à sociedade de outros seres superiores a eles. Com eles, viajam, conversam e se instruem, trabalhando mesmo em obras que encontram prontas quando morrem. Isto deve vos ensinar, uma vez mais, a não temer a morte, pois que morreis todos os dias, segundo a palavra de um santo. Isso para os Espíritos elevados. Todavia, a massa dos homens que, na morte, deve ficar longas horas em perturbação, nessa incerteza da qual vos falaram, esses vão, seja para mundos inferiores à Terra, onde velhas afeições os evocam, seja a procurar os prazeres que podem ser mais inferiores que aqueles que têm aí. Eles vão haurir doutrinas ainda mais vis, mais ignóbeis, mais nocivas que as que professam em vosso meio. O que gera a simpatia sobre a Terra não é outra coisa que o fato de se sentirem, ao despertar, ligados pelo coração àqueles com quem vieram de passar oito ou nove horas de felicidade ou de prazer. Isso explica também as antipatias invencíveis, pois sabem, no fundo do seu coração, que essas pessoas de lá têm uma consciência diversa da nossa e a conhecem sem as ter visto jamais com os olhos. Explica ainda a indiferença, visto que não se deseja fazer novos amigos, quando a gente sabe que existem outras pessoas que nos amam e nos querem. Em uma palavra, o sono influi mais do que pensais sobre vossa vida.

Pelo efeito do sono, os Espíritos encarnados estão sempre em relacionamento com o mundo dos Espíritos, e é isso que faz com que os Espíritos superiores consintam, sem demasiada repulsa, em encarnarem entre vós. Quis Deus que, durante o seu contato com o vício, eles possam ir se renovar nas fontes do bem, para não falirem, eles que vêm instruir os outros. O sono é a porta que Deus lhes abriu até seus amigos do céu. É o recreio depois do trabalho, enquanto esperam a grande libertação, a liberação final, que deve devolvê-los ao seu verdadeiro meio.

O sonho é a lembrança do que vosso Espírito viu durante o sono. Notai, porém, que não sonhais sempre, porque não recordais sempre do que vistes ou de tudo o que vistes. Vossa alma não está em pleno desdobramento. Não é, muitas vezes, senão a lembrança da perturbação que acompanha vossa partida ou vossa volta, à qual se junta a do que fizestes ou do que vos preocupou no estado de vigília. Sem isso, como explicareis esses sonhos absurdos que têm os sábios, assim como os mais simples? Os maus Espíritos também se servem dos sonhos para atormentar as almas fracas e pusilânimes.

De resto, vereis, dentro em pouco, desenrolar-se outra espécie de sonho, tão velha quanto a que conheceis, mas vós a ignorais. O sonho de Joana, o sonho de Jacob, o sonho dos profetas judeus e de alguns adivinhos indianos. Esse sonho é a lembrança da alma, inteiramente desligada do corpo, a lembrança dessa segunda vida de que sempre vos falo.

Procurai distinguir bem essas duas espécies de sonhos naqueles dos quais vos lembrais; sem isso, caireis em contradição e nos erros que serão funestos à vossa fé.

Os sonhos são o produto da emancipação da alma, que se torna mais independente pela suspensão da vida ativa e de relação. Daí uma espécie de clarividência indefinida que se estende aos lugares mais distantes ou que jamais se viu e, algumas vezes, mesmo a outros mundos, assim como a lembrança que traz, à memória, os acontecimentos ocorridos na existência presente ou nas existências anteriores; a estranheza de imagens do que se passa ou se passou em mundos desconhecidos, entremeadas de coisas do mundo atual, formam esses conjuntos bizarros e confusos que parecem não ter nem sentido, nem ligação.

A incoerência dos sonhos se explica ainda pelas lacunas que produz a lembrança incompleta do que nos apareceu em sonho. Tal seria uma narração à qual se tenha truncado frases ao acaso ou parte de frases; os fragmentos restantes reunidos perderiam toda significação razoável.

403 – Por que não nos lembramos sempre dos sonhos?

– No que tu chamas de sono, só há o repouso do corpo, porque o Espírito está sempre em movimento. Aí ele recobra um pouco de sua liberdade e se corresponde com aqueles que lhe são caros, seja neste mundo, seja em outros. Todavia, como o corpo é matéria pesada e grosseira, dificilmente conserva as impressões que o Espírito recebeu, porque este não a recebeu pelos órgãos do corpo.

404 – Que pensar da significação atribuída aos sonhos?

– Os sonhos não são verdadeiros como entendem certos adivinhos, porque é absurdo crer-se que sonhar com tal coisa anuncia tal coisa. Eles são verdadeiros no sentido de que apresentam imagens reais para o Espírito, mas que, frequentemente, não têm relação com o que se passa na vida corporal. Muitas vezes também, como já o dissemos, é uma lembrança e pode ser, enfim, algumas vezes, um pressentimento do futuro, se Deus o permite, ou a visão do que se passa nesse momento em outro lugar, para onde a alma se transporta. Não tendes numerosos exemplos de pessoas que aparecem em sonho e vêm advertir seus parentes ou seus amigos do que lhes acontece? Que são essas aparições senão a alma ou o Espírito

dessas pessoas que vêm se comunicar com o vosso? Quando estais certos de que aquilo que vistes realmente se deu, não é uma prova de que a imaginação não tomou parte em nada, sobretudo se essa coisa não esteve, de modo algum, em vosso pensamento durante a vigília?

405 – Veem-se frequentemente, em sonhos, coisas que parecem pressentimentos e que não se cumprem; de onde vem isso?

– *Eles podem cumprir-se para o Espírito, se não para o corpo, isto é, o Espírito vê a coisa que deseja* porque vai procurá-la. *É preciso não se esquecer que, durante o sono, a alma está sempre, mais ou menos, sob a influência da matéria e que, por conseguinte, ela jamais se liberta completamente das ideias terrenas. Disso resulta que as preocupações da vigília podem dar, ao que se vê, a aparência do que se deseja ou do que se teme; a isso, verdadeiramente, pode-se chamar um efeito da imaginação. Quando se está fortemente preocupado com uma ideia, a ela se liga tudo aquilo que se vê.*

406 – Quando vemos, em sonhos, pessoas vivas, que conhecemos perfeitamente, realizando atos em que não pensam, de maneira alguma, não é um efeito da imaginação?

– *Atos em que não pensam de maneira alguma? Que sabes tu? Seu Espírito pode visitar o teu, assim como o teu pode visitá-lo, e nem sempre sabes em que ele pensa. Aliás, frequentemente, atribuís às pessoas que conheceis, e segundo vossos desejos, o que se passou ou que se passa em outras existências.*

407 – O sono completo é necessário para a emancipação do Espírito?

– *Não, o Espírito recobra sua liberdade quando os sentidos se entorpecem; ele aproveita, para se emancipar, de todos os instantes de repouso que o corpo lhe dá. Desde que haja prostração das forças vitais, o Espírito se desprende e, quanto mais o corpo está enfraquecido, mais o Espírito está livre.*

É, assim, que a sonolência ou um simples entorpecimento dos sentidos apresenta, frequentemente, as mesmas imagens do sonho.

408 – Parece-nos ouvir, algumas vezes em nós mesmos, palavras pronunciadas distintamente e que não têm nenhuma relação com o que nos preocupa; de onde vem isso?

– *Sim, e mesmo frases inteiras, sobretudo quando os sentidos começam a se entorpecer. É, algumas vezes, um fraco eco de um Espírito que veio comunicar-se contigo.*

409 – Frequentemente, em um estado que não é ainda de sonolência, quando temos os olhos fechados, vemos imagens distintas, figuras das quais apreendemos os mais minuciosos detalhes; é isso um efeito de visão ou de imaginação?

– Estando o corpo entorpecido, o Espírito procura quebrar seus grilhões: ele se transporta e vê. Se o sono fosse completo, isso seria um sonho.

410 – A gente tem, algumas vezes, durante o sono ou a sonolência, ideias que parecem muito boas e que, malgrado os esforços que se faz para lembrá-las, apagam-se da memória: de onde provêm essas ideias?

– Elas são o resultado da liberdade do Espírito, que se emancipa e goza de mais faculdades durante esse momento. Frequentemente, são conselhos que dão outros Espíritos.

– De que servem essas ideias e esses conselhos, uma vez que se perde a lembrança e não se pode aproveitá-los?

– Essas ideias pertencem, alguma vezes, mais ao mundo dos Espíritos que ao mundo corporal; mas, com mais frequência, se o corpo esquece, o Espírito se lembra, e a ideia revive no instante necessário, como uma inspiração do momento.

411 – O Espírito encarnado, nos momentos em que se desliga da matéria e age como Espírito, conhece a época de sua morte?

– Frequentemente, ele a pressente; algumas vezes, tem plena consciência e é isso que, no estado de vigília, lhe dá a intuição. Daí, vem o fato de certas pessoas preverem, algumas vezes, sua morte, com grande exatidão.

412 – A atividade do Espírito durante o repouso ou o sono do corpo, pode fazê-lo experimentar fadiga, quando retorna?

– Sim, porque o Espírito tem um corpo, como o balão cativo tem um poste. Ora, da mesma forma que a agitação do balão abala o poste, a atividade do Espírito reage sobre o corpo e pode fazê-lo experimentar fadiga.

Visitas espíritas entre pessoas vivas.

413 – Do princípio da emancipação da alma durante o sono, parece resultar que temos uma dupla e simultânea existência: a do corpo, que nos dá a vida de relação exterior, e a da alma, que nos dá a vida de relação oculta; isto é exato?

– No estado de emancipação, a vida do corpo cede lugar à vida da alma; mas não são, propriamente falando, duas existências: são mais duas fases da mesma existência, porque o homem não vive duplamente.

414 – Duas pessoas que se conhecem podem se visitar durante o sono?

– Sim, e muitas outras que creem não se conhecerem, reúnem-se e conversam. Podes ter, sem disso suspeitar, amigos em outro país. O fato de ir ver, durante o sono, os amigos, os parentes, os conhecidos, as pessoas que vos podem ser úteis, é tão frequente, que o fazeis quase todas as noites.

415 – Qual pode ser a utilidade dessas visitas noturnas, uma vez que delas não nos lembramos?

– Fica, comumente, ao despertar, uma intuição que é, frequentemente, a origem de certas ideias que vêm espontaneamente, sem que se as explique, e que não são outras que aquelas adquiridas nessas conversas.

416 – O homem pode provocar as visitas espíritas pela sua vontade? Pode ele, por exemplo, dizer ao dormir: esta noite eu vou me encontrar, em Espírito, com tal pessoa, falar-lhe e dizer-lhe tal coisa?

– Eis o que se passa: o homem adormecendo, seu Espírito desperta, e o que o homem resolveu, o Espírito, frequentemente, está bem longe de seguir, porque a vida do homem interessa pouco ao Espírito quando este está desprendido da matéria. Isto se aplica aos homens já muito elevados; os outros passam de outra forma sua existência espiritual: entregando-se às suas paixões ou permanecendo na inatividade. Pode, pois, acontecer que, segundo o motivo pelos quais se propôs, o Espírito vá visitar as pessoas que deseja; mas sua vontade, no estado de vigília, não é uma razão para que o faça.

417 – Um certo número de Espíritos encarnados pode reunir-se em assembleia?

– Sem nenhuma dúvida. Os laços de amizade, antigos ou novos, reúnem, frequentemente, diversos Espíritos, ditosos de se encontrarem em assembleia.

Pela palavra **antigo** é preciso entender os laços de amizade contraídos em outras existências anteriores. Trazemos, ao despertar, uma intuição das ideias que adquirimos nessas conversas ocultas, ignorando sua fonte.

418 – Uma pessoa que acreditasse um de seus amigos morto, enquanto ele não esteja, poderia se encontrar com ele em Espírito e saber, assim, que está vivo? Poderia, nesse caso, ter a intuição ao despertar?

– Como Espírito, certamente, pode vê-lo e conhecer sua sorte. Se não lhe é imposta como uma prova, a crença na morte do amigo, ele terá um pressentimento da sua existência, como poderá tê-lo de sua morte.

Transmissão oculta do pensamento.

419 – Por que a mesma ideia, a de uma descoberta, por exemplo, surge sobre vários pontos ao mesmo tempo?

– Já vos dissemos que, durante o sono, os Espíritos se comunicam entre si. Pois bem, quando o corpo desperta, o Espírito se lembra do que aprendeu, e o homem acredita tê-lo inventado. Assim, vários podem encontrar a mesma coisa a um só tempo. Quando dizeis que uma ideia está no ar, usais uma figura mais justa do que acreditais. Cada um contribui em propagá-la, sem suspeitar.

Nosso Espírito revela, assim, frequentemente, a outros Espíritos e sem o nosso conhecimento, o que se faz objeto de nossas preocupações durante a vigília.

420 – Podem os Espíritos se comunicar, se o corpo está completamente desperto?

– O Espírito não está encerrado no corpo como numa caixa: ele irradia por todos os lados. Por isso, ele pode se comunicar com outros Espíritos mesmo no estado de vigília, ainda que o faça mais dificilmente.

421 – Por que duas pessoas, perfeitamente despertas, têm instantaneamente a mesma ideia?

– São dois Espíritos simpáticos que se comunicam e veem, reciprocamente, seus pensamentos, mesmo quando o corpo não dorme.

Há, entre os Espíritos que se encontram, uma comunicação de pensamentos que faz duas pessoas se verem e se compreenderem sem necessidade dos sinais exteriores da linguagem. Poder-se-ia dizer que elas falam a linguagem dos Espíritos.

Letargia, catalepsia e mortes aparentes.

422 – Os letárgicos e os catalépticos veem e ouvem, geralmente, o que se passa ao seu redor, mas não podem se manifestar; é pelos olhos e orelhas do corpo?

– Não, pelo Espírito. O Espírito se reconhece, mas não pode se comunicar.

– Por que ele não pode se comunicar?

– O Estado do corpo se opõe a isso. Estado particular dos órgãos vos dá a prova de que há, no homem, outra coisa além do corpo, visto que o corpo não tendo mais função, o Espírito age.

423 – Na letargia, o Espírito pode se separar inteiramente do corpo, de maneira a dar-lhe todas as aparências da morte e voltar em seguida?

– Na letargia o corpo não está morto, já que há funções que permanecem. A vitalidade aí está em estado latente, como na crisálida, mas não está aniquilada. Ora, o Espírito está unido ao corpo, tanto que ele vive. Uma vez rompidos os laços pela morte real *e a desagregação dos órgãos, a separação é completa e o Espírito aí não retorna mais. Quando um homem que tem as aparências da morte retorna à vida, é porque a morte não havia se completado.*

424 – Pode-se, por meio de cuidados dados a tempo, reatar os laços prestes a romper-se e tornar à vida um ser que, por falta de socorro, estaria definitivamente morto?

– Sim, sem dúvida, e disso tendes, todos os dias, a prova. O magnetismo é, nesse caso, um poderoso meio porque restitui ao corpo o fluido vital que lhe falta e que era insuficiente para manter o funcionamento dos órgãos.

A letargia e a catalepsia têm o mesmo princípio, que é a perda momentânea da sensibilidade e do movimento por uma causa fisiológica, ainda inexplicada. Elas diferem em que, na letargia, a suspensão das forças vitais é geral e dá ao corpo todas as aparências da morte, e, na catalepsia, ela é localizada e pode afetar uma parte mais ou menos extensa do corpo, de maneira a deixar a inteligência livre para manifestar-se, o que não permite confundi-la com a morte. A letargia é sempre natural; a catalepsia é, algumas vezes, espontânea, mas pode ser provocada e desfeita artificialmente pela ação magnética.

Sonambulismo.

425 – O sonambulismo natural tem relação com os sonhos? Como se pode explicá-lo?

– É uma independência da alma, mais completa que no sonho e, nesse caso, suas faculdades estão mais desenvolvidas. Ela tem percepções que não tem no sonho, que é um estado incompleto de sonambulismo. No sonambulismo, o Espírito é inteiramente ele mesmo. Os órgãos materiais estando, de alguma forma, em estado cataléptico não recebem mais as impressões exteriores. Este estado

se manifesta, sobretudo, durante o sono e é o momento em que o Espírito pode deixar provisoriamente o corpo, ficando este entregue ao repouso indispensável à matéria. Quando os fatos do sonambulismo se produzem, é que o Espírito, preocupado por uma coisa ou por outra, entrega-se a uma ação qualquer que necessita do uso do corpo, do qual se serve, então, de um modo análogo ao emprego que faz de uma mesa ou de outros objetos materiais nos fenômenos de manifestação física, ou mesmo de vossa mão naqueles de comunicação escrita. Nos sonhos, de que se tem consciência, os órgãos, incluindo o da memória, começam a despertar; estes recebem, imperfeitamente, as impressões produzidas pelos objetos ou pelas causas exteriores, e as comunicam ao Espírito que, também, então, em repouso, não capta senão sensações confusas e, frequentemente, sem nexo e sem alguma razão de ser aparente, misturadas que são de vagas lembranças, seja desta existência, seja de existências anteriores. É fácil, então, compreender por que os sonâmbulos não têm nenhuma lembrança, e por que os sonhos, dos quais se conserva a memória, não têm, o mais frequentemente, nenhum sentido. Eu disse o mais frequentemente, porque ocorre que eles são a consequência de uma lembrança precisa de acontecimentos de uma vida anterior e, algumas vezes mesmo, uma espécie de intuição do futuro.

426 – O sonambulismo chamado magnético tem relação com o sonambulismo natural?

– É a mesma coisa, exceto que ele é provocado.

427 – Qual a natureza do agente chamado fluido magnético?

– Fluido vital, eletricidade animal, que são modificações do fluido universal.

428 – Qual é a causa da clarividência sonambúlica?

– Já o dissemos: é a alma que vê.

429 –Por que razão o sonâmbulo pode ver através dos corpos opacos?

– Não há corpos opacos senão para vossos órgãos grosseiros. Não vos dissemos que, para o Espírito, a matéria não é obstáculo, pois a atravessa livremente? Frequentemente, ele vos diz que vê pela fronte, pelo joelho, etc., porque vós, inteiramente dentro da matéria, não compreendeis que possa ver sem o socorro dos órgãos. Ele mesmo, pelo desejo que tendes, crê ter necessidade dos seus órgãos; mas, se vós o deixásseis livre, compreenderia que vê por todas as partes do seu corpo, ou, melhor dizendo, é fora do seu corpo que ele vê.

430 – Uma vez que a clarividência do sonâmbulo é a de sua alma ou seu Espírito, por que ele não vê tudo e por que se engana com frequência?

– Primeiramente, não é dado aos Espíritos imperfeitos tudo ver e tudo conhecer. Sabes bem que eles participam ainda dos vossos erros e dos vossos preconceitos. Aliás, quando estão ligados à matéria não gozam de todas as suas faculdades de Espírito. Deus deu ao homem essa faculdade para um fim útil e sério, e não para aprender o que não deve saber; eis porque os sonâmbulos não podem dizer tudo.

431 – Qual é a origem das ideias inatas do sonâmbulo e por que razão ele pode falar, com exatidão, de coisas que ignora no estado de vigília, que estão mesmo acima de sua capacidade intelectual?

– Ocorre que o sonâmbulo possui mais conhecimentos do que lhe supões; apenas eles dormitam, porque seu envoltório é muito imperfeito para que possa se lembrar. Mas, em definitivo, que é ele? Como nós, Espírito que está encarnado na matéria, para cumprir sua missão, e o estado, em que entra, desperta-o dessa letargia. Nós te dissemos, com frequência, que revivemos várias vezes: é essa mudança que o faz perder materialmente aquilo que aprendeu em uma existência precedente. Entrando no estado a que tu chamas crise, ele se lembra, mas não de maneira completa; ele sabe, mas não poderia dizer de onde sabe, nem porque possui esses conhecimentos. Passada a crise, toda lembrança se apaga e ele entra na obscuridade.

A experiência mostra que os sonâmbulos recebem também comunicações de outros Espíritos, que lhes transmitem o que devem dizer e suprem a sua insuficiência. Isso se vê, sobretudo, nas prescrições médicas: o Espírito do sonâmbulo vê o mal, um outro lhe indica o remédio. Essa dupla ação é, algumas vezes, patente e se revela por outro lado, por estas expressões muito frequentes: *dizem-me* que diga ou *proíbem-me* de dizer tal coisa. Neste último caso, há sempre o perigo em insistir para obter uma revelação recusada, porque, então, são apanhados pelos Espíritos levianos que falam de tudo sem escrúpulo e sem se preocuparem com a verdade.

432 – De que modo explicar a visão à distância em certos sonâmbulos?

– A alma não se transporta durante o sono? É a mesma coisa no sonambulismo.

433 – O desenvolvimento menor ou maior da clarividência sonambúlica se prende à organização física ou à natureza do Espírito encarnado?

– A uma e a outra; há disposições físicas que permitem ao Espírito se desprender mais ou menos, facilmente, da matéria.

434 – As faculdades de que gozam os sonâmbulos são as mesmas do Espírito depois da morte?

– Até um certo ponto, porque é preciso ter em conta a influência da matéria à qual está ainda ligado.

435 – O sonâmbulo pode ver os outros Espíritos?

– A maioria os vê muito bem; isso depende do grau e da natureza de sua lucidez. Todavia, algumas vezes, não percebem tudo de início e os tomam por seres corpóreos; isso ocorre, sobretudo, àqueles que não têm nenhum conhecimento do Espiritismo. Eles não compreendem ainda a essência dos Espíritos, isso os espanta, e é por essa razão que acreditam ver pessoas vivas.

O mesmo efeito se produz no momento da morte naqueles que se creem ainda vivos. Não lhe parecendo nada mudado ao seu redor, os Espíritos lhe parecem ter corpos semelhantes ao nosso e tomam a aparência do próprio corpo por um corpo real.

436 – O sonâmbulo que vê à distância, vê do ponto onde está seu corpo ou daquele onde está sua alma?

– Por que essa pergunta, uma vez que é a alma que vê e não o corpo?

437 – Visto que é a alma que se transporta, por que razão o sonâmbulo pode experimentar, no seu corpo, as sensações de calor ou de frio do lugar onde se encontra sua alma, e que está, algumas vezes, muito longe do seu corpo?

– A alma não deixa inteiramente o corpo, ao qual está sempre ligada por um laço que é o condutor das sensações. Quando duas pessoas se correspondem de uma cidade à outra pela eletricidade, é a eletricidade a ligação entre seus pensamentos; é, por isso, que se comunicam como se estivessem uma ao lado da outra.

438 – O uso que um sonâmbulo faz de sua faculdade influi no estado de seu Espírito depois da morte?

– Muito, como o uso bom ou mau de todas as faculdades que Deus deu ao homem.

Êxtase.

439 – Que diferença existe entre o êxtase e o sonambulismo?

– É um sonambulismo mais apurado; a alma do extático é ainda mais independente.

440 – O Espírito do extático penetra, realmente, nos mundos superiores?

– *Sim, ele os vê e compreende a felicidade dos que ali habitam; por isso gostaria de lá ficar. Mas existem mundos inacessíveis aos Espíritos que não são bastante depurados.*

441 – Quando o extático exprime o desejo de deixar a Terra, fala sinceramente? O instinto de conservação não o retém?

– *Isso depende do grau de evolução do Espírito; se ele vê sua posição futura melhor do que sua vida presente, esforça-se por romper os laços que o prendem à Terra.*

442 – Se se abandonasse o extático a si mesmo, sua alma poderia deixar definitivamente seu corpo?

– *Sim, ele pode morrer e, por isso, é necessário fazê-lo voltar por tudo que o pode prender neste mundo, sobretudo, fazendo-o entrever que se romper a cadeia que o retém, esse será o verdadeiro meio de não permanecer onde ele vê que seria feliz.*

443 – Existem coisas que o extático pretende ver e que são, evidentemente, o produto de uma imaginação impressionada pelas crenças e preconceitos terrestres. Tudo o que ele vê não é, então, real?

– *Tudo o que vê é real para ele; mas como seu Espírito está sempre sob a influência das ideias terrenas, ele o pode ver à sua maneira ou, melhor dizendo, exprimi-lo em uma linguagem apropriada aos seus preconceitos, ideias ou às influências do meio em que nasceu, a fim de melhor fazer-se compreender. É nesse sentido, sobretudo, que ele pode errar.*

444 – Em que grau de confiança se pode valorizar as revelações dos extáticos?

– *O extático pode, muito frequentemente enganar-se, sobretudo, quando quer penetrar naquilo que deve permanecer um mistério para o homem, porque, então, ele se abandona às suas próprias ideias ou se torna joguete de Espíritos enganadores,* que se aproveitam do seu entusiasmo para fasciná-lo.

445 – Que consequências se podem tirar dos fenômenos do sonambulismo e do êxtase? Não seriam uma espécie de iniciação à vida futura?

– *Ou, por melhor dizer, é a vida passada e a vida futura que o homem entrevê. Que ele estude esses fenômenos e aí encontrará a solução de mais de um mistério que sua razão procura inutilmente penetrar.*

446 – Os fenômenos do sonambulismo e do êxtase podem se conciliar com o materialismo?

– Aquele que os estude de boa fé, e sem prevenção, não pode ser nem materialista, nem ateu.

Segunda vista.

447 – Os fenômenos designados sob o nome de *segunda vista* têm alguma relação com o sonho e o sonambulismo?

– Tudo isso não é senão uma mesma coisa. O que tu chamas segunda vista *é ainda o Espírito que está mais livre, ainda que o corpo não esteja adormecido. A segunda vista é a vista da alma.*

448 – A segunda vista é permanente?

– A faculdade, sim; o exercício, não. Nos mundos menos materiais que o vosso, os Espíritos se desprendem mais facilmente e entram em comunicação apenas pelo pensamento, sem excluir, todavia, a linguagem articulada. Também a dupla vista, aí, é para a maioria uma faculdade permanente. Seu estado normal pode ser comparado ao dos vossos sonâmbulos lúcidos e é ainda a razão pela qual eles se manifestam a vós mais facilmente que os que estão encarnados em corpos mais grosseiros.

449 – A segunda vista se desenvolve espontaneamente ou à vontade daquele que dela está dotado?

– O mais frequentemente ela é espontânea, mas, muitas vezes, também a vontade aí exerce um grande papel. Assim, toma, por exemplo, certas pessoas chamadas adivinhos e das quais algumas têm certo poder, e verás que é a vontade que as ajuda a entrar nessa segunda vista, a que chamas visão.

450 – A segunda vista é suscetível de desenvolver-se pelo exercício?

– Sim, o trabalho conduz sempre ao progresso, e o véu que cobre as coisas se torna menos compacto.

– Essa faculdade se prende à organização física?

– Certamente, a organização desempenha aí um papel. Existem organizações que são refratárias.

451 – Por que a segunda vista parece hereditária em certas famílias?

– *Semelhança de organização que se transmite como as outras qualidades físicas e, pois, desenvolvimento da faculdade, por uma espécie de educação, que se transmite também de um para outro.*

452 – É verdade que certas circunstâncias desenvolvem a segunda vista?

– *A doença, a aproximação de um perigo, uma grande comoção podem desenvolvê-la. O corpo está, algumas vezes, em um estado particular que permite ao Espírito ver o que não podeis ver com os olhos do corpo.*

As épocas de crise e de calamidades, as grandes emoções, todas as causas que superexcitam o moral provocam, algumas vezes, o desenvolvimento da segunda vista. Parece que a Providência, na presença de um perigo, dá-nos o meio de conjurá-lo. Todas as seitas e partidos perseguidos oferecem-nos numerosos exemplos.

453 – As pessoas dotadas da segunda vista têm dela sempre consciência?

– *Nem sempre; é, para elas, uma coisa muito natural e muitos creem que se todo mundo se observasse, cada um deveria ser a mesma coisa.*

454 – Poder-se-ia atribuir a uma espécie de segunda vista a perspicácia de certas pessoas que, sem nada terem de extraordinário, julgam as coisas com mais precisão que outras?

– *É sempre a alma que irradia mais livremente e que julga melhor que sob o véu da matéria.*

– Essa faculdade, em certos casos, pode dar a presciência das coisas?

– *Sim; dá também os pressentimentos, porque existem vários graus nessa faculdade, e a mesma pessoa pode ter todos os graus ou apenas alguns.*

Resumo teórico do sonambulismo, do êxtase e da segunda vista.

455 – Os fenômenos do sonambulismo natural se produzem espontaneamente e são independentes de toda causa exterior conhecida. Todavia, em certas pessoas, dotadas de uma organização especial, eles podem ser provocados artificialmente pela ação de um agente magnético.

O estado designado sob o nome de *sonambulismo magnético* não difere do sonambulismo natural senão porque um é provocado, enquanto o outro é espontâneo.

O sonambulismo natural é um fato notório que ninguém sonha pôr em dúvida, malgrado a maravilha dos fenômenos que apresenta. Que tem, pois, de mais extraordinário ou de mais irracional, o sonambulismo magnético por ser produzido artificialmente como tantas outras coisas? Os charlatães, diz-se, têm-no explorado; razão a mais para não deixá-lo em suas mãos. Quando a ciência tiver se apropriado dele, o charlatanismo terá bem menos crédito sobre as massas. Todavia, até lá, como o sonambulismo natural ou artificial é um fato e contra um fato não existe raciocínio possível, ele se propaga, malgrado a má vontade de alguns, e isso dentro da própria Ciência, onde entra por uma multidão de pequenas portas, em lugar de passar por uma grande. Quando lá estiver em plenitude, será preciso conceder-lhe direito de cidadania.

Para o Espiritismo, o sonambulismo é mais que um fenômeno fisiológico, é uma luz derramada sobre a psicologia.

É aí que se pode estudar a alma, porque ela se mostra a descoberto. Ora, um dos fenômenos pelos quais ela se caracteriza é a clarividência independente dos órgãos ordinários da vista. Os que contestam esse fato se apoiam em que o sonâmbulo não vê sempre, e à vontade do experimentador, como com os olhos. Seria de admirar que os meios, sendo diferentes, os efeitos não sejam mais os mesmos? É racional exigir efeitos idênticos, quando o instrumento não existe mais? A alma tem suas propriedades como o olho tem as suas; é necessário julgá-las por elas mesmas e não por analogia.

A causa da clarividência do sonâmbulo magnético e do sonâmbulo natural é identicamente a mesma: *é um atributo da alma,* uma faculdade inerente a todas as partes do ser incorpóreo que está em nós e que não tem limites senão aqueles assinalados à própria alma. Ele vê, por toda parte, onde sua alma pode se transportar, qualquer que seja a distância.

Na visão à distância, o sonâmbulo não vê as coisas do ponto onde está seu corpo e como por um efeito telescópico. Ele as vê presentes e como se estivesse sobre o lugar onde elas existem, porque sua alma aí está em realidade. Por isso, seu corpo está como aniquilado e parece privado de sentimentos, até o momento em que a alma vem retomá-lo.

Essa separação parcial da alma e do corpo é um estado anormal que pode ter uma duração mais ou menos longa, mas não indefinida, e é a causa da fadiga que o corpo experimenta depois de um certo tempo, sobretudo, quando a alma se entrega a um trabalho ativo.

A vista da alma ou do Espírito, não estando circunscrita, e não tendo sede determinada, explica por que os sonâmbulos não podem lhe assinalar um órgão especial. Eles veem porque veem, sem saber nem por que e nem de que forma, a vista não tem sede própria para eles como Espíritos. *Se eles se reportam ao seu corpo,* esse centro principal lhes parece estar nos centros onde a atividade vital é maior, principalmente no cérebro, na região epigástrica ou no órgão que, para eles, é o ponto de ligação, *o mais tenaz,* entre o Espírito e o corpo.

O poder da lucidez sonambúlica não é indefinido. O Espírito, mesmo completamente livre, está limitado em suas faculdades e em seus conhecimentos segundo o grau de perfeição que atingiu e, mais ainda, quando está ligado à matéria da qual sofre a influência. Essa a causa pela qual a clarividência sonambúlica não é nem universal, nem infalível. Pode-se, tanto menos, contar com sua infalibilidade quando se desvia do objetivo proposto pela Natureza e quando se faz objeto de curiosidade *e de experimentação.*

No estado de desprendimento em que se encontra o Espírito do sonâmbulo, ele entra em comunicação mais fácil com os outros Espíritos, *encarnados ou não encarnados.* Essa comunicação se estabelece pelo contato dos fluidos que compõem os perispíritos e servem de transmissão ao pensamento como o fio elétrico. O sonâmbulo não tem necessidade de que o pensamento seja articulado pela palavra; ele o sente e a adivinha. É isso que o torna eminentemente impressionável e acessível às influências da atmosfera moral na qual se encontra. É, por isso, que o concurso numeroso de espectadores, e sobretudo de curiosos mais ou menos malévolos, prejudica essencialmente o desenvolvimento de suas faculdades, que se recolhem, por assim dizer, em si mesmas, e não se desdobram com toda a liberdade senão na intimidade e em um meio simpático. *A presença de pessoas malévolas ou antipáticas produz sobre ele o efeito do contato da mão sobre a sensitiva* (*).

O sonâmbulo vê, ao mesmo tempo, seu próprio Espírito e seu corpo, que são, por assim dizer, dois seres que lhe representam a dupla existência, espiritual e corporal, que, entretanto, confundem-se nos laços que as unem. O sonâmbulo nem sempre se apercebe dessa situação, e essa *dualidade* faz que, frequentemente, ele fale de si mesmo como se estivesse falando de uma

(*) Nota do Tradutor: O Autor se refere à planta chamada sensitiva, que se fecha ao contato da mão.

pessoa estranha; é que ora é o ser corporal que fala ao ser espiritual, ora é o ser espiritual que fala ao ser corporal.

O Espírito adquire um acréscimo de conhecimento e de experiência a cada uma de suas existências corporais. Ele os esquece, em parte, durante sua encarnação, na matéria muito grosseira, *mas se lembra deles como Espírito.*

Assim, é que certos sonâmbulos revelam conhecimentos superiores ao grau de sua instrução e mesmo de sua capacidade intelectual aparente. A inferioridade intelectual e científica do sonâmbulo, no estado de vigília, não prejulga, portanto, em nada sobre os conhecimentos que ele pode revelar no estado de lucidez. Segundo as circunstâncias e o objetivo a que se propôs, pode hauri-las na sua própria experiência, na clarividência das coisas presentes ou nos conselhos que recebe de outros Espíritos. Todavia, como seu próprio Espírito pode ser mais ou menos avançado, ele pode dizer coisas mais ou menos justas.

Pelos fenômenos do sonambulismo, seja natural, seja magnético, a Providência nos dá a prova irrecusável da existência e da independência da alma e nos faz assistir ao espetáculo sublime de sua emancipação; por este meio, abre-nos o livro do nosso destino. Quando o sonâmbulo descreve o que se passa à distância, é evidente que ele vê, e isto não pelos olhos do corpo; vê a si mesmo naquele lugar e se sente transportado para lá. Lá, tem, portanto, alguma coisa dele, e essa alguma coisa, não sendo seu corpo, não pode ser senão sua alma ou seu Espírito. Enquanto o homem se perde nas sutilezas de uma metafísica abstrata e ininteligível para pesquisar as causas de nossa existência moral, Deus coloca, diariamente, sob seus olhos e sob suas mãos, os meios, os mais simples e os mais patentes, para o estudo da psicologia experimental.

O êxtase é o estado no qual a independência da alma e do corpo se manifesta de maneira mais sensível e se torna, de alguma sorte, palpável.

No sonho e no sonambulismo, a alma erra nos mundos terrestres; no êxtase, ela penetra em um mundo desconhecido, naquele dos Espíritos etéreos, com os quais ela entra em comunicação sem poder, todavia, ultrapassar certos limites que não poderia transpor sem romper totalmente os laços que a ligam ao corpo. Um estado resplandecente, todo novo, a circunda, harmonias desconhecidas sobre a Terra a arrebatam, um bem-estar indefinível a penetra: ela frui por antecipação da beatitude celeste, *e pode-se dizer que põe um pé sobre o limiar da eternidade.*

No estado de êxtase, o aniquilamento do corpo é quase completo, não há mais, por assim dizer, que a vida orgânica, e sente-se que a alma não se prende a ele senão por um fio que um esforço a mais faria romper para sempre.

Nesse estado, todos os pensamentos terrestres desaparecem para dar lugar ao sentimento purificado que é a essência mesma de nosso ser imaterial. Inteiramente nessa contemplação sublime, o extático não considera a vida senão uma paragem momentânea. Para ele, os bens e os males, os prazeres grosseiros e as misérias deste mundo não são mais que os incidentes fúteis de uma viagem da qual está feliz de ver o termo.

Os extáticos são como os sonâmbulos: sua lucidez pode ser mais ou menos perfeita, e seu próprio Espírito, segundo sejam mais ou menos elevados, também está mais ou menos apto a conhecer e a compreender as coisas. Há, algumas vezes, neles, mais de exaltação que de verdadeira lucidez, ou, melhor dizendo, sua exaltação prejudica sua lucidez; é, por isso, que suas revelações são, frequentemente, uma mistura de verdades e de erros, de coisas sublimes e de coisas absurdas ou mesmo ridículas. Os Espíritos inferiores se aproveitam, frequentemente, dessa exaltação, que é sempre uma causa de fraqueza, quando não se sabe reprimi-la, para dominar o extático, e com esse efeito cobrem seus olhos de *aparência* que o entretêm nas ideias ou preconceitos da vigília. É isso um escolho, mas não são todos assim; cabe a nós julgar friamente e pesar suas revelações na balança da razão.

A emancipação da alma se manifesta, algumas vezes, no estado de vigília e produz o fenômeno designado sob o nome de *segunda vista* que dá àqueles que dele são dotados a faculdade de ver, de ouvir e de sentir *além dos limites dos nossos sentidos.* Eles percebem as coisas ausentes, por todas as partes onde a alma estende sua ação; veem-nas, por assim dizer, através da vista ordinária e como por uma espécie de miragem.

No momento em que se produz o fenômeno da segunda vista, o estado físico está sensivelmente modificado; o olho tem alguma coisa de vago: ele olha sem ver. Toda a fisionomia reflete uma espécie de exaltação. Constata-se que os órgãos da vista são estranhos àquilo em que a visão persiste, malgrado a oclusão dos olhos.

Esta faculdade parece, àqueles que a possuem, natural como a de ver; é, para eles, um atributo de seu ser, que não lhes parece excepcional. O esquecimento segue, o mais frequentemente, essa lucidez passageira da qual a lembrança, cada vez mais vaga, desaparece como a de um sonho.

O poder da segunda vista varia desde a sensação confusa até a percepção clara e nítida das coisas presentes e ausentes. No estado rudimentar, ela dá, a certas pessoas, o tato, a perspicácia, uma espécie de segurança de seus atos, que se pode chamar a *precisão do golpe de vista moral.*

Mais desenvolvida, ela desperta os pressentimentos. Mais desenvolvida ainda, mostra os acontecimentos ocorridos ou em vias de ocorrer.

O sonambulismo, natural ou artificial, o êxtase e a segunda vista não são mais que variedades ou modificações de uma mesma causa. Esses fenômenos, da mesma forma que os sonhos, estão na Natureza e, por isso, existiram em todos os tempos; a história nos mostra que eles foram conhecidos, e mesmo explorados, desde a mais alta antiguidade, e encontra-se neles a explicação de uma multidão de fatos que os preconceitos fizeram considerar sobrenaturais.

IX
Capítulo
9

Intervenção dos Espíritos no mundo corporal

1. Penetração de nosso pensamento pelos Espíritos. 2. Influência oculta dos Espíritos sobre os nossos pensamentos e sobre as nossas ações. – 3. Possessos. – 4. Convulsionários. – 5. Afeição dos Espíritos por certas pessoas. – 6. Anjos guardiães, Espíritos protetores, familiares ou simpáticos. – 7. Influência dos Espíritos sobre os acontecimentos da vida. – 8. Ação dos Espíritos sobre os fenômenos da Natureza. – 9. Os Espíritos durante os combates. – 10. Dos pactos. – 11. Poder oculto. Talismãs. Feiticeiros. – 12. Bênçãos e maldições.

Penetração de nosso pensamento pelos Espíritos.

456 – Os Espíritos veem tudo o que nós fazemos?

– Podem vê-lo, visto que vos rodeiam incessantemente. Todavia, cada um não vê senão as coisas sobre as quais dirige sua atenção, porque com aqueles que lhes são indiferentes, eles não se preocupam.

457 – Os Espíritos podem conhecer nossos mais secretos pensamentos?

– Frequentemente, eles conhecem aquilo que quereríeis ocultar a vós mesmos; nem atos, nem pensamentos podem lhes ser dissimulados.

– Nesse caso, pareceria mais fácil esconder uma coisa a uma pessoa viva que fazê-lo a essa mesma pessoa depois da sua morte?

– Certamente, e quando vos credes bem ocultos, tendes, frequentemente, uma multidão de Espíritos, ao vosso lado, que vos veem.

458 – Que pensam de nós os Espíritos que estão ao nosso redor e nos observam?

– Isso depende. Os Espíritos frívolos se riem dos pequenos aborrecimentos que vos suscitam e zombam das vossas impaciências. Os Espíritos sérios lastimam vossos defeitos e procuram vos ajudar.

Influência oculta dos Espíritos sobre os nossos pensamentos e sobre as nossas ações.

459 – Os Espíritos influem sobre os nossos pensamentos e as nossas ações?

– A esse respeito sua influência é maior do que credes, porque, frequentemente, são eles que vos dirigem.

460 – Temos pensamentos que nos são próprios e outros que nos são sugeridos?

– Vossa alma é um Espírito que pensa. Não ignorais que vários pensamentos vos alcançam, ao mesmo tempo, sobre o mesmo assunto e, frequentemente, bem contrários uns aos outros; então, há sempre de vós e de nós e é isso que vos coloca na incerteza, posto que tendes, em vós, duas ideias que se combatem.

461 – Como distinguir os pensamentos que nos são próprios daqueles que nos são sugeridos?

– Quando um pensamento é sugerido, é como uma voz que vos fala. Os pensamentos próprios são, em geral, aqueles do primeiro momento. De resto, não há um grande interesse para vós nessa distinção, e é frequentemente útil não o saberdes. O homem age mais livremente e, se ele se decide pelo bem, o faz mais voluntariamente; se toma o mau caminho, não tem nisso senão mais responsabilidades.

462 – Os homens de inteligência e de gênio haurem sempre suas ideias de sua própria natureza íntima?

– Algumas vezes, as ideias vêm de seu próprio Espírito, mas, frequentemente, elas lhes são sugeridas por outros Espíritos, que os julgam capazes de compreendê-las e dignos de transmiti-las. Quando eles não as encontram em si, apelam à inspiração; é uma evocação que fazem sem o suspeitar.

Se fosse útil que pudéssemos distinguir claramente nossos próprios pensamentos daqueles que nos são sugeridos, Deus nos teria dado o meio, como ele nos deu o de distinguir o dia da noite. Quando uma coisa é vaga, é que assim deve ser para o bem.

463 – Diz-se, algumas vezes, que o primeiro movimento é sempre bom; isso é exato?

– *Ele pode ser bom ou mau segundo a natureza do Espírito encarnado. É sempre bom naquele que atende às boas inspirações.*

464 – Como distinguir se um pensamento sugerido vem de um bom ou de um mau Espírito?

– *Estudai a coisa; os bons Espíritos não aconselham senão o bem. Cabe a vós a distinção.*

465 – Com que objetivo os Espíritos imperfeitos nos compelem ao mal?

– *Para vos fazer sofrer como eles.*

– Isso diminui seus sofrimentos?

– *Não, mas o fazem por inveja de verem seres mais felizes.*

– Que natureza de sofrimento eles querem fazer experimentar?

– *Os que resultam de ser de uma ordem inferior e afastada de Deus.*

466 – Por que Deus permite que os Espíritos nos excitem ao mal?

– *Os Espíritos imperfeitos são instrumentos destinados a experimentar a fé e a constância dos homens no bem. Tu, sendo Espírito, deves progredir na ciência do infinito e é, por isso, que passas pelas provas do mal para alcançar o bem. Nossa missão é de colocar-te no bom caminho e, quando as más influências agem sobre ti, é que as atrais pelo desejo do mal, porque os Espíritos inferiores vêm em tua ajuda no mal, quando tens vontade de praticá-lo. Eles não podem te ajudar no mal senão quando queres o mal. Se és propenso ao homicídio, terás uma multidão de Espíritos que manterão esse pensamento em ti; mas também terás outros que se esforçarão em te influenciar no bem, o que faz restabelecer a balança e te deixa o comando.*

É, assim, que Deus deixa à nossa consciência a escolha do caminho que devemos seguir, e a liberdade de ceder a uma ou a outra das influências contrárias que se exercem sobre nós.

467 – Pode-se libertar-se da influência dos Espíritos que nos solicitam ao mal?

– Sim, porque eles não se ligam senão aos que os solicitam por seus desejos ou os atraem por seus pensamentos.

468 – Os Espíritos cuja influência é repelida pela vontade, renunciam às suas tentativas?

– Que queres tu que eles façam? Quando não há nada a fazer, eles cedem o lugar; entretanto, aguardam o momento favorável, como o gato espreita o rato.

469 – Por que meios se pode neutralizar a influência dos maus Espíritos?

– Fazendo o bem e colocando toda a vossa confiança em Deus, repelis a influência dos Espíritos inferiores e destruís o império que eles querem tomar sobre vós. Evitai escutar as sugestões dos Espíritos que suscitam em vós os maus pensamentos, sopram a discórdia entre vós e vos excitam todas as más paixões. Desconfiai, sobretudo, daqueles que exaltam vosso orgulho, porque vos tomam por vossa fraqueza. Eis porque Jesus nos faz dizer na oração dominical: "Senhor! não nos deixeis sucumbir à tentação, mas livrai-nos do mal".

470 – Os Espíritos que procuram nos induzir ao mal e que, assim, colocam em prova nossa firmeza no bem, receberam a missão de fazê-lo? E se é uma missão que cumprem, onde está a responsabilidade?

– Nunca o Espírito recebe a missão de fazer o mal. Quando ele o faz é por sua própria vontade e, por conseguinte, suporta-lhe as consequências. Deus pode deixá-lo fazer para vos experimentar, mas não lhe ordena, e está em vós repeli-lo.

471 – Quando experimentamos um sentimento de angústia, de ansiedade indefinível ou de satisfação interior sem causa conhecida, isso se prende unicamente a uma disposição física?

– São quase sempre, com efeito, comunicações que tendes inconscientemente com os Espíritos ou que tivestes com eles durante o sono.

472 – Os Espíritos que querem nos excitar ao mal fazem-no aproveitando-se das circunstâncias em que nos encontramos ou podem criar essas circunstâncias?

– Eles aproveitam a circunstância, mas, frequentemente, a provocam, compelindo-vos, inconscientemente, ao objeto da vossa cobiça. Assim, por exemplo, um homem encontra sobre seu caminho uma soma de dinheiro; não creiais que foram os Espíritos que levaram o dinheiro para esse lugar, mas eles podem dar ao homem o pensamento de dirigir-se a esse ponto e, então, sugerem-lhe o pensamento de apoderar-se dele, enquanto outros lhe sugerem o de entregar esse dinheiro àquele a quem pertence. Ocorre o mesmo em todas as outras tentações.

Possessos.

473 – Um Espírito pode, momentaneamente, revestir o envoltório de uma pessoa viva, quer dizer, introduzir-se dentro de um corpo animado e agir em lugar daquele que se encontra aí encarnado?

– *O Espírito não entra em um corpo como entras em uma casa. Ele se afina com um Espírito encarnado que tem os mesmos defeitos e as mesmas qualidades para agir conjuntamente. Mas é sempre o Espírito encarnado que age como quer sobre a matéria da qual está revestido. Um Espírito não pode se substituir àquele que está encarnado, porque o Espírito e o corpo estão ligados até o tempo marcado para o término da existência material.*

474 – Se não há possessão propriamente dita, quer dizer, coabitação de dois Espíritos no mesmo corpo, a alma pode se encontrar na dependência de um outro Espírito, de maneira a estar por ele *subjugada* ou *obsedada,* a ponto que sua vontade esteja, de alguma sorte, paralisada?

– *Sim, e esses são os verdadeiros possessos. Mas saiba que essa dominação não se faz jamais sem a participação daquele que a suporta, seja por sua fraqueza, seja por seu desejo. Têm-se tomado, frequentemente, por possessos, os epilépticos ou os loucos que têm mais necessidade de médico que de exorcismo.*

A palavra *possesso,* em seu sentido vulgar, supõe a existência de demônios, quer dizer, de uma categoria de seres de natureza má e a coabitação de um desses seres com a alma no corpo de um indivíduo. Posto que não há demônios **nesse sentido,** e que dois Espíritos não podem habitar simultaneamente o mesmo corpo, não há possessos segundo a ideia ligada a essa palavra. A palavra **possesso** não deve se entender senão como a dependência absoluta em que a alma pode se encontrar em relação a Espíritos imperfeitos que a subjugam.

475 – Pode-se, por si mesmo, afastar os maus Espíritos e libertar-se de sua dominação?

– *Pode-se sempre sacudir um jugo quando se tem vontade firme.*

476 – Não pode acontecer que a fascinação exercida pelo mau Espírito seja tal que a pessoa subjugada não a perceba? Então, uma terceira pessoa pode fazer cessar a sujeição? Nesse caso, que condição deve ela empregar?

– *Se é um homem de bem, sua vontade pode ajudar, apelando pelo concurso dos bons Espíritos, porque quanto mais se é* um homem de bem, *mais se tem poder sobre os Espíritos imperfeitos para afastá-los, e sobre os Espíritos bons, para atraí-los. Entretanto, seria incapaz se aquele que está* subjugado *não consentir nisso. Existem pessoas que se alegram em uma dependência que agrada aos seus gostos e aos seus desejos. Em todos os casos, aquele cujo coração não é puro, não pode ter nenhuma influência; os bons Espíritos o abandonam, e os maus não o temem.*

477 – As fórmulas de exorcismo têm alguma eficácia sobre os maus Espíritos?

– Não, quando esses Espíritos veem alguém tomar a coisa a sério, riem e se obstinam.

478 – Há pessoas animadas de boas intenções e que não são menos obsedadas; qual é o melhor meio de livrar-se dos Espíritos obsessores?

– Cansar sua paciência, não tomar conhecimento de suas sugestões, mostrar-lhes que perdem seu tempo; então, quando veem que não têm nada a fazer, eles se vão.

479 – A prece é um meio eficaz para curar a obsessão?

– A prece é um poderoso socorro em tudo; mas, crede bem, não basta murmurar algumas palavras para obter o que se deseja. Deus assiste aqueles que agem e não aqueles que se limitam a pedir. É necessário, pois, que o obsidiado faça, a seu turno, aquilo que é necessário para destruir, em si mesmo, a causa que atrai os maus Espíritos.

480 – Que pensar da expulsão dos demônios, de que fala o Evangelho?

– Isso depende da interpretação. Se chamais demônio a um mau Espírito que subjugue um indivíduo, quando a sua influência for destruída, ele será verdadeiramente expulso. Se atribuís uma doença ao demônio, quando houverdes curado a doença direis também que expulsastes o demônio. Uma coisa pode ser verdadeira ou falsa segundo o sentido que se der às palavras. As maiores verdades podem parecer absurdas quando não se olha senão a forma, e quando se toma a alegoria pela realidade. Compreendei bem isto e o guardai, pois é de uma aplicação geral.

Convulsionários.

481 – Os Espíritos exercem um papel nos fenômenos que se produzem nos indivíduos designados sob o nome de convulsionários?

– Sim, um papel muito grande, assim como o magnetismo, que lhe é a fonte primeira. Todavia, o charlatanismo, frequentemente, tem explorado e exagerado esses efeitos, o que os tem feito cair no ridículo.

– De que natureza são, em geral, os Espíritos que concorrem para essa espécie de fenômenos?

– Pouco elevada. Credes que os Espíritos superiores se divertem com semelhantes coisas?

482 – Como o estado anormal dos convulsionários e dos que sofrem crises pode acontecer subitamente em toda uma população?

– Efeito simpático; as disposições morais se comunicam muito facilmente em certos casos. Não estais tão alheios aos efeitos magnéticos para não compreender isso e a parte que certos Espíritos devem nisso tomar por simpatia àqueles que os provocam.

Entre as faculdades estranhas que se distinguem nos convulsionários, reconhecem-se sem dificuldade as que o sonambulismo e o magnetismo oferecem numerosos exemplos: tais são, entre outras, a insensibilidade física, o conhecimento do pensamento, a transmissão simpática das dores, etc. Não se pode, pois, duvidar que os que sofrem crises estejam em uma espécie de sonambulismo desperto, provocado pela influência que exercem uns sobre os outros. Eles são, ao mesmo tempo, magnetizadores e magnetizados, sem o saberem.

483 – Qual é a causa da insensibilidade física que se nota,seja em certos convulsionários, seja em outros indivíduos submetidos às torturas mais atrozes?

– Em alguns é um efeito exclusivamente magnético que age sobre o sistema nervoso, da mesma forma que certas substâncias. Em outros, a exaltação do pensamento enfraquece a sensibilidade, porque a vida parece retirar-se do corpo para se transportar ao Espírito. Não sabeis que quando o Espírito está fortemente preocupado com uma coisa, o corpo não sente, não vê e não ouve nada?

A exaltação fanática e o entusiasmo oferecem, frequentemente, nos suplícios, o exemplo de uma calma e de um sangue-frio que não triunfariam de uma dor aguda se não se admitisse que a sensibilidade se encontra neutralizada por uma espécie de efeito anestésico. Sabe-se que no calor do combate a pessoa não se apercebe, frequentemente, de um ferimento grave, enquanto que, em circunstâncias ordinárias, uma arranhadura a faria estremecer.

Visto que esses fenômenos dependem de uma causa física e da ação de certos Espíritos, pode-se perguntar como ele pôde depender da autoridade para cessar em certos casos. A razão é simples. A ação dos Espíritos não é aqui senão secundária; eles não fazem mais que aproveitar uma disposição natural. A autoridade não suprimiu essa disposição, mas a causa que a entretinha e exaltava; de ativa passou a latente, e tinha razão de agir assim, porque resultava abuso e escândalo. Sabe-se, de resto, que essa intervenção nenhum poder tem quando a ação dos Espíritos é direta e espontânea.

Afeição dos Espíritos por certas pessoas.

484 – Os Espíritos se afeiçoam de preferência por certas pessoas?

– Os bons Espíritos simpatizam-se com os homens de bem ou suscetíveis de se melhorarem; os Espíritos inferiores, com os homens viciosos ou que possam vir a sê-lo. Daí sua afeição, por causa da semelhança das sensações.

485 – A afeição dos Espíritos por certas pessoas é exclusivamente moral?

– A afeição verdadeira nada tem de carnal; mas, quando um Espírito se liga a uma pessoa, nem sempre é por afeição e pode aí misturar uma lembrança das paixões humanas.

486 – Os Espíritos se interessam por nossa infelicidade e por nossa prosperidade? Os que nos desejam o bem se afligem com os males que experimentamos durante a vida?

– Os bons Espíritos fazem o bem possível e ficam felizes com todas as vossas alegrias. Eles se afligem com os vossos males quando não os suportais com resignação, porque esses males são sem resultado para vós: sois como o doente que rejeita a bebida amarga que deve curá-lo.

487 – De qual natureza de mal os Espíritos se afligem mais por nós? O mal físico ou o mal moral?

– Vosso egoísmo e vossa dureza de coração: daí tudo deriva. Eles se riem de todos esses males imaginários que nascem do orgulho e da ambição e se regozijam com aqueles que têm por efeito abreviar vosso tempo de prova.

Os Espíritos, sabendo que a vida corporal é transitória e que as tribulações que a acompanham são os meios de chegar a um estado melhor, afligem-se mais pelas causas morais que nos distanciam deles, que pelos males físicos, que são passageiros.

Os Espíritos se inquietam pouco com as infelicidades que não afetam senão as nossas ideias mundanas, como fazemos com os desgostos pueris da infância.

Os Espíritos que veem nas aflições da vida um meio de progresso para nós, consideram-nas como a crise momentânea que deve salvar o doente. Eles se compadecem dos nossos sofrimentos, como nos compadecemos com os de um amigo. Todavia, vendo as coisas de um ponto de vista mais justo, eles as apreciam de outro modo que o nosso, e enquanto os bons levantam nossa coragem no interesse do nosso futuro, os outros nos excitam ao desespero, tendo em vista comprometê-lo.

488 – Nossos parentes e nossos amigos, que nos precederam na outra vida, têm por nós mais simpatia que os Espíritos que nos são estranhos?

– *Sem dúvida, e frequentemente eles vos protegem como Espíritos, segundo o seu poder.*

– Eles são sensíveis à afeição que lhes conservamos?

– *Muito sensíveis, mas eles esquecem aqueles que os esquecem.*

Anjos guardiães, Espíritos protetores, familiares ou simpáticos.

489 – Há Espíritos que se ligam a um indivíduo em particular para o proteger?

– *Sim, o* irmão espiritual, *a que chamais* o bom Espírito *ou* o bom gênio.

490 – Que se deve entender por anjo guardião?

– *O Espírito protetor de uma ordem elevada.*

491 – Qual é a missão do Espírito protetor?

– *A de um pai sobre seus filhos: guiar seu protegido no bom caminho, ajudá-lo com seus conselhos, consolar suas aflições, sustentar sua coragem nas provas da vida.*

492 – O Espírito protetor se liga ao indivíduo depois do seu nascimento?

– *Depois do seu nascimento até à morte, e, frequentemente, o segue depois da morte na vida espírita e mesmo em várias existências corporais, porque essas existências são apenas fases bem curtas com relação à vida do Espírito.*

493 – A missão do Espírito protetor é voluntária ou obrigatória?

– *O Espírito protetor é obrigado a velar sobre vós porque aceitou essa tarefa, mas pode escolher os seres que lhe são simpáticos. Para alguns, é um prazer, para outros, uma missão ou um dever.*

– Ligando-se a uma pessoa, o Espírito renuncia a proteger outros indivíduos?

– *Não, mas o faz menos exclusivamente.*

494 – O Espírito protetor está fatalmente ligado ao ser confiado à sua guarda?

– *Ocorre, frequentemente, que certos Espíritos deixam sua posição para executar diversas missões; mas, então, são substituídos.*

495 – O Espírito protetor abandona algumas vezes seu protegido, quando este é rebelde aos seus conselhos?

– *Ele se afasta quando vê seus conselhos inúteis, e que a vontade de sofrer a influência dos Espíritos inferiores é mais forte. Todavia, não o abandona completamente e se faz sempre ouvir, sendo, então, o homem quem fecha os ouvidos. Ele retorna, desde que chamado.*

É uma doutrina que deveria converter os mais incrédulos pelo seu encanto e pela sua doçura: a dos anjos guardiães. Pensar que se tem sempre perto de si seres que vos são superiores, que estão sempre aí para vos aconselhar, sustentar-vos, ajudar-vos a escalar a áspera montanha do bem, que são os amigos mais seguros e mais devotados do que as mais íntimas ligações que se possa contrair sobre esta Terra, não é uma ideia bem consoladora? Esses seres aí estão por ordem de Deus; ele os colocou junto de vós e aí estão, por seu amor, cumprindo uma bela, mas penosa missão. Sim, onde estejais, ele estará convosco: as prisões, os hospitais, os lugares de devassidão, a solidão, nada vos separa desse amigo que não podeis ver, mas do qual vossa alma sente os mais doces estímulos e ouve os sábios conselhos.

Deveríeis conhecer melhor esta verdade! quantas vezes ela vos ajudaria nos momentos de crise; quantas vezes ela vos salvaria dos maus Espíritos! Todavia, no grande dia, este anjo de bondade terá frequentemente de dizer-vos: "Não te disse isto? E não o fizeste; não te mostrei o abismo? E aí te precipitaste; não te fiz ouvir na consciência a voz da verdade? E não seguiste os conselhos da mentira?" Ah! interrogai vossos anjos guardiães; estabelecei, entre eles e vós, essa ternura íntima que reina entre os melhores amigos. Não penseis em lhes esconder nada, porque eles têm os olhos de Deus, e não podeis enganá-los. Sonhai com o futuro; procurai avançar nesta vida e vossas provas serão mais curtas, vossas existências mais felizes. Caminhai! homens de coragem; atirai para longe de vós, de uma vez por todas, preconceitos e ideias preconcebidas; entrai na nova estrada que se abre diante de vós; marchai! marchai! tendes orientadores, segui-os: o objetivo não vos pode faltar, porque esse objetivo é Deus.

Àqueles que pensem ser impossível aos Espíritos verdadeiramente elevados sujeitarem-se a uma tarefa tão laboriosa e de todos os instantes, diremos que influenciamos vossas almas estando a vários milhões de léguas de vós. Para nós o espaço não é nada e, vivendo em outro mundo, nossos Espíritos conservam sua ligação com o vosso. Gozamos de qualidades que não podeis compreender, mas estejais certos de que Deus não nos impôs uma tarefa acima de nossas forças e que ele não vos abandonou sós sobre a Terra, sem amigos e sem apoio. Cada anjo guardião tem seu protegido sobre o qual vela, como um pai vela sobre seu filho, e é feliz quando o vê no bom caminho, e sofre quando seus conselhos são menosprezados.

Não temais em nos fatigar com vossas perguntas; estejais, ao contrário, sempre em relação conosco: sereis mais fortes e mais felizes. São essas comunicações de cada homem com seu Espírito familiar que fazem todos os homens médiuns, médiuns hoje ignorados, mas que se manifestarão mais tarde e se espalharão como um oceano sem limites para repelir a incredulidade e a ignorância. Homens instruídos, instruí; homens de talento, elevai vossos irmãos. Não sabeis que obra cumprireis assim: a do Cristo, a que Deus vos impôs. Para que Deus vos deu a inteligência e a ciência, senão para repartir com vossos irmãos, para adiantá-los no caminho da alegria e da felicidade eterna?

São Luís, Santo Agostinho.

A doutrina dos anjos guardiães, velando sobre seus protegidos, malgrado a distância que separa os mundos, não tem nada que deva surpreender; ela é, ao contrário, grande e sublime. Não vemos sobre a Terra um pai velar sobre seu filho ainda que estando longe, ajudá-lo com seus conselhos por correspondência? Que haverá, então, de espantoso em que os Espíritos possam guiar aqueles que tomaram sob sua proteção, de um mundo a outro, visto que, para eles, a distância que separa os mundos é menor que a que separa, sobre a Terra, os continentes? Não têm eles, por outro lado, o fluido universal que liga todos os mundos e os torna solidários, veículo imenso da transmissão dos pensamentos, como o ar é, para nós, o veículo da transmissão do som?

496 – O Espírito que abandona seu protegido, não lhe fazendo mais o bem, pode lhe fazer o mal?

– Os bons Espíritos não fazem, jamais, o mal; deixam que o façam aqueles que tomam o seu lugar; então, acusais a sorte pelos infortúnios que vos acabrunham, quando é vossa a falta.

497 – O Espírito protetor pode deixar seu protegido à mercê de um Espírito que poderia lhe desejar o mal?

– Há união dos maus Espíritos para neutralizar a ação dos bons. Mas, se o

protegido quiser, ele dará toda a força ao seu bom Espírito. O bom Espírito, talvez, encontre uma boa vontade, alhures, para ajudar; disto aproveita até seu retorno junto do seu protegido.

498 – Quando o Espírito protetor deixa seu protegido transviar-se na vida, é por falta de força, de sua parte, na luta contra outros Espíritos malévolos?

– Não é porque ele não pode, mas porque ele não quer. Seu protegido sai das provas mais perfeito e mais instruído. Ele o assiste com seus conselhos, pelos bons pensamentos que lhe sugere, mas que, infelizmente, não são sempre escutados. Não é senão a fraqueza, a negligência ou o orgulho do homem que dão força aos maus Espíritos; seu poder sobre vós resulta de não lhes opordes resistência.

499 – O Espírito protetor está constantemente com seu protegido? Não há alguma circunstância em que, sem o abandonar, o perca de vista?

– Há circunstâncias em que a presença do Espírito protetor não é necessária junto de seu protegido.

500 – Chega um momento em que o Espírito não tem mais necessidade de um anjo guardião?

– Sim, quando ele alcança um grau de poder conduzir a si mesmo, como chega o momento em que o escolar não tem mais necessidade do mestre; mas isso não ocorre sobre a vossa Terra.

501 – Por que a ação dos Espíritos sobre nossa existência é oculta e por que, quando nos protegem, não o fazem de uma forma ostensiva?

– Se contardes com a sua proteção, não agireis por vós mesmos, e vosso Espírito não progredirá. Para que possa avançar lhe é necessária a experiência e é preciso, frequentemente, que ele a adquira às suas custas; é preciso que exerça suas habilidades, sem isso seria como uma criança que não se permitisse andar sozinha. A ação dos Espíritos que vos querem o bem é sempre regulada de maneira a deixar-vos o livre-arbítrio, porque, se não tiverdes responsabilidade, não avançareis no caminho que vos deve conduzir até Deus. O homem, não vendo o seu apoio, entrega-se às suas próprias forças; seu guia, entretanto, vela por ele e, de tempos em tempos, brada-lhe para desconfiar do perigo.

502 – O Espírito protetor que consegue conduzir seu protegido no bom caminho, experimenta algum bem para si mesmo?

– É um mérito do qual se lhe tem em conta, seja para seu próprio adiantamento, seja por sua alegria. Ele é feliz quando vê seu desvelo coroado de sucesso, triunfando como um preceptor triunfa com o sucesso de seu aluno.

– Ele é responsável se não triunfar?

– Não, visto que fez o que dele dependia.

503 – O Espírito protetor que vê seu protegido seguir um mau caminho, malgrado seus avisos, sofre com isso e não lhe é uma causa de perturbação para a sua felicidade?

– Ele sofre por causa dos seus erros e o lastima. Mas essa aflição não tem as angústias da paternidade terrestre, porque sabe que há remédio para o mal, e que aquilo que não se faz hoje, far-se-á amanhã.

504 – Podemos sempre saber o nome do nosso Espírito protetor ou anjo guardião?

– Por que razão quereis saber sobre nomes que não existem para vós? Credes, então, que não haverá entre os Espíritos senão aqueles que conheceis?

– De que modo invocá-lo se não o conhecemos?

– Dai-lhe o nome que quiserdes, o de um Espírito superior pelo qual tendes simpatia ou veneração. Vosso Espírito protetor virá a esse apelo, porque todos os bons Espíritos são irmãos e se assistem entre si.

505 – Os Espíritos protetores que tomam nomes conhecidos, são sempre, realmente, os das pessoas que usaram esses nomes?

– Não, mas de Espíritos que lhes são simpáticos e que, frequentemente, vêm por sua ordem. Precisais de nomes, então, eles tomam um que vos inspire confiança. Quando não podeis cumprir uma missão pessoalmente, enviais, vós mesmos, um outro que age em vosso nome.

506 – Quando estivermos na vida espírita, reconheceremos nosso Espírito protetor?

– Sim, porque, frequentemente, vós o conhecíeis antes de encarnardes.

507 – Os Espíritos protetores pertencem todos à classe dos Espíritos superiores? Podem se encontrar entre os médios? Um pai, por exemplo, pode vir a ser o Espírito protetor de seu filho?

– Ele o pode, mas a proteção supõe um certo grau de elevação, um poder ou uma virtude a mais concedida por Deus. O pai que protege seu filho, pode ser, ele mesmo, assistido por um Espírito mais elevado.

508 – Os Espíritos que deixaram a Terra em boas condições, podem sempre proteger os que amam e que lhes sobrevivem?

– Seu poder é mais ou menos restrito; a posição em que se encontram não lhes deixa sempre toda a liberdade de agir.

509 – Os homens no estado selvagem ou de inferioridade moral, têm, igualmente, seus Espíritos protetores? Nesse caso, esses Espíritos são de uma ordem tão elevada quanto aqueles dos homens mais avançados?

– Cada homem tem um Espírito que vela por ele, mas as missões são relativas ao seu objetivo. Não dais a uma criança que aprende a ler um professor de filosofia. O progresso do Espírito familiar segue o do Espírito protegido. Tendo, vós mesmos, um Espírito superior que vela por vós, podeis, a vosso turno, virdes a ser o protetor de um Espírito que vos é inferior, e os progressos que o ajudardes a fazer contribuirão para o vosso adiantamento. Deus não pede ao Espírito, além do que comportem sua natureza e o grau que alcançou.

510 – Quando o pai que vela pelo filho vem a reencarnar, vela ainda por ele?

– Isso é mais difícil, mas ele convida, num momento de desprendimento, um Espírito simpático para o assistir nessa missão. Aliás, os Espíritos não aceitam senão missões que podem cumprir até o fim.

O Espírito encarnado, sobretudo nos mundos onde a existência é material, está mais submetido ao seu corpo para poder ser inteiramente devotado, quer dizer, assistir pessoalmente. Por isso, aqueles que não são bastante elevados, são, eles mesmos, assistidos por Espíritos que lhe são superiores, de tal sorte que se um falta por uma causa qualquer, é substituído por um outro.

511 – Além do Espírito protetor, um mau Espírito é ligado a cada indivíduo, tendo em vista compeli-lo ao mal e fornecer-lhe uma ocasião de lutar entre o bem e o mal?

– Ligado não é o termo. É bem verdade que os maus Espíritos procuram desviar do bom caminho quando encontram oportunidade; mas quando um deles se liga a um indivíduo, o faz por si mesmo, posto que espera ser escutado. Então, há a luta entre o bom e o mau, e vence aquele que o homem deixa imperar sobre si.

512 – Podemos ter vários Espíritos protetores?

– Cada homem tem sempre Espíritos simpáticos, mais ou menos elevados, que se afeiçoam e se interessam por ele, como tem os que o assistem no mal.

513 – Os Espíritos simpáticos agem em virtude de uma missão?

– Algumas vezes, eles podem ter uma missão temporária, mas, o mais frequentemente, não são solicitados senão pela semelhança de pensamentos e de sentimentos no bem, como no mal.

– Parece resultar disso que os Espíritos simpáticos podem ser bons ou maus?

– Sim, o homem encontra sempre Espíritos que simpatizam com ele, qualquer que seja seu caráter.

514 – Os Espíritos familiares são os mesmos Espíritos simpáticos ou Espíritos protetores?

– Existem diferenças na proteção e na simpatia; dai-lhes o nome que quiserdes. O Espírito familiar é antes o amigo da casa.

Das explicações acima e das observações feitas sobre a natureza dos Espíritos que se ligam ao homem, pode-se deduzir o que se segue:

O Espírito protetor, anjo guardião ou bom gênio, é aquele que tem por missão seguir o homem na vida e ajudá-lo a progredir. Ele é sempre de uma natureza superior relativamente à do protegido.

Os Espíritos familiares se ligam a certas pessoas por laços mais ou menos duráveis, tendo em vista ser-lhes úteis, no limite de seu poder, frequentemente bastante limitado. Eles são bons, mas, algumas vezes, pouco avançados e mesmo um pouco levianos. Eles se ocupam, de bom grado, dos detalhes da vida íntima e não agem senão por ordem ou com permissão dos Espíritos protetores.

Os Espíritos simpáticos são os que se sentem atraídos para nós por afeições particulares e uma certa semelhança de gostos e de sentimentos, no bem como no mal. A duração de suas relações é quase sempre subordinada às circunstâncias.

O mau gênio é um Espírito imperfeito ou perverso que se liga ao homem para desviá-lo do bem, e age por sua própria iniciativa, e não em virtude de uma missão. Sua tenacidade está em razão do acesso mais ou menos fácil que encontra. O homem está sempre livre para escutar sua voz ou repeli-la.

515 – Que se deve pensar dessas pessoas que parecem ligar-se a certos indivíduos para os compelir fatalmente à perdição ou para guiá-los no bom caminho?

– Certas pessoas exercem, com efeito, sobre outras, uma espécie de fascinação, que parece irresistível. Quando isso tem lugar para o mal, são maus Espíritos que se servem de outros maus Espíritos para melhor subjugar. Deus o permite para vos experimentar.

516 – Nosso bom e nosso mau gênio poderiam se encarnar para nos acompanhar na vida de um modo mais direto?

– Isso ocorre algumas vezes. Frequentemente também, eles encarregam, dessa missão, outros Espíritos encarnados, que lhes são simpáticos.

517 – Há Espíritos que se ligam a toda uma família para protegê-la?

– Certos Espíritos se ligam aos membros de uma mesma família, que vivem em conjunto e que estão unidos pela afeição, mas não creiais em Espíritos protetores do orgulho de raça. (*)

518 – Sendo os Espíritos atraídos para os indivíduos pela sua simpatia, o são igualmente para as reuniões de indivíduos em razão de causas particulares?

– Os Espíritos vão, de preferência aonde estão seus semelhantes; aí estão mais à vontade e mais seguros de serem ouvidos. O homem atrai, para si, os Espíritos em razão de suas tendências, quer esteja só ou formando uma coletividade, como uma sociedade, uma cidade ou um povo. Há então, sociedades, cidades e povos que são assistidos por Espíritos mais ou menos elevados segundo o caráter e as paixões que neles dominam. Os Espíritos imperfeitos se afastam daqueles que os repelem. Resulta disso que o aperfeiçoamento moral das coletividades, *como o dos indivíduos, tende a afastar os maus Espíritos e a atrair os bons, que excitam e entretêm o sentimento do bem nas massas, como outros podem lhes insuflar as más paixões.*

519 – As aglomerações de indivíduos, como as sociedades, as cidades, as nações, têm seus Espíritos protetores especiais?

– Sim, porque essas reuniões são de individualidades coletivas que marcham com um objetivo comum e que têm necessidade de uma direção superior.

520 – Os Espíritos protetores das massas são de uma natureza mais elevada que a daqueles que se ligam aos indivíduos?

– Tudo é relativo ao grau de adiantamento das massas, como dos indivíduos.

521 – Certos Espíritos podem ajudar o progresso das artes, protegendo os que dela se ocupam?

– Há Espíritos protetores especiais e que assistem aqueles que os invocam, quando eles os julgam dignos. Mas que quereis vós que façam com aqueles que creem ser o que não são? Eles não fazem os cegos verem, nem os surdos ouvirem.

Os Antigos fizeram divindades especiais; as Musas não eram outras que a personificação alegórica dos Espíritos protetores das ciências e das artes, como desig-

(*) Vide Nota Explicativa da Editora no final do livro.

naram sob o nome de lares e de penates os Espíritos protetores da família. Entre os modernos, as artes, as diferentes indústrias, as cidades, os continentes têm também seus patronos protetores, que não são outros que os Espíritos superiores, mas sob outros nomes.

Cada homem tendo seus Espíritos simpáticos, disso resulta que, nas **coletividades,** a generalidade dos Espíritos simpáticos está em relação com a generalidade dos indivíduos; que os Espíritos estranhos para aí são atraídos pela identidade dos gostos e dos pensamentos, em uma palavra, que esses agregados, assim como os indivíduos, são mais ou menos bem rodeados, assistidos, influenciados segundo a natureza dos pensamentos da multidão. Entre os povos, as causas de atração dos Espíritos são os costumes, os hábitos, o caráter dominante, as leis, sobretudo, porque o caráter de uma nação se reflete em suas leis. Os homens, que fazem reinar a justiça entre si, combatem a influência dos maus Espíritos. Em toda parte onde as leis consagram as coisas injustas, contrárias à Humanidade, os bons Espíritos estão em minoria, e a massa dos maus, que afluem, entretêm a nação em suas ideias e paralisa as boas influências parciais perdidas na multidão, como uma espiga isolada no meio as sarças. Estudando os costumes dos povos ou de toda reunião de homens, é fácil de se fazer uma ideia da população oculta que se imiscui nos seus pensamentos e nas suas ações.

Pressentimentos.

522 – O pressentimento é sempre uma advertência do Espírito protetor?

– O pressentimento é o conselho íntimo e oculto de um Espírito que vos quer bem. Está também na intuição da escolha que se fez e é a voz do instinto. O Espírito, antes de encarnar, tem conhecimento das principais fases de sua existência, quer dizer, do gênero de provas nas quais se obriga. Quando estas têm um caráter marcante, ele conserva, no seu foro íntimo, uma espécie de impressão, que é a voz do instinto, despertando quando o momento se aproxima, como pressentimento.

523 – Os pressentimentos e a voz do instinto têm sempre alguma coisa de vago, que devam nos deixar na incerteza?

– Quando estás no vago, invoca teu bom Espírito ou ora ao senhor de todas as coisas, Deus, que ele te enviará um dos seus mensageiros, um de nós.

524 – As advertências de nossos Espíritos protetores têm por objeto único a conduta moral ou também a conduta que devemos ter nas coisas da vida particular?

– Tudo; eles procuram fazer-vos viver o melhor possível. Mas, frequentemente, fechais os ouvidos às boas advertências e sois infelizes por vossa causa.

Os Espíritos protetores nos ajudam com seus conselhos pela voz da consciência, que fazem falar em nós. Mas, como a isso não ligamos sempre a importância necessária, dão-nos de maneira mais direta, servindo-se das pessoas que nos rodeiam. Que cada um examine as diversas circunstâncias, felizes e infelizes, de sua vida e verá que, em muitas ocasiões, recebeu conselhos que nem sempre aproveitou e que lhe teriam poupado desgostos se os houvesse escutado.

Influência dos Espíritos sobre os acontecimentos da vida.

525 – Os Espíritos exercem uma influência sobre os acontecimentos da vida?

– Seguramente, visto que te aconselham.

– Eles exercem essa influência de outro modo que pelos pensamentos que sugerem, quer dizer, eles têm uma ação direta sobre o cumprimento das coisas?

– Sim, mas eles nunca agem fora das leis da Natureza.

Imaginamos injustamente que a ação dos Espíritos não deve se manifestar senão por fenômenos extraordinários. Quiséramos que nos viessem ajudar por meio de milagres e nós os representamos sempre armados de uma varinha mágica. Não é assim; eis porque sua intervenção nos parece oculta e o que se faz com seu concurso nos parece muito natural. Assim, por exemplo, eles provocarão a reunião de duas pessoas que parecerão se reencontrar por acaso; eles inspirarão a alguém o pensamento de passar por tal lugar; eles chamarão sua atenção sobre tal ponto se isso deve causar o resultado que querem obter; de tal sorte que o homem, não crendo seguir senão seu próprio impulso, conserva sempre seu livre-arbítrio.

526 – Tendo os Espíritos uma ação sobre a matéria, podem provocar certos efeitos para que se cumpra um acontecimento? Por exemplo, um homem deve perecer: ele sobe em uma escada, a escada se quebra e o homem se mata; são os Espíritos que fazem a escada quebrar para cumprir o destino desse homem?

– É bem verdade que os Espíritos têm uma ação sobre a matéria, mas para o cumprimento das leis da Natureza e não para as derrogar, fazendo surgir no momento oportuno um acontecimento inesperado e contrário a essas leis. No exemplo

que citas, a escada se rompe porque ela estava carcomida ou não bastante forte para suportar o peso do homem. Se estava no destino desse homem perecer dessa maneira, eles lhe inspirarão o pensamento de subir por essa escada, que deverá se romper sob seu peso, e sua morte terá lugar por um efeito natural, sem que seja necessário fazer um milagre para isso.

527 – Tomemos um outro exemplo em que o estado normal da matéria não seja relevante; um homem deve perecer pelo raio; ele se refugia sob uma árvore, o raio brilha e ele é morto. Os Espíritos podem provocar o raio e dirigi-lo sobre ele?

– É ainda a mesma coisa. O raio explodiu sobre essa árvore, nesse momento, porque estava nas leis da Natureza que fosse assim. Não foi dirigido propositadamente sobre essa árvore porque o homem estava debaixo, mas foi inspirado ao homem o pensamento de refugiar-se sob uma árvore, sobre a qual o raio devia desabar. A árvore não seria menos atingida por estar ou não estar o homem debaixo dela.

528 – Um homem mal intencionado lança sobre alguém um projétil que o roça e não atinge. Um Espírito benevolente pode tê-lo desviado?

– Se o indivíduo não deve ser atingido, o Espírito benevolente lhe inspirará o pensamento de desviar-se ou poderá ofuscar seu inimigo de maneira a fazê-lo apontar mal, porque o projétil, uma vez lançado, segue a linha que deve percorrer.

529 – Que se deve pensar das balas encantadas, de que tratam certas lendas, e que atingem fatalmente um alvo?

– Pura imaginação. O homem ama o maravilhoso e não se contenta com as maravilhas da Natureza.

– Os Espíritos que dirigem os acontecimentos da vida, podem ser contrariados pelos Espíritos que queiram o contrário?

– O que Deus quer, deve ser; se há atraso ou obstáculo, é por sua vontade.

530 – Os Espíritos levianos e zombeteiros não podem suscitar esses pequenos embaraços que vêm obstar nossos projetos e confundir nossas previsões? Em uma palavra, são eles os autores disso que são vulgarmente chamadas as pequenas misérias da vida humana?

– Eles se comprazem com esses aborrecimentos, que são para vós provas para exercitar vossa paciência; mas se cansam, quando veem que nada conseguem. Entretanto, não seria nem justo nem exato acusá-los de todas as vossas decepções,

das quais vós mesmos sois os primeiros artífices pela vossa irreflexão. Crê que se tua baixela se quebra é antes pelo fato de tua imperícia, que pelos Espíritos.

– Os Espíritos que suscitam aborrecimentos agem em consequência de uma animosidade pessoal ou atacam o primeiro que chega, sem motivo determinado, unicamente por malícia?

– Por um e outro motivo. Algumas vezes, são inimigos que se fez durante esta vida, ou em outra, e que vos perseguem. De outras vezes, não há motivos.

531 – A malevolência dos seres que nos fizeram mal sobre a Terra se extingue com sua vida corporal?

– Frequentemente, eles reconhecem sua injustiça e o mal que fizeram. Mas, frequentemente também, eles vos perseguem com sua animosidade, se Deus o permite, para continuar a vos experimentar.

– Pode-se a isso pôr um termo, e por que meio?

– Sim, pode-se orar por eles, e, restituindo-lhes o bem para o mal, acabam por compreender seus danos. De resto, quando se sabe colocar-se acima de suas maquinações, eles cessam, vendo que nada ganham com isso.

A experiência prova que certos Espíritos perseguem sua vingança de uma existência a outra e que, cedo ou tarde, expiam os danos que tenham feito a alguém.

532 – Os Espíritos têm o poder de afastar os males de sobre certas pessoas e de atrair sobre elas a prosperidade?

– Não inteiramente, porque há males que estão nos decretos da Providência; mas eles minoram vossa dor, dando-vos paciência e resignação.

Sabei também que depende frequentemente de vós afastar esses males ou pelo menos atenuá-los. Deus vos deu a inteligência para vos servir, e é por ela, sobretudo, que os Espíritos vêm vos ajudar, sugerindo-vos pensamentos propícios. Mas eles não assistem senão os que sabem assistir a si mesmos, é o sentido destas palavras: Procurai e achareis, batei e abrir-se-vos-á.

Sabei ainda que aquilo que vos parece um mal não é sempre um mal; frequentemente, um bem deve surgir, que será maior que o mal, e é isso que não compreendeis, por que não pensais senão no momento presente ou em vossa pessoa.

533 – Os Espíritos podem fazer obter os dons da fortuna, desde que solicitados para esse efeito?

– Algumas vezes, como prova, mas, frequentemente, eles recusam, como se recusa a uma criança, que faz um pedido inconsiderado.

– São os bons ou os maus Espíritos que concedem esses favores?

– Uns e outros; isso depende da intenção. Mais frequentemente, são os Espíritos que querem vos arrastar ao mal e que encontram um meio fácil nos prazeres que a fortuna proporciona.

534 – Quando os obstáculos parecem vir fatalmente opor-se aos nossos projetos, seria por influência de algum Espírito?

– Algumas vezes, os Espíritos; de outras vezes, e o mais frequentemente, é que nisso escolheis mal. A posição e o caráter influem muito. Se vos obstinais em um caminho que não é o vosso, não é pelos Espíritos, mas por vós, que sois o vosso próprio gênio mau.

535 – Quando nos acontece alguma coisa feliz, é ao nosso Espírito protetor que devemos agradecer?

– Agradecei, sobretudo, a Deus, sem cuja permissão nada se faz, pois os bons Espíritos foram seus agentes.

– Que aconteceria se se negligenciasse em agradecer?

– O que acontece aos ingratos.

– Entretanto, há pessoas que não oram, nem agradecem e às quais tudo sai bem?

– Sim, mas é preciso ver o fim, pois pagarão bem caro essa felicidade passageira que não merecem, porque quanto mais tenham recebido, mais terão de restituir.

Ação dos Espíritos sobre os fenômenos da Natureza.

536 – Os grandes fenômenos da Natureza, os que se considera como uma perturbação dos elementos, são devidos a causas fortuitas ou têm um fim providencial?

– Tudo tem uma razão de ser e nada acontece sem a permissão de Deus.

– Esses fenômenos têm sempre o homem por objeto?

– Algumas vezes eles têm uma razão de ser direta para o homem, mas, frequentemente, também não têm outro objeto que o restabelecimento do equilíbrio e da harmonia das forças físicas da Natureza.

– Concebemos perfeitamente que a vontade de Deus seja a causa primeira, nisso como em todas as coisas, mas como sabemos que os Espíritos

têm uma ação sobre a matéria e que são agentes da vontade de Deus, perguntamos se alguns dentre eles não exerceriam uma influência sobre os elementos, para os agitar, acalmar ou dirigir.

– Mas é evidente e não pode ser de outra forma. Deus não se consagra a uma ação direta sobre a matéria; tem seus agentes devotados em todos os graus da escala dos mundos.

537 – A mitologia dos Antigos é inteiramente fundada sobre as ideias espíritas, com a diferença de que olhavam os Espíritos como divindades. Ora, eles nos representam esses deuses, ou esses Espíritos com atribuições especiais. Assim, alguns estavam encarregados dos ventos, outros do raio, outros de presidir a vegetação, etc. Esta crença é destituída de fundamento?

– Ela é tão pouco destituída de fundamento, que está ainda bem abaixo da verdade.

– Pela mesma razão, poderia então haver Espíritos habitando o interior da Terra e presidindo seus fenômenos geológicos?

– Esses Espíritos não habitam positivamente a Terra, mas presidem e dirigem segundo suas atribuições. Um dia, tereis a explicação de todos esses fenômenos e os compreendereis melhor.

538 – Os Espíritos que presidem aos fenômenos da Natureza formam uma categoria especial no mundo espírita? São seres à parte ou Espíritos que estiveram encarnados como nós?

– Que o serão ou que foram.

– Esses Espíritos pertencem a ordens superiores ou inferiores da hierarquia espírita?

– Isso depende de seu papel mais ou menos material ou inteligente. Alguns comandam, outros executam. Os que executam as coisas materiais são sempre de uma ordem inferior, entre os Espíritos como entre os homens.

539 – Na produção de certos fenômenos, as tempestades, por exemplo, é um Espírito que age ou se reúnem em massa?

– Em massas inumeráveis.

540 – Os Espíritos que exercem uma ação sobre os fenômenos da Natureza agem com conhecimento de causa, em virtude do seu livre-arbítrio ou por um impulso instintivo ou irrefletido?

– Alguns sim, outros não. Eu faço uma comparação: imagina essas miría-

des de animais que, pouco a pouco, fazem surgir, do mar, as ilhas e os arquipélagos; crês que nisso não há um fim providencial e que uma certa transformação da superfície do globo não seja necessária à harmonia geral? Esses não são mais que animais da última ordem que cumprem essas coisas para proverem suas necessidades e sem desconfiarem que são os instrumentos de Deus. Muito bem! Da mesma forma os Espíritos, os mais atrasados, são úteis ao conjunto. Enquanto ensaiam para a vida e antes de terem a plena consciência dos seus atos e seu livre-arbítrio, agem sobre certos fenômenos dos quais são agentes inconscientes; eles executam primeiro; mais tarde, quando sua inteligência estiver mais desenvolvida, comandarão e dirigirão as coisas do mundo material. Mais tarde ainda, poderão dirigir as coisas do mundo moral. É assim que tudo serve, tudo se coordena na Natureza, desde o átomo primitivo até o arcanjo que, ele mesmo, começou pelo átomo. Admirável lei de harmonia da qual vosso espírito limitado não pode ainda entender o conjunto.

Os Espíritos durante os combates.

541 – Em uma batalha há Espíritos que assistem e sustentam cada partido?

– Sim, e que estimulam sua coragem.

Os Antigos, outrora, representavam os deuses tomando partido por tal ou tal povo. Esses deuses não eram outros senão Espíritos representados sob figuras alegóricas.

542 – Em uma guerra, a justiça está sempre de um lado; como os Espíritos tomam partido pela injustiça?

– Sabeis bem que há Espíritos que não procuram senão a discórdia e a destruição. Para eles, a guerra é a guerra: a justiça da causa pouco os impressiona.

543 – Certos Espíritos podem influenciar o general na concepção de seus planos de campanha?

– Sem nenhuma dúvida, os Espíritos podem influenciar por esse motivo, como por todas as concepções.

544 – Os maus Espíritos poderiam suscitar-lhe maus planos, tendo em vista sua perdição?

– Sim, mas não tem ele seu livre-arbítrio? Se seu julgamento não lhe permite distinguir uma ideia justa de uma ideia falsa, suporta as consequências, e faria melhor obedecer do que comandar.

545 – O general pode, algumas vezes, ser guiado por uma espécie de

segunda vista, uma vista intuitiva, que lhe mostre antecipadamente o resultado de seus planos?

– Frequentemente, é assim no homem de gênio, é o que se chama inspiração, e faz com que ele aja com uma espécie de certeza. Essa inspiração lhe vem dos Espíritos que o dirigem e sabem aproveitar as faculdades de que é dotado.

546 – No tumulto do combate, o que ocorre com os Espíritos que sucumbem? Ainda se interessam pela luta, depois da morte?

– Alguns se interessam, outros se afastam.

Nos combates, acontece aquilo que ocorre em todos os casos de morte violenta: no primeiro momento, o Espírito está surpreso e como perturbado, e não crê estar morto, parecendo-lhe ainda tomar parte na ação. Não é senão, pouco a pouco, que a realidade lhe aparece.

547 – Os Espíritos que se combatiam, estando vivos, uma vez mortos, reconhecem-se por inimigos e são ainda obstinados uns contra os outros?

– O Espírito, nesses momentos, não está jamais de sangue-frio. No primeiro momento, ele pode ainda querer seu inimigo e mesmo persegui-lo, mas, quando as ideias lhe retornam, vê que sua animosidade não tem mais objetivo. Entretanto, pode ainda conservar-lhe as impressões mais ou menos fortes, segundo seu caráter.

– Percebe ainda o ruído das armas?

– Sim, perfeitamente.

548 – O Espírito que assiste de sangue-frio a um combate, como espectador, testemunha a separação da alma e do corpo, e como esse fenômeno se apresenta a ele?

– Há poucas mortes instantâneas. Na maioria das vezes, o Espírito cujo corpo vem a ser mortalmente ferido, não tem consciência sobre o momento. Quando ele começa a se reconhecer, é, então, que se pode distinguir o Espírito que se move ao lado do cadáver. Isso parece tão natural que a visão do corpo morto não produz nenhum efeito desagradável. Toda a vida estando transportada no Espírito, só ele atrai atenção e é com ele que se conversa ou a ele que se dirige.

Dos pactos.

549 – Há alguma coisa de verdadeira nos pactos com os maus Espíritos?

– Não, não há pactos, mas uma natureza má simpatizando com maus Espíritos. Por exemplo: queres atormentar teu vizinho, e não sabes como fazê-lo; então, chamas para ti os Espíritos inferiores que, como tu, não querem senão o mal e, para te ajudarem, querem que tu lhes sirvas nos seus maus propósitos. Mas não se segue daí que teu vizinho não possa se livrar deles por uma conjuração contrária e pela sua vontade. Aquele que quer cometer uma ação má, chama, só por isso, maus Espíritos para ajudá-lo. Está, então, obrigado a servi-los, como o fazem para si, porque eles também têm necessidade dele para o mal que queiram fazer. É somente nisso que consiste o pacto.

A dependência em que o homem se encontra, algumas vezes, em relação aos Espíritos inferiores, provém de seu abandono aos maus pensamentos que eles lhe sugerem e não de quaisquer estipulações recíprocas. O pacto, no sentido vulgar que se dá a essa palavra, é uma alegoria que figura uma natureza má simpatizando com Espíritos malfazejos.

550 – Qual é o sentido das lendas fantásticas segundo as quais indivíduos teriam vendido sua alma a Satanás para obter certos favores?

– Todas as fábulas guardam um ensinamento e um sentido moral; vosso erro é tomá-las ao pé da letra. Essa é uma alegoria que se pode explicar assim: aquele que chama, em sua ajuda, os Espíritos para obter os dons da fortuna ou qualquer outro favor, murmura contra a Providência. Ele renuncia à missão que recebeu e às provas que deve suportar neste mundo, e disso sofrerá as consequências na vida futura. Isso não quer dizer que sua alma esteja para sempre consagrada à infelicidade. Porém, em lugar de libertar-se da matéria, ele nela se enchafurda mais e mais, aquilo que gozou sobre a Terra não desfrutará no mundo dos Espíritos, até que o tenha resgatado em novas provas, talvez maiores e mais penosas. Por seu amor aos prazeres materiais, ele se coloca na dependência dos Espíritos impuros. Há, entre estes e ele, um pacto tácito que o conduz à perdição, mas que lhe é sempre fácil de romper com a assistência dos bons Espíritos, se para isso tem vontade firme.

Poder oculto. Talismãs. Feiticeiros.

551 – Pode um homem mau, com a ajuda de um mau Espírito que lhe é devotado, fazer mal ao seu próximo?

– Não, Deus não o permitiria.

552 – Que pensar da crença no poder que teriam certas pessoas de lançar a sorte?

– Certas pessoas têm um poder magnético muito grande, do qual podem fazer um mau uso se seu próprio Espírito é mau e, nesse caso, elas podem ser secundadas por outros maus Espíritos. Mas não acrediteis nesse pretenso poder mágico que não existe senão na imaginação de pessoas supersticiosas, ignorantes das verdadeiras leis da Natureza. Os fatos que mencionam são fatos naturais mal observados e, sobretudo, mal compreendidos.

553 – Qual pode ser o efeito das fórmulas e práticas com ajuda das quais certas pessoas pretendem dispor da vontade dos Espíritos?

– O efeito de torná-las ridículas se são de boa-fé; caso contrário, são patifes que merecem um castigo. Todas as fórmulas são enganosas; não há nenhuma palavra sacramental, nenhum sinal cabalístico, nenhum talismã que tenha uma ação qualquer sobre os Espíritos, porque estes são atraídos pelo pensamento e não pelas coisas materiais.

– Certos Espíritos não têm, eles mesmos, algumas vezes, ditado fórmulas cabalísticas?

– Sim, tendes Espíritos que vos indicam sinais, palavras bizarras ou que vos prescrevem certos atos com a ajuda dos quais fazeis o que chamais de conjuração. Mas estejais bem seguros que são Espíritos que zombam de vós e abusam da vossa credulidade.

554 – Aquele que, errado ou certo, tem confiança no que chama virtude de um talismã, não pode por essa confiança mesma atrair um Espírito, porque, então, é o pensamento que age? O talismã não é senão um sinal que ajuda a dirigir o pensamento?

– É verdade, mas a natureza do Espírito atraído depende da pureza da intenção e da elevação dos sentimentos. Ora, é raro que aquele que é tão simples para crer na virtude de um talismã não tenha objetivo mais material que moral. Em todos os casos, isso anuncia uma baixeza e uma fraqueza de ideias, que o expõe aos Espíritos imperfeitos e zombeteiros.

555 – Que sentido se deve dar à qualificação de feiticeiro?

– Aqueles a quem chamais feiticeiros são pessoas que, quando de boa-fé, são dotadas de certas faculdades, como a força magnética ou a segunda vista. Então, como fazem coisas que não compreendeis, acreditai que são dotadas de uma força sobrenatural. Vosso sábios, frequentemente, não passam por feiticeiros aos olhos das pessoas ignorantes?

O Espiritismo e o Magnetismo nos dão a chave de uma multidão de fenômenos sobre os quais a ignorância bordou uma infinidade de fábulas, onde os fatos são exagerados pela imaginação. O conhecimento claro dessas duas ciências, que por assim dizer são apenas uma, mostrando a realidade das coisas e sua verdadeira causa, é o melhor preservativo contra as ideias supersticiosas, porque mostra o que é possível e o que é impossível, o que está nas leis naturais e o que é uma crença ridícula.

556 – Certas pessoas, verdadeiramente, têm o dom de curar pelo simples toque?

– *A força magnética pode ir até aí, quando secundada pela pureza de sentimentos e um ardente desejo de fazer o bem, porque, então, os bons Espíritos ajudam. Mas é preciso desconfiar da maneira pela qual são contadas por pessoas muito crédulas ou muito entusiasmadas, sempre dispostas a ver o maravilhoso nas coisas mais simples e mais naturais. É preciso desconfiar-se também das narrações interesseiras da parte de pessoas que exploram a credulidade em seu proveito.*

Bênçãos e maldições.

557 – A bênção e a maldição podem atrair o bem e o mal sobre aqueles que são o seu objeto?

– *Deus não escuta uma maldição injusta, e aquele que a pronuncia é culpado aos seus olhos. Como temos os dois gênios opostos, o bem e o mal, ela pode ter uma influência momentânea, mesmo sobre a matéria, mas essa influência não ocorre senão pela vontade de Deus e como acréscimo de prova para aquele que é dela objeto. De resto, o mais frequentemente, maldizem-se os maus e se bendizem os bons. A bênção e a maldição não podem jamais desviar a Providência do caminho da justiça; ela não atinge o maldito senão se é mau, e sua proteção não cobre senão aquele que a merece.*

X

Capítulo 10

Ocupações e missões dos Espíritos

558 – Os Espíritos têm outra coisa a fazer que se melhorar pessoalmente?

– Eles concorrem para a harmonia do Universo, executando a vontade de Deus, do qual são os ministros. A vida espírita é uma ocupação contínua, mas que nada tem de penosa, como sobre a Terra, porque não há fadiga corporal, nem as angústias da necessidade.

559 – Os Espíritos inferiores e imperfeitos cumprem também um papel útil no Universo?

– Todos têm deveres a cumprir. O último dos pedreiros não concorre para construir o edifício tão bem como o arquiteto? (540).

560 – Os Espíritos têm, cada um, atribuições especiais?

– Isso quer dizer que todos nós devemos habitar em toda parte e adquirir o conhecimento de todas as coisas, presidindo sucessivamente a todos os componentes do Universo. Mas, como está dito no Eclesiastes, há um tempo para tudo; assim, tal cumpre, hoje, seu destino neste mundo, tal outro cumprirá ou cumpriu, em outra época, sobre a Terra, na água, no ar, etc.

561 – As funções que os Espíritos cumprem na ordem das coisas são permanentes para cada um e estão nas atribuições exclusivas de certas classes?

– Todos devem percorrer os diferentes graus da escala para se aperfeiçoar. Deus, que é justo, não poderia querer dar a uns a ciência sem trabalho, enquanto que outros não a adquirem senão com sacrifício.

Da mesma forma entre os homens, ninguém alcança um supremo grau de habilidade em uma arte qualquer, sem haver adquirido os conhecimentos necessários na prática das partes mais íntimas dessa arte.

562 – Os Espíritos de ordem mais elevada, não tendo nada mais a adquirir, estão num repouso absoluto ou têm também ocupações?

– Que quereríeis que eles fizessem durante a eternidade? A ociosidade eterna seria um suplício eterno.

– Qual a natureza de suas ocupações?

– Receber diretamente as ordens de Deus, transmiti-las em todo o Universo e velar pela sua execução.

563 – As ocupações dos Espíritos são incessantes?

– Incessantes, sim, se se entende que seu pensamento está sempre ativo, porque eles vivem pelo pensamento. Mas é preciso não comparar as ocupações dos Espíritos às ocupações materiais dos homens. Essa atividade mesma é um prazer, pela consciência que têm de serem úteis.

– Isso se concebe para os bons Espíritos; mas ocorre o mesmo com os Espíritos inferiores?

– Os Espíritos inferiores têm ocupações apropriadas à sua natureza. Confiais ao aprendiz e ao ignorante os trabalhos do homem de inteligência?

564 – Entre os Espíritos, há os que são ociosos ou que não se ocupem com alguma coisa útil?

– Sim, mas esse estado é temporário e subordinado ao desenvolvimento de sua inteligência. Certamente há, como entre os homens, os que não vivem senão para si mesmos; mas essa ociosidade lhes pesa e, cedo ou tarde, o desejo de avançar lhes fazem experimentar a necessidade da atividade e eles são felizes em poder se tornar úteis. Falamos dos Espíritos que alcançaram o ponto de ter consciência de si mesmos e seu livre-arbítrio, pois, em sua origem, são como crianças que acabam de nascer e que agem mais por instinto que por uma vontade determinada.

565 – Os Espíritos examinam nossos trabalhos de arte e se interessam por eles?

– Eles examinam o que possa provar a elevação dos Espíritos e seu progresso.

566 – Um Espírito que teve uma especialidade sobre a Terra, um pintor, um arquiteto, por exemplo, interessa-se de preferência pelos trabalhos que foram objeto de sua predileção durante a vida?

– Tudo se confunde num fim geral. Se ele é bom, interessa-se tanto quanto lhe seja permitido se ocupar para ajudar as almas a se elevarem até Deus. Esqueceis, aliás, que um Espírito que praticou uma arte na existência que o conhecestes, pode vir a praticar uma outra em uma outra existência, porque é preciso

que ele saiba tudo para ser perfeito. Assim, segundo seu grau de evolução, pode não haver mais especialidade para ele; é o que entendo, dizendo que tudo se confunde num fim geral. Notai ainda isto: o que é sublime para vós, em vosso mundo atrasado, não é senão criancice perto dos mundos mais avançados. Como quereis vós, que os Espíritos que habitam esses mundos, onde existem artes desconhecidas para vós, admirem isso, que, para eles, não é mais que uma obra de escolar? Eu o disse: eles examinam aquilo que pode provar o progresso.

– Concebemos que deve ser assim para os Espíritos mais avançados; mas falamos dos Espíritos mais vulgares e que não se elevaram ainda acima das ideias terrestres.

– Para estes é diferente; seu ponto de vista é mais limitado e eles podem admirar aquilo que vós mesmos admirais.

567 – Os Espíritos se misturam, algumas vezes, em nossas ocupações e em nossos prazeres?

– Os Espíritos vulgares, como dizes, sim. Estes estão sem cessar ao redor de vós e tomam, no que fazeis, uma parte, algumas vezes, muito ativa, segundo sua natureza. Isso é necessário para impelir os homens nos diferentes caminhos da vida, excitar ou moderar suas paixões.

Os Espíritos se ocupam das coisas deste mundo em razão da sua elevação ou da sua inferioridade. Os Espíritos superiores têm, sem dúvida, a faculdade de considerá-las em seus menores detalhes, mas eles não o fazem senão naquilo que é útil ao progresso. Só os Espíritos inferiores ligam uma importância relativa às lembranças que estão ainda presentes em sua memória e às ideias materiais que não estão ainda apagadas.

568 – Os Espíritos que têm missões a cumprir, cumprem-nas no estado errante ou no estado de encarnação?

– Eles podem tê-las em um e outro estado; para certos Espíritos errantes, é uma grande ocupação.

569 – Em que consistem as missões de que podem estar encarregados os Espíritos errantes?

– Elas são tão variadas que seria impossível descrevê-las, além de que não podeis compreender. Os Espíritos executam a vontade de Deus e não podeis penetrar todos os seus desígnios.

As missões dos Espíritos têm sempre o bem por objeto. Seja como Espíritos, seja como homens, eles estão encarregados de ajudar o progresso da Humanidade, dos povos ou dos indivíduos, em círculo de ideias mais ou menos amplas, mais ou menos especiais, de preparar os caminhos para certos acontecimentos, de velar pelo cumprimento de certas coisas. Alguns têm missões mais restritas e de alguma sorte pessoais ou locais, como assistir os enfermos, os agonizantes, os aflitos, velar por aqueles de quem se fizeram guias protetores, de dirigi-los pelos seus conselhos ou pelos bons pensamentos que lhes sugerem. Pode-se dizer que há tantos gêneros de missões quantas as espécies de interesses a vigiar, seja no mundo físico, seja no mundo moral. O Espírito avança segundo a maneira pela qual ele cumpre sua tarefa.

570 – Os Espíritos penetram sempre os desígnios que estão encarregados de executar?

– *Não; há os que são instrumentos cegos, mas outros sabem muito bem com que objetivo agem.*

571 – Não há senão os Espíritos elevados que cumprem missões?

– *A importância da missão está em relação com a capacidade e a elevação do Espírito. O estafeta que leva um despacho, cumpre também uma missão, mas que não é aquela do general.*

572 – A missão de um Espírito lhe é imposta ou depende de sua vontade?

– *Ele a pede e fica feliz de obtê-la.*

– A mesma missão pode ser pedida por vários Espíritos?

– *Sim, frequentemente, há vários candidatos, mas nem todos são aceitos.*

573 – Em que consiste a missão dos Espíritos encarnados?

– *Instruir os homens, ajudar seu progresso, melhorar suas instituições por meios diretos e materiais. Mas as missões são mais ou menos gerais e importantes: aquele que cultiva a terra cumpre uma missão, como aquele que governa ou aquele que instrui. Tudo se encadeia na Natureza; ao mesmo tempo em que o Espírito se depura pela encarnação, ele concorre, sob essa forma, para o cumprimento dos caminhos da Providência. Cada um tem sua missão neste mundo, posto que cada um pode ser útil para alguma coisa.*

574 – Qual pode ser a missão das pessoas voluntariamente inúteis sobre a Terra?

– *Há efetivamente pessoas que não vivem senão para si mesmas e não sabem se tornar úteis para nada. São pobres seres que é preciso lamentar, porque expiarão cruelmente sua inutilidade voluntária e seu castigo começa, frequentemente, desde este mundo, pelo tédio e pelo desgosto da vida.*

– Visto que tiveram escolha, por que preferiram uma vida que não poderia lhes aproveitar em nada?

– Entre os Espíritos há também preguiçosos que recuam diante de uma vida de trabalho. Deus o permite, pois compreenderão, mais tarde, e às suas custas, os inconvenientes de sua inutilidade e serão os primeiros a pedir para reparar o tempo perdido. Pode ser também que escolheram uma vida mais útil, mas, uma vez na obra, recuam e se deixam arrastar pelas sugestões dos Espíritos que os encorajam à ociosidade.

575 – As ocupações vulgares nos parecem mais deveres que missões propriamente ditas. A missão, segundo a ideia ligada a essa palavra, tem um característico menos exclusivo e, sobretudo, menos pessoal. Desse ponto de vista, como se pode reconhecer que um homem tem uma missão real sobre a Terra?

– Pelas grandes coisas que ele realiza, pelo progresso a que conduz seus semelhantes.

576 – Os homens que têm uma missão importante a ela estão predestinados antes de seu nascimento, e dela têm conhecimento?

– Algumas vezes, sim; mas, frequentemente, ignoram-na. Vindo sobre a Terra, têm um objetivo vago; sua missão se desenha depois do nascimento e segundo as circunstâncias. Deus os impele no caminho onde devem cumprir seus desígnios.

577 – Quando um homem faz uma coisa útil é sempre em virtude de uma missão anterior e predestinada, ou pode receber uma missão não prevista?

– Tudo o que um homem faz não é o resultado de uma missão predestinada. Ele é frequentemente instrumento do qual um Espírito se serve para executar uma coisa que crê útil. Por exemplo, um Espírito julga que seria bom escrever um livro, que ele mesmo faria se estivesse encarnado; ele toma o escritor mais apto a compreender seu pensamento e executá-lo e lhe dá a ideia e o dirige na execução. Assim, esse homem não veio sobre a Terra com a missão de fazer essa obra. Ocorre o mesmo com certos trabalhos de arte ou descoberta. É necessário dizer ainda que, durante o sono do corpo, o Espírito encarnado se comunica diretamente com o Espírito errante, e que eles se entendem sobre a execução.

578 – O Espírito pode falir em sua missão por sua falta?

– Sim, se não é um Espírito superior.

– Quais são, para ele, as consequências?

– Será necessário recomeçar a tarefa: é essa a sua punição; aliás, sofrerá as consequências do mal que haja causado.

579 – Visto que o Espírito recebe sua missão de Deus, como Deus pode confiar uma missão importante e de interesse geral a um Espírito que poderá nela falir?

– Deus não sabe se seu general obterá a vitória ou será vencido? Ele o sabe, estai seguros, e seus planos, quando são importantes, *não repousam sobre aqueles que devem abandonar a obra no meio do trabalho. Toda questão está, para vós, no conhecimento do futuro, que Deus possui, mas que não vos é dado.*

580 – O Espírito que se encarna para cumprir uma missão, tem a mesma apreensão que aquele que o faz como prova?

– Não, ele tem a experiência.

581 – Os homens que são a luz do gênero humano, que clareiam pelo seu gênio, têm certamente uma missão; mas, entre eles, há os que erram e que, ao lado de grandes verdades, propagam grandes erros. Como se deve considerar sua missão?

– Como enganados por si mesmos. Eles estão abaixo da tarefa que empreenderam. Entretanto, é preciso ter em conta as circunstâncias; os homens de gênio devem falar segundo os tempos e tal ensinamento, que parece errôneo ou pueril em uma época avançada, podia ser suficiente para seu século.

582 – Pode-se considerar a paternidade como uma missão?

– É, sem contradita, uma missão; é, ao mesmo tempo, um dever muito grande e que obriga, mais do que o homem pensa, sua responsabilidade pelo futuro. Deus colocou o filho sob a tutela dos pais para que estes o dirijam no caminho do bem, e facilitou sua tarefa dando-lhe uma organização frágil e delicada que o torna acessível a todas as impressões. Mas há os que se ocupam mais em endireitar as árvores do seu jardim e fazê-las produzir muitos e bons frutos, que endireitar o caráter de seu filho. Se este sucumbe por sua falta, carregarão a pena, e os sofrimentos do filho na vida futura recairão sobre eles, porque não fizeram o que dependia deles para seu adiantamento no caminho do bem.

583 –Se uma criança se torna má, malgrado os desvelos de seus pais, estes são responsáveis?

– Não; porém, quanto mais as disposições da criança são más, mais é penosa a tarefa e maior será o mérito se eles conseguirem desviá-la do mau caminho.

– Se uma criança resulta um bom sujeito, malgrado a negligência ou os maus exemplos dos pais, estes retiram algum fruto?

– Deus é justo.

584 – Qual pode ser a natureza da missão de um conquistador que não tem em vista senão satisfazer sua ambição e que, para atender ao seu objetivo, não recua diante de nenhuma das calamidades que arrasta atrás de si?

– Ele não é, o mais frequentemente, senão um instrumento do qual Deus se serve para o cumprimento dos seus desígnios, e essas calamidades são, algumas vezes, um meio de fazer um povo avançar mais depressa.

– Aquele que é instrumento dessas calamidades passageiras, é estranho ao bem que delas pode resultar, visto que não visava senão um objetivo pessoal; não obstante, aproveitará desse bem?

– Cada um é recompensado segundo suas obras, o bem que quis fazer e a retidão de suas intenções.

Os Espíritos encarnados têm ocupações inerentes à sua existência corporal. No estado errante ou de desmaterialização, essas ocupações são proporcionais ao grau do seu progresso.

Uns percorrem os mundos, instruem-se e se preparam para um nova encarnação. Outros, mais avançados, ocupam-se com o progresso, dirigindo os acontecimentos e sugerindo pensamentos propícios; assistem os homens de gênio que concorrem para o adiantamento da Humanidade.

Outros se encarnam com uma missão de progresso.

Outros tomam, sob sua tutela, os indivíduos, as famílias, os aglomerados, as cidades e os povos, dos quais são os anjos guardiães, os gênios protetores e os Espíritos familiares.

Outros, enfim, presidem aos fenômenos da Natureza, dos quais são os agentes diretos.

Os Espíritos vulgares se misturam às nossas ocupações, aos nossos divertimentos.

Os Espíritos impuros ou imperfeitos esperam, nos sofrimentos e nas angústias, o momento em que praza a Deus proporcionar-lhes os meios de avançar. Se eles fazem o mal é por despeito ao bem, do qual não podem ainda gozar.

XI
Capítulo 11

Os três reinos

1. Os minerais e as plantas.
2. Os animais e o homem.
3. Metempsicose.

Os minerais e as plantas.

585 – Que pensais da divisão da Natureza em três reinos, ou melhor, em duas classes: os seres orgânicos e os seres inorgânicos? Alguns fazem da espécie humana uma quarta classe. Qual dessas divisões é preferível?

– São todas boas, dependendo do ponto de vista. Materialmente, não há senão seres orgânicos e seres inorgânicos; sob o ponto de vista moral há, evidentemente, quatro graus.

Esses quatro graus têm, com efeito, caracteres nítidos, ainda que seus limites pareçam se confundir. A matéria inerte, que constitui o reino mineral, não tem senão uma força mecânica. As plantas, compostas de matéria inerte, são dotadas de vitalidade. Os animais, compostos de matéria inerte e dotados de vitalidade, têm a mais uma espécie de inteligência instintiva, limitada, com a consciência de sua existência e de sua individualidade. O homem, tendo tudo o que há nas plantas e nos animais, domina todas as outras classes por uma inteligência especial, indefinida, que lhe dá a consciência do futuro, a percepção das coisas extramateriais e o conhecimento de Deus.

586 – As plantas têm consciência de sua existência?

– Não, elas não pensam e não têm senão vida orgânica.

587 – As plantas experimentam sensações? Sofrem quando mutiladas?

– As plantas recebem as impressões físicas que agem sobre a matéria, mas não têm percepções e, por conseguinte, não têm sentimento de dor.

588 – A força que atrai as plantas umas para as outras é independente de sua vontade?

– Sim, visto que não pensam. É uma força mecânica da matéria que age sobre a matéria; elas não poderiam se opor.

589 – Certas plantas, tais como a sensitiva e a dioneia, por exemplo, têm movimentos que acusam uma grande sensibilidade e, em certos casos, uma espécie de vontade, como a última, cujos lóbulos apanham a mosca que vem pousar sobre ela para sugá-la, e à qual parece armar uma armadilha para em seguida matá-la. Essas plantas são dotadas da faculdade de pensar? Elas têm uma vontade e formam uma classe intermediária entre a natureza vegetal e a natureza animal? São uma transição de uma para a outra?

– Tudo é transição na Natureza, pelo fato mesmo de que nada é semelhante e que, todavia, tudo se liga. As plantas não pensam e, por conseguinte, não têm vontade. A ostra que se abre e todos os zoófitos não pensam: não têm senão um instinto cego e natural.

O organismo humano nos oferece exemplos de movimentos análogos sem a participação da vontade, como nas funções digestivas e circulatórias. O piloro se contrai ao contato de certos corpos para lhes negar passagem. Deve ser como na sensitiva, na qual os movimentos não implicam, de modo algum, na necessidade de uma percepção e ainda menos de uma vontade.

590 – Não há nas plantas, como nos animais, um instinto de conservação que as leve a procurar aquilo que lhes pode ser útil e a fugir daquilo que lhes pode prejudicar?

– Há, se se quer, uma espécie de instinto, dependendo da extensão que se dá a esse termo; mas é puramente mecânico. Quando, nas operações de química, observais dois corpos se reunirem é que se ajustam reciprocamente, quer dizer, há afinidade entre eles; no entanto, não chamais a isso de instinto.

591 – Nos mundos superiores as plantas são, como os outros seres, de uma natureza mais perfeita?

– Tudo é mais perfeito, mas as plantas são sempre plantas, como os animais são sempre animais e os homens sempre homens.

Os animais e o homem.

592 – Se compararmos o homem e os animais, com respeito à inteligência, a linha demarcatória parece difícil de ser estabelecida, porque certos

animais têm, a esse respeito, uma superioridade notória sobre certos homens. Essa linha demarcatória pode ser estabelecida de maneira precisa?

– Sobre esse ponto, vossos filósofos não estão quase nada de acordo. Uns querem que o homem seja um animal, outros, que o animal seja um homem; estão todos errados. O homem é um ser à parte que se rebaixa, algumas vezes, muito baixo, ou que pode se elevar bem alto. Fisicamente, o homem é como os animais, e menos dotado que muitos deles. A Natureza lhes deu tudo aquilo que o homem é obrigado a inventar com sua inteligência para suas necessidades e sua conservação. É verdade que seu corpo se destrói como o dos animais, mas seu Espírito tem um destino que só ele pode compreender, porque só ele é completamente livre. Pobres homens, que vos rebaixais abaixo da brutalidade! Não sabeis vos distinguir? Reconhecei o homem pelo pensamento de Deus.

593 – Pode-se dizer que os animais não agem senão por instinto?

– Isso é ainda um sistema. É verdade que domina o instinto, na maioria dos animais, mas não vês que agem com uma vontade determinada? É da inteligência, embora limitada.

Além do instinto, não se pode denegar a certos animais atos combinados que denotam uma vontade de agir com sentido determinado e segundo as circunstâncias. Há, portanto, neles, uma espécie de inteligência, cujo exercício é mais exclusivamente concentrado sobre os meios de satisfazerem suas necessidades físicas e proverem à sua conservação. Entre eles, nenhuma criação, nenhuma melhora. Qualquer que seja a arte que admiremos em seus trabalhos, aquilo que faziam outrora o fazem hoje, nem melhor, nem pior, segundo formas e proporções constantes e invariáveis. O filhote, isolado dos demais da sua espécie, por causa disso não deixa de construir seu ninho com o mesmo modelo, sem ter recebido ensinamento. Se alguns são suscetíveis de uma certa educação, seu desenvolvimento intelectual, sempre fechado em limites estreitos, é devido à ação do homem sobre uma natureza flexível, porque não tem nenhum progresso que lhe seja próprio. Esse progresso é efêmero e puramente individual, porque o animal, entregue a si mesmo, não tarda a retornar para os limites estreitos traçados pela Natureza.

594 – Os animais têm uma linguagem?

– Se entendeis uma linguagem formada de palavras e de sílabas, não. Um meio de se comunicarem entre si, sim. Eles se dizem muito mais coisas do que acreditais, mas sua linguagem é limitada, como suas ideias, às suas necessidades.

– Há animais que não têm voz; ao que parece, esses não têm linguagem?

– Eles se compreendem por outros meios. Vós outros, homens, não tendes

senão a palavra para se comunicarem? E os mudos, que dizes deles? Os animais, estando dotados da vida de relação, têm meios de se informarem e de exprimirem as sensações que experimentam. Crês que os peixes não se entendem entre si? O homem não tem, portanto, o privilégio exclusivo da linguagem, embora a dos animais seja instintiva e limitada pelo círculo de suas necessidades e de suas ideias, enquanto que a do homem é perfectível e se presta a todas as concepções de sua inteligência.

Os peixes, com efeito, que emigram em massa, como as andorinhas que obedecem ao guia que as conduz, devem ter meios de se informarem, de se entenderem e de combinarem. Talvez, por uma vista mais penetrante que lhes permita distinguirem os sinais que fazem; pode ser também que a água seja um veículo que lhes transmita certas vibrações. Qualquer que seja, é incontestável que eles têm um meio de se entenderem como todos os animais privados da voz e que fazem trabalhos em comum. Deve-se espantar, depois disso, que os Espíritos possam se comunicar entre si sem o socorro da palavra articulada? (282).

595 – Os animais têm o livre-arbítrio de seus atos?

– Eles não são simples máquinas como acreditais, mas sua liberdade de ação é limitada às suas necessidades e não pode se comparar à do homem. Sendo muito inferiores ao homem, eles não têm os mesmos deveres. Sua liberdade está restrita aos atos da vida material.

596 – De onde provém a aptidão de certos animais para imitar a linguagem do homem, e por que essa aptidão se encontra antes nas aves que no macaco, por exemplo, cuja conformação tem mais analogia com a sua?

– Conformação particular dos órgãos da voz, secundado pelo instinto de imitação; o macaco imita os gestos e certas aves imitam a voz.

597 – Visto que os animais têm uma inteligência que lhes dá uma certa liberdade de ação, há neles um princípio independente da matéria?

– Sim, e que sobrevive ao corpo.

– Esse princípio é uma alma semelhante à do homem?

– É também uma alma, se quiserdes; isso depende do sentido que se dá a essa palavra; *ela, porém, é inferior à do homem. Há entre a alma dos animais e a do homem tanta distância como entre a alma do homem e Deus.*

598 – A alma dos animais conserva, depois da morte, sua individualidade e a consciência de si mesma?

– Sua individualidade, sim, mas não a consciência do seu eu. *A vida inteligente permanece no estado latente.*

599 – A alma dos animais tem a escolha de encarnar-se em um animal antes que em outro?

– *Não, ela não tem o livre-arbítrio.*

600 – A alma do animal, sobrevivente ao corpo, está, depois da morte, em um estado errante como a do homem?

– *É uma espécie de erraticidade, visto que não está unida ao corpo, mas não é um* Espírito errante. *O Espírito errante é um ser que pensa e age por sua livre vontade, sendo a consciência de si mesmo seu atributo principal. A alma dos animais não tem a mesma faculdade. O Espírito do animal é classificado, depois da sua morte, pelos Espíritos que a isso compete, e quase imediatamente utilizado, não tendo tempo de se colocar em relação com outras criaturas.*

601 – Os animais seguem uma lei progressiva como os homens?

– *Sim, e é por isso que nos mundos superiores, onde os homens são mais avançados, os animais o são também, tendo meios de comunicação mais desenvolvidos. Mas eles são sempre inferiores e submissos ao homem; são, para ele, servidores inteligentes.*

Não há nisso nada de extraordinário. Imaginemos nossos animais, os mais inteligentes, o cão, o elefante, o cavalo com uma conformação apropriada aos trabalhos manuais: que não poderiam fazer sob a direção do homem?

602 – Os animais progridem, como o homem, pelo fato de sua vontade ou pela força das coisas?

– *Pela força das coisas; por isso, para eles não há expiação.*

603 – Nos mundos superiores, os animais conhecem a Deus?

– *Não, o homem é um Deus para eles, como outrora os Espíritos foram deuses para os homens.*

604 – Os animais, mesmo aperfeiçoados nos mundos superiores, sendo sempre inferiores ao homem, resulta que Deus criou seres intelectuais perpetuamente destinados à inferioridade, o que parece em desacordo com a unidade de vistas e de progresso que se distingue em todas as suas obras?

– *Tudo se encadeia na Natureza por laços que não podeis ainda compreender, e as coisas, as mais díspares na aparência, têm pontos de contato que o homem não chegará jamais a compreender no seu estado atual. Ele pode entrevê-los por um esforço de sua inteligência, mas só quando sua inteligência tiver adquirido todo o seu desenvolvimento e estiver isenta dos preconceitos do orgulho e da ignorância, é que ele poderá ver claramente na obra de Deus. Até lá, suas ideias limitadas fazem-no ver as coisas de um ponto de vista mesquinho e restrito. Sabei bem, que Deus não pode se contradizer e que tudo, na Natureza, harmoniza-se por leis gerais que não se afastam jamais da sublime sabedoria do Criador.*

– A inteligência é, assim, uma propriedade comum, um ponto de contato, entre a alma dos animais e a do homem?

– Sim, mas os animais não têm senão a inteligência da vida material. No homem, a inteligência dá a vida moral.

605 – Considerando-se todos os pontos de contato existentes entre o homem e os animais, não se poderia pensar que o homem possui duas almas: a alma animal e a alma espírita e que, se não tivesse esta última, ele poderia viver como o animal, em outras palavras, que o animal é um ser semelhante ao homem, menos a alma espírita? Não resultaria disso que os bons e os maus instintos do homem seriam efeitos da predominância de uma dessas duas almas?

– Não, o homem não tem duas almas, mas o corpo tem seus instintos que são o resultado da sensação dos órgãos. Não há nele senão uma dupla natureza: a natureza animal e a natureza espiritual. Pelo seu corpo, ele participa da natureza dos animais e de seus instintos; por sua alma, ele participa da natureza dos Espíritos.

– Assim, além das suas próprias imperfeições, das quais o Espírito deve se despojar, tem ainda que lutar contra a influência da matéria?

– Sim, quanto mais é ele inferior, mais os laços entre o Espírito e a matéria são apertados. Não o vedes? Não, o homem não tem duas almas, a alma é sempre única em cada ser. A alma do animal e a do homem são distintas uma da outra, de tal sorte que a alma de um não pode animar o corpo criado para a outra. Mas se o homem não tem alma animal que, por suas paixões, o coloque ao nível dos animais, tem seu corpo que o rebaixa, frequentemente, até eles, porque seu corpo é um ser dotado de vitalidade que tem instintos, porém, ininteligentes e limitados ao cuidado de sua conservação.

O Espírito, encarnando-se no corpo do homem, traz-lhe o princípio intelectual e moral que o torna superior aos animais. As duas naturezas presentes no homem dão, às suas paixões, duas fontes diferentes: uma provém dos instintos da natureza animal, outra das impurezas do Espírito, do qual ele é a encarnação e que se afina, mais ou menos, com a grosseria dos apetites animais. O Espírito, purificando-se, liberta-se pouco a pouco da influência da matéria, sob a qual ele se aproxima da brutalidade. Liberto dessa influência, ele se eleva à sua verdadeira destinação.

606 – Onde os animais tomam o princípio inteligente que constitui a espécie particular de alma, da qual eles são dotados?

– *No elemento inteligente universal.*

– A inteligência do homem e a dos animais emanam, então, de um princípio único?

– *Sem nenhuma dúvida, mas no homem ela recebeu uma elaboração que o eleva acima da do animal.*

607 – Foi dito que a alma do homem, em sua origem, está no estado da infância na vida corporal, que sua inteligência apenas desabrocha e ensaia para a vida (190); onde o Espírito cumpre essa primeira fase?

– *Numa série de existências que precedem o período a que chamais humanidade.*

– A alma pareceria, assim, ter sido o princípio inteligente dos seres inferiores da criação?

– *Não dissemos que tudo se encadeia na Natureza e tende à unidade? É nesses seres, que estais longe de conhecer totalmente, que o princípio inteligente se elabora, individualiza-se, pouco a pouco, e ensaia para a vida, como dissemos. É, de alguma sorte, um trabalho preparatório, como o da germinação, em seguida ao qual o princípio inteligente sofre uma transformação e se torna* Espírito. *É, então, que começa para ele o período de humanidade, e com ele a consciência de seu futuro, a distinção do bem e do mal e a responsabilidade dos seus atos; como depois do período da infância vem o da adolescência, depois da juventude e, enfim, a idade madura. Não há, de resto, nessa origem, nada que deva humilhar o homem. Os grandes gênios são humilhados por terem sido fetos informes no seio de sua mãe? Se alguma coisa deve humilhá-lo é a sua inferioridade diante de Deus e sua impotência para sondar a profundeza dos seus desígnios e a sabedoria das leis que regem a harmonia do Universo. Reconhecei a grandeza de Deus nessa harmonia admirável que torna tudo solidário na Natureza. Crer que Deus haja feito alguma coisa sem objetivo e criado seres inteligentes sem futuro, seria blasfemar contra a sua bondade, que se estende sobre todas as suas criaturas.*

– Esse período de humanização começa sobre a Terra?

– *A Terra não é o ponto de partida da primeira encarnação humana; o período de humanização começa, em geral, em mundos ainda mais inferiores. Isso, entretanto, não é uma regra absoluta e poderá acontecer que um Espírito, desde seu começo humano, esteja apto a viver sobre a Terra. Esse caso não é frequente e seria antes uma exceção.*

608 – O Espírito do homem, depois de sua morte, tem consciência das existências que lhe precederam o período de humanidade?

– Não, porque não é nesse período que começa para ele a vida de Espírito, e é mesmo difícil que se lembre de suas primeiras existências como homem, como o homem absolutamente não se lembra mais dos primeiros tempos de sua infância e ainda menos do tempo que passou no seio de sua mãe. Por isso, os Espíritos nos dizem que não sabem como começaram (78).

609 – O Espírito, uma vez dentro do período de humanidade, conserva os traços do que foi precedentemente, quer dizer, do estado em que esteve no período que se poderia chamar anti-humano?

– Depende da distância que separa os dois períodos e o progresso alcançado. Durante algumas gerações, ele pode ter um reflexo mais ou menos pronunciado do estado primitivo; porque nada na Natureza se faz por transição brusca. Há sempre anéis que ligam as extremidades das cadeias dos seres e dos acontecimentos; mas esses traços se apagam com o desenvolvimento do livre-arbítrio. Os primeiros progressos se cumprem lentamente, porque não estão ainda secundados pela vontade; eles seguem uma progressão mais rápida, à medida que o Espírito adquire uma consciência mais perfeita de si mesmo.

610 – Os Espíritos que disseram que o homem é um ser à parte na ordem da criação, enganaram-se?

– Não, mas a questão não foi desenvolvida e, aliás, há coisas que não podem chegar senão em seu tempo. O homem é, com efeito, um ser à parte, porque ele tem faculdades que o distinguem de todos os outros e tem um outro destino. A espécie humana é aquela que Deus escolheu para a encarnação dos seres que podem conhecê-lo.

Metempsicose.

611 – A comunidade de origem dos seres vivos no princípio inteligente não é uma consagração da doutrina da metempsicose?

– Duas coisas podem ter uma mesma origem e não se assemelharem absolutamente mais tarde. Quem reconheceria a árvore, suas folhas, suas flores e seus

frutos no germe informe contido na semente de onde ela saiu? Do momento em que o princípio inteligente atinge o grau necessário para ser Espírito e entrar no período de humanidade, ele não tem mais relação com seu estado primitivo e não é mais a alma dos animais, como a árvore não é a semente. No homem, não há mais do animal senão o corpo, e as paixões que nascem da influência do corpo e do instinto de conservação inerente à matéria. Não se pode, então, dizer que tal homem é a encarnação do Espírito de tal animal e, por conseguinte, a metempsicose, tal como é entendida, não é exata.

612 – O Espírito que animou o corpo de um homem poderia encarnar num animal?

– *Isso seria retrogradar e o Espírito não retrograda. O rio não remonta à sua fonte. (118).*

613 – Totalmente errada que seja a ideia ligada à metempsicose, não seria ela o resultado de um sentimento intuitivo das diferentes existências do homem?

– *Esse sentimento intuitivo se encontra nessa crença como em muitas outras; mas, como na maioria das suas ideias intuitivas, o homem a desnaturou.*

A metempsicose seria verdadeira se se entendesse por essa palavra a progressão da alma de um estado inferior para um estado superior, onde ela adquirisse desenvolvimentos que transformassem sua natureza. Ela, porém, é falsa no sentido de transmigração direta do animal no homem e reciprocamente, o que implicaria a ideia de uma retrogradação ou fusão. Ora, essa fusão não podendo ocorrer entre os seres corpóreos das duas espécies, é um indício de que elas estão em graus não assimiláveis e que deve ocorrer o mesmo com os Espíritos que as animam. Se o mesmo Espírito pudesse animá-las alternativamente, seguir-se-ia uma identidade de natureza, que se traduziria pela possibilidade da reprodução material.

A reencarnação ensinada pelos Espíritos está fundada, ao contrário, sobre a marcha ascendente da Natureza e sobre a progressão do homem na sua própria espécie, o que não tira nada da sua dignidade. O que o rebaixa é o mau uso que ele faz das faculdades que Deus lhe deu para seu adiantamento. Qualquer que seja, a antiguidade e a universalidade da doutrina da metempsicose e os homens eminentes que a professaram, provam que o princípio da reencarnação tem suas raízes na própria Natureza. Esses são, pois, antes argumentos a seu favor do que contrários.

O ponto de partida do Espírito é uma dessas questões que se prendem ao princípio das coisas e estão no segredo de Deus. Não é dado ao homem conhecê-las de maneira absoluta, e ele não pode fazer, a esse respeito, senão suposições, construir sistemas mais ou menos prováveis. Os próprios Espíritos, estão longe de conhecerem tudo; sobre o que eles não sabem, podem também ter opiniões pessoais mais ou menos sensatas.

É assim, por exemplo, que todos não pensam a mesma coisa com respeito às relações que existem entre o homem e os animais. Segundo alguns, o Espírito não alcança o período de humanidade senão depois de ser elaborado e individualizado nos diferentes graus dos seres inferiores da criação. Segundo outros, o Espírito do homem teria sempre pertencido à raça humana, sem passar pela experiência animal.

O primeiro desses sistemas tem a vantagem de dar um objetivo ao futuro dos animais que formariam, assim, os primeiros elos da cadeia dos seres pensantes. O segundo está mais conforme com a dignidade do homem e pode se resumir como se segue:

As diferentes espécies de animais não procedem **intelectualmente** uma das outras pela via da progressão. Assim, o espírito da ostra não se torna sucessivamente o do peixe, da ave, do quadrúpede e do quadrúmano. Cada espécie é um tipo **absoluto**, física e moralmente, haurindo cada indivíduo na fonte universal a quantidade do princípio inteligente que lhe é necessária, segundo a perfeição dos seus órgãos e a obra que deve cumprir nos fenômenos da Natureza, e que, em sua morte, torna à massa. Os dos mundos mais adiantados que o nosso (ver nº 188) são igualmente raças distintas, apropriadas às necessidades desses mundos e ao grau de adiantamento dos homens, dos quais são auxiliares, mas que não procedem absolutamente dos da Terra, espiritualmente falando. Não ocorre o mesmo com o homem. Do ponto de vista físico, forma evidentemente um elo da cadeia dos seres vivos, mas, do ponto de vista moral, entre o animal e o homem, há solução de continuidade. O homem possui sua própria alma ou Espírito, centelha divina que lhe dá o senso moral e um valor intelectual que falta aos animais, e é nele o ser principal, preexistente e sobrevivente ao corpo e que conserva a sua individualidade. Qual é a origem do Espírito? Onde está seu ponto de partida? Ele se forma de um princípio inteligente individualizado? É isso um mistério que seria inútil procurar penetrar e sobre o qual, como dissemos, não se pode senão construir sistemas. O que é constante e que resulta, por sua vez, do raciocínio e da experiência, é a sobrevivência do Espírito, a conservação da sua individualidade depois da morte, sua faculdade progressiva, seu estado feliz ou infeliz, proporcionais ao seu adiantamento no caminho do bem, e todas as verdades morais que são a consequência desse princípio. Quanto às relações misteriosas que existem entre o homem e os animais, repetimos, isso está nos segredos de Deus, como muitas outras coisas, cujo conhecimento **atual** não importa ao nosso adiantamento e sobre as quais seria inútil insistir. (*)

(*) Vide Nota Explicativa da Editora no final do livro.

LIVRO TERCEIRO

As leis morais

I
Capítulo
1

Lei divina ou natural

1. Caracteres da lei natural.
2. Origem e conhecimento da lei natural.
3. O bem e o mal. – 4. Divisão da lei natural.

Caracteres da lei natural.

614 – Que se deve entender por lei natural?

– *A lei natural é a lei de Deus e a única verdadeira para a felicidade do homem. Ela lhe indica o que deve fazer e o que não deve fazer, e ele não é infeliz senão quando se afasta dela.*

615 – A lei de Deus é eterna?

– *Ela é eterna e imutável quanto o próprio Deus.*

616 – Deus prescreveu aos homens, em uma época, o que lhe proibiu em outra?

– *Deus não pode se enganar. Os homens é que são obrigados a mudar suas leis, porque são imperfeitas. As leis de Deus são perfeitas. A harmonia que rege o universo material e o universo moral está fundada sobre as leis que Deus estabeleceu para toda a eternidade.*

617 – Que objetivos abrangem as leis divinas? Concerne-lhes outra coisa que a conduta moral?

– *Todas as leis da Natureza são leis divinas, porque Deus é o Autor de todas as coisas. O sábio estuda as leis da matéria, o homem de bem estuda as da alma e as pratica.*

– É dado ao homem aprofundar-se em ambas?

– *Sim,* mas uma só existência não é suficiente.

Que são, com efeito, alguns anos para adquirir tudo o que constitui o ser perfeito, se não se considere mesmo senão a distância que separa o selvagem do homem civilizado? A mais longa existência possível é insuficiente e, com maior razão, quando ela é breve, como ocorre com a maioria. Entre as leis divinas, umas regem o movimento e as relações da matéria bruta: são as leis físicas e seu estudo está no domínio da Ciência. Outras, concernem especialmente ao homem, em si mesmo e em suas relações com Deus e com seus semelhantes. Elas compreendem as regras da vida do corpo, como também as da vida da alma: são as leis morais.

618 – As leis divinas são as mesmas para todos os mundos?

– *A razão diz que elas devem ser apropriadas à natureza de cada mundo e proporcionais ao grau de adiantamento dos seres que os habitam.*

Origem e conhecimento da lei natural.

619 – Deus deu a todos os homens os meios de conhecer sua lei?

– *Todos podem conhecê-la, mas nem todos a compreendem. Os que a compreendem melhor são os homens de bem e aqueles que querem procurá-la. Entretanto, todos a compreenderão um dia, porque é preciso que o progresso se cumpra.*

A justiça das diversas encarnações do homem é uma consequência desse princípio, visto que, a cada nova existência, sua inteligência está mais desenvolvida e ele compreende melhor o que é o bem e o que é o mal. Se tudo devesse se cumprir para ele numa só existência, qual seria a sorte de tantos milhões de seres que morrem cada dia no embrutecimento da selvageria ou nas trevas da ignorância, sem que tivesse dependido deles se esclarecerem? (171-222).

620 – A alma, antes da sua união com o corpo, compreende melhor a lei de Deus do que após sua encarnação?

– *Ela a compreende segundo o grau de perfeição que alcançou e conserva, intuitivamente, a lembrança após sua união com o corpo. Mas os maus instintos do homem fazem-na esquecer.*

621 – Onde está escrita a lei de Deus?

– *Na consciência.*

– Posto que o homem carrega na sua consciência a lei de Deus, que necessidade haveria de a revelar?

– *Ele a esquecera e menosprezara: Deus quis que ela lhe fosse lembrada.*

622 – Deus deu a certos homens a missão de revelar sua lei?

– *Sim, certamente. Em todos os tempos, homens receberam essa missão. São os Espíritos superiores encarnados com o objetivo de fazer a Humanidade avançar.*

623 – Os que pretenderam instruir os homens na lei de Deus não estavam, algumas vezes, enganados e, frequentemente, não os extraviaram por meio dos falsos princípios?

– *Aqueles que não estando inspirados por Deus e que se deram, por ambição, uma missão que não tinham, certamente, puderam transviá-los. Entretanto, como, em definitivo, eram homens de gênio, no meio mesmo dos erros que eles ensinaram, frequentemente, encontram-se grandes verdades.*

624 – Qual é o caráter do verdadeiro profeta?

– *O verdadeiro profeta é um homem de bem inspirado por Deus. Pode-se reconhecê-lo por suas palavras e por suas ações. Deus não pode se servir da boca do mentiroso para ensinar a verdade.*

625 – Qual é o tipo mais perfeito que Deus ofereceu ao homem para lhe servir de guia e de modelo?

– *Vede Jesus.*

Jesus é, para o homem, o modelo da perfeição moral que a Humanidade pode pretender sobre a Terra. Deus no-lo oferece como o mais perfeito modelo e a doutrina que ensinou é a mais pura expressão da sua lei, porque ele estava animado de espírito divino e foi o ser mais puro que apareceu sobre a Terra.

Se alguns daqueles que pretenderam instruir o homem na lei de Deus, algumas vezes extraviaram-na por meio de falsos princípios, foi por se deixarem dominar, eles mesmos, por sentimentos muito terrestres e por terem confundido as leis que regem as condições da vida da alma com aquelas que regem a vida do corpo. Vários deram como leis divinas o que não eram senão leis humanas, criadas para servir às paixões e dominar os homens.

626 – As leis divinas e naturais, não foram reveladas aos homens senão por Jesus? Antes dele, delas não tinham conhecimento senão por intuição?

– *Não dissemos que elas estão escritas por toda parte? Todos os homens que meditaram sobre a sabedoria puderam compreendê-las e as ensinaram desde os séculos mais remotos. Pelos seus ensinamentos, mesmo incompletos, eles prepararam o terreno para receber a semente. As leis divinas, estando escritas no livro da*

Natureza, o homem pôde conhecê-las quando quis procurá-las e é, por isso, que os preceitos que elas consagram foram proclamados em todos os tempos pelos homens de bem e é, por isso também, que se encontram seus elementos na doutrina moral de todos os povos saídos da barbárie, embora incompletos ou alterados pela ignorância e a superstição.

627 – Visto que Jesus ensinou as verdadeiras leis de Deus, qual é a utilidade do ensinamento dado pelos Espíritos? Terão a ensinar-nos alguma coisa a mais?

– A palavra de Jesus era frequentemente alegórica e em parábolas, porque falava segundo os tempos e os lugares. É necessário, agora, que a verdade seja inteligível para todo o mundo. É preciso bem explicar e desenvolver essas leis, visto que há tão pouca gente que as compreende e ainda menos que as pratica. Nossa missão é impressionar os olhos e os ouvidos para confundir os orgulhosos e desmascarar os hipócritas: aqueles que tomam as aparências da virtude e da religião para ocultarem suas torpezas. O ensinamento dos Espíritos deve ser claro e inequívoco, a fim de que ninguém possa pretextar ignorância e cada um possa julgá-lo e apreciá-lo com sua razão. Estamos encarregados de preparar o reino do bem anunciado por Jesus; por isso, não é preciso que cada um interprete a lei de Deus ao capricho de suas paixões, nem falseie o sentido de uma lei toda de amor e de caridade.

628 – Por que a verdade não foi sempre colocada ao alcance de todo mundo?

– É preciso que cada coisa venha a seu tempo. A verdade é como a luz: é preciso nos habituar a ela, pouco a pouco, de outra forma ela nos deslumbra.

Jamais ocorreu que Deus permitisse ao homem receber comunicações tão completas e tão instrutivas como as que lhe é dado receber hoje. Havia, como sabeis, na antiguidade, alguns indivíduos possuidores do que consideravam uma ciência sacra, e da qual faziam mistério aos profanos, segundo eles. Deveis compreender, com o que conheceis das leis que regem esses fenômenos, que eles não recebiam senão algumas verdades esparsas no meio de um conjunto equívoco e a maior parte do tempo simbólico. Entretanto, não há para o estudioso, nenhum sistema filosófico antigo, nenhuma tradição, nenhuma religião a negligenciar, porque tudo contém os germes de grandes verdades que, ainda que pareçam contraditórias umas com as outras, esparsas que estão no meio de acessórios sem fundamentos, são muito fáceis de coordenar, graças à chave que nos dá o Espiritismo para uma multidão de coisas que puderam, até aqui, parecer-vos sem razão e da qual, hoje, a realidade vos é demonstrada de maneira irrecusável. Não negligencieis, portanto, de haurir objetos de estudos nesses materiais; eles são muito ricos e podem contribuir poderosamente para a vossa instrução.

O bem e o mal.

629 – Que definição se pode dar da moral?

– A moral é a regra para se conduzir bem, quer dizer, a distinção entre o bem e o mal. Ela se funda sobre a observação da lei de Deus. O homem se conduz bem quando faz tudo em vista e para o bem de todos, porque, então, ele observa a lei de Deus.

630 – Como se pode distinguir o bem e o mal?

– O bem é tudo aquilo que está conforme a lei de Deus, e o mal tudo aquilo que dela se afasta. Assim, fazer o bem é conformar-se com a lei de Deus, e fazer o mal é infringir essa lei.

631 – O homem, por si mesmo, tem os meios para distinguir o que é bem e o que é mal?

– Sim, quando ele crê em Deus e o quer saber. Deus lhe deu a inteligência para discernir um do outro.

632 – O homem, que está sujeito a erros, não pode se enganar na apreciação do bem e do mal e crer que faz o bem quando, na realidade, faz o mal?

– Jesus vos disse: vede o que quereríeis que se fizesse ou não se fizesse para vós: tudo está nisso. Não vos enganareis.

633 – A regra do bem e do mal, que se poderia chamar de *reciprocidade* ou de *solidariedade*, não pode se aplicar à conduta pessoal do homem para consigo mesmo. Encontra ele na lei natural a regra dessa conduta e um guia seguro?

– Quando comeis muito, isso vos faz mal. Pois bem! É Deus que vos dá a medida do que vos é preciso. Quando a ultrapassais, sois punidos. É o mesmo em tudo. A lei natural traça ao homem o limite de suas necessidades, e, quando ele a ultrapassa, é punido pelo sofrimento. Se o homem escutasse, em todas as coisas, essa voz que diz basta, *evitaria a maior parte dos males, dos quais acusa a Natureza.*

634 – Por que o mal está na natureza das coisas? Eu falo do mal moral. Deus não poderia criar a Humanidade em melhores condições?

– Já te dissemos: os Espíritos foram criados simples e ignorantes (115). Deus deixa ao homem a escolha do caminho; tanto pior para ele, se toma o mau: sua peregrinação será mais longa. Se não houvesse montanhas, o homem não poderia compreender que se pode subir e descer, e se não houvesse rochedos, ele não compreenderia que há corpos duros. É preciso que o Espírito adquira experiência e, para isso, é preciso que ele conheça o bem e o mal. Por isso, há a união do Espírito e do corpo (119).

635 – As diferentes posições sociais criam necessidades novas, que não são as mesmas para todos os homens. A lei natural parece, assim, não ser uma regra uniforme?

– Essas diferentes posições estão na Natureza e segundo a lei do progresso. Isso não impede a unidade da lei natural que a tudo se aplica.

As condições de existência do homem mudam segundo os tempos e os lugares, resultando para ele necessidades diferentes e posições sociais apropriadas a essas necessidades. Visto que essa diversidade está na ordem das coisas, ela está conforme a lei de Deus, e essa lei não é menos una em seu princípio. Cabe à razão distinguir as necessidades reais das necessidades artificiais ou de convenção.

636 – O bem e o mal são absolutos para todos os homens?

– A lei de Deus é a mesma para todos, mas o mal depende, sobretudo, da vontade que se tem de fazê-lo. O bem é sempre bem e o mal é sempre mal, qualquer que seja a posição do homem. A diferença está no grau de responsabilidade.

637 – O selvagem que cede aos seus instintos e se nutre de carne humana, é culpável?

– Eu disse que o mal depende da vontade. Pois bem! O homem é mais culpável, à medida que sabe melhor o que faz.

As circunstâncias dão ao bem e ao mal uma gravidade relativa. O homem, frequentemente, comete faltas que por serem a consequência da posição em que a sociedade o colocou, não são menos repreensíveis; mas a responsabilidade está em razão dos meios que ele tem de compreender o bem e o mal. É, assim, que o homem esclarecido que comete uma simples injustiça é mais culpável aos olhos de Deus do que o selvagem ignorante, que se abandona aos seus instintos.

638 – Algumas vezes, o mal parece ser uma consequência da força das coisas. Tal é, por exemplo, em certos casos, a necessidade de destruição, mesmo sobre seu semelhante. Pode-se dizer, então, que há subversão à lei de Deus?

– Ainda que necessário, não deixa de ser o mal. Mas essa necessidade desaparece à medida que a alma se depura, passando de uma existência a outra. Então, o homem não é senão mais culpável quando o comete, porque ele compreende melhor.

639 – O mal que se comete, frequentemente, não é o resultado da posição que nos deram os outros homens? Nesse caso, quais são os mais culpáveis?

– O mal recai sobre aquele que lhe é causa. Assim, o homem que é conduzido ao mal pela posição que lhe é dada pelos seus semelhantes, é menos culpável que aqueles que lhe são a causa, porque cada um carregará a pena, não somente do mal que haja feito, mas do que haja provocado.

640 – Aquele que não faz o mal, mas que aproveita do mal feito por outro, é culpável no mesmo grau?

– É como se o cometesse; aproveitar é participar. Talvez, tenha recuado diante da ação. Mas se encontrando-a pronta ele a usa, é que aprova e que o faria ele mesmo se pudesse, ou se ousasse.

641 – O desejo do mal é tão repreensível quanto o próprio mal?

– Conforme; há virtude em resistir voluntariamente ao mal que se deseja, sobretudo quando se tem a possibilidade de satisfazer esse desejo, porém, se o que falta é apenas ocasião, então, é culpável.

642 – Bastará não fazer o mal para ser agradável a Deus e assegurar sua posição futura?

– Não, é preciso fazer o bem no limite de suas forças, porque cada um responderá por todo mal que resulte do bem que não haja feito.

643 – Haverá pessoas que, pela sua posição, não tenham possibilidades de fazer o bem?

– Não há ninguém que não possa fazer o bem. Só o egoísta não encontra jamais oportunidade. Bastará estar em relação com outros homens para encontrar ocasião de fazer o bem, e cada dia da vida dá oportunidade a qualquer que não esteja cego pelo egoísmo, porque fazer o bem não é só ser caridoso, mas ser útil na medida de vosso poder, todas as vezes que vosso concurso pode ser necessário.

644 – O meio no qual certos homens se encontram colocados, não é, para eles, a fonte primeira de muitos vícios e crimes?

– Sim, mas isso ainda é uma prova escolhida pelo Espírito, em estado de liberdade. Ele quis se expor à tentação para ter o mérito da resistência.

645 – Quando o homem está, de alguma forma, mergulhado na atmosfera do vício, o mal não se torna para ele um arrastamento quase irresistível?

– Arrastamento, sim; irresistível, não, porque no meio dessa atmosfera de vício, encontras, algumas vezes, grandes virtudes. Esses são Espíritos que tiveram força para resistir e que tiveram, ao mesmo tempo, a missão de exercer uma boa influência sobre seus semelhantes.

646 – O mérito do bem que se fez está subordinado a certas condições; dizendo melhor, há diferentes graus no mérito do bem?

– O mérito do bem está na dificuldade. Não há mérito em fazer o bem sem trabalho e quando nada custa. Deus tem mais em conta o pobre que reparte seu único pedaço de pão, do que o rico que não dá senão seu supérfluo. Jesus o disse a propósito do óbolo da viúva.

Divisão da lei natural.

647 – Toda a lei de Deus está contida na máxima de amor ao próximo ensinada por Jesus?

– Certamente, essa máxima encerra todos os deveres dos homens entre si. Mas é preciso mostrar-lhes a aplicação, de outra forma eles podem negligenciá-la, como o fazem hoje. Aliás, a lei natural compreende todas as circunstâncias da vida e essa máxima não é dela senão uma parte. Os homens necessitam de regras precisas, pois os preceitos gerais e muito vagos deixam muitas portas abertas à interpretação.

648 – Que pensais da divisão da lei natural em dez partes, compreendendo as leis *sobre a adoração, o trabalho, a reprodução, a conservação, a destruição, a sociedade, o progresso, a igualdade, a liberdade,* enfim, a *de justiça, de amor e de caridade?*

– Essa divisão da lei de Deus em dez partes é a de Moisés e pode abranger todas as circunstâncias da vida, o que é essencial. Podes, pois, segui-la, sem que ela tenha, por isso, nada de absoluto, não mais que todos os outros sistemas de classificação que dependem do ponto de vista sob o qual se considera uma coisa. A última lei é a mais importante: é por ela que o homem pode avançar mais na vida espiritual, porque ela resume todas as outras.

II
Capítulo
2

I – Lei de adoração

1. Objetivo da adoração. – 2. Adoração exterior.
3. Vida contemplativa. – 4. Da prece.
5. Politeísmo. – 6. Sacrifícios.

Objetivo da adoração.

649 – Em que consiste a adoração?

– É a elevação do pensamento a Deus. Pela adoração, a alma se aproxima dele.

650 – A adoração é o resultado de um sentimento inato ou produto de um ensinamento?

– Sentimento inato como o da Divindade. A consciência de sua fraqueza leva o homem a curvar-se diante daquele que o pode proteger.

651 – Houve povos desprovidos de todo sentimento de adoração?

– Não, porque não há, jamais houve, povos ateus. Todos compreendem que há acima deles um ser supremo.

652 – Pode-se considerar a adoração como tendo sua origem na lei natural?

– Ela está na lei natural, visto que é o resultado de um sentimento inato no homem. Por isso, ela se encontra em todos os povos, ainda que sob formas diferentes.

Adoração exterior.

653 – A adoração tem necessidade de manifestações exteriores?

– A verdadeira adoração está no coração. Em todas as vossas ações, imaginai sempre que um senhor vos observa.

– A adoração exterior é útil?

– Sim, se não é uma vã simulação. Ela é sempre útil para dar um bom exemplo; mas aqueles que a fazem apenas por afetação e amor-próprio, e nos quais a conduta desmente sua piedade aparente, dão um exemplo antes mau do que bom e fazem mais mal do que pensam.

654 – Deus dá preferência àqueles que o adoram de tal ou tal maneira?

– Deus prefere aqueles que o adoram do fundo do coração, com sinceridade, fazendo o bem e evitando o mal, àqueles que creem honrá-lo por meio de cerimônias que não os tornam melhores para seus semelhantes.

Todos os homens são irmãos e filhos de Deus. Ele chama, para si, todos aqueles que seguem suas leis, qualquer que seja a forma sob a qual se exprimem.

Aquele que não tem senão a piedade exterior é um hipócrita. Aquele em que a adoração não é senão uma afetação, e em contradição com sua conduta, dá um mau exemplo.

Aquele que faz profissão de adorar o Cristo e que é orgulhoso, invejoso e ciumento, que é duro e implacável com os outros ou ambicioso dos bens desse mundo, eu vos digo que a religião está sobre os lábios e não no coração. Deus, que tudo vê, dirá: este que conheceu a verdade é cem vezes mais culpável do mal que fez, do que o ignorante selvagem do deserto, e, assim, será tratado no dia da justiça. Se um cego, ao passar, derruba-vos, vós o escusais; se é um homem que vê claramente, vós vos queixais e tendes razão.

Não pergunteis, pois, se há uma forma de adoração mais conveniente, porque isso seria perguntar se é mais agradável a Deus ser adorado em um idioma que em outro. Eu vos digo ainda uma vez: os cânticos não chegam a ele, senão pela porta do coração.

655 – É repreensível praticar uma religião à qual não se crê no fundo de sua alma, quando se faz isso por respeito humano, e para não escandalizar aqueles que pensam de outra forma?

– A intenção, nisso como em muitas outras coisas, é a regra. Aquele que não tem em vista senão o respeito às crenças alheias, não faz mal. Ele faz melhor do que aquele que as ridicularizasse, porque faltaria à caridade. Mas aquele que a pratica por interesse e por ambição é desprezível aos olhos de Deus e dos homens.

Deus não pode ter por agradáveis aqueles que aparentam se humilhar diante dele apenas para atrair a aprovação dos homens.

656 – A adoração coletiva é preferível à adoração individual?

– *Os homens reunidos por uma comunhão de pensamentos e de sentimentos têm mais força para chamarem para si os bons Espíritos. Ocorre o mesmo quando eles se reúnem para adorar a Deus. Não acrediteis, por isso, que a adoração particular seja menos boa, porque cada um pode adorar a Deus pensando nele.*

Vida contemplativa.

657 – Os homens que se abandonam à vida contemplativa, não fazendo nenhum mal e não pensando senão em Deus, têm um mérito aos seus olhos?

– *Não, porque se eles não fazem o mal, não fazem o bem e são inúteis. Aliás, não fazer o bem já é um mal. Deus quer que se pense nele, mas não quer que se pense apenas nele, visto que deu ao homem deveres a cumprir sobre a Terra. Aquele que se consome na meditação e na contemplação não faz nada de meritório aos olhos de Deus, posto que sua vida é toda pessoal e inútil à Humanidade, e Deus lhe pedirá contas do bem que não haja feito. (640)*

Da prece.

658 – A prece é agradável a Deus?

– *A prece é sempre agradável a Deus quando é ditada pelo coração, porque a intenção é tudo para ele, e a prece do coração é preferível à que se pode ler, por bela que seja, se a lês mais com os lábios que com o pensamento. A prece é agradável a Deus quando é dita com fé, fervor e sinceridade. Mas não creiais que ele seja tocado pelo homem fútil, orgulhoso e egoísta, a menos que isso seja, de sua parte, um ato de sincero arrependimento e de verdadeira humildade.* (*)

659 – Qual é o caráter geral da prece?

– *A prece é um ato de adoração. Orar a Deus é pensar nele, aproximar-se*

(*) No original consta: ... à moins que se ne soit de sa part. A forma negativa não se ajusta ao pensamento contido na frase, por isso a omitimos. (N.do T.)

dele e colocar-se em comunicação com ele. Pela prece, pode-se propor três coisas: louvar, pedir e agradecer.

660 – A prece torna o homem melhor?

– Sim, porque aquele que ora com fervor e confiança é mais forte contra as tentações do mal e Deus lhe envia os bons Espíritos para o assistir. É um socorro que não é jamais recusado quando pedido com sinceridade.

– Como ocorre que certas pessoas que oram muito, sejam, malgrado isso, de um caráter muito mau, invejosas, ciumentas, coléricas, carentes de benevolência e indulgência e mesmo, algumas vezes, viciosas?

– O essencial não é orar muito, mas orar bem. Essas pessoas creem que todo o mérito está na extensão da prece e fecham os olhos sobre seus próprios defeitos. A prece, para elas, é uma ocupação, um emprego de tempo, mas não um estudo delas mesmas. *Não é o remédio que é ineficaz, mas a maneira como é empregado.*

661 – Pode-se utilmente pedir a Deus que nos perdoe nossas faltas?

– Deus sabe discernir o bem e o mal; a prece não oculta as faltas. Aquele que pede a Deus o perdão de suas faltas não o obtém senão mudando de conduta. As boas ações são as melhores preces, porque os atos valem mais que as palavras.

662 – Pode-se orar utilmente por outrem?

– O Espírito daquele que ora age por sua vontade de fazer o bem. Pela prece, ele atrai para si os bons Espíritos que se associam ao bem que quer fazer.

Possuímos, em nós mesmos, pelo pensamento e a vontade, um poder de ação que se estende além dos limites da nossa esfera corporal. A prece por outros é um ato dessa vontade. Se ela é ardente e sincera, pode chamar em sua ajuda os bons Espíritos, a fim de sugerir-lhe bons pensamentos e dar-lhe a força do corpo e da alma de que necessita. Mas aí ainda a prece do coração é tudo, a dos lábios não é nada.

663 – As preces que fazemos por nós mesmos podem mudar a natureza de nossas provas e desviar-lhes o curso?

– Vossas provas estão entre as mãos de Deus e há as que devem ser suportadas até o fim, mas, então, Deus tem sempre em conta a resignação. A prece chama para vós os bons Espíritos, que vos dão forças para suportá-las com coragem, e elas vos parecem menos duras. Já o dissemos: a prece não é jamais inútil, quando ela é bem feita, porque fortalece e é já um grande resultado. Ajuda-te, e o Céu te ajudará, sabes isso. Aliás, Deus não pode mudar a ordem da Natureza ao capricho

de cada um, porque aquilo que é um grande mal sob o vosso ponto de vista mesquinho e a vossa vida efêmera, é, frequentemente, um grande bem na ordem geral do Universo. Depois, quantos males não há de que o homem é o próprio autor por sua imprevidência ou por suas faltas! Ele é punido pelo que pecou. Entretanto, os pedidos justos são mais frequentemente atendidos, como não pensais. Credes que Deus não vos tem escutado porque ele não fez um milagre por vós, enquanto ele vos assiste por meios tão naturais que vos parecem o efeito do acaso ou da força das coisas. Frequentemente ou o mais frequentemente mesmo, ele vos suscita o pensamento necessário para vos tirar da confusão.

664 – É útil orar pelos mortos e pelos Espíritos sofredores e, nesse caso, como nossas preces podem proporcionar-lhes alívio e abreviar seus sofrimentos? Têm elas o poder de dobrar a justiça de Deus?

– A prece não pode ter por efeito mudar os desígnios de Deus, mas a alma pela qual se ora experimenta alívio, porque é um testemunho de interesse que se lhe dá, e o infeliz é sempre aliviado quando encontra almas caridosas que se compadecem de suas dores. Por outro lado, pela prece, provoca-se o arrependimento e o desejo de fazer o que for preciso para ser feliz. É nesse sentido que se pode abreviar sua pena, se por seu turno ele ajuda com sua boa vontade. Esse desejo de melhorar-se, excitado pela prece, atrai, antes de Espíritos sofredores, Espíritos melhores que vêm esclarecê-lo, consolá-lo e dar-lhe a esperança. Jesus orou por todas as ovelhas desgarradas, mostrando-vos, com isso, que seríeis culpados não o fazendo por aqueles que mais necessitarem.

665 – Que pensar da opinião que rejeita a prece pelos mortos em razão de não estar prescrita no Evangelho?

– O Cristo disse aos homens: "Amai-vos uns aos outros". Essa recomendação encerra a de empregar todos os meios possíveis de seu testemunho de afeição, sem entrar com isso em nenhum detalhe sobre a maneira de alcançar esse objetivo. Se é verdade que nada pode impedir o Criador de aplicar a Justiça, da qual ele é o tipo, a todas as ações do Espírito, não é menos verdadeiro que a prece que lhe endereçais por aquele que vos inspira afeição é para ele um testemunho de lembrança, que não pode senão contribuir para aliviar seus sofrimentos e consolá-lo. Desde que ele testemunhe o menor arrependimento, e então somente, é socorrido. Mas isso não o deixa jamais ignorar que uma alma simpática se ocupou dele e lhe deixa o doce pensamento de que sua intercessão lhe foi útil. Resulta, necessariamente, de sua parte, um sentimento de reconhecimento e de afeição por aquele que lhe deu essa prova de amizade ou de piedade. Por conseguinte, o amor que o Cristo recomendou aos homens não faz senão aproximá-los entre si. Portanto, os dois obedeceram

à lei de amor e união de todos os seres, lei divina que deve conduzir à unidade, objetivo e finalidade do Espírito (1).

666 – Pode-se orar aos Espíritos?

– Pode-se orar aos bons Espíritos como sendo os mensageiros de Deus e os executores de suas vontades, mas seu poder está em razão de sua superioridade e depende sempre do senhor de todas as coisas, sem cuja permissão nada se faz. Por isso, as preces que se lhes endereçam não são eficazes, se não são agradáveis a Deus.

Politeísmo.

667 – Por que o politeísmo é uma das crenças mais antigas e mais divulgadas, embora falsa?

– O pensamento de um Deus único não poderia ser, no homem, senão o resultado do desenvolvimento de suas ideias. Incapaz, em sua ignorância, de conceber um ser imaterial, sem forma determinada, agindo sobre a matéria, deu-lhe os atributos da natureza corporal, quer dizer, uma forma e uma aparência e, desde então, tudo que lhe parecia ultrapassar as proporções da inteligência vulgar era, para ele, uma divindade. Tudo o que não compreendia, devia ser obra de uma força sobrenatural, e daí a crença em tantas potências distintas, da qual via os efeitos, não havia senão um passo. Mas, em todos os tempos, houve homens esclarecidos que compreenderam a impossibilidade dessa multidão de poderes para governar o mundo sem uma direção superior e se elevaram ao pensamento de um Deus único.

668 – Os fenômenos espíritas, tendo se produzido em todos os tempos e sendo conhecidos desde as primeiras idades do mundo, não fizeram crer na pluralidade dos deuses?

– Sem dúvida, porque os homens chamando deus tudo o que era sobre-humano, os Espíritos eram deuses para eles e é, por isso, que, quando um homem se distinguia entre todos os outros por suas ações, seu gênio ou por um poder oculto, incompreendido pelo vulgo, faziam-no um deus e se lhe rendia um culto depois de sua morte (603).

A palavra ***deus,*** entre os Antigos, tinha uma acepção muito extensa. Não era, como em nossos dias, uma personificação do senhor da Natureza; era uma qualificação genérica dada a todo ser colocado fora das condições de humanidade. Ora, as

---

(1) Resposta dada pelo Espírito de M. Monot, pastor protestante de Paris, falecido em abril de 1856. A resposta precedente, nº 664, é do Espírito de São Luís.

manifestações espíritas revelando-lhes a existência de seres incorpóreos agindo como potências da Natureza, eles os chamaram **deuses,** como nós os chamamos **Espíritos**. É uma simples questão de palavras, com a diferença de que, na sua ignorância, mantida de propósito por aqueles que nisso tinham interesse, eles lhes elevaram templos e altares muito lucrativos, enquanto que, para nós, eles são simples criaturas, como nós, mais ou menos perfeitas e despojadas do seu envoltório terrestre. Se se estuda os diversos atributos das divindades pagãs, reconhecem-se, sem dificuldade, todos os atributos dos nossos Espíritos, em todos os graus da escala espírita, seu estado físico nos mundos superiores, todas as propriedades do perispírito e o papel que eles desempenham nas coisas da Terra.

O Cristianismo, vindo clarear o mundo com sua luz divina, não podia destruir uma coisa que está na Natureza, mas orientou a adoração para aquele a quem ela cabia. Quanto aos Espíritos, sua lembrança está perpetuada sob diversos nomes, segundo os povos e suas manifestações, que não cessaram jamais, foram diversamente interpretadas e, frequentemente, exploradas sob o domínio do mistério. Enquanto que a religião aí viu fenômenos miraculosos, os incrédulos viram embustes. Hoje, graças a estudos mais sérios, feitos com mais luz, o Espiritismo, liberto de ideias supersticiosas que o obscureceram através dos séculos, revela-nos um dos maiores e mais sublimes princípios da Natureza.

Sacrifícios.

669 – O uso de sacrifícios humanos remonta à mais alta antiguidade. Como o homem pôde ser levado a crer que semelhantes coisas pudessem ser agradáveis a Deus?

Primeiro, porque eles não compreendiam Deus como sendo a fonte da bondade. Entre os povos primitivos, a matéria vence sobre o espírito; eles se abandonam aos instintos da brutalidade e é, por isso, que são, geralmente, cruéis, porque o senso moral não está ainda desenvolvido entre eles. Depois, os homens primitivos deviam crer naturalmente que uma criatura animada tinha muito mais valor aos olhos de Deus que um corpo material. Foi isso que os levou a imolar primeiro os animais e, mais tarde, os homens, visto que, segundo suas crenças falsas, eles pensavam que o valor do sacrifício estava em relação com a importância da vítima. Na vida material, tal como a praticais geralmente, se ofereceis um presente a alguém, o escolheis sempre de um valor tanto maior quanto quereis testemunhar mais amizade e consideração à pessoa. Devia ocorrer o mesmo com os homens ignorantes, em relação a Deus.

– Assim, os sacrifícios de animais precederam os sacrifícios humanos?

– Não há dúvida quanto a isso.

– Segundo essa explicação, os sacrifícios humanos não se originaram de um sentimento de crueldade?

– *Não, mas de uma ideia falsa de ser agradável a Deus. Vede Abrãao. Depois, os homens abusaram imolando seus inimigos, mesmo seus inimigos particulares. De resto, Deus não exigiu jamais sacrifícios, não mais de animais que de homens; ele não pode ser honrado pela destruição inútil de sua própria criatura.*

670 – Os sacrifícios humanos feitos com uma intenção piedosa foram, alguma vez, agradáveis a Deus?

– *Não, jamais; mas Deus julga a intenção. Os homens, sendo ignorantes, poderiam crer que faziam um ato louvável imolando um de seus semelhantes. Nesse caso, a Deus não interessava senão o pensamento, e não o fato. Melhorando-se, os homens deviam reconhecer seus erros e reprovar esses sacrifícios que não deviam mais entrar na ideia de espíritos esclarecidos; eu digo esclarecidos porque os Espíritos estavam então envolvidos por um véu material. Mas, pelo livre-arbítrio, eles poderiam ter uma percepção de sua origem e de seu fim, e muitos compreendiam já, por intuição, o mal que faziam, embora só o praticassem para satisfazer suas paixões.*

671 – Que devemos pensar das guerras santas? O sentimento que leva os povos fanáticos a exterminarem, o mais possível, para serem agradáveis a Deus, aqueles que não compartilham de suas crenças, pareceria ter a mesma origem que aquele que os excitava outrora ao sacrifício dos seus semelhantes?

– *Eles estão possuídos pelos maus Espíritos e, guerreando com seus semelhantes, vão contra a vontade de Deus, que disse que se deve amar seu irmão como a si mesmo. Todas as religiões, ou antes, todos os povos, adoram um mesmo Deus, tenha ele um nome ou tenha outro; como provocar uma guerra de extermínio porque a religião de um é diferente ou não alcançou ainda o progresso dos povos esclarecidos? Os povos são escusáveis de não crerem na palavra daquele que estava animado pelo Espírito de Deus e enviado por ele, sobretudo quando não viram e não testemunharam seus atos; como quereis que eles creiam nessa palavra de paz quando ides dá-la de espada em punho? Eles devem se esclarecer e devemos procurar fazer-lhes conhecer sua doutrina pela persuasão e pela doçura, e não pela força e pelo sangue. Na maioria das vezes, não acreditais nas comunicações que temos com certos mortais; por que quereríeis que estranhos cressem em vossa palavra quando vossos atos desmentem a doutrina que pregais?*

672 – A oferenda que se faz a Deus, de frutos da terra, tem mais mérito aos seus olhos que o sacrifício de animais?

– Eu já vos respondi, dizendo que Deus julgava a intenção e que o fato tinha pouca importância para ele. Seria, evidentemente, mais agradável a Deus ver oferecer os frutos da terra que o sangue das vítimas. Como já vo-lo dissemos e o repetimos sempre, a prece dita do fundo do coração é cem vezes mais agradável a Deus que todas as oferendas que poderíeis fazer-lhe. Repito que a intenção é tudo e o fato nada.

673 – Não seria um meio de tornar essas oferendas mais agradáveis a Deus consagrando-as ao alívio daqueles a quem falta o necessário e, nesse caso, o sacrifício dos animais feito com um fim útil, não seria meritório, embora tivesse sido abusivo quando não servia para nada, ou não aproveitava senão às pessoas que de nada precisavam? Não teria alguma coisa de verdadeiramente piedosa consagrar-se aos pobres as premissas dos bens que Deus nos concedeu sobre a Terra?

– Deus abençoa sempre aqueles que fazem o bem; aliviar os pobres e aflitos é o melhor meio de honrá-lo. Não digo com isso que Deus desaprova as cerimônias que fazeis para pedir-lhe, mas há muito dinheiro que poderia ser empregado mais utilmente e não o é. Deus ama a simplicidade em todas as coisas. O homem que se liga às coisas exteriores e não ao coração, é um espírito de vistas estreitas; julgai se Deus deve interessar mais pela forma que pelo fundo.

III
Capítulo

II – Lei do trabalho

1. Necessidade do trabalho.
2. Limite do trabalho. Repouso.

Necessidade do trabalho.

674 – A necessidade do trabalho é uma lei da Natureza?

– O trabalho é uma lei natural e, por isso mesmo, é uma necessidade, e a civilização obriga o homem a trabalhar mais porque aumenta suas necessidades e seus prazeres.

675 – Não se deve entender pelo trabalho senão as ocupações materiais?

– Não. O Espírito trabalha como o corpo. Toda ocupação útil é um trabalho.

676 – Por que o trabalho é imposto ao homem?

– É uma consequência de sua natureza corporal. É uma expiação e, ao mesmo tempo, um meio de aperfeiçoar sua inteligência. Sem o trabalho, o homem permaneceria na infância da inteligência. Por isso, ele não deve seu sustento, sua segurança e seu bem-estar senão ao seu trabalho e à sua atividade. Àquele que é muito fraco de corpo Deus deu a inteligência para isso suprir; mas é sempre um trabalho.

677 – Por que a própria Natureza provê todas as necessidades dos animais?

– Tudo trabalha na Natureza. Os animais trabalham como tu, mas seu trabalho, como sua inteligência, é limitado ao cuidado de sua conservação, eis por que, entre eles,o trabalho não conduz ao progresso, enquanto que, no homem, ele tem um duplo fim: a conservação do corpo e o desenvolvimento do pensamento, que é também uma necessidade e que o eleva acima de si mesmo. Quando digo que

o trabalho dos animais é limitado ao cuidado de sua conservação, entendo o fim a que se propõem trabalhando; mas eles são, inconscientemente, e tudo provendo suas necessidades materiais, agentes que secundam os desígnios do Criador, e seu trabalho não concorre menos ao objetivo final da Natureza, se bem que, muito frequentemente, não descobris o resultado imediato.

678 – Nos mundos mais aperfeiçoados, o homem está submetido à mesma necessidade do trabalho?

– A natureza do trabalho é relativa à natureza das necessidades. Quanto menos as necessidades são materiais, menos o trabalho é material. Mas não creiais, com isso, que o homem fica inativo e inútil: a ociosidade seria um suplício em lugar de ser um benefício.

679 – O homem que possui bens suficientes para assegurar sua existência, está isento da lei do trabalho?

– Do trabalho material, talvez, mas não da obrigação de se tornar útil segundo suas possibilidades, de aperfeiçoar sua inteligência ou a dos outros, o que é também um trabalho. Se o homem a quem Deus distribuiu bens suficientes para assegurar a sua existência não está forçado a se sustentar com o suor de sua fronte, a obrigação de ser útil aos seus semelhantes é tanto maior para ele quanto o seu adiantamento lhe dá mais oportunidade para fazer o bem.

680 – Não há homens que são incapazes para o trabalho, qualquer que seja, e cuja existência é inútil?

– Deus é justo e não condena senão aquele cuja existência é voluntariamente inútil e vive na dependência do trabalho dos outros. Ele quer que cada um se torne útil, segundo suas faculdades. (643)

681 – A lei natural impõe aos filhos a obrigação de trabalhar por seus pais?

– Certamente, como os pais devem trabalhar por seus filhos e é, por isso, que Deus fez do amor filial e do amor paternal um sentimento natural, a fim de que, por essa afeição recíproca, os membros de uma mesma família fossem levados a se entreajudarem mutuamente, o que é, muito frequentemente, desconhecido na vossa sociedade atual. (205)

Limite do trabalho. Repouso.

682 – O repouso, depois do trabalho, sendo uma necessidade, não é uma lei natural?

– Sem dúvida, o repouso serve para reparar as forças do corpo e é também necessário a fim de deixar um pouco mais de liberdade à inteligência, para elevar-se acima da matéria.

683 – Qual é o limite do trabalho?

– O limite das forças; de resto, Deus deixa o homem livre.

684 – Que pensar daqueles que abusam de sua autoridade para impor aos seus inferiores um excesso de trabalho?

– É uma das piores ações. Todo homem que tem o poder de comandar é responsável pelo excesso de trabalho que impõe a seus subalternos, porque ele transgride a lei de Deus. (273)

685 – O homem tem direito ao repouso em sua velhice?

– Sim, ele não está obrigado senão segundo suas forças.

– Mas que recurso tem o velho necessitado de trabalhar para viver e que não o pode?

– O forte deve trabalhar pelo fraco; na falta da família, a sociedade deve tomar-lhe o lugar: é a lei da caridade.

Não é tudo dizer ao homem que ele deve trabalhar, é preciso ainda que aquele que espera sua existência do seu labor encontre em que se ocupar, e é o que nem sempre ocorre. Quando a suspensão do trabalho se generaliza, toma as proporções de um flagelo como a miséria. A ciência econômica procura o remédio no equilíbrio entre a produção e o consumo; mas esse equilíbrio, supondo-se que seja possível, terá sempre intermitências e, durante esses intervalos, o trabalhador não deve viver menos. Há um elemento que, comumente, não entra na balança e sem o qual a ciência econômica não é mais que uma teoria: a educação. Não a educação intelectual, mas a educação moral, e não ainda a educação moral pelos livros, mas aquela que consiste na **arte de formar os caracteres,** a que **dá os hábitos:** porque **a educação é o conjunto de hábitos adquiridos.** Quando se pensa na massa de indivíduos jogados cada dia na torrente da população, sem princípios, sem freios e entregues aos seus próprios instintos, deve-se espantar das consequências desastrosas que resultam? Quando essa arte for conhecida, cumprida e praticada, o homem ocasionará, no mundo, hábitos **de ordem e de previdência** para si mesmo e os seus, **de respeito por tudo o que é respeitável,** hábitos que lhe permitirão atravessar, menos penosamente, os maus dias inevitáveis. A desordem e a imprevidência são duas chagas que só uma educação **bem entendida** pode curar. Esse é o ponto de partida, o elemento real do bem-estar, a garantia da segurança de todos.

IV
Capítulo 4

III – Lei de reprodução

1. População do globo. – 2. Sucessão e aperfeiçoamento das raças. – 3. Obstáculos à reprodução. – 4. Casamento e celibato. – 5. Poligamia.

População do globo.

686 – A reprodução dos seres vivos é uma lei da Natureza?

– Isso é evidente; sem a reprodução, o mundo corporal pereceria.

687 – Se a população seguir sempre a progressão crescente que vemos, chegará um momento em que ela será exuberante sobre a Terra?

– Não. Deus a isso provê e mantém sempre o equilíbrio. Ele nada faz de inútil. O homem que não vê senão um canto do quadro na Natureza, não pode julgar a harmonia do conjunto.

Sucessão e aperfeiçoamento das raças.

688 – Há, neste momento, raças humanas que diminuem evidentemente; chegará um momento em que elas terão desaparecido da Terra?

– É verdade, mas é que outras tomaram seu lugar, como outras tomarão o vosso um dia. (*)

689 – Os homens atuais são uma nova criação ou os descendentes aperfeiçoados dos seres primitivos?

– São os mesmos Espíritos que estão voltando para se aperfeiçoarem em novos corpos, mas que estão ainda longe da perfeição. Assim, a raça humana atual que, pela sua argumentação, tende a invadir toda a Terra e a substituir as

---

(*) Vide Nota Explicativa da Editora no final do livro.

raças que se extinguem, terá seu período de decrescimento e de desaparecimento. Outras raças mais aperfeiçoadas a substituirão, descendendo da raça atual, como os homens civilizados de hoje descendem dos seres brutos e selvagens dos tempos primitivos.

690 – Sob o ponto de vista puramente físico, os corpos da raça atual são uma criação especial ou procedem dos corpos primitivos por via da reprodução?

– *A origem das raças se perde na noite dos tempos, mas como pertencem todas à grande família humana, qualquer que seja a estirpe primitiva de cada uma, elas puderam se misturar entre si e produzir novos tipos.* (*)

691 – Qual é, do ponto de vista físico, o caráter distintivo e dominante das raças primitivas?

– *Desenvolvimento da força bruta em detrimento da força intelectual. Atualmente é ao contrário: o homem faz mais pela inteligência que pela força do corpo e, portanto, faz cem vezes mais porque soube tirar proveito das forças da Natureza, o que não fazem os animais.* (*)

692 – O aperfeiçoamento das raças animais e vegetais, pela ciência, é contrário à lei natural? Seria mais conforme com essa lei deixar as coisas seguirem seu curso normal?

– *Deve-se fazer tudo para alcançar a perfeição, e o próprio homem é um instrumento do qual Deus se serve para alcançar seus fins. A perfeição, sendo o objetivo para o qual tende a Natureza, favorecê-la é corresponder a essa finalidade.*

– Mas o homem, geralmente, não se esforça pelo melhoramento das raças, senão por um sentimento pessoal e não tem outro objetivo senão o aumento de seus prazeres; isso não diminui seu mérito?

– *Que importa que seu mérito seja nulo, contanto que o progresso se faça? Está nele tornar seu trabalho meritório pela intenção. Aliás, pelo seu trabalho, exercita e desenvolve sua inteligência e é sob esse aspecto que ele mais aproveita.*

Obstáculos à reprodução.

693 – As leis e os costumes humanos que têm por objetivo ocasionar obstáculos à reprodução são contrários à lei natural?

(**) Vide Nota Explicativa da Editora no final do livro.

– *Tudo o que entrava a marcha da Natureza é contrário à lei geral.*

– Entretanto, há espécies de seres vivos, animais e plantas, cuja reprodução indefinida seria nociva a outras espécies e o próprio homem seria logo a vítima; comete ele um ato repreensível detendo essa reprodução?

– *Deus deu ao homem, sobre todos os seres vivos, um poder que deve usar para o bem, mas não abusar. Ele pode regrar a reprodução segundo as necessidades, mas não deve entravá-la sem necessidade. A ação inteligente do homem é um contrapeso estabelecido por Deus para restabelecer o equilíbrio entre as forças da Natureza e é isso ainda que o distingue dos animais, porque o faz com conhecimento de causa. Mas os próprios animais também concorrem para esse equilíbrio, porque o instinto de destruição que lhes foi dado faz com que, provendo sua própria conservação, eles detenham o desenvolvimento excessivo e, talvez, perigoso de espécies animais e vegetais de que se nutrem.*

694 – Que pensar dos usos que têm por efeito deter a reprodução, tendo em vista satisfazer a sensualidade?

– *Isso prova a predominância do corpo sobre a alma e quanto o homem está materializado.*

Casamento e celibato.

695 – O casamento, quer dizer, a união permanente de dois seres, é contrário à lei natural?

– *É um progresso na marcha da Humanidade.*

696 – Qual seria o efeito da abolição do casamento na sociedade humana?

– *O retorno à vida animal.*

A união livre e fortuita dos sexos é um estado natural. O casamento é um dos primeiros atos de progresso das sociedades humanas, porque ele estabelece a solidariedade fraternal e se encontra entre todos os povos, ainda que em condições diversas. A abolição do casamento seria o retorno à infância da Humanidade e colocaria o homem abaixo mesmo de certos animais que lhe dão o exemplo de uniões constantes.

697 – A indissolubilidade absoluta do casamento está na lei natural ou somente na lei humana?

– *É uma lei humana muito contrária à lei natural. Mas os homens podem mudar suas leis: só as da Natureza são imutáveis.*

698 – O celibato voluntário é um estado de perfeição meritório aos olhos de Deus?

– Não, e os que vivem assim por egoísmo desagradam a Deus e enganam a todo mundo.

699 – O celibato não é, da parte de certas pessoas, um sacrifício com o objetivo de devotar-se mais inteiramente ao serviço da Humanidade?

– Isso é bem diferente. Eu disse: por egoísmo. Todo sacrifício pessoal é meritório quando é para o bem; quanto maior o sacrifício, maior o mérito.

Deus não pode se contradizer, nem achar mau o que fez; não pode ver mérito na violação de sua lei. Mas se o celibato, por si mesmo, não é um estado meritório, o mesmo não ocorre quando constitui, pela renúncia às alegrias da família, um sacrifício feito em proveito da Humanidade. Todo sacrifício pessoal com objetivo do bem, **e sem dissimulação do egoísmo,** eleva o homem acima de sua condição material.

Poligamia.

700 – A igualdade numérica que, mais ou menos, existe entre os sexos, é um índice de proporção segundo o qual eles devem estar unidos?

– Sim, porque tudo tem um fim na Natureza.

701 – Qual das duas, a poligamia ou a monogamia, está mais conforme com a lei natural?

– A poligamia é uma lei humana, cuja abolição marca um progresso social. O casamento, segundo os objetivos de Deus, deve ser fundado sobre a afeição dos seres que se unem. Com a poligamia não há afeição real, mas sensualidade.

Se a poligamia fosse segundo a lei natural, ela deveria poder ser universal, o que seria materialmente impossível, visto a igualdade numérica dos sexos.

A poligamia deve ser considerada como um uso ou uma legislação particular, apropriada a certos meios, e que o aperfeiçoamento social faz, pouco a pouco, desaparecer.

V
Capítulo
5

IV – Lei de conservação

1. Instinto de conservação. – 2. Meios de conservação.
3. Gozo dos bens terrestres. – 4. Necessário e supérfluo.
5. Privações voluntárias. Mortificações.

Instinto de conservação.

702 – O instinto de conservação é uma lei natural?

– Sem dúvida. Ele é dado a todos os seres vivos, qualquer que seja o grau de sua inteligência. Em uns, ele é puramente maquinal, em outros, ele é racional.

703 – Com qual objetivo Deus deu a todos os seres vivos o instinto de conservação?

– Porque todos devem concorrer para os objetivos da Providência. É, por isso, que Deus lhes deu a necessidade de viver. Aliás, a vida é necessária ao aperfeiçoamento dos seres, e eles o sentem instintivamente sem se aperceberem.

Meios de conservação.

704 – Deus, dando ao homem a necessidade de viver, fornece-lhe sempre os meios?

– Sim, e se não os encontra é porque não os compreende. Deus não poderia dar ao homem a necessidade de viver sem dar-lhe os meios, por isso faz a terra produzir para fornecer o necessário a todos os seus habitantes, porque só o necessário é útil; o supérfluo não o é jamais.

705 – Por que a terra não produz sempre bastante para fornecer o necessário ao homem?

– É que o homem a negligencia, o ingrato! É, todavia, uma excelente mãe.

Frequentemente também, ele acusa a Natureza pelo que resulta de sua imperícia ou de sua imprevidência. A terra produziria sempre o necessário se o homem soubesse se contentar. Se ela não basta a todas as necessidades é porque o homem emprega no supérfluo o que poderia ser dado ao necessário. Veja o árabe no deserto: ele encontra sempre com que viver, porque não cria, para si, necessidades artificiais. Quando a metade dos produtos é esbanjada para satisfazer fantasias, o homem deve se espantar de nada encontrar no dia de amanhã e há razão para lastimar-se de estar desprovido quando vem o tempo da escassez? Em verdade, eu vo-lo disse, não é a Natureza que é imprevidente, mas o homem que não sabe se regrar.

706 – Por bens da terra somente devem se entender os produtos do solo?

– O solo é a fonte primeira de onde provêm todos os outros recursos, porque, em definitivo, esses recursos não são senão uma transformação dos produtos do solo. Por isso, é preciso entender pelos bens da terra tudo aquilo de que o homem pode desfrutar neste mundo.

707 – Os meios de existência, frequentemente, fazem falta a certos indivíduos, mesmo em meio à abundância que os cerca; a que se deve atribuir isso?

– Ao egoísmo dos homens, que não fazem sempre o que devem; depois, e o mais frequentemente, a eles mesmos. Procurai e encontrareis; estas palavras não querem dizer que basta olhar a terra para encontrar o que se deseja, mas que é preciso procurá-lo com ardor e perseverança, e não com fraqueza, sem se deixar desencorajar pelos obstáculos que, frequentemente, não são senão meios de pôr à prova vossa constância, vossa paciência e vossa firmeza. (534)

Se a civilização multiplica as necessidades, ela multiplica também as fontes de trabalho e os meios de viver; mas é preciso convir que, sob esse aspecto, muito lhe resta ainda a fazer. Quando ela tiver terminado sua obra, ninguém poderá dizer que lhe falta o necessário, senão por sua falta. A infelicidade, para muitos, resulta de tomarem um caminho que não é aquele que a Natureza lhes traçou; então, lhes falta a inteligência para terem êxito. Há para todos lugar ao Sol, mas com a condição de aí tomar o seu, e não o dos outros. A Natureza não poderia ser responsável pelos vícios da organização social e pelas consequências da ambição e do amor-próprio.

Entretanto, precisar-se-ia ser cego para não se reconhecer o progresso que se efetua sob esse aspecto entre os povos mais avançados. Graças aos louváveis esforços que a filantropia e a ciência juntas não cessam de fazer para o melhoramento do estado material dos homens, e malgrado o aumento incessante das populações, a insuficiência da produção atenuada pelo menos em grande parte, e os anos mais calamitosos não têm nada de comparável aos de outrora. A higiene pública, esse elemento tão essencial da força e da saúde, desconhecida de nossos pais, é objeto de uma solicitude esclarecida. O infortúnio e o sofrimento encontram lugares de refúgio. Por toda a parte, a Ciência contribui para aumentar o bem-estar. Pode-se dizer que se alcançou a perfeição? Oh, certamente, não; mas o que se fez dá medida do que se pode fazer com a perseverança, se o homem for bastante sábio para procurar a sua felicidade nas coisas positivas e sérias, e não nas utopias que o fazem recuar ao invés de avançar.

708 – Não há situações em que os meios de existência não dependem, de modo algum, da vontade do homem, e onde a privação do necessário, o mais imperioso, é uma consequência da força das coisas?

– *É uma prova, frequentemente cruel, que deve suportar, e à qual ele sabia que estaria exposto. Seu mérito está em sua submissão à vontade de Deus, se sua inteligência não lhe fornece nenhum meio de se livrar dos empeços. Se a morte o deve alcançar, deve submeter-se a ela, sem murmurar e pensando que a hora da verdadeira libertação chegou e que* o desespero do último momento pode fazê--lo perder o fruto de sua resignação.

709 – Os que, em certas situações críticas, acham-se forçados a sacrificarem seus semelhantes para se nutrirem, cometem um crime? Se há crime, ele é atenuado pela necessidade de viver que lhes dá o instinto de conservação?

– *Já respondi, dizendo que há maior mérito em suportar todas as provas da vida com coragem e abnegação. Há homicídio e crime de lesa-natureza, falta que deve ser duplamente punida.*

710 – Nos mundos em que a organização é mais depurada, os seres vivos têm necessidade de alimentação?

– *Sim, mas seus alimentos estão em relação com sua natureza. Esses alimentos não seriam bastante substanciais para vossos estômagos grosseiros e, da mesma forma, eles não poderiam digerir os vossos.*

Gozo dos bens terrestres.

711 – O uso dos bens da terra é um direito para todos os homens?

– *Esse direito é a consequência da necessidade de viver. Deus não pode ter imposto um dever sem haver dado os meios de o satisfazer.*

712 – Com que objetivo Deus ligou um atrativo aos gozos dos bens materiais?

– Para excitar o homem ao cumprimento de sua missão e também para prová-lo pela tentação.

– Qual é o objetivo dessa tentação?

– Desenvolver sua razão, que deve preservá-lo dos excessos.

Se o homem não fosse excitado ao uso dos bens da terra, senão pela sua utilidade, sua indiferença poderia comprometer a harmonia do Universo: Deus lhe deu o atrativo do prazer que o solicita ao cumprimento dos objetivos da Providência. Mas por esse mesmo atrativo Deus quis, por outro lado, experimentá-lo pela tentação que o arrasta para o abuso, do qual sua razão deve defendê-lo.

713 – Os gozos têm limites traçados pela Natureza?

– Sim, para vos indicar o limite do necessário; mas, pelos vossos excessos, chegais à saciedade e vos punis vós mesmos.

714 – Que pensar do homem que procura nos excessos de todos os gêneros um refinamento de seus prazeres?

– Pobre natureza que é preciso lastimar e não almejar, porque ele está bem próximo da morte!

– Da morte física ou da morte moral?

– De uma e de outra.

O homem que procura, nos excessos de todo gênero, um refinamento dos prazeres, coloca-se abaixo do animal, porque o animal sabe se deter na satisfação da necessidade. Ele abdica da razão que Deus lhe deu por guia e, quanto maiores seus excessos, mais dá à natureza animal império sobre sua natureza espiritual. As doenças, as enfermidades, a própria morte, que são as consequências dos abusos, ao mesmo tempo, são punição à transgressão da lei de Deus.

Necessário e supérfluo.

715 – Como pode o homem conhecer o limite do necessário?

– O sábio o conhece por intuição. Muitos o conhecem por experiência e às suas custas.

716 – A Natureza não traçou o limite das nossas necessidades em nossa organização?

– Sim, mas o homem é insaciável. A Natureza traçou o limite de suas

necessidades em sua organização, mas os vícios alteraram sua constituição e ele criou para si necessidades que não são reais.

717 – Que pensar daqueles que monopolizam os bens da terra para se obter o supérfluo em prejuízo daqueles a quem falta o necessário?

– Eles desconhecem a lei de Deus e responderão pelas privações que terão feito experimentar.

O limite do necessário e do supérfluo nada tem de absoluto. A civilização criou necessidades que a selvageria não tem, e os Espíritos que ditaram esses preceitos não pretendem que o homem civilizado deva viver como o selvagem. Tudo é relativo e cabe à razão distinguir cada coisa. A civilização desenvolve o senso moral e, ao mesmo tempo, o sentimento de caridade que leva os homens a se prestarem mútuo apoio. Os que vivem às custas das privações alheias exploram os benefícios da civilização em seu proveito; não têm da civilização senão o verniz, como há pessoas que não têm da religião senão a máscara.

Privações voluntárias. Mortificações.

718 – A lei de conservação obriga a prover as necessidades do corpo?

– Sim, sem a força e a saúde, o trabalho é impossível.

719 – É repreensível ao homem procurar o bem-estar?

– O bem-estar é um desejo natural. Deus não proíbe senão o abuso, porque o abuso é contrário à conservação. Ele não incrimina a procura do bem-estar, se esse bem-estar não é adquirido às custas de ninguém e se não deve enfraquecer, nem vossas forças morais, nem vossas forças físicas.

720 – As privações voluntárias, em vista de uma expiação igualmente voluntária, têm algum mérito aos olhos de Deus?

– Fazei o bem aos outros e merecereis mais.

– Há privações voluntárias que sejam meritórias?

– Sim, a privação dos prazeres inúteis, porque ela desliga o homem da matéria e eleva sua alma. O que é meritório é resistir à tentação que solicita aos excessos ou ao gozo das coisas inúteis e tirar do seu necessário para dar àqueles que não têm bastante. Se a privação não é mais o que um vão simulacro, ela é uma zombaria.

721 – A vida de mortificação ascética foi praticada em toda a antiguidade e entre diferentes povos; ela é meritória sob um ponto de vista qualquer?

– Perguntai a quem *ela serve e tereis a resposta. Se não serve senão àquele que a pratica e o impede de fazer o bem, é do egoísmo, qualquer que seja o pretexto com o qual se disfarce. Privar-se e trabalhar para os outros é a verdadeira mortificação, segundo a caridade cristã.*

722 – A abstenção de certos alimentos, prescrita entre diversos povos, é fundada na razão?

– Tudo aquilo com o qual homem pode se nutrir, sem prejuízo de sua saúde, é permitido. Mas os legisladores puderam interditar certos alimentos com um fim útil e, para dar mais crédito às suas leis, eles as apresentaram como vindas de Deus.

723 – A alimentação animal, entre os homens, é contrária à lei natural?

– Na vossa constituição física, a carne nutre a carne, de outra maneira o homem enfraquece. A lei de conservação dá ao homem um dever de entreter suas forças e sua saúde para cumprir a lei do trabalho. Ele deve, pois, alimentar-se segundo o exige a sua organização.

724 – A abstenção de alimento animal ou outro, como expiação, é meritória?

– Sim, se se priva pelo outros. Mas Deus não pode ver uma mortificação quando não há nela privação séria e útil. Por isso, dissemos que aqueles que se privam só na aparência, são hipócritas. (720)

725 – Que pensar das mutilações operadas sobre o corpo do homem ou dos animais?

– Para que semelhante questão? Perguntai, portanto, ainda uma vez, se uma coisa é útil. O que é inútil não pode ser agradável a Deus, e o que é nocivo lhe é sempre desagradável, porque, sabei bem, Deus não é sensível senão aos sentimentos que elevam a alma até ele. É praticando sua lei, em vez de estar violando-a, que podereis sacudir vossa matéria terrestre.

726 – Se os sofrimentos deste mundo nos elevam pela maneira que os suportamos, elevam-nos também aqueles que criamos voluntariamente?

– Os únicos sofrimentos que elevam são os sofrimentos naturais, porque eles vêm de Deus. Os sofrimentos voluntários não servem para nada quando eles nada fazem para o bem de outrem. Crês que aqueles que abreviam sua vida nos rigores sobre-humanos, como fazem os bonzos, os faquires e certos fanáticos de várias seitas, avançam em seu caminho? Por que, antes, não trabalham para o bem de

seus semelhantes? Que eles vistam o indigente, consolem o que chora, trabalhem por aquele que está enfermo, sofram privações para o alívio dos infelizes, então, sua vida será útil e agradável a Deus. Quando, nos sofrimentos voluntários que padecem, não têm em vista senão a si mesmos, é de egoísmo; quando sofrem pelos outros, é de caridade: tais são os preceitos do Cristo.

727 – Se não se devem criar sofrimentos voluntários que não têm nenhuma utilidade para outrem, devemos procurar nos preservar daqueles que prevemos ou que nos ameaçam?

– *O instinto de conservação foi dado a todos os seres contra os perigos e os sofrimentos. Fustigai vosso espírito e não vosso corpo, mortificai vosso orgulho, sufocai vosso egoísmo semelhante a uma serpente que vos tortura o coração, e fareis mais pelo vosso adiantamento, que pelos rigores que não são mais deste século.*

Capítulo VI 6

V – Lei de destruição

1. Destruição necessária e destruição abusiva.
2. Flagelos destruidores. – 3. Guerras. – 4. Homicídio.
5. Crueldade. – 6. Duelo. – 7. Pena de morte.

Destruição necessária e destruição abusiva.

728 – A destruição é uma lei da Natureza?

– É preciso que tudo se destrua para renascer e se regenerar, porque o que chamais destruição não é senão uma transformação, que tem por objetivo a renovação e melhoramento dos seres vivos.

– O instinto de destruição teria, assim, sido dado aos seres vivos com objetivos providenciais?

– As criaturas de Deus são os instrumentos dos quais ele se serve para atingir seus fins. Para se nutrirem, os seres vivos se destroem entre si, e isso com o duplo objetivo de manter o equilíbrio na reprodução, que poderia vir a ser excessiva, e de utilizar os restos do envoltório exterior. Mas, sempre, não é senão esse envoltório que é destruído, e esse envoltório não é senão o acessório e não a parte principal, é o princípio inteligente que é indestrutível e que se elabora nas diferentes metamorfoses que sofre.

729 – Se a destruição é necessária para a regeneração dos seres, por que a Natureza os cerca de meios de preservação e de conservação?

– Para que a destruição não chegue antes da época necessária. Toda destruição antecipada entrava o desenvolvimento do princípio inteligente. Por isso, Deus deu a cada ser a necessidade de viver e de se reproduzir.

730 – Visto que a morte deve nos conduzir para uma vida melhor, que nos livra dos males desta e que, assim, ela está mais para ser desejada

que temida, por que o homem tem dela um horror instintivo que o faz temê-la?

– Já o dissemos, o homem deve procurar prolongar sua vida para cumprir sua tarefa. Por isso, Deus lhe deu o instinto de conservação que o sustém nas provas, e sem o qual se deixaria, muito frequentemente, levar ao desencorajamento. A voz secreta que o faz repelir a morte lhe diz que ele pode ainda fazer alguma coisa pelo seu adiantamento. Quando um perigo o ameaça, é uma advertência para que aproveite a moratória que Deus lhe concede. Mas ingrato! rende, mais frequentemente, graças à sua estrela que ao seu Criador.

731 – Por que, ao lado dos meios de conservação, a Natureza, ao mesmo tempo, colocou os agentes destruidores?

– O remédio ao lado do mal. Já o dissemos, é para manter o equilíbrio e servir de contrapeso.

732 – A necessidade de destruição é a mesma em todos os mundos?

– Ela é proporcional ao estado mais ou menos material dos mundos, e cessa com um estado físico e moral mais depurado. Nos mundos mais avançados que o vosso, as condições de existências são outras.

733 – A necessidade da destruição existirá sempre entre os homens sobre a Terra?

– A necessidade de destruição se enfraquece entre os homens à medida que o Espírito se sobrepõe à matéria, e é, por isso, que vedes o horror à destruição seguir o desenvolvimento intelectual e moral.

734 – Em seu estado atual, o homem tem um direito ilimitado de destruição sobre os animais?

– Esse direito é regulado pela necessidade de prover à sua nutrição e à sua segurança. O abuso jamais foi um direito.

735 – Que pensar da destruição que ultrapassa os limites das necessidades e da segurança? Da caça, por exemplo, quando não tem por objetivo senão o prazer de destruir sem utilidade?

– Predominância da bestialidade sobre a natureza espiritual. Toda destruição que ultrapasse os limites da necessidade é uma violação da lei de Deus. Os animais não destroem senão por suas necessidades; mas o homem, que tem o livre-arbítrio, destrói sem necessidade. Ele prestará contas do abuso da liberdade que lhe foi concedida, porque é aos maus instintos que ele cede.

736 – Os povos que possuem, em excesso, o escrúpulo relativo à destruição dos animais têm um mérito particular?

– É um excesso num sentimento louvável por si mesmo, mas que se torna abusivo e cujo mérito é neutralizado pelo abuso de bens de outras espécies. Há, entre eles, mais de medo supersticioso do que verdadeira bondade.

Flagelos destruidores.

737 – Com que objetivo Deus atinge a Humanidade por meio de flagelos destruidores?

– Para fazê-la avançar mais depressa. Não vos dissemos que a destruição é necessária para a regeneração moral dos Espíritos, que adquirem, a cada nova existência, um novo grau de perfeição? É preciso ver o fim para lhe apreciar os resultados. Não os julgais senão sob o vosso ponto de vista pessoal e os chamais de flagelos por causa do prejuízo que vos ocasionam. Mas esses transtornos são, frequentemente, necessários para fazer alcançar, mais prontamente, uma ordem melhor de coisas e, em alguns anos, o que exigiria séculos. (744)

738 – Deus não poderia empregar, para o aprimoramento da Humanidade, outros meios senão os flagelos destruidores?

– Sim, e o emprega todos os dias, visto que deu a cada um os meios de progredir pelo conhecimento do bem e do mal. É que o homem não aproveita; é preciso castigá-lo em seu orgulho e fazê-lo sentir sua fraqueza.

– Mas, nesses flagelos, o homem de bem sucumbe como o perverso; isso é justo?

– Durante a vida, o homem relaciona tudo com o seu corpo, mas, depois da morte, ele pensa de outra forma e, como já dissemos: a vida do corpo é pouca coisa. Um século do vosso mundo é um relâmpago na eternidade. Portanto, os sofrimentos do que chamais alguns meses ou alguns dias não são nada, apenas um ensinamento para vós e que vos servirá no futuro. Os Espíritos, eis o mundo real, preexistentes e sobreviventes a tudo (85), são os filhos de Deus e o objeto de toda a sua solicitude; os corpos não são senão os trajes com os quais eles aparecem no mundo. Nas grandes calamidades que dizimam os homens, é como um exército que, durante a guerra, vê seus trajes usados, rasgados ou perdidos. O general tem mais cuidado com seus soldados do que com suas vestes.

– Mas as vítimas desses flagelos não são menos vítimas?

– Se se considerasse a vida por aquilo que ela é, e o pouco que é com relação

ao infinito, se atribuiria menos importância a isso. Essas vítimas encontrarão, em uma outra existência, uma larga compensação aos seus sofrimentos, se elas sabem suportá-los sem murmurar.

Quer chegue a morte por um flagelo ou por uma causa ordinária, não se pode escapar a ela quando soa a hora de partida: a única diferença é que com isso, no primeiro caso, parte um maior número de uma vez.

Se pudéssemos nos elevar, pelo pensamento, de maneira a dominar a Humanidade e abrangê-la inteiramente, esses flagelos tão terríveis não nos pareceriam mais que tempestades passageiras no destino do mundo.

739 – Os flagelos destruidores têm uma utilidade, sob o ponto de vista físico, malgrado os males que ocasionam?

– Sim, eles mudam, algumas vezes, o estado de uma região; mas o bem que disso resulta não é, frequentemente, percebido senão pelas gerações futuras.

740 – Os flagelos não seriam igualmente para o homem provas morais que o submetem às mais duras necessidades?

– Os flagelos são provas que fornecem ao homem a ocasião de exercitar sua inteligência, de mostrar sua paciência e sua resignação à vontade de Deus e o orientam para demonstrar seus sentimentos de abnegação, de desinteresse e de amor ao próximo, se ele não está mais dominado pelo egoísmo.

741 – É dado ao homem conjurar os flagelos que o afligem?

– Sim, de uma parte, mas não como se pensa geralmente. Muitos flagelos são o resultado de sua imprevidência; à medida que ele adquire conhecimentos e experiência, pode conjurá-los, quer dizer, preveni-los, se sabe procurar-lhes as causas. Mas entre os males que afligem a Humanidade, há os gerais que estão nos desígnios da Providência, e dos quais cada indivíduo recebe mais ou menos, a repercussão. A estes o homem não pode opor senão a resignação à vontade de Deus e, ainda, esses males são agravados, frequentemente, pela sua negligência.

Entre os flagelos destruidores, naturais e independentes do homem, é preciso incluir, na primeira linha, a peste, a fome, as inundações, as intempéries fatais à produção da terra. Mas o homem não encontrou na ciência, nos trabalhos de arte, no aperfeiçoamento da agricultura, nos afolhamentos e na irrigação, no estudo das condições higiênicas, os meios de neutralizar, ou, pelo menos, atenuar os desastres? Certas regiões, outrora assoladas por terríveis flagelos, não estão preservadas hoje? Que não fará, portanto, o homem por seu bem-estar material quando souber aproveitar todos os recursos de sua inteligência e quando ao cuidado de sua conservação pessoal, souber aliar o sentimento de uma verdadeira caridade por seus semelhantes? (707)

Guerras.

742 – Qual é a causa que leva o homem à guerra?

– Predominância da natureza animal sobre a natureza espiritual e satisfação das paixões. No estado de barbárie, os povos não conhecem senão o direito do mais forte; por isso, a guerra é para eles um estado normal. À medida que o homem progride, ela se torna menos frequente, porque lhe evita as causas e, quando é necessária, sabe aliá-la à humanidade.

743 – A guerra desaparecerá um dia da face da Terra?

– Sim, quando os homens compreenderem a justiça e praticarem a lei de Deus; então, todos os povos serão irmãos.

744 – Qual foi o objetivo da Providência, tornando a guerra necessária?

– A liberdade e o progresso.

– Se a guerra deve ter por resultado alcançar a liberdade, como ocorre que ela, frequentemente, tenha por objetivo e por resultado a subjugação?

– Subjugação momentânea para abater os povos, a fim de os fazer chegar mais depressa.

745 – Que pensar daquele que suscita a guerra em seu proveito?

– Este é o verdadeiro culpado e precisará de muitas existências para expiar todos os homicídios dos quais foi a causa, porque responderá pelo homem, cada um deles, ao qual causou a morte para satisfazer sua ambição.

Homicídio.

746 – O homicídio é um crime aos olhos de Deus?

– Sim, um grande crime, porque aquele que tira a vida do seu semelhante, corta uma vida de expiação ou de missão, e aí está o mal.

747 – O homicídio tem sempre o mesmo grau de culpabilidade?

– Já o dissemos: Deus é justo e julga a intenção mais do que o fato.

748 – Deus escusa o homicídio no caso de legítima defesa?

– Só a necessidade pode escusá-lo; mas se puder preservar a vida sem atingir a do agressor, deve-se fazê-lo.

749 – O homem é culpável pelas mortes que comete durante a guerra?

– Não, quando ele é constrangido pela força. Mas ele é culpável pelas crueldades que comete e ser-lhe-á levada em conta sua humanidade.

750 – Quem é mais culpável aos olhos de Deus, o parricida ou o infanticida?

– Ambos o são igualmente, porque todo crime é um crime.

751 – Como se explica que, entre certos povos já avançados do ponto de vista intelectual, o infanticídio esteja nos costumes e consagrados pela legislação?

– O desenvolvimento intelectual não leva à necessidade do bem. O Espírito, superior em inteligência, pode ser mau. É aquele que tem vivido muito, sem se melhorar: ele o sabe.

Crueldade.

752 – Pode-se atribuir o sentimento de crueldade ao instinto de destruição?

– É o instinto de destruição no que tem de pior, porque se a destruição, algumas vezes, é necessária, a crueldade não o é jamais. Ela é sempre o resultado de uma natureza má.

753 – Como se explica que a crueldade é o caráter dominante dos povos primitivos?

– Entre os povos primitivos, como os chamas, a matéria domina sobre o Espírito. Eles se abandonam aos instintos animais e, como não têm outras necessidades que as da vida do corpo, não visam senão à sua conservação pessoal e é isso que os torna, geralmente, cruéis. Aliás, os povos de desenvolvimento imperfeito estão sob o império de Espíritos igualmente imperfeitos que lhes são simpáticos, até que os povos mais avançados venham destruir ou enfraquecer essa influência.

754 – A crueldade não provém da ausência do senso moral?

– Dize que o senso moral não está desenvolvido, mas não que está ausente, porque ele existe, em princípio, em todos os homens. É esse senso moral que fará, mais tarde, seres bons e humanos. Ele existe, pois, no selvagem, mas está como o princípio do perfume está no germe da flor, antes de ela desabrochar.

Todas as faculdades existem no homem, em estado rudimentar ou latente. Elas se desenvolvem conforme as circunstâncias lhes são mais ou menos favoráveis. O desenvolvimento excessivo de uma detém ou neutraliza o das outras. A super excitação dos instintos materiais sufoca, por assim dizer, o senso moral, como o desenvolvimento do senso moral enfraquece, pouco a pouco, as faculdades puramente animais.

755 – Como se dá que no seio da civilização mais avançada se encontrem seres algumas vezes tão cruéis quanto os selvagens?

– Como sobre uma árvore carregada de bons frutos, encontram-se os que não chegam a termo. São, se o queres, selvagens que não têm da civilização senão o verniz, lobos perdidos no meio das ovelhas. Espíritos de uma ordem inferior e muito atrasados, podem se encarnar entre os homens avançados, na esperança de eles mesmos avançarem. Mas se a prova é muito penosa, a natureza primitiva os domina.

756 – A sociedade dos homens de bem estará, um dia, livre dos seres malfazejos?

– A Humanidade progride. Esses homens, dominados pelo instinto do mal e que estão deslocados entre as pessoas de bem, desaparecerão, pouco a pouco, como o mau grão se separa do bom, depois que este é selecionado, mas para renascer sob um outro envoltório, e como terão mais experiência, compreenderão melhor o bem e o mal. Tens um exemplo nas plantas e nos animais que o homem encontrou meios de aperfeiçoar, e nos quais ele desenvolve qualidades novas. Pois bem! não é senão depois de várias gerações que o aperfeiçoamento se torna completo. É a imagem das diferentes existências do homem.

Duelo.

757 – O duelo pode ser considerado como um caso de legítima defesa?

– Não, é um homicídio e um hábito absurdo, digno dos bárbaros. Com uma civilização mais avançada e mais moral, o homem compreenderá que o duelo é tão ridículo, como os combates que se consideraram outrora como o juízo de Deus.

758 – O duelo pode ser considerado como um homicídio da parte daquele que, conhecendo sua própria fraqueza, está mais ou menos seguro de sucumbir?

– É um suicídio.

– E quando as chances são iguais, é um homicídio ou um suicídio?

– É um e outro.

Em todos os casos, mesmo naqueles em que as chances são iguais, o duelista é culpável, primeiro porque ele atenta friamente e de propósito deliberado contra a vida do seu semelhante; em segundo lugar, porque expõe a própria vida inutilmente e sem proveito para ninguém.

759 – Qual é o valor daquilo que se chama o *ponto de honra* em matéria de duelo?

– *O orgulho e a vaidade, duas chagas da Humanidade.*

– Mas não há casos em que a honra se encontra verdadeiramente empenhada e em que um recuo seria uma covardia?

– *Isso depende dos costumes e dos usos; cada país e cada século têm aí um modo de ver diferente. Quando os homens forem melhores e mais avançados em moral, eles compreenderão que o verdadeiro ponto de honra está acima das paixões terrestres e que não é matando ou fazendo-se matar, que se repara um erro.*

Há mais de grandeza e de verdadeira honra em se confessar culpado quando se errou, ou em perdoar quando se tem razão e, em todos os casos, em desprezar os insultos que não podem nos atingir.

Pena de morte.

760 – A pena de morte desaparecerá um dia da legislação humana?

– *A pena de morte desaparecerá incontestavelmente e sua supressão marcará um progresso na Humanidade. Quando os homens estiverem mais esclarecidos, a pena de morte será completamente abolida sobre a Terra. Os homens não terão mais necessidade de serem julgados pelos homens. Falo de uma época que está ainda muito distante de vós.*

O progresso social, sem dúvida, deixa ainda muito a desejar, mas seria injusto para com a sociedade moderna se não se visse um progresso nas restrições trazidas à pena de morte entre os povos, os mais avançados, e na natureza dos crimes aos quais se limita sua aplicação. Se se comparam as garantias com que a justiça, entre esses mesmos povos, esforça-se para cercar o acusado, a humanidade que ela usa para com ele, ainda mesmo que seja reconhecido culpado, com o que se praticava em tempos que não são ainda muito distantes, não se pode desconhecer o caminho progressivo pelo qual marcha a Humanidade.

761 – A lei de conservação dá ao homem o direito de preservar sua própria vida; não usa ele desse direito, quando suprime da sociedade um membro perigoso?

– Há outros meios de se preservar do perigo senão o de matar. Aliás, é preciso abrir ao criminoso a porta do arrependimento, e não fechá-la.

762 – Se a pena de morte pode ser banida das sociedades civilizadas, não foi ela uma necessidade nas épocas menos avançadas?

– Necessidade não é a palavra. O homem crê sempre uma coisa necessária quando ele não encontra nada melhor. À medida que se esclarece, compreende melhor o que é justo ou injusto e repudia os excessos cometidos nos tempos de ignorância, em nome da justiça.

763 – A restrição dos casos em que se aplica a pena de morte é um índice de progresso na civilização?

– Podes duvidar? Teu Espírito não se revolta lendo a narrativa das carnificinas humanas que se faziam outrora em nome da justiça e, frequentemente, em honra da Divindade? Das torturas que se fazia o condenado suportar, e mesmo o acusado para lhe arrancar, pelo excesso de sofrimento, a confissão de um crime que, frequentemente, ele não cometera? Pois bem! Se tivesses vivido nessas épocas, terias achado tudo isso natural e talvez tu, juiz, terias feito o mesmo. É, assim, que aquilo que parece justo em uma época, parecerá bárbaro em uma outra. Só as leis divinas são eternas; as leis humanas mudam com o progresso. Elas mudarão ainda, até que sejam postas em harmonia com as leis divinas.

764 – Jesus disse: *Quem matou pela espada, perecerá pela espada.* Essas palavras não são a consagração da pena de talião? A morte infligida ao homicida não é a aplicação dessa pena?

– Tomai cuidado! Tendes vos enganado sobre essa palavra, como sobre muitas outras. *A pena de talião é a justiça de Deus e é ele que a aplica. Todos vós suportais, a cada instante, essa pena, porque sois punidos pelo que pecastes, nesta vida* ou em uma outra. *Aquele que fez sofrer seus semelhantes, estará numa posição em que sofrerá, ele mesmo, o sofrimento que causou. É o sentido das palavras de Jesus; mas vos disse também: Perdoai aos vossos inimigos e vos ensinou a pedir a Deus perdoar as vossas ofensas, como vós mesmos tiverdes perdoado; quer dizer, na mesma proporção que tiverdes perdoado: compreendei-o bem.*

765 – Que pensar da pena de morte infligida em nome de Deus?

– É tomar o lugar de Deus na prática da justiça. Os que agem assim mostram o quanto estão longe de compreender Deus e que têm ainda muitas coisas a expiar. A pena de morte é um crime quando ela é aplicada em nome de Deus, e os que a infligem são acusados igualmente de homicídio.

VII
Capítulo
7

VI – Lei de sociedade

1. Necessidade da vida social. – 2. Vida de isolamento. Voto de silêncio. – 3. Laços de família.

Necessidade da vida social.

766 – A vida social está na Natureza?

– Certamente. Deus fez o homem para viver em sociedade. Deus não deu inutilmente ao homem a palavra e todas as outras faculdades necessárias à vida de relação.

767 – O isolamento absoluto é contrário à lei natural?

– Sim, visto que os homens procuram a sociedade por instinto e que devem concorrer para o progresso, ajudando-se mutuamente.

768 – O homem, procurando a sociedade, não faz senão obedecer a um sentimento pessoal ou há, nesse sentimento, um objetivo providencial mais geral?

– O homem deve progredir. Sozinho, ele não pode porque não tem todas as faculdades; é-lhe preciso o contato dos outros homens. No isolamento, ele se embrutece e se debilita.

Nenhum homem tem as faculdades completas. Pela união social, eles se completam uns pelos outros para assegurar seu bem-estar e progredir. Por isso, tendo necessidade uns dos outros, são feitos para viver em sociedade e não isolados.

Vida de isolamento. Voto de silêncio.

769 – Concebe-se que, como princípio geral, a vida social esteja na Natureza; mas, como todos os gostos estão também na Natureza, por que

o gosto pelo isolamento absoluto seria condenável, se o homem encontra aí sua satisfação?

– *Satisfação egoística. Há, também, homens que encontram uma satisfação em embriagar-se; tu os aprovas? Deus não pode ter por agradável uma vida pela qual se condena a não ser útil a ninguém.*

770 – Que pensar dos homens que vivem na reclusão absoluta para fugir ao contato do mundo?

– *Duplo egoísmo.*

– Mas se esse retiro tem por objetivo um expiação, impondo-se uma privação penosa, não é ele meritório?

– *Fazer mais de bem do que se faz de mal é a melhor expiação. Evitando um mal ele cai em outro, visto que esquece a lei de amor e de caridade.*

771 – Que pensar daqueles que fogem do mundo para se devotar ao alívio dos sofredores?

– *Estes se elevam, rebaixando-se. Eles têm o duplo mérito de se colocar acima dos prazeres materiais e de fazer o bem para que se cumpra a lei do trabalho.*

– E aqueles que procuram, no retiro, a tranquilidade que reclamam certos trabalhos?

– *Isso não é o retiro absoluto do egoísta. Eles não se isolam da sociedade, visto que trabalham por ela.*

772 – Que pensar do voto de silêncio prescrito por certas seitas, desde a mais alta antiguidade?

– *Perguntai antes se a palavra está na Natureza e porque Deus a deu. Deus condena o abuso e não o uso das faculdades que concedeu. Entretanto, o silêncio é útil porque, no silêncio, concentras-te, e teu espírito se torna mais livre e pode, então, entrar em comunicação conosco. Mas o voto de silêncio é uma tolice. Sem dúvida, os que olham suas privações voluntárias como atos de virtude, têm uma boa intenção; mas eles se enganam, porque não compreendem suficientemente as verdadeiras leis de Deus.*

O voto de silêncio absoluto, da mesma forma que o voto de isolamento, priva o homem das relações sociais que podem lhe fornecer as ocasiões de fazer o bem e de cumprir a lei do progresso.

Laços de família.

773 – Por que, entre os animais, os pais e os filhos não se reconhecem mais, logo que estes não têm mais necessidade de atenções?

– *Os animais vivem da vida material e não da vida moral. A ternura da mãe por seus pequenos tem por princípio o instinto de conservação dos seres aos quais ela deu à luz. Quando esses podem bastar a si mesmos, sua tarefa está cumprida e nada mais lhe pede a Natureza. Por isso, ela os abandona para ocupar-se com os recém-vindos.*

774 – Há pessoas que, vendo os animais abandonando suas crias, concluem que, entre os homens, os laços de família não são mais que um resultado dos costumes sociais e não uma lei natural; que devemos pensar disso?

– *O homem tem destinação diversa da dos animais. Por que, pois, sempre querer identificá-lo com eles? Nele, há outra coisa além da necessidade física: há a necessidade do progresso. Os laços sociais são necessários ao progresso e os laços de família estreitam os laços sociais. Eis, aqui, por que os laços de família são uma lei natural. Deus quis que os homens aprendessem assim a amar-se como irmãos. (205)*

775 – Qual seria para a sociedade o resultado do relaxamento dos laços de família?

– *Uma recrudescência do egoísmo.*

VIII
Capítulo
8

VII – Lei do progresso

1. Estado natural. – 2. Marcha do progresso.
3. Povos degenerados. 4. Civilização.
5. Progresso da legislação humana.
6. Influência do Espiritismo sobre o progresso.

Estado natural.

776 – O estado natural e a lei natural são a mesma coisa?

– Não, o estado natural é o estado primitivo. A civilização é incompatível com o estado natural, enquanto que a lei natural contribui para o progresso da Humanidade.

O estado natural é a infância da Humanidade e o ponto de partida de seu desenvolvimento intelectual e moral. O homem, sendo perfectível, e carregando em si o germe de seu aperfeiçoamento, não está destinado a viver perpetuamente no estado natural, como não está destinado a viver perpetuamente na infância. O estado natural é transitório, e o homem se liberta pelo progresso e pela civilização. A lei natural, ao contrário, rege a Humanidade inteira, e o homem se aperfeiçoa à medida que compreende melhor e pratica melhor essa lei.

777 – No estado natural, o homem, tendo menos necessidades, não tem todas as atribulações que ele cria para si num estado mais avançado; que pensar da opinião daqueles que olham esse estado como aquele da mais perfeita felicidade sobre a Terra?

– Que queres? É a felicidade do bruto, e há pessoas que não compreendem outra. É ser feliz à maneira dos animais. As crianças também são mais felizes que os adultos.

778 – O homem pode retrogradar até o estado natural?

– Não, o homem deve progredir sem cessar e não pode retornar ao estado de

infância. Se ele progride é porque Deus quer assim. Pensar que ele pode retroceder à sua condição primitiva, seria negar a lei do progresso.

Marcha do progresso.

779 – O homem possui em si a força de progredir, ou o progresso não é senão o produto de um ensinamento?

– *O homem se desenvolve, ele mesmo, naturalmente. Mas nem todos progridem ao mesmo tempo e da mesma forma; é, então, que os mais avançados ajudam o progresso dos outros, pelo contato social.*

780 – O progresso moral segue sempre o progresso intelectual?

– *É sua consequência, todavia, não o segue sempre imediatamente. (192-365)*

– Como o progresso intelectual pode conduzir ao progresso moral?

– *Fazendo compreender o bem e o mal: o homem, então, pode escolher. O desenvolvimento do livre-arbítrio segue o desenvolvimento da inteligência e aumenta a responsabilidade dos atos.*

– Como ocorre, então, que os povos mais esclarecidos sejam, frequentemente, os mais pervertidos?

– *O progresso completo é o objetivo, mas os povos, como os indivíduos, não o alcançam senão passo a passo. Até que o senso moral se tenha neles desenvolvido, eles podem mesmo servir-se de sua inteligência para fazer o mal. O moral e a inteligência são duas forças que não se equilibram senão com o tempo. (365-751)*

781 – É dado ao homem o poder de deter a marcha do progresso?

– *Não, mas o de o entravar algumas vezes.*

– Que pensar dos homens que tentam deter a marcha do progresso e de fazer a Humanidade retrogradar?

– *Pobres seres que Deus castigará. Eles serão transportados pelas torrentes que querem deter.*

O progresso, sendo uma condição da natureza humana, não está ao alcance de ninguém a ele se opor. É uma **força viva** que as más leis podem retardar, mas não sufocar. Quando essas leis se lhe tornam incompatíveis, ele as afasta com todos aqueles que tentam mantê-las, e assim o será até que o homem tenha colocado suas leis em conformidade com a justiça divina, que quer o bem para todos, e não leis feitas para o forte, em prejuízo do fraco.

782 – Não há homens que entravam o progresso de boa-fé, crendo favorecê-lo, porque o veem sob seu ponto de vista e, frequentemente, onde ele não está?

– Pequena pedra colocada sob a roda de uma grande viatura e que não a impede de avançar.

783 – O aperfeiçoamento da Humanidade segue sempre uma marcha progressiva e lenta?

– Há o progresso regular e lento que resulta da força das coisas. Mas quando um povo não avança muito depressa, Deus lhe suscita, de tempos em tempos, um abalo físico ou moral, que o transforma.

O homem não pode ficar, perpetuamente, na ignorância, porque deve atingir o fim marcado pela Providência: ele se esclarece pela força das coisas. As revoluções morais como as revoluções sociais, infiltram-se pouco a pouco nas ideias e germinam durante os séculos; de repente, estouram e fazem ruir o edifício carcomido do passado, que não está mais em harmonia com as necessidades novas e as novas aspirações.

O homem não percebe, frequentemente, nessas comoções, senão a desordem e a confusão momentâneas que o atingem nos seus interesses materiais. Aquele que eleva seu pensamento acima da personalidade, admira os desígnios da Providência, que do mal faz surgir o bem. A tempestade e a agitação saneiam a atmosfera depois de tê-la perturbado.

784 – A perversidade do homem é bem grande e não parece marchar para trás em lugar de avançar, pelo menos do ponto de vista moral?

– Enganas-te. Observa bem o conjunto e verás que ele avança, visto que compreende melhor o que é o mal, e que cada dia corrige os abusos. É preciso o excesso do mal para fazer compreender a necessidade do bem e das reformas.

785 – Qual é o maior obstáculo ao progresso?

– O orgulho e o egoísmo. Quero falar do progresso moral, porque o progresso intelectual caminha sempre e, à primeira vista, parece dar a esses vícios um redobramento de atividade, desenvolvendo a ambição e o amor das riquezas que, a seu turno, excitam o homem às procuras que esclarecem seu Espírito. É, assim, que tudo se tem no mundo moral como no mundo físico e que do mal mesmo pode surgir o bem. Mas esse estado de coisas é breve e mudará, à medida que o homem compreenda melhor que há, fora dos prazeres dos bens

terrenos, uma felicidade infinitamente maior e infinitamente mais durável. (Vede Egoísmo, *cap. XII).*

Há duas espécies de progresso que se prestam mútuo apoio e que, todavia, não marcham lado a lado: o progresso intelectual e o progresso moral. Entre os povos civilizados, o primeiro recebe, neste século, todos os incentivos desejáveis e, por isso, atingiu um grau desconhecido até nossos dias. Falta ao segundo para que esteja no mesmo nível, todavia, se se comparam os costumes sociais aos de alguns séculos atrás, seria preciso ser cego para negar o Progresso. Por que, pois, a marcha ascendente se deteria antes pelo moral que pela inteligência? Por que nisso não haveria entre o século dezenove e o vigésimo quarto século igual diferença que entre o décimo quarto e décimo nono? Duvidar seria pretender que a Humanidade está no apogeu da perfeição, o que seria absurdo, ou que ela não é perfectível moralmente, o que é desmentido pela experiência.

Povos degenerados.

786 – A História nos mostra uma multidão de povos que, depois dos abalos que os agitaram, caíram na barbárie; onde está, nesse caso, o progresso?

– *Quando tua casa ameaça ruir, tu a derrubas para a reconstruir de maneira mais sólida e mais cômoda; mas até que ela esteja reconstruída, há perturbação e confusão em tua residência.*

Compreende ainda isto: eras pobre e habitavas um casebre, porém, tornando-te rico o trocaste para habitar um palácio. Então, um pobre diabo, como tu o eras, vem tomar teu lugar no casebre e está muito contente, porque antes disso não tinha abrigo. Pois bem! Aprende, pois, que os Espíritos que estão encarnados nesse povo degenerado não são aqueles que o compuseram ao tempo do seu esplendor. Os de então, que avançaram, foram para habitações mais perfeitas e progrediram, enquanto que outros menos avançados tomaram seu lugar, que, a seu turno, trocarão.

787 – Não há raças que, por sua natureza, são rebeldes ao progresso?

– *Sim, mas estas se aniquilam, cada dia,* corporalmente.

– Qual será a sorte futura das almas que animam essas raças?

– *Elas atingirão, como todas as outras, a perfeição, passando por outras existências: Deus não deserda a ninguém.*

– Assim, os homens mais civilizados foram selvagens e antropófagos?

– Tu mesmo o foste, mais de uma vez, antes de seres o que és.

788 – Os povos são individualidades coletivas que, como os indivíduos, passam pela infância, idade madura e decrepitude; essa verdade, constatada pela História, não pode fazer pensar que os povos mais avançados deste século terão seu declínio e seu fim, como os da antiguidade?

– Os povos que não vivem senão a vida do corpo, aqueles cuja grandeza não está fundada senão sobre a força e a extensão, nascem, crescem e morrem, porque a força de um povo se esgota como a de um homem. Aqueles cujas leis egoísticas discordam do progresso das luzes e da caridade, morrem porque a luz mata as trevas e a caridade mata o egoísmo. Mas há para os povos, como para os indivíduos, a vida da alma. Aqueles, cujas leis se harmonizam com as leis eternas do Criador, viverão e serão a luz dos outros povos.

789 – O progresso reunirá, um dia, todos os povos da Terra em uma só nação?

– Não em uma só nação, isso é impossível, porque da diversidade dos climas nascem os costumes e as necessidades diferentes que constituem as nacionalidades. Por isso, lhes serão necessárias sempre leis apropriadas a esses costumes e a essas necessidades. Mas a caridade não conhece diferenças de latitudes e não faz distinção dos homens pela cor. Quando a lei de Deus for, por toda a parte, a base da lei humana, os povos praticarão a caridade de um para outro, como os indivíduos de homem para homem. Então, eles viverão felizes e em paz, porque ninguém procurará fazer injustiça para seu vizinho, nem viver às suas custas.

A Humanidade progride pelos indivíduos que se aperfeiçoam, pouco a pouco, e se esclarecem. Então, quando estes se impõem pelo número, tomam a frente e arrastam os outros. De tempos em tempos, surgem, entre eles, homens de gênio que dão um impulso e, depois, homens com autoridade, instrumentos de Deus, que, em alguns anos, a fazem avançar alguns séculos. O progresso dos povos faz ainda ressaltar a justiça da reencarnação. Os homens de bem fazem louváveis esforços para fazer avançar uma nação moral e intelectualmente e, seja assim, a nação transformada será mais feliz neste mundo como no outro. Mas durante a sua marcha lenta, através dos séculos, milhares de indivíduos morrem a cada dia. Qual é a sorte de todos aqueles que sucumbem no trajeto? Sua inferioridade relativa os priva da felicidade reservada aos que chegam por último? Ou sua felicidade é relativa? A justiça divina não consagraria uma tal injustiça. Pela pluralidade das existências, o direito à felicidade é o mesmo para todos, porque ninguém está deserdado do progresso. Aqueles que viveram ao tempo da barbárie, podendo retornar ao tempo da civilização, no mesmo povo ou em um outro, resulta que todos aproveitam a marcha ascendente. Mas o sistema da unidade das existências apresenta aqui uma outra dificuldade. Por esse sistema, a alma é criada no momento do nascimento e, portanto, se um homem é mais avançado que um outro, é porque Deus criou, para ele, uma alma mais avançada. Por que esse favor? Que mérito tem ele que não viveu mais que um outro, menos que um outro, frequentemente, para estar dotado de uma alma superior? Mas isso não é a dificuldade principal. Uma nação passa, em mil anos, da barbárie à civilização. Se os homens vivessem mil anos, conceber-se-ia que, nesse intervalo, eles tivessem tempo de progredir; mas, todos os dias, eles morrem, em todas as idades, e se renovam sem cessar, de tal sorte que cada dia os vemos aparecerem e desaparecerem. Ao cabo de mil anos, não há mais traços dos antigos habitantes da nação que, de bárbara que era, tornou-se civilizada; o que progrediu? Os indivíduos outrora bárbaros? Mas eles estão mortos há muito tempo. Os recém-vindos? Mas se sua alma é criada no momento do seu nascimento, elas não existiam ao tempo da barbárie e é preciso, então, admitir-se que **os esforços que se fez para civilizar um povo têm o poder, não de melhorar as almas imperfeitas, mas de fazer Deus criar almas mais perfeitas.**

Comparemos essa teoria do progresso com a dada pelos Espíritos. As almas, chegadas ao tempo da civilização, têm sua infância como todas as outras, mas **já viveram** e chegaram avançadas, devido a um progresso anterior. Elas vêm atraídas por um meio que lhes é simpático e que está em conformidade com seu estado atual. De sorte que, as atenções dadas à civilização de um povo não têm por efeito fazer criar, para o futuro, almas mais perfeitas, mas atrair aquelas que já progrediram, seja aquelas que já viveram entre esse mesmo povo ao tempo da barbárie, seja as que vêm de outra parte. Aqui ainda está a chave do progresso da Humanidade inteira. Quando todos os povos estiverem ao mesmo nível pelo sentimento do bem, a Terra não será ponto de encontro senão de bons Espíritos, que viverão entre si em união fraternal, e os maus, encontrando-se repelidos e deslocados, irão procurar, nos mundos inferiores, o meio que lhes convém, até que sejam dignos de virem ao nosso meio, transformados. A teoria vulgar tem ainda por consequência, que os trabalhos de aperfeiçoamento social não aproveitam senão às gerações presentes e futuras; é nulo para as gerações passadas, que cometeram o erro de vir muito cedo e que se tornam o que podem, carregadas que estão de seus atos de barbárie. Segundo a doutrina dos Espíritos, os progressos ulteriores aproveitam igualmente a essas gerações que viveram em condições melhores e podem, assim, aperfeiçoar-se ao abrigo da civilização. (222)

Civilização.

790 – A civilização é um progresso ou, segundo alguns filósofos, uma decadência da Humanidade?

– Progresso incompleto. O homem não passa subitamente da infância à idade madura.

– É racional condenar a civilização?

– Condenai antes aqueles que abusam dela, e não a obra de Deus.

791 – A civilização se depurará, um dia, de maneira a fazer desaparecer os males que ela tenha produzido?

– Sim, quando o moral estiver tão desenvolvido quanto a inteligência. O fruto não pode vir antes da flor.

792 – Por que a civilização não realiza, imediatamente, todo o bem que ela poderia produzir?

– Porque os homens não estão ainda prontos, nem dispostos a obter esse bem.

– Não seria também porque, criando novas necessidades, ela superexcita paixões novas?

– Sim, e porque todas as faculdades do Espírito não progridem ao mesmo tempo. É preciso tempo para tudo. Não podeis esperar frutos perfeitos de uma civilização incompleta. (751-780)

793 – Por quais sinais se pode reconhecer uma civilização completa?

– Vós a reconhecereis no desenvolvimento moral. Acreditais estar bem avançados porque tendes feito grandes descobertas e invenções maravilhosas e estais melhor alojados e melhor vestidos que os selvagens. Todavia, não tereis, verdadeiramente, o direito de dizer-vos civilizados senão quando houverdes banido de vossa sociedade os vícios que a desonram e puderdes viver, entre vós, como irmãos, praticando a caridade cristã. Até lá, não sois senão povos esclarecidos, não tendo percorrido senão a primeira fase da civilização.

A civilização tem seus graus como todas as coisas. Uma civilização incompleta é um estado de transição que engendra males especiais, desconhecidos no estado primitivo. Ela, porém, não se constitui menos em um progresso natural, necessário, que traz em si o remédio ao mal que faz. À medida que a civilização se aperfeiçoa, faz cessar alguns dos males que engendrou e esses males desaparecerão com o progresso moral.

De dois povos chegados ao cume da escala social, só poderá dizer-se o mais civilizado, na verdadeira acepção do termo, aquele em que se encontre menos egoísmo, menos cupidez e menos orgulho; onde os hábitos sejam mais intelectuais e morais que materiais; onde a inteligência possa se desenvolver com mais liberdade; onde haja mais bondade, boa-fé, benevolência e generosidade recíprocas; onde os preconceitos de casta e de nascimento estejam menos enraizados, porque esses preconceitos são incompatíveis com o verdadeiro amor ao próximo; onde as leis não consagrem nenhum privilégio e sejam as mesmas para o último, como para o primeiro; onde a justiça se exerça com menos parcialidade; onde o fraco encontre sempre apoio contra o forte; onde a vida do homem, suas crenças e suas opiniões sejam melhor respeitadas, onde haja menos infelizes e, enfim, onde todos os homens de boa vontade estejam sempre seguros de não lhes faltar o necessário.

Progresso da legislação humana.

794 – A sociedade poderia ser regida somente pelas leis naturais, sem o concurso das leis humanas?

– *Ela o poderia se os homens as compreendessem bem, e seriam suficientes se houvesse vontade de praticá-las. Mas a sociedade tem suas exigências e precisa de leis particulares.*

795 – Qual é a causa da instabilidade das leis humanas?

– *Nos tempos de barbárie, são os mais fortes que fazem as leis e as fazem para eles. Foi preciso modificá-las, à medida que os homens compreenderam melhor a justiça. As leis humanas são mais estáveis, à medida que se aproximam da verdadeira justiça, quer dizer, à medida que elas são feitas para todos e se identificam com a lei natural.*

A civilização criou, para o homem, novas necessidades, e essas necessidades estão relacionadas com a posição social em que se colocou. Há que se regrar os direitos e os deveres dessa posição pelas leis humanas. Mas sob a influência de suas paixões, frequentemente, eles criam direitos e deveres imaginários que condenam a lei natural e que os povos apagam de seus códigos, à medida que progridem. A lei natural é imutável e a mesma para todos; a lei humana é variável e progressiva. Só ela pôde consagrar, na infância das sociedades, o direito do mais forte.

796 – A severidade das leis penais não é uma necessidade, no estado atual da sociedade?

– *Uma sociedade depravada tem, certamente, necessidade de leis mais severas. Infelizmente, essas leis se interessam mais em punir o mal, quando já feito, do que secar a fonte do mal. Não há senão a educação para reformar os homens. Então, eles não terão mais necessidade de leis tão rigorosas.*

797 – Como o homem poderia ser levado a reformar suas leis?

– *Isso vem naturalmente pela força das coisas e a influência das pessoas de bem que o conduzem no caminho do progresso. Ele já reformou muitas e reformará outras. Espera!*

Influência do Espiritismo sobre o progresso.

798 – O Espiritismo tornar-se-á uma crença popular ou ficará circunscrito a algumas pessoas?

– Certamente, ele se tornará uma crença popular e marcará uma nova era na história da Humanidade, porque está na Natureza e é chegado o tempo em que deve tomar lugar entre os conhecimentos humanos. Entretanto, terá grandes lutas a sustentar, mais ainda contra o interesse que contra a convicção, porque não é preciso dissimular que há gente interessada em combatê-lo, uns por amor-próprio, outros por causas inteiramente materiais. Mas os contraditores, achando-se mais e mais isolados, serão forçados a pensar como todo o mundo, sob pena de se tornarem ridículos.

As ideias não se transformam senão com o tempo, e jamais subitamente. Elas se enfraquecem de geração a geração e acabam por desaparecer, pouco a pouco, com aqueles que as professaram e que são substituídos por outros indivíduos, imbuídos de novos princípios, como ocorre com as ideias políticas. Vede o paganismo; não há, hoje, certamente, pessoas que professem as ideias religiosas dos tempos pagãos. Entretanto, vários séculos depois do advento do Cristianismo, elas deixaram traços que só a completa renovação das raças pôde apagar. Ocorrerá o mesmo com Espiritismo; ele fez muito progresso, mas haverá ainda, durante duas ou três gerações, um fermento de incredulidade que só o tempo dissipará. Todavia, sua marcha será mais rápida que a do Cristianismo, pois é o próprio Cristianismo que lhe abre os caminhos e sobre o qual ele se apoia. O Cristianismo tinha o que destruir; o Espiritismo só tem que edificar. (*)

799 – De que maneira o Espiritismo pode contribuir para o progresso?

– Destruindo o materialismo, que é uma chaga da sociedade, ele faz os homens compreenderem onde está o seu verdadeiro interesse. A vida futura, não estando mais velada pela dúvida, o homem compreenderá melhor que ele pode assegurar seu futuro pelo presente. Destruindo os preconceitos de seitas, de castas e de cor, ele ensina aos homens a grande solidariedade que deve uni-los como irmãos.

800 – Não é para temer que o Espiritismo não possa triunfar da negligência dos homens e de seu apego às coisas materiais?

– Seria conhecer bem pouco os homens se se pensasse que uma causa qualquer pode transformá-los como por encantamento. As ideias se modificam pouco

(*) Vide Nota Explicativa da Editora no final do livro.

a pouco segundo os indivíduos, e é preciso gerações para apagar completamente os traços dos velhos hábitos. A transformação não pode, pois, operar-se senão com o tempo, gradualmente, pouco a pouco. A cada geração, uma parte do véu se dissipa; o Espiritismo veio rasgá-lo completamente. Mas até lá, mesmo que só tivesse o efeito de corrigir um homem, de um só dos seus defeitos, e seria um passo que lhe teria feito dar e, por isso mesmo, um grande bem, porque esse primeiro passo lhe tornaria outros mais fáceis.

801 – Por que os Espíritos não ensinaram em todos os tempos o que ensinam hoje?

– *Não ensinais às crianças o que ensinais aos adultos, e não dais para um recém-nascido um alimento que ele não possa digerir; cada coisa em seu tempo. Eles ensinaram muitas coisas que os homens não compreenderam ou desnaturaram, mas que podem compreender atualmente. Por seus ensinamentos, mesmo incompletos, prepararam o terreno para receber a semente que vai frutificar hoje.*

802 – Visto que o Espiritismo deve marcar um progresso na Humanidade, por que os Espíritos não aceleram esse progresso com manifestações tão gerais e tão patentes que a convicção será levada aos mais incrédulos?

– *Quereríeis milagres; mas Deus os espalha a mancheias sob vossos passos, e tendes ainda homens que o renegam. O próprio Cristo convenceu seus contemporâneos pelos prodígios que realizou? Não vedes hoje homens negarem os fatos mais patentes que se passam sob seus olhos? Não tendes os que dizem que não acreditariam mesmo que vissem? Não, não é por prodígios que Deus quer reconduzir os homens; em sua bondade, quer deixar-lhes o mérito de se convencerem pela razão.*

IX
Capítulo 9

VIII – Lei de igualdade

1. Igualdade natural. – 2. Desigualdade de aptidões.
3. Desigualdades sociais. – 4. Desigualdade
das riquezas. – 5. Provas da riqueza e da miséria.
6. Igualdade dos direitos do homem e da mulher.
7. Igualdade diante do túmulo.

Igualdade natural.

803 – Todos os homens são iguais diante de Deus?

– Sim, todos tendem ao mesmo fim, e Deus fez suas leis para todos. Dizeis frequentemente: O sol brilha para todos. Com isso, dizeis uma verdade maior e mais geral do que pensais.

Todos os homens serão submetidos às mesmas leis da Natureza. Todos nascem com a mesma fraqueza, estão sujeitos às mesmas dores e o corpo do rico se destrói como o do pobre. Portanto, Deus não deu, a nenhum homem, superioridade natural, nem pelo nascimento, nem pela morte. Diante dele, todos são iguais.

Desigualdade de aptidões.

804 – Por que Deus não deu as mesmas aptidões para todos os homens?

– Deus criou todos os Espíritos iguais, mas cada um deles tem maior ou menor vivência e, por conseguinte, maior ou menor experiência. A diferença está no grau da sua experiência e da sua vontade, que é o livre-arbítrio: daí, uns se aperfeiçoam mais rapidamente e isso lhes dá aptidões diversas. A variedade das aptidões é necessária a fim de que cada um possa concorrer aos objetivos da Providência no limite do desenvolvimento de suas forças físicas e intelectuais: o que um não faz, o outro faz. É, assim, que cada um tem um papel útil. Depois, todos os

mundos sendo solidários uns com os outros, *é preciso que os habitantes dos mundos superiores – e que, na maioria, foram criados antes do vosso –, venham aqui habitar para vos dar o exemplo. (361)*

805 – Passando de um mundo superior para um mundo inferior, o Espírito conserva a integridade das faculdades adquiridas?

– Sim, já o dissemos, o Espírito que progrediu não retrocede; ele pode escolher, no seu estado de Espírito, um envoltório mais grosseiro ou uma posição mais precária que a que tenha, tudo sempre para servir-lhe de ensinamento e ajudar-lhe o progresso. (180)

Assim, a diversidade das aptidões do homem não resulta da natureza íntima de sua criação, mas do grau de aperfeiçoamento ao qual chegaram os Espíritos nele encarnados. Deus, portanto, não criou desigualdades de faculdades, mas permitiu que os diferentes graus de desenvolvimento estivessem em contato, a fim de que os mais adiantados pudessem ajudar o progresso dos mais atrasados e também a fim de que os homens, tendo necessidade uns dos outros, cumprissem a lei de caridade que os deve unir.

Desigualdades sociais.

806 – A desigualdade das condições sociais é uma lei natural?

– Não, ela é obra do homem e não de Deus.

– Essa desigualdade desaparecerá um dia?

– De eterno não há senão as leis de Deus. Cada dia, não a vedes diminuir pouco a pouco? Essa desigualdade desaparecerá juntamente com a predominância do orgulho e do egoísmo, e não ficará senão a desigualdade de mérito. Um dia virá em que os membros da grande família dos filhos de Deus não se avaliarão pelo sangue mais ou menos puro. Não há senão o Espírito que é mais ou menos puro, e isso não depende da posição social.

807 – Que pensar daqueles que abusam da superioridade da sua posição social para oprimir o fraco, em seu proveito?

– Estes merecem o anátema. Ai deles! Serão oprimidos, ao seu turno, e renascerão *numa existência em que sofrerão tudo o que fizeram sofrer. (684)*

Desigualdade das riquezas.

808 – A desigualdade das riquezas não tem sua fonte na desigualdade das faculdades, que dá a uns maiores meios de aquisição que a outros?

– Sim e não; e a velhacaria e o roubo, que dizes deles?

– A riqueza hereditária, portanto, não é o fruto das más paixões?

– Que sabes disso? Remonta à fonte e verás se ela é sempre pura. Sabes se, no princípio, não foi o fruto de uma espoliação ou de uma injustiça? Porém, sem falar da origem, que pode ser má, crês que a cobiça do bem, mesmo o melhor adquirido, os desejos secretos que se concebe de possuí-los mais cedo sejam sentimentos louváveis? É isso que Deus julga, e eu te asseguro que seu julgamento é mais severo que o dos homens.

809 – Se uma fortuna foi mal adquirida na origem, os que a herdam, mais tarde, são responsáveis?

– Sem dúvida, eles não são responsáveis pelo mal que outros fizeram, tanto menos que podem ignorar. Mas fica sabendo, frequentemente, uma fortuna não chega a um homem senão para dar-lhe oportunidade de reparar uma injustiça. Bom para ele, se o compreender! Se a faz em nome daquele que cometeu a injustiça, a reparação será contada para ambos, porque, frequentemente, é este último que a provoca.

810 – Sem se afastar da legalidade, pode-se dispor dos bens de maneira mais ou menos equitativa. Depois da morte, se é responsável pelas disposições que se fez?

– Toda ação causa seus frutos. Os frutos da boa ação são doces, e os das outras são sempre amargos; sempre, entendei bem isso.

811 – A igualdade absoluta das riquezas é possível e alguma vez existiu?

– Não, ela não é possível. A diversidade das faculdades e dos caracteres se opõe a isso.

– Há, todavia, homens que creem estar aí o remédio aos males da sociedade. Que pensais a respeito?

– Eles são sistemáticos ou ambicionam por inveja. Não compreendem que a igualdade que eles sonham, seria logo desfeita pela força das coisas. Combatei o egoísmo, que é a vossa praga social, e não procureis quimeras.

812 – Se a igualdade das riquezas não é possível, ocorre o mesmo com o bem-estar?

– Não, mas o bem-estar é relativo e seria possível a cada um, um dia, se todos o entendessem bem... porque o verdadeiro bem-estar consiste no emprego do tempo de acordo com a vontade, e não em trabalhos para os quais não se sente

nenhum gosto. Como cada um tem aptidões diferentes, nenhum trabalho útil ficaria por fazer. O equilíbrio existe em tudo, é o homem quem quer alterá-lo.

– É possível os homens se entenderem?

– Os homens se entenderão quando praticarem a lei de justiça.

813 – Há pessoas que caem na privação e na miséria por sua culpa; a sociedade não pode ser responsável por isso?

– Sim. Já o dissemos: ela é, frequentemente, a causa primeira desses erros. Aliás, não lhe cabe velar pela sua educação moral? Frequentemente, é a má educação que falseia seu julgamento em lugar de sufocar-lhes as tendências perniciosas. (685)

Provas da riqueza e da miséria.

814 – Por que Deus deu a uns as riquezas e o poder, e a outros, a miséria?

– Para provar, cada um, de maneira diferente. Aliás, sabeis que os próprios Espíritos escolheram essa prova e, frequentemente, nela sucumbem.

815 – Qual das duas provas é a mais terrível para o homem, a da infelicidade ou a da fortuna?

– Tanto uma quanto outra o são. A miséria provoca o murmúrio (*) contra a Providência, e a riqueza leva a todos os excessos.

816 – Se o rico sofre mais tentações, não dispõe também de maiores meios para fazer o bem?

– É justamente o que sempre não faz. Ele se torna egoísta, orgulhoso e insaciável. Suas necessidades aumentam com sua fortuna e crê não haver jamais o bastante só para ele.

A posição elevada neste mundo e a autoridade sobre seus semelhantes são provas tão grandes e tão difíceis quanto a miséria, porque, quanto mais se é rico e poderoso, **mais se tem obrigações a cumprir** e maiores são os meios para se fazer o bem e o mal. Deus experimenta o pobre pela resignação, e o rico pelo uso que faz dos seus bens e do seu poder.

A riqueza e o poder fazem nascer as paixões, que nos ligam à matéria e nos afastam da perfeição espiritual. Por isso, Jesus disse: "Eu vos digo, em verdade, é mais fácil a um camelo passar pelo buraco de uma agulha que a um rico entrar no reino dos céus". (266)

(*) **Murmure,** no original: queixas ou lamentações. (N. do T.)

Igualdade dos direitos do homem e da mulher.

817 – Diante de Deus, o homem e a mulher são iguais e têm os mesmos direitos?

– Deus não deu a ambos a inteligência do bem e do mal e a faculdade de progredir?

818 – De onde se origina a inferioridade moral da mulher em certos países?

– Do império injusto e cruel que o homem tomou sobre ela. É um resultado das instituições sociais e do abuso da força sobre a fraqueza. Entre os homens pouco avançados, do ponto de vista moral, a força faz o direito.

819 – Com que objetivo a mulher é fisicamente mais fraca do que o homem?

– Para lhe assinalar funções particulares. O homem é para os trabalhos rudes, por ser o mais forte; a mulher para os trabalhos suaves, e ambos para se entreajudarem nas provas de uma vida plena de amargura.

820 – A fraqueza física da mulher não a coloca naturalmente sob a dependência do homem?

– Deus deu a uns a força para proteger o fraco, e não para se servir dele.

Deus conformou a organização de cada ser às funções que deve cumprir. Se deu à mulher uma força física menor, dotou-a, ao mesmo tempo, de maior sensibilidade, relacionada com a delicadeza das funções maternais e a fraqueza dos seres confiados aos seus cuidados.

821 – As funções para as quais a mulher está destinada pela Natureza têm uma importância tão grande quanto às do homem?

– Sim, e maiores; é ela quem lhe dá as primeiras noções da vida.

822 – Os homens, sendo iguais diante da lei de Deus, devem sê-lo, igualmente, diante da lei dos homens?

– É o primeiro princípio de justiça: Não façais aos outros o que não quereríeis que se vos fizessem.

– Segundo isso, uma legislação, para ser perfeitamente justa, deve consagrar a igualdade dos direitos entre o homem e a mulher?

– *De direitos, sim; de funções, não. É preciso que cada um esteja colocado no seu lugar. Que o homem se ocupe do exterior, e a mulher do interior, cada um segundo sua aptidão. A lei humana, para ser equitativa, deve consagrar a igualdade dos direitos entre o homem e a mulher, pois todo privilégio concedido a um ou a outro é contrário à justiça. A emancipação da mulher segue o progresso da civilização, sua subjugação caminha com a barbárie. Os sexos, aliás, não existem senão pela organização física, visto que os Espíritos podem tomar um e outro, não havendo diferença entre eles, sob esse aspecto, e, por conseguinte, devem gozar dos mesmos direitos.*

Igualdade diante do túmulo.

823 – De onde vem o desejo de perpetuar-se a memória pelos monumentos fúnebres?

– *Último ato de orgulho.*

– Mas a suntuosidade dos monumentos fúnebres, frequentemente, não é determinada pelos parentes que desejam honrar a memória do falecido e não pelo próprio falecido?

– *Orgulho dos parentes que querem se glorificar a si mesmos. Oh! Sim, não é sempre pelo morto que se fazem todas essas demonstrações: é por amor-próprio e pelo mundo, e para ostentar sua riqueza. Crês que a lembrança de um ser querido seja menos durável no coração do pobre, porque ele não pode colocar senão uma flor sobre sua tumba? Crês que o mármore salva do esquecimento aquele que foi inútil sobre a Terra?*

824 – Reprovais de maneira absoluta a pompa dos funerais?

– *Não; quando honra a memória de um homem de bem, é justa e um bom exemplo.*

O túmulo é o local de encontro de todos os homens. Ali terminam implacavelmente todas as distinções humanas. É em vão que o rico quer perpetuar sua memória por monumentos faustosos. O tempo os destruirá como ao corpo, pois assim quer a Natureza. A lembrança de suas boas e de suas más ações será menos perecível que seu túmulo. A pompa de seus funerais não o lavará de suas torpezas e nem o fará subir um degrau na hierarquia espiritual. (320 e seguintes).

Capítulo X

10

IX – Lei de liberdade

1. Liberdade natural. – 2. Escravidão. – 3. Liberdade de pensar. – 4. Liberdade de consciência. – 5. Livre-arbítrio. 6. Fatalidade – 7. Conhecimento do futuro. 8. Resumo teórico da motivação das ações do homem.

Liberdade natural.

825 – Há posições no mundo em que o homem possa se vangloriar de gozar de uma liberdade absoluta?

– *Não, porque todos necessitais uns dos outros, os grandes como os pequenos.*

826 – Qual seria a condição na qual o homem poderia gozar de uma liberdade absoluta?

– *O eremita no deserto.* Desde que haja dois homens juntos, eles têm direitos a respeitar e não têm mais, por conseguinte, liberdade absoluta.

827 – A obrigação de respeitar os direitos alheios tira ao homem o direito de ser independente consigo mesmo?

– *De modo algum, porque é um direito que lhe vem da Natureza.*

828 – Como conciliar as opiniões liberais de certos homens, com o despotismo que, frequentemente, eles próprios exercem no seu interior e sobre os seus subordinados?

– *Eles têm a inteligência da lei natural, estando ela contrabalançada pelo orgulho e pelo egoísmo. Eles compreendem o que deve ser, quando seus princípios não são uma comédia representada calculadamente, mas não o fazem.*

– Ser-lhes-ão levados em conta, na outra vida, os princípios que professaram neste mundo?

– Quanto mais inteligência tenha o homem para compreender um princípio, menos é escusável de não aplicá-lo a si mesmo. Digo-vos, em verdade, que o homem simples, mas sincero, está mais avançado no caminho de Deus do que aquele que quer parecer o que não é.

Escravidão.

829 – Há homens que sejam, por natureza, destinados a ser de propriedade de outros homens?

– Toda sujeição absoluta de um homem a outro homem é contrária à lei de Deus. A escravidão é um abuso da força e desaparecerá com o progresso como desaparecerão, pouco a pouco, todos os abusos.

A lei humana que consagra a escravidão é uma lei antinatural, visto que assemelha o homem ao animal e o degrada moral e fisicamente.

830 – Quando a escravidão está nos costumes de um povo, os que dela se aproveitam são repreensíveis, visto que não fazem senão se conformar a um uso que lhes parece natural?

– O mal é sempre o mal, e todos os vossos sofismas não farão com que uma ação má se torne boa. Mas a responsabilidade do mal é relativa aos meios que se tem de compreendê-lo. Aquele que tira proveito da lei da escravidão é sempre culpado de uma violação da lei natural, mas nisso como em todas as coisas, a culpabilidade é relativa. A escravidão, tendo passado nos costumes de certos povos, o homem pôde aproveitá-la de boa-fé e como de uma coisa que lhe parecia natural, mas, desde que sua razão mais desenvolvida e, sobretudo, esclarecida pelas luzes do Cristianismo, mostrou-lhe o escravo como um seu igual diante de Deus, ele não tem mais desculpa.

831 – A desigualdade natural das aptidões não coloca certas raças humanas sob a dependência de raças mais inteligentes?

– Sim, para erguê-las e não para as embrutecer ainda mais pela servidão. Os homens, durante muito tempo, têm olhado certas raças humanas como animais de trabalho, munidos de braços e mãos, que se julgaram no direito de os vender como bestas de carga. Eles se creem de um sangue mais puro. Insensatos que não veem senão a matéria! Não é o sangue que é mais ou menos puro, mas o Espírito. (361-803) (*)

832 – Há homens que tratam seus escravos com humanidade; que não lhes deixam faltar nada e pensam que a liberdade os exporia a privações maiores; que dizeis deles?

(*) Vide Nota Explicativa da Editora no final do livro.

– Digo que estes compreendem melhor seus interesses. Eles têm também grande cuidado com seus bois e seus cavalos, a fim de tirar deles maior proveito no mercado. Não são tão culpados como aqueles que os maltratam, mas dispõem deles omo de uma mercadoria, privando-os do direito de serem independentes.

Liberdade de pensar.

833 – Há no homem alguma coisa que escapa a todo constrangimento e pela qual ele desfruta de uma liberdade absoluta?

– É no pensamento que o homem goza de uma liberdade sem limites, porque não conhece entraves. Pode-se deter-lhe o voo, mas não aniquilá-lo.

834 – O homem é responsável pelo seu pensamento?

– Ele é responsável diante de Deus. Só Deus, podendo conhecê-lo, condena-o ou o absolve segundo a sua justiça.

Liberdade de consciência.

835 – A liberdade de consciência é uma consequência da liberdade de pensamento?

– A consciência é um pensamento íntimo que pertence ao homem, como todos os outros pensamentos.

836 – O homem tem direito de entravar a liberdade de consciência?

– Não mais que à liberdade de pensar, porque só a Deus pertence o direito de julgar a consciência. Se o homem regula, por suas leis, as relações de homem para homem, Deus, por suas leis da Natureza, regula as relações do homem com Deus.

837 – Qual é o resultado dos entraves postos à liberdade de consciência?

– Constranger os homens a agirem de modo contrário ao que pensam, torná-los hipócritas. A liberdade de consciência é um dos caracteres da verdadeira civilização e do progresso.

838 – Toda crença é respeitável, mesmo que seja notoriamente falsa?

– Toda crença é respeitável quando é sincera e conduz à prática do bem. As crenças repreensíveis são as que conduzem ao mal.

839 – É repreensível escandalizar, na sua crença, aquele que não pensa como nós?

– É faltar com a caridade e golpear a liberdade de pensar.

840 – É insultar a liberdade de consciência opor entraves às crenças capazes de perturbar a sociedade?

– Podem-se reprimir os atos, mas a crença íntima é inacessível.

Reprimir os atos exteriores de uma crença, quando esses atos trazem algum prejuízo a outrem, não é insultar a liberdade de consciência, porque essa repressão deixa à crença sua inteira liberdade.

841 – Deve-se, em respeito à liberdade de consciência, deixar se propagarem doutrinas perniciosas, ou se pode, sem insultar a essa liberdade, procurar trazer de novo, ao caminho da verdade, aqueles que se perderam por falsos princípios?

– Certamente se pode e mesmo se deve. Mas ensinar, a exemplo de Jesus, pela suavidade e a persuasão *e não pela força, o que seria pior que a crença daquele a quem se quer convencer. Se há alguma coisa que seja permitido se impor, é o bem e a fraternidade. Mas não cremos que o meio de os fazer admitir seja o de agir com violência: a convicção não se impõe.*

842 – Todas as doutrinas tendo a pretensão de ser a única expressão da verdade, por que sinais se pode reconhecer aquela que tem o direito de colocar-se como tal?

– Será aquela que faz mais homens de bem e menos hipócritas, quer dizer, praticante da lei do amor e da caridade na sua maior pureza e na sua mais larga aplicação. Por esse sinal, reconhecereis que uma doutrina é boa, porque toda doutrina que tiver por consequência semear a desunião e estabelecer uma demarcação entre os filhos de Deus, não pode ser senão falsa e perniciosa.

Livre-arbítrio.

843 – O homem tem o livre-arbítrio dos seus atos?

– Visto que ele tem a liberdade de pensar, tem a de agir. Sem livre-arbítrio o homem seria uma máquina.

844 – O homem goza do livre-arbítrio desde o seu nascimento?

– Há liberdade de agir desde que haja liberdade de fazer. Nos primeiros tempos da vida a liberdade é quase nula; ela se desenvolve e muda de objeto com as faculdades. A criança, tendo pensamentos relacionados com as necessidades de sua idade, aplica seu livre-arbítrio às coisas que lhe são necessárias.

845 – As predisposições instintivas que o homem traz ao nascer, não são um obstáculo ao exercício do livre-arbítrio?

– As predisposições instintivas são as do Espírito antes de sua encarnação. Conforme for ele mais ou menos avançado, elas podem solicitá-lo para atos repreensíveis, e ele será secundado nisso pelos Espíritos que simpatizam com essas disposições, mas não há arrebatamento irresistível, quando se tem a vontade de resistir. Lembrai-vos de que querer é poder. (361).

846 – O organismo não exerce influência sobre os atos da vida? Se ele exerce influência, não o faz com prejuízo do livre-arbítrio?

– O Espírito, certamente, é influenciado pela matéria que o pode entravar em suas manifestações. Eis por que, nos mundos onde os corpos são menos materiais que sobre a Terra, as faculdades se desdobram com mais liberdade, mas o instrumento não dá a faculdade. De resto, é preciso distinguir aqui as faculdades morais das faculdades intelectuais; se um homem tem o instinto de homicida, é seguramente seu Espírito que o possui e que lho transmite, mas não seus órgãos. Aquele que anula seu pensamento para não se ocupar senão com a matéria torna-se semelhante ao bruto, e pior ainda, ele nem sonha mais em se precaver contra o mal, e é nisto que é culpado, visto que age assim por sua vontade. (vede nos 367 e seguintes. Influência do organismo).

847 – A deformação das faculdades tira ao homem o livre-arbítrio?

– Aquele cuja inteligência está perturbada por uma causa qualquer, não é mais senhor do seu pensamento e, desde logo, não tem mais liberdade. Essa deformação, frequentemente, é uma punição para o Espírito que, em uma existência anterior, pode ter sido vão e orgulhoso e ter feito mau uso de suas faculdades. Ele pode renascer no corpo de um idiota, como o déspota no corpo de um escravo, e o mau rico no de um mendigo; o Espírito sofre esse constrangimento, do qual tem perfeita consciência, e aí está a ação da matéria. (371 e seguintes).

848 – A aberração das faculdades intelectuais por embriaguez escusa os atos repreensíveis?

– Não, porque o bêbado está voluntariamente privado de sua razão para satisfazer paixões brutais: em lugar de uma falta, ele comete duas.

849 – Qual é, no homem em estado selvagem, a faculdade dominante: o instinto ou o livre-arbítrio?

– O instinto, o que não o impede de agir com uma inteira liberdade para certas coisas. Mas, como a criança, aplica essa liberdade às suas necessidades, e ela se desenvolve com a inteligência. Por conseguinte, tu que és mais esclarecido que um selvagem, és também mais responsável que ele pelo que fazes.

850 – A posição social, algumas vezes, não é um obstáculo à inteira liberdade dos atos?

– O mundo tem, sem dúvida, suas exigências. Deus é justo e leva tudo em conta, mas vos deixa a responsabilidade do pouco esforço que fazeis para superar os obstáculos.

Fatalidade.

851 – Há uma fatalidade nos acontecimentos da vida, segundo o sentido ligado a essa palavra, quer dizer, todos os acontecimentos são predeterminados? Nesse caso, em que se torna o livre-arbítrio?

– A fatalidade não existe senão pela escolha que fez o Espírito, em se encarnando, de suportar tal ou tal prova. Escolhendo, ele faz uma espécie de destino que é a consequência mesma da posição em que se encontra. Falo das provas físicas, porque para o que é prova moral e tentações, o Espírito, conservando seu livre-arbítrio sobre o bem e sobre o mal, é sempre senhor de ceder ou de resistir. Um bom Espírito, vendo-o fraquejar, pode vir em sua ajuda, mas não pode influir sobre ele de maneira a dominar sua vontade. Um Espírito mau, quer dizer, inferior, mostrando-lhe, exagerando-lhe um perigo físico, pode abalá-lo e assustá-lo; mas a vontade do Espírito encarnado não fica menos livre de todos os entraves.

852 – Há pessoas que uma fatalidade parece perseguir, independentemente de sua maneira de agir; a infelicidade não está no seu destino?

– Pode ser que sejam provas que elas devem suportar e que escolheram. Mas, ainda uma vez, levais à conta do destino o que não é, o mais frequentemente, senão a consequência de vossa própria falta. Nos males que te afligem, esforça-te para que a tua consciência seja pura e serás consolado em parte.

As ideias justas ou falsas que fazemos das coisas nos fazem vencer ou fracassar segundo nosso caráter e nossa posição social. Achamos mais simples e menos humilhante para nosso amor-próprio, atribuir, nossos fracassos à sorte ou ao destino, do que à nossa própria falta. Se a influência dos Espíritos contribui para isso algumas vezes, podemos sempre nos subtrair dessa influência, repelindo as ideias que eles nos sugerem, quando elas são más.

853 – Certas pessoas não escapam de um perigo mortal senão para cair num outro; parece que elas não poderiam escapar à morte. Não há nisso fatalidade?

– Não há de fatal, no verdadeiro sentido da palavra, senão o instante da morte. Quando esse momento chega, seja por um meio ou por outro, não podeis dele vos livrar.

– Assim, qualquer que seja o perigo que nos ameace, não morremos se a hora não é chegada?

– Não, tu não perecerás e disso tens milhares de exemplos. Mas, quando é chegada a tua hora de partir, nada pode subtrair-te dela. Deus sabe, antecipadamente, de qual gênero de morte partirás daqui e, frequentemente, teu Espírito o sabe também, porque isso lhe é revelado quando faz escolha de tal ou tal existência.

854 – Da infalibilidade da hora da morte, segue-se que as precauções que se tomam para evitá-la são inúteis?

– Não, porque as precauções que tomais vos são sugeridas para evitar a morte que vos ameaça; elas são um dos meios para que a morte não ocorra.

855 – Qual o objetivo da Providência ao fazer-nos correr perigos que não devem ter consequência?

– Quando tua vida é posta em perigo, é uma advertência que tu mesmo desejaste a fim de te desviar do mal e te tornares melhor. Quando escapas desse perigo, ainda sob a influência do perigo que correste, sonhas, mais ou menos fortemente, segundo a ação mais ou menos forte dos bons Espíritos, em te tornares melhor. O mau Espírito sobrevindo (digo mau subentendendo o mal que ainda há nele), pensas que escaparás igualmente de outros perigos e deixas de novo tuas paixões se desencadearem. Pelos perigos que correis, Deus vos lembra vossas fraquezas e a fragilidade de vossa existência. Se examinarmos a causa e a natureza do perigo, ver-se-á que, o mais frequentemente, as consequências foram a punição de uma falta cometida ou de um dever negligenciado. *Deus vos adverte, assim, para recolher-vos em vós mesmos, e corrigir-vos.* (526-532).

856 – O Espírito sabe antecipadamente o gênero de morte pelo qual deve sucumbir?

– Sabe que o gênero de vida que escolheu o expõe a morrer de tal maneira

antes que de outra, mas sabe igualmente as lutas que terá de sustentar para o evitar, e que, se Deus o permitir, não sucumbirá.

857 – Há homens que enfrentam os perigos dos combates com certa persuasão de que sua hora não chegou; há algum fundamento nessa confiança?

– Muito frequentemente o homem tem o pressentimento do seu fim, como pode ter o de que não morrerá ainda. Esse pressentimento lhe vem dos seus Espíritos protetores que querem adverti-lo a estar pronto para partir ou que levantam sua coragem nos momentos em que ela lhe é mais necessária. Pode-lhe vir ainda da intuição que tem da existência que escolheu ou da missão que aceitou e que sabe dever cumprir. (411-522).

858 – Por que aqueles que pressentem a própria morte a temem, geralmente, menos que os outros?

– É o homem que teme a morte, não o Espírito. Aquele que a pressente, pensa mais como Espírito que como homem; compreende sua libertação e a espera.

859 – Se a morte não pode ser evitada quando chegou a sua hora, ocorre o mesmo em todos os acidentes que nos atingem no curso da vida?

– Frequentemente, essas são coisas muito pequenas, das quais podemos vos prevenir e, algumas vezes, evitá-las, dirigindo vosso pensamento, porque não amamos o sofrimento material; mas isso é pouco importante para a vida que escolhestes. A fatalidade, verdadeiramente, não consiste senão na hora em que deveis aparecer e desaparecer deste mundo.

– Há fatos que, forçosamente, devam acontecer e que a vontade dos Espíritos não possa evitar?

– Sim, mas tu, quando no estado de Espírito, viste e pressentiste, ao fazer a tua escolha. Entretanto, não creias que tudo o que ocorre esteja escrito, como se diz. Um acontecimento é, frequentemente, a consequência de uma coisa que fizeste por um ato de tua livre vontade, de tal sorte que, se não tivesses feito essa coisa, o acontecimento não ocorreria. Se queimas o dedo, isso não é nada; é o resultado de tua imprudência e a consequência da matéria. Não há senão as grandes dores, os acontecimentos importantes que podem influir sobre o moral, que são previstos por Deus, porque são úteis à tua depuração e à tua instrução.

860 – O homem, por sua vontade e por seus atos, pode fazer com que os acontecimentos que deveriam ocorrer não ocorram, e vice-versa?

– Ele o pode, desde que esse desvio aparente possa se harmonizar com a vida

que escolheu. Ademais, para fazer o bem, como o deve ser, e como isso é o único objetivo da vida, pode impedir o mal, sobretudo aquele que poderia contribuir para um mal maior.

861 – O homem que comete um homicídio sabe, ao escolher sua existência, que se tornará um assassino?

– Não. Ele sabe que, escolhendo uma vida de luta, há a chance, *para ele, de matar um dos seus semelhantes, mas ignora se o fará porque há, quase sempre, nele, uma deliberação antes de cometer o crime. Ora, aquele que delibera sobre uma coisa está sempre livre para fazê-la ou não. Se o Espírito sabia, de antemão, que, como homem, devia cometer um homicídio, é que isso estava predestinado. Sabei, pois, que não há ninguém predestinado ao crime e que todo crime, ou todo ato qualquer, é sempre o resultado da vontade e do livre-arbítrio.*

De resto, confundis sempre duas coisas bem distintas: os acontecimentos materiais da vida e os atos da vida moral. Se, algumas vezes, há fatalidade, é nos acontecimentos materiais cuja causa está fora de vós e que são independentes da vossa vontade. Quanto aos atos da vida moral, eles emanam sempre do próprio homem, que tem sempre, por conseguinte, a liberdade de escolha; para esses atos, pois, jamais *há fatalidade.*

862 – Há pessoas para as quais nada sai bem, e que um mau gênio parece perseguir em todas suas empreitadas; não há nisso o que se pode chamar fatalidade?

– Há fatalidade, se a queres chamar assim; ela, porém, prende-se à escolha do gênero de existência, porque essas pessoas quiseram ser experimentadas por uma vida de decepção, a fim de exercitar sua paciência e sua resignação. Entretanto, não creiais que essa fatalidade seja absoluta; frequentemente, ela é o resultado de um caminho falso que tomaram, e que não está em relação com sua inteligência e suas aptidões. Aquele que quer atravessar um rio a nado, sem saber nadar, tem grande chance de afogar-se; assim é na maior parte dos acontecimentos da vida. Se o homem não empreendesse senão coisas compatíveis com suas faculdades, ele teria êxito quase sempre; o que o perde é seu amor-próprio e sua ambição que o fazem sair de seu caminho e tomar, por uma vocação, o desejo de satisfazer certas paixões. Ele fracassa, e a culpa é sua; mas, em lugar de tomá-la sobre si, prefere acusar sua estrela. Tal seria um bom operário e ganharia honradamente sua vida, que seria um mau poeta e morreria de fome. Haveria lugar para todos, se cada um soubesse se colocar no seu lugar.

863 – Os costumes sociais não obrigam, frequentemente, um ho-

mem a seguir tal caminho antes que outro, e não está ele submetido ao controle da opinião pública na escolha de suas ocupações? O que se chama o respeito humano não é um obstáculo ao exercício do livre-arbítrio?

– *São os homens que fazem os costumes sociais e não Deus; se se submetem a eles é porque isso lhes convém e o fazem por um ato de seu livre-arbítrio visto que, se o quisessem, poderiam libertar-se deles; nesse caso, por que se lamentar? Não são os costumes sociais que devem acusar, mas seu tolo amor-próprio que os faz preferir morrer de fome a derrogá-los. Ninguém lhes levará em conta esse sacrifício feito à opinião pública, enquanto que Deus terá em conta o sacrifício de sua vaidade. Isso não quer dizer que seja preciso enfrentar essa opinião sem necessidade, como certas pessoas que têm mais de originalidade que de verdadeira filosofia. Há tanto contrassenso em tornar-se objeto de crítica ou mostrar-se como um animal curioso, quanto há de sabedoria em descer voluntariamente, e sem murmurar, quando não se pode manter-se no topo da escada.*

864 – Se há pessoas às quais a sorte é contrária, outras parecem ser favorecidas, porque tudo lhes sai bem; a que se prende isso?

– *Frequentemente, é porque elas sabem escolher melhor; mas isso pode ser também um gênero de provas, pois o sucesso as embriaga e confiam-se ao seu destino, pagando, no geral, mais tarde, esses mesmos sucessos por cruéis revezes que poderiam evitar com a prudência.*

865 – Como explicar a chance que favorece certas pessoas nas circunstâncias em que nem a vontade nem a inteligência interferem? O jogo, por exemplo?

– *Certos Espíritos escolheram anteriormente certas espécies de alegria; a chance que os favorece é uma tentação. Aquele que ganha como homem, perde como Espírito: é uma prova para seu orgulho e sua cupidez.*

866 – A fatalidade que parece presidir aos destinos materiais de nossa vida seriam, pois, o efeito de nosso livre-arbítrio?

– *Tu mesmo escolheste a tua prova; quanto mais rude ela for, e melhor a suportares, mais te elevarás. Aqueles que passam sua vida na abundância e na felicidade humana são Espíritos frouxos que permanecem estacionários. Assim, o número dos infortunados sobrepuja, em muito, o dos felizes desse mundo, já que os Espíritos procuram, na maioria, a prova que resulte a mais frutífera. Eles veem muito bem a futilidade das vossas grandezas e das vossas alegrias. Aliás, a vida mais feliz é sempre agitada, sempre perturbada: não o seria senão pela ausência da dor.* (525 e seguintes.)

867 – De onde vem a expressão: Nascer sob uma feliz estrela?

– *Velha superstição, que ligava as estrelas ao destino de cada homem; alegoria, que certas pessoas têm a tolice de tomar ao pé da letra.*

Conhecimento do futuro.

868 – O futuro pode ser revelado ao homem?

– *Em princípio, o futuro lhe é oculto e não é senão em casos raros e excepcionais que Deus permite a revelação.*

869 – Com que objetivo o futuro está oculto ao homem?

– *Se o homem conhecesse o futuro, negligenciaria o presente e não agiria com a mesma liberdade, porque seria dominado pelo pensamento de que, se uma coisa deve acontecer, não tem que se ocupar dela ou, então, procuraria dificultá-la. Deus não quis que fosse assim, a fim de que cada um concorresse para a realização das coisas,* mesmo às quais gostaria de opor-se. *Assim, tu mesmo, frequentemente, preparas, sem desconfiar disso, os acontecimentos que sobrevirão no curso da tua vida.*

870 – Visto que é útil que o futuro seja desconhecido, por que Deus, algumas vezes, permite a sua revelação?

– *Ele o permite quando esse conhecimento prévio deve facilitar a realização da coisa em lugar de dificultá-la, obrigando a agir de modo diverso do que se faria sem esse conhecimento. Aliás, frequentemente, é uma prova. A perspectiva de um acontecimento pode despertar pensamentos mais ou menos bons; por exemplo, se um homem deve saber que receberá uma herança, com a qual não conta, poderá ser solicitado por sentimento de cupidez, pela alegria de aumentar seus gozos terrestres, pelo desejo de possuir mais cedo, talvez, desejando a morte daquele que deve deixar-lhe a fortuna. Ou, então, essa perspectiva despertará nele bons sentimentos e pensamentos generosos. Se a predição não se cumpre, é uma outra prova: a da maneira pela qual ele suportará a decepção. Mas não lhe será menor, por isso, o mérito ou o demérito dos pensamentos bons ou maus que a crença no acontecimento fez nele nascer.*

871 – Visto que Deus sabe tudo, sabe, igualmente, se um homem deve ou não sucumbir em uma prova; por conseguinte, qual a necessidade dessa prova, visto que ela não pode ensinar nada a Deus, que já não saiba, sobre a vida desse homem?

– Com isso, queres perguntar por que Deus não criou o homem perfeito e realizado (119); por que o homem deve passar pela infância antes de atingir a idade adulta (379). A prova não tem o objetivo de esclarecer a Deus sobre o mérito desse homem, porque Deus sabe perfeitamente o que ele quer, mas de deixar a esse homem toda a responsabilidade de sua ação, visto que tem a liberdade de fazer ou não fazer. Tendo o homem a escolha entre o bem e o mal, a prova tem por efeito colocá-lo em luta com a tentação do mal e deixar-lhe todo o mérito da resistência. Ora, visto que Deus sabe muito bem, e antecipadamente, se ele triunfará ou não, não pode, em sua justiça, nem puni-lo nem recompensá-lo por um ato que ainda não tenha praticado. (258).

Assim o é entre os homens. Por mais capaz que seja um estudante, por mais certeza que se tenha de o ver triunfar, não se lhe confere nenhum grau sem exame, quer dizer, sem prova. Da mesma forma, o juiz não condena um acusado senão por um ato consumado e não pela previsão de que ele pode ou deve consumar esse ato.

Quanto mais se reflita sobre as consequências que resultariam para o homem o conhecimento do futuro, mais se vê quanto a Providência foi sábia ao ocultá-la. A certeza de um acontecimento feliz, o mergulharia na inanição; a de um acontecimento infeliz, no desencorajamento. Em um e outro caso, suas forças estariam paralisadas. Por isso, o futuro não é mostrado ao homem senão como **um fim** que ele deve atingir por seus esforços, mas sem conhecer o processo pelo qual deve passar para atingi-lo. O conhecimento de todos os incidentes do caminho diminuiria sua iniciativa e o uso do seu livre-arbítrio e ele se deixaria arrastar pela fatalidade dos acontecimentos, sem exercitar suas faculdades. Quando o sucesso de uma coisa está assegurado, ninguém se preocupa mais com ela.

Resumo teórico da motivação das ações do homem.

872 – A questão do livre-arbítrio pode ser resumida assim: o homem não é fatalmente conduzido ao mal; os atos que ele realiza não estão antecipadamente escritos; os crimes que ele comete não resultam de uma sentença do destino. Ele pode, como prova e como expiação, escolher uma existência em que terá os arrastamentos do crime, seja pelo meio em que está colocado, seja pelas circunstâncias que sobrevirão, mas está sempre livre para agir ou não agir. Assim, no estado de Espírito, o livre-arbítrio existe na escolha da existência e das provas, e no estado corporal, na faculdade de ceder ou de resistir aos arrastamentos aos quais estamos voluntariamente submetidos. Cabe à educação combater essas más tendências e o fará utilmente quando estiver baseada no estudo profundo da natureza moral do homem. Pelo conhecimento das leis que regem essa natureza moral, chegar-se-á a modificá-la, como se modifica a inteligência pela instrução, e o temperamento pela higiene.

O Espírito, liberto da matéria e no estado errante, faz a escolha de suas existências corporais futuras, segundo o grau de perfeição que alcançou e é nisso, como dissemos, que consiste, sobretudo, seu livre-arbítrio. Essa liberdade não é anulada pela encarnação; se cede à influência da matéria, é porque sucumbe sob as próprias provas que escolheu e é para ajudá-lo a superá-las que ele pode invocar a assistência de Deus e dos bons Espíritos (337).

Sem o livre-arbítrio, o homem não tem nem demérito no mal, nem mérito no bem, e isso é igualmente reconhecido no mundo, onde se proporciona sempre a censura ou o elogio à intenção, quer dizer, à vontade. Ora, quem diz vontade, diz liberdade. O homem, portanto, não saberia procurar uma desculpa de suas faltas no seu organismo sem abdicar de sua razão e de sua condição de ser humano para se assemelhar ao animal. Se assim o é para o mal, o será também para o bem. Mas, quando o homem faz o bem, tem grande cuidado em fazer-se merecedor, e não procura, por isso, gratificar seus órgãos, o que prova que, instintivamente, ele não renuncia, malgrado a opinião de alguns sistemáticos, ao melhor privilégio de sua espécie: a liberdade de pensar.

A fatalidade, tal como é vulgarmente entendida, supõe a decisão prévia e irrevogável de todos os acontecimentos da vida, qualquer que seja a importância. Se ela estivesse na ordem das coisas, o homem seria uma máquina sem vontade. Para que lhe serviria sua inteligência, visto que seria invariavelmente dominado em todos os seus atos pela força do destino? Uma tal doutrina, se fosse verdadeira, seria a destruição de toda liberdade moral. Não haveria mais responsabilidade para o homem e, por conseguinte, nem bem, nem mal, nem crimes, nem virtudes. Deus, soberanamente justo, não poderia castigar sua criatura por faltas que não dependeu dela cometer, nem a recompensar por virtudes das quais ela não teria o mérito. Semelhante lei seria, além do mais, a negação da lei do progresso, porque o homem que esperasse tudo da sorte não tentaria nada para melhorar sua posição, visto que não seria nem mais nem menos.

A fatalidade, entretanto, não é uma palavra vã. Ela existe na posição que o homem ocupa sobre a Terra e nas funções que ele aí cumpre por consequência do gênero de existência que seu Espírito escolheu como *prova, expiação* ou *missão.* Ele sofre, fatalmente, todas as vicissitudes dessa existência, e todas as *tendências* boas ou más que a ela são inerentes. Mas a isso se reduz a fatalidade, porque depende de sua vontade ceder ou não a essas tendências. *O detalhe dos acontecimentos está subordinado às circunstâncias que ele próprio provoca por seus atos* e sobre as quais podem influir os Espíritos pelos pensamentos que lhe sugerem (459).

A fatalidade, pois, está nos acontecimentos que se apresentam, visto que são a consequência da escolha da existência feita pelo Espírito. Ela pode não estar no resultado desses acontecimentos, posto que pode depender do homem modificar-lhes o curso pela sua prudência. *Ela não está jamais nos atos da vida moral.*

É na morte que o homem está submetido de maneira absoluta à inexorável lei da fatalidade, porque não pode fugir à sentença que fixa o termo de sua existência, nem ao gênero de morte que deve interromper-lhe o curso.

Segundo a doutrina vulgar, o homem possuiria todos os instintos em si mesmo e eles proviriam, seja de sua organização física, pela qual não poderia ser responsável, seja de sua própria natureza, na qual pode procurar uma escusa para suas faltas, aos seus próprios olhos, dizendo que isso não é sua falta, desde que foi feito assim. A Doutrina Espírita, evidentemente, é mais moral. Ela admite, no homem, o livre-arbítrio em toda a sua plenitude e, dizendo-lhe que se ele faz o mal, cede a uma sugestão má exterior, deixa-lhe toda a responsabilidade visto que lhe reconhece o poder de resistir, coisa, evidentemente, mais fácil que se tivesse que lutar contra sua própria natureza. Assim, segundo a Doutrina Espírita, não há arrastamento irresistível: o homem pode sempre fechar o ouvido à voz oculta que o solicita ao mal em seu foro íntimo, como pode fechá-lo à voz material de quem lhe fala. Ele o pode por sua vontade, pedindo a Deus a força necessária e reclamando, para isso, a assistência dos bons Espíritos. É o que Jesus nos ensina na prece sublime da *Oração dominical*, quando nos faz dizer: "Não nos deixeis sucumbir à tentação, mas livrai-nos do mal."

Essa teoria da causa excitante de nossos atos ressalta evidentemente de todo o ensinamento dado pelos Espíritos. Não somente ela é sublime em moralidade, mas acrescentaremos que revela o homem a si mesmo. Ela o mostra livre para sacudir um jugo obsessor, como é livre para fechar sua casa aos importunos. Ele não é mais uma máquina agindo por um impulso independente de sua vontade, é um ser racional que escuta, julga e escolhe livremente entre dois conselhos. Admitamos que, malgrado isso, o homem não está privado de sua iniciativa, não age menos por impulso próprio, visto que, em definitivo, ele não é senão um Espírito encarnado que conserva, sob o envoltório corporal, as qualidades e os defeitos que tinha como Espírito. As faltas que cometemos têm, pois, sua fonte primeira nas imperfeições de nosso próprio Espírito, que não atingiu ainda a superioridade moral que terá um dia, mas que nem por isso tem diminuído o seu livre-arbítrio. A vida corporal lhe é dada para se livrar das suas imperfeições pelas provas que nela deve suportar, e são precisamente essas imperfeições que o tornam mais fraco e mais acessível às sugestões dos outros Espíritos imperfeitos, que delas se aproveitam para fazê-lo sucumbir nas lutas que empreende. Se ele sai vencedor dessa luta, eleva-se; se fracassa, permanece aquilo que foi, nem pior nem melhor. É uma prova para recomeçar e pode durar muito tempo assim. Quanto mais ele se depura, mais essas fraquezas diminuem e menos se expõe àqueles que o solicitam para o mal. Sua força moral cresce em razão de sua elevação, e os maus Espíritos se afastam dele.

Todos os Espíritos, mais ou menos bons, quando encarnados, constituem a espécie humana, e como nossa Terra é um dos mundos menos avançados, aqui se encontram mais maus que bons Espíritos; por isso, aqui vemos tanta perversidade. Façamos, portanto, todos os esforços para aqui não retornar depois desta estada e para merecer ir repousar num mundo melhor, num desses mundos privilegiados, onde o bem reina sem oposição, e onde não nos lembraremos de nossa passagem neste mundo, senão como de um tempo de exílio.

XI
Capítulo 11

X – Lei de justiça, de amor e de caridade

1. Justiça e direitos naturais. – 2. Direito de propriedade. Roubo. – 3. Caridade e amor ao próximo. – 4. Amor maternal e filial.

Justiça e direitos naturais.

873 – O sentimento de justiça está na Natureza ou resulta de ideias adquiridas?

– Tanto está na Natureza, que vos revoltais ao pensamento de uma injustiça. O progresso moral desenvolve, sem dúvida, esse sentimento, mas não o dá: Deus o colocou no coração do homem. Eis porque encontrareis, frequentemente, entre os homens simples e primitivos, noções mais exatas da justiça que entre os que têm muito saber.

874 – Se a justiça é uma lei natural, como ocorre que os homens a entendam de maneiras tão diferentes, e que um ache justo aquilo que parece injusto a outro?

– É que, frequentemente, aí misturam paixões que alteram esse sentimento, como a maioria dos outros sentimentos naturais, e fazem ver as coisas sob um falso ponto de vista.

875 – Como se pode definir a justiça?

– A justiça consiste no respeito aos direitos de cada um.

– O que determina esses direitos?

– Duas coisas os determinam: a lei humana e a lei natural. Tendo os homens feito leis apropriadas aos seus costumes e ao seu caráter, essas leis estabele-

ceram direitos que puderam variar com o progresso dos conhecimentos. Vede se vossas leis de hoje, sem serem perfeitas, consagram os mesmos direitos da Idade Média. Esses direitos antiquados, que vos parecem monstruosos, pareciam justos e naturais naquela época. O direito estabelecido pelos homens, portanto, não está sempre conforme a justiça. Aliás, ele não regula senão certas relações sociais, enquanto que, na vida particular, há uma imensidade de atos que são unicamente da alçada do tribunal da consciência.

876 – Fora do direito consagrado pela lei humana, qual é a base da justiça fundada sobre a lei natural?

– *O Cristo vo-la deu:* Desejai para os outros o que quereríeis para vós mesmos. *Deus colocou no coração do homem a regra de toda a verdadeira justiça, pelo desejo de cada um de ver respeitar seus direitos. Na incerteza do que deve fazer em relação ao seu semelhante em uma dada circunstância, o homem se pergunta como ele desejaria que se fizesse para com ele em circunstância semelhante: Deus não poderia dar-lhe um guia mais seguro que a sua própria consciência.*

O critério da verdadeira justiça é, com efeito, desejar para os outros o que se desejaria para si mesmo, e não de desejar para si o que se desejaria para os outros, o que não é a mesma coisa. Como não é natural querer o mal para si, tomando seu desejo pessoal por modelo ou ponto de partida, se está certo de não se desejar jamais senão o bem para o seu próximo. Em todos os tempos e em todas as crenças, o homem tem sempre procurado fazer prevalecer o seu direito pessoal. **O sublime da religião cristã tem sido de tomar o direito pessoal por base do direito do próximo.**

877 – A necessidade para o homem de viver em sociedade ocasiona-lhe obrigações particulares?

– Sim, e a primeira de todas é a de respeitar o direito dos seus semelhantes. Aquele que respeitar esses direitos será sempre justo. No vosso mundo, onde tantos homens não praticam a lei de justiça, cada um usa de represálias e é isso o que faz a perturbação e a confusão de vossa sociedade. A vida social confere direitos e impõe deveres recíprocos.

878 – Podendo o homem iludir-se sobre a extensão dos seus direitos, o que pode lhe fazer conhecer o limite?

– O limite do direito que reconhece ao seu semelhante em relação a ele, na mesma circunstância, e reciprocamente.

– Mas se cada um se atribui os direitos de seu semelhante, que se torna a subordinação para com os superiores? Não é a anarquia de todos os poderes?

– Os direitos naturais são os mesmos para todos os homens, desde o menor até o maior. Deus não fez uns de um limo mais puro que os outros, e todos são iguais diante dele. Esses direitos são eternos; os que o homem estabeleceu perecem com suas instituições. De resto, cada um percebe bem sua força ou sua fraqueza e saberá ter sempre uma espécie de deferência para aquele que a mereça pela sua virtude e sua sabedoria. É importante destacar isso, a fim de que aqueles que se creem superiores conheçam seus deveres, para merecer essas deferências. A subordinação não estará comprometida, quando a autoridade for dada à sabedoria.

879 – Qual seria o caráter do homem que praticasse a justiça em toda a sua pureza?

– O verdadeiro justo, a exemplo de Jesus, porque praticaria também o amor do próximo e a caridade, sem os quais não há verdadeira justiça.

Direito de propriedade. Roubo.

880 – Qual é o primeiro de todos os direitos naturais do homem?

– O de viver. Por isso, ninguém tem o direito de atentar contra a vida de seu semelhante, nem de fazer nada que possa comprometer a sua existência corporal.

881 – O direito de viver dá ao homem o direito de ajuntar o que necessitar para viver e repousar, quando não puder mais trabalhar?

– Sim, mas deve fazê-lo em família, como a abelha, por um trabalho honesto, e não amontoar como um egoísta. Mesmo alguns animais lhe dão o exemplo da previdência.

882 – O homem tem o direito de defender o que ajuntou pelo trabalho?

– Deus não disse: não furtarás; e Jesus: é preciso dar a César o que pertence a César?

O que o homem amontoa por um trabalho **honesto** é uma propriedade legítima, que tem o direito de defender, porque a propriedade que é fruto do trabalho é um direito natural tão sagrado como o de trabalhar e de viver.

883 – O desejo de possuir está na Natureza?

– Sim, mas quando o homem só deseja para si e para a sua satisfação pessoal, é egoísmo.

– Não é legítimo, entretanto, o direito de possuir, visto que aquele que tem de que viver não é carga para ninguém?

– Há homens insaciáveis e que acumulam sem proveito para ninguém ou para satisfazer suas paixões. Crês que isso seja bem visto por Deus? Aquele que, ao contrário, amontoa por seu trabalho para ajudar seus semelhantes, pratica a lei de amor e caridade, e seu trabalho é abençoado por Deus.

884 – Qual é o caráter da propriedade legítima?

– Não há propriedade legítima, senão aquela que foi adquirida sem prejuízo para outrem (808).

A lei de amor e de justiça, proibindo fazer a outrem o que não desejáramos que nos fizessem, condena, por isso mesmo, todo meio de aquisição contrário a essa lei.

885 – O direito de propriedade é indefinido?

– Sem dúvida, tudo o que é adquirido legitimamente é uma propriedade. Todavia, como o dissemos, a legislação dos homens, sendo imperfeita, consagra, frequentemente, direitos de convenção que a justiça natural reprova. Por isso, eles reformam suas leis à medida que o progresso se realiza e que compreendem melhor a justiça. O que parece perfeito num século, parece bárbaro no século seguinte. (795).

Caridade e amor ao próximo.

886 – Qual é o verdadeiro sentido da palavra *caridade,* como a entendia Jesus?

– Benevolência para com todos, indulgência para com as imperfeições alheias, perdão das ofensas.

O amor e a caridade são o complemento da lei de justiça, porque amar ao próximo é fazer-lhe todo o bem que está ao nosso alcance e que gostaríamos nos fosse feito a nós mesmos. Tal é o sentido das palavras de Jesus: **Amai-vos uns aos outros, como irmãos.**

A caridade, segundo Jesus, não está restrita à esmola. Ela abrange todas as relações que temos com nossos semelhantes, quer sejam nossos inferiores, nossos iguais ou nossos superiores. Ela nos ordena a indulgência, porque nós mesmos temos necessidade dela. Proíbe nos de humilhar o infortúnio, contrariamente ao que se pratica muito frequentemente. Se uma pessoa rica se apresenta, tem-se por ela mil atenções, mil amabilidades; se é pobre, parece não haver mais necessidade de se incomodar com ela. Quanto mais sua posição seja lastimável, mais se deve respeitar antes de aumentar seu sofrimento pela humilhação. O homem verdadeiramente bom procura realçar o inferior aos seus próprios olhos, diminuindo a distância entre ambos.

887 – Disse Jesus também: *Amai mesmo vossos inimigos.* Ora, o amor por nossos inimigos não é contrário às nossas tendências naturais e a inimizade não provém da ausência de simpatia entre os Espíritos?

– *Sem dúvida, não se pode ter pelos inimigos um amor terno e apaixonado; não foi isso que ele quis dizer. Amar os inimigos é perdoar-lhes e restituir bem por mal. Por este meio, tornamo-nos superiores a eles; pela vingança, colocamo-nos abaixo deles.*

888 – Que pensar da esmola?

– *O homem reduzido a pedir esmola se degrada moral e fisicamente: ele se embrutece. Numa sociedade baseada sobre a lei de Deus e a justiça, deve-se prover a vida do* fraco *sem humilhação para ele. Ela deve assegurar a existência daqueles que não podem trabalhar, sem deixar sua vida à* mercê *do* acaso *e da boa vontade.*

– Reprovais a esmola?

– *Não, não é a esmola que é reprovável, frequentemente, é a maneira pela qual é feita. O homem de bem, que compreende a caridade segundo Jesus, antecipa-se ao infeliz sem esperar que ele lhe estenda a mão.*

A verdadeira caridade é sempre boa e benevolente; ela está mais no gesto que no fato. Um serviço feito com delicadeza duplica de valor; se é feito com ostentação, a necessidade pode fazê-lo aceitar, mas o coração não é tocado por ele.

Lembrai-vos também que a ostentação, aos olhos de Deus, tira o mérito do favor. Disse Jesus: Que a vossa mão esquerda ignore o que dá vossa mão direita; ele vos ensina, com isso, a não deslustrar a caridade pelo orgulho.

É preciso distinguir a esmola propriamente dita da beneficência. O mais necessitado não é sempre aquele que pede; o receio de uma humilhação retém o verdadeiro pobre e, frequentemente, ele sofre sem se lamentar. É a este que o homem, verdadeiramente humano, sabe ir procurar sem ostentação.

Amai-vos uns aos outros é toda a lei, a lei divina pela qual Deus governa os mundos. O amor é a lei de atração para os seres vivos e organizados; a atração é a lei de amor para a matéria inorgânica.

Não olvideis jamais que o Espírito, qualquer que seja seu grau de adiantamento, sua situação como reencarnação ou erraticidade, está sempre colocado entre um superior que o guia e o aperfeiçoa, e um inferior diante do qual tem os mesmos deveres a cumprir. Portanto, sede caridosos, não somente dessa caridade que vos leva a tirar de vossa bolsa o óbolo que dais friamente àquele que ousa vo-lo pedir, mas ide ao encontro das misérias ocultas. Sede indulgentes para com os defeitos dos vossos semelhantes; em lugar de menosprezar a ignorância e o vício, instruí-os e moralizai-os. Sede dóceis e benevolentes para com todos os que vos são inferiores, assim como em relação aos seres mais ínfimos da criação, e tereis obedecido à lei de Deus.

SÃO VICENTE DE PAULO.

889 – Não há homens reduzidos à mendicância por suas faltas?

– Sem dúvida, mas se uma boa educação moral os houvesse ensinado a praticar a lei de Deus, eles não cairiam nos excessos que causam sua perda; é disso, sobretudo, que depende o melhoramento do vosso globo. (707).

Amor maternal e filial.

890 – O amor maternal é uma virtude ou um sentimento instintivo comum aos homens e aos animais?

– É uma e outra coisa. A Natureza deu à mãe o amor pelos filhos no interesse de sua conservação. Mas, entre os animais, esse amor é limitado às necessidades materiais e cessa quando os cuidados se tornam inúteis. Entre os homens, ele persiste por toda a vida e comporta um devotamento e uma abnegação que são da virtude. Sobrevive mesmo à morte e segue o filho além do túmulo. Bem vedes que há nele outra coisa mais do que no animal. (205-385).

891 – Visto que o amor maternal está na Natureza, por que há mães que odeiam os filhos, e isso desde o seu nascimento?

– Algumas vezes, é uma prova escolhida pelo Espírito do filho, ou uma expiação se ele mesmo foi mau pai ou mãe má ou mau filho, numa outra existência (392). Em todos os casos, a mãe má não pode ser animada senão por um mau Espírito que se esforça por dificultar a existência do filho, a fim de que ele sucumba sob as provas que aceitou; mas esta violação das leis da Natureza não ficará impune, e o Espírito do filho será recompensado pelos obstáculos que haja superado.

892 – Quando os pais têm filhos que lhes causam desgostos não são escusáveis por não terem, para com eles, a ternura que o teriam em caso contrário?

– *Não, porque é um fardo que lhes é confiado, e sua missão é a de fazer todos os esforços para reconduzi-los ao bem* (582-583). *Mas esses desgostos são, frequentemente, o resultado dos maus costumes que os deixaram tomar desde o berço: colhem, então, o que semearam.*

XII

Capítulo 12

Perfeição moral

1. As virtudes e os vícios. – 2. Das paixões.
3. Do egoísmo. – 4. Caracteres do homem de bem.
5. Conhecimento de si mesmo.

As virtudes e os vícios.

893 – Qual a mais meritória de todas as virtudes?

– Todas as virtudes têm seu mérito, porque todas são sinais de progresso no caminho do bem. Há virtude toda vez que há resistência voluntária ao arrastamento das más tendências. Mas o sublime na virtude consiste no sacrifício do interesse pessoal para o bem do próximo, sem oculta intenção. A mais meritória é aquela que está fundada sobre a mais desinteressada caridade.

894 – Há pessoas que fazem o bem por um gesto espontâneo, sem que tenham a vencer algum sentimento contrário; têm elas igual mérito que as que têm de lutar contra sua própria natureza e que a superam?

– As que não têm que lutar é porque nelas o progresso está realizado, já lutaram outrora e triunfaram. Por isso, os bons sentimentos não lhes custam nenhum esforço, e suas ações parecem todas simples: o bem se tornou para elas um hábito. Deve-se honrá-las, como velhos guerreiros que conquistaram suas posições.

Como estais ainda longe da perfeição, esses exemplos vos espantam pelo contraste e os admirais tanto mais porque são raros. Mas, sabei bem, nos mundos mais avançados que o vosso, o que entre vós é uma exceção, lá é uma regra. Ali o sentimento do bem é espontâneo em todos, porque não são habitados senão por bons Espíritos, e uma só má intenção ali seria uma exceção monstruosa. Eis porque os homens lá são felizes e o será, assim, sobre a Terra quando a Humanidade estiver transformada e quando compreender e praticar a caridade na sua verdadeira acepção.

895 – Além dos defeitos e dos vícios sobre os quais ninguém se enganaria, qual é o sinal mais característico da imperfeição?

– O interesse pessoal. As qualidades morais, frequentemente, são como a douração colocada sobre um objeto de cobre e que não resiste à pedra de toque. Um homem pode possuir qualidades reais que o fazem, para todo o mundo, um homem de bem. Mas essas qualidades, ainda que sejam um progresso, não suportam sempre certas provas e basta, às vezes, tocar a corda do interesse pessoal, para pôr o fundo a descoberto. O verdadeiro desinteresse é uma coisa tão rara sobre a Terra, que é admirado como um fenômeno quando ele se apresenta.

O apego às coisas materiais é um sinal notório de inferioridade, porque quanto mais o homem se prende aos bens deste mundo, menos compreende sua destinação. Pelo desinteresse, ao contrário, ele prova que vê o futuro de um ponto de vista elevado.

896 – Há pessoas desinteressadas, sem discernimento, que prodigalizam seus haveres sem proveito real por falta de um emprego racional; têm elas algum mérito?

– Têm o mérito do desinteresse, todavia, não o têm o do bem que poderiam fazer. Se o desinteresse é uma virtude, a prodigalidade irrefletida é sempre, pelo menos, uma ausência de julgamento. A fortuna não é dada mais a alguns para ser jogada ao vento, que a outro para ser enterrada num cofre-forte. É um depósito do qual terão que prestar contas, porque terão que responder por todo o bem que poderiam ter feito, e que não fizeram, por todas as lágrimas que poderiam ter enxugado com o dinheiro que deram àqueles que dele não tinham necessidade.

897 – Aquele que faz o bem, não em vista de uma recompensa sobre a Terra, mas na esperança de que lhe será levado em conta na outra vida, e que sua posição ali será tanto melhor, é repreensível, e esse pensamento lhe prejudica o adiantamento?

– É preciso fazer o bem por caridade, quer dizer, com desinteresse.

– Entretanto, cada um tem o desejo bem natural de progredir para escapar do estado penoso desta vida; os próprios Espíritos nos ensinam a praticar o bem com esse objetivo; portanto, é um mal pensar que, em se fazendo o bem, pode-se esperar condição melhor que sobre a Terra?

– Não, certamente. Todavia, aquele que faz o bem sem oculta intenção, e tão-só pelo prazer de ser agradável a Deus e ao seu semelhante sofredor, já se encontra num certo grau de adiantamento que lhe permitirá alcançar mais cedo

a felicidade que seu irmão, que, mais positivo, faz o bem por raciocínio, e não impelido pelo calor natural do seu coração. (894).

– Não há aqui uma distinção a ser feita entre o bem que se pode fazer ao próximo e o esforço para se corrigir de suas faltas? Concebemos que fazer o bem com o pensamento de que ele será levado em conta em outra vida é pouco meritório; todavia, emendar-se, vencer suas paixões, corrigir seu caráter, tendo em vista a aproximação com os bons Espíritos, e elevar-se, é igualmente um sinal de inferioridade?

– Não, não. Por fazer o bem, queremos dizer ser caridoso. Aquele que calcula o que cada boa ação pode resultar-lhe na vida futura, assim como na vida terrestre, age egoisticamente. Mas não há nenhum egoísmo em se melhorar visando a aproximar-se de Deus, pois esse é o objetivo para o qual cada um de nós deve dirigir-se.

898 – Visto que a vida corporal não é senão uma estada temporária neste mundo, e que nosso futuro deve ser nossa principal preocupação, é útil esforçar-se por adquirir conhecimentos científicos que não tocam senão às coisas e às necessidades materiais?

– Sem dúvida. Primeiro, isso vos coloca em condições de aliviar vossos irmãos; depois, vosso Espírito se elevará mais depressa se já progrediu em inteligência. No intervalo das encarnações, aprendeis em uma hora o que vos exigiria anos sobre a vossa Terra. Nenhum conhecimento é inútil, todos contribuem, mais ou menos, para o progresso, porque o Espírito perfeito deve tudo saber, e porque o progresso, devendo se realizar em todos os sentidos, todas as ideias adquiridas ajudam o desenvolvimento do Espírito.

899 – De dois homens ricos, um nasceu na opulência e não conheceu jamais a necessidade; o outro deve a sua fortuna ao seu trabalho; todos os dois a empregam exclusivamente em sua satisfação pessoal; qual é o mais culpável?

– Aquele que conheceu o sofrimento e sabe o que é sofrer. Ele conhece a dor que não alivia, mas muito frequentemente, dela não se lembra mais.

900 – Aquele que acumula sem cessar e sem fazer o bem a ninguém encontra uma desculpa válida no pensamento de que amontoa para deixar mais aos seus herdeiros?

– É um compromisso com a má consciência.

901 – De dois avarentos, o primeiro se recusa o necessário e morre de

necessidade sobre seu tesouro; o segundo não é avaro senão para os outros; enquanto que ele recua diante do menor sacrifício para prestar serviço ou fazer uma coisa útil, nada lhe custa para satisfazer seus gostos e suas paixões. Peça-se-lhe um serviço, e ele é sempre difícil; quando quer passar por uma fantasia, sempre tem o bastante. Qual é o mais culpado e qual o que terá o pior lugar no mundo dos Espíritos?

– *Aquele que goza: ele é mais egoísta do que avarento. O outro já encontrou uma parte de sua punição.*

902 – É repreensível invejar a riqueza quando pelo desejo de fazer o bem?

– *O sentimento é louvável, sem dúvida, quando é puro; mas esse desejo é sempre bem desinteressado e não esconde nenhuma intenção oculta pessoal? A primeira pessoa à qual se deseja fazer o bem, frequentemente, não é a si mesmo?*

903 – Há culpa em estudar os defeitos dos outros?

– *Se é para criticá-los e divulgar, há muita culpa, porque é faltar com a caridade. Se é para fazê-lo em seu proveito pessoal e evitá-los em si mesmo, isso pode, algumas vezes, ser útil. Mas é preciso não esquecer que a indulgência pelos defeitos alheios é uma das virtudes contidas na caridade. Antes de fazer aos outros uma censura de suas imperfeições, vede se não se pode dizer a mesma coisa de vós. Esforçai-vos, portanto, em ter as qualidades opostas aos defeitos que criticais nos outros, esse é o meio de vos tornardes superiores. Se os censurais por serem avarentos, sede generosos; por serem orgulhosos, sede humildes e modestos; por serem duros, sede dóceis; por agirem com baixeza, sede grandes em todas as vossas ações; em uma palavra, fazei de tal maneira que não vos possam aplicar estas palavras de Jesus: ele vê um argueiro no olho do seu vizinho e não vê uma trave no seu.*

904 – Há culpa em sondar as chagas da sociedade e revelá-las?

– *Isso depende do sentimento que o leva a fazê-lo. Se o escritor não tem em vista senão produzir escândalo, é um prazer pessoal que ele se procura, apresentando quadros que, frequentemente, são mais um mau que um bom exemplo. O Espírito aprecia, mas pode ser punido por essa espécie de prazer que toma em revelar o mal.*

– De que forma, nesse caso, julgar a pureza das intenções e a sinceridade do escritor?

– *Isso não é sempre útil. Se ele escreveu boas coisas, aproveitai-as; se fez mal, é uma questão de consciência que a ele diz respeito. De resto, se deseja provar sua sinceridade, cabe a ele apoiar o preceito pelo seu próprio exemplo.*

905 – Certos autores publicaram obras muito bonitas e de grande moralidade que ajudam o progresso da Humanidade, mas das quais eles mesmos não se aproveitaram; como Espíritos, ser-lhes-á levado em conta o bem que fizeram através de suas obras?

– A moral sem a ação é a semente sem o trabalho. De que serve a semente se não fazeis frutificar para vos nutrir? Esses homens são mais culpáveis, porque tinham inteligência para compreender; não praticando as máximas que deram aos outros, renunciaram a colher os frutos.

906 – Aquele que faz o bem é repreensível por ter dele consciência e de reconhecê-lo a si mesmo?

– Visto que pode ter consciência do mal que faz, ele deve ter também a do bem, a fim de saber se age bem ou mal. É pesando todos os seus atos na balança da lei de Deus e, sobretudo, na da lei da justiça, de amor e de caridade, que ele poderá dizer a si mesmo se elas são boas ou más, aprová-las ou desaprová-las. Ele não pode, pois, ser repreensível por reconhecer que triunfou das más tendências e disso estar satisfeito, contanto que não se envaideça, porque, então, cairia em outra falta. (919).

Das paixões.

907 – Visto que o princípio das paixões está na Natureza, ele é mau em si mesmo?

– Não, a paixão está no excesso acrescentado à vontade, porque o princípio foi dado ao homem para o bem, e as paixões podem levá-lo a grandes coisas, sendo o abuso, que delas se faz, que causa o mal.

908 – Como definir o limite em que as paixões deixam de ser boas ou más?

– As paixões são como um cavalo que é útil quando está dominado, e que é perigoso, quando ele é que domina. Reconhecei, pois, que uma paixão se torna perniciosa a partir do momento em que não podeis governá-la e que ela tem por resultado um prejuízo qualquer para vós ou para outrem.

As paixões são alavancas que decuplicam as forças do homem e o ajudam na realização dos objetivos da Providência. Mas se, em lugar de dirigi-las, o homem se deixa dirigir por elas, cai nos excessos e a própria força que, em suas mãos, poderia fazer o bem, recai sobre ele e o esmaga.

Todas as paixões têm seu princípio num sentimento ou necessidade natural.

O princípio das paixões, portanto, não é um mal, visto que repousa sobre uma das condições providenciais de nossa existência. A paixão, propriamente dita, é o exagero de uma necessidade ou de um sentimento. Ela está no excesso e não na causa, e esse excesso se torna um mal quando tem por consequência um mal qualquer.

Toda paixão que aproxima o homem da natureza animal distancia-o da natureza espiritual.

Todo sentimento que eleva o homem acima da natureza animal, anuncia a predominância do Espírito sobre a matéria e o aproxima da perfeição.

909 – O homem poderia sempre vencer suas más tendências pelos seus esforços?

– Sim, e algumas vezes por fracos esforços. É a vontade que lhe falta. Ah! Quão poucos dentre vós fazem esforços!

910 – O homem pode encontrar nos Espíritos uma assistência eficaz para superar suas paixões?

– Se ele ora a Deus e ao seu bom gênio com sinceridade, os bons Espíritos virão certamente em sua ajuda, porque é a sua missão. (459).

911 – Não há paixões tão vivas e irresistíveis que a vontade não tenha poder para superá-las?

– Há muitas pessoas que dizem: eu quero, *mas a vontade não está senão nos lábios; elas querem, mas estão bem contentes que assim não seja. Quando se crê não poder vencer suas paixões, é que o Espírito nelas se compraz em consequência de sua inferioridade. Aquele que procura reprimi-las, compreende sua natureza espiritual; as vitórias são para ele um triunfo do Espírito sobre a matéria.*

912 – Qual é o meio mais eficaz de combater-se a predominância da natureza corporal?

– Praticar a abnegação de si mesmo.

Do egoísmo.

913 – Dentre os vícios, qual o que se pode considerar como radical?

– Nós o dissemos muitas vezes: é o egoísmo: dele deriva todo o mal. Estudai todos os vícios e vereis que no fundo de todos está o egoísmo. Inutilmente os combatereis e não conseguireis extirpá-los enquanto não houverdes atacado o mal em sua raiz, não houverdes destruído a causa. Que todos os vossos esforços, portanto, tendam para esse objetivo, porque aí está a verdadeira chaga da sociedade. Todo

aquele que quer se aproximar, desde esta vida, da perfeição moral, deve extirpar de seu coração todo sentimento de egoísmo, porque o egoísmo é incompatível com a justiça, o amor e a caridade. Ele neutraliza todas as outras qualidades.

914 – O egoísmo, estando fundado sobre o sentimento de interesse pessoal, parece bem difícil de ser inteiramente extirpado do coração do homem: isso se conseguirá?

– À medida que os homens se esclarecem sobre as coisas espirituais, ligam menos valor às coisas materiais. Aliás, é preciso reformar as instituições humanas que o entretêm e o excitam. Isso depende da educação.

915 – O egoísmo, sendo inerente à espécie humana, não seria sempre um obstáculo ao reinado do bem absoluto sobre a Terra?

– É certo que o egoísmo é vosso pior mal, mas ele se prende à inferioridade dos Espíritos encarnados sobre a Terra, e não à Humanidade em si mesma. Ora, os Espíritos, em se depurando pelas encarnações sucessivas, perdem o egoísmo, como perdem suas outras impurezas. Não tendes sobre a Terra nenhum homem desprovido de egoísmo e praticando a caridade? Eles existem além do que acreditais, mas os conheceis pouco, porque a virtude não procura se pôr em evidência. Se há um, por que não haveria dez; se há dez, por que não haveria mil, e assim, sucessivamente?

916 – O egoísmo, longe de diminuir, aumenta com a civilização, que parece excitá-lo e entretê-lo; como a causa poderia destruir o efeito?

– Quanto maior o mal, mais ele se torna hediondo. Era preciso que o egoísmo fizesse muito mal para fazer compreender a necessidade de extirpá-lo. Quando os homens tiverem se despojado do egoísmo que os domina, eles viverão como irmãos, não se fazendo mal, entreajudando-se reciprocamente, pelo sentimento mútuo da solidariedade. Então, o forte será o apoio e não o opressor do fraco, e não se verá mais homens a quem falta o necessário, porque todos praticarão a lei de justiça. É o reino do bem que os Espíritos estão encarregados de preparar. (784).

917 – Qual é o meio de se destruir o egoísmo?

– De todas as imperfeições humanas, a mais difícil de desenraizar-se é o egoísmo, porque ele se prende à influência da matéria, da qual o homem, ainda muito próximo da sua origem, *não pode se libertar, e essa influência concorre para sustentá-lo: suas leis, sua organização social, sua educação. O egoísmo se enfraquecerá com a predominância da vida moral sobre a vida material e, sobretudo, com a inteligência que o Espiritismo vos dá de vosso estado futuro real e não desnaturado pelas ficções alegóricas. O Espiritismo bem compreendido, quando estiver identificado com os costumes e as crenças, transformará os hábitos,*

os usos e as relações sociais. O egoísmo se funda sobre a importância da personalidade; ora, o Espiritismo bem compreendido, eu o repito, faz ver as coisas de tão alto, que o sentimento da personalidade desaparece, de alguma forma, diante da imensidade. Destruindo essa importância, ou tudo, ou pelo menos fazendo vê-la como ela é, combate necessariamente o egoísmo.

É o choque que o homem experimenta do egoísmo dos outros que o torna, frequentemente, egoísta, porque sente a necessidade de colocar-se na defensiva. Vendo que os outros pensam em si mesmos, e não nele, é conduzido a ocupar-se de si mais do que dos outros. Que o princípio da caridade e da fraternidade seja a base das instituições sociais, das relações legais *de povo a povo e de homem a homem, e o homem pensará menos em sua pessoa quando verificar que os outros nele pensam. Ele sofrerá a influência moralizadora do exemplo e do contato. Em presença desse transbordamento do egoísmo, é preciso uma verdadeira virtude para esquecer-se em benefício dos outros que, frequentemente, não são agradecidos. É, sobretudo, àqueles que possuem esta virtude que o reino dos céus está aberto; àqueles, sobretudo, está reservada a felicidade dos eleitos, porque eu vos digo em verdade que, no dia da justiça, quem não pensou senão em si mesmo, será colocado de lado e sofrerá no seu abandono. (785).*

FÉNELON

Empregam-se, sem dúvida, louváveis esforços para fazer avançar a Humanidade; encorajam-se, estimulam-se, honram-se os bons sentimentos mais do que em nenhuma outra época e, todavia, o verme roedor do egoísmo é sempre a chaga social. É um mal que recai sobre todo o mundo e do qual cada um é, mais ou menos, vítima. É preciso, pois, combatê-lo como se combate uma doença epidêmica. Para isso, é preciso proceder à maneira dos médicos: ir à fonte. Que se procure, pois, em todas as partes do organismo social, desde a família até os povos, desde a cabana até o palácio, todas as causas, todas as influências patentes ou ocultas, que excitam, entretêm e desenvolvem o sentimento do egoísmo. Uma vez conhecidas as causas, o remédio se mostrará por si mesmo. Não se tratará senão de as combater, senão todas de uma vez, pelo menos parcialmente e, pouco a pouco, o veneno será extirpado. A cura poderá ser demorada, porque as causas são numerosas, mas não é impossível. A isso não se chegará, de resto, senão tomando o mal em sua raiz, quer dizer, pela educação; não essa educação que tende a fazer homens instruídos, mas a que tende a fazer homens de bem. A educação, se bem entendida, é a chave do progresso moral. Quando se conhecer a arte de manejar os caracteres como se conhece a de manejar as inteligências, poder-se-á endireitá-los como se endireitam as plantas jovens. Todavia, essa arte exige muito tato, muita experiência e uma profunda observação. É um grave erro crer que basta ter a ciência para exercê-la com proveito. Todo aquele que segue o filho do rico, assim como o do pobre, desde o instante do seu nascimento, e observa todas as influências perniciosas que reagem sobre ele em consequência da fraqueza, da incúria e da ignorância daqueles que o dirigem, quando frequentemente os meios que se empregam para moralizá-lo falham, não pode se espantar de encontrar, no mundo, tantos defeitos. Que se faça pelo moral tanto quanto se faz pela inteligência e se verá que, se há naturezas refratárias, há, mais do que se crê, as que pedem apenas uma boa cultura para produzir bons frutos. (872).

O homem quer ser feliz, e esse sentimento está na Natureza. Por isso, ele trabalha sem cessar para melhorar sua posição sobre a Terra, e procura as causas dos seus males, a fim de remediá-los. Quando compreender bem que o egoísmo é uma dessas causas, a que engendra o orgulho, a ambição, a cupidez, a inveja, o ódio, o ciúme, que o magoam a cada instante, que leva a perturbação em todas as relações sociais, provoca as dissenções, destrói a confiança, obriga a colocar-se constantemente em defensiva contra seu vizinho, a que, enfim, do amigo faz um inimigo, então, ele compreenderá também que esse vício é incompatível com a sua própria felicidade e mesmo com a sua própria segurança. Quanto mais ele o tenha sofrido, mais sentirá a necessidade de combatê-lo, como combate a peste, os animais nocivos e todos os outros flagelos. Ele o será solicitado pelo seu próprio interesse. (784).

O egoísmo é a fonte de todos os vícios, como a caridade é a fonte de todas as virtudes. Destruir um e desenvolver o outro, tal deve ser o objetivo de todos os esforços do homem, se quer assegurar sua felicidade neste mundo, tanto quanto no futuro.

Caracteres do homem de bem.

918 – Por que sinais se pode reconhecer num homem o progresso real que deve elevar seu Espírito na hierarquia espírita?

– O Espírito prova sua elevação quando todos os atos de sua vida corporal são a prática da lei de Deus e quando compreende, por antecipação, a vida espiritual.

O verdadeiro homem de bem é aquele que pratica a lei de justiça, de amor e de caridade na sua maior pureza. Se interroga sua consciência sobre os atos realizados, se pergunta se não violou essa lei, se não fez o mal, se fez todo o bem que **podia**, se ninguém tem nada a se lamentar dele, enfim, se fez a outrem tudo aquilo que queria que outros lhe fizessem.

O homem cheio do sentimento de caridade e de amor ao próximo faz o bem pelo bem, sem esperança de retribuição, e sacrifica o seu interesse à justiça.

Ele é bom, humano e benevolente para com todos, porque vê irmãos em todos os homens, sem exceção de raças nem de crenças. Se Deus lhe deu o poder e a riqueza, olha essas coisas como **um depósito**, do qual deve fazer uso para o bem, sem se envaidecer, porque sabe que Deus, que os deu, pode retirá-los. (*)

Se a ordem social colocou homens sob sua dependência, trata-os com bondade

(*) Vide Nota Explicativa da Editora no final do livro.

e benevolência, porque são seus iguais diante de Deus. Usa de sua autoridade para elevar sua moral e não para os esmagar por seu orgulho.

É indulgente para com as fraquezas alheias, porque sabe que, ele mesmo, tem necessidade de indulgência e se lembra destas palavras do Cristo: **que aquele que está sem pecado lhe atire a primeira pedra.**

Não é vingativo: a exemplo de Jesus, perdoa as ofensas para não se recordar senão dos benefícios, porque sabe que **lhe será perdoado como ele próprio tiver perdoado.**

Respeita, nos seus semelhantes, todos os seus direitos decorrentes das leis da Natureza, como gostaria que respeitassem os seus.

Conhecimento de si mesmo.

919 – Qual é o meio prático e mais eficaz para se melhorar nesta vida e resistir aos arrastamentos do mal?

– *Um sábio da antiguidade vos disse:* Conhece-te a ti mesmo.

– Compreendemos toda a sabedoria dessa máxima, porém, a dificuldade está precisamente em se conhecer a si mesmo; qual é o meio de o conseguir?

– Fazei o que eu fazia de minha vida sobre a Terra: ao fim da jornada, eu interrogava minha consciência, passava em revista o que fizera e me perguntava se não faltara algum dever, se ninguém tinha nada a se lamentar de mim. Foi, assim, que consegui me conhecer e ver o que havia para reformar em mim. Aquele que, cada noite, lembrasse todas as ações da jornada e se perguntasse o que fez de bem ou de mal, pedindo a Deus e ao seu anjo guardião para esclarecê-lo, adquiriria uma grande força para se aperfeiçoar, porque, crede-me, Deus o assistiria. Questionai, portanto, e perguntai-vos o que fizestes e com qual objetivo agistes em tal circunstância; se fizestes alguma coisa que censurais em outrem; se fizestes uma ação que não ousaríeis confessar. Perguntai-vos ainda isto: se aprouvesse a Deus chamar-me neste momento, reentrando no mundo dos Espíritos, onde nada é oculto, eu teria o que temer diante de alguém? Examinai o que podeis ter feito contra Deus, contra vosso próximo, e enfim, contra vós mesmos. As respostas serão um repouso para vossa consciência ou a indicação de um mal que é preciso curar.

O conhecimento de si mesmo, portanto, é a chave do progresso individual. Mas, direis, como se julgar? Não se tem a ilusão do amor-próprio que ameniza as faltas e as desculpa? O avarento se crê simplesmente econômico e previdente; o orgulhoso crê não haver senão a dignidade. Isso é verdade, mas tendes um meio de controle que não pode vos enganar. Quando estiverdes indecisos sobre o valor de uma de vossas ações, perguntai-vos como a qualificaríeis se fosse feita por outra pessoa; se a censurais em outrem, ela não poderia ser mais legítima em vós, porque Deus não tem duas medidas para a justiça. Procurai saber também o que pensam os outros a respeito, e não negligencieis a opinião dos vossos inimigos, porque estes não têm nenhum interesse em dissimular a verdade e, frequentemente, Deus os coloca ao vosso lado como um espelho para advertir-vos com mais franqueza que o faria um amigo. Que aquele que tem vontade séria de melhorar-se explore, pois, sua consciência, a fim de arrancar dela as más tendências, como arranca as más ervas do seu jardim; que faça o balanço de sua jornada moral, como o mercador faz de suas perdas e lucros, e eu vos asseguro que a um lhe resultará mais que a outro. Se ele puder dizer que sua jornada foi boa, pode dormir em paz e esperar, sem receio, o despertar de uma outra vida.

Colocai, pois, questões claras e precisas e não temais de as multiplicar: podem-se dar alguns minutos para conquistar uma felicidade eterna.

Não trabalhais todos os dias com o objetivo de amontoar o que vos dê repouso na velhice? Esse repouso não é o objeto de todos os vossos desejos, o alvo que vos faz suportar as fadigas e as privações momentâneas? Pois bem! O que é esse repouso de alguns dias, perturbado pelas enfermidades do corpo, ao lado daquele que espera o homem de bem? Isso não vale a pena de fazer algum esforço? Sei que muitos dizem que o presente é positivo e o futuro incerto; ora, eis aí precisamente o pensamento que estamos encarregados de destruir em vós, porque desejamos fazer-vos compreender esse futuro de maneira que ele não possa deixar nenhuma dúvida em vossa alma. Por isso, primeiro chamamos vossa atenção para os fenômenos de natureza a impressionar vossos sentidos, depois vos demos instruções que cada um de vós se acha encarregado de divulgar. Foi com esse objetivo que ditamos o Livro dos Espíritos.

SANTO AGOSTINHO

Muitas faltas que cometemos nos passam despercebidas. Se, com efeito, seguindo o conselho de Santo Agostinho, interrogássemos mais frequentemente nossa consciência, veríamos quantas vezes falimos sem o perceber, por falta de perscrutar a natureza e o móvel de nossos atos. A forma interrogativa tem alguma coisa de mais precisa do que uma máxima que, frequentemente, não aplicamos a nós mesmos. Ela exige respostas categóricas, por um sim ou por um não, que não deixam alternativa; são igualmente argumentos pessoais e pela soma das respostas se pode calcular a soma do bem e do mal que está em nós.

LIVRO QUARTO

Esperanças e consolações

CAPÍTULO I **Penas e gozos terrestres**

CAPÍTULO II **Penas e gozos futuros**

I

Capítulo 1

Penas e gozos terrestres

1. Felicidade e infelicidade relativas. – 2. Perda de pessoas amadas. – 3. Decepções. Ingratidão. Afeições destruídas. – 4. Uniões antipáticas. – 5. Medo da morte. – 6. Desgosto da vida. Suicídio.

Felicidade e infelicidade relativas.

920 – O homem pode gozar, sobre a Terra, de uma felicidade completa?

– Não, visto que a vida lhe foi dada como prova ou expiação. Mas depende dele amenizar seus males e ser tão feliz quanto se pode ser sobre a Terra.

921 – Concebe-se que o homem será feliz sobre a Terra quando a Humanidade estiver transformada; mas, até lá, cada um pode se garantir uma felicidade relativa?

– O mais frequentemente, o homem é o artífice de sua própria infelicidade. Praticando a lei de Deus, ele se poupa dos males e chega a uma felicidade tão grande quanto o comporta sua existência grosseira.

O homem bem compenetrado de sua destinação futura não vê na vida corporal senão uma estada passageira. É para ele uma parada momentânea em má hospedaria. Ele se consola facilmente de alguns desgostos passageiros de uma viagem que deve conduzi-lo a uma posição tanto melhor quanto melhor tenha se preparado.

Somos punidos, desde esta vida, pelas infrações às leis da existência corporal, pelos males que são a consequência dessas infrações e de nossos próprios excessos. Se remontarmos, gradativamente, à origem do que chamamos nossas infelicidades terrestres, veremos a estas na maioria das vezes, como consequências de um primeiro desvio do caminho reto. Por esse desvio, entramos num mau caminho e, de consequência em consequência, caímos na infelicidade.

922 – A felicidade terrestre é relativa à posição de cada um; o que basta à felicidade de um faz a infelicidade de outro. Entretanto, há uma medida de felicidade comum a todos os homens?

– Para a vida material, é a posse do necessário; para a vida moral, é a consciência tranquila e a fé no futuro.

923 – O que seria supérfluo para um não se torna necessário para outros, e reciprocamente, segundo a posição?

– Sim, de acordo com as vossas ideias materiais, vossos preconceitos, vossa ambição e todos os vossos defeitos ridículos, aos quais o futuro fará justiça quando compreenderdes a verdade. Sem dúvida, aquele que tinha cinquenta mil libras de renda e se encontra reduzido a dez, se crê bem infeliz porque não pode mais fazer uma figura tão grande, ter aquilo que chama sua posição, ter cavalos, lacaios, satisfazer todas as suas paixões, etc. Ele crê faltar-lhe o necessário; mas, francamente, o crês com direito a lamentar-se quando ao seu lado há os que morrem de fome e de frio, e não têm um refúgio para repousar a cabeça? O sábio, para ser feliz, olha abaixo de si e jamais acima, a não ser para elevar sua alma até o infinito. (715).

924 – Há males que são independentes da maneira de agir e que atingem o homem mais justo; não há algum meio de se preservar deles?

– Nesse caso, ele deve se resignar e suportá-los sem murmurar, *se quer progredir. Mas ele possui sempre uma consolação na sua consciência, que lhe dá a esperança de um futuro melhor, se faz o que é preciso para obtê-lo.*

925 – Por que Deus favorece com os dons da fortuna certos homens, que não parecem merecê-los?

– É um favor aos olhos daqueles que não veem senão o presente; mas, sabei-o bem, a fortuna é uma prova frequentemente mais perigosa do que a miséria. (814 e seguintes).

926 – A civilização, criando novas necessidades, não é a fonte de novas aflições?

– Os males deste mundo estão em razão das necessidades fictícias *que criais para vós mesmos. Aquele que sabe limitar seus desejos e vê sem inveja o que está acima de si, poupa-se a muitas decepções desta vida. O mais rico é aquele que tem menos necessidades.*

Invejais os gozos daqueles que vos parecem os felizes do mundo; mas sabeis o que lhes está reservado? Se não gozam senão para eles, são egoístas e virá o reverso. Antes, lastimai-os. Deus permite, algumas vezes, que o mau prospere, mas sua felicidade não é para invejar, porque a pagará com lágrimas amargas. Se o justo é infeliz, é uma prova que lhe será tida em conta se a suportar com coragem. Lembrai-vos destas palavras de Jesus: Felizes aqueles que sofrem, porque serão consolados.

927 – O supérfluo, certamente, não é indispensável à felicidade, mas não se dá o mesmo com o necessário; ora, a infelicidade daqueles que estão privados do necessário não é real?

– O homem não é verdadeiramente infeliz senão quando sofre a falta do que é necessário à vida e à saúde do corpo. Pode ser que essa privação seja por sua culpa e, nesse caso, não deve imputá-la senão a si próprio. Se ela é por culpa de outrem, a responsabilidade recairá sobre aquele que lhe deu causa.

928 – Pela especialidade das aptidões naturais, Deus indica evidentemente nossa vocação neste mundo. Muitos dos males não decorrem do fato de não seguirmos essa vocação?

– É verdade, e, frequentemente, são os pais que, por orgulho ou avareza, fazem seus filhos saírem do caminho traçado pela Natureza e, por esse deslocamento, comprometem sua felicidade; eles disso serão responsáveis.

– Assim, acharíeis justo que o filho de um homem altamente colocado no mundo fizesse tamancos, por exemplo, se, para isso, tinha aptidão?

– Não é preciso cair no absurdo, nem nada exagerar: a civilização tem suas necessidades. Por que o filho de um homem altamente colocado, como dizes, faria tamancos se pode fazer outra coisa? Ele poderá sempre tornar-se útil na medida de suas faculdades, se elas não são aplicadas em sentido contrário. Assim, por exemplo, em lugar de um mau advogado, ele poderia, talvez, tornar-se um bom mecânico, etc.

O deslocamento dos homens fora de sua esfera intelectual é, seguramente, uma das causas mais frequentes de decepção. A inaptidão pela carreira abraçada é uma fonte perene de reveses. Depois, o amor-próprio, vindo juntar-se a isso, impede o homem fracassado de procurar um recurso numa profissão mais humilde e lhe mostra o suicídio como remédio para escapar ao que ele crê uma humilhação. **Se uma educação moral o tivesse elevado acima dos tolos preconceitos do orgulho, ele não seria apanhado de surpresa.**

929 – Há pessoas que, estando privadas de todos os recursos, nesse caso, mesmo que a abundância reine ao seu redor, não têm senão a morte por perspectiva; que partido devem tomar? Devem deixar-se morrer de fome?

– Não se deve jamais ter a ideia de se deixar morrer de fome. Encontrar-se-á sempre meios de alimentar-se se o orgulho não se interpuser entre a necessidade e o trabalho. Diz-se frequentemente: não há profissão tola e não é a situação que desonra; diz-se para os outros e não para si.

930 – É evidente que, sem os preconceitos sociais pelos quais se se deixa dominar, encontrar-se-ia sempre um trabalho qualquer que pudesse ajudar a viver, mesmo deslocado de sua posição. Mas, entre as pessoas que não têm preconceitos ou que os deixam de lado, há os que estão na impossibilidade de prover às suas necessidades em consequência de doenças ou de outras causas independentes de sua vontade?

– Numa sociedade organizada segundo a lei do Cristo, ninguém deve morrer de fome.

Com uma organização social sábia e previdente, não pode faltar ao homem o necessário, senão por sua falta; mas mesmo suas faltas, frequentemente, são o resultado do meio em que ele se encontra colocado. Quando o homem praticar a lei de Deus, terá uma ordem social fundada sobre a justiça e a solidariedade, e ele mesmo também será melhor. (793).

931 – Por que, na sociedade, as classes sofredoras são mais numerosas que as classes felizes?

– Nenhuma é perfeitamente feliz, e, o que se crê a felicidade, esconde, frequentemente, pungentes pesares: o sofrimento está por toda parte. Entretanto, para responder ao teu pensamento, direi que as classes, a que chamas sofredoras, são mais numerosas, porque a Terra é um lugar de expiação. Quando o homem nela tiver feito a morada do bem e dos bons Espíritos, não será mais infeliz e será, para ele, o paraíso terrestre.

932 – Por que, no mundo, os maus, tão frequentemente, sobrepujam os bons em influência?

– Pela fraqueza dos bons; os maus são intrigantes e audaciosos, os bons são tímidos. Quando estes o quiserem, dominarão.

933 – Se o homem, frequentemente, é o artífice dos seus sofrimentos materiais, não ocorre o mesmo com os sofrimentos morais?

– Mais ainda, porque os sofrimentos materiais, algumas vezes, são independentes da vontade; mas o orgulho ferido, a ambição frustrada, a ansiedade da avareza, a inveja, o ciúme, todas as paixões, em uma palavra, são torturas da alma.

A inveja e o ciúme! Felizes aqueles que não conhecem esses dois vermes roedores! Com a inveja e o ciúme, não há calma nem repouso possível para aquele que está atacado desse mal: os objetos de sua cobiça, de seu ódio, de seu despeito, levantam-se diante dele como fantasmas que não lhe dão nenhuma trégua e o perseguem até no sono. Os invejosos e os ciumentos estão num estado de febre contínua. Portanto, está aí uma situação desejável e não compreendeis que, com suas paixões, o homem criou para si suplícios voluntários, e a Terra se torna, para ele, um verdadeiro inferno?

Várias expressões pintam energicamente os efeitos de certas paixões; diz-se: estar inchado de orgulho, morrer de inveja, secar de ciúme ou de despeito, perder com isso a bebida e o alimento, etc. Esse quadro não é senão muito verdadeiro. Algumas vezes, mesmo o ciúme não tem objetivo determinado. Há pessoas ciumentas por natureza, de tudo que se eleva, de tudo que escapa à linha vulgar, nesse caso, mesmo que não tenham nisso nenhum interesse direto, mas unicamente porque elas não o podem alcançar. Tudo o que parece acima do horizonte as ofusca, e, se são a maioria na sociedade, elas querem tudo reconduzir ao seu nível. É o ciúme somado à mediocridade.

Frequentemente, o homem não é infeliz senão pela importância que liga às coisas deste mundo. É a vaidade, a ambição e a cupidez frustradas que fazem sua infelicidade. Se ele se coloca acima do círculo estreito da vida material, se eleva seus pensamentos até o infinito, que é a sua destinação, as vicissitudes da Humanidade lhe parecem, então, mesquinhas e pueris, como as tristezas de uma criança que se aflige com a perda de um brinquedo que representava a sua felicidade suprema.

Aquele que não vê felicidade senão na satisfação do orgulho e dos apetites grosseiros, é infeliz quando não os pode satisfazer, ao passo que aquele que nada pede ao supérfluo é feliz com o que os outros olham como calamidades.

Falamos do homem civilizado, porque o selvagem, tendo suas necessidades mais limitadas, não tem os mesmos objetos de cobiça e de angústias: sua maneira de ver as coisas é diferente. No estado de civilização, o homem raciocina sua infelicidade e a analisa e, por isso, é por ela mais afetado. Mas pode também raciocinar e analisar os meios de consolação. Essa consolação, ele a possui **no sentimento cristão que lhe dá a esperança de um futuro melhor, e no Espiritismo que lhe dá a certeza desse futuro.**

Perda de pessoas amadas.

934 – A perda de pessoas que nos são queridas não é uma daquelas que nos causam um desgosto tanto mais legítimo por ser irreparável e independente de nossa vontade?

– Essa causa de desgosto atinge tanto o rico quanto o pobre: é uma prova ou

expiação, e a lei comum. Mas é uma consolação poder comunicar-vos com vossos amigos pelos meios que tendes, esperando que, para isso, tenhais outros mais diretos e mais acessíveis aos vossos sentidos.

935 – Que pensar da opinião das pessoas que olham as comunicações de além-túmulo como uma profanação?

– Não pode haver nisso profanação quando há recolhimento, e quando a evocação é feita com respeito e decoro. O que o prova, é que os Espíritos que se vos afeiçoam vêm com prazer e são felizes com vossa lembrança e por conversarem convosco. Haveria profanação em fazê-lo com leviandade.

A possibilidade de entrar em comunicação com os Espíritos é uma bem doce consolação, visto que ela nos proporciona o meio de conversar com nossos parentes e nossos amigos que deixaram a Terra antes de nós. Pela evocação, aproximamo-los de nós, eles estão ao nosso lado, ouvem-nos e nos respondem; não há, por assim dizer, mais separação entre eles e nós. Eles nos ajudam com seus conselhos, testemunham--nos sua afeição e o contentamento que experimentam com nossa lembrança. É para nós uma satisfação sabê-los felizes, aprender **por eles mesmos** os detalhes de sua nova existência e adquirir a certeza de, por nossa vez, a eles nos reunir.

936 – Como as dores inconsoláveis dos sobreviventes afetam os Espíritos a que se dirigem?

– O Espírito é sensível à lembrança e aos lamentos daqueles que amou, mas uma dor incessante e irracional o afeta penosamente, porque ele vê nessa dor excessiva uma falta de fé no futuro e de confiança em Deus e, por conseguinte, um obstáculo ao progresso e, talvez, ao reencontro.

O Espírito, estando mais feliz que sobre a Terra, lamentar-lhe a vida é lamentar que ele seja feliz. Dois amigos são prisioneiros e encerrados no mesmo cárcere; ambos devem ter um dia sua liberdade, mas um deles a obtém antes do outro. Seria caridoso, àquele que fica, estar descontente de que seu amigo seja libertado antes dele? Não haveria mais egoísmo que afeição de sua parte, em querer que partilhasse seu cativeiro e seus sofrimentos tanto tempo quanto ele? Ocorre o mesmo com dois seres que se amam sobre a Terra: aquele que parte primeiro, está livre primeiro, e devemos felicitá-lo por isso, esperando com paciência o momento em que o estaremos por nossa vez.

Faremos, sobre esse assunto, uma outra comparação. Tendes um amigo que, perto de vós, está numa situação muito penosa; sua saúde ou seu interesse exige que ele vá para um outro país, onde estará melhor sob todos os aspectos. Ele não estará mais perto de vós, momentaneamente, mas estareis sempre em correspondência com ele: a separação não será senão material. Estaríeis descontentes com seu afastamento, visto que é para seu bem?

A Doutrina Espírita, pelas provas patentes que dá da vida futura, da presença em torno de nós, daqueles que amamos, da continuidade da sua afeição e da sua solicitude, pelas relações que nos faculta manter com eles, oferece-nos uma suprema consolação numa das causas mais legítimas de dor. Com o Espiritismo, não há mais solidão, mais abandono, porquanto o homem mais isolado, tem sempre amigos perto de si, com os quais pode conversar.

Suportamos impacientemente as tribulações da vida, e elas nos parecem tão intoleráveis, que não compreendemos que as possamos suportar. Todavia, se as suportarmos com coragem, se houvermos imposto silêncio às nossas murmurações, nós nos felicitaremos quando estivermos fora dessa prisão terrestre, como o paciente que sofre se felicita, quando está curado, de ter se resignado a um tratamento doloroso.

Decepções. Ingratidão. Afeições destruídas.

937 – As decepções que nos fazem experimentar a ingratidão e a fragilidade dos laços da amizade, não são também para o homem de coração uma fonte de amargura?

– *Sim, mas já vos ensinamos a lastimar os ingratos e os amigos infiéis: eles serão mais infelizes que vós. A ingratidão é filha do egoísmo, e o egoísta encontrará mais tarde corações insensíveis, como ele próprio o foi. Pensai em todos aqueles que fizeram mais bem do que vós, que valeram mais que vós, e que foram pagos pela ingratidão. Pensai que o próprio Jesus, em sua vida, foi zombado e desprezado, tratado de velhaco e impostor, e não vos espanteis que assim seja em relação a vós. Que o bem que houverdes feito seja a vossa recompensa nesse mundo, e não olheis o que dizem sobre ele os que o receberam. A ingratidão é uma prova para a vossa persistência em fazer o bem; ser-vos-á levada em conta e aqueles que vos desconheceram serão punidos por isso, tanto mais quanto maior houver sido a sua ingratidão.*

938 – As decepções causadas pela ingratidão não são feitas para endurecer o coração e fechá-lo à sensibilidade?

– *Isso seria um erro, porque o homem de coração, como dizes, está sempre feliz pelo bem que faz. Ele sabe que se o não lembrarem nesta vida, o farão em outra, e que o ingrato disso terá vergonha e remorsos.*

– Esse pensamento não impede seu coração de ser ulcerado; ora, isso não poderia lhe originar a ideia de que seria mais feliz se fosse menos sensível?

– *Sim, se prefere a felicidade do egoísta; é uma triste felicidade esta. Que ele saiba, portanto, que os amigos ingratos que o abandonam não são dignos de sua amizade e que se enganou sobre eles; desde então, não deve lamentar a sua perda. Mais tarde, encontrará os que saberão melhor compreendê-lo. Lamentai aqueles que têm para vós maus procedimentos que não merecestes, porque haverá para eles um triste retorno; mas não vos aflijais com isso: é o meio de vos colocardes acima deles.*

A Natureza deu ao homem a necessidade de amar e de ser amado. Um dos maiores prazeres que lhe seja concedido sobre a Terra é o de reencontrar corações que simpatizam com o seu, o que lhe dá as premissas de uma felicidade que lhe está reservada no mundo dos Espíritos perfeitos, onde tudo é amor e benevolência: é um prazer negado ao egoísta.

Uniões antipáticas.

939 – Visto que os Espíritos simpáticos são levados a unir-se, como se dá que, entre os Espíritos encarnados, a afeição não esteja, frequentemente, senão de um lado, e que o amor mais sincero seja recebido com indiferença e mesmo repulsa? Como, de outra parte, a afeição mais viva de dois seres pode mudar em antipatia e, algumas vezes, em ódio?

– Não compreendeis, pois, que é uma punição, mas que não é senão passageira. Aliás, quantos não há que creem amar perdidamente, porque não julgam senão sobre as aparências e, quando são obrigados a viver com as pessoas, não tardam a reconhecer que isso não é senão uma admiração material. Não basta estar enamorado de uma pessoa que vos agrada e a quem creiais de belas qualidades; é vivendo realmente com ela que podereis apreciá-la. Quantas também não há dessas uniões que, no início, parecem não dever jamais ser simpáticas e, quando um e outro se conhecem bem e se estudam bem, acabam por amar-se com um amor terno e durável, porque repousa sobre a estima! É preciso não esquecer que é o Espírito que ama e não o corpo, e, quando a ilusão material se dissipa, o Espírito vê a realidade.

Há duas espécies de afeições: a do corpo e a da alma e, frequentemente, toma-se uma pela outra. A afeição da alma, quando pura e simpática, é durável; a do corpo é perecível. Eis porque, frequentemente, aqueles que creem se amar, com um amor eterno, odeiam-se quando a ilusão termina.

940 – A falta de simpatia entre os seres destinados a viver juntos, não é igualmente uma fonte de desgostos tanto mais amarga quanto envenena toda a existência?

– Muito amargas, com efeito. Mas é uma dessas infelicidades das quais, frequentemente, sois a primeira causa. Primeiro, são vossas leis que são erradas. Por que crês que Deus te constrange a ficar com aqueles que te descontentam? Aliás, nessas uniões, frequentemente, procurais mais a satisfação do vosso orgulho e da vossa ambição do que a felicidade de uma afeição mútua; suportareis, nesse caso, a consequência dos vossos preconceitos.

– Mas, nesse caso, não há quase sempre uma vítima inocente?

– Sim, e é para ela uma dura expiação; mas a responsabilidade de sua infelicidade recairá sobre aqueles que lhe foram a causa. Se a luz da verdade penetrou sua alma, ela terá sua consolação em sua fé no futuro. De resto, à medida que os preconceitos se enfraquecerem, as causas de suas infelicidades íntimas desaparecerão também.

Medo da morte.

941 – O medo da morte é para muitas pessoas uma causa de perplexidade; de onde vem esse temor, visto que elas têm diante de si o futuro?

– É errado que tenham esse temor. Todavia, que queres tu! Procuram persuadi-las em sua juventude de que há um inferno e um paraíso, mas que é mais certo que elas irão para o inferno porque lhe dizem que, o que está na Natureza, é um pecado mortal para a alma. Então, quando se tornam grandes, se têm um pouco de julgamento, não podem admitir isso e se tornam ateias ou materialistas. É assim que as conduzem a crer que, fora da vida presente, não há mais nada. Quanto às que persistiram em suas crenças da infância, elas temem esse fogo eterno que as deve queimar, sem as destruir.

A morte não inspira ao justo nenhum medo, porque com a fé ele tem a certeza do futuro; a esperança o faz esperar uma vida melhor, e a caridade, *da qual praticou a lei, dá-lhe a certeza de que não reencontrará, no mundo em que vai entrar, nenhum ser do qual deva temer o olhar. (730).*

O homem carnal, mais ligado à vida corporal que à vida espiritual, tem, sobre a Terra, penas e gozos materiais; sua felicidade está na satisfação fugidia de todos os seus desejos. Sua alma, constantemente preocupada e afetada pelas vicissitudes da vida, permanece numa ansiedade e numa tortura perpétuas. A morte o assusta, porque ele duvida do seu futuro e acredita que deixa, sobre a Terra, todas as suas afeições e todas as suas esperanças.

O homem moral, que se eleva acima das necessidades fictícias criadas pelas paixões, tem, desde este mundo, prazeres desconhecidos ao homem material. A moderação dos seus desejos dá ao seu Espírito a calma e a serenidade. Feliz pelo bem que fez, não há para ele decepções e as contrariedades deslizam sobre sua alma sem deixar aí impressão dolorosa.

942 – Certas pessoas não acharão um pouco banais esses conselhos, para se ser feliz sobre a Terra? Não verão neles o que chamam lugares comuns, verdades repetidas? Não dirão elas que, em definitivo, o segredo para ser feliz é saber suportar sua infelicidade?

– Há os que dirão isso, e muitos. Mas ocorre com eles o mesmo que com certos doentes a quem o médico prescreve a dieta: gostariam de ser curados sem remédios e continuando a se predispor às indigestões.

Desgosto da vida. Suicídio.

943 – De onde vem o desgosto da vida que se apodera de certos indivíduos, sem motivos plausíveis?

– Efeito da ociosidade, da falta de fé e, frequentemente, da saciedade. Para aquele que exercita suas faculdades com um objetivo útil e segundo suas aptidões naturais, *o trabalho não tem nada de árido e a vida se escoa mais rapidamente. Ele suporta as vicissitudes com tanto mais paciência e resignação, quanto age tendo em vista uma felicidade mais sólida e mais durável que o espera.*

944 – O homem tem o direito de dispor da sua própria vida?

– Não, só Deus tem esse direito. O suicídio voluntário é uma transgressão dessa lei.

– O suicídio não é sempre voluntário?

– O louco que se mata não sabe o que faz.

945 – Que pensar do suicídio que tem por causa o desgosto da vida?

– Insensatos! Por que não trabalhavam? A existência não lhes seria uma carga!

946 – Que pensar do suicídio que tem por objetivo escapar às misérias e às decepções deste mundo?

– Pobres Espíritos que não têm a coragem de suportar as misérias da existência! Deus ajuda àqueles que sofrem, e não àqueles que não têm nem força nem coragem. As tribulações da vida são provas ou expiações; felizes aqueles que as suportam sem murmurar, porque serão recompensados! Infelizes, ao contrário, os que esperam sua salvação do que, em sua impiedade, chamam de acaso ou fortuna!

O acaso ou a fortuna, para me servir de sua linguagem, podem, com efeito, favorecer-lhes um instante, mas é para fazê-los sentir, mais tarde, e mais cruelmente, o vazio dessas palavras.

– Os que conduziram um infeliz a esse ato de desespero, suportarão as consequências?

– *Oh! Ai deles! Porque responderão por homicídio.*

947 – O homem que luta com a necessidade e que se deixa morrer de desespero, pode ser considerado um suicida?

– *É um suicida, mas os que lhe são a causa ou que poderiam impedi-lo, são mais culpados que ele, e a indulgência o espera. Todavia, não creiais que esteja inteiramente absolvido se lhe faltou firmeza e perseverança, se não fez uso de toda a sua inteligência para livrar-se do lamaçal. Ai dele, sobretudo, se seu desespero nasce do orgulho; quero dizer, se é desses homens em quem o orgulho paralisa os recursos da inteligência, que corariam de dever sua existência ao trabalho de suas mãos, e que preferem morrer de fome a derrogar aquilo que chamam sua posição social! Não há cem vezes mais de grandeza e de dignidade em lutar contra a adversidade que desafiar a crítica de um mundo fútil e egoísta, que não tem boa vontade senão para aqueles a quem nada falta, e vos volta as costas, desde que tendes necessidades dele? Sacrificar sua vida à consideração desse mundo é uma coisa estúpida, porque ele não a tem em nenhuma conta.*

948 – O suicídio que tem por objetivo escapar à vergonha de uma ação má é tão repreensível como o que é causado pelo desespero?

– *O suicídio não apaga a falta, ao contrário, haverá duas em lugar de uma. Quando se teve a coragem de fazer o mal, é preciso ter a de suportar suas consequências. Deus julga e, segundo a causa, pode, algumas vezes, diminuir seus rigores.*

949 – O suicídio é escusável quando tem por objetivo impedir a vergonha de recair sobre os filhos ou a família?

– *Aquele que age assim não faz bem, mas ele o crê, e Deus lho tem em conta, porque é uma expiação que ele próprio se impôs. Ele atenua sua falta pela intenção, mas com isso não deixa de cometer uma falta. De resto, aboli os abusos de vossa sociedade e vossos preconceitos, e não tereis mais desses suicídios.*

Aquele que tira a própria vida para fugir à vergonha de uma ação má, prova que se prende mais à estima dos homens que à de Deus, porque ele vai entrar na vida espiritual carregado de suas iniquidades e se tira os meios de repará-las durante a vida. Frequentemente, Deus é menos inexorável que os homens, perdoa o arrependimento sincero e nos considera a reparação; o suicídio não repara nada.

950 – Que pensar daquele que tira a própria vida na esperança de alcançar mais cedo uma vida melhor?

– Outra loucura! Que ele faça o bem e estará mais seguro de alcançá-la; porque retarda sua entrada num mundo melhor, e ele mesmo pedirá para vir terminar *essa vida que cortou por uma falsa ideia. Uma falta, qualquer que seja, não abre jamais o santuário dos eleitos.*

951 – O sacrifício de sua vida não é meritório, algumas vezes, quando tem por objetivo salvar a de outrem ou de ser útil aos seus semelhantes?

– Isso é sublime, conforme a intenção, e o sacrifício de sua vida não é um suicídio. Mas Deus se opõe a um sacrifício inútil e não pode vê-lo com prazer se é deslustrado pelo orgulho. Um sacrifício não é meritório senão pelo desinteresse e, aquele que o realiza tem, algumas vezes, uma segunda intenção, que lhe diminui o valor aos olhos de Deus.

Todo sacrifício feito às custas de sua própria felicidade é um ato soberanamente meritório aos olhos de Deus, porque é a prática da lei de caridade. Ora, a vida sendo o bem terrestre ao qual o homem atribui maior valor, aquele que a renuncia para o bem de seus semelhantes, não comete um atentado: ele faz um sacrifício. Mas, antes de cumpri-lo, deve refletir se sua vida não pode ser mais útil que sua morte.

952 – O homem que perece vítima do abuso de paixões que ele sabe dever apressar seu fim, mas às quais ele não tem mais o poder de resistir, porque o hábito fez delas verdadeiras necessidades físicas, comete um suicídio?

– É um suicídio moral. Não compreendeis que o homem é duplamente culpado nesse caso? Há nele falta de coragem e animalidade, e além disso, o esquecimento de Deus.

– É mais, ou menos culpado que aquele que tira a si mesmo a vida por desespero?

– É mais culpado, porque tem tempo de raciocinar sobre o seu suicídio. No que o faz instantaneamente há, algumas vezes, uma espécie de descaminho ligado à loucura. O outro será muito mais punido, porque as penas são sempre proporcionais à consciência que se tem das faltas cometidas.

953 – Quando uma pessoa vê diante de si uma morte inevitável e terrível, é ela culpada por abreviar de alguns instantes seus sofrimentos por uma morte voluntária?

– Sempre se é culpado por não esperar o termo fixado por Deus. Aliás, se está bem certo de que esse termo chegou, malgrado as aparências, e que não se pode receber um socorro inesperado no último momento?

– Concebe-se que nas circunstâncias normais o suicídio seja repreensível, mas suponhamos o caso em que a morte é inevitável e em que a vida não é abreviada senão de alguns instantes?

– É sempre uma falta de resignação e de submissão à vontade do Criador.

– Quais são, nesse caso, as consequências dessa ação?

– Uma expiação proporcional à gravidade da falta, conforme as circunstâncias, como sempre.

954 – Uma imprudência que compromete a vida sem necessidade é repreensível?

– Não há culpabilidade quando não há intenção ou consciência positiva de fazer o mal.

955 – As mulheres que, em certos países, queimam-se voluntariamente sobre o corpo de seu marido, podem ser consideradas suicidas, suportando as consequências?

– Elas obedecem a um preconceito e, frequentemente, mais à força que por sua própria vontade. Elas creem cumprir um dever, e esse não é o caráter do suicídio. Sua desculpa está na nulidade moral da maioria, dentre eles, e na sua ignorância. Esses usos bárbaros e estúpidos desaparecem com a civilização.

956 – Os que, não podendo suportar a perda de pessoas que lhes são queridas, matam-se na esperança de ir reencontrá-las, atingem seu objetivo?

– O resultado, para eles, é diferente do que esperam, e em lugar de estar reunido ao objeto de sua afeição, dele se distanciam por maior tempo, porque Deus não pode recompensar um ato de covardia e o insulto que lhe é feito, duvidando de sua providência. Eles pagarão esse instante de loucura por desgostos maiores que aqueles que acreditavam abreviar e não terão para os compensar a satisfação que esperavam. (934 e seguintes).

957 – Quais são, em geral, as consequências do suicídio sobre o estado do Espírito?

– As consequências do suicídio são muito diversas: não há penas fixadas e, em todos os casos, são sempre relativas às causas que o provocaram. Mas uma consequência à qual o suicida não pode fugir é o desapontamento. De resto, a sorte

não é a mesma para todos: depende das circunstâncias. Alguns expiam a sua falta imediatamente, outros em uma nova existência, que será pior do que aquela cujo curso interromperam.

A observação mostra, com efeito, que as consequências do suicídio não são sempre as mesmas. Mas há as que são comuns a todos os casos de morte violenta, e a consequência da interrupção brusca da vida. Há primeiro a persistência mais prolongada e mais tenaz do laço que une o Espírito e o corpo, por estar esse laço quase sempre na plenitude de sua força, no momento em que é quebrado, enquanto que na morte natural ele se enfraquece gradualmente e, no mais das vezes, rompe-se antes que a vida esteja completamente extinta. As consequências desse estado de coisa são a prolongação da perturbação espírita, depois a ilusão que, durante um tempo mais ou menos longo, faz o Espírito crer que está ainda entre o número de vivos. (155 e 165).

A afinidade que persiste entre o Espírito e o corpo produz em alguns suicidas uma espécie de repercussão do estado do corpo sobre o Espírito, que sente assim, malgrado ele, os efeitos da decomposição e experimenta uma sensação plena de angústias e de horror, e esse estado pode persistir tanto tempo quanto deveria durar a vida que interromperam. Esse efeito não é geral, mas, em nenhum caso, o suicida está isento das consequências de sua falta de coragem e, cedo ou tarde, expia sua falta de uma ou de outra maneira. É assim que certos Espíritos, que foram infelizes sobre a Terra, disseram ser suicidas na precedente existência e estar voluntariamente submetidos a novas provas para tentar suportá-las com mais resignação. Em alguns, é uma espécie de ligação à matéria da qual eles procuram em vão se desembaraçar, para alçar aos mundos melhores, mas nos quais o acesso lhes é interditado; na maioria, é o desgosto de ter feito uma coisa inútil, visto que dela não experimentaram senão a decepção. A religião, a moral, todas as filosofias condenam o suicídio como contrário à lei natural. Todas nos dizem, em princípio, que não se tem o direito de abreviar voluntariamente a vida; mas por que não se tem esse direito? Por que não se é livre para pôr termo aos sofrimentos? Estava reservado ao Espiritismo demonstrar, pelo exemplo daqueles que sucumbiram, que isso não é só uma falta como infração a uma lei moral, consideração de pouca importância para certos indivíduos, mas um ato estúpido, visto que com ele nada se ganha. Isso não é a teoria que nos ensina, mas os fatos que ele coloca sob nossos olhos.

II

Capítulo 2

Penas e gozos futuros

1. Nada. Vida futura. – 2. Intuição das penas e gozos futuros. 3. Intervenção de Deus nas penas e recompensas. – 4. Natureza das penas e gozos futuros. – 5. Penas temporais. – 6. Expiação e arrependimento. – 7. Duração das penas futuras. – 8. Ressurreição da carne. – 9. Paraíso, inferno e purgatório.

Nada. Vida futura.

958 – Por que o homem tem, instintivamente, horror ao nada?

– *Porque o nada não existe.*

959 – De onde vem ao homem o sentimento instintivo da vida futura?

– *Já o dissemos: antes de sua encarnação, o Espírito conhece todas essas coisas, e a alma guarda uma vaga lembrança do que sabe e do que viu em seu estado espiritual. (393).*

Em todos os tempos, o homem se preocupou com o seu futuro de além-túmulo e isso é muito natural. Qualquer importância que ele ligue à vida presente, não o pode impedir de considerar quanto ela é curta e, sobretudo, precária, visto que pode ser cortada a cada instante e ele não está jamais seguro do dia de amanhã. Que se torna depois do instante fatal? A questão é grave, porque não cogita mais de alguns anos, mas da eternidade. Aquele que deve passar longos anos num país estrangeiro se inquieta com a posição que aí terá; como, pois, não nos preocuparíamos com a que teremos deixando este mundo, visto que é para sempre?

A ideia do nada tem alguma coisa que repugna à razão. O homem mais negligente durante sua vida, chegado o momento supremo, pergunta-se o que vai se tornar e, involuntariamente, espera.

Crer em Deus sem admitir a vida futura seria um contrassenso. O sentimento de uma existência melhor está no foro íntimo de todos os homens. Deus não o colocou aí em vão.

A vida futura implica a conservação de nossa individualidade depois da morte. Que nos importaria, com efeito, sobreviver ao nosso corpo se nossa essência moral deveria se perder no oceano do infinito? As consequências para nós seriam as mesmas que o nada.

Intuição de penas e gozos futuros.

960 – De onde vem a crença, que se encontra entre todos os povos, de penas e recompensas futuras?

– É sempre a mesma coisa: pressentimento da realidade trazida ao homem pelo Espírito nele encarnado; porque sabei-o, não é em vão que uma voz interior vos fala: vosso erro está em não escutá-la bastante. Se nisso pensásseis bem, frequentemente, tornar-vos-íeis melhores.

961 – No momento da morte, qual é o sentimento que domina a maioria dos homens: a dúvida, o medo ou a esperança?

– A dúvida para os céticos endurecidos, o medo para os culpados e a esperança para os homens de bem.

962 – Por que há céticos, visto que a alma traz ao homem o sentimento das coisas espirituais?

– Há menos do que se julga. Muitos se fazem Espíritos fortes durante sua vida por orgulho, mas, no momento da morte, não são tão fanfarrões.

A consequência da vida futura é a responsabilidade de nossos atos. A razão e a justiça nos dizem que, na repartição da felicidade à qual todo homem aspira, os bons e os maus não podem ser confundidos. Deus não pode querer que uns gozem, sem pena, de bens aos quais outros não atingem senão com esforço e perseverança.

A ideia que Deus nos dá da sua justiça e da sua bondade pela sabedoria de suas leis, não nos permite crer que o justo e o mau estejam num mesmo plano aos seus olhos, nem de duvidar que eles receberão um dia, um a recompensa, outro o castigo, do bem ou do mal que tenham feito. É, por isso, que os sentimentos inatos que temos da justiça nos dão a intuição das penas e das recompensas futuras.

Intervenção de Deus nas penas e recompensas.

963 – Deus se ocupa pessoalmente de cada homem? Ele não é muito grande e nós muito pequenos para que cada indivíduo em particular tenha alguma importância aos seus olhos?

– Deus se ocupa de todos os seres que criou, por menores que sejam; nada é muito pequeno para a sua bondade.

964 – Deus tem necessidade de ocupar-se de cada um dos nossos atos para nos recompensar ou nos punir, e a maioria desses atos não são insignificantes para ele?

– Deus tem suas leis que regulam todas as vossas ações; se as violais é vossa falta. Sem dúvida, quando um homem comete um excesso, Deus não pronuncia um julgamento contra ele para lhe dizer, por exemplo: foste guloso e vou te punir. Mas ele traçou um limite; as doenças e, frequentemente, a morte, são a consequência dos excessos: eis a punição. Ela é o resultado da infração à lei. Assim, em tudo.

Todas as nossas ações estão submetidas às leis de Deus. Não há nenhuma, **por mais insignificante que nos pareça**, que não possa lhe ser uma violação. Se suportamos as consequências dessa violação não devemos imputá-la senão a nós mesmos que nos fazemos, assim, os próprios artífices de nossa felicidade ou de nossa infelicidade futura.

Essa verdade se torna sensível pelo apólogo seguinte:

"Um pai deu ao seu filho a educação e a instrução, quer dizer, os meios de saber se conduzir. Ele lhe cede um campo para cultivar e lhe diz: Eis a regra a seguir e todos os instrumentos necessários para tornar esse campo fértil e assegurar tua existência. Dei-te instruções para compreender essa regra; se a seguires, teu campo produzirá muito e te proporcionará o repouso na tua velhice; do contrário, não produzirá nada e morrerás de fome. Dito isso, deixo-o agir à sua vontade."

Não é verdade que esse campo produzirá em razão dos cuidados dados à cultura, e que toda negligência será em detrimento da colheita? O filho será, pois, na velhice, feliz ou infeliz segundo tenha seguido ou negligenciado a regra traçada por seu pai. Deus é ainda mais previdente, porque nos adverte, a cada instante, se fazemos bem ou mal: ele nos envia os Espíritos para nos inspirar, mas não os escutamos. Há ainda a diferença de que Deus dá sempre ao homem um recurso nas suas novas existências para reparar seus erros passados, enquanto que o filho de quem falamos, não o tem mais, se empregou mal seu tempo.

Natureza das penas e gozos futuros.

965 – As penas e os gozos da alma, depois da morte, têm alguma coisa de material?

– Elas não podem ser materiais, visto que a alma não é material: o bom senso o diz. Essas penas e esses gozos não têm nada de carnal e, portanto, são mil vezes mais vivos que os que experimentais sobre a Terra, porque o Espírito, uma

vez livre, é mais impressionável e a matéria não enfraquece mais suas sensações. (237 a 257).

966 – Por que o homem faz das penas e dos gozos da vida futura, uma ideia, frequentemente, tão grosseira e tão absurda?

– Inteligência que não pôde ainda desenvolver bastante. A criança compreende como o adulto? Aliás, isso depende também daquilo que se lhe ensinou; e aí há necessidade de uma reforma.

Vossa linguagem é muito incompleta para exprimir o que está em torno de vós; por isso, foram necessárias comparações e são essas imagens e essas figuras que tomastes pela realidade. Mas à medida que o homem se esclarece, seu pensamento compreende as coisas que sua linguagem não pode exprimir.

967 – Em que consiste a felicidade dos bons Espíritos?

– Conhecer todas as coisas, não ter nem ódio, nem ciúme, nem inveja, nem ambição, nem qualquer das paixões que fazem a infelicidade dos homens. O amor que os une é, para eles, a fonte de uma suprema felicidade. Eles não experimentam nem as necessidades, nem os sofrimentos, nem as angústias da vida material. São felizes do bem que fazem. De resto, a felicidade dos Espíritos é sempre proporcional à sua elevação. Só os Espíritos puros gozam, é verdade, uma felicidade suprema, mas todos os outros não são infelizes. Entre os maus e os perfeitos há uma infinidade de graus em que os gozos são relativos ao estado moral. Os que estão bastante avançados compreendem a felicidade dos que chegaram antes deles: a ela aspiram. Mas é, para eles, objeto de emulação e não de ciúme. Sabem que deles depende alcançá-la e trabalham para esse fim, mas com a calma da boa consciência, e são felizes por não terem que sofrer o que sofrem os maus.

968 – Colocais a ausência das necessidades materiais entre as condições de felicidade para os Espíritos; mas a satisfação dessas necessidades não é para o homem uma fonte de prazeres?

– Sim, os prazeres do animal; e quando não podes satisfazer essas necessidades, é uma tortura.

969 – O que é preciso entender quando se diz que os Espíritos puros estão reunidos no seio de Deus e ocupados em cantar-lhe louvores?

– É uma alegoria que pinta a inteligência que eles têm das perfeições de Deus, porque veem e o compreendem, mas que não é preciso mais prender à letra como muitas outras. Tudo na Natureza, desde o grão de areia, canta, quer dizer, proclama o poder, a sabedoria e a bondade de Deus. Mas não creias que

os Espíritos bem-aventurados estejam em contemplação durante a eternidade, pois isso seria uma felicidade estúpida e monótona. Seria mais a do egoísta, uma vez que sua existência seria uma inutilidade sem termo. Eles não têm mais as tribulações da existência corporal: já é um gozo. Aliás, como dissemos, eles conhecem e sabem todas as coisas e aproveitam a inteligência que adquiriram para ajudar o progresso dos outros Espíritos. É sua ocupação e, ao mesmo tempo, um prazer.

970 – Em que consistem os sofrimentos dos Espíritos inferiores?

– Eles são tão variáveis quanto as causas que os produziram e proporcionais ao grau de inferioridade, como os gozos o são para os graus de superioridade. Podem se resumir assim: Invejarem tudo o que lhes falta para serem felizes e não poderem obtê-lo; verem a felicidade e não poderem atingi-la; desgosto, ciúme, raiva, desespero daquilo que os impede de ser feliz; remorso, ansiedade moral indefinível. Eles têm o desejo de todos os prazeres, e não podem satisfazê-los e é o que os tortura.

971 – A influência que os Espíritos exercem, uns sobre os outros, é sempre boa?

– Sempre boa da parte dos bons Espíritos, claro. Mas os Espíritos perversos procuram desviar do caminho do bem e do arrependimento os que eles creem suscetíveis de se deixar arrastar, e que, frequentemente, arrastaram ao mal durante a vida.

– Assim, a morte não nos livra da tentação?

– Não, mas a ação dos maus Espíritos é muito menor sobre os outros Espíritos que sobre os homens, porque eles não têm, por auxiliares, as paixões materiais. (996).

972 – Como fazem os maus Espíritos para tentar os outros Espíritos, visto que não dispõem do socorro das paixões?

– Se as paixões não existem materialmente, elas existem ainda no pensamento dos Espíritos atrasados. Os maus mantêm esses pensamentos, arrastando suas vítimas para os lugares onde elas têm o espetáculo dessas paixões e tudo o que as pode excitar.

– Mas por que essas paixões, se já não têm mais objeto real?

– É precisamente para o seu suplício: o avarento vê o ouro que não pode possuir; o debochado, as orgias nas quais não pode tomar parte; o orgulhoso, as honras que ele inveja e das quais não pode gozar.

973 – Quais são os maiores sofrimentos que podem suportar os maus Espíritos?

– Não há descrição possível das torturas morais que são a punição de certos

crimes. Mesmo os que as experimentam teriam dificuldades em dar-vos uma ideia delas. Mas, seguramente, a mais horrível é o pensamento de serem condenados para sempre.

O homem faz das penas e dos gozos da alma, depois da morte, uma ideia mais ou menos elevada, segundo o estado de sua inteligência. Quanto mais ele se desenvolve, mais essa ideia se depura e se liberta da matéria. Ele compreende as coisas sob um ponto de vista mais racional e deixa de prender à letra as imagens de uma linguagem figurada. A razão mais esclarecida, ensinando-nos que a alma é um ser todo espiritual, diz-nos, por isso mesmo, que ela não pode ser afetada pelas impressões que não agem senão sobre a matéria. Mas não se segue disso que esteja isenta de sofrimentos, nem que não receba a punição de suas faltas. (237).

As comunicações espíritas têm por resultado mostrar-nos o estado futuro da alma, não mais como uma teoria, mas como uma realidade. Elas colocam sob nossos olhos todas as peripécias da vida de além-túmulo. Mas no-las mostram, ao mesmo tempo, como consequências perfeitamente lógicas da vida terrestre e, ainda que liberto do aparelho fantástico criado pela imaginação dos homens, elas não são menos penosas para aqueles que fizeram mau uso de suas faculdades. A diversidade dessas consequências é infinita, mas pode-se dizer em tese geral: cada um é punido naquilo em que pecou. É, assim, que uns o são pela visão incessante do mal que fizeram, outros pelos desgostos, pelo medo, pela vergonha, pela dúvida, pelo isolamento, pelas trevas, pela separação dos seres que lhe são caros, etc.

974 – Qual a origem da doutrina do fogo eterno?

– Imagem, como tantas outras coisas, tomadas pela realidade.

– Mas esse medo não pode ter um bom resultado?

– Vede, pois, se ele reprime muito, mesmo entre os que a ensinam. Se ensinais coisas que a razão rejeita mais tarde, fareis uma impressão que não será nem durável, nem salutar.

O homem, não podendo mostrar, pela sua linguagem, a natureza desses sofrimentos, não encontrou comparação mais enérgica que a do fogo, porque, para ele, o fogo é o tipo do mais cruel suplício e o símbolo da ação mais enérgica. É por isso que a crença no fogo eterno remonta à mais alta antiguidade, e os povos modernos a herdaram dos povos antigos. É por isso também que, em sua linguagem figurada, ele diz: o fogo das paixões; queimar-se de amor, de ciúme, etc. etc.

975 – Os Espíritos inferiores compreendem a felicidade do justo?

– Sim, e é isso que faz seu suplício, porque compreendem que estão privados dela por suas faltas. É por isso que o Espírito, liberto da matéria, aspira depois a uma nova existência corporal, porque cada existência pode abreviar a duração

desse suplício, se ela é bem empregada. *Ele faz, então, a escolha das provas pelas quais poderá expiar suas faltas, porque, sabei-o bem, o Espírito sofre por todo o mal que faz ou do qual foi a causa voluntária, por todo o bem que poderia fazer e que não fez,* e por todo o mal que resulta do bem que ele não fez. *O Espírito errante não tem mais véu,* está como saído do nevoeiro *e vê o que o afasta da felicidade. Então, sofre mais, porque compreende quanto é culpado. Para ele,* não há mais ilusão: *vê a realidade das coisas.*

O Espírito, no estado errante, abraça de um lado todas as suas existências passadas, de outro, vê o futuro prometido e compreende o que lhe falta para atingi-lo. Tal como um viajor que chegou ao alto de uma montanha, vê o caminho percorrido e o que lhe resta a percorrer para chegar ao seu objetivo.

976 – A visão dos Espíritos que sofrem não é para os bons uma causa de aflição? Em que se torna sua felicidade se é perturbada?

– *Não é uma aflição, posto que sabem que o mal terá um fim. Eles ajudam os outros a progredirem e lhes estendem a mão. Essa é sua ocupação e um prazer quando têm êxito.*

– Isso se concebe da parte dos Espíritos estranhos ou indiferentes; mas a visão dos pesares e dos sofrimentos daqueles que amaram sobre a Terra, não perturba sua felicidade?

– *Se não vissem esses sofrimentos, é que vos seriam estranhos depois da morte. Ora, a religião vos diz que as almas vos veem; mas eles consideram vossas aflições sob um outro ponto de vista, pois sabem que esses sofrimentos são úteis ao vosso adiantamento se os suportais com resignação. Eles se afligem, pois, mais com a falta de coragem que vos retarda, que com os sofrimentos em si mesmos, que não são senão passageiros.*

977 – Os Espíritos, não podendo se esconder reciprocamente seus pensamentos, e todos os atos da vida sendo conhecidos, seguir-se-ia que o culpado está na presença perpétua de sua vítima?

– *Isso não pode ser de outro modo, o bom senso o diz.*

– Essa divulgação de todos os nossos atos repreensíveis e a presença perpétua daqueles que lhe foram as vítimas são um castigo para o culpado?

– *Maior do que se pensa, mas somente até que ele tenha expiado suas faltas, seja como Espírito, seja como homem, nas novas existências corporais.*

Quando estivermos no mundo dos Espíritos, todo o nosso passado estando a descoberto, o bem e o mal que fizemos serão igualmente conhecidos. É em vão que aquele que fez o mal queira escapar da visão de suas vítimas: sua presença inevitável será para ele um castigo e um remorso incessante até que tenha expiado seus erros, enquanto que o homem de bem, ao contrário, não encontrará, por toda parte, senão olhares amigos e benevolentes. Para o mau, não há maior tormento sobre a Terra, que a presença de suas vítimas e, por isso, ele as evita sem cessar. Que será quando a ilusão das paixões, estando dissipada, ele compreender o mal que fez, vendo seus atos mais secretos revelados, sua hipocrisia desmascarada, e não podendo se subtrair à sua visão?

Enquanto a alma do homem perverso está atormentada pela vergonha, pelo desgosto e pelo remorso, a do justo goza de uma serenidade perfeita.

978 – A lembrança das faltas que a alma pôde cometer quando era imperfeita não perturba sua felicidade, mesmo depois que ela está depurada?

– Não, porque resgatou suas faltas e saiu vitoriosa das provas às quais se submeteu com esse fim.

979 – As provas que restam a suportar para rematar sua purificação não são, para a alma, uma apreensão penosa, que perturba a sua felicidade?

– Para a alma que está ainda enlameada, sim; é, por isso, que ela não pode gozar de uma felicidade perfeita, senão quando esteja purificada; mas para aquela que já se elevou, o pensamento das provas que lhe restam a suportar, nada tem de penoso.

A alma que alcançou certo grau de pureza já goza a felicidade. Um sentimento de doce satisfação a penetra e ela é feliz por tudo aquilo que vê, por tudo que a cerca. O véu se levanta para ela sobre os mistérios e as maravilhas da criação, e as perfeições divinas lhe aparecem em todo o seu esplendor.

980 – O laço simpático que une os Espíritos da mesma ordem é para eles uma fonte de felicidade?

– A união dos Espíritos que se simpatizam para o bem é, para eles, uma das maiores alegrias, porque não temem ver essa união perturbada pelo egoísmo. Eles formam, no mundo inteiramente espiritual, famílias com o mesmo sentimento e é nisso que consiste a felicidade espiritual, como, no teu mundo, agrupai-vos em categorias e sentis um certo prazer quando vos reunis. A afeição pura e sincera que experimentam, e da qual eles são o objeto, é uma fonte de felicidade, porque lá não há falsos amigos, nem hipócritas.

O homem sente as premissas dessa felicidade sobre a Terra quando encontra almas com as quais pode se confundir numa união pura e santa. Em uma vida mais depurada, essa alegria será inefável e sem limites, porque não reencontrará senão almas simpáticas **que o egoísmo não arrefece**, porque tudo é amor na Natureza: é o egoísmo que o mata.

981 – Há para o estado futuro do Espírito uma diferença entre aquele que, em vida, teme a morte, e aquele que a vê com indiferença e mesmo com alegria?

– A diferença pode ser muito grande. Entretanto, frequentemente, ela se apaga diante das causas que dão esse temor ou esse desejo. Quer a tema, quer a deseje, pode-se estar movido por sentimentos muito diversos e são esses sentimentos que influem sobre o estado do Espírito. É evidente, por exemplo, que naquele que deseja a morte, unicamente, porque vê nela o termo de suas tribulações, é uma espécie de murmuração contra a Providência e contra as provas que deve suportar.

982 – É necessário fazer profissão de fé espírita e de crer nas manifestações para assegurar nossa sorte na vida futura?

– Se fosse assim, seguir-se-ia que todos aqueles que não creem ou que não tiveram os mesmos esclarecimentos são deserdados, o que seria absurdo. É o bem que assegura a sorte futura; ora, o bem é sempre o bem, qualquer que seja o caminho que a ele conduz. (165-799).

A crença no Espiritismo ajuda a melhorar-se fixando as ideias sobre certos pontos do futuro. Ela apressa o adiantamento dos indivíduos e das massas, porque permite conhecer o que seremos um dia; é um ponto de apoio, uma luz que nos guia. O Espiritismo ensina a suportar as provas com paciência e resignação. Ele desvia os atos que podem retardar a felicidade futura e é, assim, que contribui para essa felicidade, mas não diz que sem isso não se pode alcançá-la.

Penas temporais.

983 – O Espírito que expia suas faltas numa nova existência, não tem sofrimentos materiais e, então, é exato dizer que, depois da morte, a alma não tem senão sofrimentos morais?

– É bem verdade que, quando a alma está reencarnada, as tribulações da vida são, para ela, um sofrimento; mas não tem ela senão o corpo que sofre materialmente.

Dizeis frequentemente, daquele que está morto, que ele nada mais tem a sofrer; isso não é sempre verdadeiro. Como Espírito, ele não tem mais dores físicas; mas, segundo as faltas que cometeu, pode ter dores morais mais pungentes e, numa nova existência, pode ser ainda mais infeliz. O mau rico nela pedirá esmola e será vítima de todas as privações da miséria; o orgulhoso, de todas as humilhações; aquele que abusa de sua autoridade e trata seus subordinados com desprezo e dureza, então, será forçado a obedecer a um senhor mais duro do que ele o foi. Todas as penas e as tribulações da vida são a expiação de faltas de uma outra existência, quando não são a consequência das faltas da vida atual. Quando houverdes saído daqui, compreendê-la-eis. (273, 393, 399).

O homem que se crê feliz sobre a Terra, porque pode satisfazer suas paixões, é o que faz menos esforços para se melhorar. Frequentemente, ele expia, desde esta vida, sua felicidade efêmera, mas a expiará certamente em uma outra existência, também toda material.

984 – As vicissitudes da vida são sempre a punição de faltas atuais?

– Não; já o dissemos: são provas impostas por Deus ou escolhidas por vós mesmos no estado de Espírito e antes da vossa reencarnação, para expiar as faltas cometidas em uma outra existência, porque jamais a infração às leis de Deus e, sobretudo, à lei de justiça, fica impune. E, se não é nesta vida, será, necessariamente, em uma outra, e, por isso, aquele que é justo aos vossos olhos, frequentemente, está marcado pelo seu passado. (393).

985 – A reencarnação da alma num mundo menos grosseiro é uma recompensa?

– É a consequência de sua depuração, porque à medida que os Espíritos se depuram, eles encarnam em mundos cada vez mais perfeitos, até que tenham se despojado de toda a matéria e estejam lavados de todas as suas manchas, para gozar eternamente da felicidade dos Espíritos puros, no seio de Deus.

Nos mundos onde a existência é menos material que neste mundo, as necessidades são menos grosseiras e todos os sofrimentos físicos menos vivos. Os homens não conhecem mais as más paixões que, nos mundos inferiores, os fazem inimigos uns dos outros. Não tendo nenhum objeto de ódio, nem de ciúme, eles vivem, entre si, em paz, porque praticam a lei da justiça, do amor e da caridade. Eles não conhecem os aborrecimentos e as inquietações que nascem da inveja, do orgulho e do egoísmo e que fazem o tormento da nossa existência terrestre. (172-182).

986 – O Espírito que progrediu na sua existência terrestre pode, algumas vezes, reencarnar no mesmo mundo?

– Sim, se não pôde cumprir a sua missão, ele mesmo pode pedir para completá-la em uma nova existência; mas, então, isso não é mais para ele uma expiação. (173).

987 – Em que se torna o homem que, sem fazer o mal, nada faz para sacudir a influência da matéria?

– *Visto que nada fez na direção da perfeição, deve recomeçar uma existência da natureza da que deixou; fica estacionário e é assim que ele pode prolongar os sofrimentos da expiação.*

988 – Há pessoas para as quais a vida se escoa numa calma perfeita; que, não tendo necessidade de nada fazer para si mesmas, estão isentas de cuidados. Essa existência feliz é uma prova de que elas nada têm a expiar de uma existência anterior?

– *Conhece-as bem? Se o crês, enganas-te. Frequentemente, a calma não é senão aparente. Podem ter escolhido essa existência, mas, quando a deixam, percebem que ela não lhes serviu ao progresso e, então, como o preguiçoso, lamentam o tempo perdido. Sabei bem que o Espírito não pode adquirir conhecimentos e se elevar senão pela atividade; se adormece na negligência, não avança. Ele é semelhante àquele que tem necessidade (segundo vossos usos) de trabalhar e que vai passear ou deitar com a intenção de nada fazer.* Sabei também que cada um terá que prestar contas da inutilidade voluntária de sua existência; essa inutilidade é sempre fatal à felicidade futura. *A soma da felicidade futura está em razão da soma do bem que se fez; a da infelicidade está na razão do mal e dos infelizes que se tenham feito.*

989 – Há pessoas que, sem serem positivamente más, tornam infelizes todos aqueles que as cercam, pelo seu caráter; qual é para elas a consequência?

– *Essas pessoas, seguramente, não são boas e o expiarão pela visão daqueles que tornaram infelizes, e isso será para elas uma censura. Depois, numa outra existência, suportarão o que fizeram suportar.*

Expiação e arrependimento.

990 – O arrependimento tem lugar no estado corporal ou no estado espiritual?

– *No estado espiritual; mas ele pode também ter lugar no estado corporal, quando compreendeis bem a diferença do bem e do mal.*

991 – Qual é a consequência do arrependimento no estado espiritual?

– *O desejo de uma nova encarnação, para se purificar. O Espírito com-*

preende as imperfeições que o privam de ser feliz e, por isso, aspira a uma nova existência, em que poderá expiar suas faltas. (332-975).

992 – Qual é a consequência do arrependimento no estado corporal?

– *Avançar,* desde a vida presente, *se se tem tempo de reparar as faltas. Quando a consciência faz uma censura e mostra uma imperfeição, sempre se pode melhorar.*

993 – Não há homens que não têm senão o instinto do mal e são inacessíveis ao arrependimento?

– *Já te disse que se deve progredir sem cessar. Aquele que, nesta vida, não tem senão o instinto do mal, terá o do bem em uma outra* e é, por isso, que ele renasce várias vezes, *porque é preciso que todos avancem e atinjam o objetivo, somente que alguns em um tempo mais curto, e os outros em um tempo mais longo, segundo seu desejo. Aquele que não tem senão o instinto do bem já está depurado, porque pôde ter o do mal numa existência anterior. (804).*

994 – O homem perverso, que não reconheceu suas faltas durante a vida, as reconhecerá sempre depois da morte?

– *Sim, ele as reconhecerá sempre e, então, sofre mais, porque* sente todo o mal que fez *ou do qual foi a causa voluntária. Entretanto, o arrependimento não é sempre imediato; há Espíritos que se obstinam no mau caminho, malgrado seus sofrimentos. Mas, cedo ou tarde, eles reconhecerão o falso caminho no qual estão empenhados, e o arrependimento virá. É para esclarecê-los que trabalham os bons Espíritos, e que vós mesmos podeis também trabalhar.*

995 – Há Espíritos que, sem serem maus, sejam indiferentes à sua sorte?

– *Há Espíritos que não se ocupam com nada útil: estão na expectativa. Mas sofrem, nesse caso, proporcionalmente, e como devem ter seu progresso em tudo, esse progresso se manifesta pela dor.*

– Não têm eles o desejo de abreviar seus sofrimentos?

– *Sem dúvida o têm, mas não dispõem de bastante energia para querer o que poderia aliviá-los. Quantas pessoas tendes entre vós, que preferem morrer de miséria a trabalhar?*

996 – Uma vez que os Espíritos veem o mal que resulta para eles de suas imperfeições, como se dá que haja os que agravam sua posição e prolongam seu estado de inferioridade, fazendo o mal como Espíritos, desviando os homens do bom caminho?

– São aqueles cujo arrependimento é tardio, que agem assim. O Espírito que se arrepende pode, em seguida, deixar-se arrastar de novo no caminho do mal por outros Espíritos ainda mais atrasados. (971).

997 – Veem-se Espíritos de uma inferioridade notória, acessíveis aos bons sentimentos e tocados pelas preces que se fazem por eles. Como se dá que outros Espíritos, que se deveria crer mais esclarecidos, mostrem um endurecimento e um cinismo dos quais nada pode triunfar?

– A prece não tem efeito senão em favor do Espírito que se arrepende. Aquele que, possuído pelo orgulho, revolta-se contra Deus e persiste no seu descaminho, exagerando-o ainda, como o fazem os Espíritos infelizes, sobre eles, a prece nada pode e não poderá nada, senão no dia em que uma luz de arrependimento se manifeste neles. (664).

Não se deve perder de vista que o Espírito, depois da morte do corpo, não se transforma subitamente; se sua vida foi repreensível é porque ele era imperfeito. Ora, a morte não o torna imediatamente perfeito; ele pode persistir em seus erros, em suas falsas opiniões, em seus preconceitos, até que seja esclarecido pelo estudo, pela reflexão e pelo sofrimento.

998 – A expiação se cumpre no estado corporal ou no estado de Espírito?

– A expiação se cumpre durante a existência corporal pelas provas às quais o Espírito está submetido, e na vida espiritual, pelos sofrimentos morais ligados ao estado de inferioridade do Espírito.

999 – O arrependimento sincero durante a vida basta para apagar as faltas e fazer encontrar graça diante de Deus?

– O arrependimento ajuda o progresso do Espírito, mas o passado deve ser expiado.

– Se, de acordo com isso, um criminoso dissesse que, visto dever, em todo caso, expiar seu passado, não tem necessidade de arrependimento, em que resultaria isso para ele?

– Se ele se endurece no pensamento do mal, sua expiação será mais longa e mais penosa.

1000 – Podemos nós, desde esta vida, resgatar nossas faltas?

– Sim, reparando-as. Mas não creiais resgatá-las por algumas privações pueris ou doando depois de vossa morte, quando não tereis mais necessidade de

nada. Deus não tem em nenhuma conta um arrependimento estéril, sempre fácil, e que não custa senão a pena de se bater no peito. A perda de um pequeno dedo trabalhando, apaga mais faltas que o suplício da carne sofredora durante anos, sem outro objetivo que o bem de si mesmo. (726).

O mal não é reparado senão pelo bem, e a reparação não tem nenhum mérito, se não atinge o homem no seu orgulho ou nos seus interesses materiais.

De que lhe serve, para sua justificação, restituir, depois da morte, o bem mal adquirido, agora que se lhe torna inútil e que deles já se aproveitou?

De que lhe serve a privação de alguns prazeres fúteis e de algumas superfluidades, se o mal que ele fez a outro continue o mesmo?

De que lhe serve, enfim, humilhar-se diante de Deus, se conserva seu orgulho diante dos homens? (720-721).

1001 –Não há nenhum mérito em assegurar, depois da morte, um emprego útil dos bens que possuímos?

– Nenhum mérito não é o termo; isso vale sempre mais que nada. Mas o mal é que aquele que não dá senão depois da morte, frequentemente, é mais egoísta que generoso. Quer ter a honra do bem, sem ter-lhe o trabalho. Aquele que se priva, na sua vida, tem duplo proveito: o mérito do sacrifício e o prazer de ver os felizes que fez. Mas o egoísmo lá está e lhe diz: O que dás suprimes dos teus gozos. E como o egoísmo fala mais alto que o desinteresse e a caridade, ele guarda, sob pretexto de suas necessidades e das necessidades da sua posição. Ah! lamentai aquele que não conhece o prazer de dar; este é verdadeiramente deserdado de uma das mais puras e mais suaves alegrias. Deus, submetendo-o à prova da fortuna, tão difícil e tão perigosa para seu futuro, quis lhe dar, por compensação, a felicidade da generosidade da qual ele pode gozar desde este mundo. (814).

1002 –O que deve fazer aquele que, no último momento da vida, reconhece suas faltas, mas não tem tempo de repará-las? Arrepender-se basta, nesse caso?

– O arrependimento apressa sua reabilitação, mas não o absolve. Não há diante dele o futuro, que jamais se fecha?

Duração das penas futuras.

1003 – A duração dos sofrimentos do culpado, na vida futura, é arbitrada ou subordinada a alguma lei?

– *Deus não age jamais por capricho, e tudo, no Universo, está regido por leis em que revelam a sua sabedoria e a sua bondade.*

1004 – Sobre o que está baseada a duração dos sofrimentos do culpado?

– *Sobre o tempo necessário ao seu aperfeiçoamento. O estado de sofrimento e de felicidade, sendo proporcional ao grau de depuração do Espírito, a duração e a natureza dos seus sofrimentos depende do tempo que ele emprega para se melhorar. À medida que ele progride e que os seus sentimentos se depuram, seus sofrimentos diminuem e mudam de natureza.*

SÃO LUÍS

1005 – Para o Espírito sofredor, o tempo parece tão longo, ou menos longo, como se estivesse vivo?

– *Parece-lhe ainda mais longo: o sono não existe para ele. Não é senão para os Espíritos que atingiram um certo grau de depuração que o tempo se eclipsa, por assim dizer, diante do infinito. (240).*

1006 – A duração dos sofrimentos do Espírito pode ser eterna?

– *Sem dúvida, se for eternamente mau, quer dizer, se não deva jamais se arrepender nem se melhorar, ele sofrerá eternamente. Mas Deus não criou seres para que sejam perpetuamente devotados ao mal. Ele não os criou senão simples e ignorantes, e todos devem progredir num tempo mais ou menos longo, segundo sua vontade. A vontade pode ser mais ou menos tardia, como há crianças mais ou menos precoces, contudo, ela vem, cedo ou tarde, pela irresistível necessidade que o Espírito experimenta de sair de sua inferioridade e ser feliz. A lei que rege a duração das penas é, pois, eminentemente sábia e benevolente, visto que subordina essa duração aos esforços do Espírito; ela não lhe tira jamais seu livre-arbítrio: se dela faz mau uso, suporta-lhe as consequências.*

SÃO LUÍS

1007 – Há Espíritos que jamais se arrependem?

– *Há Espíritos nos quais o arrependimento é muito tardio; mas pretender que eles não se melhorem jamais seria negar a lei do progresso e dizer que a criança não pode se tornar adulto.*

SÃO LUÍS

1008 – A duração das penas depende sempre da vontade do Espírito, e não há as que lhe são impostas por um tempo dado?

– Sim, as penas podem ser-lhe impostas por um tempo, mas Deus, que não quer senão o bem de suas criaturas, acolhe sempre o arrependimento, e o desejo de melhorar-se não é jamais estéril.

SÃO LUÍS

1009 – Segundo esse entendimento, as penas impostas não o seriam jamais pela eternidade?

– Interrogai vosso bom senso, vossa razão, perguntai-vos se uma condenação perpétua, por alguns momentos de erro, não seria a negação da bondade de Deus? Que é, com efeito, a duração da vida, fosse ela de cem anos, em relação à eternidade? Eternidade! Compreendeis bem essa palavra? Sofrimentos, torturas sem fim, sem esperança, por algumas faltas! Vosso julgamento não rejeita semelhante pensamento? Que os antigos tenham visto no senhor do Universo um Deus terrível, ciumento e vingativo, isso se concebe; na sua ignorância, emprestaram à divindade as paixões dos homens. Mas não está aí o Deus dos cristãos que coloca o amor, a caridade, a misericórdia, o esquecimento das ofensas no lugar das primeiras virtudes: poderia ele próprio faltar às qualidades das quais faz um dever? Não há contradição em atribuir-lhe a bondade infinita e a vingança infinita? Dizeis que, antes de tudo, ele é justo e que o homem não compreende sua justiça, mas a justiça não exclui a bondade, e ele não seria bom se consagrasse penas horríveis, perpétuas, à maior parte de suas criaturas. Poderia fazer a seus filhos uma obrigação da justiça, se não lhes tivesse dado os meios de compreendê-la? Aliás, não é o sublime da justiça, unida à bondade, fazer depender a duração das penas dos esforços do culpado para se melhorar? Aí está a verdade desta palavra: "A cada um segundo suas obras."

SANTO AGOSTINHO

Interessai-vos, por todos os meios que estão em vosso poder, em combater, em destruir a ideia da eternidade das penas, pensamento blasfematório, contrário à justiça e à bondade de Deus, a mais fecunda fonte da incredulidade, do materialismo e da indiferença que invadiu as massas depois que sua inteligência começou a se desenvolver. O Espírito, em vias de esclarecer-se, não fora senão mesmo desbastado, dela cedo compreendeu a monstruosa injustiça; sua razão a repele e, então, falta-lhe raramente confundir, num mesmo ostracismo, a pena que o revolta e o Deus ao qual a atribui: daí os males inumeráveis que se precipitaram sobre vós e aos quais viemos vos trazer remédio. A tarefa que vos assinalamos vos será tanto mais fácil quanto as autoridades, sobre as quais se apoiam os defensores dessa crença, têm todas evitado de se pronunciarem formalmente; nem os concílios, nem os Pais da Igreja decidiram essa grave questão. Se, segundo os próprios Evangelistas, e tomando ao pé da letra as palavras emblemáticas do Cristo, ele ameaçou os culpados com um fogo que não se apaga, com um fogo eterno, não há absolutamente nada nessas palavras que prove tê-los condenado eternamente.

Pobres ovelhas desgarradas, sabei pressentir, junto a vós, o bom Pastor que, longe de vos querer banir para sempre de sua presença, vem, ele mesmo, ao vosso reencontro para vos reconduzir ao aprisco. Filhos pródigos, abandonai vosso exílio voluntário; voltai vossos passos para a morada paterna: o pai vos estende os braços e se mantém sempre pronto para festejar vosso retorno à família.

LAMMENAIS

Guerras de palavras! Guerras de palavras! Não fizestes verter bastante sangue? É preciso, pois, ainda reacender as fogueiras? Discutem-se sobre os temas eternidade das penas, eternidade dos castigos. Não sabeis, pois, que o que entendeis hoje por eternidade, os antigos não o entendiam como vós? Que o teólogo consulte as fontes e, como todos vós, descobrirá nelas que o texto hebreu não deu à palavra que os Gregos, os latinos e os modernos traduziram por penas sem fim, irremissíveis, *a mesma significação. Eternidade dos castigos corresponde à eternidade do mal. Sim, tanto que o mal exista entre os homens, os castigos subsistirão; é no sentido relativo que importa interpretar os textos sagrados. A eternidade das penas, portanto, não é senão relativa e não absoluta. Dia virá em que todos os homens se revestirão, pelo arrependimento, com a túnica da inocência e, nesse dia, não mais haverá gemidos e ranger de dentes. Vossa razão humana é limitada, é verdade, mas tal qual é, é um presente de Deus e, com essa ajuda da razão, não há um só homem de boa fé que compreenda de outro modo a eternidade dos castigos. A eternidade dos castigos! Como! seria preciso, pois, admitir que o mal fosse eterno. Só Deus é eterno e não poderia criar o mal eterno; sem isso seria preciso lhe arrancar o mais sublime dos seus atributos: o soberano poder, porque não é soberanamente poderoso quem pode criar um elemento destruidor de suas obras. Humanidade! Humanidade! não mergulhes, pois, mais teus melancólicos olhares nas profundezas da Terra para aí procurar os castigos; chora, espera, expia e refugia-te no pensamento de um Deus intimamente bom, absolutamente poderoso, essencialmente justo.*

PLATÃO

Gravitar para a unidade divina, tal é o destino da Humanidade. Para alcançá-lo, três coisas são necessárias: a justiça, o amor e a ciência; três coisas lhe são opostas e contrárias: a ignorância, o ódio e a injustiça. Pois bem! Digo-vos, em verdade, mentis a esses princípios fundamentais, comprometendo a ideia de Deus pelo exagero de sua severidade; duplamente a comprometeis, deixando penetrar, no Espírito da criatura, a ideia de que há nela mais de clemência, de mansuetude, de amor e de verdadeira justiça, do que não atribuís ao ser infinito. Destruís mesmo a ideia do inferno, tornando-o ridículo e inadmissível às vossas crenças, como o é, ao vosso coração, o hediondo espetáculo dos carrascos, das fogueiras e das torturas da Idade Média. Pois que! É quando a era das represálias cegas já foi para sempre banida das legislações humanas, que esperais mantê-la no ideal? Oh! Crede-me, crede-me, irmãos em Deus e em Jesus Cristo, crede-me, ou resignai-vos em deixar perecer, entre vossas mãos, todos os vossos dogmas antes de deixá-los variar, ou bem vivificai-os abrindo-os aos benfazejos eflúvios que os Bons lhe vertem nesse momento. A ideia do inferno com suas fornalhas ardentes, com suas caldeiras ferventes, pôde ser tolerada, quer dizer, perdoável, em um século de ferro: mas no décimo nono, isso não é mais que um vão fantasma próprio, quando muito, para assustar as criancinhas e no qual elas não creem mais quando são grandes. Persistindo nessa mitologia assustadora, engendrais a incredulidade, mãe de toda a desorganização social; eis porque tremo vendo toda uma ordem social abalar e desabar sobre sua base falsa de sanção penal. Homens de fé ardente e viva, vanguardeiros do dia da luz, ao trabalho, portanto! Não para manter velhas fábulas e, de hoje em diante, sem crédito, mas para reavivar, revivificar a verdadeira sanção penal, sob formas relacionadas com os vossos costumes, vossos sentimentos e as luzes de vossa época.

Que é, com efeito, o culpado? É aquele que por um desvio, por um falso movimento da alma, distancia-se do objetivo da criação, que consiste no culto harmonioso do belo, do bem, idealizados pelo arquétipo humano, pelo Homem-Deus, por Jesus Cristo.

Que é o castigo? A consequência natural, derivada desse falso movimento; uma soma de dores necessária para o desgostar de sua disformidade, pela experimentação do sofrimento. O castigo é o aguilhão que excita a alma, pela amargura, a curvar-se sobre si mesma e a retornar para o caminho da salvação. O objetivo do castigo não é outro senão a reabilitação, a libertação. Querer que o castigo seja eterno, por uma falta que não é eterna, é negar-lhe toda a razão de ser.

Oh! Digo-vos em verdade, cessai, cessai de colocar em paralelo, na sua eternidade, o Bem, essência do Criador, com o Mal, essência da criatura; isso seria aí criar uma penalidade injustificável. Afirmai, ao contrário, a amortização gradual dos castigos e das penas pela transmigração e consagrareis com a razão unida ao sentimento, a unidade divina.

PAULO, APÓSTOLO

Vê-se excitar o homem ao bem e afastá-lo do mal pelo engodo de recompensas e o medo de castigos; mas se esses castigos são apresentados de maneira a que a razão se recusa a acreditar neles, não terão sobre o homem nenhuma influência; longe disso, ele rejeitará tudo: a forma e o fundo. Que se lhe apresente, ao contrário, o futuro de maneira lógica e, então, ele não o rejeitará. O Espiritismo lhe dá essa explicação.

A doutrina da eternidade das penas, no sentido absoluto, faz do ser supremo um Deus implacável. Seria lógico dizer de um soberano que ele é muito bom, muito benevolente, muito indulgente, que não quer senão a felicidade dos que o cercam, mas que, ao mesmo tempo, é ciumento, vingativo, inflexível no seu rigor e que pune, com o último suplício, as três quartas partes de seus indivíduos por uma ofensa ou uma infração às suas leis, aqueles que faliram por não as ter conhecido? Não seria isso uma contradição? Ora, Deus pode ser menos bom do que seria um homem?

Outra contradição se apresenta aqui. Visto que Deus tudo sabe, sabia, pois, criando uma alma, que ela faliria; ela foi, portanto, desde sua formação, votada à infelicidade eterna: isso é possível, é racional? Com a doutrina das penas relativas tudo está justificado. Deus sabia, sem dúvida, que ela faliria, mas lhe dá os meios de esclarecer-se por sua própria experiência, por suas próprias faltas. É necessário que ela expie seus erros para ser melhor consolidada no bem, mas a porta da esperança não lhe é fechada para sempre, e Deus faz depender o momento de sua libertação dos esforços que faz para o atingir. Eis o que todos podem compreender, o que a lógica, a mais meticulosa, pode admitir. Se as penas futuras tivessem sido apresentadas sob este ponto de vista, haveria bem menos céticos.

A palavra **eterno** é frequentemente empregada, na linguagem vulgar, como figura, para designar uma coisa de longa duração, e da qual não se prevê o termo, embora se saiba muito bem que esse termo existe.

Dizemos, por exemplo, os gelos eternos das altas montanhas, dos polos, embora saibamos de um lado que o mundo físico pode ter um fim e, de outra parte, que o estado dessas regiões pode mudar pelo deslocamento natural do eixo ou por um cataclismo. A palavra eterno, nesse caso, não quer, pois, dizer perpétuo até o infinito. Quando sofremos uma longa moléstia, dizemos que nosso mal é eterno; que há, pois, de espantar em que os Espíritos que sofrem depois de anos, séculos, de milhares de anos mesmo, digam-no igualmente? Não olvidemos, sobretudo, que sua inferioridade, não lhes permitindo ver o extremo do caminho, creem sofrer sempre, o que é, para eles, uma punição.

De resto, a doutrina do fogo material, das fornalhas e das torturas emprestadas ao Tártaro do paganismo, está hoje completamente abandonada pela alta teologia, e não é mais senão nas escolas que esses assustadores quadros alegóricos são ainda dados como verdades positivas, por alguns homens mais zelosos que esclarecidos, e isso erradamente, porque essas imaginações jovens, uma vez saídas do seu terror, poderão aumentar o número dos incrédulos. A teologia reconhece hoje que a palavra **fogo** é empregada figuradamente e deve se entender como um fogo moral. (974).

Os que seguiram, como nós, as peripécias da vida e dos sofrimentos de além-túmulo, nas comunicações espíritas, puderam se convencer que, por não ter nada de material, elas não são menos pungentes. Com relação mesmo à sua duração, certos teólogos começam a admitir no sentido restrito indicado acima e pensam que, com efeito, a palavra **eterno** pode se entender como as penas em si mesmas, como consequência de uma lei imutável, e não sua aplicação a cada indivíduo. No dia em que a religião admitir essa interpretação, assim como algumas outras que são a consequência do progresso das luzes, ela reunirá as ovelhas desgarradas.

Ressurreição da carne.

1010 – O dogma da ressurreição da carne é a consagração da reencarnação ensinada pelos Espíritos?

– *Como quereis que o seja de outro modo? Essas palavras, como tantas outras, não parecem insensatas aos olhos de certas pessoas, senão porque tomam-nas ao pé da letra. Por isso, conduzem à incredulidade. Mas lhes dai uma interpretação lógica, e aqueles que chamais livres-pensadores as admitirão sem dificuldade, precisamente porque eles refletem; porque não vos enganeis, esses livres pensadores não desejam mais do que crer. Eles têm, como os outros, talvez mais que os outros, sede do futuro, mas não podem admitir o que é contestado pela ciência. A doutrina da pluralidade das existências está conforme a justiça de Deus. Só ela pode explicar o que, sem ela, é inexplicável. Como quereríeis que o princípio não estivesse na própria religião?*

– Assim a igreja, pelo dogma da ressurreição da carne, ensina ela mesma a doutrina da reencarnação?

– *Isso é evidente. Essa doutrina, aliás, é a consequência de muitas coisas que passaram despercebidas e que não se tardará a compreender nesse sentido. Logo se reconhecerá que o Espiritismo ressalta a cada passo do próprio texto das Escrituras sagradas. Os Espíritos não vêm, pois, destruir a religião, como alguns o pretendem, mas, ao contrário, vêm confirmá-la, sancioná-la por provas irrecusáveis. Mas como é chegado o tempo de não mais empregar a linguagem figurada, eles se exprimem sem alegoria e dão às coisas um sentido claro e preciso, que não possa estar sujeito a nenhuma interpretação falsa. Eis porque, dentro de algum tempo, tereis mais pessoas sinceramente religiosas e crentes que as que não tendes hoje.*

SÃO LUÍS

A Ciência, com efeito, demonstra a impossibilidade da ressurreição segundo a ideia vulgar. Se os restos do corpo humano permanecessem homogêneos, fossem dispersos e reduzidos a pó, se conceberia ainda a reunião em um momento dado; mas as coisas não se passam assim. O corpo é formado de elementos diversos: oxigênio, hidrogênio, azoto, carbono, etc.

Pela decomposição, esses elementos se dispersam para servir na formação de novos corpos, de tal sorte que a mesma molécula, de carbono, por exemplo, entrará na composição de vários milhares de corpos diferentes (não falamos senão de corpos humanos sem contar os dos animais); que tal indivíduo, talvez tenha no seu corpo moléculas que pertenceram aos homens das primeiras idades; que essas mesmas moléculas orgânicas que absorveis na vossa alimentação provêm, talvez, do corpo de tal indivíduo que conhecestes, e assim por diante. A matéria, sendo em quantidade definida e suas transformações em quantidades indefinidas, como cada um desses corpos poderia se reconstruir dos mesmos elementos? Há nisso uma impossibilidade material. Não se pode, pois, racionalmente, admitir a ressurreição da carne senão como uma figura simbolizando o fenômeno da reencarnação e, nesse caso, não há nada que choque a razão, nada que esteja em contradição com os dados da Ciência.

É verdade que, segundo o dogma, essa ressurreição não deve ter lugar senão no fim dos tempos, enquanto que, segundo a Doutrina Espírita, ela ocorre todos os dias. Mas não há ainda nesse quadro do julgamento final uma grande e bela figura que esconde, sob o véu da alegoria, uma dessas verdades imutáveis que não encontrará mais céticos quando for restabelecida em sua verdadeira significação? Que se queira bem meditar a teoria espírita sobre o futuro das almas e sua sorte depois das diferentes provas que elas devem suportar, e se verá que, à exceção da simultaneidade, o julgamento que condena ou que as absolve não é uma ficção, assim como pensam os incrédulos. Observemos ainda que ela é a consequência natural da pluralidade dos mundos, hoje perfeitamente admitida, enquanto que, segundo a doutrina do juízo final, a Terra é considerada o único mundo habitado.

Paraíso, inferno e purgatório.

1011 – Um lugar circunscrito no Universo está destinado às penas e aos gozos dos Espíritos, segundo seus méritos? (*)

– Já respondemos a essa questão. As penas e os gozos são inerentes ao grau de perfeição dos Espíritos. Cada um possui, em si mesmo, o princípio de sua própria felicidade ou infelicidade, e como eles estão por toda a parte, nenhum lugar circunscrito, nem fechado, não está destinado a um antes que a outro. Quanto aos Espíritos encarnados, são mais ou menos felizes ou infelizes, conforme o mundo que eles habitem mais ou menos avançado.

– Segundo isso, o inferno e o paraíso não existiriam tal como o homem o representa?

– Não são senão figuras: há, por toda a parte, Espíritos felizes e infelizes. Entretanto, como também já o dissemos, os Espíritos de uma mesma ordem se reúnem por simpatia; mas podem se reunir onde querem, quando são perfeitos.

(*) A partir da questão nº 1010, a numeração do original francês foi alterada, em virtude de ter sido suprimida a de nº 1011. (N. do T.)

A localização absoluta dos lugares de penas e recompensas não existe senão na imaginação do homem. Provém da tendência a **materializar** e a **circunscrever** as coisas das quais eles não podem compreender a essência infinita.

1012 – Que se deve entender pelo *purgatório?*

– *Dores físicas e morais: é o tempo da expiação. Quase sempre é sobre a Terra que fazeis vosso purgatório e que Deus vos faz expiar vossas faltas.*

O que o homem chama purgatório é também uma figura pela qual se deve entender, não um lugar determinado qualquer, mas o estado dos Espíritos imperfeitos que estão em expiação até a purificação completa que os deve elevar ao nível dos Espíritos bem-aventurados. Essa purificação, operando-se nas diversas encarnações, o purgatório consiste nas provas da vida corporal.

1013 – Como se dá que Espíritos que, por sua linguagem, revelam superioridade, tenham respondido a pessoas muito sérias a respeito do inferno e do purgatório, conforme a ideia que deles se faz vulgarmente?

– *Eles falam uma linguagem compreendida pelas pessoas que os interrogam. Quando essas pessoas são muito imbuídas de certas ideias, não as querem chocar muito bruscamente para não melindrar suas convicções. Se um Espírito viesse dizer, sem precauções oratórias, a um muçulmano, que Maomé não é um profeta, ele seria muito mal recebido.*

– Concebe-se que possa ser assim da parte dos Espíritos que querem nos instruir; mas como se dá que os Espíritos interrogados sobre sua situação tenham respondido que sofriam as torturas do inferno ou do purgatório?

– *Quando são inferiores e não completamente desmaterializados, conservam uma parte de suas ideias terrestres e exprimem suas impressões pelos termos que lhes são familiares. Eles se encontram em um meio que não lhes permite, senão pela metade, sondar o futuro e é por causa disso que, frequentemente, os Espíritos errantes ou recém-desencarnados falam como o fariam em vida.* Inferno *pode se traduzir por uma vida de prova, extremamente penosa, com a incerteza de uma melhora. Purgatório, uma vida também de prova, mas com consciência de um futuro melhor. Quando experimentas uma grande dor, não dizes para ti mesmo que sofres como um condenado? Não são mais que palavras, e sempre em sentido figurado.*

1014 – Que se deve entender por uma alma em pena?

– *Uma alma errante e sofredora, incerta de seu futuro, e à qual podeis proporcionar um alívio que, frequentemente, ela solicita vindo se comunicar convosco. (664).*

1015 – Em que sentido se deve entender a palavra céu?

– Crês que ele seja um lugar, como os Campos Elíseos dos antigos, onde todos os bons Espíritos são amontoados desordenadamente sem outro cuidado que o de gozar pela eternidade uma felicidade passiva? Não, é o espaço universal, são os planetas, as estrelas e todos os mundos superiores, onde os Espíritos gozam de todas as suas faculdades sem ter as atribulações da vida material, nem as angústias inerentes à inferioridade.

1016 – Os Espíritos disseram habitar o quarto, o quinto céu, etc.; que entendiam por isso?

– Vós lhes perguntais qual céu habitam, porque tendes a ideia de vários céus colocados como os andares de uma casa. Então, respondem-vos segundo vossa linguagem, mas, para eles, essas palavras, quarto, quinto céu exprimem diferentes graus de depuração e, por conseguinte, de felicidade. É absolutamente como quando se pergunta a um Espírito se ele está no inferno; se é infeliz dirá sim, porque para ele inferno é sinônimo de sofrimento. Mas ele sabe muito bem que não se trata de uma fornalha. Um pagão teria dito que estava no Tártaro.

É o mesmo que outras expressões análogas, tais como cidade das flores, cidade dos eleitos, primeira, segunda ou terceira esfera, etc., que não são senão alegorias empregadas por certos Espíritos, seja como figuras, seja algumas vezes por ignorância da realidade das coisas e mesmo das mais simples noções científicas.

Segundo a ideia restrita que se fazia antigamente dos lugares de penas e de recompensas e, sobretudo, na opinião de que a Terra era o centro do Universo, que o céu formava uma abóboda e que havia uma região de estrelas e se colocava **o céu em cima e o inferno embaixo.** Daí as expressões subir ao céu, estar no mais alto dos céus, ser precipitado no inferno. Hoje, que a Ciência demonstrou que a Terra não é senão um dos menores mundos entre tantos milhões de outros, sem importância especial; que ela historiou sua formação e descreveu sua constituição, provou que o espaço é infinito e não há nem alto nem baixo no Universo, foi preciso renunciar em colocar o céu acima das nuvens e o inferno nos lugares baixos. Quanto ao purgatório, nenhum lugar lhe foi assinalado. Estava reservado ao Espiritismo dar, a todas essas coisas, a explicação mais racional, a mais grandiosa e ao mesmo tempo a mais consoladora para a Humanidade. Assim, pode-se dizer que carregamos conosco nosso inferno e nosso paraíso. Nosso purgatório o encontramos na nossa encarnação, nas nossas vidas corporais ou físicas.

1017 – Em que sentido é preciso entender estas palavras do Cristo: Meu reino não é deste mundo?

– Assim respondendo, o Cristo falava num sentido figurado. Ele queria dizer que não reina senão sobre os corações puros e desinteressados. Ele está por toda a parte, onde domina o amor ao bem; mas o homens, ávidos de coisas deste mundo e ligados aos bens da Terra, não estão com ele.

1018 – Jamais o reino do bem poderá ter lugar sobre a Terra?

– O bem reinará sobre a Terra quando, entre os Espíritos que vêm habitá-la, os bons vencerem sobre os maus. Então, farão nela reinar o amor e a justiça, que são a fonte do bem e da felicidade. É pelo progresso moral e pela prática das leis de Deus que o homem atrairá, sobre a Terra, os bons Espíritos e dela afastará os maus. Mas os maus não a deixarão senão quando dela forem banidos o orgulho e o egoísmo.

A transformação da Humanidade foi predita e atingis esse momento, que apressa todos os homens que ajudam o progresso. Ela se cumprirá pela encarnação de Espíritos melhores, que constituirão sobre a Terra uma nova geração. Então, os Espíritos dos maus, que a morte ceifa cada dia, e todos aqueles que tentem atrasar a marcha das coisas, dela serão excluídos, porque serão deslocados do convívio com os homens de bem, dos quais perturbariam a felicidade. Eles irão para mundos novos, menos avançados, cumprir missões penosas, onde poderão trabalhar para seu próprio adiantamento, ao mesmo tempo que trabalharão para o adiantamento de seus irmãos ainda mais atrasados. Não vedes, nessa exclusão da Terra transformada, a sublime figura do Paraíso perdido, *e no homem chegado sobre a Terra em semelhantes condições, e trazendo em si o germe de suas paixões e os traços de sua inferioridade primitiva, a figura não menos sublime do pecado original? O pecado original, considerado sob esse ponto de vista, prende-se à natureza ainda imperfeita do homem, que não é responsável senão por si mesmo e suas faltas, e não das de seus pais. Todos vós, homens de fé e de boa vontade, trabalhai, portanto, com zelo e coragem na grande obra da regeneração, porque colhereis centuplicado o grão que houverdes semeado. Infelizes aqueles que fecham os olhos à luz, porque se preparam para longos séculos de trevas e de decepções. Infelizes dos que colocam todas as suas alegrias nos bens deste mundo, porque sofrerão mais privações do que tiveram de prazeres. Infelizes, sobretudo, os egoístas, porque não encontrarão ninguém para os ajudar a carregar o fardo de suas misérias.*

SÃO LUÍS

Conclusão

I

Aquele que não conhece como fato do magnetismo terrestre senão o jogo dos patinhos imantados que se faz manobrar sobre a água de uma bacia, dificilmente poderia compreender que esse brinquedo encerra o segredo do mecanismo do Universo e do movimento dos mundos. O mesmo ocorre com aquele que não conhece do Espiritismo senão o movimento das mesas; nele não vê senão um divertimento, um passatempo de sociedade, e não compreende que esse fenômeno, tão simples e tão vulgar, conhecido da antiguidade e mesmo de povos semisselvagens, pudesse se prender às mais graves questões da ordem social. Para o observador superficial, com efeito, que relação uma mesa que gira pode ter com a moral e o futuro da Humanidade? Mas todo aquele que reflete, lembra-se que da simples panela que tem fervido desde a antiguidade, saiu o possante motor com o qual o homem transpõe o espaço e suprime as distâncias. Pois bem! Vós, que não credes em nada fora do mundo material, sabei, pois, que dessa mesa que gira e provoca sorrisos desdenhosos, saiu toda uma ciência, assim como a solução de problemas que nenhuma filosofia pudera ainda resolver. Apelo a todos os adversários de boa fé, eu os adjuro a dizer se se deram ao trabalho de estudar o que criticam; porque, em boa lógica, a crítica não tem valor senão na proporção de que aquele que a faz conhece aquilo de que fala. Zombar de uma coisa que não se conhece, que não se sondou com o escalpelo do observador consciencioso, não é criticar, é fazer prova de imprudência e dar uma infeliz ideia de seu próprio julgamento. Seguramente, se tivéssemos apresentado esta filosofia como sendo obra de um cérebro humano, ela teria encontrado menos desdém e seria honrada com o exame daqueles que pretendem dirigir a opinião. Todavia, ela vem dos Espíritos. Que absurdo! Ela mal merece um dos seus olhares; julgam-na sobre o título, como o macaco da fábula julgou a noz pela casca. Fazei, se o quiserdes, abstração da origem: suponde que este *livro* seja a obra de um homem e dizei, em vossa alma e consciência, se, depois de o ter lido *seriamente,* nele achais matéria para zombar.

II

O Espiritismo é o mais terrível antagonista do materialismo. Não é, pois, de espantar que ele tenha os materialistas por adversários. Mas como o materialismo é uma doutrina que se ousa mal confessar (prova de que os que a professam não se creem bem fortes e são dominados por sua consciência), ele se cobre com o manto da razão e da ciência, e, coisa bizarra, os mais céticos falam mesmo em nome da religião que não conhecem e não compreendem melhor que o Espiritismo. Sua mira, é, sobretudo, o *maravilhoso* e o *sobrenatural,* que não admitem. Ora, segundo eles, estando o Espiritismo fundado sobre o maravilhoso, não pode ser senão uma suposição ridícula. Não refletem que fazendo, sem restrição, o julgamento do maravilhoso e do sobrenatural, fazem o da religião. Com efeito, a religião está fundada sobre a revelação e os milagres. Ora, quę é revelação senão comunicações extra-humanas? Todos os autores sagrados, desde Moisés, falaram dessas espécies de comunicações. Que são os milagres senão os fatos maravilhosos e sobrenaturais por excelência, posto que são, no sentido litúrgico, derrogações às leis da Natureza? Portanto, rejeitando o maravilhoso e o sobrenatural, eles rejeitam as próprias bases da religião. Mas não é sob esse ponto de vista que devemos examinar a coisa. O Espiritismo não tem que examinar se há ou não milagres, quer dizer, se Deus pôde, em certos casos, derrogar as leis eternas que regem o Universo. Ele deixa, a esse respeito, toda a liberdade de crença. Diz e prova, que os fenômenos sobre os quais se apoia não têm de sobrenatural senão a aparência. Esses fenômenos não são assim, aos olhos de certas pessoas, senão porque são insólitos e fora dos fatos conhecidos. Mas eles não são mais sobrenaturais que todos os fenômenos aos quais a Ciência hoje dá a solução, e que pareceram maravilhosos numa outra época. Todos os fenômenos espíritas, *sem exceção,* são a consequência de leis gerais e nos revelam um dos poderes da Natureza, poder desconhecido ou, dizendo melhor, incompreendido até aqui, mas que a observação demonstra estar na ordem das coisas. O Espiritismo repousa, pois, menos sobre o maravilhoso e o sobrenatural que a própria religião. Aqueles que o atacam a esse respeito é porque não o conhecem, e fossem eles os homens mais sábios nós lhes diríamos: se vossa Ciência, que vos ensina tantas coisas, não vos ensinou que o domínio da Natureza é infinito, não sois sábios senão pela metade.

III

Quereis, segundo dizeis, curar vosso século de uma mania que ameaça invadir o mundo. Gostaríeis mais que o mundo fosse invadido pela incredulidade que procurais propagar? Não é à ausência de toda crença que é preciso atribuir o relaxamento dos laços de família e a maioria das desordens que minam a sociedade? Demonstrando a existência e a imortalidade da alma, o Espiritismo estimula a fé no futuro, levanta os ânimos abatidos, faz suportar, com resignação, as vicissitudes da vida; ousaríeis chamar a isso um mal? Duas doutrinas se confrontam: uma que nega o futuro, outra que o proclama e o prova; uma que não explica nada, outra que explica tudo e para isso recorre à razão; uma é a consagração do egoísmo, a outra dá uma base à justiça, à caridade e ao amor dos semelhantes; a primeira não mostra senão o presente e aniquila toda esperança, a segunda consola e mostra o campo vasto do futuro; qual é a mais perniciosa?

Certas pessoas, e entre as mais céticas, fazem-se os apóstolos da fraternidade e do progresso; mas a fraternidade supõe o desinteresse, a abnegação da personalidade. Com a verdadeira fraternidade, o orgulho é uma anomalia. Com que direito impondes um sacrifício àquele a quem dizeis que, quando morrer, tudo está findo para ele e que, talvez, amanhã não será mais que uma velha máquina deslocada e atirada de lado? Que razão há para se impor uma privação qualquer? Não é mais natural que durante os curtos instantes que lhe concedeis, ele procure viver o melhor possível? Daí o desejo de possuir mais para melhor gozar. Desse desejo nasce o ciúme contra aqueles que possuem mais do que ele; e desse ciúme, à inveja de tomar o que eles têm, não há senão um passo. Que o detém? A lei? Mas a lei não alcança todos os casos. Direis que é a consciência, o sentimento do dever? Mas sobre o que baseais o sentimento do dever? Esse sentimento tem alguma razão de ser com a crença de que tudo termina com a vida? Com essa crença uma só máxima é racional: cada um para si. As ideias de fraternidade, de consciência de dever, de humanidade e mesmo de progresso não são senão palavras vãs. Oh! Vós, que proclamais semelhantes doutrinas, não sabeis todo o mal que fazeis à sociedade, nem de quantos crimes assumis a responsabilidade? Mas falo eu de responsabilidade? Para o cético não há isso, pois ele não rende homenagem senão à matéria.

IV

O progresso da Humanidade tem seu princípio na aplicação da lei de justiça, de amor e de caridade. Essa lei está fundada sobre a certeza do futuro; tirai essa certeza e lhe tirareis sua pedra fundamental. Dessa lei derivam todas as outras, porque ela encerra todas as condições da felicidade do homem e só ela pode curar as chagas da sociedade, e ele pode julgar, pela comparação das épocas e *dos povos,* quanto sua condição melhora à medida que essa lei é melhor compreendida e praticada. Se uma aplicação parcial e incompleta produz um bem real, que será, pois, quando fizer dela a base de todas suas instituições sociais! Isso é possível? Sim, porque, uma vez que deu dez passos, pode dar vinte e assim por diante. Pode-se, portanto, julgar o futuro pelo passado. Já vimos se apagarem, pouco a pouco, as antipatias de povo a povo; as barreiras que os separam diminuem diante da civilização; eles se estendem as mãos de uma a outra extremidade do mundo; uma maior justiça preside as leis internacionais; as guerras se tornam mais e mais raras e não excluem o sentimento de humanidade; a uniformidade se estabelece nas relações; as distinções de raças e de castas se apagam e os homens de crenças diferentes calam os preconceitos de seita para se confundirem na adoração de um só Deus. Falamos dos povos que marcham à frente da civilização (789-793). Sob todos esses aspectos, se está ainda longe da perfeição, e há ainda muitas velhas ruínas para se abater até que tenham desaparecido os últimos vestígios da barbárie. Mas essas ruínas poderão se opor à força irresistível do progresso, essa força viva que é, em si mesma, uma lei da Natureza? Se a geração presente é mais avançada que a geração passada, por que a que nos sucederá não o seria mais que a nossa? Ela o será pela força das coisas; primeiro, porque com as gerações desaparecem, cada dia, alguns defensores dos velhos abusos e, assim, a sociedade se forma, pouco a pouco, de elementos novos, despojados dos velhos preconceitos; em segundo lugar, porque o homem, querendo o progresso, estuda os obstáculos e se aplica em destruí-los. Desde que o movimento progressivo é incontestável, o progresso futuro não deveria ser duvidoso. O homem quer ser feliz e isso está na Natureza. Ora, ele não procura o progresso senão para aumentar a soma de sua felicidade, sem o que o progresso seria sem objetivo. Onde estaria o progresso para ele, se esse progresso não devesse melhorar sua posição? Mas quando tiver a soma de prazeres que pode dar o progresso intelectual, ele se aperceberá que não tem a felicidade completa; reconhecerá que essa felicidade é impossível sem a segurança das relações sociais, que não encontrará senão no progresso moral. Portanto, pela força das coisas, ele próprio encaminhará o progresso para esse caminho, e o Espiritismo lhe oferecerá a mais poderosa alavanca para atingir esse objetivo. (*)

(*) Vide Nota Explicativa da Editora no final do livro.

V

Aqueles que dizem que as crenças espíritas ameaçam invadir o mundo, proclamam-lhe, com isso, a força, porque uma ideia sem fundamento e despida de lógica não poderia se tornar universal. Portanto, se o Espiritismo se implanta por toda a parte, se faz adeptos, sobretudo, nas classes esclarecidas, assim que cada um o reconhece, é porque tem um fundo de verdade. Contra essa tendência todos os esforços dos seus detratores serão vãos, e o que o prova é que o ridículo com o qual procuram cobri-lo, longe de deter-lhe o impulso, parece lhe ter dado uma nova vida. Esse resultado justifica plenamente o que, muitas vezes, disseram-nos os Espíritos: "Não vos inquieteis com a oposição, tudo o que se fizer contra vós tornará para vós, *e vossos maiores adversários servirão à vossa causa, sem o querer.* Contra a vontade de Deus, a má vontade dos homens não prevalecerá."

Pelo Espiritismo, a Humanidade deve entrar numa fase nova, a do progresso moral, que é a sua consequência inevitável. Portanto, cessai de espantar-vos da rapidez com a qual se propagam as ideias espíritas; a sua causa está na satisfação que elas proporcionam a todos os que nela se aprofundam e que nelas veem outra coisa mais do que um fútil passatempo. Ora, como cada um quer a felicidade antes de tudo, não é de admirar que se interesse por uma ideia que o torna feliz.

O desenvolvimento dessas ideias apresenta três períodos distintos: o primeiro é o da curiosidade provocada pela estranheza dos fenômenos que se produzem; o segundo, o do raciocínio e da filosofia, e o terceiro o da aplicação e das consequências. O período da curiosidade passou. A curiosidade não tem senão um tempo e, uma vez satisfeita, muda de objeto para passar a um outro. O mesmo não sucede com aquele que recorre ao pensamento sério e ao julgamento. Começado o segundo período, o terceiro o seguirá inevitavelmente. O Espiritismo tem progredido, sobretudo, depois que foi melhor compreendido em sua essência íntima, depois que se lhe viu a importância, porque toca o ponto mais sensível do homem: o da sua felicidade, mesmo neste mundo. Nisso está a causa da sua propagação, o segredo da força que o fará triunfar. Ele torna felizes aqueles que o compreendem, até que sua influência se estenda sobre as massas. Mesmo aquele que não teve nenhum testemunho material de manifestação, diz: além desses fenômenos, há a filosofia que me explica o que NENHUMA outra me havia explicado; nela encontro, só pelo raciocínio, uma demonstração *racional* de problemas que interessam muitíssimo ao meu futuro; ela me proporciona a calma, a segurança e a confiança; livra-me do tormento da incerteza: ao lado dela, a questão dos fatos materiais é uma questão secundária. Vós todos, que o atacais, quereis um meio de combatê-lo com sucesso? Eis aqui: Substituí-o por qualquer coisa melhor; encontrai uma solução MAIS FILOSÓFICA a todas as questões que ele resolve; dai ao homem uma OUTRA CERTEZA que o torne mais feliz e compreendei bem a importância dessa palavra *certeza*, porque o homem não aceita como *certo* senão o que lhe parece *lógico*. Não vos contenteis em dizer que isso não é assim, pois é muito fácil. Provai, não por uma negação, mas por fatos, que isso não é, jamais foi e não PODE ser. Se não o é, dizei, sobretudo, o que haveria em seu lugar. Provai, enfim, que as consequências do Espiritismo não são de tornar os homens melhores e, portanto, mais felizes, pela prática da mais pura moral evangélica, moral que se glorifica muito, mas que se pratica pouco. Quando houverdes feito isso, tereis o direito de atacá-lo. O Espiritismo é forte porque ele se apoia sobre as próprias bases da religião: Deus, a alma, as penas e as recompensas futuras; sobretudo, porque mostra essas penas e essas recompensas como consequências naturais da vida terrena e que nada, no quadro que ele oferece do futuro, pode ser negado pela mais exigente razão. Vós, cuja doutrina total consiste na negação do futuro, que compensação ofereceis para os sofrimentos deste mundo? Vós vos apoiais sobre a incredulidade, ele se apoia sobre a confiança em Deus. Enquanto ele convida os homens à felicidade, à esperança, à verdadeira fraternidade, vós lhes ofereceis o NADA por perspectiva e o EGOÍSMO por consolação. Ele explica tudo, vós não explicais nada. Ele prova pelos fatos, e vós não provais nada. Como quereis que se hesite entre as duas doutrinas?

VI

Seria fazer uma ideia bem falsa do Espiritismo crer que ele haure sua força na prática de manifestações materiais e que, assim, entravando essas manifestações, pode-se miná-lo em suas bases. Sua força está em sua filosofia, no apelo que faz à razão e ao bom senso. Na antiguidade, ele foi objeto de estudos misteriosos, cuidadosamente ocultos ao vulgo; hoje, nada tem de secreto para ninguém. Fala uma linguagem clara, sem ambiguidade. Nele, nada há de místico e de alegorias suscetíveis de falsas interpretações. Ele quer ser compreendido por todos, porque é chegado o tempo de fazer o homem conhecer a verdade. Longe de opor-se à difusão da luz, a quer para todos. Não reclama uma crença cega, mas quer que se saiba por que se crê. Apoiando-se sobre a razão, será sempre mais forte do que aqueles que se apoiam sobre o nada. Os entraves que tentarem oferecer-lhe à liberdade das manifestações poderiam abafá-las? Não, porque produziriam o efeito de todas as perseguições: o de excitar a curiosidade e o desejo de conhecer o que foi proibido. Por outro lado, se as manifestações espíritas fossem o privilégio de um só homem, não há dúvida que, colocando esse homem de lado, cessariam as manifestações. Infelizmente, para os adversários, elas estão à disposição de todos, que a usam, desde o menor até o maior, desde o palácio até a mansarda. Pode-se interditar-lhe o exercício público; mas se sabe precisamente que não é em público que elas se produzem melhor: é na intimidade. Ora, cada um podendo ser médium, quem pode impedir uma família no recesso do seu lar, um indivíduo no silêncio do quarto, o prisioneiro sob os ferrolhos, de ter comunicações com os Espíritos, com o desconhecimento e em face mesmo dos esbirros?

Se as interditarem num país, poderão ser impedidas nos países vizinhos, no mundo inteiro, uma vez que não há uma região, nos dois continentes, onde não haja médiuns? Para encarcerar todos os médiuns, seria preciso encarcerar a metade do gênero humano. Viessem mesmo, o que não seria pouco mais fácil, a queimar todos os livros espíritas e, no dia seguinte, eles estariam reproduzidos, porque a sua fonte é inatacável e não se pode nem encarcerar e nem queimar os Espíritos que são seus verdadeiros autores.

O Espiritismo não é obra de um homem. Ninguém se pode dizer seu criador, porque é tão velho quanto a criação. Ele se encontra por toda a parte, em todas as religiões e mais ainda na religião católica, e com mais autoridade que em todas as outras, porque nele se encontra o princípio de tudo: os Espíritos de todos os graus, seus intercâmbios ocultos e patentes com os homens, os anjos guardiães, a reencarnação, a emancipação da alma durante a vida, a dupla vista, as visões, as manifestações de todo gênero, as aparições e mesmo as aparições tangíveis. Com relação aos demônios, não são outra coisa que os maus Espíritos e, salvo a crença de que os primeiros são perpetuamente votados ao mal, enquanto que o caminho do progresso não é interditado aos outros, não há entre eles senão uma diferença de nome.

Que faz a ciência espírita moderna? Reúne em um corpo o que estava esparso; explica em termos próprios o que não o era senão em linguagem alegórica; elimina o que a superstição e a ignorância geraram para não deixar senão a realidade e o positivo: eis o seu papel. Mas o de fundadora não lhe pertence. Ela mostra o que é, coordena, mas não cria nada, porque suas bases são de todos os tempos e de todos os lugares. Portanto, quem ousaria se considerar bastante forte para sufocá-la sob os sarcasmos e mesmo sob a perseguição? Se se a proscreve de um lado, ela renascerá em outros lugares, sobre o terreno mesmo de onde se houver banido, porque está na Natureza e não é dado ao homem destruir uma força da Natureza, nem de colocar seu *veto* sobre os decretos de Deus.

De resto, que interesse haveria em se entravar a propagação das ideias espíritas? Essas ideias, é verdade, erguem-se contra os abusos que nascem do orgulho e do egoísmo; mas esses abusos, dos quais alguns se aproveitam, prejudicam a coletividade. Portanto, ela terá a seu favor a massa e não terá por adversários sérios senão os que estão interessados em manter esses abusos. Pela sua influência, ao contrário, essas ideias, tornando os homens melhores, uns para com os outros, menos ávidos de interesses materiais e mais resignados aos ditames da Providência, são uma garantia de ordem e de tranquilidade.

VII

O Espiritismo se apresenta sob três aspectos diferentes: o fato das manifestações, os princípios de filosofia e de moral que dela decorrem e a aplicação desses princípios. Daí três classes, ou antes, três graus entre os adeptos: 1) os que creem nas manifestações e se limitam em constatá-las; é para eles uma ciência experimental; 2) os que lhe compreendem as consequências morais; 3) os que praticam ou se esforçam por praticar essa moral. Qualquer que seja o ponto de vista, científico ou moral, sob o qual se examinem esses fenômenos estranhos, cada um compreende que é toda uma nova ordem de ideias que surgiu, das quais as consequências não podem ser senão uma profunda modificação no estado da Humanidade, e cada um compreende também que essa modificação não pode ocorrer senão no sentido do bem.

Quanto aos adversários, pode-se também classificá-los em três categorias: 1) os que negam sistematicamente tudo o que é novo, ou não vêm deles, e que falam sem conhecimento de causa. A essa classe pertencem todos aqueles que não admitem nada fora do testemunho dos sentidos; eles nada viram, nem querem nada ver e, ainda menos, aprofundar. Ficariam mesmo irritados de ver muito claro com medo de serem forçados em convir que não têm razão. Para eles, o Espiritismo é uma quimera, uma loucura, uma utopia, não existe; é muito cedo dizer. São os incrédulos que tomaram partido. Ao lado desses, pode-se colocar aqueles que se dignaram lançar um golpe de olhar para desencargo de consciência, a fim de poderem dizer: Eu quis ver e não vi nada. Eles não compreendem que seja preciso mais de meia hora para se conscientizar de toda uma ciência. – 2) Os que sabendo muito bem em que se apoiar sobre a realidade dos fatos, os combatem, contudo, por motivos de interesse pessoal. Para eles, o Espiritismo existe, mas têm medo de suas consequências, e o atacam como um inimigo. – 3) Os que encontram na moral espírita uma censura muito severa de seus atos ou de suas tendências. O Espiritismo, tomado a sério, os embaraçaria. Eles não rejeitam nem aprovam: preferem fechar os olhos. Os primeiros são solicitados pelo orgulho e pela presunção; os segundos, pela ambição, e os terceiros, pelo egoísmo. Concebe-se que essas causas de oposição, não tendo nada de sólidas, devem desaparecer com o tempo, porque em vão procuraríamos uma quarta classe de antagonistas, a que se apoiasse sobre provas contrárias patentes e atestando um estudo consciencioso e laborioso da questão. Todos não opõem senão a negação, nenhum traz demonstração séria e irrefutável.

Seria presumir demasiado da natureza humana crer que ela pudesse se transformar subitamente pelas ideias espíritas. Sua ação não é, seguramente, a mesma, nem do mesmo grau, entre todos aqueles que as professam; mas qualquer que seja o resultado, mesmo fraco, é sempre um progresso, mesmo seja apenas o de dar a prova da existência de um mundo extracorpóreo, o que implica na negação das doutrinas materialistas. Isto é a consequência mesma da observação dos fatos. Mas entre os que compreendem o Espiritismo filosófico e nele veem outra coisa além dos fenômenos mais ou menos curiosos, há outros efeitos. O primeiro, e o mais geral, é desenvolver o sentimento religioso naquele mesmo que, sem ser materialista, não tem senão indiferença pelas coisas espirituais. Disso resulta nele o desprezo pela morte; não dizemos o desejo da morte, longe disso, porque o espírita defenderá sua vida como qualquer outro, mas uma indiferença que faz aceitar, sem murmurar e sem desgosto, uma morte inevitável, como uma coisa antes feliz que terrível, pela certeza do estado que lhe sobrevirá. O segundo efeito, quase tão geral como o primeiro, é a resignação nas vicissitudes da vida. O Espiritismo faz ver as coisas de tão alto, que a vida terrena, perdendo três quartas partes de sua importância, não aflige tanto com as atribulações que a acompanham: daí mais coragem nas aflições, mais moderação nos desejos; daí também o afastamento do pensamento de abreviar seus dias, porque a ciência espírita ensina que, pelo suicídio, perde-se sempre o que se queria ganhar. A certeza de um futuro que depende de nós mesmos tornar feliz, a possibilidade de estabelecer contato com os seres que nos são caros, oferecem ao espírita uma suprema consolação. Seu horizonte aumenta ao infinito pelo espetáculo incessante que ele tem da vida de além-túmulo, da qual pode sondar as misteriosas profundezas. O terceiro efeito é excitar à indulgência pelas faltas alheias. Mas é necessário dizê-lo, o princípio egoísta, e tudo o que dele decorre, é o que há de mais tenaz no homem e, por conseguinte, o mais difícil de desarraigar-se. Fazem-se sacrifícios voluntários desde que nada custem e, sobretudo, de nada privem. O dinheiro tem ainda, para a maioria, um atrativo irresistível, e bem poucos compreendem a palavra supérfluo, quando se trata de sua pessoa. Por isso, a abnegação da personalidade é o mais eminente sinal de progresso.

VIII

Os Espíritos, dizem certas pessoas, ensinam-nos uma moral nova, alguma coisa superior à do Cristo? Se essa moral não é outra senão a do Evangelho, por que o Espiritismo? Esse raciocínio se assemelha singularmente ao do califa Omar falando da biblioteca de Alexandria: "Se ela não contém, disse, senão o que há no Alcorão, é inútil, portanto, é preciso queimá-la; se ela encerra outra coisa, é má, portanto, é preciso ainda queimá-la". Não, o Espiritismo não encerra uma moral diferente da de Jesus; mas perguntaremos, por nossa vez, se antes de Cristo os homens não tinham a lei dada por Deus a Moisés? Sua doutrina não se encontra no Decálogo? Dir-se-á, por isso, que a moral de Jesus era inútil? Perguntaremos ainda àqueles que negam a utilidade da moral espírita, por que a do Cristo é tão pouco praticada e por que estes mesmos que lhe proclamam, a justo título, a sublimidade, são os primeiros a violar a primeira de suas leis: *a caridade universal?* Os Espíritos vêm não somente confirmá-la, mas nos mostram sua utilidade prática. Eles tornam inteligíveis e patentes verdades que não haviam sido ensinadas senão sob a forma alegórica e, ao lado da moral, vêm definir os problemas mais abstratos da psicologia.

Jesus veio mostrar aos homens o caminho do verdadeiro bem. Por que Deus, que o havia enviado para lembrar sua lei esquecida, não enviaria hoje os Espíritos para lembrá-la de novo e com mais precisão, quando a esquecem, para tudo sacrificar ao orgulho e à cupidez? Quem ousaria pôr limites ao poder de Deus e traçar-lhe seus caminhos? Quem diz que, como afirmam os Espíritos, os tempos preditos não estão cumpridos e que não atingimos aqueles em que as verdades mal compreendidas ou falsamente interpretadas devem ser ostensivamente reveladas ao gênero humano para apressar seu progresso? Não há alguma coisa de providencial nessas manifestações que se produzem simultaneamente sobre todos os pontos do globo? Não é um só homem, um profeta, que vem nos advertir, é a luz que surgiu de toda a parte, é todo um mundo novo que se desenrola aos nossos olhos. Como a invenção do microscópio nos descobriu o mundo dos infinitamente pequenos, que não suspeitávamos; como o telescópio nos descobriu os milhares de mundos que não suspeitávamos mais, as comunicações espíritas nos revelam o mundo invisível que nos cerca, que nos acotovela sem cessar e, sem que o saibamos, toma parte em tudo o que fazemos. Algum tempo ainda e a existência desse mundo, que é o que nos espera, será também incontestável como a do mundo microscópico e dos globos perdidos no espaço. Portanto, não é nada nos ter feito conhecer todo um mundo? E nos ter iniciado nos mistérios da vida de além-túmulo? É verdade que essas descobertas, se lhes pode dar esse nome, contrariam um pouco certas ideias firmadas; mas todas as grandes descobertas científicas igualmente não modificaram, transtornaram, mesmo as ideias mais acreditadas, e não foi necessário que o nosso amor-próprio se curvasse diante da evidência?

Ocorrerá o mesmo com respeito ao Espiritismo e, dentro em pouco, ele terá direito de cidadania entre os conhecimentos humanos.

As comunicações com os seres de além-túmulo tiveram por resultado fazer-nos compreender a vida futura, de fazer-nos vê-la, de admitirmos as penas e os gozos que nela nos esperam segundo nossos méritos, e por isso mesmo de reconduzir ao *espiritualismo* aqueles que não viam em nós senão a matéria, uma máquina organizada. Por isso, tivemos razão em dizer que o Espiritismo matou o materialismo pelos fatos. Não tivesse produzido senão esse resultado, e a sociedade lhe deveria reconhecimento; mas ele faz mais: mostra os inevitáveis efeitos do mal e, por conseguinte, a necessidade do bem. O número daqueles que ele reconduziu a sentimentos melhores, dos quais neutralizou as más tendências e desviou do mal, é maior do que se crê e aumenta todos os dias. É que para eles o futuro não é mais incerto, não é uma simples esperança, é uma verdade que se compreende, que se explica, quando se *veem* e quando se *ouvem,* aqueles que nos deixaram, lamentar-se ou felicitar-se do que fizeram sobre a Terra. Quem disso é testemunha, reflete e sente a necessidade de se conhecer, de se julgar e de se corrigir.

IX

Os adversários do Espiritismo não deixaram de se armar contra ele com algumas divergências de opiniões sobre certos pontos da doutrina. Não é de admirar que, no início de uma ciência, quando as observações são ainda incompletas e cada um a examina sob seu ponto de vista, sistemas contraditórios pudessem se produzir. Mas já três quartos desses sistemas estão, hoje, tombados diante de um estudo mais aprofundado, a começar por aquele que atribuía todas as comunicações ao Espírito do mal, como se tivesse sido impossível a Deus enviar, aos homens, os bons Espíritos: doutrina absurda, porque é desmentida pelos fatos; ímpia, porque é a negação do poder da bondade do Criador. Os Espíritos sempre nos disseram para não nos inquietarmos com essas divergências, e que a unidade se faria: ora, a unidade já está feita sobre a maioria dos pontos e as divergências tendem, a cada dia, a apagar-se. A esta questão: Até que a unidade se faça, sobre o que o homem imparcial e desinteressado pode se basear para ajuizar? Eis a sua resposta:

"A luz mais pura não é obscurecida por nenhuma nuvem; o diamante sem mancha é o que tem maior valor; portanto, julgai os Espíritos pela pureza dos seus ensinamentos. Não vos esqueçais de que, entre os Espíritos, há os que não puderam ainda se despojar das ideias da vida terrestre; sabei distingui-los pela sua linguagem; julgai-os pelo conjunto do que vos dizem; vede se há encadeamento lógico em suas ideias; se nada neles revela ignorância, orgulho ou malevolência; numa palavra, se suas palavras estão sempre marcadas com o selo da sabedoria, que revela a verdadeira superioridade. Se o vosso mundo fosse inacessível ao erro, seria perfeito, e ele está longe disso; estais ainda aprendendo a distinguir o erro da verdade e necessitais das lições da experiência para o exercício do vosso julgamento e fazer-vos avançar. A unidade se fará do lado em que o bem jamais se misturou ao mal; é, desse lado, que os homens se reunirão pela força das coisas, porque eles julgarão que lá se encontra a verdade.

Que importam, aliás, algumas dissidências que estão mais na forma que no fundo! Observai que os princípios fundamentais são os mesmos por toda parte e devem vos unir num pensamento comum: o amor de Deus e a prática do bem. Quaisquer que sejam, portanto, o modo de progressão que se admita ou as condições normais da existência futura, o objetivo final é o mesmo: fazer o bem; ora, não há duas maneiras de fazê-lo."

Se entre os adeptos do Espiritismo há os que diferem de opinião sobre quaisquer pontos da teoria, todos concordam sobre os pontos fundamentais. Portanto, há unidade, senão da parte daqueles, em muito pequeno número, que não admitem ainda a intervenção dos Espíritos nas manifestações e que as atribuem, ou a causas puramente físicas – o que é contrário a este axioma: todo efeito inteligente deve ter uma causa inteligente – ou ao reflexo de nosso pensamento, o que é desmentido pelos fatos. Os outros pontos não são senão secundários e não atingem em nada as bases fundamentais. Pode, pois, haver escolas que procurem se esclarecer sobre as partes ainda controvertidas da ciência; não deve haver seitas rivais uma das outras. Não haveria antagonismo senão entre aqueles que querem o bem e aqueles que fariam ou desejariam o mal; ora, não há um espírita sincero e compenetrado das grandes máximas morais ensinadas pelos Espíritos, que pudesse querer o mal, nem desejar o mal do próximo, sem distinção de opinião. Se um deles está no erro, a luz, cedo ou tarde, se fará para ele, se a procura de boa fé, sem prevenção. À espera disso, todos têm um laço comum que os deve unir num mesmo pensamento; todos têm um mesmo objetivo; pouco importa, pois, o caminho, contanto que esse caminho a ela conduza. Nenhuma deve se impor pelo constrangimento material ou moral, e só esta estaria no erro se lançasse anátema sobre a outra, porque agiria, evidentemente, sob a influência dos maus Espíritos. A razão deve ser o supremo argumento, e a moderação assegurará melhor o triunfo da verdade do que a crítica envenenada pela inveja e pelo ciúme. Os bons Espíritos não pregam senão a união e o amor ao próximo e jamais um pensamento malévolo ou contrário à caridade pode ter vindo de uma fonte pura. Ouçamos, sobre esse assunto e, para terminar, os conselhos do Espírito de Santo Agostinho.

"Por muito tempo, os homens têm se dilacerado mutuamente e anatematizado em nome de um Deus de paz e de misericórdia, ofendendo-o com tal sacrilégio. O Espiritismo é o laço que os unirá um dia, porque lhes mostrará onde está a verdade e onde está o erro. Mas haverá por muito tempo ainda escribas e fariseus que o negarão, como negaram o Cristo. Quereis saber, pois, sob a influência de quais Espíritos estão as diversas seitas que entre si dividem o mundo? Julgai-as pelas suas obras e pelos seus princípios. Jamais os bons Espíritos foram os instigadores do mal; jamais aconselharam ou legitimaram o homicídio e a violência; jamais excitaram os ódios dos partidos nem a sede de riquezas e de honras, nem a avidez dos bens da Terra. Só aqueles que são bons, humanos e benevolentes para com todos, são os seus preferidos e são também os preferidos de Jesus, porque seguem o caminho que lhes indicou para chegarem até ele."

SANTO AGOSTINHO

O Evangelho Segundo o Espiritismo

ALLAN KARDEC

A EXPLICAÇÃO DAS MÁXIMAS MORAIS do Cristo em concordância com o Espiritismo e sua aplicação às diversas circunstâncias da vida.

Não há fé inabalável senão aquela que pode encarar a razão face a face, em todas as épocas da Humanidade.

Prefácio

Os Espíritos do Senhor, que são as virtudes dos céus, como um imenso exército que se movimenta desde que dele recebeu o comando, espalham-se sobre toda a superfície da Terra; semelhantes às estrelas cadentes, vêm iluminar o caminho e abrir os olhos aos cegos.

Eu vos digo, em verdade, são chegados os tempos em que todas as coisas devem ser restabelecidas em seu sentido verdadeiro para dissipar as trevas, confundir os orgulhosos e glorificar os justos.

As grandes vozes do céu ressoam como o som da trombeta, e os coros dos anjos se reúnem. Homens, nós vos convidamos ao concerto divino; que vossas mãos tomem a lira; que vossas vozes se unam e que num hino sagrado se estendam e vibrem de uma extremidade a outra do Universo.

Homens, irmãos a quem amamos, estamos junto de vós; amai-vos também uns aos outros e dizei do fundo do vosso coração, fazendo as vontades do Pai que está no céu: "Senhor! Senhor!" e podereis entrar no reino dos céus.

O Espírito de Verdade

NOTA. – A instrução acima, transmitida por via mediúnica, resume a uma só vez o verdadeiro caráter do Espiritismo e o objetivo desta obra; por isso, ela está colocada aqui como prefácio.

Introdução

I - Objetivo desta obra

Podem dividir-se as matérias contidas nos Evangelhos em cinco partes: *os atos comuns da vida do Cristo, os milagres, as profecias, as palavras que serviram para o estabelecimento dos dogmas da Igreja e o ensinamento moral.* Se as quatro primeiras partes foram objeto de controvérsias, a última se manteve inatacável. Diante desse código divino a própria incredulidade se inclina; é o terreno onde todos os cultos podem se reencontrar, a bandeira sob a qual todos podem se abrigar, quaisquer que sejam suas crenças, porque jamais foi objeto de disputas religiosas, sempre e por toda parte levantadas pelas questões de dogma; aliás, discutindo-as, as seitas encontrariam aí sua própria condenação, porque a maioria está mais interessada na parte mística do que na parte moral, que exige a reforma de si mesmo. Para os homens, em particular, é uma regra de conduta abrangendo todas as circunstâncias da vida, privada ou pública, o princípio de todas as relações sociais fundadas sobre a mais rigorosa justiça; é, enfim, e acima de tudo, o caminho infalível da felicidade esperada, um canto do véu levantado sobre a vida futura. É esta parte o objeto exclusivo desta obra.

Todo o mundo admira a moral evangélica; cada um lhe proclama a sublimidade e a necessidade, mas muitos o fazem confiantes, sobre o que dela ouviram dizer ou sobre a fé originada de algumas máximas que se tornaram proverbiais; mas poucos a conhecem a fundo, menos ainda a compreendem e sabem deduzir suas consequências. A razão disso está, em grande parte, na dificuldade que apresenta a leitura do Evangelho, ininteligível para a maioria. A forma alegórica, o misticismo intencional da linguagem, fazem com que a maioria o leia por desencargo de consciência e por dever, como leem as preces sem compreendê-las, quer dizer, infrutiferamente. Os preceitos de moral disseminados aqui e ali, confundidos na massa de outras narrações, passam desapercebidos; torna-se, então, impossível compreender-lhe o conjunto e fazê-lo objeto de leitura e de meditação em separado.

Foram feitos, é verdade, tratados de moral evangélica, mas a adaptação ao estilo literário moderno lhes rouba a ingenuidade primitiva, que lhes dá, ao mesmo tempo, o encanto e a autenticidade. Ocorre o mesmo com as máximas isoladas, reduzidas à sua mais simples expressão proverbial; não são mais, então, que aforismos que perdem uma parte do seu valor e do seu interesse, pela ausência dos acessórios e das circunstâncias nas quais foram dadas.

Para evitar esses inconvenientes, reunimos nesta obra os artigos que podem constituir, propriamente falando, um código de moral universal, sem distinção de culto. Nas citações, conservamos tudo o que era útil ao desenvolvimento do pensamento, não eliminando senão as coisas estranhas ao assunto. Por outro lado, respeitamos escrupulosamente a tradução original de Sacy, assim como a divisão por versículos. Mas em lugar de nos prender a uma ordem cronológica impossível e sem vantagem real em semelhante assunto, as máximas foram agrupadas e classificadas metodicamente segundo sua natureza, de maneira que elas se deduzam, tanto quanto possível, umas das outras. A chamada dos números de ordem dos capítulos e dos versículos permite recorrer à classificação vulgar, julgando-se oportuno.

Não haveria aí senão um trabalho material que, por si só, não teria sido senão de uma utilidade secundária; o essencial era pô-lo ao alcance de todos, pela explicação das passagens obscuras e o desenvolvimento de todas as consequências, tendo em vista a aplicação às diferentes posições da vida. Foi o que tentamos fazer com a ajuda dos bons Espíritos que nos assistem.

Muitos pontos do Evangelho, da Bíblia e dos autores sagrados em geral não são inteligíveis, muitos mesmo não parecem racionais, pela falta de uma chave para compreender-lhes o verdadeiro sentido; essa chave está inteiramente no Espiritismo, como já se convenceram aqueles que o estudaram seriamente, e como ainda o reconhecerão melhor mais tarde. O Espiritismo se encontra por toda parte na Antiguidade e em todas as épocas da Humanidade; por toda parte, encontram-se seus vestígios nos escritos, nas crenças e sobre os monumentos; é por isso que, se ele abre horizontes novos para o futuro, derrama luz não menos viva sobre os mistérios do passado.

Como complemento de cada preceito, ajuntamos algumas instruções escolhidas entre as que foram ditadas pelos Espíritos, em diversos países, e por intermédio de diferentes médiuns. Se essas instruções tivessem saído de uma fonte única, elas teriam podido sofrer uma influência pessoal ou do meio, ao passo que a diversidade de origens prova que os Espíritos dão seus ensinamentos por toda parte, e que não há ninguém privilegiado a esse respeito (1).

Esta obra é para uso de todos; cada um nela pode achar os meios de conformar sua conduta à moral do Cristo. Os espíritas nela encontrarão, por outro lado, as aplicações que lhes concernem mais especialmente. Graças às comunicações estabelecidas, de hoje em diante de um modo permanente, entre os homens e o mundo invisível, a lei evangélica, ensinada a todas as nações pelos próprios Espíritos, não será mais letra morta, porque cada um a compreenderá e será incessantemente solicitado em praticá-la pelos conselhos dos seus guias espirituais. As instruções dos Espíritos são verdadeiramente as *vozes do céu* que vêm esclarecer os homens e convidá-los *à prática do Evangelho.*

II - Autoridade da Doutrina Espírita

Controle universal do ensinamento dos Espíritos

Se a Doutrina Espírita fosse uma concepção puramente humana, ela não teria por garantia senão as luzes daquele que a tivesse concebido; ora, ninguém neste mundo teria a pretensão fundada de possuir só para si a verdade absoluta. Se os Espíritos que a revelaram tivessem se manifestado a um único homem, nada lhe garantiria a origem, porque seria preciso crer sobre a palavra de quem dissesse ter recebido seus ensinamentos. Admitindo uma perfeita sinceridade da sua parte, quando muito, poderia convencer as pessoas do seu meio; poderia ter seus seguidores, mas não chegaria jamais a reunir a todos.

Deus quis que a nova revelação chegasse aos homens por uma via mais

---

(1) – Poderíamos, sem dúvida, dar, sobre cada assunto, um maior número de comunicações obtidas numa multidão de outras cidades e centros espíritas, além das que citamos, mas quisemos, antes de tudo, evitar a monotonia das repetições inúteis e limitar nossa escolha às que, pelo fundo e pela forma, entrassem mais especialmente no quadro desta obra, reservando para as publicações ulteriores aquelas que não puderam achar lugar aqui.

Quanto aos médiuns, abstivemo-nos de nomeá-los; para a maioria, não foram designados a seu pedido e, por conseguinte, não convinha fazer exceções. Aliás, os nomes dos médiuns não teriam acrescentado nenhum valor à obra dos Espíritos; não seria, pois, senão uma satisfação do amor-próprio, à qual os médiuns verdadeiramente sérios não se prendem de modo algum, pois compreendem que seu papel, sendo puramente passivo, o valor das comunicações não realça em nada seu mérito pessoal, e que seria pueril se envaidecer de um trabalho de inteligência ao qual não se presta senão um concurso mecânico.

rápida e mais autêntica e, por isso, encarregou os Espíritos de irem levá-la de um polo a outro, manifestando-se por toda parte, sem dar a ninguém o privilégio exclusivo de ouvir sua palavra. Um homem pode ser enganado, pode enganar a si mesmo, mas isso não ocorreria quando milhões veem e ouvem a mesma coisa: é uma garantia para cada um e para todos. Aliás, pode-se fazer desaparecer um homem, mas não se pode fazer desaparecerem as massas; podem-se queimar os livros, mas não se podem queimar os Espíritos; ora, queimem-se todos os livros, e a fonte da doutrina não seria, por isso, menos inesgotável, pelo fato mesmo de que ela não está na Terra, mas surge de toda parte, e cada um a pode haurir. Na falta dos homens para propagá-la, haverá sempre os Espíritos, que alcançam todo o mundo e que ninguém pode atingir.

São, pois, os próprios Espíritos, em realidade, que fazem a propaganda, com a ajuda dos inumeráveis médiuns que eles suscitam de todos os lados. Se não tivesse havido senão um intérprete único, por mais favorecido que fosse, o Espiritismo seria mal conhecido; o próprio intérprete, a qualquer classe que pertencesse, teria sido objeto de prevenções da parte de muitas pessoas; todas as nações não o teriam aceitado, ao passo que os Espíritos, comunicando-se por toda a parte, a todos os povos, a todas as seitas e a todos os partidos, são aceitos por todos. O Espiritismo não tem nacionalidade, está fora de todos os cultos particulares e não foi imposto por nenhuma classe social, uma vez que cada um pode receber instruções de seus parentes e de seus amigos de além-túmulo. Era preciso que fosse assim para que se pudessem chamar todos os homens à fraternidade; se não tivesse se colocado sobre um terreno neutro, ele teria mantido as dissensões ao invés de apaziguá-las.

Esta universalidade no ensinamento dos Espíritos faz a força do Espiritismo e é também a causa da sua propagação tão rápida; ao passo que a voz de um único homem, mesmo com o socorro da imprensa, empregaria séculos antes de chegar ao ouvido de todos, eis que milhares de vozes se fazem ouvir simultaneamente sobre todos os pontos da Terra, para proclamar os mesmos princípios e transmiti-los aos mais ignorantes e aos mais sábios a fim de que ninguém seja deserdado. É uma vantagem da qual não gozou nenhuma das doutrinas que surgiram até hoje. Se, pois, o Espiritismo é uma verdade, ele não teme nem a má vontade dos homens, nem as revoluções morais, nem as comoções físicas do globo, porque nenhuma dessas coisas pode atingir os Espíritos.

Mas esta não é a única vantagem que resulta dessa posição excepcional; o Espiritismo aí encontra uma garantia poderosa contra os cismas que poderiam suscitar, seja pela ambição de alguns, seja pelas contradições de certos Espíritos. Essas contradições são, seguramente, um escolho, mas que levam em si o remédio ao lado do mal.

Sabe-se que os Espíritos, em consequência da diferença que existe em suas capacidades, estão longe de, individualmente, estarem na posse de toda a verdade; que não é dado a todos penetrarem certos mistérios; que seu saber é proporcional à sua depuração; que os Espíritos vulgares não sabem mais que os homens e menos que certos homens; que há entre eles, como entre estes últimos, presunçosos e pseudossábios que creem saber o que não sabem, e sistemáticos, que tomam suas ideias pela verdade; enfim, que os Espíritos de ordem mais elevada, aqueles que estão completamente desmaterializados, são os únicos despojados das ideias e preconceitos terrestres; mas sabe-se também que os Espíritos enganadores não têm escrúpulos em se abrigarem sob nomes que tomam emprestado, para fazerem aceitar suas utopias. Disso resulta que, para tudo o que está fora do ensinamento exclusivamente moral, as revelações, que cada um pode obter, têm um caráter individual, sem autenticidade; que elas devem ser consideradas como opiniões pessoais de tal ou tal Espírito, e que haveria imprudência em aceitá-las e promulgá-las levianamente como verdades absolutas.

O primeiro controle é, sem contradita, o da razão, ao qual é preciso submeter, sem exceção, tudo o que vem dos Espíritos; toda teoria manifesta em contradição com o bom senso, com uma lógica rigorosa e com os dados positivos que se possui, mesmo que esteja assinada com respeitável nome, deve ser rejeitada. Mas esse controle é incompleto em muitos casos, em consequência da insuficiência de luzes de certas pessoas, e da tendência de muitos em tomar seu próprio julgamento por único árbitro da verdade. Em semelhante caso, que fazem os homens que não têm em si mesmos uma confiança absoluta? Eles tomam o conselho de maior número, e a opinião da maioria é seu guia. Assim deve ser com respeito ao ensinamento dos Espíritos, que nos fornecem, eles mesmos, os meios de controle.

A concordância no ensinamento dos Espíritos é, pois, o melhor controle, mas é preciso ainda que ela ocorra em certas condições. A menos segura de todas é quando o próprio médium interroga vários Espíritos sobre um ponto duvidoso; é bem evidente que, se está sob o império de uma obsessão ou se relaciona com um Espírito enganador, esse Espírito pode lhe dizer a mesma coisa sob nomes diferentes. Não há uma garantia suficiente na conformidade que se pode obter pelos médiuns de um único centro, porque eles podem sofrer a mesma influência.

A garantia única, séria, do ensinamento dos Espíritos está na concordância que existe entre as revelações feitas, espontaneamente, por intermédio de um grande número de médiuns, estranhos uns aos outros, e em diversos lugares.

Concebe-se que não se trata aqui de comunicações relativas a interesses secundários, mas das que se prendem aos próprios princípios da doutrina. A experiência prova que, quando um princípio novo deve receber sua solução, ele é ensinado espontaneamente sobre diferentes pontos ao mesmo tempo e de maneira idêntica, se não quanto à forma, pelo menos quanto ao fundo. Se, pois, apraz a um Espírito formular um sistema excêntrico, baseado sobre suas próprias ideias e fora da verdade, pode-se estar certo que esse sistema ficará *circunscrito* e cairá diante da unanimidade das instruções dadas por toda parte, alhures, como já se tem disso vários exemplos. Foi esta unanimidade que fez cair todos os sistemas parciais que despontaram na origem do Espiritismo, quando cada um explicava os fenômenos à sua maneira, e antes que se conhecessem as leis que regem as relações do mundo visível e do mundo invisível.

Tal é a base sobre a qual nos apoiamos quando formulamos um princípio da doutrina; não é porque está de acordo com as nossas ideias que o damos como verdadeiro; não nos colocamos, de modo algum, como árbitro supremo da verdade e não dizemos a ninguém: "crede em tal coisa, porque nós vo-la dizemos". Nossa opinião não é, aos nossos próprios olhos, senão uma opinião pessoal que pode ser justa ou falsa, porque não somos mais infalíveis que um outro. Não é porque um princípio nos é ensinado que ele é para nós a verdade, mas porque recebeu a sanção da concordância.

Na nossa posição, recebendo as comunicações de perto de mil centros espíritas sérios, disseminados sobre os diversos pontos do globo, estamos em condições de ver os princípios sobre os quais essa concordância se estabelece; é esta observação que nos tem guiado até hoje e é, igualmente, a que nos guiará nos novos campos a que o Espiritismo está chamado a explorar. É assim que, estudando atentamente as comunicações chegadas de diversas partes, tanto da França como do exterior, reconhecemos, na natureza toda especial das revelações, que há tendência para entrar em um novo caminho, e que é chegado o momento de dar um passo à frente. Essas revelações, por vezes feitas com palavras veladas, frequentemente, passaram desapercebidas para muitos daqueles que as obtiveram; muitos outros acreditaram tê-las com exclusividade. Tomadas isoladamente, para nós seriam sem valor; só a coincidência lhes dá gravidade; depois, quando é chegado o momento de liberá-las à luz da publicidade, cada um, então, lembra-se de ter recebido instruções no mesmo sentido. É este o movimento geral que observamos, que estudamos, com a assistência dos nossos guias espirituais, e que nos ajuda a julgar da oportunidade para fazermos uma coisa ou dela nos abstermos.

Este controle universal é uma garantia para a unidade futura do Espiritismo e anulará todas as teorias contraditórias. É nele que, no futuro, procurar-se-á o critério da verdade. O que fez o sucesso da doutrina formulada em *O Livro dos Espíritos* e em *O Livro dos Médiuns* foi que, por toda parte, cada um pôde receber, diretamente dos Espíritos, a confirmação do que eles contêm. Se, de todas as partes, os Espíritos tivessem vindo contradizê-los, esses livros teriam, depois de tanto tempo, suportado a sorte de todas as concepções fantásticas. O próprio apoio da imprensa não os teria salvo do naufrágio, ao passo que, privados desse apoio, não tiveram um caminho menos rápido, porque tiveram o apoio dos Espíritos, cuja boa vontade compensou, em muito, a má vontade dos homens. Assim o será com todas as ideias emanadas dos Espíritos ou de homens que não puderem suportar a prova deste controle, do qual ninguém pode contestar o poder.

Suponhamos, pois, que alegrasse a certos Espíritos ditar, sob um título qualquer, um livro em sentido contrário; suponhamos mesmo que, numa intenção hostil e com objetivo de desacreditar a doutrina, a malevolência suscitasse comunicações apócrifas; que influência poderiam ter esses escritos se são desmentidos, de todos os lados, pelos Espíritos? É da adesão destes últimos que seria preciso se assegurar, antes de lançar um sistema em seu nome. Do sistema de um só ao de todos, há a distância da unidade ao infinito. Que podem mesmo todos os argumentos dos detratores sobre a opinião das massas, quando milhões de vozes amigas, partidas do espaço, vêm de todos os cantos do Universo, e no seio de cada família os atacam vivamente? A experiência, sob esse aspecto, já não confirmou a teoria? Em que se tornaram todas essas publicações que deviam, supostamente, aniquilar o Espiritismo? Qual aquela que apenas lhe deteve a marcha? Até hoje, não se tinha encarado a questão sob este ponto de vista, um dos mais graves, sem contradita; cada um contou consigo mesmo, mas sem contar com os Espíritos.

O princípio da concordância é ainda uma garantia contra as alterações que as seitas poderiam infligir ao Espiritismo porque gostariam de se apoderar dele em seu proveito e acomodá-lo à sua maneira. Quem tentasse desviá-lo do seu objetivo providencial, fracassaria, pela simples razão de que os Espíritos, pela universalidade de seu ensinamento, farão cair toda modificação que se afaste da verdade.

Resulta de tudo isso uma verdade capital: é que quem quisesse se colocar contra a corrente de ideias, estabelecidas e sancionadas, poderia causar uma pequena perturbação local e momentânea, mas jamais dominar o conjunto, mesmo no presente, e ainda menos no futuro.

Disso resulta mais: que as instruções dadas pelos Espíritos sobre os pontos da doutrina ainda não elucidados, não seriam lei, porquanto ficariam isoladas; que elas não devem, por conseguinte, ser aceitas senão com todas as reservas e a título de informação.

Daí a necessidade de se ter, na sua publicação, a maior prudência, e, no caso em que se acreditasse dever publicá-las, importaria não as apresentar senão como opiniões individuais, mais ou menos prováveis, mas tendo, em todos os casos, necessidade de confirmação. É esta confirmação que se precisa alcançar antes de se apresentar um princípio como verdade absoluta, se não se quer ser acusado de leviandade ou de credulidade irrefletida.

Os Espíritos superiores procedem nas suas revelações com uma extrema sabedoria; eles não abordam as grandes questões da doutrina senão gradualmente, à medida que a inteligência está apta a compreender verdades de uma ordem mais elevada, e que as circunstâncias são propícias para a emissão de uma ideia nova. É por isso que, desde o princípio, eles não disseram tudo e não disseram tudo ainda hoje, não cedendo jamais à impaciência de pessoas apressadas que querem colher os frutos antes de amadurecidos. Seria, pois, supérfluo querer antecipar o tempo assinalado para cada coisa pela Providência, porque, então, os Espíritos verdadeiramente sérios recusariam positivamente seu concurso; mas os Espíritos levianos, pouco se incomodando com a verdade, respondem a tudo; é por essa razão que, sobre todas as questões prematuras, há sempre respostas contraditórias.

Os princípios acima não são o resultado de uma teoria pessoal, mas a consequência inevitável das condições nas quais os Espíritos se manifestam. É evidente que se um Espírito diz uma coisa de um lado, enquanto que milhões de Espíritos dizem o contrário alhures, a presunção da verdade não pode estar com aquele que está só ou quase só na sua opinião; ora, pretender ter razão sozinho contra todos, seria tão ilógico da parte de um Espírito, como da parte dos homens. Os Espíritos, verdadeiramente sábios, se não se sentem suficientemente esclarecidos sobre uma questão, não a decidem *jamais* de um modo absoluto; eles declaram não tratá-la senão sob seu ponto de vista e aconselham esperar sua confirmação.

Por grande, bela e justa que seja uma ideia, é impossível que ela reúna, desde o princípio, todas as opiniões. Os conflitos que dela resultam são a consequência inevitável do movimento que se opera; são mesmo necessários para melhor fazer ressaltar a verdade e é útil que eles ocorram no princípio para que as ideias falsas sejam mais prontamente desgastadas. Os espíritas que nisso concebessem alguns temores devem estar, pois, tranquilizados. Todas as pretensões isoladas cairão, pela força das coisas, diante do grande e poderoso critério do controle universal.

Não é à opinião de um homem que se deverá aliar, mas à voz unânime dos Espíritos; não é um homem, *não mais nós que um outro,* que fundará a ortodoxia espírita; não é, tampouco, um Espírito vindo se impor a quem quer que seja; é a universalidade dos Espíritos comunicando-se sobre toda a Terra por ordem de Deus; aí está o caráter essencial da doutrina espírita, sua força e sua autoridade. Deus quis que sua lei fosse assentada sobre uma base inabalável, por isso não a fez repousar sobre a cabeça frágil de um único homem.

É diante desse poderoso areópago, que não conhece nem os conciliábulos, nem as rivalidades invejosas, nem as seitas, nem as nações, que virão se quebrar todas as oposições, todas as ambições, todas as pretensões à supremacia individual; *que nós mesmos nos destruiríamos se quiséssemos substituir esses decretos soberanos pelas nossas próprias ideias;* só ele decidirá todas as questões litigiosas, fará calar as dissidências e dará razão, ou não, a quem de direito. Diante desse imponente acordo de todas *as vozes do céu,* que pode a opinião de um homem ou de um Espírito? Menos que a gota d'água que se confunde no oceano, menos que a voz da criança, abafada pela tempestade.

A opinião universal, eis, pois, o juiz supremo, aquele que pronuncia em última instância; ela se forma de todas as opiniões individuais; se uma delas é verdadeira, não tem senão seu peso relativo na balança; se é falsa, não pode se impor sobre todas as outras. Nesse imenso concurso, as individualidades se apagam, e está aí um novo revés para o orgulho humano.

Esse conjunto harmonioso já se desenha; ora, este século não passará sem que resplandeça com todo o seu brilho, de maneira a dissipar todas as incertezas, porque, até lá, vozes poderosas terão recebido missão de se fazerem ouvir para reunir os homens sob a mesma bandeira, desde que o campo esteja suficientemente lavrado. À espera disso, aquele que flutuasse entre dois sistemas opostos poderia observar em que sentido se forma a opinião geral: é o indício certo do sentido no qual se pronuncia a maioria dos Espíritos sobre os diversos pontos onde eles se comuniquem; é um sinal não menos certo daquele dos dois sistemas que dominará.

III - Notícias históricas

Para bem compreender certas passagens dos Evangelhos, é necessário conhecer o valor de várias palavras que nele são empregadas com frequência e que caracterizam o estado dos costumes e da sociedade judaica dessa época. Essas palavras, não tendo para nós o mesmo sentido, frequentemente foram mal interpretadas e, por isso mesmo, deixaram uma espécie de incerteza. A compreensão do seu significado explica, por outro lado, o sentido verdadeiro de certas máximas que parecem estranhas à primeira vista.

SAMARITANOS. Depois do cisma das dez tribos, Samaria se tornou a capital do reino dissidente de Israel. Destruída e reconstruída por várias vezes, ela foi, sob os Romanos, a sede da Samaria, uma das quatro divisões da Palestina. Herodes, dito o Grande, embelezou-a, com suntuosos monumentos e, para agradar Augusto, deu-lhe o nome de *Augusta*, em grego *Sébaste*.

Os Samaritanos estiveram, quase sempre, em guerra com os reis de Judá; uma aversão profunda, datando da separação, perpetuou-se entre os dois povos, que afastavam todas as relações recíprocas. Os Samaritanos, para tornar a cisão mais profunda e não ter que ir a Jerusalém na celebração das festas religiosas, construíram um templo particular e adotaram certas reformas. Eles não admitiam senão o Pentateuco contendo a lei de Moisés, rejeitando todos os livros que lhe foram anexados depois. Seus livros sagrados eram escritos em caracteres hebreus da mais alta antiguidade. Aos olhos dos Judeus ortodoxos, eles eram heréticos e, por isso mesmo, desprezados, anatematizados e perseguidos. O antagonismo das duas nações tinha, pois, por único princípio a divergência das opiniões religiosas, embora suas crenças tivessem a mesma origem; eram os *Protestantes* daquela época.

Encontram-se, ainda hoje, Samaritanos em algumas regiões do Levante, particularmente, em Naplouse e Jaffa. Eles observam a lei de Moisés com mais rigor que os outros Judeus, e não contraem aliança senão entre eles.

NAZARENOS. Nome dado, na antiga lei, aos Judeus que faziam voto, seja pela vida, seja por um tempo, de conservar uma pureza perfeita. Eles se obrigavam à castidade, à abstinência de álcool e à conservação da sua cabeleira. Sansão, Samuel e João Batista eram Nazarenos.

Mais tarde, os Judeus deram esse nome aos primeiros cristãos por alusão a Jesus de Nazaré.

Este foi também o nome de uma seita herética dos primeiros séculos da era cristã que, da mesma forma que os Ebionitas, dos quais ela adotava certos princípios, misturava as práticas do Mosaísmo com os dogmas cristãos. Essa seita desapareceu no quarto século.

PUBLICANOS. Assim, chamavam-se, na antiga Roma, os cavaleiros arrematantes das taxas públicas, encarregados do recolhimento dos impostos e das rendas de toda natureza, seja na própria Roma, seja em outras partes do Império. Eles eram análogos aos arrematantes de impostos gerais do antigo regime na França, e tais como existem ainda em certas regiões. Os riscos que eles corriam faziam fechar os olhos sobre as riquezas que, frequentemente, adquiriam, e que, em muitos, eram o produto de exações e de benefícios escandalosos. O nome de publicano se estendeu, mais tarde, a todos aqueles que tinham a administração do dinheiro público e aos agentes subalternos. Hoje, esta palavra se toma em mau sentido para designar os financistas e agentes de negócios pouco escrupulosos; diz-se algumas vezes: "Ávido como um publicano; rico como um publicano", para uma fortuna de origem desonesta.

Da dominação romana, foi o imposto o que os Judeus aceitaram mais dificilmente e o que lhes causava maior irritação, dando origem a várias revoltas e transformando-se numa questão religiosa, porque o olhavam como contrário à lei. Formou-se mesmo um partido poderoso à frente do qual estava um certo Judas, dito o Gaulonita, que tinha por princípio a recusa do imposto. Os Judeus tinham, pois, horror ao imposto e, por consequência, a todos aqueles que estavam encarregados de recebê-lo; daí sua aversão pelos publicanos de todas as categorias, entre os quais poderiam se encontrar pessoas muito estimáveis, mas que, devido à sua função, eram desprezadas, assim como aqueles que com eles conviviam e que eram confundidos na mesma reprovação. Os Judeus mais importantes acreditavam comprometer-se tendo com eles relações de intimidade.

Os PORTAGEIROS eram os cobradores de baixa categoria, encarregados principalmente da arrecadação dos direitos à entrada nas cidades. Suas funções correspondiam aproximadamente às dos guardas alfandegários e dos recebedores de barreira; eles sofriam a mesma reprovação aplicada aos publicanos em geral. É por essa razão que, no Evangelho, encontra-se, frequentemente, o nome de *publicano* unido ao de *gente de má vida;* essa qualificação não implicava na de debochados e de pessoas de honra duvidosa; era um termo de desprezo, sinônimo de *pessoas de má companhia,* indignas de conviverem com *pessoas de bem.*

FARISEUS (do Hebreu *Parasch,* divisão, separação). A tradição formava uma parte importante da teologia judaica; ela consistia na coletânea das interpretações sucessivas dadas sobre o sentido das Escrituras e que se tornavam artigos de dogma. Era, entre os doutores, objeto de intermináveis discussões, o mais frequentemente sobre simples questões de palavras ou de forma, no gênero das disputas teológicas e das sutilezas da escolástica da Idade Média; daí nascerem diferentes seitas que pretendiam ter, cada uma, o monopólio da verdade e, como acontece quase sempre, detestando-se cordialmente umas às outras.

Entre essas seitas, a mais influente era a dos *Fariseus,* que teve por chefe Hillel, doutor, judeu nascido na Babilônia, fundador de uma escola célebre onde se ensinava que a fé não era devida senão às Escrituras. Sua origem remonta aos anos 180 ou 200 antes de Jesus Cristo. Os Fariseus foram perseguidos em diversas épocas, notadamente sob Hircânio, soberano pontífice e rei dos Judeus, Aristóbulo e Alexandre, rei da Síria; entretanto, este último tendo lhes restituído suas honras e seus bens, eles recuperaram seu poder, que conservaram até a *ruína de Jerusalém,* no ano 70 da era cristã, época na qual seu nome desapareceu em consequência da dispersão dos Judeus.

Os Fariseus tomavam parte ativa nas controvérsias religiosas. Servis observadores das práticas exteriores do culto e das cerimônias, cheios de um zelo ardente de proselitismo, inimigos dos inovadores, eles afetavam uma grande severidade de princípios; mas, sob as aparências de uma devoção meticulosa, escondiam costumes dissolutos, muito orgulho e, acima de tudo, uma paixão excessiva de dominação. A religião era, para eles, antes um meio de subir do que o objeto de uma fé sincera. Eles não tinham senão as aparências e a ostentação da virtude; mas, com isso, exerciam uma grande influência sobre o povo, aos olhos do qual passavam por santos personagens; por isso, eram muito poderosos em Jerusalém.

Acreditavam, ou pelo menos faziam profissão de crer, na Providência, na imortalidade da alma, na eternidade das penas e na ressurreição dos mortos. (Cap. IV, nº 4.) Jesus, que estimava, antes de tudo, a simplicidade e as qualidades de coração, que preferia na lei *o espírito que vivifica à letra que mata,* aplicou-se, durante toda a sua missão, a lhes desmascarar a hipocrisia e, por conseguinte, fez deles inimigos obstinados; por isso, aliaram-se aos príncipes dos sacerdotes para amotinar o povo contra ele e fazê-lo perecer.

ESCRIBAS. Nome dado, no princípio, aos secretários dos reis de Judá, e a certos intendentes dos exércitos Judeus; mais tarde, esta designação foi aplicada especialmente aos doutores que ensinavam a lei de Moisés e a interpretavam ao povo. Eles faziam causa comum com os Fariseus, dos quais partilhavam os princípios e a antipatia contra os inovadores; por isso, Jesus os confunde na mesma reprovação.

SINAGOGA (do grego Sunagogue, assembleia, congregação). Não havia na Judeia senão um único templo, o de Salomão, em Jerusalém, onde se celebravam as grandes cerimônias do culto. Os Judeus para aí seguiam, todos os anos, em peregrinação, para as principais festas, tais como as da Páscoa, da Dedicação e dos Tabernáculos. Foi nessas ocasiões que, para lá, Jesus fez várias viagens. As outras cidades não tinham templos, mas sinagogas, edifícios onde os Judeus se reuniam aos sábados para fazer preces públicas sob a direção dos Anciãos, dos escribas ou doutores da lei; faziam-se aí também leituras tiradas dos livros sagrados que eram explicadas e comentadas; cada um podia nelas tomar parte e, por isso, Jesus, sem ser sacerdote, ensinava nas sinagogas nos dias de sábado.

Depois da ruína de Jerusalém e da dispersão dos Judeus, as sinagogas, nas cidades que eles habitavam, serviam-lhes de templos para a celebração do culto.

SADUCEUS. Seita judia que se formou por volta do ano 248 aC; assim chamada em razão de *Sadoc,* seu fundador. Os Saduceus não acreditavam nem na imortalidade da alma, nem na ressurreição, nem nos bons e maus anjos. Entretanto, eles acreditavam em Deus, mas não esperando nada depois da morte, não o servindo senão com o objetivo de recompensas temporais, ao que, segundo eles, limitava-se sua providência; também a satisfação dos sentidos era, a seus olhos, o objetivo essencial da vida. Quanto às Escrituras, eles se prendiam ao texto da lei antiga, não admitindo nem a tradição, nem nenhuma interpretação; colocavam as boas obras e a execução pura e simples da lei, acima das práticas exteriores do culto. Eram, como se vê, os materialistas, os deístas e os sensualistas da época. Esta seita era pouco numerosa, mas contava com personalidades importantes, e se tornou um partido político constantemente em oposição aos Fariseus.

ESSÊNIOS ou ESSEUS, seita judia fundada por volta do ano 150 a.C., ao tempo dos Macabeus, e cujos membros, que habitavam espécies de monastérios, formavam entre eles uma espécie de associação moral e religiosa. Distinguiam-se pelos costumes brandos e virtudes austeras, ensinavam o amor a Deus e ao próximo, a imortalidade da alma, e acreditavam na ressurreição. Viviam no celibato, condenavam a servidão e a guerra, tinham seus bens em comum e se entregavam à agricultura. Em oposição aos Saduceus sensuais que negavam a imortalidade, aos Fariseus rígidos para as práticas exteriores, e nos quais a virtude não era senão aparente, eles não tomavam nenhuma parte nas querelas que dividiam essas duas seitas. Seu gênero de vida se aproximava ao dos primeiros cristãos, e os princípios de moral que professavam fizeram algumas pessoas pensarem que Jesus fez parte dessa seita antes do início de sua missão pública. O que é certo, é que ele deve tê-la conhecido, mas nada prova que a ela se filiou, e tudo o que se escreveu a este respeito é hipotético (1).

TERAPEUTAS (do grego *thérapeutaï* de *thérapeueïn,* servir, cuidar; quer dizer, servidores de Deus ou curandeiros); sectários judeus contemporâneos do Cristo, estabelecidos principalmente em Alexandria, no Egito. Tinham uma grande semelhança com os Essênios, dos quais professavam os princípios; como estes últimos, eles se entregavam à prática de todas as virtudes. Sua alimentação era de uma extrema frugalidade; devotados ao celibato, à contemplação e à vida solitária, formavam uma verdadeira ordem religiosa. Fílon, filósofo judeu platônico de Alexandria, foi o primeiro que falou dos Terapeutas; considerou-os uma seita do judaísmo. Eusébio, São Jerônimo e outros Pais da Igreja pensavam que eram cristãos. Fossem judeus ou cristãos, é evidente que, da mesma forma que os Essênios, eles formam o traço de união entre o judaísmo e o Cristianismo.

IV - Sócrates e Platão, precursores da ideia cristã e do Espiritismo

Do fato de que Jesus deve ter conhecido a seita dos Essênios, seria errado concluir que dela hauriu sua doutrina, e que, se tivesse vivido em outro meio, teria professado outros princípios. As grandes ideias não surgem nunca subitamente; as que têm por base a verdade, têm sempre seus precursores que lhes preparam parcialmente os caminhos; depois, quando os tempos são chegados, Deus envia um homem com a missão de resumir, coordenar e completar esses elementos esparsos, e formar-lhes um corpo; deste modo, a ideia não chegando bruscamente, encontra Espíritos plenamente dispostos a aceitá-la. Assim ocorreu com a ideia cristã, que foi pressentida vários séculos

(1) **A morte de Jesus,** supostamente escrita por um irmão essênio, é um livro completamente apócrifo, escrito com o objetivo de servir a uma opinião e que encerra, em si mesmo, a prova da sua origem moderna.

antes de Jesus e dos Essênios, e da qual Sócrates e Platão foram os principais precursores.

Sócrates, da mesma forma que o Cristo, nada escreveu, ou pelo menos não deixou nenhum escrito; como ele, morreu a morte dos criminosos, vítima do fanatismo, por ter atacado as crenças tradicionais e colocado a virtude real acima da hipocrisia e do simulacro das formas, numa palavra, por ter combatido os preconceitos religiosos. Como Jesus, foi acusado pelos Fariseus de corromper o povo pelos seus ensinamentos, também, como ele, foi acusado pelos Fariseus do seu tempo, porque os houve em todas as épocas, de corromper a juventude, proclamando o dogma da unicidade de Deus, da imortalidade da alma e da vida futura. Da mesma forma, ainda que não conhecemos a doutrina de Jesus senão pelos escritos dos seus discípulos, não conhecemos a de Sócrates senão pelos escritos do seu discípulo Platão. Cremos útil resumir aqui os seus pontos principais para mostrar sua concordância com os princípios do Cristianismo.

Àqueles que considerassem esse paralelo como uma profanação e pretendessem que não poderia haver paridade entre a doutrina de um pagão e a do Cristo, responderemos que a doutrina de Sócrates não era pagã, uma vez que tinha por objetivo combater o paganismo; que a doutrina de Jesus, mais completa e mais depurada que a de Sócrates, nada tem a perder com a comparação; que a grandeza da missão divina do Cristo, com isso, não seria diminuída; que, aliás, está na História, que não pode ser abafada. O homem atingiu um ponto em que a luz irradia, por si mesma, de sob o alqueire; ele está maduro para encará-la; tanto pior para aqueles que não ousam abrir os olhos. O tempo é chegado de examinar as coisas amplamente e do alto, e não mais pelo ponto de vista mesquinho e estreito dos interesses de seitas e de castas.

Estas citações provarão, por outro lado, que, se Sócrates e Platão pressentiram a ideia cristã, encontram-se igualmente em suas doutrinas os princípios fundamentais do Espiritismo.

Resumo da doutrina de Sócrates e de Platão

I – O homem é uma alma encarnada. *Antes da sua encarnação, ela existia unida aos tipos primordiais, às ideias do verdadeiro, do bem e do belo; deles se separa em se encarnando e,* recordando seu passado, *está mais ou menos atormentada pelo desejo de a eles retornar.*

Não se pode enunciar mais claramente a distinção e a independência do princípio inteligente e do princípio material; por outro lado, é a doutrina da preexistência da alma, da vaga intuição que ela conserva de um outro mundo ao qual aspira, de sua sobrevivência ao corpo, de sua saída do mundo espiritual para se encarnar, e de sua reentrada no mesmo mundo depois da morte; é, enfim, o germe da doutrina dos Anjos decaídos.

II – A alma se extravia e se perturba quando se serve do corpo para considerar qualquer objeto; tem vertigens como se estivesse ébria, porque se liga a coisas que são, por sua natureza, sujeitas a mudanças; ao passo que, quando contempla sua própria essência, ela se dirige para o que é puro, eterno, imortal e, sendo da mesma natureza, fica aí ligada tanto tempo quanto o possa; então seus descaminhos cessam, porque está unida ao que é imutável, e esse estado da alma é o que se chama a sabedoria.

Assim, também se ilude o homem que considera as coisas de baixo, terra a terra, do ponto de vista material; para apreciá-las com justeza, é preciso vê-las de cima, quer dizer, do ponto de vista espiritual. O verdadeiro sábio, pois, deve, de alguma sorte, isolar a alma do corpo para ver com os olhos do Espírito. É o que ensina o Espiritismo. (Cap. II, nº 5.)

III – Enquanto tenhamos nosso corpo, e a alma se encontre mergulhada nessa corrupção, jamais possuiremos o objeto dos nossos desejos: a verdade. Com efeito, o corpo nos suscita mil obstáculos pela necessidade que temos de cuidá-lo; ademais, ele nos enche de desejos, de apetites, de temores, de mil quimeras e de mil tolices, de maneira que, com ele, é impossível ser sábio um instante. Mas, se não é possível nada conhecer com pureza enquanto a alma está unida ao corpo, é preciso de duas coisas uma: ou que não se conheça jamais a verdade ou que se venha a conhecê-la depois da morte. Livres da loucura do corpo, então, conversaremos, é de esperar-se, com homens igualmente livres, e conheceremos por nós mesmos a essência das coisas. Por isso, os verdadeiros filósofos se exercitam para morrer, e a morte não lhes parece de nenhum modo temível. (O Céu e o Inferno, 1ª parte, cap. II; 2ª parte, cap. I).

Eis aí o princípio das faculdades da alma obscurecidas por intermédio dos órgãos corporais e da expansão dessas faculdades depois da morte. Mas não se trata aqui senão de almas de elite já depuradas; não ocorre o mesmo com as almas impuras.

IV – A alma impura, nesse estado, está entorpecida e é arrebatada de novo para o mundo visível pelo horror daquilo que é invisível e imaterial; ela erra, então, diz-se, ao redor dos mausoléus e dos túmulos, perto dos quais viu, por vezes, fantasmas tenebrosos, como devem ser as imagens das almas que deixaram o corpo sem estar inteiramente puras, e que retêm alguma coisa da forma material, o que faz com que o olhar possa percebê-las. Essas não são as almas dos bons, mas dos maus, que são forçadas a errarem nesses lugares, onde carregam o castigo da sua primeira vida, e onde continuam a errar, até que os apetites inerentes à forma material, que se deram, conduzam-nas a um corpo; e, então, elas retomam, sem dúvida, os mesmos costumes que, durante sua primeira vida, foram o objeto de suas predileções.

Não só o princípio da reencarnação está aí claramente exposto, mas o estado das almas que estão ainda sob o império da matéria, está descrito tal como o Espiritismo o mostra nas evocações. Há mais: está dito que a reencarnação num corpo material é uma consequência da impureza da alma, enquanto que as almas purificadas estão livres dela. O Espiritismo não diz outra coisa; acrescenta, apenas, que a alma que tomou boas resoluções na erraticidade e que tem conhecimentos adquiridos, leva, em renascendo, menos defeitos, mais de virtudes, e mais de ideias intuitivas que não tivera em sua precedente existência; e que, assim, cada existência marca para ela um progresso intelectual e moral. (*O Céu e o Inferno,* 2ª parte: Exemplos).

*V – Depois da nossa morte, o gênio (*daimon, *demônio), que nos fora designado durante nossa vida, conduz-nos para um lugar onde se reúnem todos aqueles que devem ser conduzidos ao Hades, para aí serem julgados. As almas, depois de terem permanecido no Hades o tempo necessário, são reconduzidas a esta vida* em numerosos e longos períodos.

É a doutrina dos Anjos guardiães ou Espíritos protetores, e das reencarnações sucessivas, depois de intervalos mais ou menos longos de erraticidade.

VI – Os demônios enchem o espaço que separa o céu da Terra; são o laço que une o Grande Todo consigo mesmo. A divindade não entrando jamais em comunicação direta com o homem, é por intermédio dos demônios que os deuses se relacionam e conversam com ele, seja durante a vigília, seja durante o sono.

A palavra *daimon,* que deu origem a *demônio,* não era tomada no mau sentido na antiguidade, como entre os modernos; não se dizia exclusivamente dos seres malfazejos, mas de todos os Espíritos em geral, entre os quais se distinguiam os Espíritos superiores, chamados *deuses,* e os Espíritos menos elevados, ou demônios propriamente ditos, que se comunicavam diretamente com os homens. O Espiritismo diz também que os Espíritos povoam o espaço; que Deus não se comunica com os homens senão por intermédio dos Espíritos puros encarregados de transmitirem suas vontades; que os Espíritos se comunicam com eles durante a vigília e durante o sono. Substituí a palavra *demônio* pela palavra *Espírito* e tereis a Doutrina Espírita; colocai a palavra anjo e tereis a Doutrina Cristã.

VII – A preocupação constante do filósofo (tal como o compreendiam Sócrates e Platão) é de tomar o maior cuidado com a alma, menos por esta vida, que não é senão um instante, do que em vista da eternidade. Se a alma é imortal, não é mais sábio viver com vistas à eternidade?

O Cristianismo e o Espiritismo ensinam a mesma coisa.

VIII – Se a alma é imaterial, depois desta vida, ela deve seguir para um mundo igualmente invisível e imaterial, da mesma forma que o corpo, em se decompondo, retorna à matéria. Importa somente distinguir bem a alma pura, verdadeiramente imaterial, que se nutre, como Deus, de ciências e de pensamentos, da alma mais ou menos *manchada de impurezas materiais que a impedem de se elevar até o divino e a retêm nos lugares de sua morada terrestre.*

Sócrates e Platão, como se vê, compreendiam perfeitamente os diferentes graus de desmaterialização da alma; eles insistem sobre a diferença de situação que resulta para ela sua pureza *maior ou menor.* O que eles diziam por intuição, o Espiritismo o prova por numerosos exemplos que coloca sob nossos olhos. (*O Céu e o Inferno,* 2ª parte).

IX – Se a morte fosse a dissolução total do homem, seria um grande lucro para os maus, depois da sua morte, estarem livres, ao mesmo tempo, de seus corpos, de sua alma e dos seus vícios. Aquele que ornou sua alma, não de um enfeite estranho, mas do que lhe é próprio, só este poderá esperar tranquilamente a hora da sua partida para o outro mundo.

Em outros termos, é dizer que o materialismo, que proclama o nada depois da morte, seria a anulação de toda responsabilidade moral ulterior e, por consequência, um excitante ao mal; que o mal tem tudo a ganhar com o nada: que só o homem que se despojou de seus vícios e se enriqueceu de virtudes pode esperar tranquilamente o despertar na outra vida. O Espiritismo nos mostra, pelos exemplos que coloca diariamente sob nossos olhos, quanto é penosa, para o mau, a passagem de uma vida para a outra e a entrada na vida futura. (*O Céu e o Inferno,* 2ª parte, cap. I).

> *X – O corpo conserva os vestígios bem marcados dos cuidados que com ele se tomou, ou dos acidentes que experimentou; ocorre o mesmo com a alma. Quando ela está despojada do corpo, carrega os traços evidentes do seu caráter, de suas afeições e as marcas que cada ato da sua vida lhe deixou. Assim, a maior infelicidade que possa atingir o homem, é a de ir para o outro mundo com uma alma carregada de crimes. Tu vês, Callicles, que nem tu, nem Pólus, nem Górgias, não saberíeis provar que se deve levar uma outra vida que nos será útil quando estivermos lá embaixo. De tantas opiniões diversas, a única que permanece inabalável é a* de que vale mais receber que cometer uma injustiça *e que, antes de todas as coisas, deve-se aplicar, não em parecer homem de bem, mas a sê-lo. (Diálogos de Sócrates com seus discípulos, na sua prisão).*

Aqui, encontra-se este outro ponto capital, confirmado hoje pela experiência de que a alma não depurada conserva as ideias, as tendências, o caráter e as paixões que tinha sobre a Terra. Esta máxima: *vale mais receber que cometer uma injustiça,* não é toda cristã? É o mesmo pensamento que Jesus exprime por esta figura: "Se alguém vos bate sobre uma face, estendei-lhe ainda a outra". (Cap. XII, nº 7, 8).

> *XI – De duas coisas uma: ou a morte é uma destruição absoluta, ou ela é a passagem de uma alma para um outro lugar. Se tudo deve se exterminar, a morte será como uma dessas raras noites que passamos sem sonho e sem nenhuma consciência de nós mesmos. Mas se a morte não é senão uma mudança de morada, a passagem para um lugar onde os mortos devem se reunir, que felicidade nele reencontrar aqueles a quem se conheceu! Meu maior prazer seria o de examinar de perto os habitantes dessa morada, e de aí distinguir, como aqui, aqueles que são sábios daqueles que creem sê-lo e não o são. Mas é hora de nos deixarmos, eu para morrer, vós para viver. (Sócrates a seus juízes)*

Segundo Sócrates, os homens que viveram sobre a Terra, reencontram-se depois da morte e se reconhecem. O Espiritismo no-los mostra continuando as relações que tiveram, de tal sorte que a morte não é nem uma interrupção, nem uma cessação da vida, mas uma transformação, sem solução de continuidade.

Tivessem Sócrates e Platão conhecido os ensinamentos que o Cristo daria quinhentos anos mais tarde, e os que os Espíritos dão atualmente, não haveriam de falar de outra forma. Nisso não há nada que deve surpreender, se se considera que as grandes verdades são eternas, e que os Espíritos avançados as deveram conhecer antes de virem sobre a Terra, para onde as trouxeram; que Sócrates, Platão e os grandes filósofos de seu tempo puderam estar, mais tarde, entre aqueles que secundaram o Cristo na sua divina missão e que foram escolhidos precisamente porque tinham, mais que os outros, a compreensão de seus sublimes ensinamentos; que eles podem, enfim, hoje, fazer parte da plêiade de Espíritos encarregados de virem ensinar aos homens as mesmas verdades.

> *XII* – Não é preciso nunca retribuir injustiça por injustiça, nem fazer mal a ninguém, qualquer seja o mal que se nos tenha feito. *Poucas pessoas, entretanto, admitirão este princípio, e as pessoas que estão divididas não devem senão se desprezar umas às outras.*

Não está aí o princípio da caridade, que nos ensina a não retribuir o mal com o mal, e a perdoar aos inimigos?

> *XIII – É pelos frutos que se reconhece a árvore. É preciso qualificar cada ação segundo o que ela produz: chamá-la má quando dela provém o mal, boa quando dela nasce o bem.*

Esta máxima: "É pelos frutos que se reconhece a árvore" se encontra textualmente repetida várias vezes no Evangelho.

> *XIV – A riqueza é um grande perigo. Todo homem que ama a riqueza não ama nem a si, nem o que está em si, mas a uma coisa que lhe é ainda mais estranha que aquela que está em si. (Cap. XVI).*

> *XV – As mais belas orações e os mais belos sacrifícios agradam menos a Divindade que uma alma virtuosa que se esforça por assemelhar-se a ela. Seria uma coisa grave se os deuses tivessem mais consideração para com as nossas oferendas que pela nossa alma; por esse meio, os mais culpáveis poderiam se lhes tornarem favoráveis. Mas não, não há de verdadeiramente justo e sábio senão aqueles que, por suas palavras e pelos seus atos, desempenhem-se do que devem aos deuses e aos homens. (Cap. X, 7, 8).*

XVI – Chamo homem vicioso a esse amante vulgar que ama o corpo antes que a alma. O amor está por toda parte na Natureza, que nos convida a exercitar nossa inteligência; é encontrado até nos movimentos dos astros. É o amor que orna a Natureza de seus ricos tapetes; ele se enfeita e fixa sua morada lá onde encontra flores e perfumes. É ainda o amor que dá a paz aos homens, a calma ao mar, o silêncio aos ventos e o sono à dor.

O amor, que deve unir os homens por um laço fraternal, é uma consequência dessa teoria de Platão sobre o amor universal como lei natural. Sócrates, tendo dito que "o amor não é um deus nem um mortal, mas um grande demônio", quer dizer, um grande Espírito presidindo ao amor universal, esta afirmação lhe foi sobretudo imputada como crime.

XVII – A virtude não se pode ensinar; ela vem por um dom de Deus àqueles que a possuem.

É aproximadamente a doutrina cristã sobre a graça; mas, se a virtude é um dom de Deus, é um favor, que se pode pedir, porque ela não é concedida a todo mundo; por outro lado, se é um dom, ela é sem mérito para aquele que a possui. O Espiritismo é mais explícito; ele diz que aquele que possui a virtude a adquire por seus esforços em existências sucessivas, em se despojando, pouco a pouco, das suas imperfeições. A graça é a força da qual Deus favorece todo homem de boa vontade, para se despojar do mal e para fazer o bem.

XVIII – É uma disposição natural, a cada um de nós, aperceber-se bem menos dos nossos defeitos que dos de outrem.

O Evangelho diz: "Vedes o argueiro no olho do vosso vizinho, e não vedes a trave que está no vosso". (Cap. X, 9, 10).

XIX – Se os médicos fracassam na maioria das doenças, é que tratam o corpo sem a alma, *e que, o todo não estando em bom estado, é impossível que a parte se porte bem.*

O Espiritismo dá a chave das relações que existem entre a alma e o corpo e prova que há reação incessante de uma sobre o outro. Ele abre, assim, um novo caminho à ciência e, em lhe mostrando a verdadeira causa de certas doenças, dá-lhe os meios de combatê-las. Quando ela se inteirar da ação do elemento espiritual na economia, fracassará menos frequentemente.

XX – Todos os homens, a começar desde a infância, fazem muito mais mal do que bem.

Estas palavras de Sócrates tocam a grave questão da predominância do mal sobre a Terra, questão insolúvel sem o conhecimento da pluralidade dos mundos e da destinação da Terra, onde não habita senão uma pequena fração da Humanidade. Só o Espiritismo lhe dá a solução, que está desenvolvida adiante nos capítulos II , III e V.

XXI – Há sabedoria em não crer saber aquilo que tu não sabes.

Isto vai endereçado às pessoas que criticam aquilo de que, frequentemente, não sabem a primeira palavra. Platão completa esse pensamento de Sócrates, dizendo: "Experimentemos primeiro torná-los, se isso é possível, mais honestos em palavras; se não, *não nos preocupemos com eles,* e não procuremos senão a verdade. Esforcemo-nos em nos instruir, mas *não nos injuriemos*". É assim que devem agir os Espíritas com respeito aos seus contraditores, de boa ou má fé. Revivesse Platão hoje, encontraria as coisas aproximadamente como no seu tempo e poderia ter a mesma linguagem. Sócrates também encontraria pessoas para se escarnecerem de sua crença nos Espíritos, e tratá-lo de louco, assim como a seu discípulo Platão.

Foi por ter professado esses princípios que Sócrates foi primeiro ridicularizado, depois acusado de impiedade e condenado a beber cicuta; tanto isso é certo que as grandes verdades novas, levantando contra si os interesses e os preconceitos que machucam, não podem se estabelecer sem luta e sem fazer mártires.

I

Capítulo 1

Eu não vim destruir a lei

As três revelações: Moisés; Cristo; o Espiritismo –
Aliança da Ciência e da Religião –
Instruções dos Espíritos: *A era nova.*

1. *Não penseis que vim destruir a lei ou os profetas; eu não vim destruí-los, mas dar-lhes cumprimento; porque eu vos digo em verdade que o céu e a Terra não passarão antes que tudo o que está na lei seja cumprido perfeitamente, até um único jota e um só ponto. (São Mateus, cap. V, v. 17, 18).*

Moisés

2. Há duas partes distintas na lei mosaica: a lei de Deus, promulgada sobre o monte Sinai, e a lei civil ou disciplinar, estabelecida por Moisés; uma é invariável; a outra, apropriada aos costumes e ao caráter do povo, se modifica com o tempo.

A lei de Deus está formulada nos dez mandamentos seguintes:

I - Eu sou o Senhor, vosso Deus, que vos tirei do Egito, da casa de servidão. Não tereis outros deuses estrangeiros diante de mim. Não fareis imagem talhada, nem nenhuma figura de tudo o que está no alto, no céu, e embaixo, na Terra, nem de tudo o que está nas águas sob a Terra. Não os adorareis, nem lhes rendereis culto soberano.

II - Não tomeis em vão o nome do Senhor vosso Deus.

III - Lembrai-vos de santificar o dia de Sábado.

IV - Honrai o vosso pai e a vossa mãe, a fim de viverdes longo tempo na Terra, que o Senhor vosso Deus vos dará.

V - Não matareis.

VI - Não cometereis adultério.

VII - Não furtareis.

VIII - Não prestareis falso testemunho contra o vosso próximo.

IX - Não desejareis a mulher do vosso próximo.

X - Não desejareis a casa do vosso próximo, nem seu servidor, nem sua serva, nem seu boi, nem seu asno, nem nenhuma de todas as coisas que lhe pertencem.

Esta lei é de todos os tempos e de todos os países e tem, por isso mesmo, um caráter divino. Todas as outras são leis estabelecidas por Moisés, obrigado a manter, pelo temor, um povo naturalmente turbulento e indisciplinado, no qual tinha que combater os abusos enraizados e os preconceitos hauridos na servidão do Egito. Para dar autoridade às suas leis, ele deveu atribuir-lhes origem divina, assim como o fizeram todos os legisladores de povos primitivos; a autoridade do homem deveria se apoiar sobre a autoridade de Deus; mas só a ideia de um Deus terrível poderia impressionar homens ignorantes, nos quais o senso moral e o sentimento de uma delicada justiça eram ainda pouco desenvolvidos. É bem evidente que aquele que tinha colocado em seus mandamentos: "Tu não matarás; tu não farás mal ao teu próximo", não poderia se contradizer, fazendo delas um dever de extermínio. As leis mosaicas, propriamente ditas, tinham, pois, um caráter essencialmente transitório.

Cristo

3. Jesus não veio destruir a lei, quer dizer, a lei de Deus; ele veio cumpri-la, quer dizer, desenvolvê-la, dar-lhe seu verdadeiro sentido, e apropriá-la ao grau de adiantamento dos homens; por isso, encontra-se nessa lei o princípio dos deveres para com Deus e para com o próximo, que constituem a base de sua doutrina. Quanto às leis de Moisés, propriamente ditas, ao contrário, ele as modificou profundamente, seja no fundo, seja na forma; combateu constantemente o abuso das práticas exteriores e as falsas interpretações, e não poderia fazê-las sofrer uma reforma mais radical do que as reduzindo a estas palavras: "Amar a Deus acima de todas as coisas, e ao próximo como a si mesmo", e dizendo: *está aí toda a lei e os profetas.*

Por estas palavras: "O céu e a terra não passarão antes que tudo seja cumprido até um único jota", Jesus quis dizer que seria preciso que a Lei de

Deus recebesse seu cumprimento, quer dizer, fosse praticada sobre toda a Terra, em toda a sua pureza, com todos os seus desenvolvimentos e todas as suas consequências; porque de que serviria ter estabelecido essa lei, se ela devesse permanecer privilégio de alguns homens ou mesmo de um único povo? Todos os homens, sendo filhos de Deus, são, sem distinção, o objeto da mesma solicitude.

4. Mas o papel de Jesus não foi simplesmente o de um legislador moralista, sem outra autoridade que a sua palavra; ele veio cumprir as profecias que haviam anunciado sua vinda; sua autoridade decorria da natureza excepcional de seu Espírito e de sua missão divina; veio ensinar aos homens que a verdadeira vida não está sobre a Terra, mas no reino dos céus; ensinar-lhes o caminho que para lá conduz, os meios de se reconciliar com Deus, e os prevenir sobre a marcha das coisas futuras para o cumprimento dos destinos humanos. Entretanto, não disse tudo e, sobre muitos pontos, limitou-se a depositar o germe de verdades que ele próprio declara não poderem ser ainda compreendidas; falou de tudo, mas em termos mais ou menos explícitos; para compreender o sentido oculto de certas palavras, seria preciso que novas ideias e novos conhecimentos viessem dar-lhes a chave, e essas ideias não poderiam vir antes de um certo grau de maturidade do espírito humano. A Ciência deveria contribuir poderosamente para a eclosão e o desenvolvimento das ideias; seria preciso, pois, dar à Ciência o tempo de progredir.

O Espiritismo

5. O *Espiritismo* é a nova ciência que vem revelar aos homens, por provas irrecusáveis, a existência e a natureza do mundo espiritual e suas relações com o mundo corporal; ele no-lo mostra, não mais como uma coisa sobrenatural, mas, ao contrário, como uma das forças vivas e incessantemente ativas da Natureza, como a fonte de uma multidão de fenômenos incompreendidos, até então atirados, por essa razão, ao domínio do fantástico e do maravilhoso. É a essas relações que o Cristo faz alusão, em muitas circunstâncias, e é por isso que muitas coisas que ele disse permaneceram ininteligíveis ou foram falsamente interpretadas. O Espiritismo é a chave com a ajuda da qual tudo se explica com facilidade.

6. A lei do Antigo Testamento está personificada em Moisés; a do Novo Testamento está personificada no Cristo; o Espiritismo é a terceira revelação da lei de Deus, mas não está personificada em nenhum indivíduo, porque ele é o produto de ensinamento dado, não por um homem, mas pelos Espíritos, que são *as vozes do céu,* sobre todos os pontos da Terra, e por uma multidão inumerável de intermediários: é, de alguma sorte, um ser coletivo compreendendo o conjunto dos seres do mundo espiritual, vindo cada um trazer aos homens o tributo das suas luzes para fazê-los conhecer esse mundo e a sorte que nele os espera.

7. Da mesma forma que o Cristo disse: "Eu não vim destruir a lei, mas dar-lhe cumprimento", o Espiritismo diz igualmente: "Eu não vim destruir a lei cristã, mas cumpri-la". Ele não ensina nada de contrário ao que o Cristo ensinou, mas desenvolve, completa e explica, em termos claros para todo o mundo, o que não foi dito senão sob a forma alegórica; vem cumprir, nos tempos preditos, o que o Cristo anunciou, e preparar o cumprimento das coisas futuras. É, pois, obra do Cristo que o preside, como igualmente anunciou, a regeneração que se opera, e prepara o reino de Deus sobre a Terra.

Aliança da Ciência e da Religião

8. A Ciência e a Religião são as duas alavancas da inteligência humana; uma revela as leis do mundo material, e a outra, as leis do mundo moral; *mas umas e outras, tendo o mesmo princípio que é Deus,* não podem se contradizer; se elas são a negação uma da outra, uma necessariamente é errada, e a outra, certa, porque Deus não pode querer destruir sua própria obra. A incompatibilidade que se acreditava ver entre essas duas ordens de ideias prende-se a um defeito de observação e a muito de exclusivismo de uma parte e da outra; daí um conflito de onde nasceram a incredulidade e a intolerância.

Os tempos são chegados em que os ensinamentos do Cristo devem receber seu complemento; em que o véu, lançado propositadamente sobre algumas partes desse ensinamento, deve ser levantado; em que a Ciência, deixando de ser exclusivamente materialista, deve inteirar-se do elemento espiritual, e em que a Religião, cessando de menosprezar as leis orgânicas e imutáveis da matéria, essas duas forças, apoiando-se uma sobre a outra, e andando juntas, se prestarão um mútuo apoio. Então a Religião, não recebendo mais o desmentido da Ciência, adquirirá uma força inabalável, porque estará de acordo com a razão, e não se lhe poderá opor a irresistível lógica dos fatos.

A Ciência e a Religião não puderam se entender até hoje, porque, cada uma examinando as coisas sob seu ponto de vista exclusivo, repeliam-se mutuamente. Seria preciso alguma coisa para preencher o vazio que as separava, um traço de união que as aproximasse; esse traço de união está no conhecimento das leis que regem o mundo espiritual e suas relações com o mundo corporal, leis tão imutáveis como as que regem o movimento dos astros e a existência dos seres. Essas relações, uma vez constatadas pela experiência, uma luz nova se fez: a fé se dirigiu à razão, a razão não encontrou nada de ilógico na fé, e o materialismo foi vencido. Mas nisso, como em todas as coisas, há pessoas que permanecem para trás, até que sejam arrastadas pelo movimento geral que as esmagará se quiserem resistir-lhe em lugar de a ele se abandonarem. É toda uma revolução moral que se opera neste momento e trabalha os espíritos; depois de elaborada durante mais de dezoito séculos, ela se aproxima do seu cumprimento e vai marcar uma era nova na Humanidade. As consequências dessa revolução são fáceis de prever e devem, trazer, nas relações sociais, inevitáveis modificações, às quais não está no poder de ninguém se opor, porque estão nos desígnios de Deus e resultam da lei do progresso, que é uma lei de Deus.

Instruções dos Espíritos

A era nova

9. Deus é único, e Moisés, o Espírito que Deus enviou em missão para o fazer conhecer, não somente aos Hebreus, mas ainda aos povos pagãos. O povo hebreu foi o instrumento de que Deus se serviu para fazer sua revelação por Moisés e pelos profetas, e as vicissitudes desse povo eram destinadas a impressionar os olhos e fazer cair o véu que escondia a divindade aos homens.

Os mandamentos de Deus, dados por Moisés, trazem o germe da mais ampla moral cristã; os comentários da Bíblia lhe limitavam o sentido, porque, postos em prática em toda a sua pureza, ela não teria sido, então, compreendida; mas nem por isso, os dez mandamentos de Deus deixaram de permanecer como o frontispício brilhante, como o farol que deveria iluminar a Humanidade no caminho que haveria de percorrer.

A moral ensinada por Moisés era apropriada ao estado de adiantamento no qual se encontravam os povos que ela foi chamada a regenerar, e esses povos, semisselvagens quanto ao aperfeiçoamento de sua alma, não teriam compreendido que se pode adorar a Deus de outro modo que pelos holocaustos, nem que se precisasse perdoar a um inimigo. Sua inteligência, notável do ponto de vista da matéria, e mesmo sob o das artes e das ciências, era muito atrasada em moralidade, e não se teriam convertido sob o império de uma religião inteiramente espiritual; era-lhes preciso uma representação semimaterial, tal qual lhe oferecia, então, a religião hebraica. Assim, os holocaustos falavam aos seus sentidos, enquanto que a ideia de Deus falava ao seu espírito.

O Cristo foi o iniciador da moral mais pura e mais sublime: a moral evangélico-cristã que deve renovar o mundo, aproximar os homens e torná-los irmãos; que deve fazer jorrar, de todos os corações humanos, a caridade e o amor ao próximo, e criar entre todos os homens uma solidariedade comum; de uma moral, enfim, que deve transformar a Terra e dela fazer uma morada para os Espíritos superiores àqueles que a habitam hoje. É a lei do progresso, à qual a Natureza está submetida, que se cumpre, e o Espiritismo é a alavanca da qual Deus se serve para fazer avançar a Humanidade.

São chegados os tempos em que as ideias morais devem se desenvolver para cumprir os progressos que estão nos desígnios de Deus; elas devem seguir o mesmo caminho que as ideias de liberdade percorreram e que delas eram precursoras. Mas não é preciso crer que esse desenvolvimento se fará sem lutas; não, elas têm necessidade, para atingir a maturidade, de abalos e de discussões, a fim de que atraiam a atenção das massas; uma vez fixada a atenção, a beleza e a santidade da moral impressionarão os espíritos, e eles se interessarão por uma ciência que lhes dá a chave da vida futura e lhes abre as portas da felicidade eterna. Foi Moisés quem abriu o caminho; Jesus continuou a obra, e o Espiritismo a arrematará. (*Um Espírito Israelita,* Mulhouse, 1861).

10. Um dia, Deus, na sua caridade inesgotável, permitiu ao homem ver a verdade dissipar as trevas; esse dia foi o advento do Cristo. Depois da luz viva, as trevas voltaram; o mundo, depois das alternativas de verdade e de obscuridade, perdeu-se de novo. Então, à semelhança dos profetas do Antigo Testamento, os Espíritos se põem a falar e a advertir-vos: o mundo foi abalado em suas bases; o raio estourará; sede firmes!

O Espiritismo é de ordem divina, uma vez que repousa sobre as próprias leis da Natureza, e crede que tudo o que é de ordem divina tem um objetivo grande e útil. Vosso mundo se perdia, a ciência, desenvolvida às expensas do que é de ordem moral, em tudo vos conduzindo ao bem-estar material, revertia em proveito do espírito das trevas. Vós o sabeis, cristãos, o coração e o amor devem caminhar unidos à ciência. O reino do Cristo, após dezoito séculos, e malgrado o sangue de tantos mártires, ainda não chegou. Cristãos, tornai ao Mestre que quer vos salvar. Tudo é fácil àquele que crê e que ama; o amor o enche de uma alegria inefável. Sim, meus filhos, o mundo está abalado; os bons Espíritos vo-lo dizem sempre; curvai-vos sob o sopro precursor da tempestade, a fim de não serdes derrubados; quer dizer, preparai-vos, e não vos assemelheis às virgens estouvadas que foram apanhadas de surpresa à chegada do esposo.

A revolução que se prepara é antes moral que material; os grandes Espíritos, mensageiros divinos, insuflam a fé, para que todos vós, obreiros esclarecidos e ardentes, façais ouvir vossa humilde voz; porque vós sois o grão de areia, mas sem grãos de areia não haveria montanhas. Assim, pois, que estas palavras: "nós somos pequenos", não tenha mais sentido para vós. A cada um sua missão, a cada um seu trabalho. A formiga não constrói o edifício da sua república e os animálculos imperceptíveis não erguem os continentes? A nova cruzada começou; apóstolos da paz universal e não de uma guerra, São Bernardos modernos, olhai e marchai em frente: a lei dos mundos é a lei do progresso. (*FÉNELON,* Poitiers, 1861).

11. Santo Agostinho é um dos maiores divulgadores do Espiritismo; ele se manifesta quase que por toda parte; a razão disso encontramos na vida desse grande filósofo cristão, que pertence a essa vigorosa falange dos Pais da Igreja, aos quais a cristandade deve seus mais sólidos alicerces. Como muitos, foi arrancado ao paganismo, dizemos melhor, à impiedade mais profunda, pelo esplendor da verdade. Quando, em meio aos seus excessos, sentiu em sua alma essa vibração estranha que o chamava para si mesmo, e lhe fez compreender que a felicidade estava alhures e não nos prazeres enervantes e fugidios; quando, enfim, sobre sua estrada de Damasco também ouviu a voz santa exclamar-lhe: Saulo, Saulo, por que me persegues? ele exclamou: Meu Deus! Meu Deus! Perdoai-me, eu creio, eu sou cristão! Depois, então, tornou-se um dos mais firmes sustentáculos do Evangelho. Podem-se ler, nas confissões notáveis que nos deixou esse eminente Espírito, as palavras, ao mesmo tempo, características e proféticas, que pronunciou depois de ter perdido Santa Mônica: *"Eu estou persuadido de que minha mãe voltará a me visitar e dar-me conselhos, revelando-me o que nos espera na vida futura."* Que ensinamento nessas palavras, e que previsão brilhante da futura doutrina! É por isso que, hoje, vendo chegada a hora para a divulgação da verdade que ele havia pressentido outrora, fez-se dela o ardente propagador, e se multiplica, por assim dizer, para responder a todos aqueles que o chamam. (*Erasto,* discípulo de São Paulo, Paris, 1863).

NOTA: Santo Agostinho vem, pois, destruir aquilo que edificou? seguramente que não; mas, como tantos outros, ele vê com os olhos do espírito o que não via como homem; sua alma liberta entrevê novas claridades e compreende o que não compreendia antes; novas ideias lhe revelaram o verdadeiro sentido de certas palavras; sobre a Terra, julgava as coisas segundo os conhecimentos que possuía, mas, quando uma nova luz se fez para ele, pôde julgá-las mais judiciosamente. Foi assim que mudou de ideia sobre sua crença concernente aos Espíritos íncubos e súcubos, sobre o anátema que havia lançado contra a teoria dos antípodas. Agora que o Cristianismo lhe aparece em toda a sua pureza, pode ele, sobre certos pontos, pensar diferentemente do que quando vivo, sem deixar de ser o apóstolo cristão. Pode, sem renegar sua fé, fazer-se o propagador do Espiritismo, porque nele vê o cumprimento das coisas preditas. Proclamando-o, hoje, não faz senão nos conduzir a uma interpretação mais sã e mais lógica dos textos. Assim ocorre com outros Espíritos que se encontram em posição análoga.

II
Capítulo
2

Meu reino não é deste mundo

A vida futura – A realeza de Jesus – O ponto de vista –
Instruções dos Espíritos: *Uma realeza terrestre.*

1. *Pilatos, tornando a entrar, pois, no palácio, e tendo feito vir Jesus, disse-lhe: Sois o rei dos Judeus? Jesus lhe respondeu:* Meu reino não é deste mundo. *Se meu reino fosse deste mundo, minhas gentes teriam combatido para me impedir de cair nas mãos dos Judeus; mas meu reino não é aqui. Pilatos, então, disse-lhe: Sois, pois, rei? Jesus lhe replicou: Vós o dissestes; eu sou rei; eu não nasci e nem vim a este mundo senão para testemunhar a verdade; qualquer que pertença à verdade escuta minha voz. (São João, cap. XVIII, v. 33, 36, 37).*

A vida futura

2. Por essas palavras, Jesus designa claramente a *vida futura,* que ele apresenta, em todas as circunstâncias, como o termo para onde tende a Humanidade e, como sendo o objeto das principais preocupações do homem sobre a Terra, todas as suas máximas se dirigem a esse grande princípio. Sem a vida futura, com efeito, a maior parte dos seus preceitos de moral não teria nenhuma razão de ser; por isso, aqueles que não creem na vida futura, imaginando que ele não fala senão da vida presente, não os compreendem ou os acham pueris.

Esse dogma pode, pois, ser considerado como o ponto central do ensinamento do Cristo; por isso, está colocado como um dos primeiros nesta obra, porque deve ser o alvo de todos os homens; só ele pode justificar as anomalias da vida terrestre e concordar com a justiça de Deus.

3. Os Judeus não tinham senão ideias muito incertas quanto à vida futura; acreditavam nos anjos, que consideravam como os seres privilegiados da Criação, mas não sabiam que os homens pudessem vir a ser, um dia, anjos e partilhar sua felicidade. Segundo eles, a observação das leis de Deus era recompensada pelos bens da Terra, pela supremacia da sua nação, pelas vitórias sobre seus inimigos; as calamidades públicas e as derrotas eram o castigo de sua desobediência. Moisés, sobre isso, não poderia dizer mais a um povo pastor, ignorante, que devia ser tocado, antes de tudo, pelas coisas deste mundo. Mais tarde, Jesus veio lhes revelar que há um outro mundo onde a justiça de Deus segue seu curso; é esse mundo que ele promete àqueles que observam os mandamentos de Deus, e onde os bons encontrarão sua recompensa; esse mundo é o seu reino; é aí que ele está em toda a sua glória, e para onde vai retornar ao deixar a Terra.

Entretanto, Jesus, conformando seu ensinamento ao estado dos homens da sua época, não acreditou dever lhes dar uma luz completa, que os teria ofuscado sem esclarecê-los, porque não o teriam compreendido; ele se limitou a colocar, de alguma sorte, a vida futura em princípio, como uma lei natural à qual ninguém pode escapar. Todo cristão crê, pois, forçosamente, na vida futura; mas a ideia que muitos fazem dela é vaga, incompleta, e, por isso mesmo, falsa em vários pontos; para um grande número, não é senão uma crença sem certeza absoluta; daí as dúvidas e mesmo a incredulidade.

O Espiritismo veio completar, nesse ponto como em muitos outros, o ensinamento do Cristo, quando os homens estavam amadurecidos para compreenderem a verdade. Com o Espiritismo, a vida futura não é mais um simples artigo de fé, uma hipótese; é uma realidade material demonstrada pelos fatos, porque são as testemunhas oculares que vêm descrevê-la em todas as suas fases e em todas as suas peripécias, de tal sorte que, não somente a dúvida não é mais possível, mas a inteligência mais vulgar pode fazer ideia do seu verdadeiro aspecto, como se imaginasse um país do qual se leu uma descrição detalhada. Ora, essa descrição da vida futura é tão circunstanciada, as condições de existência feliz ou infeliz daqueles que aí se encontram são tão racionais, que podemos dizer, apesar disso, que ela não pode ser de outra forma, e que está lá a verdadeira justiça de Deus.

A realeza de Jesus

4. O reino de Jesus não é deste mundo, é o que cada um compreende; mas sobre a Terra não terá também uma realeza? O título de rei não implica sempre no exercício de um poder temporal; ele é dado por um consentimento unânime àquele que seu gênio coloca em primeiro plano em uma ordem de ideias quaisquer, que domina seu século e influi sobre o progresso da Humanidade. É nesse sentido que se diz: o rei ou o príncipe dos filósofos, dos artistas, dos poetas, dos escritores, etc. Essa realeza, nascida do mérito pessoal, consagrada pela posteridade, não tem, frequentemente, uma preponderância maior do que a daquele que leva o diadema? Ela é imperecível, enquanto que a outra é o jogo das vicissitudes; ela é sempre abençoada pelas gerações futuras, enquanto que a outra, por vezes, é amaldiçoada. A realeza terrestre acaba com a vida; a realeza moral governa ainda, e sobretudo, depois da morte. A esse título, Jesus não é um rei mais poderoso que muitos potentados? Foi, pois, com razão, que disse a Pilatos: Eu sou rei, mas meu reino não é deste mundo.

O ponto de vista

5. A ideia clara e precisa que se faz da vida futura dá uma fé inabalável no futuro, e essa fé tem consequências imensas sobre a moralização dos homens, quando muda completamente *o ponto de vista sob o qual eles examinam a vida terrestre.* Para aquele que se coloca, pelo pensamento, na vida espiritual que, para ele, é indefinida, a vida corporal não é mais que uma passagem, uma curta estação num país ingrato. As vicissitudes e as tribulações da vida não são mais que incidentes que recebe com paciência, porque sabe que não são senão de curta duração, e devem ser seguidos de um estado mais feliz; a morte nada mais tem de apavorante, e não é mais a porta do nada, mas a da libertação que abre, ao exilado, a entrada de uma morada de felicidade e de paz. Sabendo que está em um lugar temporário, e não definitivo, recebe as inquietações da vida com mais indiferença, e disso resulta, para ele, uma calma de espírito que lhe atenua a amargura.

Pela simples dúvida sobre a vida futura, o homem dirige todos os seus pensamentos sobre a vida terrestre; incerto do futuro, dá tudo ao presente; não entrevendo bens mais preciosos que os da Terra, ele é como a criança que não vê nada além dos seus brinquedos; para obtê-los não há nada que não faça; a perda do menor dos seus bens é uma tristeza pungente; uma decepção, uma esperança frustrada, uma ambição não satisfeita, uma injustiça de que é vítima, o orgulho ou a vaidade feridos são igualmente tormentos que fazem da sua vida uma angústia perpétua, *dando-se, assim, voluntariamente, uma verdadeira tortura de todos os instantes.* Tomando seu ponto de vista da vida terrestre, no centro da qual está colocado, tudo toma ao seu redor proporções vastas; o mal que o atinge como o bem que compete aos outros, tudo adquire, aos seus olhos, uma grande importância. Ocorre o mesmo com aquele que está no interior de uma cidade, onde tudo parece grande: os homens de projeção, como os monumentos; mas, que se transporte para sobre uma montanha, e homens e coisas vão lhe parecer bem pequenos.

Assim ocorre com aquele que encara a vida terrestre sob o ponto de vista da vida futura: a Humanidade, como as estrelas do firmamento, perde-se na imensidão; ele se apercebe, então, que grandes e pequenos estão confundidos como as formigas sobre um torrão de terra; que proletários e potentados são do mesmo talhe, e lamenta esses homens efêmeros que se dão tanta inquietação para conquistar um lugar que os eleve tão pouco e que devem manter por tão pouco tempo. É assim que a importância atribuída aos bens terrestres está sempre na razão inversa da fé na vida futura.

6. Se todo o mundo pensasse desse modo, dir-se-á, ninguém se ocupando mais com as coisas da Terra, tudo periclitará. Não; o homem procura instintivamente seu bem estar e, mesmo com a certeza de não estar senão por pouco tempo num lugar, ainda quer aí estar melhor ou o menos mal possível ; não há ninguém que, achando um espinho sob sua mão, não o tire para não ser picado. Ora, a procura de bem-estar força o homem a melhorar todas as coisas, possuído que está do instinto do progresso e da conservação, que está nas leis da Natureza. Ele trabalha, pois, por necessidade, por gosto e por dever, e nisso cumpre os desígnios da Providência que o colocou sobre a Terra para esse fim. Somente aquele que considera o futuro, não atribui ao presente senão uma importância relativa, e se consola facilmente com seus fracassos pensando na destinação que o espera.

Deus não condena, pois, os prazeres terrestres, mas o abuso desses prazeres em prejuízo das coisas da alma; é ainda contra esse abuso que estão prevenidos aqueles que se aplicam estas palavras de Jesus: *"Meu reino não é deste mundo."*

Aquele que se identifica com a vida futura é semelhante a um homem rico que perde uma pequena soma sem com isso se perturbar; aquele que concentra seus pensamentos sobre a vida terrestre é como um homem pobre que perde tudo o que possui e se desespera.

7. O Espiritismo expande o pensamento e lhe abre novos horizontes; em lugar dessa visão estreita e mesquinha que o concentra sobre a vida presente, que faz do instante que passa sobre a Terra a única e frágil base do futuro eterno, ele mostra que essa vida não é senão um elo no conjunto harmonioso e grandioso da obra do Criador; mostra a solidariedade que liga todas as existências do mesmo ser, todos os seres de um mesmo mundo, e os seres de todos os mundos; dá, assim, uma base e uma razão de ser à fraternidade universal, enquanto que a doutrina da criação da alma, no momento do nascimento de cada corpo, torna todos os seres estranhos uns aos outros. Essa solidariedade das partes de um mesmo todo explica o que é inexplicável, se considerar-se apenas uma parte. É esse conjunto que, ao tempo do Cristo, os homens não teriam compreendido e, por isso, ele reservou o conhecimento para outros tempos.

Instruções dos Espíritos

Uma realeza terrestre

8. Quem melhor do que eu poderá compreender a verdade destas palavras de Nosso Senhor: Meu reino não é deste mundo? O orgulho me perdeu sobre a Terra; quem, pois, compreenderia a insignificância dos reinos deste mundo, se eu não o compreendesse? Que carreguei comigo da minha realeza terrestre? Nada, absolutamente nada, e como para tornar a lição mais terrível, ela não me seguiu até o túmulo! Rainha eu fui entre os homens, rainha eu acreditava entrar no reino dos céus. Que desilusão! Que humilhação, quando, em lugar de ser ali recebida como soberana, vi acima de mim, mas bem acima, homens que eu acreditava bem pequenos e que desprezei, porque não eram de um sangue nobre! Oh! então eu compreendi a esterilidade das honras e das grandezas que se procura com tanta avidez sobre a Terra!

Para se preparar um lugar neste reino, é preciso a abnegação, a humildade, a caridade em toda a sua prática celeste, a benevolência para com todos; não se vos pergunta o que fostes, que posição ocupastes, mas o bem que haveis feito, as lágrimas que enxugastes.

Oh, Jesus! disseste que teu reino não era deste mundo, porque é preciso sofrer para alcançar o céu, e os degraus do trono não nos aproximam dele; são os caminhos mais penosos da vida que a ele conduzem; procurai, pois, seu caminho, através das sarças e dos espinhos, e não entre as flores.

Os homens correm atrás dos bens terrestres, como se os devessem guardar para sempre; mas aqui não há mais ilusões; eles se apercebem logo de que não agarraram senão uma sombra e negligenciaram os únicos bens sólidos e duráveis, os únicos que lhes são de proveito na morada celeste, os únicos que podem a ela dar-lhes acesso.

Tende piedade daqueles que não ganharam o reino dos céus; ajudai-os com as vossas preces, porque a prece aproxima o homem do Altíssimo, é o traço de união entre o céu e a Terra; não o esqueçais. (*UMA RAINHA DE FRANÇA,* Havre, 1863).

III
Capítulo
3

Há muitas moradas na casa de meu Pai

Diferentes estados da alma na erraticidade – Diferentes categorias de mundos habitados – Destinação da Terra. Causa das misérias humanas – Instruções dos Espíritos: *Mundos inferiores e mundos superiores – Mundos de expiações e de provas – Mundos regeneradores – Progressão dos mundos.*

1. *Que vosso coração não se turbe. Crede em Deus, crede também em mim.* Há muitas moradas na casa de meu Pai; *se assim não fosse, eu já vos teria dito, porque eu me vou para vos preparar o lugar e depois que eu tenha ido e que vos tenha preparado o lugar, eu voltarei e vos retomarei para mim, a fim de que lá onde eu estiver aí estejais também. (São João, cap. XIV, v. 1, 2, 3).*

Diferentes estados da alma na erraticidade

2. A casa do Pai é o Universo; as diferentes moradas são os mundos que circulam no espaço infinito e oferecem, aos Espíritos encarnados, moradas apropriadas ao seu adiantamento.

Independentemente da diversidade dos mundos, essas palavras podem também ser entendidas como o estado feliz ou infeliz do Espírito na erraticidade. Segundo ele seja mais ou menos depurado e desligado dos laços materiais, o meio em que se encontra, o aspecto das coisas, as sensações que experimenta, as percepções que possui, variam ao infinito; enquanto que uns não podem se distanciar da esfera em que viveram, outros se elevam e percorrem o espaço e os mundos; enquanto certos Espíritos culpados erram nas trevas, os felizes gozam de uma claridade resplandecente e do sublime espetáculo do infinito; enquanto, enfim, que o mau, atormentado de remorsos e de lamentações, frequentemente só, sem consolação, separado dos objetos da sua afeição, geme sob o constrangimento dos sofrimentos morais, o justo, reunido àqueles que ama, goza as doçuras de uma indizível felicidade. Lá também há, pois, várias moradas, embora não sejam nem circunscritas nem localizadas.

Diferentes categorias de mundos habitados

3. Do ensinamento dado pelos Espíritos, resulta que os diversos mundos estão em condições muito diferentes uns dos outros quanto ao grau de adiantamento ou de inferioridade de seus habitantes. Entre eles, há os que seus habitantes são ainda inferiores aos da Terra, física e moralmente; outros estão no mesmo grau, e outros lhes são mais ou menos superiores em todos os aspectos. Nos mundos inferiores, a existência é toda material, as paixões reinam soberanamente, e a vida moral é quase nula. À medida que esta se desenvolve, a influência da matéria diminui, de tal sorte que, nos mundos mais avançados, a vida, por assim dizer, é toda espiritual.

4. Nos mundos intermediários, há mistura do bem e do mal, predominância de um ou de outro, segundo o grau de adiantamento. Embora não possa ser feita, dos diversos mundos, uma classificação absoluta, pode-se, todavia, em razão de seu estado e de sua destinação, baseando-se nas diferenças mais acentuadas, dividi-los de um modo geral, como se segue: os mundos primitivos, destinados às primeiras encarnações da alma humana; os mundos de expiação e de provas, onde o mal domina; os mundos regeneradores, onde as almas que ainda têm o que expiar haurem novas forças, repousando das fadigas da luta; os mundos felizes, onde o bem se sobrepõe ao mal; os mundos celestes ou divinos, morada dos Espíritos depurados, onde o bem reina inteiramente. A Terra pertence à categoria dos mundos de expiação e de provas, e é por isso que o homem nela é alvo de tantas misérias.

5. Os Espíritos encarnados sobre um mundo, a ele não estão ligados indefinidamente, e não cumprem nele todas as fases progressivas que devem percorrer para atingirem a perfeição. Quando atingiram sobre um mundo o grau de adiantamento que ele comporta, passam para um mundo mais avançado, e assim sucessivamente até que tenham atingido o estado de Espíritos puros. São, igualmente, estações em cada uma das quais encontram elementos de progresso, proporcionais ao seu adiantamento. É, para eles, uma recompensa passar para um mundo de ordem mais elevada como é um castigo prolongarem sua demora em um mundo infeliz ou serem relegados para um mundo mais infeliz ainda que aquele que são forçados a deixar quando são obstinados no mal.

Destinação da Terra. Causa das misérias humanas

6. Espanta-se em encontrar sobre a Terra tanta maldade e más paixões, tantas misérias e enfermidades de toda sorte, e se conclui disso que a espécie humana é uma triste coisa. Esse julgamento provém do ponto de vista limitado em que se está colocado e que dá uma ideia falsa do conjunto. É preciso considerar que, sobre a Terra, não se vê a Humanidade, mas apenas uma pequena fração dela. Com efeito, a espécie humana compreende todos os seres dotados de razão, que povoam os inumeráveis mundos do Universo; ora, o que é a população da Terra, perto da população total desses mundos? Bem menos que a de um lugarejo em relação à de um grande império. A situação material e moral da Humanidade terrestre nada mais tem que espante, inteirando-se da destinação da Terra e da natureza daqueles que a habitam.

7. Far-se-ia dos habitantes de uma grande cidade uma ideia muito falsa, se fossem julgados pela população de bairros ínfimos e sórdidos. Num hospital não se veem senão doentes e estropiados; numa prisão de forçados veem-se todas as torpezas, todos os vícios reunidos; em regiões insalubres, a maior parte dos habitantes são pálidos, fracos e sofredores. Pois bem, que se figure a Terra como sendo um subúrbio, um hospital, uma penitenciária, uma região malsã, porque ela é ao mesmo tempo tudo isso, e se compreenderá por que as aflições sobrepujam as alegrias, pois não se enviam a um hospital as pessoas sadias, nem às casas de correção aqueles que não fizeram o mal; e nem os hospitais, nem as casas de correção são lugares de prazeres.

Ora, da mesma forma que, numa cidade, toda a população não está nos hospitais ou nas prisões, toda a Humanidade não está sobre a Terra; como se sai do hospital quando se está curado, e da prisão quando se cumpre o tempo, o homem deixa a Terra por mundos mais felizes quando está curado das suas enfermidades morais.

Instruções dos Espíritos

Mundos inferiores e mundos superiores

8. A qualificação de mundos inferiores e de mundos superiores é antes relativa do que absoluta; tal mundo é inferior ou superior em relação àqueles que estão acima ou abaixo dele na escala progressiva.

Tomando a Terra como ponto de comparação, pode-se fazer uma ideia do estado de um mundo inferior, supondo nele o homem no grau das raças selvagens, ou de nações bárbaras que ainda se encontram em sua superfície, e que são os restos do seu estado primitivo. Nos mais atrasados, os seres que os habitam são, de alguma sorte, rudimentares: eles têm a forma humana, mas sem nenhuma beleza; seus instintos não são temperados por nenhum sentimento de delicadeza ou de benevolência, nem pelas noções do justo e do injusto; só a força bruta faz a lei. Sem indústria, sem invenções, despendem a vida na conquista da sua nutrição. Entretanto, Deus não abandona nenhuma das suas criaturas; no fundo das trevas da inteligência, jaz, latente, a vaga intuição de um Ser Supremo, mais ou menos desenvolvida. Esse instinto basta para torná-los superiores, uns aos outros, e preparar sua eclosão para uma vida mais completa; porque não são seres degradados, mas crianças que crescem. (*)

Entre esses graus inferiores e os mais elevados há inumeráveis escalões, e nos Espíritos puros, desmaterializados e resplandecentes de glória, tem-se dificuldade em reconhecer aqueles que animaram esses seres primitivos, da mesma forma que, no homem adulto, tem-se dificuldade em reconhecer o embrião.

9. Nos mundos que atingiram um grau superior, as condições da vida moral e material são bem outras que as de sobre a Terra. A forma do corpo é sempre, como por toda parte, a forma humana, mas embelezada, aperfeiçoada e, sobretudo, purificada. O corpo nada tem da materialidade terrestre, e não está, por conseguinte, sujeito nem às necessidades, nem às doenças, nem às deteriorações que engendram a predominância da matéria; os sentidos, mais delicados, têm percepções que a grosseria dos órgãos sufoca neste mundo; a leveza específica dos corpos torna a locomoção rápida e fácil; em lugar de se arrastar penosamente sobre o solo, ele desliza, por assim dizer, na superfície; ou plana na atmosfera sem outro esforço senão o da vontade, à maneira pela qual se representam os anjos, ou pela qual os Antigos imaginavam os manes nos Campos Elíseos. Os homens conservam, à vontade, os traços de suas migrações passadas e aparecem aos seus amigos tal como os conheceram, mas iluminados por uma luz divina, transfigurados pelas impressões interiores, que são sempre elevadas. Em lugar de rostos pálidos, devastados pelos sofrimentos

(*) Vide Nota Explicativa da Editora no final do livro.

e pelas paixões, a inteligência e a vida irradiam esse clarão que os pintores traduziram pelo nimbo ou auréola dos santos.

A pouca resistência que a matéria oferece aos Espíritos já muito avançados, torna o desenvolvimento dos corpos mais rápido e a infância curta ou quase nula; a vida, isenta de inquietações e de angústias, é proporcionalmente muito mais longa que sobre a Terra. Em princípio, a longevidade é proporcional ao grau de adiantamento dos mundos. A morte não tem nada dos horrores da decomposição; longe de ser um objeto de pavor, ela é considerada como uma transformação feliz, porque a dúvida sobre o futuro não existe. Durante a vida, não estando a alma encerrada na matéria compacta, irradia e goza de uma lucidez que a coloca num estado quase permanente de emancipação e permite a livre transmissão do pensamento.

10. Nesses mundos felizes, as relações de povo a povo, sempre amigáveis, jamais são perturbadas pela ambição de dominar seu vizinho, nem pela guerra que lhe é consequência. Não há nem senhores, nem escravos, nem privilégios de nascimento; só a superioridade moral e inteligente estabelece a diferença das condições e dá a supremacia. A autoridade é sempre respeitada, porque não é dada senão a quem tem mérito e que a exerce sempre com justiça. *O homem não procura se elevar acima do homem, mas acima de si mesmo, aperfeiçoando-se.* Seu objetivo é chegar à classe dos Espíritos puros, e esse desejo incessante não é um tormento, mas uma nobre ambição que o faz estudar com ardor para chegar a igualá-los. Todos os sentimentos ternos e elevados da natureza humana se encontram aumentados e purificados; os ódios, os ciúmes mesquinhos, as baixas cobiças da inveja são ali desconhecidas; um laço de amor e de fraternidade une todos os homens; os mais fortes ajudam os mais fracos. Eles possuem mais, ou menos, segundo tenham mais, ou menos, adquirido pela sua inteligência, mas ninguém sofre por falta do necessário, porque ninguém está em expiação; numa palavra, ali o mal não existe.

11. Em vosso mundo, tendes necessidade do mal para sentir o bem, da noite para admirar a luz, da doença para apreciar a saúde; nos mundos superiores, esses contrastes não são necessários; a eterna luz, a eterna beleza, a eterna serenidade da alma, proporcionam uma eterna alegria que não são perturbadas nem pelas angústias da vida material, nem pelo contato dos maus, que ali não têm acesso.

Eis o que o espírito humano tem mais dificuldade em compreender; ele foi engenhoso para pintar os tormentos do inferno, e não pôde jamais representar os gozos do céu; e por que isso? Porque, sendo inferior, não suportou senão penas e misérias, e não entreviu as claridades celestes; não pode falar daquilo que não conhece; mas, à medida que se eleva e se depura, o horizonte se ilumina, e ele compreende o bem que tem diante de si, como compreendeu o mal que ficou atrás de si.

12. Entretanto, esses mundos afortunados não são mundos privilegiados, porque Deus não é parcial para com nenhum de seus filhos; ele dá a todos os mesmos direitos e as mesmas facilidades para atingi-los; faz com que todos partam do mesmo ponto e não dota a ninguém mais do que aos outros; as primeiras posições são acessíveis a todos: cabe-lhes conquistá-las pelo trabalho, alcançá-las o mais cedo possível, ou arrastar-se durante séculos e séculos nas classes baixas da Humanidade. *(Resumo do ensinamento de todos os Espíritos superiores.)*

Mundos de expiações e de provas

13. Que vos direi dos mundos de expiação que vós já não saibais, uma vez que vos basta considerar a Terra que habitais? A superioridade da inteligência, num grande número dos seus habitantes, indica que ela não é um mundo primitivo, destinado à encarnação de Espíritos apenas saídos das mãos do Cria'dor. As qualidades inatas que trazem consigo são a prova de que já viveram, e que realizaram certo progresso; mas também os vícios numerosos, aos quais são inclinados, são indícios de uma grande imperfeição moral; por isso, Deus os colocou numa Terra ingrata, para aí expiarem suas faltas pelo trabalho penoso e pelas misérias da vida, até que tenham mérito de irem para um mundo mais feliz.

14. Entretanto, todos os Espíritos encarnados sobre a Terra não são para aí enviados em expiação. As raças que chamais selvagens são Espíritos apenas saídos da infância, e que aí estão, por assim dizer, em educação, e se desenvolvem ao contato de Espíritos mais avançados. Vêm, em seguida, as raças semi civilizadas, formadas desses mesmos Espíritos em progresso. Estão aí, de alguma sorte, as raças indígenas da Terra, que cresceram, pouco a pouco, depois de longos períodos seculares, e das quais algumas puderam atingir o aperfeiçoamento intelectual de povos mais esclarecidos. (*)

Os Espíritos em expiação aí são, se assim se pode exprimir, estrangeiros; eles já viveram sobre outros mundos, de onde foram excluídos em razão da sua obstinação no mal, e porque eram uma causa de perturbação para os bons; foram relegados, por um tempo, entre os Espíritos mais atrasados e que têm por missão fazer avançar, porque trouxeram consigo sua inteli-

(*) Vide Nota Explicativa da Editora no final do livro.

gência desenvolvida e o germe dos conhecimentos adquiridos; por isso, os Espíritos punidos se encontram entre as raças mais inteligentes; são aquelas também para as quais as misérias da vida têm mais amargura, porque há nelas mais sensibilidade, e sentem mais o choque que as raças primitivas, cujo senso moral é mais obtuso.

15. A Terra fornece, pois, um dos tipos de mundos expiatórios, cujas variedades são infinitas, mas que têm por caráter comum servir de lugar de exílio aos Espíritos rebeldes à lei de Deus. Aí esses Espíritos têm que lutar, ao mesmo tempo, contra a perversidade dos homens e contra a inclemência da Natureza, duplo e penoso trabalho que desenvolve, a uma só vez, as qualidades do coração e as da inteligência. É assim que Deus, em sua bondade, faz reverter o próprio castigo em proveito do progresso do Espírito. (*SANTO AGOSTINHO,* Paris, 1862.)

Mundos regeneradores

16. Entre essas estrelas que cintilam na abóboda azulada, quantos mundos há, como o vosso, designados pelo Senhor para a expiação e a prova! Mas há também mais miseráveis e melhores, como os há transitórios que se podem chamar de regeneradores. Cada turbilhão planetário correndo no espaço ao redor de um foco comum, arrasta consigo seus mundos primitivos de exílio, de prova, de regeneração e de felicidade. Já vos falaram desses mundos onde a alma nascente é colocada, quando, ignorante ainda do bem e do mal, pode caminhar para Deus, senhora de si mesma, na posse do seu livre-arbítrio; já vos foi dito de que imensas faculdades a alma está dotada para fazer o bem; mas, ah! existem as que sucumbem, e Deus, não querendo seu aniquilamento, permite-lhes ir para esses mundos onde, de encarnação em encarnação, elas se depuram, regeneram-se, e se tornarão dignas da glória que lhes estava reservada.

17. Os mundos regeneradores servem de transição entre os mundos de expiação e os mundos felizes; a alma que se arrepende, neles encontra a calma e o repouso, acabando de se depurar. Sem dúvida, nesses mundos, o homem está ainda sujeito às leis que regem a matéria; a Humanidade experimenta as vossas sensações e os vossos desejos, mas está livre das paixões desordenadas das quais sois escravos; neles, não mais de orgulho que faz calar o coração, de inveja que o tortura, de ódio que o sufoca; a palavra amor está escrita sobre todas as frontes; uma perfeita equidade regula as relações sociais; todos se revelando a Deus, e tentando ir a ele, seguindo suas leis.

Neles, todavia, não está ainda a felicidade perfeita, mas a aurora da felicidade. O homem aí é ainda carne e, por isso mesmo, sujeito às vicissitudes de que não estão isentos senão os seres completamente desmaterializados; há ainda provas a suportar, mas que não têm as pungentes angústias da expiação. Comparados à Terra, esses mundos são muito felizes, e muitos de vós ficariam satisfeitos em aí se deterem, porque é a calma depois da tempestade, a convalescença depois de uma cruel moléstia; mas o homem, menos absorvido pelas coisas materiais, entrevê, melhor que vós, o futuro; ele compreende que há outras alegrias que o Senhor promete para aqueles que delas se tornem dignos quando a morte tiver ceifado de novo seus corpos para lhes dar a verdadeira vida. É então que a alma liberta planará sobre todos os horizontes; não mais os sentidos materiais e grosseiros, mas os sentidos de um perispírito puro e celeste, aspirando as emanações do próprio Deus sob os perfumes do amor e da caridade que se espalham do seu seio.

18. Mas, ah! Nesses mundos, o homem é ainda falível, e o Espírito do mal não perdeu, ali, completamente seu império. Não avançar é recuar e, se não está firme no caminho do bem, pode voltar a cair nos mundos de expiação, onde o esperam novas e mais terríveis provas.

Contemplai, pois, essa abóboda azulada, à noite, à hora do repouso e da prece, e nessas esferas inumeráveis que brilham sobre vossas cabeças, perguntai-vos as que conduzem a Deus e pedi-lhe que um mundo regenerador vos abra seu seio depois da expiação da Terra. (*SANTO AGOSTINHO,* Paris, 1862).

Progressão dos mundos

19. O progresso é uma das leis da Natureza; todos os seres da Criação, animados e inanimados, a ele estão submetidos pela bondade de Deus, que quer que tudo engrandeça e prospere. A própria destruição, que parece aos homens o termo das coisas, não é senão um meio de atingir, pela transformação, um estado mais perfeito, porque tudo morre para renascer, e coisa alguma se torna em nada.

Ao mesmo tempo que os seres vivos progridem moralmente, os mundos que eles habitam progridem materialmente. Quem pudesse seguir um mundo nas suas diversas fases, desde o instante em que se aglomeraram os primeiros átomos que serviram à sua constituição, vê-lo-ia percorrer uma escala incessantemente progressiva, mas por graus insensíveis a cada geração, e oferecer aos seus habitantes uma morada mais agradável, à medida que estes avançam, eles mesmos, na senda do progresso. Assim, caminham paralelamente o progresso do homem, o dos animais, seus auxiliares, dos vegetais e da habitação, porque nada é estacionário na Natureza. Quanto esta ideia é grande e digna da majestade do Criador! e, ao contrário, quanto é pequena e indigna do seu poder aquela que concentra sua solicitude e sua providência sobre o imperceptível grão de areia da Terra e restringe a Humanidade a alguns homens que a habitam!

A Terra, seguindo essa lei, esteve material e moralmente num estado inferior ao que está hoje, e atingirá, sob esse duplo aspecto, um grau mais avançado. Ela atingiu um dos seus períodos de transformação, em que, de mundo expiatório, tornar-se-á mundo regenerador; então, os homens serão felizes, porque a lei de Deus nela reinará. (*SANTO AGOSTINHO*, Paris, 1862).

IV
Capítulo 4

Ninguém pode ver o Reino de Deus se não nascer de novo

Ressurreição e reencarnação – Os laços de família fortalecidos pela reencarnação e quebrados pela unicidade da existência – Instruções dos Espíritos: *Limites da encarnação – Necessidade da encarnação – A encarnação é um castigo?*

1. *Jesus, tendo vindo para os lados de Cesareia de Felipe, interrogou seus discípulos e lhes disse: que dizem os homens quanto ao Filho do Homem? Quem dizem que eu sou? Eles lhe responderam: Alguns dizem que sois João Batista, outros, Elias, outros, Jeremias ou algum dos profetas. Jesus lhes disse: E vós outros, quem dizeis que eu sou? Simão Pedro, tomando a palavra, disse-lhe: Vós sois o Cristo, o Filho de Deus vivo. Jesus lhe respondeu: Sois bem-aventurado, Simão, filho de Jonas, porque não foi nem a carne nem o sangue que vos revelaram isso, mas meu Pai que está nos céus. (São Mateus, cap. XVI, v. 13 a 17; São Marcos, cap. VIII, v. 27 a 30).*

2. *Entretanto Herodes, o Tetrarca, ouvindo falar de tudo o que Jesus fazia, seu espírito estava em suspenso – porque uns diziam que João ressuscitara de entre os mortos, outros, que Elias apareceu, e outros, que um dos antigos profetas ressuscitara. – Então, Herodes disse: Eu fiz cortar a cabeça a João, mas quem é este de quem ouvi falar tão grandes coisas? E ele tinha vontade de vê-lo. (São Marcos, cap. VI, v. 14 e 15; São Lucas, cap. IX, v. 7, 8 e 9)*

3. *(Após a transfiguração). Seus discípulos o interrogaram, dizendo: Por que, pois, os escribas dizem que é preciso que Elias venha antes? Mas Jesus lhes respondeu: É verdade que Elias deve vir e restabelecer todas as coisas; mas eu vos declaro que Elias já veio, e não o conheceram, mas o trataram como lhes aprouve. É, assim, que eles farão sofrer o Filho do Homem. Então, seus discípulos* *compreenderam que era de João Batista que lhes havia falado. (São Mateus, cap. XVII, v. de 10 a 13; São Marcos, cap. IX, v. 11, 12, e 13)*

Ressurreição e reencarnação

4. A reencarnação fazia parte dos dogmas judaicos sob o nome de *ressurreição;* só os Saduceus, que pensavam que tudo acabava com a morte, não acreditavam nela. As ideias dos Judeus sobre esse ponto, como sobre muitos outros, não estavam claramente definidas, porque não tinham senão noções vagas e incompletas sobre a alma e sua ligação com o corpo. Eles acreditavam que um homem que viveu podia reviver, sem se inteirarem com precisão da maneira pela qual o fato podia ocorrer; designavam pela palavra *ressurreição* o que o Espiritismo, mais judiciosamente, chama *reencarnação.* Com efeito, a *ressurreição* supõe o retorno à vida do corpo que morreu, o que a Ciência demonstra ser materialmente impossível, sobretudo quando os elementos desse corpo estão, desde há muito, dispersos e absorvidos. A *reencarnação* é o retorno da alma, ou Espírito, à vida corporal, mas em um outro corpo novamente formado para ela, e que nada tem de comum com o antigo. A palavra *ressurreição* poderia, assim, aplicar-se a Lázaro, mas não a Elias nem aos outros profetas. Se, pois, segundo sua crença, João Batista era Elias, o corpo de João não podia ser o de Elias, uma vez que se tinha visto João criança, e se conheciam seu pai e sua mãe. João podia, pois, ser Elias *reencarnado,* mas não *ressuscitado.*

5. *Ora, havia um homem, entre os Fariseus, chamado Nicodemos, senador dos Judeus, que foi à noite encontrar Jesus e lhe disse: Mestre, sabemos que viestes da parte de Deus para nos instruir como um doutor; porque ninguém poderia fazer os milagres que fazeis, se Deus não estivesse com ele.*

Jesus lhe respondeu: Em verdade, em verdade vos digo: Ninguém pode ver o reino de Deus se não nascer de novo.

Nicodemos lhe disse: Como pode nascer um homem que já está velho? Pode ele entrar no ventre de sua mãe, para nascer uma segunda vez?

Jesus lhe respondeu: Em verdade, em verdade vos digo: Se um homem não renascer da água e do Espírito, não pode entrar no reino de Deus. O que é nascido da carne é carne, e o que é nascido do Espírito é Espírito. Não vos espanteis do que eu vos disse, que é preciso que nasçais de novo. O Espírito sopra onde quer, e ouvis sua voz, mas não sabeis de onde ele vem e para onde ele vai. Ocorre o mesmo com todo homem que é nascido do Espírito.

Nicodemos lhe respondeu: Como isso pode se dar? Jesus lhe disse: Que! sois mestre em Israel e ignorais essas coisas? Em verdade, em verdade vos digo que não dizemos senão o que sabemos e que não testemunhamos senão o que vimos; e, entretanto, vós não recebeis nosso testemunho. Mas se não me credes quando vos falo das coisas da Terra, como me crereis quando vos falar das coisas do céu? (São João, cap. III, v. de 1 a 12).

6. O pensamento de que João Batista era Elias e que os profetas poderiam reviver sobre a Terra se encontra em muitas passagens dos Evangelhos, notadamente nas relatadas acima (nºs. 1, 2 e 3). Se essa crença tivesse sido um erro, Jesus não teria deixado de combatê-la, como combateu tantas outras; longe disso, ele a sancionou com toda a sua autoridade e a colocou como princípio e como uma condição necessária quando disse: *Ninguém pode ver o reino dos céus se não nascer de novo;* e insiste, ajuntando: *Não vos espanteis do que eu vos disse, que É PRECISO que nasçais de novo.*

7. Estas palavras: "*Se um homem não renasce da água e do Espírito*", foram interpretadas no sentido da regeneração pela água do batismo; mas o texto primitivo trazia simplesmente: *Não renasce da água e do Espírito,* ao passo que, em certas traduções, *a do Espírito* se substituiu: *do Santo-Espírito,* o que não responde mais ao mesmo pensamento. Esse ponto capital ressalta dos primeiros comentários feitos sobre o Evangelho, assim como será um dia constatado sem equívoco possível. (1)

8. Para compreender o sentido verdadeiro dessas palavras, é preciso igualmente se reportar à significação da palavra *água* que não era empregada na sua acepção própria.

Os conhecimentos dos antigos, sobre as ciências físicas, eram muito imperfeitos, pois acreditavam que a Terra tinha saído das águas e, por isso, consideravam a *água* como o elemento gerador absoluto; é assim que na Gênese está dito: "o Espírito de Deus era levado sobre as águas; flutuava na superfície das águas; que o firmamento seja feito no meio das águas; que as águas que estão abaixo do céu se reúnam em um só lugar, e que o elemento árido apareça; que as águas *produzam* os animais vivos que nadem na água e os pássaros que voem sobre a terra e sob o firmamento."

Segundo essa crença, a água se tornara o símbolo da natureza material, como o Espírito era o da natureza inteligente. Estas palavras: "Se o homem não renasce da água e do Espírito, ou em água e em Espírito", significam, pois:

---

(1) A tradução de Osterwald está conforme o texto primitivo; ela traz: **não renasce da água e do Espírito**; a de Sacy diz: **do Santo-Espírito**; a de Lamennais: **do Espírito-Santo.**

"Se o homem não renasce com seu corpo e sua alma." Neste sentido, é que foram compreendidas no princípio.

Essa interpretação, aliás, está justificada por estas outras palavras: *o que é nascido da carne é carne, e o que é nascido do Espírito é Espírito.* Jesus faz aqui uma distinção positiva entre o Espírito e o corpo. *O que é nascido da carne é carne,* indica claramente que *só* o corpo procede do corpo, e que o Espírito é independente do corpo.

9. *O Espírito sopra onde quer; ouvis sua voz, mas não sabeis nem de onde ele vem, nem para onde ele vai,* pode se entender como o *Espírito de Deus,* que dá a vida a quem ele quer, ou a *alma do homem;* nesta última acepção, "vós não sabeis de onde ele vem, nem para onde ele vai" significa que não se conhece o que ele foi, nem o que o Espírito será. Se o Espírito, ou alma, fosse criado ao mesmo tempo que o corpo, saber-se-ia de onde veio, uma vez que se conheceria seu começo. Como quer que seja, essa passagem é a consagração do princípio da preexistência da alma e, por conseguinte, da pluralidade das existências.

10. *Ora, desde o tempo de João Batista até o presente, o reino dos Céus é tomado pela violência, e são os violentos que o obtêm; porque, até João, todos os Profetas assim também como a lei, profetizaram; e se quereis compreender o que vos disse,* é ele mesmo o Elias que deve vir. *Ouça aquele que tem ouvidos para ouvir. (São Mateus, cap. XI, v. de 12 a 15).*

11. Se o princípio da reencarnação, expresso em São João, podia, a rigor, ser interpretado num sentido puramente místico, não podia suceder o mesmo nesta passagem de São Mateus, que é inequívoca: *é ELE MESMO o Elias que deve vir;* não há, aí, nem figura, nem alegoria: é uma afirmação positiva. "Desde o tempo de João Batista até o presente, o reino dos céus é tomado pela violência." Que significam essas palavras, uma vez que João Batista vivia ainda naquele momento? Jesus as explica, dizendo: "Se quereis compreender o que vos disse, é ele mesmo o Elias que deve vir". Ora, João não sendo outro senão Elias, Jesus faz alusão ao tempo em que João vivia sob o nome de Elias. "Até o presente, o reino dos céus é tomado pela violência", é uma outra alusão à violência da lei mosaica que ordenava o extermínio dos infiéis para ganhar a Terra Prometida, Paraíso dos Hebreus, enquanto que, segundo a nova lei, o céu se ganha pela caridade e pela doçura.

Depois ele ajunta: *Ouça quem tem ouvidos para ouvir.* Estas palavras, tão frequentemente repetidas por Jesus, dizem claramente que todo mundo não estava em condições de compreender certas verdades.

12. *Aqueles do vosso povo que se tenham feito morrer, viverão de novo;*

aqueles que estavam mortos ao redor de mim, ressuscitarão. Despertai do vosso sono e cantai os louvores de Deus, vós que habitais na poeira; porque o orvalho que cai sobre vós é um orvalho de luz, e porque arruinareis a terra e o reino dos gigantes. (Isaías, cap. XXVI, v. 19).

13. Esta passagem de Isaías também é bem explícita: "Aqueles do vosso povo que se tenham feito morrer *viverão de novo"*. Se o profeta pretendesse falar da vida espiritual, se quisesse dizer que aqueles que se tenham feito morrer não estavam mortos em Espírito, ele teria dito: *vivem ainda* e não *viverão de novo.* No sentido espiritual, essas palavras seriam um contrassenso uma vez que implicariam uma interrupção na vida da alma. No sentido de *regeneração moral,* elas seriam a negação das penas eternas, uma vez que estabelecem, em princípio, que *todos aqueles que estão mortos, reviverão.*

14. *Mas quando o homem está morto* uma vez, *que seu corpo, separado do seu espírito, está consumido, em que se torna ele? O homem, estando morto* uma vez, *poderia* reviver de novo? *Nessa guerra, em que me encontro todos os dias da minha vida, espero que minha transformação chegue. (Job, cap. XIV, v. 10, 14. Tradução de Le Maistre de Sacy).*

Quando o homem morre, perde toda a sua força e expira; depois, onde está ele? Se o homem morre, reviverá? *Esperarei todos os dias do meu combate, até aquele em que me chegue alguma transformação? (Idem. Tradução protestante de Osterwald).*

Quando o homem está morto, ele vive sempre; terminando os dias de minha existência terrestre, *esperarei, porque a ela voltarei de novo. (Idem. Versão da Igreja grega).*

15. O princípio da pluralidade das existências está claramente expresso nessas três versões. Não se pode supor que Job tenha querido falar da regeneração pela água do batismo que, certamente, ele não conhecia. "O homem, estando morto *uma vez,* poderia *reviver de novo?* A ideia de morrer uma vez e reviver, implica na de morrer e de reviver várias vezes. A versão da Igreja grega é ainda mais explícita, se isso é possível. "Terminando os dias de minha *existência terrestre,* esperarei, porque *a ela retornarei",* quer dizer, eu tornarei à existência terrestre. Isso é tão claro como se alguém dissesse: "Eu saio da minha casa, mas a ela retornarei."

"Nessa guerra em que me encontro todos os dias da minha vida, espero que minha transformação chegue." Job, evidentemente, quer falar da luta que sustenta contra as misérias da vida; ele espera sua transformação, quer dizer, resigna-se. Na versão grega, *eu esperarei,* parece antes aplicar-se à nova existência: "Quando minha existência terrestre findar-se, eu *esperarei,* porque a ela retornarei"; Job parece se colocar, depois da sua morte, no intervalo que separa uma existência da outra, e diz que ali ele esperará seu retorno.

16. Não é, pois, duvidoso que, sob o nome de *ressurreição,* o princípio da reencarnação era uma das crenças fundamentais dos Judeus; que ele foi confirmado por Jesus e pelos profetas de maneira formal; de onde se segue que negar a reencarnação, é negar as palavras do Cristo. Essas palavras constituirão, um dia, autoridade sobre esse ponto, como sobre muitos outros, quando forem meditadas sem preconceitos.

17. Mas a essa autoridade, do ponto de vista religioso, vem se acrescentar, do ponto de vista filosófico, a das provas que resultam da observação dos fatos; quando se quer remontar dos efeitos à causa, a reencarnação aparece como uma necessidade absoluta, como uma condição inerente à Humanidade, numa palavra, como uma lei natural; ela se revela por seus resultados, de um modo, pode-se dizer, material, como o motor escondido se revela pelo movimento; só ela pode dizer ao homem *de onde ele vem, para onde vai, porque está sobre a Terra,* e justificar todas as anomalias e todas as injustiças aparentes que a vida apresenta. (1)

Sem o princípio da preexistência da alma e da pluralidade das existências, a maior parte das máximas do Evangelho são ininteligíveis, por isso, deram lugar a interpretações tão contraditórias; este princípio é a chave que lhe deve restituir seu verdadeiro sentido.

Os laços de família fortalecidos pela reencarnação e quebrados pela unicidade da existência

18. Os laços de família não são destruídos pela reencarnação, como pensam certas pessoas; ao contrário, eles são fortalecidos e se estreitam; é o princípio oposto que os destrói.

Os Espíritos formam, no espaço, grupos ou famílias unidos pela afeição, pela simpatia e semelhança de inclinações; esses Espíritos, felizes por estarem juntos, procuram-se; a encarnação não os separa senão momenta-

(1) Ver, para o estudo do dogma da reencarnação, **O Livro dos Espíritos,** cap. IV e V; **O que é o Espiritismo?,** cap. II, por Allan Kardec; **a Pluralidade das existências,** por Pezzani.

neamente, porque, depois da sua reentrada na erraticidade, reencontram-se, como amigos ao retorno de uma viagem. Frequentemente mesmo, eles se seguem na encarnação, onde se reúnem numa mesma família ou num mesmo círculo, trabalhando em conjunto para seu mútuo adiantamento. Se uns estão encarnados e outros não o estejam, por isso não estão menos unidos pelo pensamento; os que estão livres velam sobre os que estão cativos, os mais avançados procuram fazer progredir os retardatários. Depois de cada existência, deram um passo no caminho da perfeição; cada vez menos ligados à matéria, sua afeição é mais viva, pelo fato mesmo de ser mais depurada, não perturbada mais pelo egoísmo, nem pelas nuvens das paixões. Eles podem, pois, assim percorrer um número ilimitado de existências corporais, sem que nenhum prejuízo afete sua mútua afeição.

Entenda-se que se trata aqui da afeição real de alma a alma, a única que sobrevive à destruição do corpo, porque os seres que não se unem neste mundo senão pelos sentidos, não têm nenhum motivo para se procurarem no mundo dos Espíritos. Não há de duráveis senão as afeições espirituais; as afeições carnais se extinguem com a causa que as fez nascer; ora, essa causa não existe mais no mundo dos Espíritos, enquanto que a alma existe sempre. Quanto às pessoas unidas pelo único móvel do interesse, elas não estão realmente em nada unidas uma à outra: a morte as separa sobre a Terra e no céu.

19. A união e a afeição que existem entre os parentes são indício da simpatia anterior que os aproximou; também se diz, falando de uma pessoa cujo caráter, gostos e inclinações não têm nenhuma semelhança com os de seus parentes, que ela não é da família. Dizendo isso, enuncia-se maior verdade do que se crê. Deus permite, nas famílias, essas encarnações de Espíritos antipáticos ou estranhos, com o duplo objetivo de servir de prova para alguns e de meio de adiantamento para outros. Os maus se melhoram, pouco a pouco, ao contato dos bons e pelos cuidados que deles recebem; seu caráter se abranda, seus costumes se depuram e suas antipatias se apagam; é assim que se estabelece a fusão entre as diferentes categorias de Espíritos, como ocorre na Terra, entre as raças e os povos. (*)

20. O temor do aumento indefinido da parentela, em consequência da reencarnação, é um temor egoísta, que prova não se sentir um amor bastante amplo para transportá-lo sobre um grande número de pessoas. Um pai que tem vários filhos, ama-os, pois, menos que se tivesse apenas um? Mas que os egoístas se tranquilizem, pois esse temor não tem fundamento. Do fato de um

(*) Vide Nota Explicativa da Editora no final do livro.

homem ter tido dez reencarnações, não se segue que ele encontrará no mundo dos Espíritos dez pais, dez mães, dez mulheres e um número proporcional de filhos e de novos parentes; ele aí não reencontrará sempre senão os mesmos objetos da sua afeição, que lhe foram ligados sobre a Terra, sob títulos diferentes ou, talvez, pelo mesmo título.

21. Vejamos agora as consequências da doutrina da não-reencarnação. Essa doutrina anula, necessariamente, a preexistência da alma; as almas sendo criadas ao mesmo tempo que o corpo, não existe entre elas nenhum laço anterior; são completamente estranhas umas às outras; o pai é estranho ao seu filho; a filiação das famílias se encontra, assim, reduzida unicamente à filiação corporal, sem nenhum laço espiritual. Não há, pois, nenhum motivo para se glorificar de ter tido por ancestrais tais ou tais personagens ilustres. Com a reencarnação, ancestrais e descendentes podem ter se conhecido, vivido juntos, se amado e se encontrarem reunidos mais tarde para estreitar seus laços simpáticos.

22. Isso quanto ao passado. Quanto ao futuro, segundo um dos dogmas fundamentais que decorrem da não-reencarnação, o destino das almas é irrevogavelmente fixado depois de uma única existência; a fixação definitiva do destino implica a cessação de todo progresso, pois se há algum progresso, não há mais destino definitivo; segundo tenham bem ou mal vivido, elas vão imediatamente para a morada dos bem-aventurados ou para o inferno eterno; *são assim, imediatamente, separadas para sempre, e sem esperança de jamais se aproximarem,* de tal sorte que pais, mães e filhos, maridos e mulheres, irmãos, irmãs, amigos, não estão jamais certos de se reverem; é a ruptura mais absoluta dos laços de família.

Com a reencarnação e o progresso, que lhe é consequência, todos aqueles que se amaram, reencontram-se sobre a Terra e no espaço, e gravitam juntos para chegar a Deus. Os que falham no caminho, retardam seu adiantamento e sua felicidade. Mas não está perdida toda a esperança; ajudados, encorajados e sustentados por aqueles que os amam, sairão um dia do lamaçal em que estão mergulhados. Com a reencarnação, enfim, há solidariedade perpétua entre os encarnados e os desencarnados, com o estreitamento dos laços afetivos.

23. Em resumo, quatro alternativas se apresentam ao homem para seu futuro de além-túmulo: primeira, o nada, de acordo com a doutrina materialista; segunda, a absorção no todo universal, de acordo com a doutrina panteísta; terceira, a individualidade com a fixação definitiva da sua sorte, segundo a doutrina da Igreja; e, quarta, a individualidade com progresso indefinido, segundo a Doutrina Espírita. De acordo com as duas primeiras, os laços de família se rompem depois da morte e não há nenhuma esperança de reencontro; com a terceira, há a chance de se rever, contanto que se esteja no mesmo meio, esse meio pode ser tanto o inferno como o paraíso; com a pluralidade das existências, que é inseparável da progressão gradual, há a certeza na continuidade das relações entre aqueles que se amaram, e está aí o que constitui a verdadeira família.

Instruções dos Espíritos

Limites da encarnação

24. *Quais são os limites da encarnação?*

A encarnação não tem, propriamente falando, limites nitidamente traçados, se se entende por isso o envoltório que constitui o corpo do Espírito, já que a materialidade desse envoltório diminui à medida que o Espírito se purifica. Em certos mundos mais avançados que a Terra, ele já é menos compacto, menos pesado e menos grosseiro e, por conseguinte, menos sujeito às vicissitudes; num grau mais elevado é diáfano e quase fluídico; de grau em grau ele se desmaterializa e acaba por se confundir com o perispírito. Segundo o mundo a que o Espírito é chamado a viver, este toma o envoltório apropriado à natureza desse mundo.

O próprio perispírito suporta transformações sucessivas; ele se eteriza, cada vez mais, até a depuração completa, que constitui os Espíritos puros. Se mundos especiais são destinados, como estações, aos Espíritos mais avançados, estes não estão ligados ali como nos mundos inferiores; o estado de desligamento em que se encontram lhes permite se transportarem por toda parte em que os chamam as missões que lhes são confiadas.

Se se considera a encarnação sob o ponto de vista material, como ocorre sobre a Terra, pode-se dizer que ela é limitada aos mundos inferiores; depende do Espírito, por conseguinte, dela livrar-se, mais ou menos rapidamente, trabalhando pela sua depuração.

Deve-se considerar também que, no estado errante, quer dizer, nos intervalos das existências corporais, a situação do Espírito está em relação com a natureza do mundo ao qual se liga pelo seu grau de adiantamento; que, assim, na erraticidade, ele é mais ou menos feliz, livre e esclarecido, segundo seja mais ou menos desmaterializado. (SÃO LUÍS, Paris, 1859).

Necessidade da encarnação

25. *A encarnação é uma punição, e não há senão Espíritos culpados que a ela estejam obrigados?*

A passagem dos Espíritos pela vida corporal é necessária para que possam cumprir, com a ajuda de uma ação material, os desígnios cuja execução Deus lhes confiou; ela é necessária a eles mesmos, porque a atividade que são obrigados a desempenhar ajuda o desenvolvimento da sua inteligência. Deus, sendo soberanamente justo, deve considerar igualmente a todos os seus filhos; é por isso que dá a todos o mesmo ponto de partida, a mesma aptidão, *as mesmas obrigações a cumprir e a mesma liberdade de agir;* todo privilégio seria uma preferência, e toda preferência, uma injustiça. Mas a encarnação não é, para todos os Espíritos, senão um estado transitório; é uma tarefa que Deus lhes impõe, na sua entrada na vida, como primeira prova do uso que farão do seu livre-arbítrio. Aqueles que cumprem essa tarefa com zelo, vencem rapidamente, e menos penosamente, seus primeiros degraus da iniciação, e gozam mais cedo os frutos dos seus trabalhos. Aqueles, ao contrário, que fazem mau uso da liberdade que Deus lhes concede, retardam seu adiantamento; é assim que, por sua obstinação, podem prolongar indefinidamente a necessidade de se reencarnar, e é, então, que a encarnação se torna um castigo. (SÃO LUÍS, Paris, 1859).

26. *Nota.* Uma comparação vulgar fará compreender melhor esta diferença. O estudante não alcança os graus da ciência senão depois de ter percorrido a série de classes que a ela conduz. Essas classes, qualquer que seja o trabalho que exijam, são um meio de atingir o fim, e não uma punição. O estudante laborioso abrevia a caminhada, e nela encontra menos espinhos; ocorre de outro modo para aquele cuja negligência e preguiça obrigam a recomeçar certas classes. Não é o trabalho da classe que é uma punição, mas a obrigação de recomeçar o mesmo trabalho.

Assim ocorre com o homem sobre a Terra. Para o Espírito do selvagem, que está quase no início da vida espiritual, a encarnação é um meio para desenvolver sua inteligência, mas para o homem esclarecido, no qual o senso moral está amplamente desenvolvido, e que é obrigado a recomeçar as etapas de uma vida corporal plena de angústias, enquanto que poderia já ter alcançado o objetivo, é um castigo pela necessidade em que se encontra de prolongar sua demora nos mundos inferiores e infelizes. Aquele, ao contrário, que trabalha ativamente pelo seu progresso moral, pode não somente abreviar a duração da encarnação material, mas vencer, de uma só vez, os degraus intermediários que o separam dos mundos superiores.

Os Espíritos não poderiam se encarnar senão uma vez sobre o mesmo globo e cumprir suas diferentes existências em esferas diferentes? Essa opinião só seria admissível se todos os homens estivessem, sobre a Terra, no mesmo nível intelectual e moral. As diferenças que existem entre eles, desde o selvagem ao homem civilizado, mostram os degraus que são chamados a vencer. A encarnação, aliás, deve ter um fim útil; ora, qual seria o das encarnações efêmeras de crianças que morrem em tenra idade? Elas teriam sofrido sem proveito para elas e para os outros: Deus, cujas leis são soberanamente sábias, não faz nada de inútil. Pela reencarnação sobre o mesmo globo, quis que os mesmos Espíritos, encontrando-se de novo em contato, tivessem ocasião de reparar os seus erros recíprocos; em razão das suas relações anteriores, ele quis, por outro lado, assentar os laços de família sobre uma base espiritual, e apoiar sobre uma lei natural os princípios de solidariedade, de fraternidade e de igualdade.

Capítulo V

Bem-aventurados os aflitos

Justiça das aflições. – Causas atuais das aflições. – Causas anteriores das aflições. – Esquecimento do passado. – Motivos de resignação. – O suicídio e a loucura. – Instruções dos Espíritos: *Bem e mal sofrer. – O mal e o remédio. – A felicidade não é deste mundo. – Perda de pessoas amadas. Mortes prematuras. – Se fosse um homem de bem teria morrido. – Os tormentos voluntários. – A infelicidade real. – A melancolia. – Provas voluntárias. O verdadeiro cilício. – Deve-se pôr termo às provas do próximo? – É permitido abreviar a vida de um doente que sofre sem esperança de cura? – Sacrifício da própria vida. – Proveito dos sofrimentos para outrem.*

1. *Bem-aventurados os que choram, porque serão consolados. Bem-aventurados os que têm fome e sede de justiça, porque serão saciados. Bem-aventurados os que sofrem perseguição pela justiça, porque o reino dos céus é para eles. (São Mateus, cap. V, v. 4, 6, e 10).*

2. *Vós sois bem-aventurados, vós que sois pobres, porque o reino dos céus é para vós. Vós sois bem-aventurados, vós que agora tendes fome, porque sereis saciados. Vós sois felizes, vós que agora chorais, porque rireis. (São Lucas, cap. VI, v. 20, 21).*

Mas, ai de vós, ricos! porque tendes vossa consolação neste mundo. Ai de vós que estais saciados, porque tereis fome. Ai de vós que rides agora, porque sereis reduzidos ao pranto e às lágrimas. (São Lucas, cap. VI, v. 24 e 25).

Justiça das aflições

3. As compensações que Jesus promete aos aflitos da Terra não podem ocorrer senão na vida futura; sem a certeza do futuro, essas máximas seriam um contrassenso, bem mais, seriam um engodo. Mesmo com essa certeza, compreende-se dificilmente a utilidade de sofrer para ser feliz. É, diz-se, para ter mais mérito. Mas, então, pergunta-se, por que uns sofrem mais do que os outros? Por que uns nascem na miséria e outros na opulência, sem nada terem feito para justificar essa posição? Por que para uns nada dá certo, enquanto que para outros tudo parece sorrir? Mas o que se compreende menos ainda é ver os bens e os males tão desigualmente repartidos entre o vício e a virtude; ver os homens virtuosos sofrerem ao lado dos maus que prosperam. A fé no futuro pode consolar e levar à paciência, mas não explica essas anomalias que parecem desmentir a justiça de Deus.

Entretanto, desde que se admita Deus, não se pode concebê-lo sem perfeições infinitas; ele deve ser todo poder, todo justiça, todo bondade, sem o que não seria Deus. Se Deus é soberanamente bom e justo, não pode agir por capricho, nem com parcialidade. *As vicissitudes da vida têm, pois, uma causa, e, uma vez que Deus é justo, essa causa deve ser justa.* Eis do que cada um deve se compenetrar bem. Deus colocou os homens sobre o caminho dessa causa pelos ensinamentos de Jesus e, hoje, julgando-os bastante maduros para compreendê-la, a revelou inteiramente pelo *Espiritismo,* quer dizer, pela *voz dos Espíritos.*

Causas atuais da aflições

4. As vicissitudes da vida são de duas espécies, ou, se assim se quer, têm duas fontes bem diferentes que importa distinguir: umas têm sua causa na vida presente, outras, fora dela.

Remontando à fonte dos males terrestres, se reconhecerá que muitos são a consequência natural do caráter e da conduta daqueles que os suportam.

Quantos homens tombam por suas próprias faltas! Quantos são vítimas de sua imprevidência, de seu orgulho e de sua ambição!

Quantas pessoas arruinadas por falta de ordem, de perseverança, por má conduta e por não terem limitado seus desejos!

Quantas uniões infelizes porque são de interesse calculado ou de vaidade, com as quais o coração nada tem!

Quantas dissensões e querelas funestas se teria podido evitar com mais moderação e menos suscetibilidade.

Quantos males e enfermidades são a consequência da intemperança e dos excessos de todos os gêneros!

Quantos pais são infelizes com seus filhos, porque não combateram suas más tendências no princípio! Por fraqueza ou indiferença, deixaram se desenvolver neles os germes do orgulho, do egoísmo e da tola vaidade que secam o coração; depois, mais tarde, recolhendo o que semearam, espantam-se e se afligem pela sua falta de respeito e ingratidão.

Que todos aqueles que são atingidos no coração pelas vicissitudes e decepções da vida, interroguem friamente sua consciência; que remontem progressivamente à fonte dos males que os afligem, e verão se, o mais frequentemente, não podem dizer: *Se eu tivesse, ou não tivesse, feito tal coisa eu não estaria em tal situação.*

A quem, pois, culpar de todas as suas aflições senão a si mesmo? O homem é, assim, num grande número de casos, o artífice dos seus próprios infortúnios; mas, ao invés de o reconhecer, ele acha mais simples, menos humilhante para a sua vaidade, acusar a sorte, a Providência, a chance desfavorável, sua má estrela, enquanto que sua má estrela está na sua incúria.

Os males dessa natureza formam, seguramente, um notável contingente nas vicissitudes da vida; o homem os evitará quando trabalhar para seu aprimoramento moral, tanto quanto para o seu aprimoramento intelectual.

5. A lei humana alcança certas faltas e as pune; o condenado pode, pois, dizer-se que suporta a consequência do que fez; mas a lei não alcança e não pode alcançar todas as faltas; ela atinge, mais especialmente, aquelas que prejudicam a sociedade, e não aquelas que não prejudicam senão aqueles que as cometem. Mas Deus quer o progresso de todas as suas criaturas; por isso, ele não deixa impune nenhum desvio do caminho reto; não há uma só falta, por pequena que seja, uma só infração à sua lei, que não tenha consequências forçadas e inevitáveis, mais ou menos tristes; de onde se segue que, nas pequenas, como nas grandes coisas, o homem é sempre punido pelo que pecou. Os sofrimentos que lhe são a consequência, são para ele uma advertência de que errou; eles lhe dão a experiência, fazendo-o sentir a diferença entre o bem e o mal, e a necessidade de se melhorar para evitar, no futuro, o que lhe foi uma fonte de desgostos; sem isso, não teria nenhum motivo para se emendar, e, confiando na impunidade, retardaria seu adiantamento e, por conseguinte, sua felicidade futura.

Mas a experiência, algumas vezes, vem um pouco tarde; quando a vida foi dissipada e perturbada, as forças desgastadas, e quando o mal não tem mais remédio, então, o homem se põe a dizer: Se no início da vida eu soubesse o que sei agora, quantas faltas teria evitado; *se fosse recomeçar,* eu faria tudo de outro modo; mas não há mais tempo! Como o obreiro preguiçoso, diz: Eu perdi minha jornada, ele também se diz: Eu perdi minha vida; mas da mesma forma que para o obreiro o Sol se ergue no dia seguinte e uma nova jornada começa, permitindo-lhe reparar o tempo perdido, para ele também, depois da noite do túmulo, brilhará o sol de uma nova vida, na qual poderá aproveitar a experiência do passado e suas boas resoluções para o futuro.

Causas anteriores das aflições

6. Mas, se há males dos quais o homem é a causa primeira nesta vida, há outros, pelo menos na aparência, que lhe são completamente estranhos, e que parecem atingi-lo como por fatalidade. Tal é, por exemplo, a perda de seres queridos e a de arrimos de família; tais são, ainda, os acidentes que nenhuma providência poderia impedir; os reveses de fortuna que frustram todas as medidas de prudência; os flagelos naturais e as enfermidades de nascimento, sobretudo aquelas que tiram aos infelizes os meios de ganhar sua vida pelo trabalho, como as deformidades, a idiotia, o cretinismo, etc.

Aqueles que nascem em semelhantes condições, seguramente, nada fizeram nesta vida para merecer uma sorte tão triste, sem compensação, que não podiam evitar, impotentes para mudarem por si mesmos, e que os coloca à mercê da comiseração pública. Por que, pois, seres tão infelizes, ao passo que ao seu lado, sob o mesmo teto, na mesma família, outros são favorecidos sob todos os aspectos?

Que dizer, enfim, dessas crianças que morrem em tenra idade e não conheceram da vida senão o sofrimento? Problemas que nenhuma filosofia pôde ainda resolver, anomalias que nenhuma religião pôde justificar, e que seriam a negação da bondade, da justiça e da providência de Deus, na hipótese de ser a alma criada ao mesmo tempo que o corpo, e sua sorte estar irrevogavelmente fixada após uma estada de alguns instantes na Terra. Que fizeram, essas almas que acabam de sair das mãos do Criador, para suportar tantas misérias neste mundo e merece, no futuro, uma recompensa, ou uma punição qualquer, quando não puderam fazer nem o bem nem o mal?

Entretanto, em virtude do axioma de que *todo efeito tem uma causa,* essas misérias são efeitos que devem ter uma causa e, desde que se admita um Deus justo, essa causa deve ser justa. Ora, a causa precedendo sempre o efeito, uma vez que não está na vida atual, deve ser anterior a ela, quer dizer, pertencer a uma existência precedente. Por outro lado, Deus não podendo punir pelo bem que se fez, nem pelo mal que não se fez, se somos punidos, é porque fizemos o mal; se não fizemos o mal nesta vida, o fizemos numa outra. É uma alternativa da qual é impossível escapar, e na qual a lógica diz de que lado está a justiça de Deus.

O homem, pois, não é sempre punido, ou completamente punido na sua existência presente, mas não escapa jamais às consequências de suas faltas. A prosperidade do mau não é senão momentânea, e se ele não expia hoje, expiará amanhã, ao passo que aquele que sofre, está expiando seu passado. A infelicidade que, à primeira vista, parece imerecida tem, pois, sua razão de ser, e aquele que sofre pode sempre dizer: "Perdoai-me, Senhor, porque pequei."

7. Os sofrimentos por causas anteriores são, frequentemente, como os das faltas atuais, a consequência natural da falta cometida; quer dizer, por uma justiça distributiva rigorosa, o homem suporta o que fez os outros suportarem; se foi duro e desumano, ele poderá ser, a seu turno, tratado duramente e com desumanidade; se foi orgulhoso, poderá nascer em uma condição humilhante; se foi avarento, egoísta, ou se fez mau uso da sua fortuna, poderá ser privado do necessário; se foi mau filho, poderá sofrer com os próprios filhos, etc.

Assim se explicam, pela pluralidade das existências e pela destinação da Terra como mundo expiatório, as anomalias, que a distribuição da felicidade e da infelicidade entre os bons e os maus neste mundo apresenta. Essas anomalias são apenas aparentes porque são consideradas somente sob o ponto de vista do presente; mas se nos elevarmos pelo pensamento, de maneira a abranger uma série de existências, compreenderemos que cada um recebe a parte que merece, sem prejuízo do que lhe é dado no mundo dos Espíritos, e que a justiça de Deus jamais é interrompida.

O homem não deve jamais perder de vista que está sobre um mundo inferior, onde não é mantido senão pelas suas imperfeições. A cada vicissitude, deve dizer-se que se pertencesse a um mundo mais elevado, isso não ocorreria, e que depende dele não mais retornar a este mundo, trabalhando pelo seu aperfeiçoamento.

8. As tribulações da vida podem ser impostas aos Espíritos endurecidos, ou muito ignorantes para fazerem uma escolha com conhecimento de causa, mas são livremente escolhidas e aceitas pelos Espíritos *arrependidos,* que querem reparar o mal que fizeram e tentar fazer melhor. Tal é aquele que, tendo feito mal sua tarefa, pede para recomeçá-la a fim de não perder o benefício do seu trabalho. Essas tribulações, pois, são, ao mesmo tempo, expiações pelo passado que elas punem e provas para o futuro, que elas preparam. Rendamos graças a Deus que, na sua bondade, concede ao homem a faculdade da reparação e não o condena irrevogavelmente pela primeira falta.

9. Entretanto, não seria preciso crer que todo sofrimento suportado neste mundo seja, necessariamente, o indício de uma falta determinada; são, frequentemente, simples provas escolhidas pelo Espírito para acabar sua depuração e apressar seu adiantamento. Assim, a expiação serve sempre de prova, mas a prova não é sempre uma expiação; mas provas ou expiações são sempre sinais de uma inferioridade relativa, porque o que é perfeito não tem mais necessidade de ser provado. Um Espírito pode, pois, ter adquirido um certo grau de elevação, mas, querendo avançar ainda, solicita uma missão, uma tarefa a cumprir, da qual será tanto mais recompensado se sai vitorioso, quanto a luta tenha sido mais penosa. Tais são, mais especialmente, essas pessoas de instintos naturalmente bons, de alma elevada, de nobres sentimentos inatos que parecem não ter trazido nada de mau de sua precedente existência, e que suportam, com uma resignação toda cristã, as maiores dores, pedindo a Deus para as suportar sem lamentações. Podem-se, ao contrário, considerar como expiações as aflições que excitam as queixas e compelem o homem à revolta contra Deus.

O sofrimento que não excita lamentações pode, sem dúvida, ser uma expiação, mas é o indício de que ele foi antes escolhido voluntariamente do que imposto, e a prova de uma forte resolução, o que é um sinal de progresso.

10. Os Espíritos não podem aspirar à felicidade perfeita senão quando são puros; toda mancha lhes interdita a entrada nos mundos felizes. Tais são os passageiros de um navio atingido pela peste, aos quais a entrada de uma cidade é interditada até que estejam purificados. É nas suas diversas existências corporais que os Espíritos se despojam, pouco a pouco, de suas imperfeições. As provas da vida adiantam, quando bem suportadas; como expiações, elas apagam as faltas e purificam; é o remédio que limpa a chaga e cura o enfermo; quanto mais grave é o mal, mais o remédio deve ser enérgico. Aquele, pois, que sofre muito, deve dizer-se que tem muito a expiar, e regozijar-se de ser logo curado; depende dele, pela sua resignação, tornar esse sofrimento proveitoso, e de não lhe perder os frutos pelas lamentações, sem o que estaria por recomeçar.

Esquecimento do passado

11. É em vão que se objeta o esquecimento como um obstáculo no sentido de que se possa aproveitar a experiência das existências anteriores. Se Deus julgou conveniente lançar um véu sobre o passado, é porque isso devia ser útil. Com efeito, essa lembrança teria graves inconvenientes; poderia, em certos casos, humilhar-nos estranhamente ou exaltar o nosso orgulho e, por isso mesmo, entravar o nosso livre-arbítrio; em todos os casos, traria uma perturbação inevitável nas relações sociais.

O Espírito renasce, frequentemente, no mesmo meio em que viveu e se acha em relação com as mesmas pessoas, a fim de reparar o mal que lhes fez. Se reconhecesse nelas as que odiou, talvez seu ódio se revelasse; em todos os casos, seria humilhado diante daqueles que houvesse ofendido.

Deus nos deu, para nosso adiantamento, justamente o que nos é necessário e pode nos bastar: a voz da consciência e nossas tendências instintivas, e nos tira o que poderia nos prejudicar.

Ao nascer, o homem traz o que adquiriu; nasce como se fez; cada existência é para ele um novo ponto de partida. Pouco lhe importa saber o que foi; ele é punido porque fez o mal e suas tendências más atuais são indício do que resta nele a corrigir, sendo nisso que deve concentrar sua atenção, porque do que está completamente corrigido não lhe resta nenhum traço. As boas resoluções que tomou são a voz da consciência que o adverte do que é bem ou mal e lhe dá a força para resistir às más tentações.

De resto, esse esquecimento não ocorre senão durante a vida corporal. Reentrando na vida espiritual, o Espírito retoma as lembranças do passado; isso não é, pois, senão uma interrupção momentânea, como a que ocorre na vida terrestre durante o sono, e que não impede de lembrar, no dia seguinte, o que se fez na véspera e nos dias precedentes.

Não é apenas depois da morte que o Espírito recobra as lembranças do passado; pode-se dizer que não as perde jamais, porque a experiência prova que na encarnação, durante o sono do corpo, quando goza de uma certa liberdade, o Espírito tem consciência de seus atos anteriores; ele sabe por que sofre, e que sofre justamente; a lembrança não se apaga senão durante a vida exterior de relação. Mas, à falta de uma lembrança precisa, que poderia lhe ser penosa e prejudicar suas relações sociais, ele haure novas forças nesses instantes de emancipação da alma, se sabe aproveitá-los.

Motivos de resignação

12. Por estas palavras: *Bem-aventurados os aflitos, porque serão consolados,* Jesus indica, ao mesmo tempo, a compensação que espera aqueles que sofrem, e a resignação que faz abençoar o sofrimento como o prelúdio da cura.

Essas palavras podem, ainda, ser traduzidas assim: Deveis considerar-vos felizes por sofrer, porque as vossas dores neste mundo são a dívida das vossas faltas passadas, e essas dores, suportadas pacientemente sobre a Terra, vos poupam séculos de sofrimento na vida futura. Deveis, pois, estar felizes porque Deus transformou vossa dívida, permitindo pagá-la presentemente, o que vos assegura a tranquilidade para o futuro.

O homem que sofre é semelhante a um devedor que deve uma grande quantia, a quem diz o seu credor: "Se me pagardes hoje mesmo a centésima parte da dívida, eu vos darei quitação de todo o resto, e sereis livre; se não o fizerdes, eu vos perseguirei até que tenhais pago o último centavo." (*) O devedor não seria mais venturoso, suportando toda sorte de privações para se liberar, pagando somente a centésima parte do que deve? Ao invés de se lamentar do seu credor, não lhe agradeceria?

Tal é o sentido destas palavras: "Bem-aventurados os aflitos, porque serão consolados"; são felizes porque se quitam e, depois de se quitarem, estarão livres. Mas se, quitando-se inteiramente de um lado, endivida-se de outro, não se alcançará jamais a libertação. Ora, cada nova falta aumenta a dívida, porque não há uma só, qualquer que seja, que não arraste consigo sua punição forçada, inevitável, que se não for hoje, será amanhã, se não for nesta vida, será na outra. Entre essas faltas, é preciso colocar em primeiro plano a falta de submissão à vontade de Deus, pois, quem murmura nas aflições, e não as aceita com resignação e como uma coisa que se deve merecer, quem acusa a Deus de injustiça, contrai uma nova dívida que faz perder o benefício que se poderia retirar do sofrimento; por isso, seria preciso recomeçar, absolutamente, como se, a um credor que vos atormenta, pagásseis prestações tomando-lhe, a cada vez, um novo empréstimo.

À sua entrada no mundo dos Espíritos, o homem está ainda como o obreiro que se apresenta no dia do pagamento. A uns o senhor dirá: "Eis o prêmio dos vossos dias de trabalho"; a outros, aos felizes da Terra, àqueles que tenham vivido na ociosidade, que colocaram sua felicidade na satisfação do

(*) No original, "la dernière obole". **Óbolo:** moeda da Grécia antiga. (N. do R.).

amor-próprio e dos prazeres mundanos, ele dirá: "A vós nada cabe, porque recebestes vosso salário na Terra. Ide e recomeçai a vossa tarefa."

13. O homem pode abrandar ou aumentar a amargura das suas provas pela maneira que encara a vida terrestre. Ele sofre tanto mais quanto veja mais longa a duração do sofrimento; ora, aquele que se coloca no ponto de vista da vida espiritual, abarca de um golpe de vista a vida corporal; ele a vê como um ponto no infinito, compreende-lhe a brevidade, e se diz que esse momento penoso passará bem depressa; a certeza de um futuro próximo mais feliz o sustenta e o encoraja, e ao invés de se lamentar, agradece ao céu pelas dores que o fazem avançar. Para aquele, ao contrário, que não vê senão a vida corporal, esta lhe parece interminável, e a dor pesa sobre ele com todo o seu peso. O resultado dessa maneira de encarar a vida é diminuir a importância das coisas deste mundo, de levar o homem a moderar seus desejos, a contentar-se com sua posição sem invejar a dos outros, de atenuar a impressão moral dos reveses e das decepções que experimenta; ele haure nisso uma calma e uma resignação tão úteis à saúde do corpo como à da alma, ao passo que pela inveja, ciúme e ambição, tortura-se voluntariamente, e aumenta, assim, as misérias e as angústias de sua curta existência.

O suicídio e a loucura

14. A calma e a resignação, hauridas na maneira de encarar a vida terrestre e na fé no futuro, dão ao espírito uma serenidade que é o melhor preservativo contra a *loucura e o suicídio.* Com efeito, é certo que a maioria dos casos de loucura são devidos à comoção produzida pelas vicissitudes que o homem não tem força de suportar; se, pois, pela maneira que o Espiritismo o faz encarar as coisas deste mundo, ele recebe com indiferença, com alegria mesmo, os reveses e as decepções que o desesperariam em outras circunstâncias, é evidente que essa força, que o coloca acima dos acontecimentos, preserva sua razão dos abalos que, sem ela, sacudiriam-no.

15. Ocorre o mesmo com o suicídio; excluídos aqueles que se efetuam no estado de embriaguez e de loucura, e que podemos chamar inconscientes, é certo que, quaisquer que sejam os motivos particulares, têm sempre por causa um descontentamento; ora, aquele que está certo de não ser infeliz senão por um dia, e de serem melhores os dias seguintes, tem facilmente paciência; ele só se desespera se não vê termo para seus sofrimentos. Que é, pois, a vida humana em relação à eternidade, senão bem menos que um dia? Mas para aquele que não crê na eternidade, que crê que tudo nele se acaba com a vida, se está oprimido pelo desgosto e pelo infortúnio, não vê seu termo senão na morte; não esperando nada, acha muito natural, muito lógico mesmo, abreviar suas misérias pelo suicídio.

16. A incredulidade, a simples dúvida sobre o futuro, as ideias materialistas, numa palavra, são os maiores *excitantes ao suicídio:* elas dão a *covardia moral.* Quando se veem homens de ciência se apoiarem sobre a autoridade do seu saber para procurarem provar aos seus ouvintes, ou aos seus leitores, que eles nada têm a esperar depois da morte, não os conduzem a essa consequência de que, se são infelizes, nada têm melhor a fazer do que se matar? Que lhes poderiam dizer para disso desviá-los? Que compensação poderiam lhes oferecer? Que esperança poderiam lhes dar? Nenhuma coisa senão o nada. De onde é preciso concluir que se o nada é o único remédio heroico, a única perspectiva, mais vale nele cair imediatamente que mais tarde e, assim, sofrer por menos tempo.

A propagação das ideias materialistas é, pois, o veneno que inocula em um grande número de pessoas o pensamento do suicídio, e aqueles que se fazem seus apóstolos assumem sobre si uma terrível responsabilidade. Com o Espiritismo, não sendo mais permitida a dúvida, o aspecto da vida muda; o crente sabe que a vida se prolonga indefinidamente além do túmulo, mas em outras condições; daí a paciência e a resignação que o afastam naturalmente do pensamento do suicídio; daí, numa palavra, a *coragem moral.*

17. O Espiritismo tem, ainda, sob esse aspecto, um outro resultado também positivo, e talvez mais determinante. Ele nos mostra os próprios suicidas vindo revelar sua posição infeliz, e provar que ninguém viola impunemente a lei de Deus, que proíbe ao homem abreviar sua vida. Há entre os suicidas aqueles cujo sofrimento, por não ser senão temporário ao invés de eterno, não é menos terrível, e de natureza a dar o que pensar a qualquer que fosse tentado a partir daqui antes da ordem de Deus. O espírita tem, pois, para contrabalançar a ideia do suicídio, vários motivos: a *certeza* de uma vida futura, na qual ele *sabe* que será tanto mais feliz quanto tenha sido mais infeliz e mais resignado na Terra; a *certeza* de que abreviando sua vida, alcança um resultado justamente contrário ao que esperava; que se livra de um mal para chegar a um pior, mais longo e mais terrível; que se engana se crê, em se matando, ir mais depressa para o céu; que o suicídio é um obstáculo para que ele se reúna, no outro mundo, aos objetos das suas afeições, que esperava ali reencontrar; de onde a consequência de que o suicídio, não lhe dando senão decepções, está contra os seus próprios interesses. Igualmente o número dos suicídios impedidos pelo Espiritismo é considerável, e pode-se disso concluir que, quando todo mundo for espírita, não haverá mais suicídios conscientes. Comparando-se, pois, os resultados das doutrinas materialista e espírita, sob o único ponto de vista do suicídio, vemos que a lógica de uma a ele conduz, enquanto que a lógica da outra dele desvia, o que está confirmado pela experiência.

Instruções dos Espíritos

Bem e mal sofrer

18. Quando o Cristo disse: "Bem-aventurados os aflitos, que deles é o reino dos céus", não se referia àqueles que sofrem em geral, porque todos aqueles que estão neste mundo sofrem, estejam sobre o trono ou sobre a palha; mas, ah! poucos sofrem bem; poucos compreendem que somente as provas bem suportadas podem conduzi-los ao reino de Deus. O desencorajamento é uma falta; Deus vos recusa consolações, porque vos falta coragem. A prece é um sustentáculo para a alma, porém, ela não basta: é preciso que esteja apoiada sobre uma fé viva na bondade de Deus. Frequentemente, ele vos disse que não colocava fardos pesados em ombros fracos; o fardo é proporcional às forças, como a recompensa será proporcional à resignação e à coragem; maior será a recompensa quanto a aflição não seja penosa; mas essa recompensa é preciso merecê-la, e é por isso que a vida está cheia de tribulações.

O militar que não é enviado ao campo de batalha não fica contente, porque o repouso da retaguarda no acampamento não lhe proporciona promoção; sede, pois, como o militar e não desejeis um repouso em que o vosso corpo se enfraqueceria e a vossa alma se entorpeceria. Ficai satisfeitos quando Deus vos envia à luta. Essa luta não é o fogo da batalha, mas as amarguras da vida, onde é preciso, algumas vezes, mais coragem do que num combate sangrento, porque aquele que ficaria firme diante do inimigo, se dobrará sob o constrangimento de uma pena moral. O homem não é recompensado por essa espécie de coragem, mas Deus lhe reserva louros e um lugar glorioso. Quando vos atinge um motivo de inquietação ou de contrariedade, esforçai-vos por superá-lo e, quando chegardes a dominar os ímpetos da impaciência, da cólera ou do desespero, dizei-vos com justa satisfação: "Eu fui o mais forte."

Bem-aventurados os aflitos pode, pois, ser traduzido assim: bem-aventurados aqueles que têm oportunidades de provarem sua fé, sua firmeza, sua perseverança e sua submissão à vontade de Deus, porque terão em cêntuplo a alegria que lhes falta na Terra, e depois do trabalho virá o repouso. (LACORDAIRE, Havre, 1863).

O mal e o remédio

19. Vossa Terra é, pois, um lugar de alegria, um paraíso de delícias? A voz do profeta não ressoa mais aos vossos ouvidos? Ele não apregoou que haveria pranto e ranger de dentes para aqueles que nascessem nesse vale de dores? Vós que viestes aí viver, esperai pois lágrimas cruciantes e penas amargas, e mais as vossas dores sejam agudas e profundas, olhai o céu e bendizei o Senhor por ter querido vos experimentar!... Ó homens! não reconhecereis, pois, o poder do vosso mestre senão quando ele tiver curado as chagas do vosso corpo e coroado os vossos dias de beatitude e de alegria? Não reconhecereis, pois, seu amor senão quando ele vos tiver adornado o vosso corpo com todas as glórias, e lhe tiver restituído seu brilho e sua brancura? Imitai aquele que vos foi dado como exemplo; chegado ao último degrau da abjeção e da miséria, estendido sobre o lixo, disse a Deus: "Senhor, conheci todas as alegrias da opulência e me reduzistes à miséria mais profunda; obrigado, obrigado meu Deus, por querer bem experimentar vosso servo!" Até quando vossos olhares se deterão nos horizontes marcados pela morte? Quando vossa alma desejará, enfim, se soltar além dos limites de um túmulo? Mas se devêsseis chorar e sofrer toda uma vida, que seria isso ao lado da eternidade de glória reservada àquele que tiver suportado a prova com fé, amor e resignação? Procurai, pois, consolações aos vossos males no futuro que Deus vos prepara, e a causa deles no passado; e vós, que sofreis mais, considerai-vos os bem-aventurados da Terra.

No estado de desencarnados, quando planáveis no espaço, escolhestes vossa prova, porque vos acreditastes bastante fortes para suportá-la; por que reclamar nessa hora? Vós que pedistes a fortuna e a glória, era para sustentar a luta da tentação e vencê-la. Vós que pedistes lutar de corpo e alma contra o mal moral e físico, é porque sabíeis que quanto mais a prova seria dura, tanto mais a vitória seria gloriosa, e que se dela saísseis triunfantes, devesse vossa carne ser lançada sobre um monturo, em sua morte, ela deixaria escapar uma alma brilhante de brancura e tornada pura pelo batismo da expiação e do sofrimento.

Que remédio, pois, recomendar àqueles que estão atacados de obsessões cruéis e de males cruciantes? Um só é infalível: a fé, o olhar para o céu. Se no acesso dos vossos mais cruéis sofrimentos, a vossa voz cantar ao Senhor, o anjo à vossa cabeceira, de sua mão vos mostrará o sinal de salvação e o lugar que deveis ocupar um dia... É a fé o remédio certo do sofrimento; ela mostra sempre os horizontes do infinito, diante dos quais se apagam os poucos dias sombrios do presente. Não nos pergunteis mais, pois, qual remédio é preciso empregar para curar tal úlcera ou tal chaga, tal tentação ou tal prova; recordai que aquele que crê é forte pelo remédio da fé, e aquele que duvida um segundo da sua eficácia, é logo punido, porque experimenta no mesmo instante as pungentes angústias da aflição.

O Senhor marcou com seu selo todos aqueles que creem nele. Cristo vos disse que com a fé transportam-se as montanhas, e eu vos digo que aquele que sofre e tiver a fé por sustentáculo, será colocado sob sua égide e não sofrerá mais; os momentos das mais fortes dores serão para ele as primeiras notas de alegria da eternidade. Sua alma se desprenderá de tal forma de seu corpo que, enquanto este se contorcer sob as convulsões, ela planará nas regiões celestes cantando com os anjos os hinos de reconhecimento e de glória ao Senhor.

Felizes aqueles que sofrem e que choram! que suas almas se alegrem porque serão abençoadas por Deus. (SANTO AGOSTINHO, Paris, 1863).

A felicidade não é deste mundo

20. Não sou feliz! A felicidade não foi feita para mim! exclama geralmente o homem em todas as posições sociais. Isso, meus caros filhos, prova melhor do que todos os raciocínios possíveis a verdade desta máxima do Eclesiastes: "A felicidade não é deste mundo." Com efeito, nem a fortuna, nem o poder, nem mesmo a juventude florescente, são as condições essenciais da felicidade; digo mais: nem mesmo a reunião dessas três condições tão desejadas, uma vez que se ouvem sem cessar, no meio das classes mais privilegiadas, pessoas de todas as idades se lamentarem amargamente da sua condição de ser.

Diante de tal resultado, é inconcebível que as classes laboriosas e militantes invejem com tanta cobiça a posição daqueles a quem a fortuna parece ter favorecido. Neste mundo, qualquer coisa que se faça, cada um tem a sua parte de trabalho e de miséria, seu quinhão de sofrimento e de decepções. De onde é fácil chegar à conclusão de que a Terra é um lugar de provas e de expiações.

Assim, pois, aqueles que pregam ser a Terra a única morada do homem, e que só nela, e numa só existência, lhe é permitido atingir o mais alto grau das felicidades que a sua natureza comporta, iludem-se e enganam aqueles que os escutam, já que está demonstrado, por uma experiência arquissecular, que este globo não encerra senão excepcionalmente as condições necessárias à felicidade completa do indivíduo.

Em tese geral, pode-se afirmar que a felicidade é uma utopia, na busca da qual as gerações se lançam sucessivamente sem poder jamais alcançá-la; porque se o homem sábio é uma raridade neste mundo, o homem absolutamente feliz nele se encontra menos.

Aquilo em que consiste a felicidade sobre a Terra é uma coisa tão efêmera para aquele que não age sabiamente que, por um ano, um mês, uma semana de completa satisfação, todo o resto se escoa numa sequência de amarguras e decepções; e notai, meus caros filhos, que falo aqui dos felizes da Terra, daqueles que são invejados pelas multidões.

Consequentemente, se a morada terrestre está destinada às provas e à expiação, é preciso admitir que existem alhures moradas mais favoráveis onde o Espírito do homem, ainda aprisionado numa carne material, possui em sua plenitude os prazeres ligados à vida humana. Por isso, Deus semeou, no vosso turbilhão, esses belos planetas superiores para os quais os vossos esforços e as vossas tendências vos farão gravitar um dia, quando estiverdes suficientemente purificados e aperfeiçoados.

Todavia, não deduzais de minhas palavras que a Terra esteja dedicada para sempre a uma destinação penitenciária; não, certamente! porque dos progressos realizados podeis deduzir facilmente os progressos futuros, e dos melhoramentos sociais conquistados, novos e mais fecundos melhoramentos. Tal é a tarefa imensa que deve realizar a nova doutrina que os Espíritos vos revelaram.

Assim, pois, meus caros filhos, que uma santa emulação vos anime, e que cada um dentre vós despoje energicamente o homem velho. Deveis tudo à divulgação deste Espiritismo que já começou a vossa própria regeneração. É um dever fazer vossos irmãos participarem dos raios da luz sagrada. À obra, pois, meus bem-amados filhos! Que nesta reunião solene, todos os vossos corações aspirem a este objetivo grandioso de preparar, às novas gerações, um mundo em que a felicidade não será mais uma palavra vã. (FRANÇOIS – NICOLAS – MADELEINE, cardeal MORLOT, Paris, 1863).

Perda de pessoas amadas. Mortes prematuras

21. Quando a morte vem ceifar nas vossas famílias, levando sem moderação as pessoas jovens ao invés das velhas, dizeis frequentemente: Deus não é justo, uma vez que sacrifica esse que é forte e pleno de futuro, para conservar aqueles que viveram longos anos plenos de decepções; uma vez que leva aqueles que são úteis e deixa aqueles que não servem mais para nada; uma vez que parte o coração de uma mãe privando-a da inocente criatura que fazia toda a sua alegria.

Humanos, é nisto que tendes necessidade de vos elevar acima do terra-a-terra da vida, para compreenderdes que o bem, frequentemente, está onde credes ver o mal, a sábia previdência aí onde credes ver a cega fatalidade do destino. Por que medir a justiça divina pelo valor da vossa? Podeis pensar que o senhor dos mundos queira, por um simples capricho, vos infligir penas cruéis? Nada se faz sem um objetivo inteligente e, qualquer que seja ao que se chegue, cada coisa tem sua razão de ser. Se perscrutásseis melhor todas as dores que vos atingem, nelas encontraríeis sempre a razão divina, razão regeneradora, e vossos miseráveis interesses seriam uma consideração secundária que relegaríeis ao último plano.

Crede-me, a morte é preferível, para a encarnação de vinte anos, a esses desregramentos vergonhosos que desolam as famílias honradas, partem o coração de uma mãe, e fazem, antes do tempo, branquear os cabelos dos pais. A morte prematura, frequentemente, é um grande benefício que Deus concede àquele que se vai, e que se encontra, assim, preservado das misérias da vida, ou das seduções que teriam podido arrastá-lo à sua perdição. Aquele que morre na flor da idade, não é vítima da fatalidade, mas Deus julga que lhe é útil não permanecer por mais tempo na Terra.

É uma horrível infelicidade, dizeis, que uma vida tão plena de esperanças seja tão cedo cortada! De quais esperanças quereis falar? das da Terra, onde aquele que dela se vai teria podido brilhar, construir seu caminho e sua fortuna? Sempre essa visão estreita que não pode se elevar acima da matéria. Sabeis qual seria a sorte dessa vida tão plena de esperanças segundo vós? Quem vos diz que ela não poderia ser cheia de amarguras? Contais, pois, por nada as esperanças da vida futura, já que preferis as da vida efêmera que arrastais sobre a Terra? Pensais, pois, que vale mais ter uma posição entre os homens que entre os Espíritos bem-aventurados?

Regozijai-vos ao invés de vos lamentar, quando apraz a Deus retirar um de seus filhos deste vale de misérias. Não há egoísmo em desejar que ele aí permanecesse para sofrer convosco? Ah! essa dor se concebe naquele que não tem fé, e que vê na morte uma separação eterna; mas vós, espíritas, sabeis que a alma vive melhor desembaraçada de seu envoltório corporal; mães, sabeis que vossos filhos bem-amados estão perto de vós; sim, bem perto; seus corpos fluídicos vos cercam, seus pensamentos vos protegem, vossa lembrança os embriaga de alegria; mas também vossas dores desarrazoadas os afligem, porque elas denotam uma falta de fé e são uma revolta contra a vontade de Deus.

Vós que compreendeis a vida espiritual, escutai as pulsações de vosso coração chamando esses entes bem-amados, e se pedirdes a Deus para os abençoar, sentireis em vós essas poderosas consolações que secam as lágrimas, essas aspirações maravilhosas que vos mostrarão o futuro prometido pelo soberano Senhor. (SANSON, antigo membro da Sociedade Espírita de Paris, 1863).

Se fosse um homem de bem teria morrido

22. Dizeis, frequentemente, falando de um homem mau que escapa de um perigo: *se fosse um homem de bem teria morrido.* Pois bem, dizendo isso, estais com a verdade porque, efetivamente, ocorre que, muitas vezes, Deus dá a um Espírito jovem, ainda nos caminhos do progresso, uma prova mais longa que a um bom que receberá, em recompensa do seu mérito, o favor de que sua prova seja tão curta quanto possível. Assim, pois, quando vos servis desse axioma, não duvideis que blasfemais.

Se morre um homem de bem, cuja casa ao lado seja a de um homem mau, apressai-vos em dizer: *gostaria mais que este se fosse.* Estais grandemente errados, porque aquele que parte terminou sua tarefa, e aquele que fica talvez não a tenha começado. Por que quereríeis, pois, que o mau não tivesse tempo de a acabar, e que o outro permanecesse preso à gleba terrestre? Que diríeis de um prisioneiro que tivesse cumprido sua pena e que se retivesse na prisão, enquanto que se desse a liberdade àquele que a ela não tinha direito? Ficai sabendo, pois, que a verdadeira liberdade está na libertação dos laços do corpo, e que enquanto estiverdes sobre a Terra, estais em cativeiro.

Habituai-vos a não censurar o que não podeis compreender e crede que Deus é justo em todas as coisas e, frequentemente, o que vos parece um mal é um bem, mas vossas faculdades são tão limitadas que o conjunto do grande todo escapa aos vossos sentidos obtusos. Esforçai-vos por sair, pelo pensamento, da vossa esfera estreita, e, à medida que vos elevardes, a importância da vida material diminuirá aos vossos olhos, porque ela não se vos apresentará senão como um incidente na duração infinita da vossa existência espiritual, a única existência verdadeira. (FÉNELON, Sens, 1861).

Os tormentos voluntários

23. O homem está incessantemente em busca da felicidade que lhe escapa sem cessar, porque a felicidade sem mescla não existe na Terra. Entretanto, malgrado as vicissitudes que formam o cortejo inevitável desta vida, poderia pelo menos gozar de uma felicidade relativa, mas ele a procura nas coisas perecíveis e sujeitas às mesmas vicissitudes, quer dizer, nos prazeres materiais, ao invés de a procurar nos prazeres da alma, que são um antegozo dos prazeres celestes, imperecíveis; em lugar de procurar a *paz do coração,* única felicidade real deste mundo, é ávido de tudo aquilo que pode agitá-lo e perturbá-lo; e, coisa singular, parece criar propositadamente tormentos que não cabe senão a ele evitar.

Haverá maiores tormentos que aqueles causados pela inveja e o ciúme? Para o invejoso e o ciumento não há repouso; estão perpetuamente em febre; o que eles não têm e o que os outros possuem lhes causam insônia; os sucessos dos seus rivais lhes dão vertigem; sua emulação não se exerce senão para eclipsar seus vizinhos, toda sua alegria está em excitar nos insensatos, como eles, a cólera do ciúme de que estão possuídos. Pobres insensatos, com efeito, que não sonham que talvez amanhã lhes será preciso deixar todas essas futilidades cuja cobiça envenena sua vida! Não é a eles que se aplicam estas palavras: "Bem-aventurados os aflitos, porque serão consolados", porque seus cuidados não são daqueles que têm compensação no céu.

De quantos tormentos, ao contrário, poupa-se aquele que sabe se contentar com o que tem, que vê sem inveja o que não tem, que não procura parecer mais do que é. Ele está sempre rico porque, se olha abaixo de si, em lugar de olhar acima, verá sempre pessoas que têm menos ainda; é calmo, porque não cria para si necessidades quiméricas, e a calma, no meio das tempestades da vida, não será felicidade? (FÉNELON, Lião, 1860).

A infelicidade real

24. Todo o mundo fala da infelicidade, todo mundo a experimentou e crê conhecer seu caráter múltiplo. Venho vos dizer que quase todos se enganam, e que a infelicidade real não é tudo aquilo que os homens, quer dizer os infelizes, a supõem. Eles a veem na miséria, no fogão sem lume, no credor ameaçador, no berço vazio do anjo que sorria, nas lágrimas, no féretro que se acompanha de cabeça descoberta e de coração partido, na angústia da traição, na nudez do orgulhoso que gostaria de se cobrir de púrpura e que esconde com dificuldade sua nudez sob os farrapos da vaidade; a tudo isso, e a outras coisas ainda, se chama de infelicidade na linguagem humana. Sim, é a infelicidade para aqueles que não veem senão o presente; mas a verdadeira infelicidade está nas consequências de uma coisa, mais do que na própria coisa. Dizei-me se o acontecimento mais feliz para o momento, mas que tem consequências funestas, não é em realidade mais infeliz que aquele que causa primeiro uma viva contrariedade, e acaba por resultar no bem? Dizei-me se a tempestade que quebra vossas árvores, mas saneia o ar dissipando os miasmas insalubres que causariam a morte, não é antes uma felicidade do que uma infelicidade.

Para julgar uma coisa é preciso, pois, ver-lhe as consequências; é assim que, para apreciar o que é realmente feliz ou infeliz para o homem, é preciso se transportar além desta vida, porque é lá que as consequências se fazem sentir; ora, tudo o que se chama infelicidade segundo sua curta visão, cessa com a vida e encontra sua compensação na vida futura.

Vou vos revelar a infelicidade sob uma nova forma, sob a forma bela e florida que acolheis e desejais com todas as forças das vossas almas equivocadas. A infelicidade é a alegria, é o prazer, é a fama, é a agitação vã, é a louca satisfação da vaidade, que fazem calar a consciência, que comprimem a ação do pensamento, que atordoam o homem sobre seu futuro; a infelicidade é o ópio do esquecimento que reclamais ardentemente.

Esperai, vós que chorais! tremei, vós que rides, porque vosso corpo está satisfeito! Não se engana a Deus; não se esquiva do destino; e as provas, credoras mais implacáveis que a matilha excitada pela miséria, espreitam vosso repouso ilusório para vos mergulhar de repente na agonia da verdadeira infelicidade, daquela que surpreende a alma enfraquecida pela indiferença e pelo egoísmo.

Que o Espiritismo vos esclareça, pois, e recoloque em sua verdadeira luz a verdade e o erro, tão estranhamente desfigurados pela vossa cegueira! Então, agireis como bravos soldados que, longe de fugirem do perigo, preferem as lutas dos combates temerários à paz que não pode dar nem glória, nem progresso. Que importa ao soldado perder no tumulto suas armas, sua bagagem e seus uniformes, contanto que dele saia vencedor e com glória! Que importa àquele que tem fé no futuro deixar sobre o campo de batalha da vida sua fortuna e seu manto de carne, contanto que sua alma entre, radiosa, no reino celeste? (DELPHINE DE GIRARDIN, Paris, 1861).

A melancolia

25. Sabeis por que uma vaga tristeza se apodera por vezes dos vossos corações e vos faz achar a vida tão amarga? É o vosso Espírito que aspira à felicidade e à liberdade e que, preso ao corpo que lhe serve de prisão, extenua-se em vãos esforços para dele sair. Mas, vendo que são inúteis, cai no desencorajamento, e o corpo, suportando sua influência, a languidez, o abatimento e uma espécie de apatia se apoderam de vós, e vos achais infelizes.

Crede-me, resisti com energia a essas impressões que enfraquecem vossa vontade. Essas aspirações para uma vida melhor são inatas no espírito de todos os homens, mas não as procureis neste mundo; e, atualmente, quando Deus vos envia seus Espíritos para vos instruírem sobre a felicidade que vos reserva, esperai pacientemente o anjo da libertação que deve vos ajudar a romper os laços que mantêm vosso Espírito cativo. Lembrai-vos de que tendes a cumprir, durante vossa prova na Terra, uma missão de que não suspeitais, seja em vos devotando à vossa família, seja cumprindo os diversos deveres que Deus vos confiou. E se no curso dessa prova, e desempenhando vossa tarefa, vedes os cuidados, as inquietações, os desgostos se precipitarem sobre vós, sede fortes e corajosos para os suportar. Afrontai-os francamente; eles são de curta duração e devem vos conduzir para perto dos amigos que chorais, que se regozijarão com a vossa chegada entre eles e vos estenderão os braços para vos conduzir a um lugar onde os desgostos da Terra não têm acesso. (FRANÇOIS DE GENÈVE, Bordéus).

Provas voluntárias. O verdadeiro cilício

26. Perguntais se é permitido abrandar as vossas próprias provas; essa questão leva a esta: é permitido àquele que se afoga procurar se salvar? àquele que tem um espinho cravado o retirar? àquele que está doente chamar um médico? As provas têm por objetivo exercitar a inteligência, assim como a paciência e a resignação; um homem pode nascer numa posição penosa e difícil, precisamente para obrigá-lo a procurar os meios de vencer as dificuldades. O mérito consiste em suportar sem lamentação as consequências dos males que não se podem evitar, em perseverar na luta, em não se desesperar se não for bem sucedido, mas não num desleixo que seria preguiça mais que virtude.

Essa questão conduz naturalmente a uma outra. Uma vez que Jesus disse: "Bem-aventurados os aflitos", há mérito em procurar as aflições, agravando as próprias provas por sofrimentos voluntários? A isso responderei muito claramente: sim, há um grande mérito quando os sofrimentos e as privações têm por objetivo o bem do próximo, porque é a caridade pelo sacrifício; não, quando não têm por objetivo senão a si mesmo, porque resulta do egoísmo por fanatismo.

Há aqui uma grande distinção a fazer; para vós, pessoalmente, contentai-vos com as provas que Deus vos envia, e não aumenteis sua carga, às vezes, tão pesada; aceitá-las sem lamentações e com fé, é tudo o que ele vos pede. Não enfraqueçais vosso corpo com privações inúteis e mortificações sem objetivo, porque tendes necessidade de todas as vossas forças para cumprir a vossa missão de trabalho na Terra. Torturar voluntariamente e martirizar vosso corpo é contravenção à lei de Deus, que vos dá o meio de sustentá-lo e fortificá-lo; enfraquecê-lo sem necessidade é um verdadeiro suicídio. Usai, mas não abuseis: tal é a lei; o abuso das melhores coisas traz sua punição nas consequências inevitáveis.

Outra coisa é o sofrimento que se impõe para alívio do próximo. Se suportais o frio e a fome para aquecer e alimentar aquele que disso tem necessidade, e se o vosso corpo com isso sofre, eis o sacrifício que é abençoado por Deus. Vós que deixais vossos aposentos perfumados para ir à mansarda infecta levar a consolação; vós que manchais vossas mãos delicadas cuidando de chagas; vós que vos privais do sono para velar à cabeceira de um doente que não é senão vosso irmão em Deus; vós, enfim, que usais vossa saúde na prática de boas obras, eis vosso cilício, verdadeiro cilício de bênção, porque as alegrias do mundo não secaram vosso coração; não adormecestes no seio das volúpias destruidoras da fortuna, mas vos fizestes anjos consoladores dos pobres deserdados.

Mas vós, que vos retirais do mundo para evitar suas seduções e viver no isolamento, qual a vossa utilidade na Terra? onde está vossa coragem nas provas, uma vez que fugis da luta e desertais do combate? Se quereis um cilício, aplicai-o sobre vossa alma e não sobre vosso corpo; mortificai vosso espírito e não vossa carne; fustigai vosso orgulho; recebei as humilhações sem vos lamentar; pisai vosso amor-próprio; resisti contra a dor da injúria e da calúnia, mais pungente que a dor corporal. Eis o verdadeiro cilício, cujas feridas vos serão contadas, porque elas atestarão vossa coragem e vossa submissão à vontade de Deus. (UM ANJO GUARDIÃO, Paris, 1863).

27. *Deve-se pôr termo às provas do próximo quando se pode ou é preciso, por respeito aos desígnios de Deus, deixá-las seguir seu curso?*

Dissemos e repetimos, frequentemente, que estais sobre esta Terra de expiação para rematar vossas provas, e que tudo aquilo que vos sucede é uma consequência de vossas existências anteriores, o ônus da dívida que tendes a pagar. Mas esse pensamento provoca, em certas pessoas, reflexões que é necessário deter, porque poderiam ter consequências funestas.

Alguns pensam que, desde o momento que se está sobre a Terra para expiar, é preciso que as provas tenham seu curso. Há mesmo os que querem até crer que não somente é preciso nada fazer para as atenuar, mas que é preciso, ao contrário, contribuir para torná-las mais proveitosas, tornando-as mais vivas. É um grande erro. Sim, vossas provas devem seguir o curso que Deus lhes traçou, mas conheceis esse curso? Sabeis até que ponto elas devem ir, e se vosso Pai misericordioso, não disse ao sofrimento deste ou daquele dos vossos irmãos: "Tu não irás mais longe"? Sabeis se sua providência vos escolheu não como instrumento de suplício para agravar os sofrimentos do culpado, mas como o bálsamo de consolação que deve cicatrizar as feridas que sua justiça tinha aberto? Não digais, pois, quando virdes um de vossos irmãos atingido: é a justiça de Deus, é preciso que ela tenha seu curso; mas dizei, ao contrário: Vejamos que meios nosso Pai misericordioso colocou ao meu alcance para abrandar o sofrimento de meu irmão. Vejamos se minhas consolações morais, meu apoio material, meus conselhos, não poderão ajudá-lo a vencer essa prova com mais força, paciência e resignação. Vejamos mesmo se Deus não colocou em minhas mãos o meio de fazer cessar esse sofrimento; se não me foi dado, como prova também, como expiação talvez, deter o mal e substituí-lo pela paz.

Ajudai-vos sempre, pois, em vossas provas respectivas, e não vos considereis jamais instrumentos de tortura; esse pensamento deve revoltar todo homem de coração, sobretudo, ao espírita, porque o espírita, melhor que todos os outros, deve entender a extensão infinita da bondade de Deus. O espírita deve pensar que sua vida inteira deve ser um ato de amor e de devotamento; que qualquer coisa que faça para contrariar as decisões do Senhor, sua justiça terá seu curso. Ele pode, pois, sem medo, fazer todos os esforços para abrandar a amargura da expiação, mas é só Deus que pode detê-la ou prolongá-la segundo julgue necessário.

Não haveria um grande orgulho da parte do homem, em se crer no direito de revolver por assim dizer, a arma na ferida? de aumentar a dose de veneno no peito daquele que sofre, sob o pretexto de que tal é sua expiação? Oh! considerai-vos sempre como um instrumento escolhido para fazê-la cessar. Resumamos assim: estais todos na Terra para expiar; mas todos, sem exceção, deveis empregar todos os vossos esforços para abrandar a expiação de vossos irmãos, segundo a lei de amor e de caridade. (BERNARDIN, Espírito protetor, Bordéus, 1863).

28. *Um homem está agonizante, vítima de cruéis sofrimentos; sabe-se que seu estado é desesperador; é permitido poupar-lhe alguns instantes de angústia, apressando-lhe o fim?*

Quem, pois, vos daria o direito de prejulgar os desígnios de Deus? Não pode ele conduzir um homem à borda do fosso para daí o retirar, a fim de fazê-lo retornar a si mesmo e de o conduzir a outros pensamentos? Em qualquer extremo que esteja um moribundo, ninguém pode dizer com certeza que sua última hora chegou. A Ciência jamais se enganou em suas previsões?

Sei muito bem que há casos aos quais se pode considerar, com razão, como desesperadores; mas se não há nenhuma esperança fundada de um retorno definitivo à vida e à saúde, não existem inumeráveis exemplos em que, no momento de dar o último suspiro, o doente se reanima e recobra suas faculdades por alguns instantes? Pois bem! essa hora de graça que lhe é concedida, pode ser para ele da maior importância, porque ignorais as reflexões que poderia fazer seu Espírito nas convulsões da agonia, e quantos tormentos pode lhe poupar um relâmpago de arrependimento.

O materialista, que não vê senão o corpo e não considera a alma, não pode compreender essas coisas; mas o espírita, que sabe o que se passa além do túmulo, conhece o valor do último pensamento. Abrandai os últimos sofrimentos quanto esteja em vós; mas guardai-vos de abreviar a vida, não fosse senão de um minuto, porque esse minuto pode poupar muitas lágrimas no futuro. (SÃO LUÍS, Paris, 1860).

29. *Aquele que está desgostoso da vida, mas não quer suicidar-se, é culpável em procurar a morte sobre um campo de batalha, com o pensamento de torná-la útil?*

Que o homem se mate ou se faça matar, o objetivo é sempre de abreviar a sua vida e, por conseguinte, há suicídio de intenção se não de fato. O pensamento de que sua morte servirá para alguma coisa é ilusório; não é senão um pretexto para colorir sua ação e excusá-lo aos seus próprios olhos; se ele tinha seriamente o desejo de servir seu país, procuraria viver, defendendo-o em tudo, e não morrer, porque uma vez morto não lhe serve mais para nada. O verdadeiro devotamento consiste em não temer a morte quando se trata de ser útil, em enfrentar o perigo, a fazer por antecipação e sem pesar o sacrifício de sua vida se isso é necessário; mas a *intenção premeditada* de procurar a morte, expondo-se a um perigo, mesmo para prestar serviço, anula o mérito da ação. (SÃO LUÍS, Paris, 1860).

30. *Um homem se expõe a um perigo iminente para salvar a vida de um dos seus semelhantes, sabendo de antemão que ele mesmo sucumbirá; isso pode ser considerado um suicídio?*

Do momento em que não há intenção de procurar a morte, não há suicídio, mas devotamento e abnegação, embora a certeza de perecer. Mas quem pode ter essa certeza? Quem disse que a Providência não reserva um meio inesperado de salvação no momento mais crítico? Não pode ela salvar mesmo aquele que estiver na boca de um canhão? Frequentemente, pode ela querer prolongar a prova da resignação até seu último limite, quando uma circunstância inesperada desvia o golpe fatal. (SÃO LUÍS, Paris, 1860).

31. *Aqueles que aceitam seus sofrimentos com resignação, por submissão à vontade de Deus e com vistas à sua felicidade futura, não trabalham senão para si mesmos, e podem tornar seus sofrimentos proveitosos aos outros?*

Esses sofrimentos podem ser proveitosos a outrem, material e moralmente. Materialmente, se, pelo trabalho, as privações e os sacrifícios que se impõem contribuem para o bem-estar material do próximo; moralmente, pelo exemplo que dão de sua submissão à vontade de Deus. Esse exemplo do poder da fé espírita pode estimular os infelizes à resignação, salvá-los do desespero e de suas funestas consequências para o futuro. (SÃO LUÍS, Paris, 1860).

VI

Capítulo 6

O Cristo consolador

O jugo leve. – Consolador prometido. –

Instruções dos Espíritos: *Advento do Espírito de Verdade.*

O jugo leve

1. *Vinde a mim, todos vós que sofreis e que estais sobrecarregados, e eu vos aliviarei. Tomai meu jugo sobre vós, e aprendei de mim que sou brando e humilde de coração, e encontrareis o repouso de vossas almas; porque meu jugo é suave e meu fardo é leve. (São Mateus, cap. XI, v. 28, 29 e 30).*

2. Todos os sofrimentos: misérias, decepções, dores físicas, perda de seres queridos, encontram sua consolação na fé no futuro, na confiança na justiça de Deus, que o Cristo veio ensinar aos homens. Sobre aquele, ao contrário, que não espera nada depois desta vida ou que duvida simplesmente, as aflições se abatem com todo seu peso, e nenhuma esperança vem suavizar-lhe a amargura. Eis o que levou Jesus a dizer: Vinde a mim, todos vós que estais fatigados e eu vos aliviarei.

Entretanto, Jesus coloca uma condição à sua assistência e à felicidade que promete aos aflitos; essa condição está na lei que ensina; seu jugo é a observação dessa lei, mas esse jugo é leve e essa lei é suave, uma vez que impõem por dever o amor e a caridade.

Consolador prometido

3. *Se vós me amais, guardai meus mandamentos; e eu pedirei a meu Pai, e ele vos enviará um outro consolador, a fim de que permaneça eternamente convosco:* o Espírito de Verdade *que o mundo não pode receber, porque não o vê e não o conhece. Mas quanto a vós, conhecê-lo-eis porque permanecerá convosco e estará* *em vós. Mas o consolador, que é o Santo Espírito, que meu Pai enviará em meu nome, ensinar-vos-á todas as coisas e vos fará relembrar de tudo aquilo que eu vos tenha dito. (São João, cap. XIV, v. 15, 16, 17 e 26).*

4. Jesus promete um outro consolador: *O Espírito de Verdade*, que o mundo não conhece ainda, porque não está maduro para compreendê-lo, que o Pai enviará para ensinar todas as coisas e para fazer recordar aquilo que o Cristo disse. Se, pois, o Espírito de Verdade deve vir mais tarde ensinar todas as coisas, é que o Cristo não disse tudo; se ele vem fazer recordar aquilo que o Cristo disse, é porque isso foi esquecido ou mal compreendido.

O Espiritismo vem, no tempo marcado, cumprir a promessa do Cristo: o Espírito de Verdade preside à sua instituição, chama os homens à observância da lei e ensina todas as coisas em fazendo compreender o que o Cristo não disse senão por parábolas. O Cristo disse: "Que ouçam os que têm ouvidos para ouvir"; o Espiritismo vem abrir os olhos e os ouvidos, porque fala sem figuras e sem alegorias; ele ergue o véu deixado propositadamente sobre certos mistérios, vem, enfim, trazer uma suprema consolação aos deserdados da Terra e a todos aqueles que sofrem, dando uma causa justa e um fim útil a todas as dores.

O Cristo disse: "Bem-aventurados os aflitos, porque serão consolados"; mas de que forma se achar feliz sofrendo, não sabendo por que se sofre? O Espiritismo lhe mostra a causa nas existências anteriores e na destinação da Terra, onde o homem expia seu passado; mostra-lhe o objetivo naquilo em que os sofrimentos são como crises salutares que conduzem à cura e são a depuração que assegura a felicidade nas existências futuras. O homem compreende que mereceu sofrer e acha o sofrimento justo; sabe que esse sofrimento ajuda o seu progresso, e o aceita sem lamentar, como o obreiro aceita o trabalho que deve lhe valer seu salário. O Espiritismo lhe dá uma fé inabalável no futuro, e a dúvida pungente não mais se abate sobre sua alma; fazendo-o ver do alto, a importância das vicissitudes terrestres se perde no vasto e esplêndido horizonte que ele descortina, e a perspectiva da felicidade que o espera lhe dá a paciência, a resignação e a coragem de ir até o fim do caminho.

Assim o Espiritismo realiza o que Jesus disse do consolador prometido: conhecimento das coisas, que faz o homem saber de onde vem, para onde vai e porque está na Terra; chamamento aos verdadeiros princípios da lei de Deus, e consolação pela fé e pela esperança.

Instruções dos Espíritos

Advento do Espírito de Verdade

5. Venho, como antigamente entre os filhos transviados de Israel, trazer a verdade e dissipar as trevas. Escutai-me. O Espiritismo, como antigamente minha palavra, deve lembrar aos incrédulos que acima deles reina a verdade imutável: o Deus bom, o Deus grande que faz germinar a planta e eleva as ondas. Revelei a Doutrina divina e, como um ceifeiro, reuni em feixes o bem esparso na Humanidade e disse: Vinde a mim, todos vós que sofreis!

Mas os homens ingratos se desviaram do caminho reto e largo que conduz ao reino de meu Pai, e estão perdidos nos ásperos e estreitos caminhos da impiedade. Meu Pai não quer aniquilar a raça humana; quer que, ajudando-vos uns aos outros, mortos e vivos, quer dizer, mortos segundo a carne, porque a morte não existe, vos socorrais e que, não mais a voz dos profetas e dos apóstolos, mas a voz daqueles que não estão mais na Terra, se faça ouvir para vos proclamar: Orai e crede! porque a morte é a ressurreição, e a vida é a prova escolhida durante a qual vossas virtudes cultivadas devem crescer e se desenvolver como o cedro.

Homens fracos, que compreendeis as trevas de vossas inteligências, não afasteis o facho que a clemência divina coloca entre vossas mãos para iluminar vosso caminho e conduzir-vos, filhos perdidos, ao regaço de vosso Pai.

Estou muito tocado de compaixão pelas vossas misérias, pela vossa imensa fraqueza, para não estender mão segura aos infelizes transviados que, vendo o céu, tombam no abismo do erro. Crede, amai, meditai as coisas que vos são reveladas; não mistureis o joio ao bom grão, as utopias às verdades.

Espíritas! amai-vos, eis o primeiro ensinamento; instruí-vos, eis o segundo. Todas as verdades se encontram no Cristianismo; os erros que nele se enraizaram são de origem humana, e eis que, além do túmulo, que acreditáveis o nada, vozes vos clamam: Irmãos! nada perece; Jesus Cristo é o vencedor do mal, sede os vencedores da impiedade. (O ESPÍRITO DE VERDADE, Paris, 1860).

6. Venho ensinar e consolar os pobres deserdados; venho lhes dizer que elevem sua resignação ao nível de suas provas; que chorem, porque a dor foi sagrada no jardim das Oliveiras; mas que esperem, porque os anjos consoladores virão enxugar suas lágrimas.

Obreiros, traçai vosso sulco; recomeçai, no dia seguinte, a rude jornada da véspera; o labor de vossas mãos fornece o pão terrestre ao vosso corpo, mas vossas almas não estão esquecidas; e eu, divino jardineiro, cultivo-as no silêncio de vossos pensamentos; quando a hora do repouso tiver soado, quando a trama dos vossos dias escapar de vossas mãos e quando vossos olhos se fecharem à luz, sentireis surgir e germinar em vós minha preciosa semente. Nada está perdido no reino de nosso Pai, e vossos suores, vossas misérias, formam o tesouro que deve vos tornar ricos nas esferas superiores, onde a luz substitui as trevas e onde o mais desnudo de vós todos será, talvez, o mais resplandecente.

Em verdade, digo-vos: aqueles que carregam seus fardos e que assistem seus irmãos são meus bem-amados; instruí-vos na preciosa doutrina que dissipa o erro das revoltas, e que vos ensina o objetivo sublime da prova humana. Como o vento varre a poeira, que o sopro dos Espíritos dissipe os vossos ciúmes contra os ricos do mundo que, frequentemente, são muito miseráveis, porque suas provas são mais perigosas que as vossas. Eu estou convosco, e meu apóstolo vos ensina. Bebei da fonte viva do amor e preparai-vos, cativos da vida, para vos lançar um dia livres e alegres no seio d'Aquele que vos criou fracos para vos tornar perfectíveis, e que quer que vós mesmos trabalheis vossa maleável argila, a fim de serdes os artífices de vossa imortalidade. (O ESPÍRITO DE VERDADE, Paris, 1861).

7. Sou o grande médico das almas e venho vos trazer o remédio que deve curá-las; os fracos, os sofredores e os doentes são meus filhos prediletos e venho salvá-los. Vinde, pois, a mim, todos vós que sofreis e que estais sobrecarregados e sereis aliviados e consolados; não procureis alhures a força e a consolação, porque o mundo não as pode dar. Deus fez, aos vossos corações, um apelo supremo pelo Espiritismo: escutai-o. Que a impiedade, a mentira, o erro, a incredulidade, sejam extirpados de vossas almas doloridas; são esses os monstros que se saciam de vosso sangue mais puro, e que vos ferem quase sempre mortalmente. Que no futuro, humildes e submissos ao Criador, pratiqueis sua divina lei. Amai e orai; sede dóceis aos Espíritos do Senhor; invocai-o do fundo do coração e, então, ele vos enviará seu filho bem-amado para vos instruir e vos dizer estas boas palavras: Eis-me aqui; venho a vós porque me chamastes. (O ESPÍRITO DE VERDADE, Bordéus, 1861).

8. Deus consola os humildes e dá a força aos aflitos que lha pedem. Seu poder cobre a Terra e, por toda parte, ao lado de uma lágrima coloca ele um bálsamo que consola. O devotamento e a abnegação são uma prece contínua e encerram um ensinamento profundo; a sabedoria humana reside nessas duas palavras. Possam todos os Espíritos sofredores compreender essa verdade, ao invés de reclamar contra as dores, os sofrimentos morais que são, neste mundo, o vosso quinhão. Tomai, pois, por divisa estas duas palavras: *devotamento e abnegação,* e sereis fortes, porque elas resumem todos os deveres que vos impõem a caridade e a humildade. O sentimento do dever cumprido vos dará o repouso do Espírito e a resignação. O coração bate melhor, a alma se asserena e o corpo não tem mais desfalecimento, porque o corpo sofre tanto mais quanto o espírito está mais profundamente atingido. (O ESPÍRITO DE VERDADE, Havre, 1863).

VII
Capítulo 7

Bem-aventurados os pobres de espírito

O que é preciso entender por pobres de espírito. –
Todo aquele que se eleva será rebaixado. –
Mistérios ocultos aos sábios e aos prudentes. –
Instruções dos Espíritos: *O orgulho e a humildade.*
– Missão do homem inteligente na Terra.

O que é preciso entender por pobres de espírito

1. *Bem-aventurados os pobres de espírito, porque deles é o reino dos céus. (São Mateus, cap. V. v. 3).*

2. A incredulidade se divertiu com esta máxima: *Bem-aventurados os pobres de espírito,* como com outras coisas, sem a compreender. Por pobres de espírito Jesus não entende os homens desprovidos de inteligência, mas os humildes: ele disse que o reino dos céus é deles e não dos orgulhosos.

Os homens de ciência e de espírito, segundo o mundo, têm geralmente tão alta consideração de si mesmos e de sua superioridade, que olham as coisas divinas como indignas de sua atenção; seus olhares, concentrados sobre sua pessoa, não podem se elevar até Deus. Essa tendência a se crer acima de tudo não os leva senão, muito frequentemente, a negar o que, estando-lhes acima, poderia rebaixá-los, e a negar mesmo a Divindade ou, se consentem em admiti-la, contestam-lhe um dos seus mais belos atributos: sua ação providencial sobre as coisas deste mundo, persuadidos de que só eles bastam para bem governá-lo. Tomando sua inteligência por medida da inteligência universal e se julgando aptos a tudo compreender, não podem crer na possibilidade daquilo que não compreendem; quando pronunciaram seu julgamento, têm-no por inapelável.

Se se recusam a admitir o mundo invisível e um poder extra-humano, não é, entretanto, porque isso esteja acima de sua capacidade, mas porque seu orgulho se revolta com a ideia de uma coisa acima da qual não podem se colocar, e que os faria descer de seu pedestal. Por isso, eles não têm senão sorrisos de desdém por tudo o que não é do mundo visível e tangível; eles se atribuem muito de espírito e de ciência para crerem nessas coisas, segundo eles, boas para as pessoas *simples,* tendo aqueles que as levam a sério por *pobres de espírito.*

Entretanto, o que quer que digam, lhes será preciso entrar, como os outros, nesse mundo invisível que ridicularizam, quando seus olhos serão abertos e reconhecerão seu erro. Mas Deus, que é justo, não pode receber na mesma categoria aquele que menosprezou seu poder e aquele que se submeteu humildemente às suas leis, nem os igualar.

Em dizendo que o reino dos céus é para os simples, Jesus quer dizer que ninguém é nele admitido sem a *simplicidade de coração e humildade de espírito;* que o ignorante que possui essas qualidades será preferido ao sábio que crê mais em si que em Deus. Em todas as circunstâncias, ele coloca a humildade no plano das virtudes que nos aproximam de Deus, e o orgulho entre os vícios que nos distanciam dele; e isso por uma razão muito natural, de vez que a humildade é um ato de submissão a Deus, enquanto que o orgulho é uma revolta contra ele. Mais vale, pois, para a felicidade do homem, ser *pobre em espírito,* no sentido do mundo, e rico em qualidades morais.

Todo aquele que se eleva será rebaixado

3. *Nesse mesmo tempo, os discípulos se aproximaram de Jesus e lhe disseram: Quem é o maior no reino dos céus? Jesus, tendo chamado uma criança, colocou-a no meio deles e lhes disse: eu vos digo em verdade que se vós não vos converterdes, e se não vos tornardes como crianças, não entrareis no reino dos céus.* Todo aquele, pois, que se humilhar e se tornar pequeno como esta criança será o maior no reino dos céus, *e todo aquele que recebe em meu nome uma criança, tal como acabo de dizer, é a mim que recebe. (São Mateus, cap. XVIII, v. 1 a 5).*

4. *Então, a mãe dos filhos de Zebedeu se aproximou dele com seus dois filhos e o adorou, testemunhando-lhe que queria perguntar-lhe alguma coisa. Ele lhe disse: Que quereis? Ordenai, disse-lhe ela, que meus dois filhos que aqui estão* *tenham assento em vosso reino, um à vossa direita e outro à vossa esquerda. Mas Jesus lhe respondeu: Vós não sabeis o que pedis; podeis beber o cálice que vou beber? Eles lhe disseram: Nós o podemos. Ele lhes respondeu: É verdade que bebereis o cálice que eu vou beber; mas quanto a estar sentado à minha direita ou à minha esquerda não cabe a mim vos conceder, mas isso será para aqueles que meu Pai tenha preparado. Os outros dez apóstolos, tendo ouvido isso, encheram-se de indignação contra os dois irmãos. Jesus, tendo-os chamado para si, disse-lhes: Vós sabeis que os príncipes das nações as dominam, e que os grandes as tratam com império. Não deve ser o mesmo entre vós; mas* aquele que quiser se tornar o maior, seja vosso servidor; e aquele que quiser ser o primeiro dentre vós, seja vosso escravo; *como o Filho do homem não veio para ser servido, mas para servir e dar sua vida pela redenção de muitos. (São Mateus, cap. XX, v. 20 a 28).*

5. *Jesus entrou, num dia de sábado, na casa de um dos principais Fariseus, para aí tomar sua refeição, e aqueles que lá estavam o observaram. Então, considerando como os convidados escolhiam os primeiros lugares, ele lhes propôs esta parábola, dizendo: Quando fordes convidados para bodas, não tomeis nelas o primeiro lugar, temendo que se encontre entre os convidados uma pessoa mais considerada que vós, e que aquele que vos tiver convidado não venha vos dizer: Dai vosso lugar a este, e que, então, estejais diminuídos em vos dirigir com vergonha ao último lugar. Mas, quando fordes convidados, ide vos colocar no último lugar, a fim de que, quando aquele que vos tiver convidado vier, vos diga: Meu amigo, subi mais alto. E então isso será um motivo de glória diante daqueles que estarão à mesa convosco,* porque todo aquele que se eleva será rebaixado, e todo aquele que se rebaixa será elevado. *(São Lucas, cap. XIV, v. 1 e de 7 a 11).*

6. Essas máximas são a consequência do princípio de humildade que Jesus não cessa de colocar como condição essencial da felicidade prometida aos eleitos do Senhor, e que formulou por estas palavras: "Bem-aventurados os pobres de espírito, porque deles é o reino dos céus." Ele toma uma criança como modelo da simplicidade de coração e diz: Será o maior no reino dos céus, quem se humilhar e *se fizer pequeno como uma criança;* quer dizer, quem não tiver nenhuma pretensão de superioridade ou de infalibilidade.

O mesmo pensamento fundamental se encontra nesta outra máxima: *"Que aquele que quiser se tornar o maior, seja vosso servidor"*, e nesta: *"Todo aquele que se rebaixa será elevado, e todo aquele que se eleva será rebaixado."*

O Espiritismo vem sancionar a teoria pelo exemplo, em nos mostrando grandes no mundo dos Espíritos aqueles que eram pequenos na Terra, e frequentemente, bem pequenos aqueles que nela eram os maiores e os mais poderosos. É que os primeiros levaram, em morrendo, aquilo que, unicamente, faz a verdadeira grandeza no céu e não se perde: as virtudes; enquanto que os outros deveram deixar o que fazia sua grandeza na Terra, e não se leva: a fortuna, os títulos, a glória, o nascimento; não tendo nenhuma outra coisa, eles chegam no outro mundo desprovidos de tudo como náufragos que tudo perderam, até suas vestes; não conservaram senão o orgulho que torna sua nova posição mais humilhante, porque veem acima deles, e resplandecentes de glória, aqueles que espezinharam na Terra.

O Espiritismo nos mostra uma outra aplicação desse princípio nas encarnações sucessivas, onde aqueles que foram os mais elevados numa existência, são rebaixados à última posição numa existência seguinte, se foram dominados pelo orgulho e pela ambição. Não procureis, pois, o primeiro lugar na Terra, nem vos colocar acima dos outros, se não quereis ser obrigados a descer; procurai, ao contrário, o mais humilde e o mais modesto, porque Deus saberá vos dar um lugar mais elevado no céu, se o merecerdes.

Mistérios ocultos aos sábios e aos prudentes

7. *Então Jesus disse estas palavras: Eu vos rendo glória, meu Pai, Senhor do céu e da Terra, por haverdes ocultado essas coisas aos sábios e aos prudentes e por havê-las revelado aos simples e aos pequenos. (São Mateus, cap. XI, v. 25).*

8. Pode parecer singular que Jesus renda graças a Deus por ter revelado essas coisas *aos mais simples e aos pequenos,* que são os pobres de espírito, e de tê-las ocultado *aos sábios e aos prudentes,* mais aptos, em aparência, a compreendê-las. É preciso entender, porém, pelos primeiros, os *humildes* que se humilham diante de Deus, e não se creem superiores a todo o mundo; e, pelos segundos, os *orgulhosos,* envaidecidos de sua ciência mundana, que se creem prudentes porque negam, tratando Deus de igual para igual quando não o negam; porque na antiguidade, *prudente* era sinônimo de sábio, por isso Deus lhes deixa a procura dos segredos da Terra e revela os do céu aos mais simples e aos humildes, que se inclinam diante dele.

9. Ocorre o mesmo hoje com as grandes verdades reveladas pelo Espiritismo. Certos incrédulos se espantam de que os Espíritos façam tão poucos esforços para convencê-los; é que estes últimos se ocupam daqueles que procuram a luz de boa-fé e com humildade, de preferência àqueles que creem possuir toda a luz e parecem pensar que Deus deveria estar muito feliz em conduzi-los para si, provando-lhes que existe.

O poder de Deus brilha nas pequenas como nas grandes coisas; ele não coloca a luz sob o alqueire, uma vez que a derrama com abundância por toda parte; cegos, pois, aqueles que não a veem. *Deus não quer lhes abrir os olhos à força, uma vez que lhes apraz tê-los fechados.* Sua vez virá, mas é preciso primeiro que sintam as angústias das trevas e *reconheçam Deus, e não o acaso, na mão que atinge seu orgulho.* Ele emprega para vencer a incredulidade os meios que lhe convêm segundo os indivíduos; não cabe ao incrédulo prescrever-lhe o que deve fazer, e dizer-lhe: Se quereis me convencer, é preciso para isso escolher esta ou aquela maneira, tal momento antes que um outro, porque esse momento está na minha conveniência.

Que os incrédulos não se espantem, pois, se Deus e os Espíritos, que são os agentes da sua vontade não se submetem às suas exigências. Que se perguntem o que diriam se o último de seus servidores quisesse se impor a eles. Deus impõe suas condições e não se sujeita às deles; escuta com bondade aqueles que a ele se dirigem com humildade, e não àqueles que se creem mais do que ele.

10. Deus, dir-se-á, não poderia atingi-los pessoalmente com sinais manifestos em presença dos quais o incrédulo mais endurecido deveria se inclinar? Sem dúvida, ele o poderia, mas então, onde estaria seu mérito, e, aliás de que isso serviria? Não são vistos, todos os dias, negarem-se à evidência e mesmo dizerem: Se eu visse não creria, porque *sei* que é impossível? Se eles se recusam em reconhecer a verdade é porque seu espírito não está ainda maduro para compreendê-la, nem seu coração para senti-la. *O orgulho é a catarata que obscurece sua vista;* de que serve apresentar a luz a um cego? É preciso, pois, primeiro curar a causa do mal e, como médico hábil, corrige primeiramente o orgulho. Ele não abandona, pois, seus filhos perdidos; sabe que, cedo ou tarde, seus olhos se abrirão, mas quer que isso seja por sua própria vontade, e, então, vencidos pelos tormentos da incredulidade, lançar-se-ão por si mesmos nos seus braços e, como o filho pródigo, lhe pedirão graça!

Instruções dos Espíritos

O orgulho e a humildade

11. Que a paz do Senhor seja convosco, meus caros amigos! Venho até vós para vos encorajar a seguir o bom caminho.

Aos pobres Espíritos que, antigamente, habitavam a Terra, Deus dá a missão de vir vos esclarecer. Bendito seja pela graça que nos concede em poder ajudar o vosso adiantamento. Que o Espírito Santo me ilumine e me ajude a tornar minha palavra compreensível e que me conceda pô-la ao alcance de todos. Todos vós encarnados, que estais na dificuldade e procurais a luz, que a vontade de Deus me ajude para fazê-la brilhar aos vossos olhos!

A humildade é uma virtude bem esquecida entre vós; os grandes exemplos que vos foram dados são bem pouco seguidos e, todavia, sem a humildade, podeis ser caridosos para com o vosso próximo? Oh! não, porque esse sentimento nivela os homens; diz-lhes que são irmãos, que devem se entreajudarem e os conduz ao bem. Sem a humildade vos adornais de virtudes que não tendes, como se trouxésseis um vestuário para esconder as deformidades de vosso corpo. Recordai Aquele que nos salva; recordai sua humildade que o fez tão grande, e o colocou acima de todos os profetas.

O orgulho é o terrível adversário da humildade. Se o Cristo prometia o reino dos céus aos mais pobres, foi porque os grandes da Terra imaginam que os títulos e as riquezas são recompensas dadas ao seu mérito, e que sua essência é mais pura que a do pobre; eles creem que lhes são devidos e, por isso, quando Deus lhos retira, acusam-no de injustiça. Oh! irrisão e cegueira! Deus vos distingue pelos corpos? O envoltório do pobre não é o mesmo que o do rico? O Criador fez duas espécies de homens? Tudo o que Deus fez é grande e sábio; não lhe atribuais nunca as ideias que nascem nos vossos cérebros orgulhosos.

Ó rico! Enquanto dormes sob teus tetos dourados, ao abrigo do frio, não sabes que milhares de teus irmãos, iguais a ti, estão estirados sobre a palha? O infeliz que sofre de fome não é teu igual? A essas palavras teu orgulho se revolta, bem o sei; consentirás em dar-lhe a esmola, mas a apertar-lhe a mão, fraternalmente, jamais! "Que! dizes, eu, descendente de um sangue nobre, grande da Terra, seria igual a esse miserável esfarrapado? Vã utopia de supostos filósofos! Se fôssemos iguais, por que Deus o teria colocado tão baixo e eu tão alto?" É verdade que vosso vestuário não se assemelha em quase nada; mas dele despojados ambos, que diferença haveria entre vós? A nobreza do sangue, dirás; mas a química não encontrou diferença entre o sangue do nobre e o do plebeu, entre o do senhor e o do escravo. Quem te diz que, tu também, não foste miserável e infeliz como ele? Que não pediste esmola? Que não a pedirás um dia àquele que desprezas hoje? As riquezas são eternas? elas não se acabam com esse corpo, envoltório perecível do teu Espírito? Oh! volta-te humildemente sobre ti mesmo! Lança, enfim, os olhos sobre a realidade das coisas deste mundo, sobre o que faz a grandeza e a inferioridade no outro; lembra que a morte não te poupará mais que a um outro; que os títulos não te preservarão dela; que ela pode te atingir amanhã, hoje, numa hora; e se tu te escondes no teu orgulho, oh! então eu te lastimo, porque serás digno de piedade!

Orgulhosos! que éreis antes de serdes nobres e poderosos? Talvez estivésseis mais baixo que o último de vossos criados. Curvai, pois, vossas frontes altivas, que Deus pode rebaixar no momento em que mais alto as elevardes. Todos os homens são iguais na balança divina e só as virtudes os distinguem aos olhos de Deus. Todos os Espíritos são de uma mesma essência, e todos os corpos são modelados com igual massa; vossos títulos e vossos nomes não os mudam em nada; ficam no túmulo, e não são eles que dão a felicidade prometida aos eleitos; a caridade e a humildade são seus títulos de nobreza.

Pobre criatura! és mãe, teus filhos sofrem; têm frio e fome; vais, curvada sob o peso da tua cruz, humilhar-te para lhes conseguir um pedaço de pão. Oh! eu me inclino diante de ti; quanto és nobremente santa e grande aos meus olhos! Espera e ora; a felicidade ainda não é desse mundo. Aos pobres e oprimidos que nele confiam, Deus dá o reino dos céus.

E tu, jovem donzela, pobre criança devotada ao trabalho, às privações, por que esses tristes pensamentos? por que chorar? Que teu olhar se eleve, piedoso e sereno até Deus: aos passarinhos ele dá alimento; tem confiança nele e ele não te abandonará. O ruído das festas, dos prazeres do mundo fazem bater teu coração; gostarias também de ornar tua cabeça de flores e misturar-te aos felizes da Terra; disseste que poderias, como essas mulheres que vês passar, extravagantes e risonhas, ser rica também. Oh! cala-te, criança! Se soubesses quantas lágrimas e dores sem nome estão escondidas sob esses vestidos bordados, quantos soluços abafados sob o ruído dessa orquestra alegre, preferirias teu humilde retiro e tua pobreza. Permanece pura aos olhos de Deus, se não queres que teu anjo guardião volte para ele, rosto escondido sob suas asas brancas, e te deixe com teus remorsos, sem guia, sem sustentáculo, neste mundo onde estarás perdida, aguardando sejas punida no outro.

E vós todos os que sofreis injustiças dos homens, sede indulgentes para com as faltas de vossos irmãos, em vos dizendo que, vós mesmos, não estais isentos de censura: isso é caridade, mas é também humildade. Se sofreis calúnia, curvai a fronte sob essa prova. Que vos importam as calúnias do mundo? Se vossa conduta é pura, Deus não pode vos compensar? Suportar com coragem as humilhações dos homens é ser humilde e reconhecer que só Deus é grande e poderoso.

Oh! meu Deus, será preciso que o Cristo venha uma segunda vez sobre esta Terra para ensinar aos homens tuas leis que eles esquecem? Deverá ele ainda enxotar os vendilhões do templo que mancham tua casa, que não é senão um lugar de prece? E quem sabe? Ó homens! se Deus vos concedesse essa graça, talvez o renegaríeis como outrora; vós o chamaríeis blasfemador, porque ele humilharia o orgulho dos Fariseus modernos; talvez o faríeis recomeçar o caminho do Gólgota.

Quando Moisés foi, sobre o monte Sinai, receber os mandamentos de Deus, o povo de Israel, entregue a si mesmo, abandonou o verdadeiro Deus; homens e mulheres deram seu ouro e suas joias para um ídolo que adorassem. Homens civilizados, fazeis como eles: o Cristo vos deixou sua doutrina, vos deu exemplos de todas as virtudes, e abandonastes exemplos e preceitos; cada um de vós, com as suas paixões, fizestes um Deus ao vosso gosto; segundo uns, terrível e sanguinário, segundo outros, descuidado dos interesses do mundo; o Deus que fizestes é ainda o bezerro de ouro que cada um apropria aos seus gostos e às suas ideias.

Despertai, meus irmãos, meus amigos; que a voz dos Espíritos atinja os vossos corações; sede generosos e caridosos sem ostentação, quer dizer, fazei o bem com humildade; que cada um destrua, pouco a pouco, os altares erguidos ao orgulho. Numa palavra, sede verdadeiros cristãos, e tereis o reino da verdade. Não duvideis mais da bondade de Deus, quando dela vos dá tantas provas. Viemos preparar os caminhos para o cumprimento das profecias. Quando o Senhor vos der uma manifestação mais radiosa de sua clemência, que o enviado celeste não encontre mais em vós senão uma grande família; que vossos corações brandos e humildes sejam dignos de ouvirem a palavra divina que ele virá vos trazer; que o eleito não encontre sobre seu caminho senão as palmas depositadas pelo vosso retorno ao bem, à caridade, à fraternidade, e então vosso mundo se tornará o paraíso terrestre. Mas se permanecerdes insensíveis à voz dos Espíritos enviados para depurar, renovar vossa sociedade civilizada, rica em ciência e, todavia, tão pobre em bons sentimentos, ah! não vos restará mais senão chorar e gemer sobre vossa sorte. Mas não, não será assim; retornai a Deus, vosso pai, e então nós todos, que houvermos servido ao cumprimento da sua vontade, entoaremos o cântico de ação de graças, para agradecer ao Senhor por sua inesgotável bondade, e para glorificá-lo em todos os séculos dos séculos. Assim seja. (LACORDAIRE, Constantina, 1863).

12. Homens, por que lamentais as calamidades que vós mesmos amontoastes sobre as vossas cabeças? Menosprezastes a santa e divina moral do Cristo, não vos espanteis, pois, que a taça da iniquidade tenha transbordado de todas as partes.

A inquietação se torna geral; a quem inculpá-la senão a vós que procurais incessantemente vos esmagar uns aos outros? Não podeis ser felizes sem benevolência mútua, e como a benevolência pode existir com o orgulho? O orgulho, eis a fonte de todos os vossos males; dedicai-vos, pois, a destruí--lo, se não quiserdes perpetuar suas funestas consequências. Um só meio se vos oferece para isso, mas este meio é infalível: tomar por regra invariável de vossa conduta a lei do Cristo, lei que tendes repelido ou falseado na sua interpretação.

Por que tendes em tão grande estima aquilo que brilha e encanta aos olhos, antes daquilo que toca o coração? Por que o vício da opulência é o objeto de vossas adulações, quando não tendes senão um olhar de desdém para o verdadeiro mérito na obscuridade? Que um rico debochado, perdido de corpo e alma, apresente-se em qualquer parte e todas as portas lhe são abertas, todos os olhares são para ele, enquanto que mal se digna conceder um cumprimento de proteção ao homem de bem que vive de seu trabalho. Quando a consideração que se concede às pessoas é medida pelo peso do ouro que possuem, ou pelo nome que ostentam, que interesse podem elas ter de se corrigirem de seus defeitos?

Ocorreria diversamente se o vício dourado fosse fustigado pela opinião pública como o vício em andrajos; mas o orgulho é indulgente para com tudo o que o lisonjeia. Século de cupidez e de dinheiro, dizeis. Sem dúvida, mas por que deixastes as necessidades materiais se sobressaírem sobre o bom senso e a razão? Por que cada um quer se elevar acima do seu irmão? Hoje, a sociedade sofre disso as consequências.

Não esqueçais que um tal estado de coisas é sempre um sinal de decadência moral. Quando o orgulho atinge os últimos limites, é indício de uma queda próxima, porque Deus pune sempre os soberbos. Se os deixa, algumas vezes, subir, é para lhes dar tempo de refletirem e de se emendarem sob os golpes que, de tempo em tempo, ele dá em seu orgulho para adverti-los; mas, ao invés de se humilharem, revoltam-se; então, quando a medida está cheia, ele os abate inteiramente e a sua queda é tanto mais terrível quanto tenham subido mais alto.

Pobre raça humana, cujo egoísmo corrompeu todos os caminhos, retoma coragem, entretanto; em sua misericórdia infinita, Deus te envia um poderoso remédio para teus males, um socorro inesperado na tua aflição. Abre os olhos à luz: eis as almas daqueles que não estão mais na Terra que vêm te chamar aos teus verdadeiros deveres; elas te dirão, com a autoridade da experiência, quanto as vaidades e as grandezas de tua passageira existência são pouca coisa perto da eternidade; elas te dirão que lá é o maior quem foi o mais humilde entre os pequenos deste mundo; que aquele que mais amou seus irmãos é também aquele que será mais amado no céu; que os poderosos da Terra, se abusaram de sua autoridade, serão reduzidos a obedecer aos seus servidores; que a caridade e a humildade, enfim, estas duas irmãs que se dão as mãos, são os títulos mais eficazes para se obter graça diante do Eterno. (ADOLFO, bispo de Argel, Marmande, 1862).

Missão do homem inteligente na Terra

13. Não vos orgulheis do que sabeis, porque esse saber tem limites bem estreitos no mundo em que habitais. Mas suponho que sejais uma dessas sumidades inteligentes desse globo e não tendes nenhum direito para disso vos envaidecerdes. Se Deus, em seus desígnios, vos fez nascer num meio onde pudestes desenvolver a vossa inteligência, é que ele quer que dela useis para o bem de todos; porque é uma missão que vos dá, colocando em vossas mãos o instrumento com a ajuda do qual podeis desenvolver, a vosso turno, as inteligências retardatárias e conduzi-las a Deus. A natureza do instrumento não indica o uso que dele se deve fazer? A enxada que o jardineiro coloca entre as mãos de seu operário não lhe mostra que ele deve cavar? E que diríeis se esse operário, ao invés de trabalhar, levantasse a enxada para com ela atingir seu patrão? Diríeis que é horrível e que ele merece ser expulso. Pois bem, não ocorre o mesmo com aquele que se serve de sua inteligência para destruir a ideia de Deus e da Providência entre seus irmãos? Não ergue contra seu senhor a enxada que lhe foi dada para roçar o terreno? Tem ele o direito ao salário prometido e não merece, ao contrário, ser expulso do jardim? E o será, não duvideis disso, e arrastará existências miseráveis e cheias de humilhações até que se curve diante d'Aquele a quem tudo deve.

A inteligência é rica de méritos para o futuro, mas com a condição de ser bem empregada; se todos os homens dotados se servissem dela segundo os desígnios de Deus, a tarefa dos Espíritos seria fácil para fazer a Humanidade avançar; infelizmente, muitos fazem dela um instrumento de orgulho e de perdição para si mesmos. O homem abusa da inteligência como de todas as outras faculdades e, entretanto, não lhe faltam lições para adverti-lo de que uma poderosa mão pode lhe retirar aquilo que ela mesma lhe deu. (FERDINANDO, Espírito protetor, Bordéus, 1862).

VIII

Capítulo 8

Bem-aventurados aqueles que têm puro o coração

Deixai vir a mim as criancinhas. – Pecado por pensamentos. Adultério. – Verdadeira pureza. Mãos não lavadas. – Escândalos. Se vossa mão é um motivo de escândalo, cortai-a. – Instruções dos Espíritos: *Deixai vir a mim as criancinhas. – Bem-aventurados aqueles que têm os olhos fechados.*

Deixai vir a mim as criancinhas

1. *Bem-aventurados aqueles que têm puro o coração, porque verão a Deus. (São Mateus, cap. V, v. 8).*

2. *Apresentaram-lhe, então, criancinhas, a fim de que ele as tocasse; e como seus discípulos afastassem com palavras rudes aqueles que as apresentavam, Jesus, vendo isso, zangou-se e lhes disse:* Deixai vir a mim as criancinhas, *e não as impeçais, porque o reino dos céus é para aqueles que se lhes assemelham. Eu vos digo em verdade, todo aquele que não receber o reino de Deus como uma criança, nele não entrará. E as tendo abraçado, as abençoou, impondo-lhes as mãos. (São Marcos, cap. X, v. de 13 a 16).*

3. A pureza do coração é inseparável da simplicidade e da humildade e exclui todo pensamento de egoísmo e de orgulho; por isso, Jesus toma a infância por emblema dessa pureza, como a tomou para o da humildade.

Esta comparação poderia não parecer justa, considerando-se que o Espírito da criança pode ser muito velho e que traz, em renascendo, para a vida corporal, as imperfeições das quais não se despojou nas suas existências precedentes; só um Espírito que atingiu a perfeição poderia nos dar um modelo da verdadeira pureza. Contudo, ela é exata do ponto de vista da vida presente, porque a criancinha, não tendo ainda podido manifestar nenhuma tendência perversa, oferece-nos a imagem da inocência e da candura. Também Jesus não diz de um modo absoluto que o reino de Deus é *para elas, mas para aqueles que se lhes assemelham.*

4. Uma vez que o Espírito da criança já viveu, por que não se mostra ele, desde o nascimento, tal qual é? Tudo é sábio nas obras de Deus. A criança tem necessidade de cuidados delicados, que só a ternura materna pode lhe dar, e essa ternura cresce com a fraqueza e a ingenuidade da criança. Para uma mãe, seu filho é sempre um anjo, e precisaria que assim fosse para cativar a sua solicitude; ela não teria para com ele o mesmo desprendimento se, ao invés da graça ingênua, encontrasse nele, sob os traços infantis, um caráter viril e as ideias de um adulto, e ainda menos se conhecesse o seu passado.

Seria preciso, aliás, que a atividade do princípio inteligente fosse proporcional à fraqueza do corpo, que não poderia resistir a uma atividade muito grande do Espírito, assim como se vê entre as crianças muito precoces. É por isso que, desde a proximidade da encarnação, entrando o Espírito em perturbação, perde, pouco a pouco, a consciência de si mesmo; ele, durante um certo período, permanece numa espécie de sono durante o qual todas as suas faculdades se conservam em estado latente. Esse estado transitório é necessário para dar ao Espírito um novo ponto de partida, e fazê-lo esquecer, em sua nova existência terrestre, as coisas que poderiam entravá-la. Seu passado, entretanto, reage sobre ele, que renasce para a vida maior, mais forte moral e intelectualmente, sustentado e secundado pela intuição que conserva da experiência adquirida.

A partir do nascimento, suas ideias retomam gradualmente impulso, à medida que se desenvolvem os órgãos; de onde se pode dizer que, durante os primeiros anos, o Espírito é verdadeiramente criança, porque as ideias que formam o fundo do seu caráter estão ainda adormecidas. Durante o tempo em que seus instintos dormitam, ele é mais flexível e, por isso mesmo, mais acessível às impressões que podem modificar sua natureza e fazê-lo progredir, o que torna mais fácil a tarefa imposta aos pais.

O Espírito reveste, pois, por um tempo, a túnica da inocência, e Jesus está com a verdade quando, malgrado a anterioridade da alma, toma a criança por emblema da pureza e da simplicidade.

Pecado por pensamentos. Adultério

5. *Aprendestes o que foi dito aos Antigos: Não cometereis adultério.*

Mas eu vos digo que todo aquele que tiver olhado uma mulher com um mau desejo por ela, já cometeu adultério com ela, em seu coração. (São Mateus, cap. V, v. 27 e 28).

6. A palavra *adultério* não deve ser entendida aqui no sentido exclusivo de sua acepção própria, mas em sentido mais geral; Jesus frequentemente a empregou por extensão para designar o mal, o pecado e todo mau pensamento, como, por exemplo, nesta passagem: "Porque se alguém se envergonhar de mim e de minhas palavras entre esta raça *adúltera e pecadora,* o Filho do homem se envergonhará também dele quando vier acompanhado dos santos anjos na glória de seu Pai." (São Marcos, cap. VIII, v. 38). (*)

A verdadeira pureza não está somente nos atos, mas também no pensamento, porque aquele que tem o coração puro não pensa mesmo no mal; foi isso que Jesus quis dizer: ele condena o pecado, mesmo em pensamento, porque é um sinal de impureza.

7. Esse princípio conduz naturalmente a esta questão: *Sofrem-se as consequências de um pensamento mau não seguido de efeito?*

Há aqui uma importante distinção a se fazer. À medida que a alma, empenhada no mau caminho, avança na vida espiritual, esclarece-se e se despoja, pouco a pouco, de suas imperfeições, segundo a maior ou menor boa vontade que emprega em virtude do seu livre-arbítrio. Todo mau pensamento, pois, resulta da imperfeição da alma, mas de acordo com o desejo que concebeu de se depurar, mesmo esse mau pensamento se torna para ela uma ocasião de adiantamento, porque o repele com energia; é o indício de uma mancha que se esforça por apagar, e não cederá se se apresentar ocasião para satisfazer um mau desejo e, depois que tiver resistido, sentir-se-á mais forte e alegre com a sua vitória.

Aquela, ao contrário, que não tomou boas resoluções, procura a ocasião para o ato mau, e se não o realiza, não é por efeito da sua vontade, mas porque lhe falta oportunidade; ela é, pois, tão culpada como se o cometesse.

Em resumo, na pessoa que não concebe mesmo o pensamento do mal, o progresso está realizado; naquela a quem vem esse pensamento, mas o repele, o progresso está em vias de se cumprir; naquela, enfim, que tem esse pensamento e nele se compraz, o mal está ainda com toda a sua força; numa, o trabalho está feito; na outra, está por fazer. Deus, que é justo, considera todas essas diferenças na responsabilidade dos atos e dos pensamentos do homem.

(*) Vide Nota Explicativa da Editora no final do livro.

Verdadeira pureza. Mãos não lavadas

8. *Então, os escribas e fariseus que tinham vindo de Jerusalém aproximaram-se de Jesus e lhe disseram: Por que vossos discípulos violam a tradição dos Antigos? pois eles não lavam as mãos quando tomam suas refeições.*

Mas Jesus lhes respondeu: Por que vós mesmos violais o mandamento de Deus para seguir a vossa tradição? pois Deus fez este mandamento: Honrai vosso pai e vossa mãe; e este outro: Que aquele que disser palavras injuriosas ao seu pai ou à sua mãe, seja punido de morte. Mas vós outros vos dizeis: Todo aquele que tiver dito ao seu pai ou à sua mãe: Toda oferenda que faço a Deus vos é útil, satisfaz à lei – ainda que depois disso não honre nem assista seu pai ou sua mãe; e, assim, tornastes inútil o mandamento de Deus por vossa tradição.

Hipócritas, Isaías bem profetizou de vós quando disse: Este povo me honra com os lábios, mas seu coração está longe de mim; e é em vão que me honram ensinando máximas e ordenações humanas.

Depois, tendo chamado o povo, ele lhe disse: Escutai e compreendei bem isto: Não é o que entra na boca que enlameia o homem, mas o que sai da boca do homem. O que sai da boca parte do coração e é o que torna o homem impuro, porque é do coração que partem os maus pensamentos, os homicídios, os adultérios, as fornicações, os furtos, os falsos testemunhos, as blasfêmias e as maledicências; estão aí as coisas que tornam o homem impuro, mas comer sem ter lavado as mãos não é o que torna um homem impuro.

Então, seus discípulos, aproximando-se dele, disseram-lhe: Sabeis que os Fariseus, tendo ouvido o que acabais de dizer, disso se escandalizaram? Mas ele lhes respondeu: Toda planta que meu Pai celestial não plantou será arrancada. Deixai-os; são cegos que conduzem cegos; se um cego conduz um outro, ambos caem no fosso. (São Mateus, cap. XV, v. de 1 a 20).

9. *Enquanto ele falava, um Fariseu lhe pediu que jantasse em sua casa; e Jesus, para lá dirigindo-se, colocou-se à mesa. O Fariseu começou, então, a dizer para si mesmo: Por que não lavou as mãos antes do jantar? Mas o Senhor lhe disse: Vós outros, Fariseus, tendes grande cuidado em limpar o exterior do copo e do prato, mas o interior de vossos corações está cheio de rapinas e de iniquidades. Insensatos que sois! Aquele que fez o exterior não fez também o interior? (São Lucas, cap. XI, v. 37 a 40).*

10. Os judeus haviam negligenciado os verdadeiros mandamentos de Deus, para se apegarem à prática dos regulamentos estabelecidos pelos homens e dos quais os observadores rígidos faziam casos de consciência; o fundo, muito simples, acabara por desaparecer sob a complicação da forma. Como era mais fácil observar os atos exteriores do que se reformar moralmente, *lavar as mãos do que limpar seu coração,* os homens se iludiram e se acreditaram quites para com Deus, porque se conformavam com essas práticas, permanecendo como eram, porque se lhes ensinava que Deus não pedia mais do que isso. Por isso, o profeta disse: *É em vão que este povo me honra com os lábios, ensinando máximas e ordenações humanas.*

Ocorreu o mesmo com a doutrina moral do Cristo, que acabou por ser colocada em segundo plano, o que fez muitos cristãos crerem, a exemplo dos antigos Judeus, sua salvação mais assegurada pelas práticas exteriores do que pelas da moral. É a essas adições, feitas pelos homens à lei de Deus, que Jesus fez alusão, quando disse: *Toda planta que meu Pai celestial não plantou, será arrancada.*

O objetivo da religião é conduzir o homem a Deus; ora, o homem não chega a Deus senão quando está perfeito; portanto, toda religião que não torna o homem melhor, não atinge seu objetivo; aquela sobre a qual se crê poder apoiar para fazer o mal, ou é falsa ou falseada em seu princípio. Tal é o resultado de todas aquelas em que a forma se impõe sobre o fundo. A crença na eficácia dos sinais exteriores é nula, se não impede que se cometam homicídios, adultérios, espoliações, calúnias e de fazer mal ao próximo, o que quer que seja. Ela faz supersticiosos, hipócritas e fanáticos, mas não faz homens de bem.

Não basta, pois, ter as aparências da pureza, é preciso, antes de tudo, ter a pureza do coração.

Escândalos. Se vossa mão é um motivo de escândalo, cortai-a

11. *Ai do mundo por causa dos escândalos; porque é necessário que venham escândalos; mas ai do homem por quem o escândalo venha.*

Se alguém escandalizar um desses pequenos que creem em mim, seria melhor para ele que se lhe pendurasse ao pescoço uma dessas mós, que um asno gira, e que o lançassem no fundo do mar.

Tende muito cuidado em não desprezar nenhum destes pequenos; eu vos declaro que, no céu, seus anjos veem sem cessar a face de meu Pai que está nos céus; porque o Filho do homem veio salvar o que estava perdido.

Se vossa mão ou vosso pé vos é um motivo de escândalo, cortai-os e os atirai longe de vós; é bem melhor para vós que entreis na vida não tendo senão um pé ou uma só mão, do que terdes dois e serdes lançados no fogo eterno. E se vosso olho vos é motivo de escândalo, arrancai-o e o lançai longe de vós; é melhor para vós que entreis na vida não tendo senão um olho, que terdes os dois e serdes precipitados no fogo do inferno. (São Mateus, cap. XVIII, v. de 6 a 11. – Cap. V, v. 29 e 30).

12. No sentido vulgar, *escândalo* se diz de toda ação que choca com a moral ou a decência de um modo ostensivo. O escândalo não está na ação em si mesma, mas no reflexo que ela pode ter. A palavra escândalo implica sempre a ideia de uma certa explosão de comentários. Muitas pessoas se contentam em evitar o *escândalo,* porque com isso sofreria seu orgulho e sua consideração diminuiria entre os homens; contanto que suas torpezas sejam ignoradas, isso lhes basta, e sua consciência está tranquila. São elas, segundo as palavras de Jesus: "sepulcros brancos por fora, mas cheios de podridão por dentro; vasos limpos por fora, sujos por dentro".

No sentido evangélico, a acepção da palavra escândalo, tão frequentemente empregada, é sempre mais geral e, por isso, não se lhe compreende a acepção em certos casos. Não é mais somente o que ofende a consciência de outrem, é tudo o que resulta dos vícios e das imperfeições dos homens, toda reação má de indivíduo para indivíduo, com ou sem repercussão. O escândalo, neste caso, *é o resultado efetivo do mal moral.*

13. *É preciso que haja escândalo no mundo,* disse Jesus, porque os homens, sendo imperfeitos sobre a Terra, são inclinados a fazerem o mal, e as más árvores dão maus frutos. É preciso, pois, entender, por estas palavras, que o mal é uma consequência da imperfeição dos homens, e não que haja para eles obrigação para praticá-lo.

14. *É necessário que o escândalo venha,* porque estando os homens em expiação sobre a Terra, punem a si mesmos pelo contato com seus vícios, dos quais são as primeiras vítimas, acabando por compreender seus inconvenientes. Quando estiverem cansados de sofrer no mal, procurarão o remédio no bem. A reação desses vícios serve, pois, ao mesmo tempo, de castigo para uns e de provas para outros; é assim que Deus faz emergir o bem do mal, e os próprios homens utilizam as coisas más ou mais vis.

15. Se assim é, dir-se-á, o mal é necessário e durará sempre, porque se ele viesse a desaparecer, Deus estaria privado de um poderoso meio de castigar os culpados; portanto, é inútil procurar melhorar os homens. Mas se não houvesse mais culpados, não haveria mais necessidade de castigos.

Suponhamos a Humanidade transformada em homens de bem, ninguém procuraria fazer o mal ao próximo e todos seriam felizes, porque seriam bons. Tal é o estado dos mundos avançados, de onde o mal foi excluído; tal será o da Terra quando tiver progredido suficientemente. Mas enquanto que certos mundos avançam, outros se formam, povoados de Espíritos primitivos, e que servem, por outro lado, de habitação, de exílio e de lugar expiatório para os Espíritos imperfeitos, rebeldes, obstinados no mal e que são rejeitados nos mundos que se tornaram felizes.

16. *Mas ai daquele por quem o escândalo venha;* quer dizer, o mal sendo sempre o mal, aquele que inconscientemente serviu de instrumento para a justiça divina, cujos maus instintos foram utilizados, não fez por isso menos mal e deve ser punido. É assim que, por exemplo, um filho ingrato é uma punição ou uma prova para o pai que o suporta, porque esse pai, talvez, tenha sido um mau filho que fez sofrer a seu pai e que sofre a pena de talião; mas o filho disso não é mais desculpável e deverá ser castigado, a seu turno, em seus próprios filhos ou de uma outra maneira.

17. *Se vossa mão é uma causa de escândalo, cortai-a;* figura enérgica que seria absurdo tomar ao pé da letra, e que significa simplesmente que é preciso destruir em si toda causa de escândalo, isto é, de mal; extirpar de seu coração todo sentimento impuro e toda fonte viciosa; quer dizer ainda que valeria mais para um homem ter tido a mão cortada, do que essa mão lhe ter servido de instrumento para uma ação má; estar privado da vista, do que se seus olhos lhe tivessem dado maus pensamentos. Jesus nada disse de absurdo para todo aquele que apreende o sentido alegórico e profundo de suas palavras, mas muitas coisas não podem ser compreendidas sem a chave que delas nos dá o Espiritismo.

Instruções dos Espíritos

Deixai vir a mim as criancinhas

18. O Cristo disse: "Deixai vir a mim as criancinhas". Essas palavras, profundas em sua simplicidade, não implicavam o simples chamamento das crianças, mas o das almas que gravitam nos círculos inferiores, onde a infelicidade ignora a esperança. Jesus chamava a si a infância intelectual da criatura formada: os fracos, os escravos, os viciosos; ele nada podia ensinar à infância física, sujeita à matéria, submetida ao jugo do instinto, e não pertencendo ainda à ordem superior da razão e da vontade, que se exercem em torno dela e por ela.

Jesus queria que os homens viessem a ele com a confiança desses pequenos seres de passos vacilantes, cujo chamamento lhe conquistaria o coração das mulheres, que são todas mães; submetia, assim, as almas à sua terna e misteriosa autoridade. Ele foi o facho que ilumina as trevas, o clarim matinal que toca o despertar; foi o iniciador do Espiritismo que deve, a seu turno, chamar a si não as criancinhas, mas os homens de boa vontade. A ação viril está iniciada: não se trata mais de crer instintivamente e de obedecer maquinalmente, é preciso que o homem siga a lei inteligente, que lhe revela a sua universalidade.

Meus bem-amados, eis o tempo em que os erros explicados se tornarão verdades; nós vos ensinaremos o sentido exato das parábolas e vos mostraremos a correlação poderosa ligando o que foi e o que é. Digo-vos, em verdade: a manifestação espírita alarga o horizonte; e eis seu enviado que vai resplandecer como o Sol sobre o cume dos montes. (JOÃO, o Evangelista, Paris, 1863).

19. Deixai vir a mim as criancinhas, porque eu possuo o leite que fortifica os fracos. Deixai vir a mim aqueles que, tímidos e débeis, têm necessidade de apoio e de consolação. Deixai vir a mim os ignorantes para que os esclareça, deixai vir a mim todos aqueles que sofrem, a multidão dos aflitos e dos infelizes; ensinar-lhes-ei o grande remédio para abrandar os males da vida e lhes darei o segredo da cura de suas feridas! Qual é, meus amigos, este bálsamo soberano, possuindo a virtude por excelência, este bálsamo que se aplica sobre todas as chagas do coração e as fecha? É o amor, é a caridade! Se tendes este fogo divino, que temereis? Direis a todos os instantes da vossa vida: Meu pai, que vossa vontade seja feita e não a minha; se vos apraz experimentar-me pela dor e pelas tribulações, sede bendito, porque é para o meu bem, eu o sei, que vossa mão pesa sobre mim. Se vos convém, Senhor, ter piedade de vossa criatura fraca, se dais ao seu coração as alegrias permitidas, sede bendito ainda; mas fazei que o amor divino não dormite em sua alma e que, sem cessar, eleve aos vossos pés a voz do seu reconhecimento!...

Se tendes o amor, tendes tudo o que se pode desejar sobre a Terra, possuireis a pérola por excelência, que nem os acontecimentos, nem as maldades daqueles que vos odeiam e vos perseguem poderão vos arrebatar. Se tendes o amor, tereis colocado o vosso tesouro lá onde os vermes e a ferrugem não podem atingi-lo e vereis apagar-se insensivelmente de vossa alma tudo o que pode manchar-lhe a pureza; sentireis o peso da matéria diminuir dia a dia e, semelhante ao pássaro que plana nos ares, e não se lembra mais da terra, subireis sem cessar, subireis sempre, até que vossa alma, embriagada, possa se saciar de seu elemento de vida no seio do Senhor. (UM ESPÍRITO PROTETOR, Bordéus, 1861).

Bem-aventurados aqueles que têm os olhos fechados (1)

20. Meus bons amigos, por que me haveis chamado? É para me fazer impor as mãos sobre a pobre sofredora que está aqui, e a cure? Ah! Que sofrimento, bom Deus! Ela perdeu a vista, e as trevas se fizeram para ela. Pobre criança! que ore e espere; não sei fazer milagres, sem a vontade do bom Deus. Todas as curas que pude obter, e que vos foram assinaladas, não as atribuais senão àquele que é nosso Pai em tudo.

Em vossas aflições, portanto, olhai sempre o céu, e dizei, do fundo do vosso coração: "Meu Pai, curai-me, mas fazei que minha alma doente seja curada antes das enfermidades do meu corpo; que minha carne seja castigada, se preciso for, para que minha alma se eleve até vós com a brancura que tinha quando a criastes." Depois desta prece, meus bons amigos, que o bom Deus ouvirá sempre, a força e a coragem vos serão dadas e, talvez, também essa cura que não tereis pedido senão timidamente como recompensa da vossa abnegação.

Mas, uma vez que eu estou aqui, numa assembleia onde se trata, antes de tudo, de estudos, eu vos direi que aqueles que estão privados da vista deveriam se considerar como os bem-aventurados da expiação. Lembrai-vos de que o Cristo disse que seria preciso arrancar vosso olho, se ele fosse mau, e que valeria mais que ele fosse lançado ao fogo do que ser causa de vossa perdição. Ah! quantos há sobre a vossa Terra, que maldirão um dia nas trevas terem visto a luz! Oh! sim, são felizes estes que, na expiação, são atingidos na vista! seu olho não será motivo de escândalo e de queda; podem viver inteiramente a vida das almas; podem ver mais que vós que vedes claro... Quando Deus me permite ir abrir as pálpebras de algum desses pobres sofredores e devolver-lhes a luz, digo a mim mesmo: Alma querida, por que não conheces todas as delí-

---

(1) Esta comunicação foi dada a propósito de uma pessoa cega, para a qual evocamos o Espírito de J. B. Vianney, cura d'Ars.

cias do Espírito, que vive de contemplação e de amor? tu não pedirias para ver imagens menos puras e menos suaves do que aquelas que te é dado entrever em tua cegueira.

Oh! sim, bem-aventurado o cego que quer viver com Deus; mais feliz que vós, que estais aqui, ele sente a felicidade, toca-a, vê as almas e pode se lançar com elas nas esferas espirituais que os próprios predestinados da vossa Terra não veem. O olho aberto está sempre pronto para fazer a alma falir; o olho fechado, ao contrário, está sempre pronto a fazê-la alçar para Deus. Crede-me bem, meus bons e caros amigos, a cegueira dos olhos é, frequentemente, a verdadeira luz do coração, enquanto que a vista é, frequentemente, o anjo tenebroso que conduz à morte.

E, agora, algumas palavras para ti, minha pobre sofredora: espera e tem coragem! se te dissesse: Minha filha, teus olhos vão se abrir, como serias ditosa! e quem sabe se essa alegria não te perderia? Tem confiança no bom Deus, que fez a felicidade e permite a tristeza! Farei por ti tudo o que me for permitido; mas, a teu turno, ora e, sobretudo, medita em tudo o que acabo de te dizer.

Antes que me afaste, vós todos que estais aqui, recebei minha bênção. (VIANNEY, cura d'Ars, Paris, 1863).

21. Nota: Quando uma aflição não é consequência dos atos da vida presente, é preciso procurar-lhe a causa numa vida anterior. O que se chama de caprichos da sorte não são outras coisas senão os efeitos da justiça de Deus. Deus não inflige punições arbitrárias; ele quer que entre a falta e a pena haja sempre correlação. Se, em sua bondade, lançou um véu sobre os nossos atos passados, coloca-nos, entretanto, sobre o caminho, dizendo: "Quem matou pela espada, perecerá pela espada"; palavras que podem se traduzir assim: "Sempre se é punido naquilo em que pecou". Se, pois, alguém está aflito pela perda da vista, é porque a vista foi para ele causa de queda. Pode ser também que foi causa da perda da vista num outro; talvez alguém tenha se tornado cego pelo excesso de trabalho que lhe impôs, ou em consequência de maus tratos, de falta de cuidados, etc. e, então, suporta a pena de talião. Ele mesmo, em seu arrependimento, pôde escolher essa expiação, em se aplicando estas palavras de Jesus: "Se vosso olho vos é um motivo de escândalo, arrancai-o."

IX
Capítulo

Bem-aventurados aqueles que são brandos e pacíficos

Injúrias e violências. – Instruções dos Espíritos:
A afabilidade e a doçura. – A paciência. –
Obediência e resignação. – A cólera.

Injúrias e violências

1. *Bem-aventurados aqueles que são brandos, porque eles possuirão a Terra. (São Mateus, cap. V. v. 5).*

2. *Bem-aventurados os pacíficos, porque eles serão chamados filhos de Deus. (idem, v. 9).*

3. *Aprendestes o que foi dito aos Antigos : Não matareis, e todo aquele que matar merecerá ser condenado pelo julgamento. Mas eu vos digo que todo aquele que se encolerizar contra seu irmão merecerá ser condenado pelo julgamento; que aquele que disser a seu irmão* Racca, *merecerá ser condenado pelo conselho; e que aquele que lhe disser:* Sois louco, *merecerá ser condenado ao fogo do inferno. (idem, v. 21 e 22).*

4. Por essas máximas, Jesus faz da doçura, da moderação, da mansuetude, da afabilidade e da paciência, uma lei; condena, por conseguinte, a violência, a cólera e mesmo toda expressão descortês com respeito ao semelhante. *Racca* era, entre os Hebreus, um termo de desprezo, que significava *homem de má conduta,* e se pronunciava escarrando e desviando a cabeça. Ele vai mesmo mais longe, uma vez que ameaça com o fogo do inferno aquele que disser ao seu irmão: *Sois louco.*

É evidente que, aqui, como em toda circunstância, a intenção agrava ou atenua a falta; mas em que uma simples palavra pode ter bastante gravidade para merecer uma reprovação tão severa? É que toda palavra ofensiva exprime um sentimento contrário à lei do amor e da caridade, que deve regular as relações dos homens e manter entre eles a concórdia e a união; que é um insulto à benevolência recíproca e à fraternidade; que entretém o ódio e a animosidade; enfim que, depois da humildade para com Deus, a caridade para com o próximo é a primeira lei de todo cristão.

5. Mas o que diz Jesus por estas palavras: "Bem-aventurados aqueles que são brandos, porque eles possuirão a Terra", tendo ele dito para renunciar aos bens deste mundo e prometendo os do céu?

À espera dos bens do céu, o homem tem necessidade dos da Terra para viver; somente lhe recomenda não ligar a estes últimos mais importância do que aos primeiros.

Por estas palavras, ele quer dizer que, até esse dia, os bens da Terra estão açambarcados pelos violentos, em prejuízo daqueles que são brandos e pacíficos; que a estes, frequentemente, falta o necessário, enquanto que os outros têm o supérfluo; promete que justiça lhes será feita, *na Terra como no céu,* porque são chamados filhos de Deus. Quando a lei de amor e de caridade for a lei da Humanidade, não haverá mais egoísmo; o fraco e o pacífico não serão mais explorados, nem esmagados pelo forte e pelo violento. Tal será o estado da Terra quando, segundo a lei do progresso e a promessa de Jesus, ela tornar-se um mundo feliz, pela expulsão dos maus.

Instruções dos Espíritos

A afabilidade e a doçura

6. A benevolência para com os semelhantes, fruto do amor ao próximo, produz a afabilidade e a doçura, que lhe são a manifestação. Entretanto, não é preciso se fiar sempre nas aparências; a educação e o hábito do mundo podem dar o verniz dessas qualidades. Quantos há cuja fingida bonomia não é senão máscara para o exterior, uma roupagem cuja forma premeditada esconde as deformidades ocultas! O mundo está cheio dessas pessoas que têm o sorriso nos lábios e o veneno no coração; *que são brandas, contanto que nada as machuque, mas que mordem à menor contrariedade;* cuja língua dourada, quando falam face a face, transmuda-se em dardo envenenado quando estão por detrás.

A essa classe pertencem ainda esses homens benignos por fora e que, tiranos domésticos, fazem sofrer, sua família e seus subordinados, o peso do seu orgulho e do seu despotismo, como querendo-se compensar do constrangimento que se impuseram alhures; não se atrevendo a usar de autoridade sobre estranhos que os recolocariam em seu lugar, eles querem ao menos ser temidos por aqueles que não podem lhes resistir; sua vaidade se alegra de poder dizer: "Aqui, eu mando e sou obedecido"; sem pensar que poderiam acrescentar com mais razão: "E sou detestado".

Não basta que dos lábios gotejem leite e mel, pois, se o coração nada tem com isso, há hipocrisia. Aquele cuja afabilidade e doçura não são fingidas, nunca se contradiz; é o mesmo diante do mundo e na intimidade; ele sabe, aliás, que, se pode enganar os homens, pelas aparências, não pode enganar a Deus. (LÁZARO, Paris, 1861).

A paciência

7. A dor é uma bênção que Deus envia aos seus eleitos; não vos aflijais, pois, quando sofrerdes, mas bendizei, ao contrário, o Deus todo-poderoso que vos marcou pela dor neste mundo para a glória no céu.

Sede pacientes; a paciência é também uma caridade e deveis praticar a lei da caridade ensinada pelo Cristo, enviado de Deus. A caridade que consiste na esmola dada aos pobres, é a mais fácil das caridades; mas há uma bem mais penosa e, consequentemente, mais meritória: *perdoar àqueles que Deus colocou sobre nosso caminho para serem os instrumentos dos nossos sofrimentos e colocar a nossa paciência à prova.*

A vida é difícil, eu o sei; ela se compõe de mil nadas que são picadas de alfinetes que acabam por ferir; mas é preciso considerar os deveres que nos são impostos, as consolações e as compensações que temos por outro lado, e, então, veremos que as bênçãos são mais numerosas do que as dores. O fardo parece menos pesado quando se olha para o alto, do que quando se curva a fronte para o chão.

Coragem, amigos, o Cristo é o vosso modelo; ele sofreu mais do que qualquer de vós e não tinha nada a se censurar, enquanto que vós tendes vosso passado a expiar e fortalecer-vos para o futuro. Sede, pois, pacientes, sede cristãos, essa palavra encerra tudo. (UM ESPÍRITO AMIGO, Havre, 1862).

Obediência e resignação

8. A doutrina de Jesus ensina, em toda parte, a obediência e a resignação, duas virtudes companheiras da doçura, muito ativas, embora os homens as confundam erradamente com a negação do sentimento e da vontade. *A obediência é o consentimento da razão, a resignação é o consentimento do coração;* ambas são forças ativas, porque carregam o fardo das provas que a revolta insensata deixa cair. O frouxo não pode ser resignado, assim como o orgulhoso e o egoísta não podem ser obedientes. Jesus foi a encarnação destas virtudes desprezadas pela antiguidade material. Ele veio no momento em que a sociedade romana perecia nos desfalecimentos da corrupção; veio fazer luzir, no seio da Humanidade abatida, os triunfos do sacrifício e da renúncia carnal.

Cada época está, assim, marcada com o selo da virtude ou do vício, que a deve salvar ou perder. A virtude da vossa geração é a atividade intelectual; seu vício é a indiferença moral. Eu digo somente atividade, porque o gênio se eleva de repente e descobre sozinho os horizontes que a multidão não verá senão depois dele, ao passo que a atividade é a reunião dos esforços de todos para atingir um fim menos grandioso, mas que prova a elevação intelectual de uma época. Submetei-vos ao impulso que viemos dar aos vossos espíritos; obedecei à grande lei do progresso, que é a palavra da vossa geração. Ai do espírito preguiçoso, daquele que fecha seu entendimento! Infeliz! porque nós, que somos os guias da Humanidade em marcha, o atingiremos com o chicote e forçaremos sua vontade rebelde no duplo esforço do freio e da espora; toda resistência orgulhosa deverá ceder, cedo ou tarde; mas bem-aventurados os que são brandos, porque prestarão dócil ouvido aos ensinamentos. (LÁZARO, Paris, 1863).

A cólera

9. O orgulho leva a vos crer mais do que sois; a não poder sofrer uma comparação que possa vos rebaixar; a vos considerar, ao contrário, de tal modo acima dos vossos irmãos, seja como espírito, seja como posição social, seja mesmo como superioridade pessoal, que o menor paralelo vos irrita e vos fere; e o que ocorre então? entregai-vos à cólera.

Procurai a origem desses acessos de demência passageira, que vos assemelham aos animais, fazendo-vos perder o sangue-frio e a razão; procurai e encontrareis, quase sempre, por base, o orgulho ferido. Não é orgulho ferido, por uma contradição, que vos faz rejeitar as observações justas, que vos faz repelir com cólera os mais sábios conselhos? As próprias impaciências que causam as contrariedades, frequentemente pueris, prendem-se à importância que se atribui à própria personalidade diante da qual se crê que tudo deve se dobrar.

Em seu frenesi, o homem colérico ataca a tudo: a natureza bruta, os objetos inanimados, que quebra, porque não lhe obedecem. Ah! se nesses momentos pudesse se ver com sangue-frio, teria medo de si ou se acharia ridículo! Que julgue por aí a impressão que deve produzir sobre os outros. Quando não fosse senão por respeito a si mesmo, deveria esforçar-se por vencer uma tendência que faz dele objeto de piedade.

Se imaginasse que a cólera não resolve nada, altera sua saúde, compromete-lhe a vida, veria que é sua primeira vítima; mas uma outra consideração deveria, sobretudo, detê-lo: o pensamento de que torna infeliz todos aqueles que o cercam; se tem coração, não terá remorso em fazer sofrer os seres que mais ama? E que desgosto mortal se, num acesso desatinado, cometesse um ato de que tivesse que se censurar por toda a sua vida!

Em suma, a cólera não exclui certas qualidades do coração, mas impede de fazer muito bem e pode levar a fazer muito mal; isso deve bastar para motivar esforços por dominá-la. O espírita, por outro lado, é solicitado por um outro motivo: ela é contrária à caridade e à humildade cristãs. (UM ESPÍRITO PROTETOR, Bordéus, 1863).

10. Segundo a ideia muito falsa de que não pode reformar sua própria natureza, o homem se crê dispensado de esforçar-se para se corrigir dos defeitos, nos quais se compraz voluntariamente ou que exigiriam muita perseverança; é assim, por exemplo, que o homem inclinado à cólera se desculpa, quase sempre, com o seu temperamento; antes de se considerar culpado, ele reputa a falta ao seu organismo, acusando, assim, Deus de suas próprias faltas. É ainda uma consequência do orgulho, que se encontra misturado a todas as suas imperfeições.

Sem contradita, há temperamentos que se prestam, mais que outros, aos atos violentos, como há músculos mais flexíveis que se prestam melhor para os torneios de força; mas não creiais que aí esteja a causa primeira da cólera e estejais persuadidos de que um Espírito pacífico, mesmo num corpo bilioso, será sempre pacífico; e que um Espírito violento, num corpo linfático, por isso não será mais brando; somente a violência tomará um outro caráter:

não havendo um organismo próprio para secundar sua violência, a cólera será concentrada e, no outro caso, será expansiva.

O corpo não dá cólera àquele que não a tem, como não dá os outros vícios; todas as virtudes e todos os vícios são inerentes ao Espírito; sem isso, onde estariam o mérito e a responsabilidade? O homem que é disforme não pode se tornar direito, porque o Espírito nada tem com isso, mas pode modificar o que é do Espírito quando tem uma vontade firme. A experiência não vos prova, espíritas, até onde pode ir o poder da vontade, pelas transformações verdadeiramente miraculosas que vedes se operar? Dizei-vos, pois, que *o homem não permanece vicioso senão porque quer permanecer vicioso;* mas aquele que quer se corrigir sempre o pode, de outra forma a lei do progresso não existiria para o homem. (HAHNEMANN, Paris, 1863).

Capítulo X 10

Bem-aventurados aqueles que são misericordiosos

Perdoai para que Deus vos perdoe. – Reconciliar-se com os adversários. – O sacrifício mais agradável a Deus. – O argueiro (*) e a trave no olho. – Não julgueis a fim de que não sejais julgados. Aquele que estiver sem pecado lhe atire a primeira pedra. – Instruções dos Espíritos: *Perdão das ofensas. – A indulgência. – É permitido repreender os outros; observar as imperfeições de outrem; divulgar o mal alheio?*

Perdoai para que Deus vos perdoe

1. *Bem-aventurados aqueles que são misericordiosos, porque eles próprios obterão misericórdia. (São Mateus, cap. V, v. 7).*

2. *Se perdoardes aos homens as faltas que eles fazem contra vós, vosso Pai celestial vos perdoará também vossos pecados, mas se não perdoardes aos homens quando eles vos ofendem, vosso Pai, também, não vos perdoará os pecados. (Idem, cap. VI, v. 14, 15).*

3. *Se vosso irmão pecou contra vós, ide lhe exibir sua falta em particular, entre vós e ele; se ele vos escuta, tereis ganho o vosso irmão. Então, Pedro, aproximando-se, disse-lhe: Senhor, quantas vezes perdoarei ao meu irmão, quando ele houver pecado contra mim? Será até sete vezes? Jesus lhe respondeu: Eu não vos digo até sete vezes, mas até setenta vezes sete vezes. (Idem, cap. XVIII, v. 15, 21, 22).*

(*) Conquanto no original de Allan Kardec e de La Sainte **Bible** (qui comprend l'Ancien et le Nouveau Testament traduits sur les textes originaux hébreu et grec par Luis Segond, docteur en Théologie, Nouvelle Edition Revue, Paris, 58 Rue de Clichy, 1949), **paille** seja termo do texto, entendemos que sua tradução deva ser **argueiro** e não **palha,** observando-se assim o rigor das traduções em nossa língua. (N. do R.)

4. A misericórdia é complemento da doçura, porque aquele que não é misericordioso não saberia ser brando e pacífico; ela consiste no esquecimento e no perdão das ofensas. O ódio e o rancor denotam uma alma sem elevação, sem grandeza; o esquecimento das ofensas é próprio da alma elevada, que está acima dos insultos que se lhe pode dirigir; uma é sempre ansiosa, de uma suscetibilidade desconfiada e cheia de fel; a outra é calma, cheia de mansuetude e de caridade.

Ai daquele que diz: Eu nunca perdoarei, porque se não for condenado pelo homens, sê-lo-á certamente por Deus; com que direito reclamará o perdão das suas próprias faltas se ele mesmo não perdoa as dos outros? Jesus nos ensina que a misericórdia não deve ter limites, quando diz para perdoar ao seu irmão não sete vezes, mas setenta vezes sete vezes.

Mas há duas maneiras bem diferentes de perdoar; uma grande, nobre, verdadeiramente generosa, sem segunda intenção, que poupa com delicadeza o amor-próprio e a suscetibilidade do adversário, tivesse mesmo este último toda a culpa. A segunda, pela qual o ofendido, ou aquele que acredita sê-lo, impõe ao outro condições humilhantes e faz sentir o peso de um perdão que irrita, em lugar de acalmar; se estende a mão, não é com benevolência, mas com ostentação, a fim de poder dizer a todo mundo: Vede quanto sou generoso! Em tais circunstâncias, é impossível que a reconciliação seja sincera de parte a parte. Não, nisso não há generosidade, mas um modo de satisfazer o orgulho. Em toda contenda, aquele que se mostre mais conciliador, que prove mais desinteresse, caridade e verdadeira grandeza d'alma, conquistará sempre a simpatia das pessoas imparciais.

Reconciliar-se com os adversários

5. *Reconciliai-vos o mais depressa com o vosso adversário,enquanto estais com ele no caminho, a fim de que vosso adversário não vos entregue ao juiz, e que o juiz não vos entregue ao ministro da justiça, e que não sejais aprisionado. Eu vos digo em verdade, que não saireis de lá, enquanto não houverdes pago até o último ceitil. (São Mateus, cap. V, v. 25, 26).*

6. Há, na prática do perdão e na do bem em geral, mais que um efeito moral, há também um efeito material. Sabe-se que a morte não nos livra dos nossos inimigos; os Espíritos vingativos perseguem, frequentemente, com seu ódio, além do túmulo, aqueles contra os quais conservaram rancor; por isso, o provérbio que diz: "Morto o animal, morto o veneno", é falso quando aplicado ao homem. O Espírito mau espera que aquele a quem quer mal esteja preso ao corpo e menos livre, para atormentá-lo mais facilmente, atingi-lo em seus interesses ou em suas mais caras afeições. É preciso ver, nesse fato, a causa da maioria dos casos de obsessão, daqueles sobretudo que apresentam uma certa gravidade, como a subjugação e a possessão. O obsediado e o possesso são, pois, quase sempre, vítimas de uma vingança anterior, à qual, provavelmente, deram lugar pela sua conduta. Deus o permite para puni-los do mal que eles próprios fizeram ou, se não o fizeram, por terem faltado com indulgência e caridade, não perdoando. Importa, pois, do ponto de vista da sua tranquilidade futura, reparar mais depressa os erros que cometeu contra o próximo, perdoar seus inimigos, a fim de exterminar, antes de morrer, todo motivo de dissensões, toda causa fundada de animosidade ulterior; por esse meio, de um inimigo obstinado neste mundo, pode-se fazer um amigo no outro; pelo menos coloca o bom direito do seu lado, e Deus não deixa aquele que perdoou ser alvo de vingança. Quando Jesus recomenda reconciliar-se o mais depressa com o adversário, não é somente com vistas a apaziguar as discórdias durante a existência atual, mas evitar que elas se perpetuem nas existências futuras. Não saireis de lá, disse ele, enquanto não houverdes pago até o último ceitil, quer dizer, satisfeito completamente a justiça de Deus.

O sacrifício mais agradável a Deus

7. *Se, pois, quando apresentardes vossa oferenda ao altar, vós vos lembrardes que o vosso irmão tem alguma coisa contra vós, deixai a vossa dádiva aí ao pé do altar, e ide antes reconciliar-vos com o vosso irmão, e depois voltai para oferecer vossa dádiva. (São Mateus, cap. V, v. 23, 24).*

8. Quando Jesus disse: "Ide vos reconciliar com o vosso irmão antes de apresentar vossa oferenda ao altar", ensina que o sacrifício mais agradável ao Senhor é o do próprio ressentimento; que antes de se apresentar a ele para ser perdoado, é preciso ter perdoado, e que, se cometeu injustiça contra um de seus irmãos, é preciso tê-la reparado; só então a oferenda será agradável, porque virá de um coração puro de todo mau pensamento. Materializa este preceito porque os Judeus ofereciam sacrifícios materiais; devia conformar suas palavras aos seus usos. O cristão não oferece dádivas materiais; ele espiritualizou o sacrifício, mas o preceito, com isso, não tem senão mais força; oferece sua alma a Deus, e essa alma deve estar purificada; *entrando no templo do Senhor, deve deixar do lado de fora todo sentimento de ódio e de animosidade, todo mau pensamento contra seu irmão;* só então sua prece será levada pelos anjos aos pés do Eterno. Eis o que ensina Jesus por estas palavras: Deixai vossa oferenda ao pé do altar, e ide primeiro vos reconciliar com vosso irmão, se quereis ser agradáveis ao Senhor.

O argueiro e a trave no olho

9. *Por que vedes um argueiro no olho do vosso irmão, vós que não vedes uma trave no vosso olho? Ou como dizeis ao vosso irmão: Deixai-me tirar um argueiro do vosso olho, vós que tendes uma trave no vosso? Hipócritas, tirai primeiramente a trave do vosso olho e, então, vereis como podereis tirar o argueiro do olho do vosso irmão. (São Mateus, cap. VII, v. 3, 4, 5).*

10. Um dos defeitos da Humanidade é ver o mal de outrem antes de ver o que está em nós. Para julgar-se a si mesmo, seria preciso poder se olhar num espelho, transportar-se de alguma sorte para fora de si e considerar-se como uma outra pessoa, perguntando-se: Que pensaria eu se visse alguém fazendo o que faço? Incontestavelmente, é o orgulho que leva o homem a se dissimular os próprios defeitos, tanto ao moral como ao físico. Esse defeito é essencialmente contrário à caridade, porque a verdadeira caridade é modesta, simples e indulgente; a caridade orgulhosa é um contrassenso, uma vez que esses dois sentimentos se neutralizam um ao outro. Como, com efeito, um homem bastante vão para crer na importância de sua personalidade e na supremacia de suas qualidades, pode ter, ao mesmo tempo, bastante abnegação para fazer ressaltar, em outro, o bem que poderia eclipsá-lo, em lugar do mal que poderia realçá-lo? Se o orgulho é o pai de muitos vícios, é também a negação de muitas virtudes; encontramo-lo no fundo e como móvel de quase todas as ações. Por isso, Jesus se dedicou a combatê-lo como o principal obstáculo ao progresso.

Não julgueis a fim de que não sejais julgados. Aquele que estiver sem pecado lhe atire a primeira pedra

11. *Não julgueis a fim de que não sejais julgados; porque vós sereis julgados segundo houverdes julgado os outros; e se servirá para convosco da mesma medida da qual vos servistes para com eles. (São Mateus, cap. VII, v. 1, 2).*

12. *Então, os Escribas e os Fariseus lhe conduziram uma mulher que tinha sido surpreendida em adultério, e a colocaram de pé no meio do povo, dizendo a Jesus: Mestre, esta mulher acaba de ser surpreendida em adultério; ora, Moisés nos* *ordena na lei para lapidar as adúlteras. Qual é, pois, sobre isso, vosso sentimento? Eles diziam isso tentando-o a fim de ter do que acusá-lo. Mas Jesus, abaixando-se, escrevia com o dedo sobre a terra. Como continuassem a interrogá-lo, ele se ergueu e lhes disse:* Aquele dentre vós que estiver sem pecado, lhe atire a primeira pedra. *Depois, abaixando-se de novo, continuou a escrever sobre a terra. Mas eles, ouvindo-o falar assim, retiraram-se um após outro, os velhos saindo primeiro; e assim Jesus permaneceu só com a mulher, que estava no meio da praça.*

Então, Jesus, levantando-se, disse-lhe: Mulher, onde estão os vossos acusadores? Ninguém vos condenou? Ela lhe disse: Não, Senhor. Jesus lhe respondeu: Eu também não vos condenarei. Ide e, no futuro, não pequeis mais. (São João, cap. VIII, v. de 3 a 11).

13. "Aquele que estiver sem pecado lhe atire a primeira pedra", disse Jesus. Esta máxima nos faz da indulgência um dever, porque não há ninguém que dela não tenha necessidade para si mesmo. Ela nos ensina que não devemos julgar os outros mais severamente do que julgaríamos a nós mesmos, nem condenar em outrem o que nos desculpamos em nós. Antes de censurar uma falta de alguém, vejamos se a mesma reprovação não pode recair sobre nós.

A censura lançada sobre a conduta de outrem pode ter dois motivos: reprimir o mal ou desacreditar a pessoa cujos atos se criticam; este último motivo não tem jamais desculpa, porque é da maledicência e da maldade. O primeiro pode ser louvável e se torna mesmo um dever em certos casos, uma vez que disso deve resultar um bem, e, sem isso, o mal não seria jamais reprimido na sociedade; o homem, aliás, não deve ajudar o progresso de seu semelhante? Não seria preciso, pois, tomar no sentido absoluto este princípio: "Não julgueis se não quiserdes ser julgados", porque a letra mata, e o espírito vivifica.

Jesus não podia proibir de censurar o mal, uma vez que ele mesmo disso nos deu o exemplo, e o fez em termos enérgicos; mas quis dizer que a autoridade da censura está em razão da autoridade moral daquele que a pronuncia; tornar-se culpável daquilo que se condena em outrem é abdicar essa autoridade; é mais, é arrogar-se o direito de repressão. A consciência íntima, de resto, recusa todo respeito e toda submissão voluntária àquele que, estando investido de um poder qualquer, viola as leis e os princípios, que está encarregado de aplicar. *Não há autoridade legítima aos olhos de Deus, senão aquela que se apoia sobre o exemplo que dá do bem;* é o que ressalta igualmente das palavras de Jesus.

Instruções dos Espíritos

Perdão das ofensas

14. Quantas vezes perdoarei a meu irmão? Perdoar-lhe-eis não sete vezes, mas setenta vezes sete vezes. Eis uma dessas palavras de Jesus que mais devem atingir a vossa inteligência e falar mais alto ao vosso coração. Comparai essas palavras de misericórdia com as da oração tão simples, tão resumida e tão grande em suas aspirações, que Jesus dá aos seus discípulos, e encontrareis sempre o mesmo pensamento. Jesus, o justo por excelência, responde a Pedro: Perdoarás, mas sem limites; perdoarás cada ofensa, ainda que a ofensa te seja feita frequentemente; ensinarás, aos teus irmãos, esse esquecimento de si mesmo que os torna invulneráveis contra o ataque, os maus procedimentos e as injúrias; serás brando e humilde de coração, não medindo jamais a tua mansuetude; farás, enfim, o que desejas que o Pai celestial faça por ti; não tem ele que te perdoar frequentemente, e conta o número de vezes que seu perdão desce para apagar tuas faltas?

Escutai, pois, essa resposta de Jesus e, como Pedro, aplicai-a a vós mesmos; perdoai, usai de indulgência, sede caridosos, generosos, pródigos mesmo de vosso amor. Dai, porque o Senhor vos restituirá; perdoai, porque o Senhor vos perdoará; abaixai-vos, porque o Senhor vos elevará; humilhai-vos, porque o Senhor vos fará sentar à sua direita.

Ide, meus bem-amados, estudai e comentai estas palavras que vos dirijo, da parte d'Aquele que, do alto dos esplendores celestes, está voltado sempre para vós, e continua com amor a tarefa ingrata que começou há dezoito séculos. Perdoai, pois, aos vossos irmãos como tendes necessidade de que eles vos perdoem. Se os seus atos vos foram pessoalmente prejudiciais, é um motivo a mais para serdes indulgentes, porque o mérito do perdão é proporcional à gravidade do mal; não haveria nenhum em relevar os erros de vossos irmãos, se eles não houvessem feito senão ofensas leves.

Espíritas, não olvideis jamais de que, tanto por palavras, como por ações, o perdão das injúrias não deve ser uma palavra vã. Se vós vos dizeis espíritas, sede-o pois; olvidai o mal que se vos pôde fazer, e não penseis senão uma coisa: o bem que podeis realizar. Aquele que entrou neste caminho dele não deve se afastar, mesmo pelo pensamento, porque sois responsáveis pelos vossos pensamentos, que Deus conhece. Fazei, pois, que eles estejam despojados de todo sentimento de rancor; Deus sabe o que permanece no fundo do coração de cada um. *Feliz, pois, aquele que pode cada noite adormecer dizendo: Nada tenho contra o meu próximo.* (SIMEÃO, Bordéus, 1862).

15. Perdoar aos inimigos, é pedir perdão para si mesmo: perdoar aos amigos, é dar-lhes uma prova de amizade; perdoar as ofensas é mostrar que se tornou melhor. Perdoai, pois, meus amigos, a fim de que Deus vos perdoe, porque se sois duros, exigentes, inflexíveis, se tendes rigor mesmo por uma ofensa leve, como quereis que Deus esqueça que, cada dia, tendes maior necessidade de indulgência? Oh! ai daquele que diz: "Eu nunca perdoarei", porque pronuncia a sua própria condenação. Quem sabe, aliás, se, descendo ao fundo de vós mesmos, não fostes o agressor? Quem sabe se nessa luta que começa por um golpe de espinho e acaba por uma ruptura, não iniciastes o primeiro golpe? se uma palavra ofensiva se não vos escapou? se usastes de toda a moderação necessária? Sem dúvida, vosso adversário errou em se mostrar muito suscetível, mas é, para vós, uma razão para serdes indulgentes e de não merecer a censura que lhe endereçais. Admitamos que fostes realmente o ofendido numa circunstância, quem diz que não envenenastes a coisa por represálias, e que não fizestes degenerar em querela séria aquilo que teria podido facilmente cair no esquecimento? Se dependia de vós impedir-lhe as consequências, e se não o fizestes, sois culpados. Admitamos, enfim, que não tendes absolutamente nenhuma censura a vos fazer e, com isso, não tereis senão maior mérito em vos mostrar clementes.

Mas há duas maneiras bem diferentes de perdoar: há o perdão dos lábios e o perdão do coração. Muitas pessoas dizem de seus adversários: "Eu lhe perdoo", enquanto que, interiormente, experimentam um secreto prazer do mal que lhe acontece, dizendo para si mesmas que ele não tem senão o que merece. Quantos dizem: "Eu perdoo" e que acrescentam: "mas não me reconciliarei nunca; não quero vê-lo pelo resto da vida." Está aí o perdão segundo o Evangelho? Não; o verdadeiro perdão, o perdão cristão, é aquele que lança um véu sobre o passado; é o único que vos será contado, porque Deus não se contenta com a aparência: ele sonda o fundo dos corações e os mais secretos pensamentos; não se lhe engana com palavras e vãos simulacros. O esquecimento completo e absoluto das ofensas é próprio das grandes almas; o rancor é sempre um sinal de rebaixamento e de inferioridade. Não olvideis que o verdadeiro perdão se reconhece pelos atos, bem mais que pelas palavras. (PAULO, apóstolo, Lião, 1861).

A indulgência

16. Espíritas, queremos vos falar hoje da indulgência, esse sentimento tão doce, tão fraternal, que todo homem deve ter para com os seus irmãos, mas do qual bem poucos fazem uso.

A indulgência não vê os defeitos de outrem ou, se os vê, evita falar deles, divulgá-los; ao contrário, oculta-os, a fim de que não sejam conhecidos senão dela, e se a malevolência os descobre, tem sempre uma desculpa para os abrandar, quer dizer, uma excusa plausível, séria, e não daquelas que, tendo o ar de atenuar a falta, a fazem ressaltar com um jeito pérfido.

A indulgência não se ocupa jamais com os atos maus de outrem, a menos que isso seja para servir, e tem ainda o cuidado de atenuá-los tanto quanto possível. Não faz observações chocantes, não tem censura nos lábios, mas somente conselhos, o mais frequentemente velados. Quando criticais, que consequências se deve tirar de vossas palavras? é que vós, que censurais, não teríeis feito o que reprovais e valeis mais que o culpado. Ó homens! quando, pois, julgareis os vossos próprios corações, os vossos próprios pensamentos, os vossos próprios atos, sem vos ocupardes do que fazem os vossos irmãos? Quando não abrireis os vossos olhos severos senão sobre vós mesmos?

Sede, pois, severos para convosco, indulgentes para com os outros. Pensai naquele que julga em última instância, que vê os pensamentos secretos de cada coração, e que, por conseguinte, desculpa as faltas que censurais ou condena o que desculpais, porque conhece o móvel de todos os atos, e que vós, que proclamais tão alto: anátema! tenhais, talvez, cometido faltas mais graves.

Sede indulgentes, meus amigos, porque a indulgência atrai, acalma, reergue, ao passo que o rigor desencoraja, afasta e irrita. (JOSÉ, Espírito protetor, Bordéus, 1863).

17. Sede indulgentes para com as faltas de outrem, quaisquer que sejam; não julgueis com severidade senão as vossas próprias ações, e o Senhor usará de indulgência para convosco, como dela usastes para com os outros.

Sustentai os fortes: encorajai-os à perseverança; fortificai os fracos em lhes mostrando a bondade de Deus, que considera o menor arrependimento; mostrai, a todos, o anjo do arrependimento estendendo sua branca asa sobre as faltas dos homens e velando-as, assim, aos olhos daquele que não pode ver o que é impuro. Compreendei todos a misericórdia infinita de vosso Pai, e não olvideis jamais de lhe dizer, pelos vossos pensamentos e, sobretudo, pelos vossos atos: "Perdoai as nossas ofensas como perdoamos àqueles que nos ofenderam". Compreendei bem o valor dessas sublimes palavras; não só sua letra é admirável, mas também o compromisso que ela encerra.

Que pedis ao Senhor em lhe solicitando para vós o seu perdão? Apenas o esquecimento de vossas ofensas? Esquecimento que vos deixa no nada, porque se Deus se contenta em esquecer as vossas faltas, ele não pune, *mas, tampouco, não recompensa.* A recompensa não pode ser a paga do bem que não se fez e ainda menos do mal que se fez, fosse esse mal esquecido. Em lhe pedindo perdão de vossas transgressões, vós lhe pedis o favor de suas graças para nelas não mais cairdes; a força necessária para entrar num novo caminho, caminho de submissão e de amor, no qual podereis somar a reparação ao arrependimento.

Quando perdoardes aos vossos irmãos, não vos contenteis em estender o véu do esquecimento sobre as suas faltas; esse véu, frequentemente, é bem transparente aos vossos olhos; levai-lhes o amor ao mesmo tempo que o perdão; fazei por eles o que pediríeis ao vosso Pai celeste fazer por vós. Substituí a cólera que conspurca, pelo amor que purifica. Pregai pelo exemplo essa caridade ativa, infatigável, que Jesus vos ensinou; pregai como ele próprio o fez, enquanto viveu sobre a Terra, visível aos olhos do corpo, e como a prega ainda, sem cessar, desde que não é mais visível senão aos olhos do espírito. Segui esse divino modelo; marchai sobre seus passos: eles vos conduzirão ao lugar de refúgio onde encontrareis o repouso depois da luta. Como ele, carregai todos a vossa cruz e escalai penosamente, mas corajosamente, o vosso calvário: no cume está a glorificação. (JOÃO, bispo de Bordéus, 1862).

18. Caros amigos, sede severos para convosco, indulgentes para com as fraquezas dos outros; é ainda uma prática da santa caridade que bem poucas pessoas observam. Todos tendes más tendências a vencer, defeitos a corrigir, hábitos a modificar; todos tendes um fardo, mais ou menos pesado, a depor para escalar o cume da montanha do progresso. Por que, pois, serdes tão clarividentes para com o próximo e cegos em relação a vós mesmos? Quando, pois, cessareis de perceber, no olho de vosso irmão, o argueiro que o fere, sem olhar, no vosso, a trave que vos cega e vos faz marchar de queda em queda? Crede em vossos irmãos, os Espíritos: Todo homem bastante orgulhoso para se crer superior, em virtude e em mérito, aos seus irmãos encarnados, é insensato e culpável, e Deus o castigará no dia da sua justiça. O verdadeiro caráter da caridade é a modéstia e a humildade, que consistem em não ver, senão superficialmente, os defeitos de outrem por se interessar em fazer valer o que há neles de bom e virtuoso, porque se o coração humano é um abismo de corrupção, existe sempre em algumas de suas dobras mais ocultas o germe de alguns bons sentimentos, centelha vivaz da essência espiritual.

Espiritismo, doutrina consoladora e bendita, felizes aqueles que te conhecem e que aproveitam os salutares ensinamentos dos Espíritos do Senhor! Para eles, o caminho é iluminado, e em todo o seu percurso podem ler essas palavras que lhes indicam o meio de atingir o fim: caridade prática, caridade de coração, caridade para com o próximo, como para consigo mesmo; numa palavra, caridade para com todos, e amor de Deus acima de todas as coisas, porque o amor de Deus resume todos os deveres, e é impossível amar realmente a Deus sem praticar a caridade, da qual fez ele uma lei para todas as criaturas. (DUFÊTRE, bispo de Nevers. Bordéus).

19. *Ninguém sendo perfeito, segue-se que ninguém tem o direito de repreender o próximo?*

Seguramente não, uma vez que cada um de vós deve trabalhar para o progresso de todos e, sobretudo, daqueles cuja tutela vos está confiada; mas é uma razão de o fazer com moderação, com um fim útil, e não como se faz geralmente, pelo prazer de denegrir. Neste último caso, a censura é uma maldade; no primeiro, é um dever que a caridade manda cumprir com todas as reservas possíveis; e ainda a censura que se lança sobre os outros, ao mesmo tempo, deve-se dirigi-la a si mesmo e se perguntar se não a terá merecido. (SÃO LUÍS, Paris, 1860).

20. *Será repreensível observar as imperfeições dos outros, quando disso não pode resultar nenhum proveito para eles, quando não sejam divulgadas?*

Tudo depende da intenção; certamente, não é proibido ver o mal quando o mal existe; haveria mesmo inconveniente em não ver por toda parte senão o bem: essa ilusão prejudicaria o progresso. O erro está em fazer resultar essa observação em detrimento do próximo, depreciando-o sem necessidade na opinião pública. Seria ainda repreensível de não fazê-lo senão para nisso se comprazer com um sentimento de malevolência e de alegria em apanhar os outros em falta. Ocorre de outro modo quando, lançado um véu sobre o mal, para o público, se se limita a observá-lo para dele fazer proveito pessoal, quer dizer, para estudá-lo e evitar o que se censura nos outros. Essa observação, aliás, não é útil ao moralista? Como ele pintaria os defeitos da Humanidade se não estudasse os modelos? (SÃO LUÍS, Paris, 1860).

21. *Há casos em que seja útil revelar o mal de outrem?*

Essa questão é muito delicada, e é aqui que é preciso apelar para a caridade bem compreendida. Se as imperfeições de uma pessoa não prejudicam senão a ela mesma, não há jamais utilidade em fazer conhecê-las; mas se podem causar prejuízos a outros, é preciso preferir o interesse da maioria ao interesse de um só. Segundo as circunstâncias, desmascarar a hipocrisia e a mentira pode ser um dever, porque vale mais que um homem caia, do que vários se tornarem enganados ou suas vítimas. Em semelhante caso, é preciso pesar a soma das vantagens e dos inconvenientes. (SÃO LUÍS, Paris, 1860).

XI
Capítulo 11

Amar o próximo como a si mesmo

O maior mandamento. Fazer aos outros o que quereríamos que os outros nos fizessem. Parábola dos credores e dos devedores. Dai a César o que é de César.
Instruções dos Espíritos: *A lei de amor. – O egoísmo. – A fé e a caridade. – Caridade para com os criminosos. – Deve-se expor a própria vida por um malfeitor?*

O maior mandamento. Fazer aos outros o que quereríamos que os outros nos fizessem. Parábola dos credores e dos devedores.

1. *Os Fariseus, tendo sabido que ele tinha feito calar a boca aos Saduceus, reuniram-se; e um deles, que era doutor da lei, veio lhe fazer esta pergunta para o tentar: Mestre, qual é o maior mandamento da lei? Jesus lhe respondeu: Amareis o Senhor vosso Deus de todo o vosso coração, de toda a vossa alma e de todo o vosso espírito; é o maior e o primeiro mandamento. E eis o segundo, que é semelhante àquele:* Amareis vosso próximo como a vós mesmos. *Toda a lei e os profetas estão contidos nesses dois mandamentos, (São Mateus, cap. XXII, v. 34 a 40).*

2. Fazei aos homens tudo o que quereis que eles vos façam, *porque é a lei e os profetas. (Idem, cap. VII, v. 12).*

Tratai todos os homens da mesma forma que quereríeis que eles vos tratassem. (São Lucas, cap. VI, v. 31).

3. *O reino dos céus é comparado a um rei que quis tomar conta aos seus servidores; e tendo começado a fazê-lo, se lhe apresentou um deles, que lhe devia dez mil talentos. Mas como ele não tinha os meios de lhos restituir, seu senhor recomendou que o vendessem a ele, sua mulher e seus filhos, e tudo o que ele tinha* *para satisfazer a sua dívida. O servidor, lançando-se-lhe aos pés, suplicou-lhe, dizendo: Senhor, tende um pouco de paciência e eu lhe restituirei o total. Então, o senhor desse servidor, tocado de compaixão, o deixou ir e lhe remiu a dívida. Mas esse servidor, mal tendo saído, encontrando um de seus companheiros que lhe devia cem dinheiros, tomou-o pela garganta, quase sufocando-o e dizendo-lhe: Restitui-me o que me deves. E seu companheiro, lançando-se-lhe aos pés, suplicou-lhe dizendo: Tende um pouco de paciência e eu vos restituirei o total. Mas ele não quis escutá-lo; e se indo, fê-lo colocar na prisão, para nela o ter até que lhe restituísse o que lhe devia.*

Os outros servidores, seus companheiros, vendo o que se passava, extremamente aflitos, foram informar a seu senhor de tudo o que havia ocorrido. Então, o senhor, fazendo-o vir, disse-lhe: Mau servidor, eu vos isentei de tudo o que me devíeis, porque me pedistes isso; não seria preciso, pois, que tivésseis piedade do vosso companheiro, como tive piedade de vós? E o senhor, encolerizado, o entregou às mãos dos carrascos, até que pagasse tudo o que lhe devia.

É assim que meu Pai, que está no céu, vos tratará, se cada um não perdoar, do fundo do coração, ao seu irmão, as faltas que lhe tiverem cometido. (São Mateus, cap. XVIII, v. 23 a 35).

4. "Amar o próximo como a si mesmo: fazer para os outros o que queríamos que os outros fizessem por nós" é a mais completa expressão da caridade, porque resume todos os deveres para com o próximo. Não se pode ter guia mais seguro, a esse respeito, que tomando por medida que se deve fazer para os outros, o que se deseja para si. Com qual direito se exigiria dos semelhantes mais de bons procedimentos, de indulgência, de benevolência e de devotamento, do que se os tem para com eles? A prática dessas máximas tende à destruição do egoísmo; quando os homens as tomarem por normas de sua conduta e por base de suas instituições, compreenderão a verdadeira fraternidade e farão reinar, entre eles, a paz e a justiça; não haverá mais nem ódios nem dissensões, mas união, concórdia e benevolência mútua.

Dai a César o que é de César

5. *Então os Fariseus, tendo-se retirado, decidiram, entre si, surpreendê-lo em suas palavras. Mandaram-lhe, pois, seus discípulos, com os Herodianos, dizer-lhe: Senhor, sabemos que sois verdadeiro e que ensinais o caminho de Deus pela verdade, sem considerar a quem quer que seja, porque não considerais a pessoa nos homens; dizei-nos, pois, vosso conselho sobre isto: é nos permitido pagar o tributo a César, ou não pagá-lo?*

Mas Jesus, conhecendo a sua malícia, disse-lhes: Hipócritas, por que me tentais? Mostrai-me a peça de dinheiro que se dá para o tributo. E tendo eles lhe apresentado uma moeda, Jesus lhes disse: De quem é esta imagem e esta inscrição? De César, disseram-lhe. Então, Jesus lhes respondeu: Dai, pois, a César o que é de César, e a Deus o que é de Deus.

Tendo ouvido falar dessa maneira, admiraram-se de sua resposta e, deixando-o, retiraram-se. (São Mateus, cap. XXII, v. 15 a 22; São Marcos, cap. XII, v. 13 a 17).

6. A questão proposta a Jesus era motivada pela circunstância de que os Judeus, tendo horror ao tributo que lhes era imposto pelos Romanos, dela fizeram uma questão religiosa; um partido numeroso se formara para repelir o imposto; o pagamento do tributo era, pois, para eles, uma questão irritante e atual, sem a qual, a pergunta feita a Jesus: "É-nos permitido pagar ou não pagá-lo, o tributo a César?" não teria nenhum sentido. Essa questão era uma armadilha, porque, de acordo com a sua resposta, esperavam excitar contra ele, seja a autoridade romana ou os Judeus dissidentes. Mas "Jesus conhecendo a sua malícia", evita a dificuldade, dando-lhes uma lição de justiça, dizendo-lhes para restituírem, a cada um, o que lhe era devido. (Ver a introdução, artigo: *Publicanos*).

7. Esta máxima: "Dai a César o que é de César" não deve ser entendida de uma forma restritiva e absoluta. Como todos os ensinamentos de Jesus, é um princípio geral resumido sob uma forma prática e usual, e deduzida de uma circunstância particular. Esse princípio é uma consequência daquele que manda agir para com os outros como quereríamos que os outros agissem para conosco; ele condena todo prejuízo material e moral acarretado a outrem, toda violação dos seus interesses; prescreve o respeito dos direitos de cada um, como cada um deseja que se respeite os seus; estende-se ao cumprimento dos deveres contraídos para com a família, a sociedade, a autoridade, assim como para com os indivíduos.

Instruções dos Espíritos

A lei de amor

8. O amor resume inteiramente a doutrina de Jesus, porque é o sentimento por excelência, e os sentimentos são os instintos elevados à altura do progresso realizado. No seu início, o homem não tem senão instintos; mais avançado e corrompido, só tem sensações; mais instruído e purificado, tem sentimentos; e o ponto delicado do sentimento é o amor, não o amor no sentido vulgar do termo, mas este sol interior que condensa e reúne em seu foco ardente todas as aspirações e todas as revelações sobre-humanas. A lei de amor substitui a personalidade pela fusão dos seres e aniquila as misérias sociais. Feliz aquele que, ultrapassando a sua humanidade, ama com amplo amor seus irmãos em dores! Feliz aquele que ama, porque não conhece nem a angústia da alma, nem a miséria do corpo; seus pés são leves, e vive como que transportado para fora de si mesmo. Quando Jesus pronunciou esta palavra divina – amor –, ela fez estremecer os povos; e os mártires, ébrios de esperança, desceram ao circo.

O Espiritismo, a seu turno, vem pronunciar uma segunda palavra do alfabeto divino; estai atentos, porque esta palavra ergue a pedra dos túmulos vazios, e a *reencarnação,* triunfando sobre a morte, revela ao homem maravilhado seu patrimônio intelectual; não é mais aos suplícios que ela o conduz, mas à conquista do seu ser, elevado e transfigurado. O sangue resgatou o Espírito, e o Espírito deve hoje resgatar o homem da matéria.

Disse eu que, no seu início, o homem não tem senão instintos, e aquele, pois, em quem os instintos dominam, está mais próximo do ponto de partida que do objetivo. Para avançar em direção ao objetivo, é preciso vencer os instintos em proveito dos sentimentos, quer dizer, aperfeiçoar estes, sufocando os germes latentes da matéria. Os instintos são a germinação e os embriões do sentimento; eles carregam consigo o progresso como a bolota encerra o carvalho, e os seres menos avançados são aqueles que, não se despojando senão pouco a pouco de sua crisálida, permanecem escravizados aos instintos. O Espírito deve ser cultivado como um campo; toda a riqueza futura depende do labor presente, e mais do que bens terrestres, levar-vos-á à gloriosa elevação; é então que, compreendendo a lei de amor que une todos os seres, nela encontrareis as suaves alegrias da alma, que são o prelúdio das alegrias celestes. (LÁZARO, Paris, 1862).

9. O amor é de essência divina, e, desde o primeiro até o último, possuís no fundo do coração a chama desse fogo sagrado. É um fato que pudestes constatar muitas vezes; o homem mais abjeto, o mais vil, o mais criminoso, tem por um ser ou por um objeto qualquer uma afeição viva e ardente, à prova de tudo que tendesse a diminuí-la, e atingindo, frequentemente, proporções sublimes.

Disse eu por um ser ou por um objeto qualquer, porque existem, entre vós, indivíduos que dispensam tesouros de amor, dos quais seus corações transbordam, sobre animais, sobre plantas, e mesmo sobre objetos materiais: espécies de misantropos queixando-se da Humanidade em geral, resistindo contra a tendência natural de sua alma, que procura, ao seu redor, a afeição e a simpatia; eles rebaixam a lei de amor ao estado de instinto. Mas, qualquer coisa que façam, não saberão sufocar o germe vivaz que Deus lhes depositou nos corações, na sua criação; esse germe se desenvolve e engrandece com a moralidade e a inteligência e, ainda que comprimido pelo egoísmo, é a fonte de santas e doces virtudes que fazem as afeições sinceras e duráveis, e vos ajudam a transpor a rota escarpada e árida da existência humana.

Há algumas pessoas a quem a prova da reencarnação repugna, no sentido de que outros participem de suas afetuosas simpatias, das quais são ciosas. Pobres irmãos! é a vossa afeição que vos torna egoístas; vosso amor está restrito a um círculo íntimo de parentes ou de amigos, e todos os outros vos são indiferentes. Pois bem! para praticar a lei de amor, tal como Deus a entende, é preciso que chegueis, progressivamente, a amar a todos os vossos irmãos indistintamente. A tarefa será longa e difícil, mas se cumprirá: Deus o quer, e a lei de amor é o primeiro e o mais importante preceito de vossa nova doutrina, porque é a que deverá, um dia, matar o egoísmo, sob qualquer forma que ele se apresente; porque, além do egoísmo pessoal, há ainda o egoísmo de família, de casta, de nacionalidade. Jesus disse: "Amai vosso próximo como a vós mesmos"; ora, qual é o limite do próximo? a família, a seita, a nação? Não, é a Humanidade toda. Nos mundos superiores, é o amor recíproco que harmoniza e dirige os Espíritos avançados que os habitam, e o vosso planeta, destinado a um progresso próximo por sua transformação social, verá praticar, por seus habitantes, esta lei sublime, reflexo da Divindade.

Os efeitos da lei de amor são o aperfeiçoamento moral da raça humana e a felicidade durante a vida terrestre. Os mais rebeldes e os mais viciosos deverão se reformar quando virem os benefícios produzidos por esta prática: Não façais aos outros o que não quereríeis que vos fosse feito, mas fazei-lhes, ao contrário, todo o bem que está em vosso poder fazer-lhes.

Não creiais na esterilidade e no endurecimento do coração humano; ele cede, a seu malgrado, ao amor verdadeiro; é um ímã ao qual não pode resistir, e o contato desse amor vivifica e fecunda os germes dessa virtude que está nos vossos corações em estado latente. A Terra, morada de prova e de exílio, será, então, purificada por esse fogo sagrado, e verá praticar a caridade, a humildade, a paciência, o devotamento, a abnegação, a resignação, o sacrifício, virtudes todas filhas do amor. Não vos canseis, pois, de ouvir as palavras de João, o Evangelista; vós o sabeis, que quando a enfermidade e a velhice suspenderam o curso de suas pregações, ele não repetia senão estas doces palavras: "Meus filhinhos, amai-vos uns aos outros."

Caros irmãos amados, utilizai com proveito essas lições: sua prática é difícil, mas a alma delas retira um bem imenso. Crede-me, fazei o sublime esforço que vos peço: "Amai-vos" e vereis bem cedo a Terra transformada e tornar-se um Elísio, onde as almas dos justos virão gozar o repouso. (FÉNELON, Bordéus, 1861).

10. Meus queridos condiscípulos, os Espíritos aqui presentes vos dizem, por minha voz: Amai bastante a fim de serdes amados. Este pensamento é tão justo que nele encontrareis tudo o que consola e acalma as penas de cada dia; ou antes, praticando esta sábia máxima, elevar-vos-ei, de tal modo acima da matéria, que vos espiritualizareis antes do vosso decesso terrestre. Os estudos espíritas, tendo desenvolvido em vós a compreensão do futuro, tendes uma certeza: a ascensão até Deus, com todas as promessas que respondem às aspirações da vossa alma; também deveis vos elevar bastante alto para julgar sem as estreitezas da matéria e não condenar vosso próximo, antes de terdes dirigido vosso pensamento até Deus.

Amar, no sentido profundo da palavra, é ser leal, probo, consciencioso, para fazer aos outros o que se quereria para si mesmo; é procurar, ao redor de si, o sentido íntimo de todas as dores que oprimem vossos irmãos, para abrandá-las; é encarar a grande família humana como a sua, porque essa família, vós a encontrareis, em um certo período, em mundos mais avançados, e os Espíritos que a compõem são, como vós, filhos de Deus, destinados a se elevarem ao infinito. É por isso que não podeis recusar aos vossos irmãos o que Deus vos deu livremente, visto que, a vosso turno, estaríeis bem contentes se vossos irmãos vos dessem do que tivésseis necessidade. A todos os sofrimentos, dai, pois, uma palavra de esperança e de apoio a fim de que sejais todo amor, todo justiça.

Crede que estas sábias palavras: "Amai bastante para serdes amados" caminharão; elas são revolucionárias e seguem um caminho fixo, invariável. Mas já tendes ganho, vós que me escutais; sois infinitamente melhores do que há cem anos; tendes de tal modo mudado, em vosso proveito, que aceitais, sem contestar, uma multidão de ideias novas sobre a liberdade e a fraternidade, que outrora rejeitastes; ora, daqui a cem anos, aceitareis, com a mesma facilidade, aquelas que não puderam ainda entrar em vosso cérebro.

Hoje, que o movimento espírita deu um grande passo, vede com que rapidez as ideias de justiça e de renovação, contidas nos ditados dos Espíritos, são aceitas pela parte mediana do mundo inteligente; é porque essas ideias respondem a tudo o que há de divino em vós; é que estais preparados para uma sementeira fecunda: a do último século, que implantou na sociedade as grandes ideias de progresso; e como tudo se encadeia sob o dedo do Altíssimo, todas as lições recebidas e aceitas estarão contidas nessa permuta universal de amor ao próximo; por ele, os Espíritos encarnados, julgando e sentindo melhor, se estenderão as mãos desde os confins do vosso planeta; reunir-se-ão para se entenderem e se amarem, para destruírem todas as injustiças, todas as causas de desinteligência entre os povos.

Grande pensamento de renovação pelo Espiritismo, tão bem descrito em *O Livro dos Espíritos,* tu produzirás o grande milagre do século futuro, o da reunião de todos os interesses materiais e espirituais dos homens, pela aplicação desta máxima, bem compreendida: Amai bastante a fim de serdes amados. (SANSÃO, membro da Sociedade Espírita de Paris, 1863).

O egoísmo

11. O egoísmo, esta chaga da Humanidade, deve desaparecer da Terra, cujo progresso moral retarda; ao Espiritismo está reservada a tarefa de fazê-la subir na hierarquia dos mundos. O egoísmo é, pois, o objetivo para o qual todos os verdadeiros crentes devem dirigir suas armas, suas forças e sua coragem; digo coragem, porque é preciso mais coragem para vencer a si mesmo do que para vencer os outros. Que cada um, pois, coloque todos os seus cuidados para combatê-lo em si, porque esse monstro devorador de todas as inteligências, esse filho do orgulho, é a fonte de todas as misérias deste mundo. É a negação da caridade e, por conseguinte, o maior obstáculo à felicidade dos homens.

Jesus vos deu o exemplo da caridade, e Pôncio Pilatos, o do egoísmo, porque, enquanto o Justo vai percorrer as santas estações do seu martírio, Pilatos lava as mãos dizendo: Que me importa! Ele disse aos judeus: Este homem é justo, por que quereis crucificá-lo? E, entretanto, deixa que o conduzam ao suplício.

É a esse antagonismo da caridade e do egoísmo, à invasão dessa lepra do coração humano, que o Cristianismo deve não ter cumprido ainda toda a sua missão. É a vós, apóstolos novos da fé e que os Espíritos Superiores esclarecem, a quem incumbe a tarefa e o dever de extirpar esse mal, para dar ao

Cristianismo toda a sua força e limpar o caminho das sarças que lhe entravam a marcha. Extirpai o egoísmo da Terra, para que ela possa gravitar na escala dos mundos, porque já é tempo de a Humanidade vestir o seu traje viril e, para isso, é preciso primeiro extirpá-lo do vosso coração. (EMMANUEL, Paris, 1861).

12. Se os homens se amassem mutuamente, a caridade seria melhor praticada; mas seria preciso, para isso, que vos esforçásseis em vos desembaraçar dessa couraça que cobre os vossos corações, a fim de serdes mais sensíveis para com aqueles que sofrem. A dureza mata os bons sentimentos; o Cristo não se recusava; aquele que se dirigisse a ele, quem quer que fosse, não era repelido: a mulher adúltera, o criminoso, eram socorridos por ele; não temia jamais que a sua própria consideração viesse a sofrer com isso. Quando, pois, o tomareis como modelo de todas as vossas ações? *Se a caridade reinasse na Terra, o mau não teria mais predominância; fugiria envergonhado, esconder-se-ia, porque se encontraria deslocado por toda parte.* Então o mal desapareceria, ficai bem compenetrados disto.

Começai por dar o exemplo vós mesmos; sede caridosos para com todos indistintamente; esforçai-vos por não mais notar aqueles que vos olham com desdém e deixai a Deus o cuidado de toda a justiça, porque cada dia, em seu reino, ele separa o joio do trigo.

O egoísmo é a negação da caridade; ora, sem a caridade não haverá tranquilidade na sociedade; digo mais, nem segurança. Com o egoísmo e o orgulho, que andam de mãos dadas, haverá sempre um caminho para o mais sagaz, uma luta de interesses, onde são pisoteadas as mais santas afeições, onde os laços sagrados da família não são mesmo respeitados. (PASCAL, Sens, 1862).

A fé e a caridade

13. Eu vos disse, ultimamente, meus caros filhos, que a caridade sem a fé não bastava para manter, entre os homens, uma ordem social capaz de torná-los felizes. Devia ter dito que a caridade é impossível sem a fé. Podereis encontrar, em verdade, impulsos generosos mesmo nas pessoas sem religião, mas essa caridade austera que não se pratica senão pela abnegação, pelo sacrifício constante de todo interesse egoístico, não há senão a fé para inspirá-la, porque nada além dela nos faz levar com coragem e perseverança a cruz desta vida.

Sim, meus filhos, é em vão que o homem, ávido de prazeres, queira se iludir sobre a sua destinação nesse mundo, sustentando que lhe é permitido não se ocupar senão da sua felicidade. Certamente, Deus nos criou para sermos felizes na eternidade; entretanto, a vida terrestre deve servir unicamente ao nosso aperfeiçoamento moral, que se adquire mais facilmente com a ajuda dos órgãos e do mundo material. Sem contar as vicissitudes ordinárias da vida, a diversidade dos vossos gostos, de vossas tendências, de vossas necessidades, é também um meio de vos aperfeiçoar no exercício da caridade. Porque não é senão à força de concessões e de sacrifícios mútuos que podeis manter a harmonia entre elementos tão diversos.

Entretanto, tendes razão, afirmando que a felicidade está destinada ao homem nesse mundo, se a procurais não nos prazeres materiais, mas no bem. A história da cristandade fala de mártires que foram ao suplício com alegria; hoje, e em vossa sociedade, não é preciso, para serdes cristão, nem o holocausto do mártir, nem o sacrifício da vida, mas única e simplesmente o sacrifício do vosso egoísmo, do vosso orgulho e da vossa vaidade. Triunfareis se a caridade vos inspirar e se a fé vos sustentar. (ESPÍRITO PROTETOR, Cracóvia, 1861).

Caridade para com os criminosos

14. A verdadeira caridade é um dos mais sublimes ensinamentos que Deus deu ao mundo. Deve existir entre os verdadeiros discípulos de sua doutrina uma fraternidade completa. Deveis amar os infelizes, os criminosos, como criaturas de Deus, às quais, o perdão e a misericórdia serão concedidos, se se arrependerem, como a vós mesmos, pelas faltas que cometeis contra a sua lei. Pensai que sois mais repreensíveis, mais culpados que aqueles aos quais recusais o perdão e a comiseração, porque, frequentemente, eles não conhecem Deus como o conheceis e lhes será pedido menos que a vós.

Não julgueis, oh! não julgueis, meus caros amigos, porque o julgamento que fizerdes vos será aplicado mais severamente ainda e tendes necessidade de indulgência para os pecados que cometeis sem cessar. Não sabeis que há muitas ações que são crimes aos olhos do Deus de pureza, e que o mundo não considera sequer como faltas leves?

A verdadeira caridade não consiste somente na esmola que dais, nem mesmo nas palavras de consolação com as quais podeis acompanhá-la. Não, não é só isso o que Deus exige de vós. A caridade sublime, ensinada por

Jesus, consiste também na benevolência concedida sempre e em todas as coisas, ao vosso próximo. Podeis ainda exercitar essa sublime virtude sobre muitos seres que não precisam de esmolas, e que palavras de amor, de consolação e de encorajamento conduzirão ao Senhor.

Os tempos estão próximos, digo-o ainda, em que a fraternidade reinará nesse globo; a lei do Cristo é a que regerá os homens e só ela será o freio e a esperança e conduzirá as almas às moradas bem-aventuradas. Amai-vos, pois, como os filhos de um mesmo pai; não façais diferença entre os outros infelizes, porque é Deus quem quer que todos sejam iguais; portanto, não desprezeis a ninguém; Deus permite que grandes criminosos estejam entre vós a fim de que vos sirvam de ensinamento. Logo, quando os homens forem conduzidos às verdadeiras leis de Deus, não haverá mais necessidade desses ensinamentos, e *todos os Espíritos impuros e revoltados serão dispersados nos mundos inferiores, de acordo com as suas tendências.*

Deveis àqueles de quem falo o socorro de vossas preces: é a verdadeira caridade. Não é preciso dizer de um criminoso: "É um miserável; é preciso expurgá-lo da Terra; a morte que se lhe inflige é muito suave para um ser dessa espécie." Não, não é assim que deveis falar. Olhai vosso modelo Jesus; que diria ele se visse esse infeliz perto de si? Lamentá-lo-ia, o consideraria como um doente bem miserável e lhe estenderia a mão. Não podeis fazer isso em realidade, mas, pelo menos, podeis orar por ele, assistir seu Espírito durante alguns instantes que deve ainda passar sobre a vossa Terra. O arrependimento pode tocar-lhe o coração se orardes com fé. Ele é vosso próximo como o melhor dentre os homens; sua alma transviada e revoltada foi criada, como a vossa, para se aperfeiçoar; ajudai-o, pois, a sair do lamaçal e orai por ele. (ELISABETH DE FRANÇA, Havre, 1862).

Deve-se expor a própria vida por um malfeitor?

15. *Um homem está em perigo de morte; para salvá-lo é preciso expor a vida; mas sabe-se que esse homem é infeliz, e que, se ele escapar, poderá cometer novos crimes. Deve-se, malgrado isso, expor-se para salvá-lo?*

Esta é uma questão muito grave e que pode se apresentar naturalmente ao espírito. Responderei segundo meu adiantamento moral, uma vez que se trata de saber se se deve expor a própria vida por um malfeitor. O devotamento é cego; socorre-se um inimigo, deve-se socorrer o inimigo da sociedade, numa palavra, um malfeitor. Credes que é somente à morte que se vai arrancar esse infeliz? É, talvez, a toda a sua vida passada. Porque, pensai nisso, nesses rápidos instantes que lhe arrebatam os últimos minutos da vida, o homem perdido volve sobre sua vida passada, ou antes, ela se ergue diante dele. A morte, talvez, chegue muito cedo para ele; a reencarnação poderá ser terrível; lançai-vos, pois, homens! vós a quem a ciência espírita esclareceu; lançai-vos, arrancai-o à sua condenação, e então, talvez, esse homem que morreria vos insultando, se atirará em vossos braços. Todavia, não é preciso perguntar-vos se o fará ou não, mas ide em seu socorro, porque, salvando-o, obedeceis a esta voz do coração que vos diz: "Podes salvá-lo, salva-o!" (LAMENNAIS, Paris, 1862).

XII

Capítulo 12

Amai os vossos inimigos

Pagar o mal com o bem – Os inimigos desencarnados – Se alguém vos bate na face direita, apresentai-lhe também a outra – Instruções dos Espíritos: *A Vingança – O ódio – O duelo.*

Pagar o mal com o bem

1. *Aprendestes que foi dito: Amareis vosso próximo e odiareis vossos inimigos. E eu vos digo:* Amai os vossos inimigos, fazei o bem àqueles que vos odeiam e orai por aqueles que vos perseguem e vos caluniam *a fim de que sejais os filhos de vosso Pai que está nos céus, que faz erguer o Sol sobre os bons e sobre os maus e faz chover sobre os justos e os injustos, porque se não amardes senão aqueles que vos amam, que recompensa disso tereis? Os publicanos não o fazem também? E se não saudardes senão os vossos irmãos, que fazeis nisso mais que os outros? Os publicanos não o fazem também? Eu vos digo que se a vossa justiça não for mais abundante que a dos Escribas e dos Fariseus, não entrareis no reino dos céus. (São Mateus, cap. V, v. 20 e de 43 a 47).*

2. *Se não amardes senão aqueles que vos amam, que recompensa tereis, uma vez que as pessoas de má vida amam também aqueles que as amam? E se não fazeis o bem senão àqueles que vo-lo fazem, que recompensa tereis, uma vez que as pessoas de má vida fazem a mesma coisa? E se vós não emprestais senão àqueles de quem esperais receber o mesmo favor, que recompensa tereis, uma vez que as pessoas de má vida se emprestam mutuamente para receber a mesma vantagem? Mas, por vós,* amai os vossos inimigos, fazei o bem a todos e emprestai sem disso nada esperar, *e, então, vossa recompensa será muito grande, e sereis os filhos do Altíssimo, que é bom para os ingratos e mesmo para os maus. Sede, pois, cheios de misericórdia, como vosso Deus é cheio de misericórdia. (São Lucas, cap. VI, v. de 32 a 36).*

3. Se o amor ao próximo é o princípio da caridade, amar os inimigos é sua aplicação sublime, porque esta virtude é uma das maiores vitórias alcançadas sobre o egoísmo e o orgulho.

Entretanto, equivoca-se geralmente sobre o sentido da palavra amor nessa circunstância; Jesus não quis dizer, por essas palavras, que se deve ter pelo inimigo a ternura que se tem para com um irmão ou amigo; a ternura supõe a confiança; ora, não se pode ter confiança naquele que sabemos nos querer mal; não se pode ter com ele os transportes de amizade, porque se sabe que é capaz de abusar disso; entre pessoas que desconfiam umas das outras, não poderá haver os laços de simpatia que existem entre aquelas que estão em comunhão de pensamentos; não se pode, enfim, ter o mesmo prazer ao se encontrar com um inimigo do que com um amigo.

Esse sentimento resulta mesmo de uma lei física: a da assimilação e da repulsão dos fluidos; o pensamento malévolo dirige uma corrente fluídica cuja impressão é penosa; o pensamento benevolente vos envolve de um eflúvio agradável; daí a diferença de sensações que se experimenta à aproximação de um amigo ou de um inimigo. Amar os inimigos não pode, pois, significar que não se deve fazer nenhuma diferença entre eles e os amigos; esse preceito parece difícil, impossível mesmo de se praticar, porque se crê falsamente que prescreve lhes dar o mesmo lugar no coração. Se a pobreza das línguas humanas obriga a se servir do mesmo termo para exprimir diversas nuanças de sentimentos, a razão deve diferenciá-los segundo o caso.

Amar os inimigos não é, pois, ter para com eles uma afeição que não está na Natureza, porque o contato de um inimigo faz bater o coração de maneira bem diferente do de um amigo; é não ter contra eles nem ódio, nem rancor, nem desejo de vingança; é perdoar-lhes *sem segunda intenção* e *incondicionalmente* o mal que nos fazem; é não opor nenhum obstáculo à reconciliação; é desejar-lhes o bem, em lugar de desejar-lhes o mal; é regozijar-se em lugar de se afligir pelo bem que os alcança; é estender-lhes mão segura em caso de necessidade; é abster-se, *em palavras e em ações*, de tudo o que possa prejudicá-los; enfim, é retribuir-lhes em tudo, o mal com o bem, *sem intenção de os humilhar*. Quem quer que faça isso cumpre as condições do mandamento: Amai os vossos inimigos.

4. Amar os inimigos é um absurdo para o incrédulo; aquele para quem a vida presente é tudo, não vê no inimigo senão um ser nocivo, perturbando sua tranquilidade, e do qual crê que só a morte pode livrá-lo; daí o desejo de vingança; não tem nenhum interesse em perdoar se isso não é para satisfazer seu orgulho aos olhos do mundo; perdoar mesmo, em certos casos, parece-lhe uma fraqueza indigna de si; se não se vinga, não lhe conserva menos rancor e um secreto desejo do mal.

Para o crente, mas para o espírita sobretudo, a maneira de ver é diferente, porque ele considera o passado e o futuro, entre os quais a vida presente não é senão um ponto; sabe que, pela própria destinação da Terra, deve prever encontrar nela homens maus e perversos; que as maldades das quais é alvo fazem parte das provas que deve suportar, e o ponto de vista elevado em que se coloca, torna-lhe as vicissitudes menos amargas, venham elas dos homens ou das coisas; *se ele não se queixa das provas, não deve murmurar contra aqueles que delas são os instrumentos;* se, em lugar de se lamentar, agradece a Deus por experimentá-lo, *deve agradecer a mão que lhe fornece a ocasião de provar sua paciência e sua resignação.* Esse pensamento o dispõe naturalmente ao perdão; ele sente, por outro lado, que quanto mais é generoso, mais se engrandece aos próprios olhos e se acha fora do alcance dos golpes malevolentes do seu inimigo.

O homem que ocupa uma posição elevada no mundo não se crê ofendido pelos insultos daquele a quem considera como seu inferior; assim ocorre com aquele que se eleva, no mundo moral, acima da Humanidade material; ele compreende que o ódio e o rancor o aviltariam e o rebaixariam; ora, para ser superior ao seu adversário é preciso que tenha a alma maior, mais nobre e mais generosa.

Os inimigos desencarnados

5. Tem o espírita ainda outros motivos de indulgência para com seus inimigos. Sabe ele, primeiro, que a maldade não é o estado permanente dos homens; que ela se deve a uma imperfeição momentânea e que, do mesmo modo que a criança se corrige dos seus defeitos, o homem mau reconhecerá um dia seus erros e se tornará bom.

Sabe ainda que a morte não o livra senão da presença material de seu inimigo, mas que este pode persegui-lo com o seu ódio, mesmo depois de ter deixado a Terra; que, assim, a vingança falha no seu objetivo e, ao contrário, tem por efeito produzir uma irritação maior, que pode continuar de uma existência a outra. Cabe ao Espiritismo provar, pela experiência e pela lei que rege as relações do mundo visível e do mundo invisível, que a expressão: *apagar o ódio com o sangue* é radicalmente falsa, e o que é verdadeiro, é que o sangue conserva o ódio, mesmo além do túmulo; de dar, por conseguinte, uma razão de ser efetiva e uma utilidade prática ao perdão, e à sublime máxima do Cristo: *Amai os vossos inimigos.* Não há coração tão perverso que não seja tocado de bons procedimentos, mesmo inconscientemente; pelos bons procedimentos tira-se pelo menos todo pretexto de represálias; de um inimigo se pode fazer um amigo, antes e depois da sua morte. Pelos maus procedimentos, ele se irrita *e é, então, que ele próprio serve de instrumento à justiça de Deus para punir aquele que não perdoou.*

6. Pode-se, pois, ter inimigos entre os encarnados e entre os desencarnados; os inimigos do mundo invisível manifestam sua malevolência pelas obsessões e pelas subjugações, das quais tantas pessoas são alvo, e que são uma variedade das provas da vida; essas provas, como as outras, ajudam ao adiantamento e devem ser aceitas com resignação e como consequência da natureza inferior do globo terrestre; se não houvesse homens maus na Terra, não haveria Espíritos maus ao redor dela. Se, pois, deve-se ter indulgência e benevolência para com os inimigos encarnados, devemos tê-las igualmente para com aqueles que estão desencarnados.

Outrora, sacrificavam-se vítimas sangrentas para apaziguar os deuses infernais, que não eram outros senão os Espíritos maus. Aos deuses infernais sucederam os demônios, que são a mesma coisa. O Espiritismo veio provar que esses demônios não são outros senão as almas de homens perversos, que não se despojaram ainda dos instintos materiais; *que não se pode apaziguá-los senão pelo sacrifício de seu ódio, quer dizer, pela caridade;* que a caridade não tem apenas por efeito impedi-los de fazer o mal, mas de conduzi-los no caminho do bem, e de contribuir para a sua salvação. É assim que a máxima: *Amai os vossos inimigos,* não está circunscrita ao círculo estreito da Terra e da vida presente, mas se integra na grande lei da solidariedade e da fraternidade universais.

Se alguém vos bate na face direita, apresentai-lhe também a outra

7. *Tendes aprendido que foi dito: olho por olho e dente por dente. Eu vos digo para não resistirdes ao mal que se vos queiram fazer,* mas se alguém vos bate na face direita, apresentai-lhe também a esquerda; *e se alguém quer demandar convosco para tomar vossa túnica, abandonai-lhe também vossa capa; e se alguém quer vos constranger a fazer mil passos com ele, fazei ainda dois mil. Dai àquele que vos pede e não repilais àquele que quer vos tomar emprestado. (São Mateus, cap. V, v. de 38 a 42).*

8. Os preconceitos do mundo sobre o que se convencionou chamar o ponto de honra dão essa suscetibilidade sombria, nascida do orgulho e da exaltação da personalidade, que leva o homem a retribuir injúria por injúria, insulto por insulto, o que parece a justiça para aquele cujo senso moral não se eleva acima das paixões terrestres; por isso, a lei mosaica dizia: olho por olho, dente por dente, lei em harmonia com o tempo em que vivia Moisés. Cristo veio e disse: Retribuí o mal com o bem. E disse mais: "Não resistais ao mal que se vos queiram fazer; *se alguém vos bater sobre uma face, apresentai-lhe a outra."* Ao orgulhoso, esta máxima parece uma covardia, porque não compreende que haja mais coragem em suportar um insulto do que em se vingar, e isso sempre por essa causa que faz com que a sua visão não se transporte além do presente. Entretanto, é preciso tomar esta máxima ao pé da letra? Não mais que aquela que diz para arrancar o olho, se ele for motivo de escândalo; acentuada em todas as suas consequências, seria condenar toda repressão, mesmo legal, e deixar o campo livre aos maus, dissipando-lhes todo medo; se não se opusesse um freio às suas agressões, logo, todos os bons seriam suas vítimas. O próprio instinto de conservação, que é uma lei natural, diz que não é preciso estender benevolentemente o pescoço ao assassino. Por essas palavras, portanto, Jesus não interditou a defesa, mas *condenou a vingança.* Em dizendo para apresentar uma face quando a outra foi batida, é dizer, sob outra forma, que não é preciso retribuir o mal com o mal; que o homem deve aceitar com humildade tudo o que tende a rebaixar-lhe o orgulho; que é mais glorioso para si ser ferido do que ferir, suportar pacientemente uma injustiça, do que ele próprio cometer uma; que vale mais ser enganado do que enganador, ser arruinado do que arruinar os outros. Isto é, ao mesmo tempo, a condenação do duelo, que não é outra coisa senão uma manifestação do orgulho. Só a fé na vida futura e na Justiça de Deus, que não deixa jamais o mal impune, pode dar a força de suportar pacientemente os golpes dirigidos contra os nossos interesses e o nosso amor-próprio; por isso, dizemos incessantemente: Dirigi vossos olhares para a frente; quanto mais vos eleveis pelo pensamento, acima da vida material, menos sereis magoados pelas coisas da Terra.

Instruções dos Espíritos

A vingança

9. A vingança é o último vestígio abandonado pelos costumes bárbaros, que tendem a se apagar do meio dos homens. Ela é, como o duelo, um dos últimos vestígios desses costumes selvagens sob os quais se debatia a Humanidade no início da era cristã. Por isso, a vingança é um indício certo do estado atrasado dos homens que a ela se entregam e dos Espíritos que podem ainda inspirá-la. Portanto, meus amigos, esse sentimento não deve jamais fazer vibrar o coração de quem se diga e se afirme espírita. Vingar-se, vós o sabeis, é de tal modo contrário a esta prescrição do Cristo: "Perdoai aos vossos inimigos", que aquele que se recusa a perdoar, não somente não é espírita, como não é nem mesmo cristão. A vingança é uma inspiração tanto mais funesta quanto a falsidade e a baixeza são suas companheiras assíduas; com efeito, aquele que se entrega a essa fatal e cega paixão não se vinga quase nunca a céu aberto. Quando é o mais forte, precipita-se como um animal feroz sobre aquele a quem chama seu inimigo, quando a visão deste vem inflamar sua paixão, sua cólera e seu ódio. Mas, o mais frequentemente, ele reveste uma aparência hipócrita, em dissimulando, no mais profundo do seu coração, os maus sentimentos que o animam; toma caminhos escusos, segue na sombra seu inimigo sem desconfiança e espera o momento propício para atingi-lo sem perigo; esconde-se dele, espreitando-o sem cessar; arma-lhe emboscadas odiosas e lhe derrama, chegada a ocasião, o veneno no copo. Quando seu ódio não vai até esses extremos, ele o ataca, então, em sua honra e em suas afeições; não recua diante da calúnia, e suas insinuações pérfidas, habilmente semeadas para todos os ventos, vão crescendo pelo caminho. Por isso, quando aquele que persegue apresenta-se nos lugares onde seu sopro envenenado passou, espanta-se de encontrar rostos frios onde encontrava, outras vezes, rostos amigos e benevolentes; fica estupefato quando mãos que buscavam a sua se recusam a apertá-la agora; enfim, fica aniquilado quando seus amigos mais caros e seus parentes se desviam e fogem dele. Ah! o covarde que se vinga assim é cem vezes mais culpável do que aquele que vai direto ao seu inimigo e o insulta de rosto descoberto.

Para trás, pois, com esses costumes selvagens! Para trás com esses usos de outro tempo! Todo espírita que pretendesse, hoje, ter ainda o direito de se vingar, seria indigno de figurar por mais tempo na falange que tomou por divisa: *Fora da caridade não há salvação!* Mas não, eu não poderia deter-me em semelhante ideia, de que um membro da grande família espírita possa, no futuro, ceder ao impulso da vingança, ao invés de perdoar. (JULES OLIVIER, Paris, 1862).

O ódio

10. Amai-vos uns aos outros e sereis felizes. Sobretudo, tomai a tarefa de amar aqueles que vos inspiram indiferença, ódio e desprezo. O Cristo, de quem deveis fazer o vosso modelo, deu-vos o exemplo desse devotamento; missionário de amor, amou até dar o seu sangue e a própria vida. O sacrifício que vos obriga a amar aqueles que vos ultrajam e vos perseguem é penoso; mas, é precisamente isso que vos torna superiores a eles; se vós os odiais como vos odeiam, não valeis mais do que eles; é a hóstia sem mancha, ofertada a Deus sobre o altar de vossos corações, hóstia de agradável aroma cujos perfumes sobem até ele. Ainda que a lei do amor queira que se ame indistintamente a todos os irmãos, não endurece o coração contra os maus procedimentos; ao contrário, é a mais penosa prova, eu o sei, uma vez que durante minha última existência terrestre, experimentei essa tortura; mas Deus lá está, e pune, nesta vida e na outra, aqueles que faltam à lei de amor. Não vos esqueçais, meus caros filhos, que o amor nos aproxima de Deus, e que o ódio nos afasta dele. (FÉNELON, Bordéus, 1861).

O duelo

11. Só é verdadeiramente grande aquele que, considerando a vida como uma viagem que deve conduzi-lo a um objetivo, faz pouco caso das asperezas do caminho e não se deixa jamais desviar um instante do caminho reto; o olhar sem cessar dirigido para o objetivo, pouco lhe importa que as sarças e os espinhos da senda lhe ameacem provocar arranhões; eles o roçam sem atingi-lo e, por isso, não prossegue menos no seu curso. Expor seus dias para se vingar de uma injúria, é recuar diante das provas da vida; é sempre um crime aos olhos de Deus e se não estivésseis iludidos, como estais por vossos preconceitos, isso seria uma ridícula e suprema loucura aos olhos dos homens.

Há crime no homicídio pelo duelo; vossa própria legislação o reconhece; ninguém tem o direito, em nenhum caso, de atentar contra a vida de seu semelhante; crime aos olhos de Deus que vos traçou vossa linha de conduta; aqui, mais do que por toda parte, alhures, sois juízes em vossa própria causa. Lembrai-vos de que vos será perdoado segundo houverdes perdoado vós mesmos; pelo perdão vos aproximais da Divindade, porque a clemência é irmã do poder. Enquanto uma gota de sangue humano correr sobre a Terra pela mão dos homens, o verdadeiro reino de Deus não terá ainda chegado, este reino de pacificação e de amor que deve banir para todo o sempre do vosso globo a animosidade, a discórdia e a guerra. Então, a palavra duelo não existirá mais em vossa língua senão como uma longínqua e vaga lembrança de um passado que se foi; os homens não conhecerão entre eles outros antagonismos senão a nobre rivalidade do bem. (ADOLFHO, bispo de Argel, Marmande, 1861).

12. O duelo pode, sem dúvida, em certos casos, ser uma prova de coragem física, de desprezo pela vida, mas, incontestavelmente, é a prova de uma covardia moral como no suicídio. O suicida não tem a coragem de afrontar as vicissitudes da vida; o duelista não tem a de afrontar as ofensas. O Cristo não vos disse que há mais de honra e de coragem em apresentar a face esquerda àquele que feriu a direita, do que se vingar de uma injúria? O Cristo não disse a Pedro, no Jardim das Oliveiras: "Tornai a pôr vossa espada na bainha, porque aquele que matar pela espada perecerá pela espada?" Com estas palavras, Jesus não condena para sempre o duelo? Com efeito, meu filhos, o que é, pois, essa coragem nascida de um temperamento violento, sanguíneo e colérico bramindo à primeira ofensa? Onde, pois, está a grandeza de alma daquele que, à menor injúria, quer lavá-la em sangue? Mas, que ele trema! porque, sempre, no fundo da sua consciência, uma voz lhe gritará: Caim! Caim! que fizeste de teu irmão? Foi-me preciso sangue para salvar minha honra, dirás a essa voz; ela, porém, responderá: Quiseste salvá-la diante dos homens por alguns instantes que te restam para viver na Terra, e não pensaste em salvá-la diante de Deus! Pobre louco! quanto sangue pediria o Cristo, pois, por todos os ultrajes que recebeu? Não somente o feristes com o espinho e a lança, não somente o pregastes num madeiro infamante, mas ainda, no meio da sua agonia, pôde ele ouvir as zombarias que lhe eram prodigalizadas. Que reparação, depois de tantos ultrajes, pediu-vos? O último grito do cordeiro foi uma prece para seus carrascos. Oh! como ele, perdoai e orai por aqueles que vos ofendem.

Amigos, lembrai-vos deste preceito: "Amai-vos uns aos outros", e então, ao golpe dado pelo ódio respondereis com um sorriso, e ao ultraje, pelo perdão. O mundo, sem dúvida, se levantará furioso, e vos tratará de covarde; erguei a cabeça alto e mostrai, então, que a vossa fronte não temeria, também ela, de se carregar de espinhos, a exemplo do Cristo, mas que vossa mão não quer ser cúmplice de um homicídio, que autoriza, supostamente, uma falsa aparência de honra, que não é senão do orgulho e do amor-próprio. Em vos criando, Deus vos deu o direito de vida e de morte, uns sobre os outros? Não, ele não deu esse direito senão à Natureza somente, para se reformar e reconstruir-se; mas a vós, não permitiu de dispordes de vós mesmos. Como o suicida, o duelista estará marcado com sangue quando chegar a Deus e, a um e ao outro, o Soberano Juiz prepara longos e rudes castigos. Se ameaçou com a sua justiça aquele que disser ao seu irmão *racca,* quanto a pena será bem mais severa para aquele que apareça diante dele com as mãos vermelhas do sangue de seu irmão! (SANTO AGOSTINHO, Paris, 1862).

13. O duelo é, como antigamente o que se chamava o julgamento de Deus, uma dessas instituições bárbaras que regem ainda a sociedade. Que diríeis, entretanto, se vísseis mergulhar os dois antagonistas na água fervente ou sujeitá-los ao contato de um ferro em brasa para resolver suas querelas, e dar razão àquele que suportasse melhor a prova? Chamaríeis a esses costumes de insensatos. O duelo é ainda pior que tudo isso. Para o duelista emérito, é um assassinato cometido a sangue-frio, com toda a premeditação desejada, porque ele está seguro do golpe que dará; para o adversário, quase certo de sucumbir, em razão da sua fraqueza e de sua inabilidade, é um suicídio, cometido com a mais fria reflexão. Eu sei que, frequentemente, procura-se evitar essa alternativa, igualmente criminosa, atribuindo-a ao acaso; mas, então, não é, sob uma outra forma, um retorno ao julgamento de Deus da Idade Média? E ainda, nessa época, era-se infinitamente menos culpado; o próprio nome *julgamento de Deus* indica uma fé, ingênua é verdade, mas enfim uma fé na justiça de Deus que não podia deixar sucumbir um inocente, enquanto que, no duelo, confia-se na força bruta de tal sorte que, frequentemente, é o ofendido quem sucumbe.

Ó amor-próprio estúpido, tola vaidade e louco orgulho, quando, pois, sereis substituídos pela caridade cristã, pelo amor ao próximo, e pela humildade de que o Cristo deu o exemplo e o preceito? Só, então, desaparecerão esses preconceitos monstruosos que governam ainda os homens, e que as leis são impotentes para reprimir, porque não basta interditar o mal e prescrever o bem, é preciso que o princípio do bem e o horror ao mal estejam no coração do homem. (UM ESPÍRITO PROTETOR, Bordéus, 1861).

14. Que opinião terão de mim, dizei-vos frequentemente, se eu recuso a reparação que me é pedida ou se não a peço àquele que me ofendeu? Os loucos, como vós, os homens atrasados, vos censurarão; mas aqueles que estão esclarecidos pelo facho do progresso intelectual e moral, dirão que agistes de acordo com a verdadeira sabedoria. Refleti um pouco; por uma palavra frequentemente dita ao ar ou muito inofensiva da parte de um dos vossos irmãos, vosso orgulho se acha ferido, respondeis-lhe de maneira áspera, e daí uma provocação. Antes de chegar ao momento decisivo, perguntai-vos se agis como cristão? que contas deveis à sociedade, se a privais de um dos seus membros? Pensais no remorso de ter arrancado a uma mulher seu marido, a uma mãe seu filho, aos filhos seu pai e seu sustentáculo? Certamente, aquele que ofendeu deve reparação; mas não é mais honroso para ele dá-la espontaneamente em reconhecendo seus erros, do que expor a vida daquele que tem direito de se lamentar? Quanto ao ofendido, convenho que, algumas vezes, pode se achar gravemente atingido, seja na sua pessoa, seja em relação àqueles que nos cercam; não é só o amor-próprio que está em jogo, o coração está ferido e sofre; mas além de ser estúpido jogar a sua vida contra um miserável capaz de uma infâmia, ocorre que, este estando morto, a afronta, qualquer que seja, não existe mais? O sangue derramado não dá mais renome a um fato que, se é falso deve cair por si mesmo, e que se é verdadeiro, deve se ocultar no silêncio? Não resta, pois, senão a satisfação da vingança saciada; ah! triste satisfação que, frequentemente, deixa, desde esta vida, cruciantes remorsos. E se é o ofendido que sucumbe, onde está a reparação?

Quando a caridade for a regra de conduta dos homens, eles conformarão seus atos e suas palavras a esta máxima: "Não façais aos outros o que não quiserdes que vos façam"; então, sim, desaparecerão todas as causas de dissensões e, com elas, as do duelo e das guerras, que são os duelos de povo a povo. (FRANCISCO XAVIER, Bordéus, 1861).

15. O homem do mundo, o homem feliz, que, por uma palavra ofensiva, por uma causa fútil, joga a vida que lhe vem de Deus, joga a vida do semelhante que não pertence senão a Deus, este é mais culpável cem vezes que o miserável que, compelido pela cupidez, pela necessidade algumas vezes, se introduz numa habitação para dela roubar o que cobiça, e mata aqueles que se opõem ao seu desígnio. Este último, quase sempre, é um homem sem educação, não tendo senão noções imperfeitas do bem e do mal, enquanto que o duelista pertence quase sempre à classe mais esclarecida; um mata brutalmente; o outro, com método e polidez, o que faz com que a sociedade o desculpe. Acrescento mesmo que o duelista é infinitamente mais culpável que o infeliz que, cedendo a um sentimento de vingança, mata num momento de exasperação. O duelista não tem ponto para desculpar o arrastamento da paixão, porque, entre o insulto e a reparação, há sempre o tempo de refletir; ele age, pois, friamente e de plano premeditado; tudo está calculado e estudado para matar mais seguramente o seu adversário. É verdade que expõe também a sua vida, e é isso que reabilita o duelo aos olhos do mundo, porque nele se vê um ato de coragem e o desprezo da própria vida; mas há verdadeira coragem, quando se está seguro de si? O duelo, resto dos tempos de barbárie, onde o direito do mais forte fazia a lei, desaparecerá com uma apreciação mais sadia do verdadeiro ponto de honra, e, à medida que o homem tiver uma fé mais viva na vida futura. (AGOSTINHO, Bordéus, 1861).

16. Nota – Os duelos se tornam cada vez mais raros e se são vistos ainda, de tempos em tempos, em dolorosos exemplos, o número deles não é comparável ao que era antigamente. Outrora, um homem não saía de casa sem prever um encontro, tomando sempre suas precauções em consequência. Um sinal característico dos costumes do tempo e dos povos está no uso do porte habitual, ostensivo ou oculto, de armas ofensivas ou defensivas; a abolição desse uso testemunha o abrandamento dos costumes, e é curioso seguir-lhe a gradação desde a época em que os cavaleiros não cavalgavam jamais senão com armadura de ferro e armados de lança, até o porte de uma simples espada, tornada antes um adorno e um acessório de brasão do que uma arma agressiva. Um outro indício de costumes é que outrora os combates singulares tinham lugar em plena rua, diante da multidão, que se afastava para deixar o campo livre, e que hoje se oculta; hoje, a morte de um homem é um acontecimento que emociona; outrora, não se lhe dava atenção. O Espiritismo vencerá esses últimos vestígios da barbárie, em inculcando nos homens o espírito de caridade e de fraternidade.

XIII
Capítulo
13

Que a vossa mão esquerda não saiba o que dá a vossa mão direita

Fazer o bem sem ostentação. – Os infortúnios ocultos. – O óbolo da viúva. – Convidar os pobres e os estropiados. Servir sem esperança de retribuição. – Instruções dos Espíritos: *A caridade material e a caridade moral. – A beneficência. – A piedade. – Os órfãos. – Benefícios pagos com a ingratidão. – Beneficência exclusiva.*

Fazer o bem sem ostentação

1. *Tomai cuidado de não fazer as vossas boas obras diante dos homens para serem vistas por eles, de outro modo não recebereis a recompensa de vosso Pai que está nos céus. Então, quando derdes esmolas, não façais soar a trombeta diante de vós, como fazem os hipócritas nas sinagogas e nas ruas, para serem honrados pelos homens. Eu vos digo em verdade, que receberam sua recompensa. Mas* quando derdes esmola, que a vossa mão esquerda não saiba o que dá a vossa mão direita; *a fim de que a esmola esteja em segredo; e vosso Pai, que vê o que se passa em segredo, dela vos entregará a recompensa. (São Mateus, cap. VI, v. de 1 a 4).*

2. *Jesus tendo descido da montanha, uma grande multidão de povo o seguiu; e ao mesmo tempo um leproso veio a ele e o adorou, dizendo-lhe: Senhor, se quiserdes, podereis me curar. Jesus estendendo a mão, tocou-o e lhe disse: Eu o quero, estais curado; e, no mesmo instante, a lepra foi curada. Então, Jesus lhe disse:* Guardai-vos de falar disto a alguém; *mas ide vos mostrar aos sacerdotes e oferecei o dom prescrito por Moisés, a fim de que isso lhes sirva de testemunho. (São Mateus, cap. VIII, v. de 1 a 4).*

3. Fazer o bem sem ostentação é um grande mérito; ocultar a mão que dá é ainda mais meritório; é o sinal incontestável de uma grande superioridade moral; porque para ver as coisas de mais alto que o vulgo, é preciso fazer abstração da vida presente e identificar-se com a vida futura; é preciso, numa palavra, colocar-se acima da Humanidade para renunciar à satisfação que proporciona o testemunho dos homens e esperar a aprovação de Deus. Aquele que estima a aprovação dos homens mais do que a de Deus, prova que tem mais fé nos homens do que em Deus, e que a vida presente é mais, para ele, do que a vida futura, ou mesmo que não crê na vida futura; se diz o contrário, age como se não cresse no que diz.

Quantos há que não prestam um serviço senão com a esperança de que o beneficiado irá gritar o benefício sobre os telhados; que, na claridade, darão uma grande soma, e na sombra não dariam uma moeda! Por isso, Jesus disse: "Aqueles que fazem o bem com ostentação já receberam a sua recompensa"; com efeito, aquele que procura a sua glorificação na Terra pelo bem que fez, já pagou a si mesmo; Deus não lhe deve mais nada; não lhe resta a receber senão a punição do seu orgulho.

Que a mão esquerda não saiba o que dá a mão direita é uma figura que caracteriza admiravelmente a beneficência modesta; mas se há a modéstia real, há também a modéstia simulada, o simulacro da modéstia real; há pessoas que escondem a mão que dá, tendo o cuidado de mostrar-lhe um pedaço, atento se alguém não a viu esconder. Indigna paródia das máximas do Cristo! se os benfeitores orgulhosos são depreciados entre os homens, que será deles, pois, perto de Deus? Estes também receberam sua recompensa na Terra. Foram vistos, e eles estão satisfeitos de terem sido vistos: é tudo que terão.

Qual será, pois, a recompensa daquele que faz pesar seus benefícios sobre o beneficiado, que lhe impõe, de alguma sorte, testemunhos de reconhecimento, lhe faz sentir a sua posição em exaltando o preço dos sacrifícios que se impôs por ele? Oh! para este não há nem a recompensa terrestre, porque será privado da doce satisfação de ouvir abençoar seu nome, o que é um primeiro castigo do seu orgulho; as lágrimas que seca em proveito da sua vaidade, em lugar de subirem ao céu, recaíram sobre o coração do aflito e o ulceraram. O bem que faz é sem proveito para si, uma vez que o censura, porque todo benefício censurado é uma moeda falsa e sem valor.

A beneficência sem ostentação tem um duplo mérito; além da caridade material, é a caridade moral; ela poupa a suscetibilidade do beneficiado e o faz aceitar o benefício sem que seu amor-próprio sofra com isso, e salvaguardando a sua dignidade de homem, porque alguém aceitará um serviço, mas não receberá uma esmola; ora, converter um serviço em esmola pela maneira que é prestado, é humilhar aquele que o recebe, e há sempre orgulho e maldade em humilhar alguém. A verdadeira caridade, ao contrário, é delicada e engenhosa para dissimular o benefício, evita até as menores aparências ofensivas, porque toda ofensa moral aumenta o sofrimento que nasce da necessidade; ela sabe encontrar palavras doces e afáveis, que colocam o beneficiado à vontade em face do benfeitor, ao passo que a caridade orgulhosa o esmaga. O sublime da verdadeira generosidade é quando o benfeitor, mudando de papel, encontra o meio de parecer ele mesmo beneficiado em face daquele a quem presta serviço. Eis o que querem dizer estas palavras: Que a mão esquerda não saiba o que dá a mão direita.

Os infortúnios ocultos

4. Nas grandes calamidades, a caridade se manifesta, e se veem generosos impulsos para reparar os desastres; mas, ao lado desses desastres gerais, há milhares de desastres particulares que passam despercebidos, de pessoas que jazem sobre um catre sem se lamentarem. São a esses infortúnios discretos e ocultos que a verdadeira generosidade sabe ir descobrir, sem esperar que eles venham pedir assistência.

Quem é esta mulher de ar distinto, vestida de maneira simples, mas cuidada, seguida de uma jovem vestida também modestamente? Entra numa casa de sórdida aparência, onde é conhecida, sem dúvida, porque, à porta, a saúdam com respeito. Aonde vai ela? Sobe até a mansarda: lá mora uma mãe de família cercada de filhos pequenos; à sua chegada, a alegria brilha nesses semblantes emagrecidos; é que ela vem acalmar todas essas dores; traz o necessário, temperado com doces e consoladoras palavras, que fazem aceitar o benefício sem corar, porque esses infortunados não são mendigos profissionais; o pai está no hospital e, durante esse tempo, a mãe não pode bastar às necessidades. Graças a ela, essas pobres crianças não sofrerão nem o frio, nem a fome; irão à escola agasalhadas e o seio da mãe não secará para as criancinhas. Se há um doente entre eles, nenhum cuidado material a repugnará. De lá, ela se dirige ao hospital, para levar ao pai algum consolo e tranquilizá-lo sobre a sorte da família. No canto da rua a espera uma viatura, verdadeira loja de tudo o que leva aos seus protegidos, que visita assim sucessivamente; não lhes pergunta nem sua crença, nem sua opinião, porque, para ela, todos os homens são irmãos e filhos de Deus. Terminada a excursão, ela se diz: Comecei bem o meu dia. Qual é seu nome? onde mora? Ninguém o sabe; para os infelizes, é um nome que não revela nada, mas é o anjo de consolação; e, à noite, uma sinfonia de bênçãos se eleva para ela até o Criador: católicos, judeus, protestantes, todos a bendizem.

Por que ela se veste de maneira tão simples? É que não quer insultar a miséria com o seu luxo. Por que se faz acompanhar da filha adolescente? É para ensinar-lhe como se deve praticar a beneficência. A filha também quer fazer a caridade, mas sua mãe lhe diz: "Que podes dar, minha criança, uma vez que nada tens de ti? Se eu te entregar alguma coisa para passá-la aos outros, que mérito terás? Em realidade, eu é que farei a caridade, e tu que dela terás o mérito; isso não é justo. Quando vamos visitar os enfermos, tu me ajudas a cuidar deles; ora, dar cuidados é dar alguma coisa. Isso não parece bastante? Nada é mais simples; aprende a fazer obras úteis, e tu confeccionarás roupinhas para essas criancinhas; deste modo, darás alguma coisa vinda de ti". É assim que essa mãe, verdadeiramente cristã, forma sua filha na prática das virtudes ensinadas pelo Cristo. É espírita? Que importa!

No seu lar, é a mulher do mundo, porque a sua posição o exige; mas se ignora o que ela faz, porque não quer outra aprovação senão a de Deus e da sua consciência. Um dia, porém, uma circunstância imprevista conduziu até ela uma das suas protegidas, que lhe produzia obras; esta a reconheceu e quis abençoar a sua benfeitora: "Silêncio! disse-lhe; não o digas a ninguém". Assim falava Jesus.

O óbolo da viúva

5. *Jesus, estando sentado defronte do gazofilácio, (*) considerava de que maneira o povo nele atirava o dinheiro, e que várias pessoas ricas tinham colocado muito. Veio também uma pobre viúva, que nele colocou somente duas pequenas moedas. Então, Jesus tendo chamado seus discípulos, disse-lhes: Eu vos digo em verdade, esta pobre viúva deu mais do que todos aqueles que colocaram no gazofilácio, porque todos os outros deram de sua abundância, mas esta deu de sua indigência, tudo mesmo o que tinha e tudo o que lhe restava para viver. (São Marcos, cap. XII, v. de 41 a 44 – São Lucas, cap. XXI, v. de 1 a 4).*

6. Muitas pessoas lamentam não poderem fazer tanto bem quanto o gostariam, por falta de recursos suficientes, e se desejam a fortuna é, dizem elas, para dela fazerem um bom uso. A intenção é louvável, sem dúvida, e pode ser muito sincera em alguns, mas é certo que seja em todos completamente

---

(*) No original, **le tronc. Gazofilácio,** do grego **Gazophulakion,** local reservado nos templos às oferendas e aos vasos sagrados; tesouro, cofre. Os textos bíblicos em português, tanto do Velho quando do Novo Testamento, trazem ora **cofre das ofertas,** ora **arca do tesouro.** – (N. do R.).

desinteressada? Não há aqueles que, desejando mesmo fazer o bem aos outros, estariam bem contentes em começar por fazê-lo a si mesmos, de se darem algumas alegrias a mais, de se proporcionarem um pouco do supérfluo que lhes falta, sob a condição de darem o resto aos pobres? Essa segunda intenção, dissimulada, mas que encontrariam no fundo do coração se quisessem nele rebuscar, anula o mérito da intenção, porque a verdadeira caridade pensa nos outros antes de pensar em si. O sublime da caridade, nesse caso, seria procurar no seu próprio trabalho, pelo emprego de suas forças, de sua inteligência, de seus talentos, os recursos que faltam para realizar suas intenções generosas; aí estaria o sacrifício mais agradável ao Senhor. Infelizmente, a maioria sonha com meios mais fáceis de se enriquecer de repente e sem trabalho, correndo atrás de quimeras, como descobertas de tesouros, uma chance incerta favorável, a recuperação de heranças inesperadas, etc. – Que dizer daqueles que esperam encontrar, para os secundar nas pesquisas dessa natureza, auxiliares entre os Espíritos? Seguramente, eles não conhecem nem compreendem o objetivo sagrado do Espiritismo, e ainda menos a missão dos Espíritos, aos quais Deus permite se comunicarem com os homens; também nisso são punidos pelas decepções. (*O Livro dos Médiuns,* nº 294 e 295).

Aqueles cuja intenção é pura de toda ideia pessoal, devem se consolar de sua impossibilidade em fazer tanto bem quanto gostariam, pelo pensamento de que o óbolo do pobre, que dá se privando, pesa mais na balança de Deus do que o ouro do rico, que dá sem se privar de nada. A satisfação seria grande, sem dúvida, em poder largamente socorrer a indigência; mas se ela é negada, é preciso se submeter e se limitar a fazer o que se pode. Aliás, não é apenas com o ouro que se podem secar as lágrimas, e é preciso ficar inativo por não possuí-lo? Aquele que quer sinceramente se tornar útil aos seus irmãos para isso encontra mil ocasiões; que as procure e as encontrará; se não é de uma maneira, será de outra, porque não há ninguém, tendo o livre gozo de suas faculdades, que não possa prestar um serviço qualquer, dar uma consolação, abrandar um sofrimento físico ou moral, fazer uma tentativa útil; à falta de dinheiro, cada um não tem seu trabalho, seu tempo, seu repouso, dos quais pode dar uma parte? Aí também está o óbolo do pobre, a moeda da viúva.

Convidar os pobres e os estropiados. Servir sem esperança de retribuição

7. *Ele disse também àquele que o havia convidado: Quando derdes a jantar*

ou a cear, para isso não convideis nem vossos amigos, nem vossos irmãos, nem vossos parentes, nem vossos vizinhos que serão ricos, de modo que eles vos convidem em seguida, a seu turno, e que, assim, retribuam o que haviam recebido de vós. Mas quando fizerdes um festim, convidai para ele os pobres, os estropiados, os coxos e os cegos; e estareis felizes porque não terão meios para vo-lo retribuir; porque isso vos será retribuído na ressurreição dos justos.

Um daqueles que estavam à mesa, tendo ouvido essas palavras, disse-lhe: Feliz aquele que comer do pão no reino de Deus! (São Lucas, cap. XIV, v. de 12 a 15).

8. "Quando fizerdes um festim, disse Jesus, para ele não convideis os vossos amigos, mas os pobres e os estropiados." Estas palavras, absurdas se tomadas ao pé da letra, são sublimes se nelas se procura o espírito. Jesus não podia ter querido dizer que, em lugar dos amigos, é preciso reunir à sua mesa os mendigos da rua; sua linguagem era quase sempre figurada, e a homens incapazes de compreenderem as nuanças delicadas do pensamento, seria preciso imagens fortes, produzindo o efeito de cores berrantes. O fundo do pensamento se revela nestas palavras: "Sereis felizes porque não terão meios para vo-lo retribuir"; quer dizer que não se deve fazer o bem com vistas a uma devolução, mas pelo único prazer de fazê-lo. Para dar uma comparação surpreendente, disse: Convidai para os vossos festins os pobres, porque sabeis que estes não poderão nada vos retribuir; e por *festins* é preciso entender, não o repasto propriamente dito, mas a participação na abundância de que desfrutais.

Estas palavras podem, entretanto, também receber sua aplicação num sentido mais literal. Quantas pessoas não convidam à sua mesa senão aqueles que podem, como dizem, honrar-lhes, ou que podem convidá-las, a seu turno! Outras, ao contrário, encontram satisfação em receber aqueles, de seus parentes ou amigos, que são menos felizes; ora, quem é que não os possui entre os seus? É, por vezes, prestar-lhes um grande serviço sem aparentá-lo. Estes, sem irem recrutar os cegos e os estropiados, praticam a máxima de Jesus, se o fazem por benevolência, sem ostentação, e se sabem dissimular o benefício por uma sincera cordialidade.

Instruções dos Espíritos

A caridade material e a caridade moral

9. "Amemo-nos uns aos outros e façamos a outrem o que quereríamos que nos fosse feito." Toda a religião, toda a moral se encontram encerradas nestes dois preceitos; se fossem seguidos nesse mundo, seríeis todos perfeitos; nada mais de ódio, de divergência; direi mais ainda, nada mais de pobreza, porque do supérfluo da mesa de cada rico muitos pobres se alimentariam, e não veríeis mais, nos sombrios bairros que habitei durante a minha última encarnação, pobres mulheres arrastando consigo miseráveis crianças necessitadas de tudo.

Ricos! pensai um pouco nisso; ajudai, com o que tendes de melhor, os infelizes; dai, porque Deus vos retribuirá um dia o bem que houverdes feito, para que encontreis, ao sair do vosso envoltório terrestre, um cortejo de Espíritos reconhecidos, que vos receberão no limiar de um mundo mais feliz.

Se pudésseis saber a alegria que experimentei em reencontrar aqui aqueles a quem pude beneficiar em minha última vida terrena!...

Amai, pois, o vosso próximo; amai-o como a vós mesmos, porque, o sabeis agora, esse infeliz que repelis talvez seja um irmão, um pai, um amigo, que afastais para longe de vós; e então, qual será o vosso desespero em o reconhecendo no mundo dos Espíritos!

Desejo que compreendais bem o que pode ser *a caridade moral,* a que cada um pode praticar, a que *nada custa* materialmente e, entretanto, a que é mais difícil de se pôr em prática.

A caridade moral consiste em se suportar uns aos outros, e é o que menos fazeis nesse mundo inferior onde estais encarnados no momento. Há um grande mérito, crede-me, em saber se calar para deixar falar um mais tolo; e ainda aí está um gênero de caridade. Saber ser surdo quando uma palavra de zombaria escapa de uma boca habituada a escarnecer; não ver o sorriso de desdém que acolhe a vossa entrada entre pessoas que, frequentemente, erradamente, creem-se acima de vós, enquanto que, na vida espiritual, *a única real,* estão algumas vezes bem longe disso; eis um mérito, não de humildade, mas de caridade, porque não anotar os erros de outrem é caridade moral.

Entretanto, essa caridade não deve impedir a outra, mas pensai sobretudo em não menosprezar o vosso semelhante; lembrai-vos de tudo o que vos tenho dito: é preciso lembrar sem cessar que no pobre rejeitado talvez repilais um Espírito que vos foi caro, e que se encontra momentaneamente em posição inferior à vossa. Eu revi um dos pobres da vossa Terra que pude, por felicidade, beneficiar algumas vezes, e a quem me cabe *agora implorar,* por minha vez.

Recordai-vos de que Jesus disse que somos irmãos e pensai sempre nisso antes de repelir o leproso ou o mendigo. Adeus; pensai naqueles que sofrem e orai. (IRMÃ ROSÁLIA, Paris, 1860).

10. Meus amigos, ouvi vários de vós dizerem para si mesmos: Como posso fazer a caridade, se frequentemente não tenho mesmo o necessário?

A caridade, meus amigos, se faz de muitas maneiras; podeis fazer a caridade em pensamentos, em palavras e em ações. Em pensamentos: orando pelos pobres abandonados que morreram sem ter podido mesmo ver a luz, uma prece do coração os alivia. Em palavras: dirigindo aos vossos companheiros de todos os dias alguns bons conselhos; dizei aos homens irritados pelo desespero, pelas privações, e que blasfemam do nome do Altíssimo: "Eu era como vós; eu sofria, era infeliz, mas acreditei no Espiritismo, e vede, sou feliz agora." Aos velhos que vos dirão: "É inútil; estou no fim do meu caminho; morrerei como vivi." Dizei a estes: "Deus tem para nós todos uma justiça igual; lembrai-vos dos trabalhadores da última hora." Às crianças que, já viciadas por suas companhias, vão vagar pelos caminhos, prestes a sucumbirem sob as más tentações, dizei-lhes: "Deus vos vê, meus caros pequenos", e não temais em lhes repetir, frequentemente, essas doces palavras; elas acabarão por germinar na sua jovem inteligência, e, em lugar de pequenos vagabundos, tereis feito homens. Está ainda aí uma caridade.

Vários dentre vós dizem também: "Ora essa! somos tão numerosos na Terra que Deus não pode nos ver a todos." Escutai bem isto, meus amigos: Quando estais sobre o cume de uma montanha, vosso olhar não abarca bilhões de grãos de areia que cobrem essa montanha? Pois bem! Deus vos vê da mesma forma! ele vos deixa o livre-arbítrio, como deixais esses grãos de areia irem ao capricho do vento que os dispersa; somente que Deus, em sua misericórdia infinita, colocou no fundo do vosso coração uma sentinela vigilante que se chama *consciência*. Escutai-a; ela não vos dará senão bons conselhos. Às vezes, vós a entorpeceis, opondo-lhe o espírito do mal; ela se cala então; mas estejais seguros de que a pobre abandonada se fará ouvir logo que lhe tiverdes deixado perceber a sombra do remorso. Escutai-a, interrogai-a, e, frequentemente, consolar-vos-eis com o conselho que dela tiverdes recebido.

Meus amigos, a cada regimento novo o general fornece uma bandeira; eu vos dou esta máxima do Cristo: "Amai-vos uns aos outros." Praticai esta máxima; reuni-vos todos ao redor deste estandarte, e dele recebereis a felicidade e a consolação. (UM ESPÍRITO PROTETOR, Lião, 1860).

A beneficência

11. A beneficência, meus amigos, vos dará, nesse mundo, as mais puras e as mais doces alegrias, as alegrias do coração que não são perturbadas nem pelo remorso, nem pela indiferença. Oh! pudésseis compreender tudo o que encerra de grande e de suave a generosidade das belas almas, esse sentimento que faz com que se olhe outrem com o mesmo olhar como o qual se olha a si mesmo, que se desnude com alegria para vestir seu irmão. Pudésseis, meus amigos, não ter mais doce ocupação que a de fazer os outros felizes! Quais são as festas do mundo que poderíeis comparar a essas festas alegres, quando, representantes da Divindade, entregais a alegria a essas pobres famílias que não conhecem da vida senão as vicissitudes e as amarguras; quando vedes de súbito esses semblantes descorados se iluminarem de esperança, porque não tinham pão; esses infelizes e suas crianças, ignorando que viver é sofrer, gritavam, choravam e repetiam estas palavras que penetravam, como agudo punhal, no coração materno: Eu tenho fome!... Oh! compreendei quanto são deliciosas as impressões daquele que vê renascer a alegria onde, um instante antes, não via senão desespero! Compreendei quais são as vossas obrigações para com os vossos irmãos! Ide, ide ao encontro do infortúnio; ide em socorro das misérias ocultas, sobretudo, porque são as mais dolorosas. Ide, meus bem-amados, e lembrai-vos destas palavras do Salvador: "Quando vestirdes um desses pequeninos, pensai que é a mim que o fazeis!"

Caridade! palavra sublime que resume todas as virtudes, tu deves conduzir os povos à felicidade; em te praticando, eles criaram para si alegrias infinitas para o futuro, e, durante seu exílio na Terra, tu lhe serás a consolação, o antegozo das alegrias que gozarão mais tarde, quando se abraçarão todos juntos no seio do Deus de amor. Foste tu, virtude divina, que me proporcionaste os únicos momentos de felicidade que desfrutei sobre a Terra. Possam meus irmãos encarnados crer na voz do amigo que lhes fala e lhes diz: É na caridade que deveis procurar a paz do coração, o contentamento da alma, o remédio contra as aflições da vida. Oh! quando estiverdes a ponto de acusar a Deus, lançai um olhar abaixo de vós; vede quanta miséria a aliviar; quantas pobres crianças sem família; quantos velhos que não têm mais uma só mão amiga para os socorrer e fechar-lhes os olhos quando a morte os reclame! Quanto bem a fazer! Oh! não vos lamenteis, mas, ao contrário, agradecei a Deus e prodigalizai a mancheias a vossa simpatia, o vosso amor, o vosso dinheiro a todos aqueles que, deserdados dos bens desse mundo, definham no sofrimento e no isolamento. Colhereis, nesse mundo, alegrias bem suaves, e mais tarde... só Deus o sabe!... (ADOLFO, bispo de Argel, Bordéus, 1861).

12. Sede bons e caridosos, essa a chave dos céus que tendes em vossas mãos; toda a felicidade eterna está encerrada nesta máxima: Amai-vos uns aos outros. A alma não pode se elevar nas regiões espirituais senão pelo devotamento ao próximo; ela não encontra felicidade e consolação senão nos impulsos da caridade; sede bons, sustentai vossos irmãos, deixai de lado a horrível chaga do egoísmo; esse dever cumprido deve vos abrir o caminho da felicidade eterna. De resto, quem dentre vós não sentiu o coração pulsar, sua alegria interior se dilatar à narração de um belo devotamento, de uma obra verdadeiramente caridosa? Se procurásseis apenas o prazer que proporciona uma boa ação, permaneceríeis sempre no caminho do progresso espiritual. Os exemplos não vos faltam; o que falta é a boa vontade, que é rara. Vede a multidão de homens de bem dos quais vossa história vos recorda piedosa lembrança.

O Cristo não vos disse tudo o que concerne às virtudes de caridade e de amor? Por que deixar de lado esses divinos ensinamentos? Por que tapar o ouvido a essas divinas palavras, o coração a todas essas máximas suaves? Eu gostaria que se colocasse mais interesse, mais fé nas leituras evangélicas; abandona-se esse livro, faz-se dele uma palavra oca, carta fechada; deixa-se esse código admirável no esquecimento; vossos males não provêm senão do vosso abandono voluntário desse resumo das leis divinas. Lede, pois, essas páginas ardentes do devotamento de Jesus e meditai-as.

Homens fortes, armai-vos; homens fracos, fazei armas de vossa brandura e de vossa fé; tende mais persuasão, mais constância na propagação de vossa nova doutrina; não é senão um encorajamento que viemos vos dar, não é senão para estimular vosso zelo e vossas virtudes que Deus nos permite nos manifestemos a vós; mas se se quisesse, não se teria necessidade senão da ajuda de Deus e da própria vontade; as manifestações espíritas não são feitas senão para os de olhos fechados e os corações indóceis.

A caridade é a virtude fundamental que deve sustentar todo o edifício das virtudes terrestres; sem ela, as outras não existem. Sem a caridade não há esperança num futuro melhor, nem interesse moral que nos guie; sem a caridade não há fé, porque a fé não é senão um raio puro que faz brilhar uma alma caridosa.

A caridade é a âncora eterna de salvação em todos os globos: é a mais pura emanação do próprio Criador; é a sua própria virtude que ele dá à criatura. Como querer-se desconhecer essa suprema bondade? Qual seria, com esse pensamento, o coração bastante perverso para reprimir e expulsar esse sentimento todo divino? Qual seria o filho bastante mau para se rebelar contra esse doce carinho: a caridade?

Não ouso falar do que fiz, porque os Espíritos têm também o pudor de suas obras; mas creio que aquela que comecei seja uma das que devem mais contribuir para o alívio dos vossos semelhantes. Vejo, frequentemente, os Espíritos pedirem por missão continuar a minha tarefa; eu as vejo, minhas doces e caras irmãs, no seu piedoso e divino ministério; eu as vejo praticar a virtude que vos recomendo, com toda a alegria que proporciona essa existência de devotamento e de sacrifícios; é uma grande felicidade para mim ver quanto seu caráter é honrado, quanto sua missão é amada e docemente protegida. Homens de bem, de boa e forte vontade, uni-vos para continuar amplamente a obra de propagação da caridade; encontrareis a recompensa dessa virtude no seu próprio exercício; não há alegria espiritual que ela não dê desde a vida presente. Sede unidos; amai-vos uns aos outros segundo os preceitos do Cristo. Assim seja. (SÃO VICENTE DE PAULO, Paris, 1858).

13. Chamo-me caridade e sou a rota principal que conduz a Deus; segui-me, porque sou o objetivo a que todos deveis visar.

Fiz esta manhã minha caminhada habitual e, coração angustiado, venho vos dizer: Oh! meus amigos, quantas misérias, quantas lágrimas, e quanto tendes a fazer para secá-las todas. Inutilmente, procuro consolar as pobres mães, dizendo-lhes ao ouvido: Coragem! Há bons corações que velam sobre vós; não sereis abandonadas; paciência! Deus está aí; sois suas amadas, sois suas eleitas. Elas pareciam ouvir-me e voltavam para o meu lado grandes olhos ansiosos; eu lia sobre seus pobres rostos que seu corpo, esse tirano do Espírito, tinha fome, e que se minhas palavras lhes serenavam um pouco o coração, não enchiam seu estômago. Eu repetia ainda: Coragem! Coragem! Então uma pobre mãe, muito jovem, que amamentava uma criancinha, tomou-a nos braços e a estendeu no espaço vazio, como a me pedir para proteger esse pobre e pequeno ser que não tomava, num seio estéril, senão um alimento insuficiente.

Alhures, meu amigos, vi pobres velhos sem trabalho e sem asilo, atormentados por todos os sofrimentos da necessidade, e envergonhados da sua miséria, não ousando, eles que jamais mendigaram, ir implorar a piedade dos transeuntes. Coração cheio de compaixão, eu, que nada tenho, fiz-me mendiga por eles, e vou por todo lado estimular a beneficência, insuflar bons pensamentos aos corações generosos e compassivos. Por isso, venho a vós, meus amigos, e vos digo: lá embaixo há infelizes cuja mesa está sem pão, a lareira sem fogo e o leito sem cobertor. Não vos digo o que deveis fazer; deixo essa iniciativa aos vossos bons corações; se vos ditasse a vossa linha de conduta, não teríeis o mérito de vossa boa ação; eu vos digo somente: Sou a caridade e vos estendo a mão pelos vossos irmãos sofredores.

Mas se peço, também dou e dou muito; convido-vos para um grande banquete e vos forneço a árvore onde vos saciareis. Vede como é bela, como está carregada de flores e de frutos! Ide, ide, colhei, apanhai todos os frutos dessa bela árvore que se chama beneficência. Em lugar dos ramos que houverdes tirado, fixarei todas as boas ações que fizerdes e levarei essa árvore a Deus para que a carregue de novo, porque a beneficência é inesgotável. Segui-me, pois, meus amigos, a fim de que vos conte entre os que se alistam sob a minha bandeira; sede corajosos; eu vos conduzirei no caminho da salvação, porque eu sou *a Caridade.* (CÁRITAS, martirizada em Roma, Lião, 1861).

14. Há várias maneiras de se fazer a caridade, que muitos dentre vós, confundem com a esmola; há, todavia, uma grande diferença. A esmola, meus amigos, é algumas vezes útil porque alivia os pobres; mas é quase sempre humilhante para aquele que a faz e para aquele que a recebe. A caridade, ao contrário, liga o benfeitor e o beneficiado e depois se disfarça de muitas maneiras! Pode-se ser caridoso mesmo com os parentes, com os amigos, sendo indulgentes uns para com os outros, em se perdoando as fraquezas, em tendo cuidado para não ferir o amor-próprio de ninguém: para vós, espíritas, em vossa maneira de agir para com aqueles que não pensam como vós; em conduzindo os menos esclarecidos a crerem, e isso sem os chocar, sem contradizer as suas convicções, mas os conduzindo muito suavemente às nossas reuniões, onde poderão nos ouvir, e onde saberemos encontrar a brecha do coração por onde devemos penetrar. Eis um aspecto da caridade.

Escutai agora a caridade para com os pobres, esses deserdados do mundo, mas recompensados por Deus, se sabem aceitar as suas misérias sem as murmurar, o que depende de vós. Vou me fazer compreender por um exemplo.

Vejo várias vezes na semana uma reunião de senhoras, de todas as idades; para nós, como sabeis, são todas irmãs. Que fazem elas? Trabalham depressa, depressa; os dedos são ágeis; vede também como os rostos são radiosos e como os corações batem em uníssono! mas qual é o seu objetivo? é que elas veem se aproximar o inverno, que será rude para os lares pobres; as formigas não puderam amontoar durante o verão os grãos necessários à provisão, e a maior parte dos seus pertences está empenhada; as pobres mães se inquietam e choram, pensando nas criancinhas que, neste inverno, terão frio e fome! Mas, paciência, pobres mulheres! Deus inspirou a mulheres mais afortunadas do que vós; elas estão reunidas e vos confeccionarão roupinhas; depois, num desses dias, quando a neve tiver coberto a terra, e murmurardes dizendo: "Deus não é justo", porque é a vossa palavra habitual, a vós que sofreis; então, vereis aparecer um dos filhos dessas boas trabalhadoras que se constituíram em operárias dos pobres; sim, é para vós que elas trabalham assim, e vossa murmuração se mudará em bênçãos, porque no coração dos infelizes, o amor segue de bem perto o ódio.

Como é preciso a todas essas trabalhadoras um encorajamento, vejo as comunicações dos bons Espíritos chegar-lhes de todas as partes; os homens que fazem parte dessa sociedade trazem também seu concurso, fazendo uma dessas leituras que agradam tanto; e nós, para recompensar o zelo de todos e de cada um em particular, prometemos a essas operárias laboriosas uma boa clientela que lhes pagará, dinheiro contado, em bênçãos, única moeda que tem curso no céu, assegurando-lhes por outro lado, e sem medo de muito avançarmos, que ela não lhes faltará. (CÁRITAS, Lião, 1861).

15. Meus caros amigos, cada dia ouço entre vós dizerem: "Sou pobre, não posso fazer a caridade"; e cada dia vejo que faltais com a indulgência para com os vossos semelhantes; não lhes perdoais nada, e vos erigis em juízes, frequentemente severos, sem vos perguntar se estaríeis satisfeitos que fizessem o mesmo a vosso respeito. A indulgência não é também a caridade? Vós que não podeis fazer senão a caridade indulgente, fazei-a ao menos, mas fazei-a largamente. Para o que é da caridade material, quero vos contar uma história do outro mundo.

Dois homens vieram a morrer; Deus havia dito: Enquanto esses dois homens viverem, serão colocadas em um saco cada uma das suas boas ações e, na sua morte, serão pesados esses sacos. Quando esses dois homens chegaram à sua hora derradeira, Deus fez trazer os dois sacos; um estava gordo, grande, bem cheio, ressonando o metal que o enchia; o outro era muito pequeno e tão fino, que se via, através dele, as raras moedas que continha; e cada um desses homens reconheceu o seu: Eis o meu, disse o primeiro; eu o reconheço; fui rico e dei muito. Eis o meu, disse o outro; sempre fui pobre, ah! eu não tinha quase nada a partilhar. Mas, ó surpresa! os dois sacos colocados na balança, o mais gordo se tornou leve, e o pequeno se fez pesado, tanto que dominou em muito o outro lado da balança. Então, Deus disse ao rico: Deste muito, é verdade, mas deste por ostentação e para ver o teu nome figurar em todos os templos do orgulho e, além disso, dando não te privaste de nada; vai para a esquerda e estejas satisfeito de que a esmola te seja contada ainda por alguma pequena coisa. Depois, disse ao pobre: Deste bem pouco, meu amigo; mas cada uma das moedas que estão nesta balança representa uma privação para ti; se não deste esmola, fizeste a caridade e, o que há de melhor, fizeste a caridade naturalmente, sem pensar que te seria levada em conta; foste indulgente; não julgaste o teu semelhante, ao contrário, desculpaste todas as suas ações; passa à direita e vai receber a tua recompensa. (UM ESPÍRITO PROTETOR, Lião, 1861).

16. A mulher rica, feliz, que não tem necessidade de empregar seu tempo nos trabalhos do lar, não pode consagrar algumas horas em trabalhos úteis aos semelhantes? Que, com o supérfluo de suas alegrias, compre com o que cobrir o infeliz que treme de frio; que, com suas mãos delicadas, confeccione grosseiras, mas quentes roupas; que ajude a mãe a cobrir a criança que vai nascer; se seu filho, com isso, ficar com algumas rendas a menos, o do pobre terá mais calor. Trabalhar para os pobres é trabalhar na vinha do Senhor.

E tu, pobre operária, que não tens o supérfluo, mas que queres, no amor por teus irmãos, dar também um pouco do que possuis, dá algumas horas da tua jornada, do teu tempo, do teu único tesouro; faze desses trabalhos elegantes que tentam os felizes; vende o trabalho de tua vigília e poderás também, proporcionar aos teus irmãos a tua parte de alívio; terás talvez algumas fitas e menos, mas darás sapatos àquele que anda descalço.

E vós, mulheres devotadas a Deus, trabalhai também na sua obra, mas que os vossos trabalhos delicados e custosos não sejam feitos somente para ornar as vossas capelas, para atrair a atenção sobre vossa agilidade e vossa paciência; trabalhai, minhas filhas, e que o preço do vosso trabalho seja consagrado ao alívio de vossos irmãos em Deus; os pobres são os seus filhos bem-amados; trabalhar por eles é glorificá-Lo. Sede-lhes a Providência que diz: Às aves do céu Deus dá o alimento. Que o ouro e o dinheiro, que se tecem sob os vossos dedos, transformem-se em roupas e em alimentos para aqueles a quem eles faltam. Fazei isto, e o vosso trabalho será abençoado.

E todos vós que podeis produzir, dai; dai o vosso gênio, dai a vossa inspiração, dai o vosso coração, que Deus abençoará. Poetas, literatos, que não sois lidos senão pelas pessoas da sociedade, satisfazei seus lazeres, mas que o produto de algumas de vossas obras seja consagrado ao alívio dos infelizes; pintores, escultores, artistas de todos os gêneros, que a vossa inteligência venha também em ajuda dos vossos irmãos; com isso não tereis menos glória, mas haverá alguns sofrimentos a menos.

Todos vós podeis dar; em qualquer classe que estiverdes, tendes alguma coisa que podeis partilhar; o que quer que seja que Deus vos tenha dado, disso deveis uma parte àquele a quem falta o necessário, porque, em seu lugar, estaríeis bem contentes que um outro dividisse convosco. Vossos tesouros da Terra serão um pouco menores, mas vossos tesouros no céu serão mais abundantes; nele, recolhereis ao cêntuplo o que houverdes semeado em benefícios nesse mundo. (JOÃO, Bordéus, 1861).

A piedade

17. A piedade é a virtude que mais vos aproxima dos anjos; é a irmã da caridade, que vos conduz até Deus. Ah! deixai o vosso coração se enternecer diante das misérias e dos sofrimentos dos vossos semelhantes; vossas lágrimas são um bálsamo que lhes aplicais sobre as feridas, e quando, por uma doce simpatia, vindes a lhes restituir a esperança e a resignação, que encanto experimentais! Esse encanto, é verdade, tem um certo amargor, porque nasce ao lado da infelicidade, mas se não tem a agrura dos gozos mundanos, não tem as pungentes decepções do vazio que estes deixam atrás de si; há uma suavidade penetrante que alegra a alma. A piedade, uma piedade bem sentida, é amor; o amor é devotamento; o devotamento é o esquecimento de si mesmo; e esse esquecimento, essa abnegação em favor dos infelizes, é a virtude por excelência, a que praticou, em toda a sua vida, o Divino Messias, e que ensinou em sua doutrina tão santa e tão sublime. Quando essa doutrina retornar à sua pureza primitiva, e for admitida por todos os povos, dará felicidade à Terra, nela fazendo reinar, enfim, a concórdia, a paz e o amor.

O sentimento mais próprio para vos fazer progredir, domando vosso egoísmo e vosso orgulho, o que dispõe vossa alma à humildade, à beneficência e ao amor do próximo, é a piedade! essa piedade que vos comove, até às entranhas, diante dos sofrimentos de vossos irmãos, que vos faz estender-lhes mão segura e vos arranca lágrimas de simpatia. Portanto, não sufoqueis jamais em vossos corações essa emoção celeste, não façais como esses egoístas endurecidos que se distanciam dos aflitos, porque a visão da sua miséria perturbaria, por instante, sua alegre existência; temei permanecer indiferentes quando puderdes ser úteis. A tranquilidade comprada ao preço de uma indiferença culpável, é a tranquilidade do Mar Morto, que esconde no fundo de suas águas o lodo fétido e a corrupção.

Quanto a piedade está longe, entretanto, de causar a perturbação e o aborrecimento com os quais se apavora o egoísta! Sem dúvida, a alma experimenta, ao contato da infelicidade alheia, e voltando-se para si mesma, um abalo natural e profundo que faz vibrar todo o vosso ser e vos afeta penosamente; mas a compensação será grande quando vierdes a restituir a coragem e a esperança a um irmão infeliz que se emociona com a pressão da mão amiga, e cujo olhar, ao mesmo tempo úmido de emoção e de reconhecimento, volta-se docemente para vós antes de se fixar no céu, agradecendo por lhe haver enviado um consolador, um apoio. A piedade é a melancólica, mas celeste precursora da caridade, essa primeira virtude, da qual é irmã e cujos benefícios prepara e enobrece. (MICHEL, Bordéus, 1862).

Os órfãos

18. Meus irmãos, amai os órfãos; se soubésseis quanto é triste ser só e abandonado, sobretudo na infância! Deus permite que haja órfãos para nos exortar a lhes servirmos de pais. Que divina caridade ajudar uma pobre criança abandonada, impedi-la de sofrer fome e frio, dirigir sua alma a fim de que não se perca no vício! Quem estende a mão à criança abandonada é agradável a Deus, porque compreende e pratica sua lei. Pensai também que, frequentemente, a criança que socorreis vos foi cara numa outra encarnação; e se pudésseis vos lembrar, não seria mais caridade, mas um dever. Assim, pois, meus amigos, todo ser sofredor é vosso irmão e tem direito à vossa caridade, não essa caridade que fere o coração, não essa esmola que queima a mão que a recebe, porque vossos óbolos, frequentemente, são bem amargos! Quantas vezes eles seriam recusados se, em casa, a doença e a privação não os esperassem! Dai delicadamente, acrescentai ao benefício o mais precioso de todos os benefícios: uma palavra, uma carícia, um sorriso amigo; evitai esse ar de proteção que fere de novo o coração que sangra e pensai que fazendo o bem trabalhais para vós e para os vossos. (UM ESPÍRITO FAMILIAR, Paris, 1860).

Benefícios pagos com a ingratidão

19. *Que pensar das pessoas que, tendo seus benefícios sido pagos com a ingratidão, não fazem mais o bem com medo de reencontrar ingratos?*

Essas pessoas têm mais de egoísmo do que de caridade, porque não fazer o bem senão para dele receber sinais de reconhecimento, é não fazê-lo com desinteresse, e o benefício desinteressado é o único agradável a Deus. Também são orgulhosas porque se comprazem na humildade do beneficiado que vem depositar reconhecimento aos seus pés. Aquele que procura na Terra a recompensa do bem que faz, não a receberá no céu, mas Deus terá em conta aquele que não a procura na Terra.

É preciso sempre ajudar os fracos, mesmo sabendo de antemão que aqueles a quem se faz o bem não estarão contentes. Sabei que se aquele a quem prestais serviço esquece o benefício, Deus vo-lo terá mais em conta do que se estivésseis já recompensados pelo reconhecimento do beneficiado. *Deus permite que sejais pagos, por vezes, com a ingratidão para experimentar a vossa perseverança em fazer o bem.*

E sabeis, aliás, se esse benefício, esquecido no momento, não dará mais tarde bons frutos? Estais certos, ao contrário, de que é uma semente que germinará com o tempo. Infelizmente, não vedes sempre senão o presente; trabalhais para vós e não pelos outros. Os benefícios acabam por abrandar os corações mais endurecidos; eles podem ser menosprezados nesse mundo, mas quando o Espírito se desembaraçar de seu envoltório carnal, lembrar-se-á, e essa lembrança será seu castigo; então, lamentará a sua ingratidão e quererá reparar sua falta, pagar sua dívida noutra existência, frequentemente, aceitando mesmo uma vida de devotamento para com o seu benfeitor. É assim que, sem disso suspeitardes, tereis contribuído para seu adiantamento moral e reconhecereis, mais tarde, toda a verdade desta máxima: Um benefício jamais se perde. Mas tereis também trabalhado para vós, porque tereis o mérito de haver feito o bem com desinteresse e sem vos deixar desencorajar pelas decepções.

Ah! meus amigos, se conhecêsseis todos os laços que, na vida presente, ligam-vos a vossas existências anteriores; se pudésseis abarcar a multidão das relações que aproximam os seres, uns dos outros, para o progresso mútuo, admiraríeis bem mais ainda a sabedoria e a bondade do Criador, que vos permite reviver para chegar até ele. (GUIA PROTETOR, Sens, 1862).

Beneficência exclusiva

20. *A beneficência é bem entendida quando exclusivamente praticada entre as pessoas da mesma opinião, da mesma crença ou do mesmo partido?*

Não; é sobretudo o espírito de seita e de partido que é preciso abolir, porque todos os homens são irmãos. O verdadeiro cristão não vê senão irmãos nos semelhantes, e antes de socorrer aquele que está na necessidade, não consulta nem sua crença, nem sua opinião, no que quer que seja. Seguiria ele o preceito de Jesus Cristo que diz para amar mesmo os inimigos, se repelisse um infeliz, por ter este uma outra fé que não a sua?

Que o socorra, pois, sem lhe pedir nenhuma conta de sua consciência, porque se é um inimigo da religião, é o meio de fazer com que a ame; repelindo-o, faria que ele a odiasse. (SÃO LUÍS, Paris, 1860).

XIV
Capítulo 14

Honrai a vosso pai e a vossa mãe

Piedade filial. – Quem é minha mãe e quem são meus irmãos? – O parentesco corporal e o parentesco espiritual. – Instruções dos Espíritos: *A ingratidão dos filhos e os laços de família.*

1. *Vós sabeis os mandamentos: não cometereis adultério; não matareis; não furtareis; não prestareis falsos testemunhos; não fareis mal a ninguém;* honrai a vosso pai e a vossa mãe. *(São Marcos, cap. X, v. 19; São Lucas, cap. XVIII, v. 20; São Mateus, cap. XIX, v. 19).*

2. *Honrai a vosso pai e a vossa mãe a fim de viverdes longo tempo sobre a terra, que o Senhor vosso Deus vos dará. (Decálogo; Êxodo, cap. XX, v. 12).*

Piedade filial

3. O mandamento: "Honrai a vosso pai e a vossa mãe" é uma consequência da lei geral de caridade e de amor ao próximo, porque não se pode amar o próximo sem amar pai e mãe, mas a palavra *honrai* encerra um dever a mais a seu respeito: o da piedade filial. Deus quis mostrar com isso que, ao amor, é preciso acrescentar o respeito, as atenções, a submissão e a condescendência, o que implica a obrigação de cumprir para com eles, de um modo mais rigoroso ainda, tudo o que a caridade manda para com o próximo. Esse dever se estende naturalmente às pessoas que estão no lugar de pai e de mãe, e que têm tanto mais mérito quanto seu devotamento é menos obrigatório. Deus pune sempre, de maneira rigorosa, toda violação a esse mandamento.

Honrar a seu pai e a sua mãe, não é somente respeitá-los: é assisti-los na necessidade, proporcionar-lhes o repouso na velhice, cercá-los de solicitude como fizeram por nós em nossa infância.

É sobretudo para com os pais sem recursos que se mostra a verdadeira piedade filial. Satisfazem esse mandamento aqueles que creem fazer um grande esforço, dando-lhes apenas o necessário para não morrerem de fome, quando eles mesmos não se privam de nada? em os relegando aos mais ínfimos aposentos da casa, para não os deixar na rua, enquanto se reservam o que há de melhor, de mais confortável? Felizes ainda quando não o fazem de má vontade e não mercadejam o tempo que lhes resta de vida, descarregando sobre eles os trabalhos da casa! Cabe, pois, aos pais velhos e fracos serem os servidores de filhos jovens e fortes? Sua mãe regateou seu leite quando estavam no berço? contou suas vigílias quando estavam doentes, seus passos para lhes proporcionar o de que tinham necessidade? Não, não é somente o estritamente necessário que os filhos devem a seus pais pobres, mas também, tanto quanto possam, as pequenas doçuras do supérfluo, as amabilidades, os cuidados delicados, que não são do interesse do que eles receberam, o pagamento de uma dívida sagrada. Só aí está a piedade filial aceita por Deus.

Ai! pois, daquele que esquece o que deve aos que o sustentaram em sua fraqueza, que com a vida material lhe deram a vida moral, que frequentemente se impuseram duras privações para assegurar seu bem-estar! Ai! do ingrato, porque será punido pela ingratidão e pelo abandono; será atingido em suas mais caras afeições, *algumas vezes desde a vida presente,* mas certamente numa outra existência, em que suportará o que terá feito aos outros suportarem.

Certos pais, é verdade, menosprezam seus deveres e não são para os filhos o que deveriam sê-lo, mas cabe a Deus puni-los e não aos seus filhos; não cabe a estes censurá-los, porque talvez eles próprios merecessem que fosse assim. Se a caridade estabelece, como lei, retribuir o mal com o bem, ser indulgente para com as imperfeições alheias, não maldizer o próximo, esquecer e perdoar os erros, amar mesmo aos inimigos, quanto essa obrigação é maior ainda com relação aos pais? Os filhos devem, pois, tomar por regra de conduta para com os pais, todos os preceitos de Jesus concernentes ao próximo, e dizer-se que todo procedimento repreensível em face de estranhos o é, ainda mais, em face dos parentes, e que o que talvez não fosse senão uma falta no primeiro caso, pode vir a ser um crime no segundo, porque, então, à falta de caridade se une a ingratidão.

4. Deus disse: "Honrai a vosso pai e a vossa mãe a fim de viverdes longo tempo sobre a terra, que o Senhor vosso Deus vos dará"; por que, pois, promete como recompensa a vida sobre a terra e não a vida celeste? A explicação está nestas palavras: "Que Deus vos dará", suprimidas na forma moderna do decálogo, o que lhe desnatura o sentido. Para compreender-se essas palavras, é preciso se reportar à situação e às ideias dos Hebreus à época em que foram ditas; eles não compreendiam ainda a vida futura; sua vida não se estendia além da vida corporal; deviam, pois, ser mais tocados pelo que viam do que pelo que não viam; por isso, Deus fala numa linguagem à sua altura e, como a crianças, dá-lhes, em perspectiva, o que pode satisfazê-los. Estavam, então, no deserto; a terra que Deus lhes *dará* era a Terra Prometida, objetivo de suas aspirações; eles não desejavam nada além disso, e Deus lhes disse que viveriam nela longo tempo, quer dizer, que a possuiriam por muito tempo, se observassem seus mandamentos.

Mas, ao advento de Jesus, suas ideias estavam mais desenvolvidas; era chegado o momento de lhes dar um alimento menos grosseiro, iniciá-los na vida espiritual, em lhes dizendo: "Meu reino não é deste mundo; é nele, e não na Terra, que recebereis a recompensa de vossas boas obras". Com estas palavras, a Terra Prometida material se transforma numa pátria celeste; também, quando os chama à observação do mandamento: "Honrai a vosso pai e a vossa mãe", não é mais a terra que lhes promete, mas o céu. (Cap. II e III).

Quem é minha mãe e quem são meus irmãos?

5. *E tendo chegado à casa, nela se reuniu uma tão grande multidão de povo, que não podiam mesmo tomar seu alimento. Seus parentes, tendo sabido disso, vieram para se apoderarem dele, porque diziam* que ele havia perdido o espírito.

Entretanto, sua mãe e seus irmãos, tendo vindo e ficando do lado de fora, mandaram chamá-lo. Ora, o povo estava sentado ao seu redor, e lhe disse: Vossa mãe e vossos irmãos estão lá fora vos chamando. Mas ele lhes respondeu: Quem é minha mãe, e quem são meus irmãos? *e olhando aqueles que estavam sentados ao seu redor: Eis, disse, minha mãe e meus irmãos, porque todo aquele que faz a vontade de Deus, este é meu irmão, minha irmã e minha mãe. (São Marcos, cap. III, v. 20, 21 e 31 a 35; São Mateus, cap. XII, v. de 46 a 50).*

6. Certas palavras parecem estranhas na boca de Jesus e contrastam com a sua bondade e sua inalterável benevolência para com todos. Os incrédulos não deixaram de fazer disso uma arma, dizendo que ele próprio se contradizia. Um fato irrecusável é que a sua doutrina tem por base essencial, por pedra angular, a lei de amor e de caridade; não podia, pois, destruir de um lado o que estabelecia de outro; de onde é preciso tirar esta consequência rigorosa de que, se certas máximas estão em contradição com o princípio, é que as palavras que se lhe atribuem foram mal expressadas, mal compreendidas ou não são dele.

7. Admira-se, e com razão, ver, nessa circunstância, Jesus mostrar tanta indiferença para com os seus parentes e, de alguma sorte, renegar sua mãe.

No que tange a seus irmãos, sabe-se que não tiveram jamais simpatia por ele; Espíritos pouco avançados, não tinham compreendido a sua missão; sua conduta, a seus olhos, era bizarra; e seus ensinamentos não lhes haviam tocado, uma vez que não houve nenhum discípulo entre eles; parecia mesmo que partilhavam, até um certo ponto, das prevenções dos seus inimigos; é certo, de resto, que o acolhiam mais como estranho do que como irmão, quando ele se apresentava na família, e São João disse, positivamente, (cap. VII, v. 5) "que não acreditavam nele."

Quanto à sua mãe, ninguém poderia contestar sua ternura por seus filhos; mas é preciso convir também que ela não parecia ter feito uma ideia muito justa da sua missão, porque não se a viu jamais seguir seus ensinamentos, nem lhe prestar testemunho como o fez João Batista; a solicitude maternal era, nela, o sentimento dominante. A respeito de Jesus, supor-lhe ter renegado sua mãe seria desconhecer-lhe o caráter: um tal pensamento não poderia animar aquele que disse: *Honrai a vosso pai e a vossa mãe.* É preciso, pois, procurar um outro sentido para as suas palavras, quase sempre veladas sob a forma alegórica.

Jesus não negligenciou nenhuma ocasião de dar um ensinamento; tomou, pois, a que lhe oferecia a chegada de sua família para estabelecer a diferença que existe entre o parentesco corporal e o parentesco espiritual.

O parentesco corporal e o parentesco espiritual

8. Os laços de sangue não estabelecem, necessariamente, os laços entre os Espíritos. O corpo procede do corpo, mas o Espírito não procede do Espírito, porque o Espírito existia antes da formação do corpo; não foi o pai quem criou o Espírito do filho, ele não fez senão lhe fornecer um envoltório corporal, mas deve ajudar o seu desenvolvimento intelectual e moral para fazê-lo progredir.

Os Espíritos que se encarnam numa mesma família, sobretudo entre parentes próximos, são, o mais frequentemente, Espíritos simpáticos, unidos por relacionamentos anteriores, que se traduzem por sua afeição durante a vida terrestre, mas pode ocorrer também que esses Espíritos sejam completamente estranhos uns aos outros, divididos por antipatias igualmente anteriores, que se traduzem da mesma forma por seu antagonismo na Terra, para lhes servir de prova. Os verdadeiros laços de família não são, pois, os da consanguinidade, mas os da simpatia e da comunhão de pensamentos que unem os Espíritos *antes, durante e após* a sua encarnação. De onde se segue que dois seres nascidos de pais diferentes, podem ser mais irmãos pelo Espírito do que se o fossem pelo sangue; podem se atrair, se procurar, dar-se bem juntos, enquanto que dois irmãos consanguíneos podem se repelir, como se vê todos os dias; problema moral que só o Espiritismo podia resolver pela pluralidade das existências. (Cap. IV, nº 13).

Há, pois, duas espécies de famílias: *as famílias pelos laços espirituais, e as famílias pelos laços corporais;* as primeiras, duráveis, fortalecem-se pela depuração, e se perpetuam no mundo dos Espíritos, através de diversas migrações da alma; as segundas, frágeis como a matéria, extinguem-se com o tempo e, frequentemente, dissolvem-se moralmente, desde a vida atual. Foi isso que Jesus quis fazer compreender em dizendo aos seus discípulos: Eis minha mãe e meus irmãos, quer dizer, minha família pelos laços do Espírito, porque quem quer que faça a vontade do meu Pai que está nos céus, é meu irmão, minha irmã e minha mãe.

A hostilidade de seus irmãos está claramente expressa na narração de São Marcos, uma vez que, disse ele, propunham-se a se apoderar dele, sob o pretexto de que havia *perdido o espírito.* À notícia da sua chegada, conhecendo-lhes os sentimentos a seu respeito, era natural que dissesse, falando dos seus discípulos, do ponto de vista espiritual: "Eis meus verdadeiros irmãos"; sua mãe se encontrava com eles e generaliza o ensinamento, o que não implica de nenhum modo que tenha pretendido que sua mãe, segundo o corpo, não lhe era nada como Espírito, e que não tivesse por ela senão indiferença; sua conduta, em outras circunstâncias, provou suficientemente o contrário.

Instruções dos Espíritos

A ingratidão dos filhos e os laços de família

9. A ingratidão é um dos frutos mais imediatos do egoísmo; revolta sempre os corações honestos, mas a dos filhos com relação aos pais, tem um caráter ainda mais odioso; é sob esse ponto de vista especialmente que vamos encará-la para analisar-lhe as causas e os efeitos. Aqui, como por toda a parte, o Espiritismo veio lançar luz sobre um dos problemas do coração humano.

Quando o Espírito deixa a Terra, carrega consigo as paixões ou as virtudes inerentes à sua natureza, e vai para o espaço se aperfeiçoar ou ficar estacionário, até que queira ver a luz. Alguns, pois, partiram carregando consigo ódios poderosos e desejos de vingança insatisfeitos; mas a alguns destes, mais avançados que os outros, é permitido entrever algo da verdade; eles reconhecem os funestos efeitos de suas paixões e, então, tomam boas resoluções; compreendem que para ir a Deus não há senão uma senha: *caridade;* ora, não há caridade sem esquecimento de ultrajes e de injúrias; não há caridade com ódios no coração e sem perdão.

Então, por um esforço inaudito, olham aqueles que detestaram na Terra, mas ante essa visão, sua animosidade desperta; revoltam-se com a ideia de perdoar, e mais ainda com a de se abdicarem de si mesmos, sobretudo, à de amarem aqueles que, talvez, destruíram-lhe a fortuna, a honra, a família. Entretanto, o coração desses infortunados está abalado; eles hesitam, vacilam, agitados por sentimentos contrários; se a boa resolução vence, pedem a Deus, imploram aos bons Espíritos que lhes deem forças no momento mais decisivo da prova.

Enfim, depois de alguns anos de meditações e de preces, o Espírito se aproveita de um corpo que se prepara na família daquele que detestou, e pede aos Espíritos encarregados de transmitirem as ordens supremas, para ir cumprir na Terra os destinos desse corpo que vem de se formar. Qual será, pois, a sua conduta nessa família? Ela dependerá, mais ou menos, da persistência de suas boas resoluções. O contato incessante dos seres que odiou é uma prova terrível, sob a qual sucumbe, às vezes, se sua vontade não é bastante forte. Assim, segundo triunfe a boa ou a má resolução, será amigo ou inimigo daqueles no meio do qual foi chamado a viver. Por aí se explicam esses ódios, essas repulsas instintivas, que se notam em certas crianças e que nenhum ato anterior parece justificar; nada, com efeito, nessa existência, pôde provocar essa antipatia; para compreendê-la é preciso voltar os olhos sobre o passado.

Ó espíritas! compreendei hoje o grande papel da Humanidade; compreendei que, quando produzis um corpo, a alma que nele se encarna vem do espaço para progredir; sabei vossos deveres e colocai todo o vosso amor em aproximar essa alma de Deus; é a missão que vos está confiada e da qual recebereis a recompensa, se a cumprirdes fielmente. Vossos cuidados, a educação que lhe derdes, ajudarão seu aperfeiçoamento e seu bem-estar futuro. Pensai que a cada pai e a cada mãe Deus perguntará: "Que fizestes do filho confiado à vossa guarda?" Se permaneceu atrasado por vossa falta, vosso castigo será o de vê-lo entre os Espíritos sofredores, ao passo que dependia de vós tê-lo feito feliz. Então, vós mesmos, atormentados de remorsos, pedireis para reparar vossa falta; solicitareis uma nova encarnação, para vós e para ele, na qual o cercareis de cuidados mais esclarecidos, e ele, cheio de reconhecimento, vos cercará de seu amor.

Não rejeiteis, pois, a criança de berço que repele sua mãe, nem aquele que vos paga com ingratidão; não é o acaso que o fez assim e que vo-lo deu. Uma intuição imperfeita do passado se revela, e daí julgais se um ou o outro já muito odiou ou foi muito ofendido; que um ou o outro veio para perdoar ou para expiar. Mães, abraçai, pois, o filho que vos causa desgosto, e vos dizei: Um de nós dois foi culpado. Merecei as alegrias divinas que Deus atribui à maternidade, ensinando a essa criança que ela está sobre a Terra para se aperfeiçoar, amar e bendizer. Mas, ah! Muitos dentre vós, em lugar de arrancar pela educação os maus princípios inatos de existências anteriores, entretêm, desenvolvem esses mesmos princípios por uma fraqueza culposa ou por negligência, e, mais tarde, o vosso coração ulcerado pela ingratidão de vossos filhos, será para vós, desde esta vida, o começo da vossa expiação.

A tarefa não é tão difícil como o poderíeis crer; não exige o saber do mundo, o ignorante como o sábio pode cumpri-la, e o Espiritismo veio facilitá-la, dando a conhecer a causa das imperfeições do coração humano.

Desde o berço, a criança manifesta os instintos bons ou maus que traz de sua existência anterior; é a estudá-los que é preciso se aplicar; todos os males têm seu princípio no egoísmo e no orgulho; espreitai, pois, os menores sinais que revelem os germes desses vícios e empenhai-vos em combatê-los, sem esperar que lancem raízes profundas; fazei como o bom jardineiro, que arranca os maus brotos à medida que os vê despontar sobre a árvore. Se deixais se desenvolverem o egoísmo e o orgulho, não vos espanteis de ser mais tarde pagos pela ingratidão. Quando os pais fizeram tudo o que deviam para o adiantamento moral dos filhos, se não se saem bem, não têm censuras a se fazer, e sua consciência pode estar tranquila; mas ao desgosto muito natural que experimentam do insucesso dos seus esforços, Deus reserva uma grande, uma imensa consolação, pela *certeza* que não é senão um atraso, e que lhes será dado acabar em outra existência a obra começada nesta, e que um dia o filho ingrato os recompensará com seu amor. (Cap. XIII, nº 19).

Deus não faz a prova acima das forças daquele que a pede; não permite senão aquelas que podem ser cumpridas; se não se triunfa, não é, pois, a possibilidade que falta, mas a vontade, porque quantos há que em lugar de resistir aos maus arrastamentos, neles se comprazem; a estes, estão reservados os prantos e os gemidos em suas existências posteriores, mas admirai a bondade de Deus, que nunca fecha a porta ao arrependimento. Chega um dia em que o culpado está cansado de sofrer, em que seu orgulho está enfim domado, e é então que Deus abre seus braços paternais ao filho pródigo que se lhe lança aos pés. *As fortes provas,* entendei-me bem, *são quase sempre o indício de um fim de sofrimento e de um aperfeiçoamento do Espírito, quando são aceitas por amor a Deus.* É um momento supremo, e nele, sobretudo,importa não falir murmurando, se não se quer perder-lhe o fruto e ter de recomeçar. Em lugar de vos lamentardes, agradecei a Deus que vos oferece ocasião de vencer para vos dar o prêmio da vitória. Então, quando saídos do turbilhão do mundo terrestre, entrardes no mundo dos Espíritos, nele sereis aclamados como o soldado que sai vitorioso do meio do combate.

De todas as provas, as mais penosas são as que afetam o coração; alguém suporta com coragem a miséria e as privações materiais, mas sucumbe ao peso dos desgostos domésticos, esmagado pela ingratidão dos seus. Oh! é uma pungente angústia essa! Mas que pode melhor, nessas circunstâncias, revelar a coragem moral que o conhecimento das causas do mal e a certeza de que, se há extrema aflição não há desesperos eternos, porque Deus não pode querer que a sua criatura sofra sempre? Que mais consolador, mais encorajador que esse pensamento de que depende só de si, de seus próprios esforços, abreviar o sofrimento, destruindo em si as causas do mal? Mas, para isso, é preciso não deter o olhar sobre a Terra e não ver senão uma única existência; é preciso se elevar, planar no infinito do passado e do futuro; então, a grande justiça de Deus se revela ao vosso olhar, e esperais com paciência, porque entendeis o que vos parecia monstruosidades na Terra; as feridas que nela recebeis não vos parecem mais do que arranhões. Nesse golpe de vista lançado sobre o conjunto, os laços de família aparecem sob sua verdadeira luz; não são mais os laços frágeis da matéria, reunindo os membros, mas os laços duráveis do Espírito, que se perpetuam e se consolidam em se depurando, em lugar de se romperem pela reencarnação.

Os Espíritos que a semelhança dos gostos, a identidade de progresso moral e a afeição levam a se reunirem, formam famílias; esses mesmos

Espíritos, em suas migrações terrestres, procuram-se para se agruparem como o fazem no espaço; daí nascem as famílias unidas e homogêneas; e se, em suas peregrinações, estão momentaneamente separados, reencontram-se mais tarde, felizes com os novos progressos. Mas como não devem trabalhar unicamente para si, Deus permite que Espíritos menos avançados venham a se encarnar entre eles para aí haurir conselhos e bons exemplos, no interesse do seu adiantamento; eles causam, por vezes, perturbações, mas aí está a prova, aí está a tarefa. Acolhei-os, pois, como irmãos; vinde em sua ajuda e, mais tarde, no mundo dos Espíritos, a família se felicitará de haver salvo do naufrágio os que, a seu turno, poderão salvá-la de outros. (SANTO AGOSTINHO, Paris, 1862).

XV
Capítulo
15

Fora da caridade não há salvação

O que é preciso para ser salvo. Parábola do Bom Samaritano. – O maior mandamento. – Necessidade da caridade segundo São Paulo. – Fora da Igreja não há salvação. – Fora da verdade não há salvação. – Instruções dos Espíritos: *Fora da caridade não há salvação.*

O que é preciso para ser salvo. Parábola do Bom Samaritano

1. *Ora, quando o Filho do homem vier em sua majestade, acompanhado de todos os anjos, se assentará no trono da sua glória; e todas as nações estando reunidas diante dele, separará uns dos outros, como um pastor separa as ovelhas dos bodes, e colocará as ovelhas à sua direita, e os bodes à sua esquerda.*

Então o rei dirá àqueles que estarão à sua direita: Vinde, vós que fostes benditos por meu Pai, possuí o reino que vos foi preparado desde o início do mundo; porque eu tive fome e me destes de comer; tive sede e me destes de beber; tive necessidade de alojamento e me alojastes; estive nu e me vestistes; estive doente e me visitastes; estive na prisão e viestes me ver.

Então os justos lhe responderão: Senhor, quando foi que vos vimos com fome e vos demos de comer, ou com sede e vos demos de beber? Quando foi que nós vos vimos sem teto e vos alojamos, ou sem roupa e vos vestimos? E quando foi que vos vimos doente ou na prisão e viemos vos visitar? E o rei lhes responderá: Eu vos digo em verdade, quantas vezes o fizestes com relação a um destes mais pequenos de meus irmãos, foi a mim mesmo que o fizestes.

E dirá, em seguida, àqueles que estarão à sua esquerda: Retirai-vos de mim, malditos, ide para o fogo eterno, que foi preparado para o diabo e para seus anjos; porque eu tive fome e não me destes de comer; tive sede e não me destes de beber;

tive necessidade de teto e não me alojastes; estive nu e não me vestistes; estive doente e na prisão e não me visitastes.

Então eles lhe responderão também: Senhor, quando foi que vos vimos com fome, com sede, ou sem roupa, ou doente, ou na prisão, e deixamos de vos assistir? Mas ele lhes responderá: Eu vos digo em verdade, todas as vezes que deixastes de dar essas proteções a um desses mais pequenos, deixastes de dá-las a mim mesmo.

E, então, estes irão para o suplício eterno, e os justos para a vida eterna. (São Mateus, cap. XXV, v. de 31 a 46).

2. *Então um doutor da lei, tendo se levantado, disse-lhe para o tentar: Mestre, o que é preciso que eu faça para possuir a vida eterna? Jesus lhe respondeu: Que é o que está escrito na lei? Que ledes nela? Ele lhe respondeu: Amareis o Senhor vosso Deus de todo o vosso coração, de toda a vossa alma, de todas as vossas forças e de todo o vosso espírito, e vosso próximo como a vós mesmos. Jesus lhe disse: Respondestes muito bem; fazei isso e vivereis.*

Mas esse homem, querendo parecer que era justo, disse a Jesus: E quem é meu próximo? E Jesus, tomando a palavra, disse-lhe:

Um homem, que descia de Jerusalém para Jericó, caiu nas mãos de ladrões que o despojaram, cobriram-no de feridas e se foram, deixando-o semimorto. Aconteceu, em seguida, que um sacerdote descia pelo mesmo caminho e tendo-o percebido, passou do outro lado. Um levita, que veio também para o mesmo lugar, tendo-o considerado, passou ainda do outro lado. Mas um Samaritano que viajava, chegando ao lugar onde estava esse homem e, tendo-o visto, foi tocado de compaixão por ele. Aproximou-se, pois, dele, derramou óleo e vinho em suas feridas e as enfaixou; e tendo-o colocado sobre seu cavalo, conduziu-o a uma hospedaria e cuidou dele. No dia seguinte, tirou duas moedas e as deu ao hospedeiro, dizendo: Tende bastante cuidado com este homem, e tudo o que despenderdes a mais, eu vos restituirei no meu regresso.

Qual desses três vos parece ter sido o próximo daquele que caiu nas mãos dos ladrões? O doutor lhe respondeu: Aquele que exerceu a misericórdia para com ele. Ide pois, disse-lhe Jesus, e fazei o mesmo. (São Lucas, cap. X; v. de 25 a 37).

3. Toda a moral de Jesus se resume na caridade e na humildade, quer dizer, nas duas virtudes contrárias ao egoísmo e ao orgulho. Em todos os seus ensinamentos, ele mostra essas virtudes como sendo o caminho da felicidade eterna. Bem-aventurados, disse ele, os pobres de espírito, quer dizer, os humildes, porque deles é o reino dos céus; bem-aventurados os que têm puro o coração; bem-aventurados os que são brandos e pacíficos; bem-aventurados os que são misericordiosos; amai o vosso próximo como a vós mesmos; fazei aos outros o que quereríeis que vos fizessem; amai os vossos inimigos; perdoai as ofensas, se quiserdes ser perdoados; fazei o bem sem ostentação; julgai a vós mesmos antes de julgar os outros. Humildade e caridade, eis o que não cessa de recomendar, e ele mesmo dá o exemplo; orgulho e egoísmo, eis o que não cessa de combater; mas faz mais do que recomendar a caridade, coloca-a claramente, e em termos explícitos, como a condição absoluta da felicidade futura.

No quadro que Jesus deu do julgamento final, é preciso, como em muitas outras coisas, separar a figura e a alegoria. A homens, como aqueles a quem falava, ainda incapazes de compreenderem as coisas puramente espirituais, devia apresentar imagens materiais, surpreendentes e capazes de impressionar; para melhor ser aceito, devia mesmo não se afastar muito das ideias vigentes, quanto à forma, reservando sempre para o futuro a verdadeira interpretação de suas palavras e pontos sobre os quais não podia se explicar claramente. Mas, ao lado dessa parte acessória e figurada do quadro, há uma ideia dominante: a da felicidade que espera o justo, e da infelicidade reservada ao mau.

Nesse julgamento supremo, quais são os considerandos da sentença? Sobre o que dirige o inquérito? O juiz pergunta se se cumpriu esta ou aquela formalidade, observou mais ou menos tal ou tal prática exterior? Não, ele não inquire senão de uma coisa: a prática da caridade, e sentencia dizendo: Vós que assististes vossos irmãos, passai à direita; vós que fostes duros para com eles, passai à esquerda. Ele se informa da ortodoxia da fé? Faz uma distinção entre aquele que crê de um modo e o que crê de outro? Não; porque Jesus coloca o Samaritano, considerado herético, mas que tem o amor ao próximo, acima do ortodoxo, que falta com a caridade. Jesus não fez, pois, da caridade, somente uma das condições de salvação, mas a única condição; se houvesse outras a serem preenchidas, ele as teria mencionado. Se coloca a caridade no primeiro plano das virtudes, é porque ela encerra, implicitamente, todas as outras: a humildade, a doçura, a benevolência, a indulgência, a justiça, etc. E porque é a negação absoluta do orgulho e do egoísmo.

O maior mandamento

4. *Mas os Fariseus, tendo sabido que ele tapara a boca aos Saduceus, reuniram-se; e um deles, que era doutor da lei, veio lhe fazer esta pergunta para o tentar: Mestre, qual é o maior mandamento da lei? Jesus lhe respondeu: Amareis o Senhor vosso Deus de todo o vosso coração, de toda a vossa alma e de todo o vosso espírito. Eis aí o maior e o primeiro mandamento. Eis o segundo, que é semelhante* *a este: Amareis vosso próximo como a vós mesmos. Toda a lei e os profetas estão contidos nesses dois mandamentos. (São Mateus, cap. XXII, v. de 34 a 40).*

5. Caridade e humildade, tal é, pois, o único caminho da salvação; egoísmo e orgulho, tal o da perdição. Este princípio está formulado em termos precisos nestas palavras: "Amareis a Deus de toda a vossa alma e ao vosso próximo como a vós mesmos; *toda a lei e os profetas estão contidos nesses dois mandamentos."* E para que não haja mais equívoco sobre a interpretação do amor de Deus e do próximo, ajunta: "E eis o segundo mandamento, que é semelhante ao primeiro"; quer dizer, que não se pode verdadeiramente amar a Deus sem amar ao próximo, nem amar ao próximo sem amar a Deus, portanto, tudo que se faz contra o próximo, se faz contra Deus. Não podendo amar a Deus sem praticar a caridade para com o próximo, todos os deveres do homem se encontram resumidos nesta máxima: FORA DA CARIDADE NÃO HÁ SALVAÇÃO.

Necessidade da caridade segundo São Paulo

6. *Ainda quando eu falasse todas as línguas dos homens e mesmo a língua dos anjos, se não tivesse caridade não seria senão como um bronze sonante e um címbalo retumbante; e quando eu tivesse o dom de profecia, penetrasse todos os mistérios e tivesse uma perfeita ciência de todas as coisas; quando tivesse ainda toda a fé possível, até transportar as montanhas,* se não tivesse a caridade, eu nada seria. *E quando tivesse distribuído meus bens para alimentar os pobres e tivesse entregue meu corpo para ser queimado, se não tivesse caridade, tudo isso não me serviria de nada.*

A caridade é paciente; é doce e benfazeja; a caridade não é invejosa; não é temerária e precipitada; não se enche de orgulho; não é desdenhosa; não procura seus próprios interesses; não se melindra e não se irrita com nada; não suspeita mal; não se regozija com a injustiça, mas se regozija com a verdade; tudo suporta, tudo crê, tudo espera, tudo sofre.

Agora, estas três virtudes: a fé, a esperança e a caridade, permanecem; mas, entre elas, a mais excelente é a caridade. (São Paulo, 1ª Epístola aos Coríntios, cap. XIII, v. de 1 a 7 e 13).

7. São Paulo, de tal forma compreendeu essa verdade, que disse: *"Ainda quando eu tivesse a linguagem dos anjos; quando eu tivesse o dom de profecia e penetrasse todos os mistérios; quando eu tivesse toda a fé possível, até transportar as montanhas, se não tivesse caridade, eu nada seria. Entre estas três* *virtudes: a fé, a esperança e a caridade, a mais excelente é a caridade."* Coloca, assim, sem equívoco, a caridade acima mesmo da fé, porque a caridade está ao alcance de todo o mundo, do ignorante e do sábio, do rico e do pobre, e porque independe de toda crença particular.

E fez mais: definiu a verdadeira caridade; mostrou-a não somente na beneficência, mas na reunião de todas as qualidades do coração, na bondade e benevolência para com o próximo.

Fora da Igreja não há salvação. Fora da verdade não há salvação

8. Enquanto a máxima: *Fora da caridade não há salvação* se apoia sobre um princípio universal e abre a todos os filhos de Deus acesso à felicidade suprema, o dogma: *Fora da Igreja não há salvação* se apoia, não sobre a fé fundamental em Deus e na imortalidade da alma, fé comum a todas as religiões, *mas sobre a fé especial em dogmas particulares;* é exclusivo e absoluto; em lugar de unir os filhos de Deus, divide-os; em lugar de os excitar ao amor de seus irmãos, alimenta e sanciona a irritação entre os sectários dos diferentes cultos que se consideram reciprocamente como malditos na eternidade, fossem eles parentes ou amigos neste mundo; desconhecendo a grande lei de igualdade diante do túmulo, separa-os até no campo do repouso. A máxima: *Fora da caridade não há salvação* é a consagração do princípio da igualdade diante de Deus e da liberdade de consciência; com esta máxima por regra, todos os homens são irmãos e, qualquer que seja a sua maneira de adorar a Deus, eles se estendem as mãos e oram uns pelos outros. Com o dogma: *Fora da Igreja não há salvação,* eles se lançam anátema, perseguem-se e vivem em inimizade; o pai não ora pelo filho, nem o filho pelo pai, nem o amigo pelo amigo, desde que se julguem reciprocamente condenados para sempre. Esse dogma, pois, é essencialmente contrário aos ensinamentos do Cristo e à lei evangélica.

9. *Fora da verdade não há salvação* seria o equivalente de: *Fora da Igreja não há salvação,* e também exclusivista, porque não há uma só seita que não pretenda ter o privilégio da verdade. Qual é o homem que pode se gabar de possuí-la inteiramente, quando o círculo dos conhecimentos aumenta sem cessar, e as ideias se retificam a cada dia? A verdade absoluta não pertence senão aos Espíritos de ordem mais elevada, e a Humanidade terrestre não poderia pretendê-la, porque não lhe é dado tudo saber; ela não pode aspirar senão a uma verdade relativa e proporcional ao seu adiantamento. Se Deus houvesse feito da posse da verdade absoluta, a condição expressa da felicidade futura, isso seria uma sentença de proscrição geral; enquanto que a caridade, mesmo na sua acepção mais ampla, pode ser praticada por todos. O Espiritismo, de acordo com o Evangelho, admitindo que a salvação independe da crença, conquanto que se observe a lei de Deus, não diz: *Fora do Espiritismo não há salvação;* e como não pretende ensinar ainda toda a verdade, também não diz: *Fora da verdade não há salvação,* máxima que dividiria em lugar de unir e perpetuaria o antagonismo.

Instruções dos Espíritos

Fora da caridade não há salvação

10. Meus filhos, na máxima: *Fora da caridade não há salvação,*estão contidos os destinos dos homens na Terra e no céu; na Terra, porque à sombra desse estandarte eles viverão em paz; no céu, porque aqueles que a tiverem praticado, encontrarão graça diante do Senhor. Esta divisa é a luz celeste, a coluna luminosa que guia o homem no deserto da vida para conduzi-lo à Terra Prometida e brilha no céu como uma auréola santa na fronte dos eleitos, e na Terra está gravada no coração daqueles a quem Jesus dirá: Passai à direita, vós, os benditos de meu Pai. Vós os reconhecereis pelo perfume de caridade que espargem ao seu redor. Nada exprime melhor o pensamento de Jesus, nada resume melhor os deveres do homem, do que esta máxima de ordem divina; o Espiritismo não podia provar melhor a sua origem do que dando-a por regra, porque ela é o reflexo do mais puro Cristianismo; com um tal guia, o homem não se perderá jamais. Aplicai-vos, pois, meus amigos, em compreender-lhe o sentido profundo e as consequências e em procurar, por vós mesmos, todas as suas aplicações. Submetei todas as vossas ações ao controle da caridade, e vossa consciência vos responderá; não somente ela vos evitará de fazer o mal, mas vos levará a fazer o bem: porque não basta uma virtude negativa, é preciso uma virtude ativa; para fazer o bem é preciso sempre a ação da vontade; para não fazer o mal basta, frequentemente, a inércia e a negligência.

Meus amigos, agradecei a Deus, que vos permitiu pudésseis gozar da luz do Espiritismo; não porque só aqueles que a possuem podem ser salvos, mas porque ajudando-vos a melhor compreender os ensinamentos do Cristo, ela vos faz melhores cristãos; fazei, pois, que em vos vendo, possa-se dizer que o verdadeiro espírita e o verdadeiro cristão são uma só e a mesma coisa, porque todos aqueles que praticam a caridade são os discípulos de Jesus, qualquer seja o culto a que pertençam. (PAULO, apóstolo, Paris, 1860).

XVI
Capítulo
16

Não se pode servir a Deus e a Mamon

Salvação dos ricos. – Guardar-se da avareza. – Jesus na casa de Zaqueu. – Parábola do mau rico. – Parábola dos talentos – Utilidade providencial da fortuna. – Provas da riqueza e da miséria. – Desigualdade das riquezas. – Instruções dos Espíritos: *A verdadeira propriedade. – Emprego da fortuna. – Desprendimento dos bens terrenos. – Transmissão da fortuna.*

Salvação dos ricos

1. *Ninguém pode servir a dois senhores; porque, ou odiará a um e amará ao outro, ou se afeiçoará a um e desprezará o outro. Não podeis servir, ao mesmo tempo, a Deus e a Mamon. (São Lucas, cap. XVI, v. 13).*

2. *Então um jovem se aproximou dele e lhe disse: Bom Mestre, o que é preciso que eu faça para adquirir a vida eterna? Jesus lhe respondeu: Por que me chamais bom? Só Deus é bom. Se quereis entrar na vida, guardai os mandamentos. Quais mandamentos? indagou-lhe. Jesus lhe disse: Não matareis; não cometereis adultério; não furtareis; não direis falso testemunho. Honrai a vosso pai e a vossa mãe e amai o vosso próximo como a vós mesmos.*

O jovem lhe respondeu: Tenho guardado todos esses mandamentos desde a minha juventude; que me falta ainda? Jesus lhe disse: Se quereis ser perfeito, ide, vendei o que tendes e dai-o aos pobres e tereis um tesouro no céu; depois, vinde e me segui.

O jovem, ouvindo essas palavras, foi-se embora muito triste, porque tinha grandes bens. E Jesus disse aos seus discípulos: Em verdade vos digo que é bem difícil que um rico entre no reino dos céus. Digo-vos ainda uma vez: É mais fácil um camelo passar pelo buraco de uma agulha, do que um rico entrar no reino dos céus (1). *(São Mateus, cap. XIX, v. de 16 a 24. São Lucas, cap. XVIII, v. de 18 a 25. São Marcos, cap. X, v. 17 a 25).*

Guardar-se da avareza

3. *Então, um homem lhe disse do meio da multidão: Mestre, dizei a meu irmão que divida comigo a herança que nos coube. Mas Jesus lhe disse: Ó homem! quem me estabeleceu para vos julgar ou para fazer vossas partilhas? Depois lhe disse: Tende cuidado em vos guardar de toda avareza, porque em qualquer abundância que o homem esteja, sua vida não depende dos bens que ele possua.*

E lhe disse em seguida esta parábola. Havia um homem rico, cujas terras tinham produzido extraordinariamente; e ele mantinha, em si mesmo, estes pensamentos: Que farei, porque não tenho lugar onde eu possa encerrar tudo o que colhi? Eis, disse ele, o que farei: Derrubarei meus celeiros e os construirei maiores e aí colocarei toda a minha colheita e todos os meus bens; e direi à minha alma: Minha alma, tu tens muitos bens reservados para vários anos; repousa, come, bebe, ostenta. Mas Deus, ao mesmo tempo, disse a esse homem: Insensato que és! vai ser retomada tua alma esta noite mesmo; e para quem será o que amontoaste?

É isso o que acontece àquele que amontoa tesouros para si mesmo, e que não é rico diante de Deus. (São Lucas, cap. XII, v. 13 a 21).

Jesus na casa de Zaqueu

4. *Jesus, tendo entrado em Jericó, passava pela cidade; e havia um homem chamado Zaqueu, chefe dos publicanos e muito rico que, tendo vontade de ver Jesus para conhecê-lo, não o podia por causa da multidão, porque ele era muito pequeno; por isso, correu à frente e subiu a um sicômoro para vê-lo, porque ele devia passar por ali; Jesus, tendo chegado a esse lugar, olhou para cima e, tendo-o visto, disse-lhe: Zaqueu, apressai-vos em descer, porque é preciso que eu me aloje hoje em vossa casa. Zaqueu desceu logo e o recebeu com alegria. Vendo isso, todos murmuraram dizendo: Ele foi alojar-se na casa de um homem de má vida. (ver Introdução: art.* Publicanos*).*

---

(1) Esta figura audaciosa pode parecer um pouco forçada, porque não se vê a relação que existe entre um camelo e uma agulha. Isso resulta de que, em hebreu, a mesma palavra se emprega para designar **cabo** e **camelo.** Na tradução se lhe deu esta última acepção; é provável que a primeira era a que estava no pensamento de Jesus; ela é, pelo menos, mais natural.

Entretanto, Zaqueu, apresentando-se diante do Senhor, disse-lhe: eu dou a metade dos meus bens aos pobres; e se causei dano a alguém, no que quer que seja, eu lhe retribuirei em quádruplo. Sobre o que Jesus lhe disse: Esta casa recebeu hoje a salvação, porque este é também filho de Abraão; porque o Filho do homem veio para procurar e para salvar o que estava perdido. (São Lucas, cap. XIX, v. de 1 a 10).

Parábola do mau rico

5. *Havia um homem rico, que se vestia de púrpura e de linho, e que se tratava magnificamente todos os dias. Havia também um pobre chamado Lázaro, estendido à sua porta, todo coberto de úlceras, que quisera se saciar com as migalhas que caíam da mesa do rico, mas ninguém lhas dava, e os cães vinham lamber-lhe as feridas. Ora, aconteceu que esse pobre morreu e foi levado pelos anjos ao seio de Abraão. O rico morreu também e teve o inferno por sepulcro. E quando estava nos tormentos, levantou os olhos para o alto e viu ao longe Abraão e Lázaro no seu seio e, gritando, disse estas palavras: Pai Abraão, tende piedade de mim, e enviai-me Lázaro, a fim de que ele molhe a ponta de seu dedo na água para me refrescar a língua, porque eu sofro tormentos extremos nesta chama.*

Mas Abraão lhe respondeu: Meu filho, lembrai-vos que haveis recebido vossos bens em vossa vida, e Lázaro não teve senão males; por isso, ele está agora na consolação, e vós nos tormentos.

Além disso, há, para sempre, um grande abismo entre nós e vós; de sorte que aqueles que querem passar daqui para vós não o podem, como ninguém também pode passar para aqui do lugar em que estais.

O rico lhe disse: Eu vos suplico, pois, pai Abraão, enviá-lo à casa de meu pai, onde tenho cinco irmãos, a fim de que lhes ateste estas coisas, de medo que eles venham também para este lugar de tormentos. Abraão lhe replicou: Eles têm Moisés e os profetas; que os escutem. – Não, disse ele, pai Abraão, mas se alguns dos mortos procurá-los, eles farão penitência. Abraão lhe respondeu: Se eles não escutam Moisés nem os profetas, não crerão mais do que neles, quando mesmo algum dos mortos ressuscitasse. (São Lucas, cap. XVI, v. de 19 a 31).

Parábola dos talentos

6. *O Senhor age como um homem que, devendo fazer uma longa viagem para fora do país, chamou seus servidores e lhes colocou nas mãos seus bens. E* *tendo dado cinco talentos a um, dois a outro e um a outro, segundo a capacidade diferente de cada um, logo partiu. Aquele, pois, que tinha recebido cinco talentos, foi-se embora; negociou com seu dinheiro e ganhou cinco outros. Aquele que havia recebido dois, ganhou da mesma forma outros dois. Mas aquele que não havia recebido senão um, foi cavar na terra e aí escondeu o dinheiro do seu senhor. Muito tempo depois, o senhor desses servidores, tendo retornado, pediu-lhes conta. E aquele que havia recebido cinco talentos veio lhe apresentar cinco outros, dizendo-lhe: Senhor, havíeis-me colocado cinco talentos nas mãos, eis aqui cinco outros que ganhei. Seu senhor lhe respondeu: Bom e fiel servidor, porque fostes fiel em pouca coisa, eu vos estabelecerei sobre muitas outras; entrai no gozo do vosso Senhor. Aquele que havia recebido dois talentos, veio logo apresentar-se a ele, dizendo-lhe: Senhor, havíeis-me colocado dois talentos nas mãos, eis aqui dois outros que ganhei. Seu senhor lhe respondeu: Bom e fiel servidor, porque fostes fiel em pouca coisa, eu vos estabelecerei sobre muitas outras; entrai no gozo do vosso Senhor. Aquele que não havia recebido senão um talento, veio em seguida e lhe disse: Senhor, sei que sois um homem duro, que ceifais onde não haveis semeado e colheis onde nada haveis empregado; por isso, como eu o temia, escondi vosso talento na terra; ei-lo, restituo o que é vosso. Mas seu senhor lhe respondeu: Servidor mau e preguiçoso, sabíeis que ceifo onde não semeei e que colho onde nada empreguei, devíeis, pois, colocar meu dinheiro nas mãos dos banqueiros, a fim de que, no meu retorno, eu retirasse com juro o que era meu. Que se lhe tire, pois, o talento que tem e deem-no àquele que tem dez talentos; porquanto dar-se-á a todos aqueles que já têm, e eles serão cumulados de bens; mas, para aquele que não tem, tirar-se-lhe-á mesmo o que pareça ter; e que se lance esse servidor inútil nas trevas exteriores; ali haverá choros e ranger de dentes. (São Mateus, cap. XXV, v. de 14 a 30).*

Utilidade providencial da fortuna. Provas da riqueza e da miséria

7. Se a riqueza devesse ser um obstáculo absoluto à salvação daqueles que a possuem, assim como se poderia inferir de certas palavras de Jesus interpretadas segundo a letra e não segundo o espírito, Deus, que a dispensa, teria colocado nas mãos de alguns um instrumento de perdição sem recursos, pensamento que repugna à razão. A riqueza, sem dúvida, é uma prova muito difícil, mais perigosa que a miséria pelos seus arrastamentos, as tentações que dá e a fascinação que exerce; é o excitante supremo do orgulho, do egoísmo e da vida sensual; é o laço mais poderoso que liga o homem à Terra e afasta seus pensamentos do céu; produz uma tal vertigem que se vê, frequentemente, aquele que passa da miséria à fortuna esquecer depressa a sua primeira posição, aqueles que o dotaram, aqueles que o ajudaram, e tornar-se insensível, egoísta e vão. Mas do fato de tornar o caminho difícil, não se segue que o torne impossível e não possa tornar-se um meio de salvação nas mãos daquele que dela sabe se servir, como certos venenos podem devolver a saúde, se são empregados a propósito e com discernimento.

Quando Jesus disse ao jovem que o interrogou sobre os meios de ganhar a vida eterna: "Desfazei-vos de todos os vossos bens e segui-me", ele não entendia estabelecer como princípio absoluto que cada um deva se despojar daquilo que possui, e que a salvação só tem esse preço, mas mostrar que *o apego aos bens terrestres* é um obstáculo à salvação. Esse jovem, com efeito, acreditava-se quite, porque tinha observado certos mandamentos e, todavia, recua ante a ideia de abandonar seus bens; seu desejo de obter a vida eterna não ia até esse sacrifício.

A proposição que Jesus lhe fez era uma prova decisiva para pôr a descoberto o fundo do seu pensamento; ele podia, sem dúvida, ser um perfeito homem honesto, segundo o mundo, não fazer mal a ninguém, não maldizer seu próximo, não ser vão nem orgulhoso, honrar a seu pai e a sua mãe; mas não tinha a verdadeira caridade, porque sua virtude não ia até à abnegação. Eis o que Jesus quis demonstrar; era uma aplicação do princípio: Fora da caridade não há salvação.

A consequência dessas palavras, tomadas em sua acepção rigorosa, seria a abolição da fortuna como nociva à felicidade futura, e como fonte de uma multidão de males na Terra, e seria, além disso, a condenação do trabalho que a pode obter; consequência absurda que conduziria o homem à vida selvagem, e que, por isso mesmo, estaria em contradição com a lei do progresso, que é uma lei de Deus.

Se a riqueza é a fonte de muitos males, se ela excita tanto as más paixões, se provoca mesmo tantos crimes, é preciso tomar-se não a coisa, mas ao homem que dela abusa, como abusa de todos os dons de Deus; pelo abuso, ele torna pernicioso o que lhe poderia ser mais útil; é a consequência do estado de inferioridade do mundo terrestre. Se a riqueza não devesse produzir senão o mal, Deus não a teria colocado sobre a Terra; cabe ao homem dela extrair o bem. Se ela não é um elemento direto do progresso moral, é, sem contradita, um poderoso elemento de progresso intelectual.

Com efeito, o homem tem por missão trabalhar pelo aprimoramento material do globo; deve desbravá-lo, saneá-lo, dispô-lo para receber, um dia, toda a população que a sua extensão comporta; para alimentar essa população que cresce sem cessar, é preciso aumentar a produção; se a produção de uma região é insuficiente, será preciso ir procurá-la fora. Por isso mesmo, as relações de povo a povo se tornam uma necessidade; para torná-las mais fáceis é preciso destruir os obstáculos materiais que as separam, tornar as comunicações mais rápidas. Para esses trabalhos, que são a obra dos séculos, o homem teve de tirar materiais até das entranhas da terra; procurou na Ciência os meios de executá-los mais segura e rapidamente; mas para realizá-los foram-lhe precisos recursos: a necessidade fê-lo criar a riqueza, como o fez descobrir a ciência. A atividade, necessitada por esses mesmos trabalhos, aumenta e desenvolve a sua inteligência; essa inteligência, que ele concentra primeiro na satisfação das necessidades materiais, o ajudará mais tarde a compreender as grandes verdades morais. A riqueza, sendo o primeiro meio de execução, sem ela não mais grandes trabalhos, não mais atividade, nem estímulo, nem pesquisas; é, pois, com razão, considerada um elemento de progresso.

Desigualdade das riquezas

8. A desigualdade das riquezas é um desses problemas que se procura em vão resolver, se não se considera senão a vida atual. A primeira questão que se apresenta é esta: Por que todos os homens não são igualmente ricos? Não o são por uma razão muito simples: *é que eles não são igualmente inteligentes, ativos e laboriosos para adquirir, nem moderados e previdentes para conservar.* Aliás, é um ponto matematicamente demonstrado, que a fortuna, igualmente repartida, daria a cada qual uma parte mínima e insuficiente; que, supondo-se essa repartição feita, o equilíbrio estaria rompido em pouco tempo pela diversidade dos caracteres e das aptidões; que, supondo-a possível e durável, cada um tendo apenas do que viver, isso seria o aniquilamento de todos os grandes trabalhos que concorrem para o progresso e o bem-estar da Humanidade; que, supondo-se que ela desse a cada um o necessário, não haveria mais o aguilhão que compele às grandes descobertas e aos empreendimentos úteis. Se Deus a concentra em certos pontos, é porque daí ela se derrama em quantidade suficiente segundo as necessidades.

Admitindo isso, pergunta-se por que Deus a dá a pessoas incapazes para fazê-la frutificar para o bem de todos. Aí ainda está uma prova da sabedoria e da bondade de Deus. Dando ao homem o livre-arbítrio, quis que ele alcançasse, por sua própria experiência, a distinção do bem e do mal, e que a prática do bem fosse o resultado dos seus esforços e da sua própria vontade. Ele não deve ser conduzido fatalmente, nem ao bem nem ao mal, sem o que não seria senão um instrumento passivo e irresponsável, como os animais. A fortuna é um meio de prová-lo moralmente, mas como, ao mesmo tempo, é um poderoso meio de ação para o progresso, Deus não quer que ela fique muito tempo improdutiva e, por isso, *a desloca incessantemente.* Cada um deve possuí-la para experimentar servir-se dela e provar o uso que dela sabe fazer; mas como há a impossibilidade material de que todos a tenham ao mesmo tempo; que, aliás, se todo mundo a possuísse, ninguém trabalharia e o aprimoramento do globo com isso sofreria, *cada um a possui a seu turno:* quem não a tem hoje, já a teve ou terá numa outra existência, e quem a tem agora, poderá não tê-la mais amanhã. Há ricos e pobres porque Deus, sendo justo, cada um deve trabalhar a seu turno; a pobreza é para uns a prova da paciência e da resignação; a riqueza é para outros a prova da caridade e da abnegação.

Deplora-se, com razão, o lamentável uso que certas pessoas fazem de sua fortuna, as ignóbeis paixões que a cobiça provoca, e se pergunta se Deus é justo em dar a riqueza a tais pessoas. É certo que se o homem não tivesse senão uma só existência, nada justificaria essa repartição dos bens da Terra; mas se, em lugar de limitar a visão à vida presente, considerar-se o conjunto das existências, vê-se que tudo se equilibra com justiça. O pobre, pois, não tem mais motivo para acusar a Providência, nem para invejar os ricos, e os ricos não têm mais do que se glorificar pelo que possuem. Se dela abusam, não será nem com os decretos, nem com as leis suntuárias, que se remediará o mal; as leis podem, momentaneamente, mudar o exterior, mas não podem mudar o coração; por isso, elas não têm senão uma duração temporária e são sempre seguidas de uma reação mais desenfreada. A fonte do mal está no egoísmo e no orgulho; os abusos de toda espécie cessarão por si mesmos quando os homens se regerem pela lei da caridade.

Instruções dos Espíritos

A verdadeira propriedade

9. O homem não possui de seu senão o que pode levar deste mundo. O que encontra ao chegar e o que deixa ao partir, goza durante a sua permanência na Terra; mas, uma vez que é forçado a abandoná-lo, dele não tem senão o gozo e não a posse real. Que possui ele, pois? Nada daquilo que é para uso do corpo, tudo o que é de uso da alma: a inteligência, os conhecimentos, as qualidades morais; eis o que traz e o que leva, o que não está no poder de ninguém lhe tirar, o que lhe servirá mais ainda no outro mundo do que neste; dele depende ser mais rico em sua partida do que em sua chegada, porque daquilo que tiver adquirido em bem depende a sua posição futura. Quando um homem vai para um país longínquo, compõe a sua bagagem de objetos usáveis no país, mas não se carrega daqueles que lhe seriam inúteis. Fazei, pois, o mesmo para a vida futura e fazei provisão de tudo o que poderá nela vos servir.

Ao viajor que chega a uma estalagem, se dá um belo alojamento se pode pagá-lo; àquele que pode pouca coisa, se dá um menos agradável; quanto àquele que nada tem, vai deitar sobre a palha. Assim ocorre com o homem na sua chegada ao mundo dos Espíritos: seu lugar nele está subordinado ao que tem; mas não é com o ouro que o paga. Não se lhe perguntará: Quanto tínheis sobre a Terra? que posição nela ocupáveis? Éreis príncipe ou operário? Mas, se lhe perguntará: O que dela trazeis? Não se computará o valor dos seus bens, nem dos seus títulos, mas a soma das suas virtudes; ora, a esse respeito, o operário pode ser mais rico do que o príncipe. Em vão alegará que, antes da sua partida, pagou a sua entrada com ouro e se lhe responderá: Os lugares aqui não se compram, eles se ganham pelo bem que se fez; com o dinheiro terrestre, pudestes comprar campos, casas, palácios; aqui, tudo se paga com as qualidades do coração. Sois rico dessas qualidades? Sede bem-vindo, e ide ao primeiro lugar onde todas as felicidades vos esperam; sois pobre? Ide ao último, onde sereis tratado em razão do que tendes. (PASCAL, Genebra, 1860).

10. Os bens da Terra pertencem a Deus, que os dispensa à sua vontade, e o homem deles não é senão o usufrutuário, o administrador mais ou menos íntegro e inteligente. Eles são tampouco a propriedade individual do homem, porque Deus, frequentemente, frustra todas as previsões, e a fortuna escapa daquele que crê possuí-la pelos melhores títulos.

Direis, talvez, que isso se compreende para a fortuna hereditária, mas que não ocorre o mesmo com aquela que se adquiriu pelo trabalho. Sem nenhuma dúvida, se há uma fortuna legítima, é esta, quando adquirida honestamente, porque *uma propriedade só é legitimamente adquirida quando, para a possuir, não se fez mal a ninguém.* Será pedida conta de uma moeda mal adquirida em prejuízo de outrem. Mas do fato de um homem dever sua fortuna a si mesmo, leva mais dela em morrendo? Os cuidados que ele toma em transmiti-la aos seus descendentes não são, frequentemente, supérfluos? Porque se Deus não quer que ela lhes chegue às mãos, nada poderá prevalecer contra a sua vontade. Pode dela usar e abusar em sua vida sem ter contas a prestar? Não; em lhe permitindo adquiri-la, Deus pôde querer recompensar nele, durante esta vida, seus esforços, sua coragem, sua perseverança, mas se não a fez servir senão à satisfação de seus sentidos ou de seu orgulho, se ela se torna uma causa de queda em suas mãos, melhor fora para ele que não a possuísse; perde de um lado o que ganhou de outro, anulando o mérito do seu trabalho e, quando deixar a Terra, Deus lhe dirá que já recebeu a sua recompensa. (M., ESPÍRITO PROTETOR, Bruxelas, 1861).

Emprego da fortuna

11. Não podeis servir a Deus e a Mamon; retende bem isto, vós a quem o amor do ouro domina, vós que venderíeis vossa alma para possuir tesouros, porque eles podem vos elevar acima dos outros homens e vos dar as alegrias das paixões; não, não podeis servir a Deus e a Mamon! Se, pois, sentis vossa alma dominada pelas cobiças da carne, apressai-vos em sacudir o jugo que vos oprime, porque Deus, justo e severo, vos dirá: Que fizeste, dispenseiro infiel, dos bens que te confiei? Esse poderoso móvel das boas obras, não fizeste servir senão à tua satisfação pessoal.

Qual é, pois, o melhor emprego da fortuna? Procurai nestas palavras: "Amai-vos uns aos outros", a solução do problema; aí está o segredo de bem empregar as riquezas. Aquele que está animado de amor ao próximo tem sua linha de conduta toda traçada; o emprego que apraz a Deus é o da caridade; não essa caridade fria e egoísta que consiste em derramar em torno de si o supérfluo de uma existência dourada, mas essa caridade cheia de amor que procura o infeliz, que o reergue sem humilhá-lo. Rico, dá do teu supérfluo; faze melhor: dá do teu necessário, porque o teu necessário ainda é supérfluo, mas dá com sabedoria. Não repilas o queixume com medo de seres enganado, mas vai à fonte do mal; alivia primeiro, informa-te em seguida e vê se o trabalho, os conselhos, a afeição mesma não serão mais eficazes do que a tua esmola. Espalha ao redor de ti, com o bem-estar, o amor de Deus, o amor ao trabalho e o amor ao próximo. Coloca tuas riquezas sobre um capital que não te faltará jamais e te trará grandes interesses: as boas obras. A riqueza da inteligência deve te servir como a do ouro; espalha ao redor de ti os tesouros da instrução; espalha sobre os teus irmãos os tesouros do teu amor, e eles frutificarão. (CHEVERUS, Bordéus, 1861).

12. Quando considero a brevidade da vida, fico dolorosamente impressionado pela incessante preocupação da qual o bem-estar material é para vós o objeto, ao passo que ligais tão pouca importância e não consagrais senão pouco ou nenhum tempo ao vosso aperfeiçoamento moral, que deve vos ser contado para a eternidade. Crer-se-ia, ao ver a atividade que desdobrais, que ela se prende a uma questão do mais alto interesse para a Humanidade, enquanto que não se trata, quase sempre, senão em vos esforçar para satisfazer necessidades exageradas, a vaidade, ou entregar-vos aos excessos. Quantas penas, cuidados e tormentos se inflige, quantas noites sem sono para aumentar uma fortuna, frequentemente, mais do que suficiente! Por cúmulo da cegueira, não é raro ver aqueles a quem um amor imoderado da fortuna e dos gozos, que ela proporciona, sujeita a um trabalho penoso, orgulhar-se de uma existência dita de sacrifício e de mérito, como se trabalhassem para os outros e não para si mesmos. Insensatos! credes, pois, realmente, que vos será tido em conta, os cuidados e os esforços dos quais o egoísmo, a cupidez ou o orgulho são os móveis, enquanto que negligenciais o cuidado do vosso futuro, assim como os deveres da solidariedade fraternal impostos a todos os que gozam das vantagens da vida social! Não haveis pensado senão em vosso corpo; seu bem-estar, seus gozos, foram o único objeto de vossa solicitude egoística; por ele que morre, haveis negligenciado o vosso Espírito que viverá sempre. Assim, esse senhor tão estimado e acariciado tornou-se o vosso tirano; comanda vosso Espírito que se fez seu escravo. Estava aí o objetivo da existência que Deus vos havia dado? (UM ESPÍRITO PROTETOR. Cracóvia, 1861).

13. Ao homem, sendo o depositário, o gerente dos bens que Deus depositou em suas mãos, ser-lhe-á pedida severa conta do emprego que deles tiver feito em virtude do seu livre-arbítrio. O mau emprego consiste em não fazê-los servir senão à satisfação pessoal; ao contrário, o emprego é bom todas as vezes que dele resulta um bem qualquer para outrem; o mérito é proporcional ao sacrifício que se impõe. A beneficência não é senão um modo do emprego da fortuna; ela alivia a miséria atual: aquieta a fome, preserva do frio e dá asilo àquele que não o tem; mas um dever igualmente imperioso, igualmente meritório, consiste em prevenir a miséria; nisso, sobretudo, está a missão das grandes fortunas, pelos trabalhos de todos os gêneros que podem fazer executar; e devessem elas disso tirar um proveito legítimo, o bem não existiria menos, porque o trabalho desenvolve a inteligência e realça a dignidade do homem sempre confiante em poder dizer que ganhou o pão que come, ao passo que a esmola humilha e degrada. A fortuna concentrada numa só mão deve ser como uma fonte de água viva que derrama fecundidade e bem-estar em torno dela. Ó vós ricos! se a empregardes segundo os desígnios do Senhor, vosso coração, o primeiro, se saciará nessa fonte benfazeja; tereis nesta vida os inefáveis gozos da alma em lugar dos gozos materiais do egoísta, que deixam o vazio no coração. Vosso nome será abençoado sobre a Terra, e quando a deixardes, o soberano senhor vos dirigirá a palavra da parábola dos talentos: "Ó bom e fiel servidor, entrai no gozo do vosso Senhor". Nessa parábola, o servidor que enterrou na terra o dinheiro que lhe foi confiado, não é a imagem dos avarentos, entre as mãos dos quais a fortuna é improdutiva? Se, entretanto, Jesus fala principalmente das esmolas, é porque, naquele tempo e naquele país onde ele vivia, não se conheciam os trabalhos que as artes e a indústria criaram depois, e nos quais a fortuna pode ser empregada utilmente para o bem geral. A todos aqueles que podem dar, pouco ou muito, eu direi pois: Dai esmola quando isso for necessário, mas, tanto quanto possível, convertei-a em salário, a fim de que aquele que a recebe, dela não se envergonhe. (FÉNELON, Alger, 1860).

Desprendimento dos bens terrenos

14. Venho, meus irmãos, meus amigos, trazer o meu óbolo para vos ajudar a marchar corajosamente no caminho do aprimoramento em que entrastes. Nós nos devemos uns aos outros; não é senão por uma união sincera e fraternal entre Espíritos e encarnados que a regeneração será possível.

Vosso amor aos bens terrestres é um dos mais fortes entraves ao vosso adiantamento moral e espiritual; por esse apego à posse, suprimis as vossas faculdades afetivas em as transportando todas sobre as coisas materiais. Sede sinceros; a fortuna dá uma felicidade sem mácula? Quando vossos cofres estão cheios, não há sempre um vazio no coração? No fundo desse cesto de flores, não há sempre um réptil escondido? Compreendo que o homem que, por um trabalho assíduo e honrado, ganhou a fortuna, experimente uma satisfação, de resto, bem justa; mas, dessa satisfação, muito natural e que Deus aprova, a um apego que absorve todos os outros sentimentos e paralisa os impulsos do coração, há distância; tanta distância quanto da avareza sórdida à prodigalidade exagerada, dois vícios entre os quais colocou Deus a caridade, santa e salutar virtude que ensina ao rico a dar sem ostentação, para que o pobre receba sem baixeza.

Que a fortuna venha de vossa família ou que a ganhastes pelo vosso trabalho, há uma coisa que não deveis jamais esquecer: é que tudo vem de Deus e retorna a Deus. Nada vos pertence sobre a Terra, nem mesmo o vosso pobre corpo: a morte dele vos despoja, como de todos os bens materiais; sois depositários e não proprietários, disso não vos enganeis; Deus vos emprestou, deveis restituir, e ele vos empresta com a condição de que o supérfluo, pelo menos, reverta para aqueles que não têm o necessário.

Um dos vossos amigos vos empresta uma soma; por pouco que sejais honesto, tereis o escrúpulo de pagá-la, e lhe ficareis agradecido. Pois bem, eis a posição de todo homem rico; Deus é o amigo celeste que lhe emprestou a riqueza; não pede para ele senão o amor e o reconhecimento, mas exige que, a seu turno, o rico dê também aos pobres, que são seus filhos tanto quanto ele.

O bem que Deus vos confiou excita em vossos corações uma ardente e louca cobiça; haveis refletido, quando vos apegais imoderadamente a uma fortuna perecível e passageira como vós, que um dia virá em que devereis prestar contas ao Senhor do que vem dele? Esqueceis que, pela riqueza, estais revestidos do caráter sagrado de ministros da caridade na Terra, para dela serdes os dispensadores inteligentes? Que sois, pois, quando usais em vosso único proveito daquilo que vos foi confiado, senão depositários infiéis? Que resulta desse esquecimento voluntário de vossos deveres? A morte inflexível, inexorável, vem rasgar o véu sob o qual vos escondíeis, e vos força a prestar contas ao amigo que vos ajudara, e que, nesse momento, reveste-se, para vós, com a toga de juiz.

É em vão que, na Terra, procurais vos iludir, colorindo com o nome de virtude o que, frequentemente, não é senão egoísmo; que chamais economia e previdência o que não é senão cupidez e avareza, ou generosidade o que não é senão prodigalidade em vosso proveito. Um pai de família, por exemplo, se absterá de fazer a caridade, economizará, amontoará ouro sobre ouro, e isso, diz ele, para deixar aos seus filhos o máximo de bens possível e evitar-lhes cair na miséria; é muito justo e paternal, convenho, e não se pode censurá-lo por isso; mas está aí sempre o único móvel que o guia? Não é, frequentemente, um compromisso com a sua consciência para justificar, aos seus próprios olhos e aos olhos do mundo, seu apego pessoal aos bens terrestres? Entretanto, admito que o amor paternal seja seu único móvel; é um motivo para esquecer seus irmãos diante de Deus? Quando ele mesmo já tem o supérfluo, deixará seus filhos na miséria porque terão um pouco menos desse supérfluo? Não é lhes dar uma lição de egoísmo e endurecer seus corações? Não é sufocar neles o amor ao próximo? Pais e mães, estais em grande erro se credes com isso aumentar a afeição de vossos filhos por vós; em lhes ensinando a ser egoístas para com os outros, os ensinais a sê-lo para convosco mesmos.

Quando um homem trabalhou bastante e, com o suor de seu rosto, amontoou bens, vós o ouvis, frequentemente, dizer que quando o dinheiro é ganho se lhe conhece melhor o valor; nada é mais verdadeiro. Pois bem! que esse homem que confessa conhecer todo o valor do dinheiro, faça a caridade segundo seus meios e terá mais mérito do que aquele que, nascido na abundância, ignora as rudes fadigas do trabalho. Mas se, ao contrário, esse mesmo homem, que lembra suas penas, seus trabalhos, for egoísta, duro para com os pobres, é bem mais culpado do que os outros; porque, quanto mais se conhece por si mesmo as dores ocultas da miséria, mais se deve procurar aliviá-las nos outros.

Infelizmente, há sempre no homem de posses um sentimento tão forte que o apega à fortuna: é o orgulho. Não é raro ver-se o felizardo atordoar o infeliz que implora a sua assistência com o relato de seus trabalhos e de sua habilidade, em lugar de vir ajudá-lo, e acabando por dizer: "Faça o que eu fiz." Segundo ele, a bondade de Deus nada tem em sua fortuna; só a ele cabe todo o mérito; seu orgulho lhe coloca uma venda nos olhos e lhe tapa os ouvidos; não compreende que, com toda a sua inteligência e sua habilidade, Deus pode derrubá-lo com uma só palavra.

Esbanjar a fortuna não é desapego aos bens terrenos, mas negligência e indiferença; o homem, depositário desses bens, não tem mais o direito de os dilapidar ou de os confiscar em seu proveito; a prodigalidade não é generosidade mas, frequentemente, uma forma de egoísmo; aquele que atira ouro a mancheias para satisfazer uma fantasia, não daria uma moeda para prestar serviço. O desapego aos bens terrestres consiste em apreciar a fortuna pelo seu justo valor, em saber servir-se dela para os outros e não só para si, a não sacrificar por ela os interesses da vida futura, a perdê-la sem murmurar se apraz a Deus vo-la retirar. Se, por reveses imprevistos, vos tornardes um outro Job, dizei como ele: "Senhor, vós ma havíeis dado, vós ma haveis tirado; que seja feita a vossa vontade." Eis o verdadeiro dasapego. Sede submissos primeiro; tende fé naquele que vos tendo dado e tirado, pode vos restituir; resisti com coragem ao abatimento, ao desespero que paralisam a vossa força; não olvideis jamais, quando Deus vos atingir, que ao lado da maior prova, coloca ele sempre uma consolação. Mas pensai, sobretudo, que há bens infinitamente mais preciosos que os da Terra, e esse pensamento vos ajudará a vos desapegar destes últimos. O pouco valor que se atribui a uma coisa faz com que menos sensível seja a sua perda. O homem que se apega aos bens da Terra é como a criança que não vê senão o momento presente; aquele que a eles não se prende é como o adulto que vê as coisas mais importantes, porque compreende estas palavras proféticas do Salvador: "Meu reino não é deste mundo."

O senhor não ordena abdicar do que se possui, para se reduzir a uma mendicidade voluntária e tornar-se uma carga para a sociedade; agir assim seria compreender mal o desapego dos bens terrestres; é um egoísmo de outro gênero, porque é isentar-se da responsabilidade que a fortuna faz pesar sobre aquele que a possui. Deus a dá a quem lhe parece bom para geri-la em proveito de todos; o rico tem, pois, uma missão, missão que pode tornar bela e proveitosa para ele; rejeitar a fortuna quando Deus vo-la dá, é renunciar ao benefício do bem que se pode fazer em administrando-a com sabedoria. Saber passar sem ela quando não a tem, saber empregá-la utilmente quando a possui, saber sacrificá-la quando isso é necessário, é agir segundo os desígnios do Senhor. Aquele a quem chegue o que se chama no mundo uma boa fortuna, diga a si mesmo: Meu Deus, vós me enviastes um novo encargo, dai-me a força de cumpri-lo segundo a vossa santa vontade.

Eis, meus amigos, o que eu queria vos ensinar quanto ao desapego aos bens terrestres; resumirei, dizendo: Sabei vos contentar com pouco. Se sois pobres, não invejeis os ricos, porque a fortuna não é necessária à felicidade; se sois ricos, não olvideis que esses bens vos estão confiados e que devereis justificar seu emprego como sendo tutores. Não sejais depositários infiéis, fazendo-os servir à satisfação do vosso orgulho e da vossa sensualidade; não vos creiais no direito de dispor, unicamente para vós, daquilo que não é senão um empréstimo, e não uma doação. Se não sabeis restituir, não tendes mais o direito de pedir, e lembrai-vos de que aquele que dá aos pobres se quita da dívida que contrai com Deus. (LACORDAIRE, Constantina, 1863).

Transmissão da fortuna

15. *O princípio segundo o qual o homem não é senão o depositário da fortuna que Deus lhe permite gozar durante a vida, tira-lhe o direito de transmiti-la aos seus descendentes?*

O homem pode perfeitamente transmitir, depois de sua morte, do que gozou durante a vida, porque o efeito desse direito está sempre subordinado à vontade de Deus que pode, quando quiser, impedir seus descendentes de gozá-lo; é assim que se vê desmoronarem fortunas que pareciam solidamente estabelecidas. A vontade do homem em manter sua fortuna na sua descendência é, pois, impotente, o que não lhe tira o direito de transmitir o empréstimo que recebeu, uma vez que Deus o retirará quando julgar conveniente. (SÃO LUÍS, Paris, 1860).

XVII
Capítulo 17

Sede perfeitos

Caracteres da perfeição. – O homem de bem. –
Os bons espíritas. – Parábola do Semeador. –
Instruções dos Espíritos: *O dever. – A virtude. –*
Os superiores e os inferiores. – O homem no mundo. –
Cuidar do corpo e do Espírito.

Caracteres da perfeição

1. *Amai os vossos inimigos; fazei o bem àqueles que vos odeiam e orai por aqueles que vos perseguem e que vos caluniam; porque se não amais senão aqueles que vos amam, que recompensa com isso tereis? Os publicanos não o fazem também? E se vós não saudardes senão vossos irmãos, que fazeis nisso mais que os outros? Os Pagãos não o fazem também? Sede pois, vós outros, perfeitos, como vosso Pai celestial é perfeito. (São Mateus, cap. V, v. 44, 46, 47 e 48).*

2. Uma vez que Deus possui a perfeição infinita em todas as coisas, esta máxima: "Sede perfeitos como vosso Pai Celestial é perfeito", tomada ao pé da letra, pressuporia a possibilidade de se atingir a perfeição absoluta. Se fosse dado à criatura ser tão perfeita quanto o Criador, ela tornar-se-lhe-ia igual, o que é inadmissível. Mas os homens aos quais Jesus se dirigia não teriam compreendido essa nuança; ele se limitou a lhes apresentar um modelo e lhes disse para se esforçarem por alcançá-lo.

É preciso, pois, entender, por essas palavras, a perfeição relativa, aquela da qual a Humanidade é suscetível e que mais a aproxima da Divindade. Em que consiste essa perfeição? Jesus o disse: "amar os inimigos, fazer o bem àqueles que nos odeiam, orar por aqueles que nos perseguem." Ele mostra, assim, que a essência da perfeição é a caridade em sua mais larga acepção, porque ela implica a prática de todas as outras virtudes.

Com efeito, observando-se os resultados de todos os vícios e mesmo dos simples defeitos, se reconhecerá que não há nenhum que não altere, mais ou menos, o sentimento da caridade, pois todos têm seu princípio no egoísmo e no orgulho, que são a sua negação; porque tudo o que superexcita o sentimento da personalidade, destrói, ou pelo menos enfraquece, os elementos da verdadeira caridade, que são: a benevolência, a indulgência, a abnegação e o devotamento. O amor ao próximo, levado até ao amor dos inimigos, não podendo se aliar com nenhum defeito contrário à caridade é, por isso mesmo, sempre o indício de maior ou menor superioridade moral; de onde resulta que o grau de perfeição está na razão direta da extensão desse amor; por isso, Jesus, depois de ter dado aos seus discípulos as regras da caridade naquilo que ela tem de mais sublime, disse-lhes: "Sede, pois, perfeitos como vosso Pai Celestial é perfeito."

O homem de bem

3. O verdadeiro homem de bem é aquele que pratica a lei de justiça, de amor e de caridade em sua maior pureza. Se interroga a consciência sobre seus próprios atos, pergunta a si mesmo se não violou essa lei; se não fez o mal e se fez todo o bem *que podia;* se negligenciou voluntariamente uma ocasião de ser útil; se ninguém tem o que reclamar dele; enfim, se fez a outrem tudo o que quereria que se fizesse para com ele.

Tem fé em Deus, em sua bondade, em sua justiça e em sua sabedoria; sabe que nada ocorre sem sua permissão e se submete, em todas as coisas, à sua vontade.

Tem fé no futuro; por isso, coloca os bens espirituais acima dos bens temporais.

Sabe que todas as vicissitudes da vida, todas as dores, todas as decepções, são provas ou expiações, e as aceita sem murmurar.

O homem, possuído do sentimento de caridade e de amor ao próximo, faz o bem pelo bem sem esperança de recompensa, retribui o mal com o bem, toma a defesa do fraco contra o forte, e sacrifica sempre seu interesse à justiça.

E encontra satisfação nos benefícios que derrama, nos serviços que presta, nos felizes que faz, nas lágrimas que seca, nas consolações que dá aos aflitos. Seu primeiro movimento é de pensar nos outros antes de pensar em si, de procurar o interesse dos outros antes do seu próprio. O egoísta, ao contrário, calcula os lucros e as perdas de toda ação generosa.

Ele é bom, humano e benevolente para com todos, sem preferência de *raças nem de crenças,* porque vê irmãos em todos os homens. (*)

Respeita nos outros todas as convicções sinceras, e não lança o anátema àqueles que não pensam como ele.

Em todas as circunstâncias, a caridade é o seu guia; diz a si mesmo que aquele que leva prejuízo a outrem por palavras malévolas, que fere a suscetibilidade de alguém por seu orgulho e seu desdém, que não recua à ideia de causar uma inquietação, uma contrariedade, ainda que leve, quando pode evitá-lo, falta ao dever de amor ao próximo e não merece a clemência do Senhor.

Não tem ódio, nem rancor, nem desejo de vingança; a exemplo de Jesus, perdoa e esquece as ofensas e não se lembra senão dos benefícios; porque sabe que lhe será perdoado como ele próprio houver perdoado.

É indulgente para com as fraquezas alheias, porque sabe que ele mesmo tem necessidade de indulgência e se lembra destas palavras do Cristo: aquele que está sem pecado lhe atire a primeira pedra.

Não se compraz em procurar os defeitos alheios, nem em colocá-los em evidência. Se a necessidade a isso o obriga, procura sempre o bem que pode atenuar o mal.

Estuda as suas próprias imperfeições e trabalha, sem cessar, em combatê-las. Todos os seus esforços tendem a poder dizer a si mesmo no dia de amanhã, que há nele alguma coisa de melhor do que na véspera.

Não procura fazer valorizar nem seu espírito nem seus talentos às expensas de outrem; aproveita, ao contrário, todas as ocasiões para ressaltar as vantagens dos outros.

Não se envaidece nem com a fortuna, nem com as vantagens pessoais, porque sabe que tudo o que lhe foi dado, pode lhe ser retirado.

Usa, mas não abusa, dos bens que lhe são concedidos, porque sabe que é um depósito do qual deverá prestar contas, e que o emprego, o mais prejudicial para si mesmo, é de fazê-los servir à satisfação de suas paixões.

Se a ordem social colocou homens sob a sua dependência, ele os trata com bondade e benevolência, porque são seus iguais perante Deus; usa de sua autoridade para erguer-lhes o moral e não para os esmagar com o seu orgulho; evita tudo o que poderia tornar a sua posição subalterna mais penosa.

(*) Vide Nota Explicativa da Editora no final do livro.

O subordinado, por sua vez, compreende os deveres da sua posição e tem o escrúpulo em cumpri-los conscienciosamente. (Cap. XVII, nº 9).

O homem de bem, enfim, respeita, em seus semelhantes, todos os direitos dados pelas leis da Natureza, como gostaria que os seus fossem respeitados.

Esta não é a enumeração de todas as qualidades que distinguem o homem de bem, mas todo aquele que se esforce em possuí-las, está no caminho que conduz a todas as outras.

Os bons espíritas

4. O Espiritismo bem compreendido, mas sobretudo bem sentido, conduz forçosamente aos resultados acima, que caracterizam o verdadeiro espírita como o verdadeiro cristão, que são a mesma coisa. O Espiritismo não criou nenhuma moral nova; facilita aos homens a inteligência e a prática da moral do Cristo, dando uma fé sólida e esclarecida àqueles que duvidam ou vacilam.

Mas muitos daqueles que creem nos fatos das manifestações, não compreendem nem as suas consequências, nem o seu alcance moral ou, se as compreendem, não as aplicam a si mesmos. A que se prende isso? À falta de precisão da doutrina? Não, porque ela não contém nem alegorias, nem figuras que possam dar lugar a falsas interpretações; sua essência mesma é a clareza e é o que a faz poderosa, porque vai direto à inteligência. Nada tem de misteriosa e seus iniciados não estão de posse de nenhum segredo oculto ao vulgo.

É preciso, pois, para compreendê-la, uma inteligência fora do comum? Não, porque se veem homens de uma capacidade notória que não a compreendem, enquanto que inteligências vulgares, de jovens mesmo, apenas saídos da adolescência, a apreendem com admirável exatidão em suas mais delicadas nuanças. Isso decorre do fato de que a parte de alguma sorte *material* da ciência não requer senão olhos para observar, ao passo que a parte *essencial* exige um certo grau de sensibilidade que se pode chamar *maturidade do senso moral,* maturidade independente da idade e do grau de instrução, porque é inerente ao desenvolvimento, num sentido especial, do Espírito encarnado.

Em alguns, os laços da matéria são ainda muito tenazes para permitir ao Espírito libertar-se das coisas da Terra; o nevoeiro que os circunda furta-lhes a visão do infinito; por isso, eles não rompem facilmente nem com seus gostos, nem com seus hábitos, não compreendem alguma coisa melhor do que aquilo que têm; a crença nos Espíritos é para eles um simples fato, mas não modifica, senão pouco ou nada, as suas tendências instintivas; numa palavra, não veem senão um raio de luz, insuficiente para conduzi-los e dar-lhes uma aspiração poderosa, capaz de vencer os seus pendores. Eles se apegam aos fenômenos mais do que à moral, que lhes parece banal e monótona; pedem aos Espíritos para iniciá-los, sem cessar, nos novos mistérios, sem perguntarem se se tornaram dignos de penetrarem nos segredos do Criador. Esses são os espíritas imperfeitos, dos quais alguns permanecem no caminho ou se distanciam dos seus irmãos em crença, porque recuam diante da obrigação de se reformarem ou reservam suas simpatias para aqueles que partilham suas fraquezas ou suas prevenções. Entretanto, a aceitação do princípio da doutrina é um primeiro passo que lhes tornará o segundo mais fácil numa outra existência.

Aquele que pode ser, com razão, qualificado de verdadeiro e sincero espírita, está num grau superior de adiantamento moral; o Espírito, que domina mais completamente a matéria, dá-lhe uma percepção mais clara do futuro; os princípios da doutrina fazem vibrar nele as fibras que permanecem mudas nos primeiros; numa palavra, *ele é tocado no coração;* também é a sua fé inabalável. Um é como o músico que se comove com certos acordes, ao passo que o outro não ouve senão sons. *Reconhece-se o verdadeiro espírita pela sua transformação moral e pelos esforços que faz para domar as suas más inclinações;* enquanto que um se compraz em seu horizonte limitado; o outro, que compreende alguma coisa de melhor, esforça-se para dele se libertar e sempre o consegue quando tem vontade firme.

Parábola do Semeador

5. *Naquele mesmo dia, Jesus, tendo saído de casa, sentou-se perto do mar; e se reuniu ao seu redor uma grande multidão de povo; por isso, ele subiu num barco, onde se sentou, todo o povo estando na margem; e lhes disse muitas coisas por parábolas, falando-lhes desta maneira:*

Aquele que semeia, saiu a semear e, enquanto semeava, uma parte da semente caiu ao longo do caminho, e, vindo os pássaros do céu, a comeram.

Outra caiu nos lugares pedregosos, onde não havia muita terra; e logo nasceu porque a terra onde estava não tinha profundidade. Mas o Sol tendo se erguido, em seguida, a queimou; e, como não tinha raízes, secou.

Outra caiu nos espinheiros, e os espinhos, vindo a crescer, a sufocaram.

Outra, enfim, caiu na boa terra e deu frutos, alguns grãos rendendo cento por um, outros sessenta e outros trinta.

Que ouça aquele que tem ouvidos para ouvir. (São Mateus, cap. XIII, v. de 1 a 9).

Escutai, pois, vós outros, a parábola do semeador.

Todo aquele que escuta a palavra do reino e não lhe dá atenção, o espírito maligno vem e arrebata o que havia sido semeado em seu coração; é aquele que recebeu a semente ao longo do caminho.

Aquele que recebeu a semente no meio das pedras é o que escuta a palavra, e que a recebe na hora mesmo com alegria; mas ele não tem em si raízes, e não está senão por um tempo; e quando sobrevêm os obstáculos e as perseguições por causa da palavra, a toma logo como um objeto de escândalo e de queda.

Aquele que recebe a semente entre os espinhos é o que ouve a palavra; mas, em seguida, os cuidados deste mundo e a ilusão das riquezas sufocam em si essa palavra e a tornam infrutífera.

Mas aquele que recebe a semente numa boa terra é aquele que escuta a palavra, que lhe presta atenção e que dá fruto, e rende cento, ou sessenta, ou trinta por um. (São Mateus, cap. XIII, v. de 18 a 23).

6. A parábola da semente representa perfeitamente as diferenças que existem na maneira de aproveitar os ensinamentos do Evangelho. Quantas pessoas há, com efeito, para as quais eles não são senão a letra morta que, semelhante à semente caída sobre a rocha, não produzem nenhum fruto!

Ela encontra uma aplicação, não menos justa, nas diferentes categorias de espíritas. Não é o emblema daqueles que não se apegam senão aos fenômenos materiais, e deles não tiram nenhuma consequência, porque não veem neles senão um objeto de curiosidade? Daqueles que não procuram senão o brilho nas comunicações dos Espíritos, e não se interessam por elas senão quando satisfazem a sua imaginação, mas que, depois de as terem ouvido, são tão frios e indiferentes quanto antes? Que acham os conselhos muito bons e os admiram, mas deles fazem aplicação nos outros e não a si mesmos? Dos que, enfim, para quem essas instruções são como a semente caída na boa terra e produzem frutos?

Instruções dos Espíritos

O dever

7. O dever é a obrigação moral, diante de si mesmo primeiro, e dos outros em seguida. O dever é a lei da vida; ele se encontra nos mais ínfimos detalhes, assim como nos atos elevados. Não quero falar aqui senão do dever moral, e não daquele que as profissões impõem.

Na ordem dos sentimentos, o dever é muito difícil de ser cumprido, porque se acha em antagonismo com as seduções do interesse e do coração; suas vitórias não têm testemunhos, e suas derrotas não têm repressão. O dever íntimo do homem está entregue ao seu livre-arbítrio: o aguilhão da consciência, esse guardião da probidade interior, o adverte e o sustenta, mas permanece, frequentemente, impotente diante dos sofismas da paixão. O dever do coração, fielmente observado, eleva o homem; mas, esse dever, como precisá-lo? Onde começa ele? Onde se detém? *O dever começa precisamente no ponto em que ameaçais a felicidade ou a tranquilidade do vosso próximo; termina no limite que não gostarieis de ver ultrapassado em relação a vós mesmos.*

Deus criou todos os homens iguais para a dor; pequenos ou grandes, ignorantes ou esclarecidos, sofrem pelas mesmas causas a fim de que cada um julgue judiciosamente o mal que pode fazer. O mesmo critério não existe para o bem, infinitamente mais variado em suas expressões. *A igualdade diante da dor é uma sublime previdência de Deus, que quer que seus filhos, instruídos pela experiência comum, não cometam o mal argumentando com a ignorância dos seus efeitos.*

O dever é o resumo prático de todas as especulações morais; é uma bravura da alma que afronta as angústias da luta; é austero e flexível; pronto a dobrar-se às diversas complicações, permanece inflexível diante de suas tentações. *O homem que cumpre o seu dever ama a Deus mais que as criaturas, e as criaturas mais do que a si mesmo;* ele é, ao mesmo tempo, juiz e escravo em sua própria causa.

O dever é o mais belo laurel da razão; depende dela como o filho depende de sua mãe. O homem deve amar o dever, não porque o preserve dos males da vida, aos quais a Humanidade não pode se subtrair, mas porque dá à alma o vigor necessário ao seu desenvolvimento.

O dever cresce e irradia sob mais elevada forma em cada uma das etapas superiores da Humanidade; a obrigação moral não cessa jamais, da criatura para com Deus; ela deve refletir as virtudes do Eterno, que não aceita um esboço imperfeito, porque quer que a beleza da sua obra resplandeça diante dele. (LÁZARO, Paris, 1863).

A virtude

8. A virtude, em seu mais alto grau, comporta o conjunto de todas as qualidades essenciais que constituem o homem de bem. Ser bom, caridoso, laborioso, moderado, modesto, são qualidades do homem virtuoso. Infelizmente, elas são, com frequência, acompanhadas de pequenas enfermidades morais que as desornam e as atenuam. Aquele que exibe a sua virtude não é virtuoso, uma vez que lhe falta a qualidade principal: a modéstia, e tem o vício mais contrário: o orgulho. A virtude verdadeiramente digna desse nome não gosta de se exibir, é adivinhada, mas se oculta na obscuridade e foge da admiração das multidões. São Vicente de Paulo era virtuoso, o digno cura d'Ars era virtuoso, e muitos outros pouco conhecidos do mundo, mas conhecidos de Deus. Todos esses homens de bem ignoravam, eles mesmos, que fossem virtuosos; se deixavam ir na corrente de suas santas inspirações e praticavam o bem com um desinteresse completo e um inteiro esquecimento de si mesmos.

É à virtude assim compreendida e praticada que eu vos convido, meus filhos; é a essa virtude verdadeiramente cristã e verdadeiramente espírita que eu vos convido a vos consagrar; mas afastai, dos vossos corações, o pensamento do orgulho, da vaidade, do amor-próprio, que desornam sempre as mais belas qualidades. Não imiteis esse homem que se coloca como um modelo e glorifica, ele mesmo, as próprias qualidades a todos os ouvidos complacentes. Essa virtude de ostentação, oculta, frequentemente, uma multidão de pequenas torpezas e odiosas vilezas.

Em princípio, o homem que exalta a si mesmo, que eleva uma estátua à sua própria virtude, aniquila, só por esse fato, todo o mérito efetivo que possa ter. Mas, que direi daquele em que todo o valor está em parecer o que não é? Quero admitir que o homem que faz o bem sente no fundo do coração uma satisfação íntima, mas desde que essa satisfação se exteriorize para recolher elogios, degenera em amor-próprio.

Ó, vós todos a quem a fé espírita reaqueceu com seus raios e que sabeis quanto o homem está longe da perfeição, não vos entregueis à semelhante insensatez. A virtude é uma graça que eu desejo a todos os espíritas sinceros, mas eu lhes direi: Mais vale menos virtude com a modéstia do que muitas com o orgulho. Foi pelo orgulho que as humanidades sucessivas se perderam, e é pela humildade que elas um dia deverão redimir-se. (FRANÇOIS - NICOLAS - MADELEINE, Paris, 1863).

Os superiores e os inferiores

9. A autoridade, da mesma forma que a fortuna, é uma delegação da qual serão pedidas contas àquele que dela se acha investido; não creiais que ela lhe seja dada para lhe proporcionar o vão prazer de comandar, nem, assim, como o creem falsamente a maioria dos poderosos da Terra, como um direito, uma propriedade. Deus, entretanto, prova-lhes suficientemente que não é nem uma nem outra coisa, uma vez que lhas retira, quando isso lhe apraz. Se fosse um privilégio ligado à sua pessoa, ela seria inalienável. Ninguém pode, pois, dizer que uma coisa lhe pertence, quando lhe pode ser tirada sem seu consentimento. Deus dá a autoridade a título de *missão* ou de prova, quando isso lhe convém, e a retira da mesma forma.

Todo aquele que é depositário da autoridade, de qualquer extensão que ela seja, desde o senhor sobre seu servo até o soberano sobre seu povo, não deve se dissimular que tem encargo de almas; ele responderá pela boa ou má direção que tiver dado aos seus subordinados, e as faltas que estes poderão cometer, os vícios a que serão arrastados, em consequência dessa direção ou *de maus exemplos* recairão sobre ele, enquanto que recolherá os frutos da sua solicitude para conduzi-los ao bem. Todo homem tem, na Terra, uma missão pequena ou grande; qualquer que ela seja, é sempre dada para o bem; é, pois, nela falir, falseá-la em seu princípio.

Se Deus pergunta ao rico: Que fizeste da fortuna que deveria ser em tuas mãos uma fonte, espalhando a fecundidade ao teu redor? Ele perguntará àquele que possui uma autoridade qualquer: Que uso fizeste dessa autoridade? Que mal detiveste? Que progresso fizeste? Se eu te dei subordinados não foi para fazer deles escravos da tua vontade, nem os instrumentos dóceis de teus caprichos e da tua cupidez; eu te fiz forte e te confiei os fracos para sustentá-los e ajudá-los a subir até mim.

O superior, que está compenetrado das palavras do Cristo, não despreza a nenhum daqueles que estão abaixo de si, porque sabe que as distinções sociais nada instituem diante de Deus. O Espiritismo lhe ensina que se o obedecem hoje, puderam lhe comandar ou poderão lhe comandar mais tarde, e que então será tratado, como os tiver tratado ele mesmo.

Se o superior tem deveres a cumprir, o inferior os tem, de seu lado, e não são menos sagrados. Se este último é espírita, sua consciência lhe dirá, melhor ainda, que deles não está dispensado, mesmo quando seu chefe não cumprisse os seus, porque sabe que não se deve retribuir o mal com mal, e que as faltas de uns não autorizam as faltas de outros. Se sofre em sua posição, diz a si mesmo que, sem dúvida, mereceu-a, porque, talvez, ele mesmo, abusou outrora de sua autoridade e deve sentir, a seu turno, os inconvenientes daquilo que fez os outros sofrerem. Se está forçado a suportar essa posição na falta de achar uma melhor, o Espiritismo lhe ensina a nela resignar-se como sendo uma prova para a sua humildade, necessária ao seu adiantamento. Sua crença o guia em sua conduta; age como quereria que seus subordinados agissem para com ele, se fosse chefe. Por isso mesmo, é mais escrupuloso no cumprimento de suas obrigações, porque compreende que toda negligência no trabalho, que lhe está confiado, é um prejuízo para aquele que o remunera e a quem deve seu tempo e seus cuidados; numa palavra, ele é solicitado pelo sentimento do dever que lhe dá sua fé, e a certeza de que todo desvio do caminho reto é uma dívida que será preciso pagar, cedo ou tarde. (FRANÇOIS - NICOLAS - MADELEINE, Cardeal MORLOT, Paris, 1863).

O homem no mundo

10. Um sentimento de piedade deve sempre animar o coração daqueles que se reúnem sob os olhos do Senhor e imploram a assistência dos bons Espíritos. Purificai, pois, os vossos corações; não deixeis neles demorar nenhum pensamento mundano ou fútil; elevai vosso espírito até aqueles a quem chamais, a fim de que, encontrando em vós as disposições necessárias, possam lançar profusamente a semente que deve germinar em vossos corações e nele dar frutos de caridade e de justiça.

Não creiais, todavia, que em vos exortando sem cessar à prece e à evocação mental, nós vos exortamos a viver uma vida mística que vos mantenha fora das leis da sociedade em que estais condenados a viver. Não, vivei com os homens de vossa época, como devem viver os homens; sacrificai às necessidades, mesmo às frivolidades do dia, mas sacrificai-as com um sentimento de pureza que as possa santificar.

Fostes chamados a entrar em contato com espíritos de natureza diferente, de caracteres opostos; não choqueis nenhum daqueles com os quais vos encontrardes. Sede alegres, sede felizes, mas da alegria que dá uma boa consciência, da felicidade do herdeiro do céu contando os dias que o aproximam de sua herança.

A virtude não consiste em tomar um aspecto severo e lúgubre, em repelir os prazeres que as vossas condições humanas permitem; basta informar todos os atos da vida ao Criador que deu essa vida; basta, quando se começa ou acaba uma obra, elevar o pensamento até esse Criador e pedir-lhe, num impulso d'alma, scja sua proteção para ser bem sucedido, seja sua bênção para a obra terminada. O que quer que fizerdes, remontai até à fonte de todas as coisas; nada façais sem que a lembrança de Deus venha purificar e santificar os vossos atos.

A perfeição está inteiramente, como disse o Cristo, na prática da Caridade absoluta, mas os deveres da caridade se estendem a todas as posições sociais, desde a menor até a maior. O homem que vivesse só, não teria caridade a exercer; não é senão no contato com os semelhantes, nas lutas mais penosas, que disso encontra ocasião. Aquele, pois, que se isola, priva-se voluntariamente do mais poderoso meio de perfeição; não tendo que pensar senão em si, sua vida é a de um egoísta. (Cap. V, nº 26).

Não imagineis, pois, que para viver em comunicação constante conosco, para viver sob o olhar do Senhor, seja preciso envergar o cilício e cobrir-se de cinzas; não, não, ainda uma vez; sede felizes segundo as necessidades da Humanidade, mas que em vossa felicidade não entre jamais nem um pensamento, nem um ato que possa ofendê-lo, ou fazer velar a face daqueles que vos amam e que vos dirigem. Deus é amor e abençoa aqueles que amam santamente. (UM ESPÍRITO PROTETOR, Bordéus, 1863).

Cuidar do corpo e do Espírito

11. A perfeição moral consiste na maceração do corpo? Para resolver esta questão, eu me apoio sobre os princípios elementares e começo por demonstrar a necessidade de cuidar do corpo que, segundo as alternativas da saúde e da doença, influi de maneira muito importante sobre a alma, que é preciso considerar como cativa na carne. Para que essa prisioneira viva, divirta-se e conceba mesmo as ilusões da liberdade, o corpo deve estar são, disposto, vigoroso. Sigamos a comparação: Ei-los, pois, em perfeito estado, ambos; que devem fazer para manter o equilíbrio entre as suas aptidões e suas necessidades tão diferentes?

Aqui dois sistemas se defrontam: o dos ascetas, que querem abater o corpo, e o dos materialistas, que querem rebaixar a alma; duas violências, que são quase tão insensatas uma quanto a outra. Ao lado desses grandes partidos, formiga a numerosa tribo dos indiferentes que, sem convicção e sem paixão, amam tibiamente e gozam com economia. Onde, pois, está a sabedoria? Onde, pois, está a ciência de viver? Em nenhuma parte; e esse grande problema permaneceria inteiramente por resolver, se o Espiritismo não viesse em ajuda aos pesquisadores em lhes demonstrando as relações que existem entre o corpo e a alma e em dizendo que, uma vez que são necessários um ao outro, é preciso cuidar de ambos. Amai, pois, vossa alma, mas cuidai também do corpo, instrumento da alma; desconhecer as necessidades que são indicadas pela própria Natureza, é desconhecer a lei de Deus. Não o castigueis pelas faltas que o vosso livre-arbítrio fê-lo cometer, e das quais ele é tão irresponsável como o é o cavalo mal dirigido, pelos acidentes que causa. Sereis, pois, mais perfeitos se, martirizando o corpo, com isso, não ficais menos egoístas, menos orgulhosos e pouco caridosos para com o vosso próximo? Não, a perfeição não está nisso; ela está inteiramente nas reformas que fareis vosso Espírito suportar; dobrai-o, submetei-o, humilhai-o, mortificai-o: é o meio de torná-lo dócil à vontade de Deus, e o único que conduz à perfeição. (GEORGES, ESPÍRITO PROTETOR, Paris, 1863).

XVIII
Capítulo 18

Muitos os chamados e poucos os escolhidos

Parábola do festim de núpcias. – A porta estreita. – Aqueles que dizem: Senhor! Senhor! Não entrarão todos no Reino dos Céus. – Muito se pedirá àquele que muito recebeu. – Instruções dos Espíritos: *Dar-se-á àquele que tem. – Reconhece-se o cristão pelas suas obras.*

Parábola do festim de núpcias

1. *Jesus falando ainda por parábolas, disse-lhes: O reino dos céus é semelhante a um rei que, querendo realizar as núpcias de seu filho, enviou seus servidores para chamar às núpcias aqueles que foram convidados; mas eles se recusaram a vir. Ele enviou ainda outros servidores com ordem de dizer, de sua parte, aos convidados: Eu preparei meu jantar; fiz matar meus bois e tudo o que havia feito cevar; tudo está preparado, vinde às núpcias. Mas eles não se preocuparam e se foram, um à sua casa de campo, e outro ao seu negócio. Os outros se apoderaram de seus servidores e os mataram após lhes ter feito vários ultrajes. O rei, tendo sabido disso, encheu-se de cólera, e, tendo enviado seus exércitos, exterminou esses homicidas e queimou a sua cidade.*

Então, ele disse aos seus servidores: O festim de núpcias está todo preparado, mas aqueles que haviam sido chamados, dele não foram dignos. Ide, pois, nas encruzilhadas e chamai para as núpcias todos aqueles que encontrardes. Seus servidores, indo então pelas ruas, reuniram todos aqueles que encontraram, bons e maus; e a sala de núpcias ficou cheia de pessoas, que se sentaram à mesa.

O rei entrou em seguida para ver aqueles que estavam à mesa e, tendo notado um homem que não estava com a roupa nupcial, disse-lhe: Meu amigo, como entrastes aqui sem ter a roupa nupcial? E esse homem permaneceu mudo. Então o rei disse aos seus servos: atai-lhe as mãos e os pés e lançai-o nas trevas exteriores; aí haverá pranto e ranger de dentes, porque há muitos chamados e poucos escolhidos. (São Mateus, cap. XXII, v. de 1 a 14).

2. O incrédulo sorri a esta parábola que lhe parece de uma puerilidade ingênua, porque não compreende que se possa criar tanta dificuldade para assistir a uma festa, e ainda menos que os convidados estendessem a resistência até ao massacre dos enviados do senhor da casa. "As parábolas, diz ele, sem dúvida, são figuras, mas ainda é preciso que elas não saiam dos limites do verossímil."

Pode-se dizer o mesmo de todas as alegorias, das fábulas mais engenhosas, se não são despojadas de seu envoltório para procurar-lhe o sentido oculto. Jesus hauriu as suas nos usos mais vulgares da vida, e as adaptou aos costumes e ao caráter do povo ao qual falava; a maioria tem por fim fazer penetrar nas massas a ideia da vida espiritual; o seu sentido não parece frequentemente ininteligível senão porque não se parte desse ponto de vista.

Nesta parábola, Jesus compara o reino dos céus, onde tudo é alegria e felicidade, a uma festa. Para os primeiros convidados, fez alusão aos Hebreus, que Deus chamou primeiro ao conhecimento da sua lei. Os enviados do Senhor são os profetas que vieram exortá-los a seguir o caminho da verdadeira felicidade; mas suas palavras foram pouco escutadas; suas advertências foram menosprezadas; vários foram mesmo massacrados, como os servidores da parábola. Os convidados, que se excusam para cuidar de seus campos e de seus negócios, são o símbolo das pessoas do mundo que, absorvidas pelas coisas terrestres, são indiferentes quanto às coisas celestes.

Era uma crença, entre os Judeus de então, que sua nação deveria adquirir a supremacia sobre todas as outras. Deus não havia, com efeito, prometido a Abraão que a sua posteridade cobriria toda a Terra? Mas sempre, tomando a forma pelo fundo, eles acreditavam numa dominação efetiva e material.

Antes da vinda do Cristo, à exceção dos Hebreus, todos os povos eram idólatras e politeístas. Se alguns homens, superiores ao vulgo, conceberam a ideia da unidade divina, essa ideia ficou no estado de sistema pessoal, mas em nenhuma parte foi aceita como verdade fundamental, a não ser por alguns iniciados que escondiam os seus conhecimentos sob um véu misterioso, impenetrável às massas. Os Hebreus foram os primeiros que praticaram publicamente o monoteísmo; foi a eles que Deus transmitiu a sua lei, primeiro por Moisés, depois por Jesus; foi desse pequeno foco que partiu a luz que deveria se derramar sobre o mundo inteiro, triunfar do paganismo e dar a Abraão uma posteridade *espiritual* "tão numerosa quanto as estrelas do firmamento". Mas os Judeus, repelindo a idolatria, haviam negligenciado a lei moral para se apegarem à prática mais fácil das formas exteriores. O mal chegara ao auge; a nação dominada estava fragmentada pelas facções, dividida pelas seitas; a incredulidade mesmo havia penetrado até no santuário. Foi então que apareceu Jesus, enviado para lembrá-los quanto à observância da lei e abrir-lhes os horizontes novos da vida futura; convidados dos *primeiros* para o grande banquete da fé universal, repeliram a palavra do celeste Messias e o fizeram perecer; foi assim que perderam o fruto que teriam recolhido de sua iniciativa.

Seria injusto, todavia, acusar o povo inteiro desse estado de coisas; essa responsabilidade cabe principalmente aos Fariseus e aos Saduceus que perderam a nação pelo orgulho e pelo fanatismo de uns e pela incredulidade de outros. São eles, sobretudo, que Jesus compara aos convidados que recusam comparecer ao repasto de núpcias. Depois, acrescenta: "O Senhor, vendo isso, fez convidar todos os que se encontravam nas encruzilhadas, bons e maus"; ele queria dizer com isso que a palavra foi pregada a todos os outros povos, pagãos e idólatras, e que estes a aceitando, seriam admitidos na festa em lugar dos primeiros convidados.

Mas não basta ser convidado; não basta levar o nome de cristão, nem se assentar à mesa para tomar parte no celeste banquete; é preciso, antes de tudo, e como condição expressa, estar revestido com a roupa nupcial, quer dizer, ter a pureza de coração e praticar a lei segundo o espírito; ora, essa lei está inteiramente nestas palavras: *Fora da caridade não há salvação.* Mas entre todos aqueles que ouvem a palavra divina, quão poucos há que a guardam e a praticam! Quão poucos se tornam dignos de entrar no reino dos céus! Por isso, Jesus disse: *Haverá muitos chamados e poucos escolhidos.*

A porta estreita

3. *Entrai pela porta estreita, porque a porta da perdição é larga, e o caminho que a ela conduz é espaçoso, e há muitos que por ela entram. Como a porta da vida é pequena! Como o caminho que a ela conduz é estreito! e como há poucos que a encontram! (São Mateus, cap. VII, v. 13 e 14).*

4. *Alguém lhe tendo feito esta pergunta: Senhor, haverá os que se salvam? Ele lhe respondeu: Fazei esforços para entrar pela porta estreita, porque eu vos* *asseguro que vários procurarão por ela entrar e não o poderão. E quando o pai de família tiver entrado e fechado a porta, e que vós estando do lado de fora, começardes a bater dizendo: Senhor, abri-nos; ele vos responderá: Eu não sei de onde sois. Então recomeçareis a dizer: Comemos e bebemos em vossa presença e vós ensinastes em nossas praças públicas. E ele vos responderá: Eu não sei de onde sois; retirai-vos de mim, todos vós que cometeis a iniquidade.*

Será então que haverá prantos e ranger de dentes, quando vereis que Abraão, Isac, Jacó e todos os profetas estarão no reino de Deus, e que vós outros sereis enxotados para fora. Virão do Oriente e do Ocidente, do Setentrião e do Meio-Dia, os que terão lugar ao festim no reino de Deus. Então, aqueles que são os últimos serão os primeiros, e aqueles que são os primeiros, serão os últimos. (São Lucas, cap. XIII, v. de 23 a 30).

5. A porta da perdição é larga, porque as más paixões são numerosas, e o caminho do mal é frequentado pela maioria. A da salvação é estreita, porque o homem que quer transpô-la deve fazer grandes esforços sobre si mesmo para vencer as suas más tendências, e poucos a isso se resignam; é o complemento da máxima: Há muitos chamados e poucos escolhidos.

Tal é o estado atual da Humanidade terrestre, porque a Terra, sendo um mundo de expiação, o mal nela predomina; quando ela estiver transformada, o caminho do bem será o mais frequentado. Essas palavras, pois, devem entender-se em seu sentido relativo e não no sentido absoluto. Se tal devesse ser o estado normal da Humanidade, Deus teria voluntariamente votado à perdição a imensa maioria de suas criaturas; suposição inadmissível desde que se reconhece que Deus é todo justiça e todo bondade.

Mas de que ações más esta Humanidade poderia se tornar culpada para merecer uma sorte tão triste, em seu presente e em seu futuro, se ela estava inteiramente relegada na Terra, e se a alma não tivesse tido outras existências? Por que tantos entraves semeados em seu caminho? Por que essa porta tão estreita, que é dada ao menor número transpor, se a sorte da alma está fixada para sempre depois da morte? É assim que, com a unicidade da existência, se está incessantemente em contradição consigo mesmo e com a justiça de Deus. Com a anterioridade da alma e a pluralidade dos mundos, o horizonte se amplia; a luz se faz sobre os pontos mais obscuros da fé; o presente e o futuro são solidários com o passado; então, somente, pode-se compreender toda a profundeza, toda a verdade e toda a sabedoria das máximas do Cristo.

Aqueles que dizem: Senhor! Senhor! Não entrarão todos no Reino dos Céus

6. *Aqueles que dizem: Senhor! Senhor! não entrarão todos no reino dos céus; mas somente entrará aquele que faz a vontade do meu Pai que está nos céus. Vários me dirão naquele dia: Senhor! Senhor! não profetizamos em vosso nome? não expulsamos os demônios em vosso nome e não fizemos vários milagres em vosso nome? E, então, eu lhes direi claramente: Retirai-vos de mim, vós que fazeis obras de iniquidade. (São Mateus, cap. VII, v. 21, 22, 23).*

7. *Todo aquele que, pois, ouve estas palavras que eu digo e as pratica será comparado a um homem sábio que construiu sua casa sobre a rocha; e logo que a chuva caiu, e que os rios transbordaram, que os ventos sopraram e se abateram sobre essa casa, ela não tombou, porque estava fundada sobre a rocha. Mas todo aquele que ouve estas palavras que eu digo e não as pratica, será semelhante a um homem insensato que construiu sua casa sobre a areia; e logo que a chuva caiu, que os rios transbordaram, que os ventos sopraram e se abateram sobre essa casa, ela ruiu e sua ruína foi grande. (São Mateus, cap. VII, v. de 24 a 27. – São Lucas, cap. VI, v. de 46 a 49).*

8. *Aquele, pois, que violar um desses menores mandamentos e que ensinar aos homens a violá-los, será considerado no reino dos céus como o último; mas aquele que os executar e ensinar, será grande no reino dos céus. (São Mateus, cap. V, v. 19).*

9. Todos aqueles que proclamam a missão de Jesus, dizem: Senhor! Senhor! Mas de que serve chamá-lo Mestre ou Senhor se não lhe seguem os preceitos? São cristãos aqueles que o honram por atos exteriores de devoção e sacrificam, ao mesmo tempo, ao orgulho, ao egoísmo, à cupidez e a todas as suas paixões? São seus discípulos aqueles que passam dias em prece e não são com isso nem melhores, nem mais caridosos, nem mais indulgentes para com os seus semelhantes? Não, porque assim como os Fariseus, eles têm a prece sobre os lábios e não no coração. Com a forma eles podem se impor aos homens, mas não a Deus. Em vão dirão a Jesus: "Senhor, nós profetizamos, quer dizer, ensinamos em vosso nome; expulsamos os demônios em vosso nome; bebemos e comemos convosco"; ele lhes responderá: "Eu não sei quem sois; retirai-vos de mim, vós que cometeis iniquidades, vós que desmentis as vossas palavras com as vossas ações, que caluniais o vosso próximo, que espoliais as viúvas e cometeis o adultério; retirai-vos de mim, vós cujo coração destila ódio e fel, vós que derramais o sangue dos vossos irmãos em meu nome, que fazeis correr as lágrimas em lugar de secá-las. Para vós haverá prantos e ranger de dentes, porque o reino de Deus é para aqueles que são dóceis, humildes e caridosos. Não espereis dobrar a justiça do Senhor pela multiplicidade das vossas palavras e das vossas genuflexões; o único caminho que vos está aberto para encontrar graça diante dele é a prática sincera da lei de amor e de caridade."

As palavras de Jesus são eternas, porque são a verdade. Elas são não somente a salvaguarda da vida celeste, mas a garantia da paz, da tranquilidade e da estabilidade nas coisas da vida terrestre; por isso, todas as instituições humanas, políticas, sociais e religiosas, que se apoiarem sobre as suas palavras, serão estáveis como a casa construída sobre a pedra; os homens as conservarão, porque nelas encontrarão a sua felicidade; mas aqueles que as violarem, serão como a casa construída sobre a areia: o vento das revoluções e o rio do progresso as carregarão.

Muito se pedirá àquele que muito recebeu

10. *O servidor que soube a vontade de seu senhor e que, todavia, não estiver preparado e não tiver feito o que esperava dele, será batido rudemente; mas aquele que não soube sua vontade e que tiver feito coisas dignas de castigo, será menos punido. Muito se pedirá àquele a quem se tiver muito dado, e se fará prestar maiores contas àqueles a quem se tiver confiado mais coisas. (São Lucas, cap. XII, v. 47, 48).*

11. *Eu vim a este mundo para exercer um julgamento a fim de que aqueles que não veem vejam, e aqueles que veem se tornem cegos. Alguns fariseus que estavam com ele, ouviram estas palavras e lhe disseram: Somos nós, pois, também cegos? Jesus lhes respondeu: Se fôsseis cegos, não teríeis pecado, mas agora dizeis que vedes e é por isso que vosso pecado permanece em vós. (São João, cap. IX, v. 39, 40, 41).*

12. Estas máximas encontram, sobretudo, sua aplicação nos ensinamentos dos Espíritos. Todo aquele que conhece os preceitos do Cristo é culpável, seguramente, de não os praticar; mas, além do Evangelho que as contêm não estar difundido senão nas seitas cristãs, entre estas, quantas pessoas não o leem, e entre aqueles que o leem quantos há que não o compreendem! Disso resulta que as próprias palavras de Jesus estão perdidas para a maioria.

O ensinamento dos Espíritos, que reproduz estas máximas sob diferentes formas, que as desenvolve e as comenta para pô-las ao alcance de todos, tem a particularidade de não ser circunscrito e cada um, letrado ou iletrado, crente ou incrédulo, cristão ou não, pode recebê-lo, uma vez que os Espíritos se comunicam por toda a parte; nenhum daqueles que o recebem diretamente, ou por intermediários, pode pretextar ignorância; não pode se desculpar, nem por sua falta de instrução, nem pela obscuridade do sentido alegórico. Aquele, pois, que não as aproveita para o seu adiantamento, que as admira como coisas interessantes e curiosas sem que o seu coração por elas seja tocado, que não é nem menos vão, nem menos orgulhoso, nem menos egoísta, nem menos apegado aos bens materiais, nem melhor para o seu próximo, é tanto mais culpado, quanto tenha maiores meios de conhecer a verdade.

Os médiuns que obtêm boas comunicações são ainda mais repreensíveis em persistir no mal, porque, frequentemente, escrevem a sua própria condenação e, se não estivessem cegos pelo orgulho, reconheceriam que é a eles que os Espíritos se dirigem. Mas em lugar de tomar para eles as lições que escrevem ou que veem escrever, seu único pensamento é de aplicá-las aos outros, realizando assim estas palavras de Jesus: "Vedes um argueiro no olho do vosso vizinho, e não vedes a trave que está no vosso." (Cap. X, nº 9).

Por estas outras palavras: "Se fôsseis cegos não teríeis pecado", Jesus quer dizer que a culpabilidade está em razão das luzes que se possui; ora, os Fariseus, que tinham a pretensão de ser, e que eram, com efeito, a parte mais esclarecida da nação, eram mais repreensíveis aos olhos de Deus do que o povo ignorante. Ocorre o mesmo hoje.

Aos espíritas, pois, será pedido muito, porque receberam muito, mas também àqueles que tiverem aproveitado, será dado muito.

O primeiro pensamento de todo espírita sincero deve ser o de procurar, nos conselhos dados pelos Espíritos, se não há alguma coisa que possa lhe dizer respeito.

O Espiritismo vem multiplicar o número dos *chamados;* pela fé que proporciona, multiplicará também o número dos *escolhidos.*

Instruções dos Espíritos

Dar-se-á àquele que tem

13. *Seus discípulos, aproximando-se, disseram-lhe: Por que lhes falais por parábolas? E, respondendo-lhes, disse: É porque para vós outros foi dado conhecer os mistérios do reino dos céus, mas, para eles, não lhes foi dado. Porque a todo* *aquele que já tem se lhe dará ainda, e estará na abundância; mas para aquele que não tem, se lhe tirará mesmo o que tem. Por isso, eu lhes falo por parábolas; porque vendo eles não veem, e escutando não ouvem, nem compreendem. E a profecia de Isaías se cumpre neles quando disse: Escutareis com os vossos ouvidos, e não ouvireis; olhareis com os vossos olhos, e não vereis. (São Mateus, cap. XIII, v. 10 a 14).*

14. *Prestai bem atenção naquilo que ouvis, porque se servirá para convosco da mesma medida da qual vos servirdes para com os outros, e vos será dado ainda mais, porque se dará àquele que já tem, e para aquele que não tem, se lhe tirará mesmo o que tem. (São Marcos, cap. IV, v. 24, 25).*

15. "Dá-se àquele que já tem, e se tira àquele que não tem"; meditai estes grandes ensinamentos que, frequentemente, pareceram-vos paradoxais. Aquele que recebeu é o que possui o sentido da palavra divina; não a recebeu senão porque tentou dela se tornar digno, e o Senhor, em seu amor misericordioso, encoraja os esforços que tendem ao bem. Estes esforços firmes, perseverantes, atraem as graças do Senhor; é um imã que chama para si as melhoras progressivas, as graças abundantes que vos tornam fortes para escalar a montanha santa, no cume da qual está o repouso depois do trabalho.

"Tira-se àquele que nada tem ou que tem pouco"; tomai isto como uma oposição figurada. Deus não retira às suas criaturas o bem que se dignou lhes fazer. Homens cegos e surdos! abri as vossas inteligências e os vossos corações; vede pelo vosso espírito; ouvi pela vossa alma, e não interpreteis de maneira tão grosseiramente injusta as palavras daquele que fez resplandecer, aos vossos olhos, a justiça do Senhor. Não é Deus quem retira daquele que havia recebido pouco, é o próprio Espírito, ele mesmo, que, pródigo e negligente, não sabe conservar o que tem, e aumentar, na fecundidade, o óbolo que lhe caiu no coração.

Aquele que não cultiva o campo que o trabalho de seu pai lhe ganhou, e o qual ele herda, vê esse campo se cobrir de ervas parasitas. É seu pai quem lhe toma as colheitas que não quis preparar? Se deixou as sementes, destinadas a produzir nesse campo, mofar por falta de cuidado, deve acusar seu pai, se elas não produzem nada? Não, não; em lugar de acusar aquele que tinha tudo preparado para ele, de retomar seus dons, que acuse o verdadeiro autor das suas misérias e que, então, arrependido e ativo, se lance à obra com coragem; que rompa o solo ingrato com o esforço da sua vontade; que o lavre a fundo com a ajuda do arrependimento e da esperança; que nele jogue, com confiança, a semente que tiver escolhido como boa entre as más, que a regue com o seu amor e a sua caridade, e Deus, o Deus de amor e de caridade, dará àquele que já recebeu. Então, ele verá os seus esforços coroados de sucesso, e um grão produzir cem, e um outro mil. Coragem, lavradores; tomai as vossas grades e as vossas charruas; lavrai os vossos corações; arrancai deles o joio; semeai aí a boa semente que o Senhor vos confia, e o orvalho do amor o fará produzir os frutos da caridade. (UM ESPÍRITO AMIGO, Bordéus, 1862).

Reconhece-se o cristão pelas suas obras

16. Aqueles que me dizem: "Senhor! Senhor! não entrarão todos no reino dos céus, mas só aquele que faz a vontade de meu Pai que está nos céus."

Escutai essas palavras do Senhor, todos vós que repelis a Doutrina Espírita como uma obra do demônio. Abri os vossos ouvidos, pois o momento de ouvir chegou.

Basta trajar a libré do Senhor para ser um fiel servidor? Basta dizer: "Eu sou cristão", para seguir o Cristo? Procurai os verdadeiros cristãos e vós os reconhecereis por suas obras. "Uma árvore boa não pode produzir maus frutos, nem uma árvore má produzir bons frutos". "Toda árvore que não produz bons frutos é cortada e lançada ao fogo." Eis as palavras do Mestre; discípulos de Cristo, compreendei-as bem. Quais são os frutos que deve produzir a árvore do Cristianismo, árvore poderosa cujos ramos espessos cobrem, com a sua sombra, uma parte do mundo, mas que ainda não abrigaram todos aqueles que devem se reunir ao seu redor? Os frutos da árvore de vida são os frutos de vida, de esperança e de fé. O Cristianismo, tal como o fez durante muitos séculos, prega sempre essas divinas virtudes; procura espalhar os seus frutos, mas quão poucos os colhem! A árvore é sempre boa, mas os jardineiros são maus. Eles quiseram conformá-la à sua ideia; quiseram modelá-la segundo as suas necessidades; eles a cortaram, diminuíram-na, mutilaram-na; seus ramos estéreis não produzem maus frutos, pois nada mais produzem. O viajor sedento que se detém sob sua sombra para procurar o fruto da esperança que deve lhe restituir a força e a coragem, não distingue senão ramos infecundos, fazendo pressentir a tempestade. Em vão, ele procura o fruto de vida na árvore de vida: as folhas caem secas; a mão do homem de tanto manejá-las, queimou-as.

Abri, pois, os vossos ouvidos e os vossos corações, meus bem-amados! Cultivai essa árvore de vida cujos frutos dão a vida eterna. Aquele que a plantou vos convida a cuidá-la com amor, e a vereis produzir ainda, com abundância, seus frutos divinos. Deixai-a tal como o Cristo vô-la deu: não a mutileis; sua sombra imensa quer se estender sobre o Universo; não encurteis seus ramos. Seus frutos benfazejos caem em abundância para sustentar o viajor sedento que quer atingir o objetivo; não os colheis, esses frutos, para os guardar e os deixar apodrecer, a fim de que não sirvam a ninguém. "Há muitos chamados e poucos escolhidos"; há açambarcadores do pão de vida como os há, frequentemente, para o pão material. Não vos enfileireis entre eles; a árvore que produz bons frutos deve distribuí-los para todos. Ide, pois, procurar aqueles que estão sedentos; conduzi-os sob os ramos da árvore e dividi com eles o abrigo que ela vos oferece. "Não se colhem uvas dos espinheiros." Meus irmãos, distanciai-vos, pois, daqueles que vos chamam para vos apresentar as dificuldades do caminho, e segui aqueles que vos conduzem à sombra da árvore de vida.

O divino Salvador, o justo por excelência, disse, e suas palavras não passarão: "Aqueles que me dizem: Senhor! Senhor! não entrarão todos no reino dos céus, mas só aqueles que fazem a vontade do meu Pai que está nos céus."

Que o Senhor de bênçãos vos abençoe; que o Deus de luz vos ilumine; que a árvore de vida derrame sobre vós seus frutos com abundância! Crede e orai. (SIMEÃO, Bordéus, 1863).

XIX

Capítulo 19

A fé transporta montanhas

Poder da fé. – A fé religiosa. – Condição da fé inabalável. – Parábola da figueira seca. – Instruções dos Espíritos: *A fé, mãe da esperança e da caridade. – A fé divina e a fé humana.*

Poder da fé

1. *Quando veio até o povo, um homem se aproximou dele, lançou-se-lhe de joelhos aos pés, e lhe disse: Senhor, tende piedade de meu filho, que está lunático e sofre muito, porque ele cai frequentemente no fogo e frequentemente na água. Eu o apresentei aos vossos discípulos, mas não puderam curá-lo. E Jesus respondeu, dizendo: Ó raça incrédula e depravada, até quando estarei convosco? Até quando vos sofrerei? Trazei-me aqui essa criança. E Jesus, tendo ameaçado o demônio, ele saiu da criança, que foi curada no mesmo instante. Então, os discípulos vieram encontrar Jesus em particular, e lhe disseram: Por que não pudemos, nós outros, expulsar esse demônio? Jesus lhes respondeu: É por causa da vossa incredulidade. Porque eu vô-lo digo em verdade:* se tivésseis fé como um grão de mostarda, diríeis a esta montanha: Transporta-te daqui para ali, e ela se transportaria, *e nada vos seria impossível. (São Mateus, cap. XVII, v. de 14 a 20).*

2. No sentido próprio, é certo que a confiança nas próprias forças torna capaz de executar coisas materiais que não se pode fazer quando se duvida de si, mas aqui é unicamente no sentido moral que é preciso entender essas palavras. As montanhas que a fé transporta são as dificuldades, as resistências, a má vontade, numa palavra, que se encontra entre os homens, mesmo quando se trata das melhores coisas; os preconceitos da rotina, o interesse material, o egoísmo, a cegueira do fanatismo, as paixões orgulhosas, são outras tantas montanhas que barram o caminho de todo aquele que trabalha pelo progresso da Humanidade. A fé robusta dá a perseverança, a energia e os recursos que fazem vencer os obstáculos, nas pequenas como nas grandes coisas; a que é vacilante dá a incerteza, a hesitação de que se aproveitam aqueles que se quer combater; ela não procura os meios de vencer, porque não crê poder vencer.

3. Noutra acepção, a fé se diz da confiança que se tem no cumprimento de uma coisa, da certeza de atingir um fim; ela dá uma espécie de lucidez que faz ver, no pensamento, o fim para o qual se tende e os meios de atingi-lo, de sorte que aquele que a possui caminha, por assim dizer, com certeza. Num e noutro caso, ela pode fazer realizar grandes coisas.

A fé sincera e verdadeira é sempre calma; dá a paciência que sabe esperar, porque tendo seu ponto de apoio na inteligência e na compreensão das coisas, está certa de chegar; a fé incerta sente a sua própria fraqueza; quando está estimulada pelo interesse, torna-se colérica e crê suprir a força pela violência. A calma na luta é sempre um sinal de força e de confiança; a violência, ao contrário, é uma prova de fraqueza e de dúvida de si mesmo.

4. É preciso se guardar de confundir a fé com a presunção. A verdadeira fé se alia à humildade; aquele que a possui coloca sua confiança em Deus mais do que em si mesmo, porque sabe que, simples instrumento da vontade de Deus, não pode nada sem ele; por isso, os bons Espíritos vêm em sua ajuda. A presunção é menos a fé do que o orgulho, e o orgulho é sempre castigado, cedo ou tarde, pela decepção e pelos fracassos que lhe são infligidos.

5. O poder da fé recebe uma aplicação direta e especial na ação magnética; por ela o homem age sobre o fluido, agente universal, modifica-lhe as qualidades e lhe dá uma impulsão, por assim dizer, irresistível. Por isso, aquele que, a um grande poder fluídico normal junta uma fé ardente, pode, apenas pela vontade dirigida para o bem, operar esses fenômenos estranhos de cura e outros que, outrora, passariam por prodígios e que não são, todavia, senão as consequências de uma lei natural. Tal o motivo pelo qual Jesus disse aos seus apóstolos: se não curastes é que não tínheis a fé.

A fé religiosa. Condição da fé inabalável

6. Do ponto de vista religioso, a fé é a crença nos dogmas particulares que constituem as diferentes religiões; todas as religiões têm os seus artigos de fé. Sob este aspecto, a fé pode ser *raciocinada* ou *cega.* A fé cega, não examinando nada, aceita sem controle o falso como verdadeiro e se choca, a cada passo, contra a evidência e a razão; levada ao excesso, produz o *fanatismo.* Quando a fé repousa sobre o erro, ela se destrói, cedo ou tarde; a que tem por base a verdade é a única segura do futuro, porque não tem nada a temer do progresso das luzes, já que *o que é verdadeiro na obscuridade, o é igualmente em plena luz.* Cada religião pretende estar na posse exclusiva da verdade; *preconizar a fé cega sobre um ponto de crença, é confessar impotência em demonstrar que se tem razão.*

7. Diz-se vulgarmente que *a fé não se prescreve;* daí muitas pessoas dizerem que não é por sua culpa, se não têm fé. Sem dúvida, a fé não se prescreve, e o que é ainda mais justo: *a fé não se impõe.* Não, ela não se recomenda, mas se adquire, e não há ninguém que esteja privado de possuí-la, mesmo entre os mais refratários. Falamos das verdades espirituais fundamentais, e não desta ou daquela crença particular. Não cabe à fé ir a eles, mas a eles irem ao encontro da fé e, se a procuram com sinceridade, a encontrarão. Tende, pois, por certo, que aqueles que dizem: "Não queríamos nada melhor do que crer, mas não o podemos", o dizem dos lábios e não do coração, porque, em dizendo isso, tapam os ouvidos. As provas, entretanto, multiplicam-se ao seu redor; por que, pois, recusam-se em vê-las? Nuns, é negligência; em outros, medo de serem forçados a mudar seus hábitos; na maioria, é o orgulho que recusa reconhecer uma potência superior, porque lhes seria preciso se inclinarem diante dela.

Em certas pessoas, a fé parece de alguma sorte inata; uma centelha basta para desenvolvê-la. Essa facilidade em assimilar as verdades espíritas é um sinal evidente de progresso anterior; em outros, ao contrário, elas não penetram senão com dificuldade, sinal não menos evidente de uma natureza atrasada. Os primeiros já creram e compreenderam; trazem, *ao renascer,* a intuição do que sabiam: sua educação está feita; os segundos têm tudo a aprender; sua educação está por fazer; ela se fará, e se não ficar concluída nesta existência, o estará em outra.

A resistência do incrédulo, é preciso nisso convir, prende-se, frequentemente, menos a ele do que à maneira pela qual se lhe apresentam as coisas. À fé é preciso uma base, e essa base é a inteligência perfeita daquilo em que se deve crer; para crer, não basta *ver,* é preciso, sobretudo, *compreender.* A fé cega não é mais deste século; ora, é precisamente o dogma da fé cega que faz hoje o maior número de incrédulos, porque quer se impor e exige a abdicação de uma das mais preciosas prerrogativas do homem: o raciocínio e o livre-arbítrio. É essa fé contra a qual sobretudo se obstina o incrédulo, e da qual é verdadeiro dizer que não se prescreve; não admitindo provas, ela deixa no espírito um vago de onde nasce a dúvida. A fé raciocinada, a que se apoia sobre os fatos e a lógica, não deixa atrás de si nenhuma obscuridade; crê-se porque se está certo, e não se está certo senão quando se compreendeu; eis por que ela não se dobra; porque *não há fé inabalável senão aquela que pode encarar a razão face a face, em todas as épocas da Humanidade.*

É a esse resultado que o Espiritismo conduz, e triunfa também da incredulidade todas as vezes que não encontra oposição sistemática e interessada.

Parábola da figueira seca

8. *Quando saíram de Betânia, ele teve fome e, vendo de longe uma figueira, foi ver se poderia nela encontrar alguma coisa, e, tendo se aproximado, não encontrou senão folhas, porque não era tempo de figos. Então, Jesus disse à figueira: Que ninguém coma de ti nenhum fruto; o que seus discípulos ouviram. No dia seguinte, passando pela figueira, viram que ela havia se tornado seca até a raiz. E Pedro, lembrando-se das palavras de Jesus, disse-lhe: Mestre, vede como a figueira que amaldiçoastes se tornou seca. Jesus, tomando a palavra, disse-lhe: Tende fé em Deus. Eu vô-lo digo em verdade, que todo aquele que disser a essa montanha: Tira-te daí e lança-te ao mar, e isso sem hesitar no coração, mas crendo firmemente que tudo o que houver dito acontecerá, ele o verá com efeito acontecer. (São Marcos, cap. XI, v. 12, 13, 14, e de 20 a 23).*

9. A figueira seca é o símbolo das pessoas que não têm senão as aparências do bem, mas em realidade não produzem nada de bom; oradores que têm mais brilho do que solidez; suas palavras têm o verniz da superfície; agradam aos ouvidos, mas quando perscrutadas, nelas não se encontra nada de substancial para o coração; depois de tê-las ouvido, pergunta-se qual proveito disso se tirou.

É ainda o emblema de todas as pessoas que têm os meios de serem úteis e não o são; de todas as utopias, de todos os sistemas vazios, de todas as doutrinas sem base sólida. O que falta, na maioria das vezes, é a verdadeira fé, a fé fecunda, a fé que comove as fibras do coração, numa palavra, a fé que transporta montanhas. São as árvores que têm folhas, mas não frutos; por isso, Jesus as condena à esterilidade, porque um dia virá em que estarão secas até a raiz; quer dizer que todos os sistemas, todas as doutrinas que não tiverem produzido nenhum bem à Humanidade, cairão no nada; que todos os homens voluntariamente inúteis, por falta de terem colocado em prática os recursos que tinham, serão tratados como a figueira seca.

10. Os médiuns são os intérpretes dos Espíritos; suprem os órgãos materiais que faltam a estes para nos transmitirem suas instruções; por isso, são dotados de faculdades para esse efeito. Nestes tempos de renovação social, têm uma missão particular; são as árvores que devem dar o alimento espiritual aos seus irmãos; são multiplicados para que o alimento seja abundante; encontram-se por toda parte, em todos os países, em todas as classes da sociedade, entre os ricos e entre os pobres, entre os grandes e os pequenos, a fim de que não haja deserdados e para provar aos homens que *todos são chamados.* Mas se desviam do seu fim providencial, a faculdade preciosa que lhes foi concedida, se a fazem servir às coisas fúteis ou nocivas, se a colocam a serviço dos interesses mundanos, se em lugar de frutos salutares dão frutos malsãos, se recusam em torná-la proveitosa para os outros, se dela não tiram proveito para si mesmos em se melhorando, eles são como a figueira estéril; Deus lhes retirará um dom que se tornou inútil em suas mãos: a semente que não sabem fazer frutificar, e os deixará se tornarem a presa dos maus Espíritos.

Instruções dos Espíritos

A fé, mãe da esperança e da caridade

11. A fé, para ser proveitosa, deve ser ativa; não deve se entorpecer. Mãe de todas as virtudes que conduzem a Deus, deve velar atentamente pelo desenvolvimento das filhas que dela nascem.

A esperança e a caridade são consequência da fé; essas três virtudes são uma trindade inseparável. Não é a fé que dá a esperança de ver se cumprirem as promessas do Senhor? porque, se não tendes fé, que esperais? Não é a fé que dá o amor? porque, se não tendes fé, que reconhecimento tereis e, por conseguinte, que amor?

Divina inspiração de Deus, desperta a fé todos os nobres instintos que conduzem o homem ao bem; é a base da regeneração. É preciso, pois, que essa base seja forte e durável, porque se a menor dúvida vier abalá-la, em que se torna o edifício que construístes sobre ela? Elevai, pois, esse edifício sobre fundações inabaláveis; que a vossa fé seja mais forte do que os sofismas e as zombarias dos incrédulos, porque a fé que não afronta o ridículo dos homens, não é a verdadeira fé.

A fé sincera é arrebatadora e contagiosa; ela se comunica àqueles que não a tinham, ou mesmo não queriam tê-la; encontra palavras persuasivas que vão à alma, enquanto que a fé aparente não tem senão palavras sonoras que os deixam frios e indiferentes. Pregai pelo exemplo da vossa fé para dá-lo aos homens; pregai pelo exemplo das vossas obras para fazê-los ver o mérito da fé; pregai pela vossa esperança inabalável, para fazê-los ver a confiança que fortalece e leva a enfrentar todas as vicissitudes da vida.

Tende, pois, a fé em tudo o que ela tem de bom e de belo, em sua pureza e em sua racionalidade. Não admitais a fé sem controle, filha cega da cegueira. Amai a Deus, mas sabei porque o amais; crede em suas promessas, mas sabei porque nelas credes; segui nossos conselhos, mas inteirai-vos do fim que vos mostramos e dos meios que vos trazemos para atingi-lo. Crede e esperai, sem jamais fraquejar: os milagres são a obra da fé. (JOSÉ, ESPÍRITO PROTETOR, Bordéus, 1862).

A fé divina e a fé humana

12. A fé é o sentimento inato, no homem, de sua destinação futura; é a consciência que tem das faculdades imensas, cujo germe foi depositado nele, primeiro em estado latente, e que deve fazer eclodir e crescer por sua vontade ativa.

Até o presente, a fé não foi compreendida senão sob o aspecto religioso, porque o Cristo a preconizou como alavanca poderosa e porque não se viu nele senão o chefe de uma religião. Mas o Cristo, que realizou milagres verdadeiros, mostrou, por esses mesmos milagres, o que pode o homem quando tem fé, quer dizer, *a vontade de querer,* e a certeza de que essa vontade pode receber seu cumprimento. Os apóstolos, a seu exemplo, não fizeram milagres? Ora, que eram esses milagres senão efeitos naturais, cuja causa era desconhecida dos homens de então, mas que se explica em grande parte hoje, e que se compreenderá completamente pelo estudo do Espiritismo e do Magnetismo?

A fé é humana ou divina, segundo o homem aplique suas faculdades às necessidades terrestres ou às suas aspirações celestes e futuras. O homem de gênio, que persegue a realização de alguma grande empresa, triunfa se tem fé, porque sente em si que pode e deve alcançar, e essa certeza lhe dá uma força imensa. O homem de bem que, crendo em seu futuro celeste, quer encher sua vida de nobres e belas ações, haure em sua fé, na certeza da felicidade que o espera, a força necessária, e aí ainda se cumprem milagres de caridade, de devotamento e de abnegação. Enfim, com a fé, não existem más tendências que não se possam vencer.

O magnetismo é uma das maiores provas do poder da fé posta em ação; é pela fé que ele cura e produz esses fenômenos estranhos que, outrora, eram qualificados de milagres.

Eu repito: a fé é *humana e divina;* se todos os encarnados estivessem bem persuadidos da força que têm em si, se quisessem colocar sua vontade a serviço dessa força, seriam capazes de realizar o que, até o presente, chamou-se de prodígios, e que não é senão um desenvolvimento das faculdades humanas. (UM ESPÍRITO PROTETOR, Paris, 1863).

XX
Capítulo 20

Os trabalhadores da última hora

Instruções dos Espíritos: *Os últimos serão os primeiros. – Missão dos espíritas. – Os obreiros do Senhor.*

1. *O reino dos céus é semelhante a um pai de família que saiu de madrugada, a fim de aliciar trabalhadores para trabalhar em sua vinha; tendo acertado com os trabalhadores que eles teriam uma moeda por sua jornada, enviou-os à vinha. Saiu ainda na terceira hora do dia e, tendo visto outros que estavam na praça sem nada fazer, disse-lhes: Ide vós também, vós outros, para a minha vinha e eu vos darei o que for razoável; e eles para lá se foram. Saiu ainda na sexta e na nona hora do dia, e fez a mesma coisa. E tendo saído na décima primeira hora, encontrou outros que estavam sem nada fazer e lhes disse: Por que permaneceis aí durante todo o dia sem trabalhar? É, disseram-lhe, porque ninguém nos aliciou; e ele lhes disse: Ide vós também, vós outros, para a minha vinha.*

A tarde tendo chegado, o senhor da vinha disse àquele que tinha a incumbência dos seus negócios: Chamai os obreiros e lhes pagai, começando desde os últimos até os primeiros. Aqueles, pois, que não tendo vindo para a vinha senão quando a décima primeira hora estava próxima, receberam uma moeda cada um. Os que foram aliciados primeiro, vindo a seu turno, creram que se lhes daria mais, mas não receberam além de uma moeda cada um e, em a recebendo, eles murmuravam contra o pai de família, dizendo: Estes últimos não trabalharam senão uma hora e vós os tornais iguais a nós que carregamos o peso do dia e do calor.

Mas, em resposta, ele disse a um deles: Meu amigo, eu não vos fiz injustiça; não acertastes comigo uma moeda pela vossa jornada? Tomai o que vos pertence e ide; por mim quero dar a este último tanto quanto a vós. Não me é, pois, permitido fazer o que quero? e o vosso olho é mau, porque eu sou bom?

Assim, os últimos serão os primeiros, e os primeiros serão os últimos, porque há muitos chamados e poucos escolhidos. *(São Mateus, cap. XX, v. de 1 a 16. Ver também: Parábola do festim de núpcias, cap. XVIII, nº 1).*

Instruções dos Espíritos

Os últimos serão os primeiros

2. O trabalhador da última hora tem direito ao salário, mas é preciso que a sua vontade tenha estado à disposição do senhor que devia empregá-lo, e que esse atraso não seja o fruto da preguiça ou da má vontade. Tem direito ao salário, porque, desde a madrugada, esperava impacientemente aquele que, enfim, o chamaria ao trabalho; era trabalhador, só o trabalho lhe faltava.

Mas se tivesse recusado o trabalho a cada hora do dia; se tivesse dito: Tenhamos paciência, o repouso me é agradável; quando a última hora soar, será tempo de pensar no salário da jornada; que necessidade teria de me incomodar por um senhor que não conheço, que não amo! quanto mais tarde, será melhor. Este, meus amigos, não teria encontrado o salário do obreiro, mas o da preguiça.

Que será, pois, daquele que, em lugar de permanecer simplesmente na inação, tiver empregado as horas destinadas ao labor do dia em cometer atos culpáveis; que tiver blasfemado contra Deus, vertido o sangue de seus irmãos, lançado a perturbação nas famílias, arruinado os homens confiantes, abusado da inocência, que tiver enfim se chafurdado em todas as ignomínias da Humanidade; que será, pois, daquele? Bastar-lhe-á dizer na última hora: Senhor, eu empreguei mal meu tempo; tomai-me até o fim do dia, que eu faça um pouco, bem pouco da minha tarefa, e dai-me o salário do trabalhador de boa vontade? Não, não; o senhor lhe dirá: Não tenho trabalho para ti no momento; esbanjaste o teu tempo; esqueceste o que aprendeste e não sabes mais trabalhar na minha vinha. Recomeça, pois, a aprender, e quando estiveres mais disposto, virás a mim e eu te abrirei meu vasto campo, e tu poderás nele trabalhar a toda hora do dia.

Bons espíritas, meus bem-amados, sois, todos vós, obreiros da última hora. Bem orgulhoso seria aquele que dissesse: Comecei o trabalho no alvorecer e não o terminarei senão no declínio do dia. Todos vós viestes quando fostes chamados, um pouco mais cedo, um pouco mais tarde, para a encarnação, da qual carregais os grilhões; mas desde quantos séculos e séculos o Senhor vos chamou para a sua vinha sem que tivésseis querido nela entrar! Eis o momento de receberdes o salário; empregai bem essa hora que vos resta e não olvideis jamais que a vossa existência, tão longa que vos pareça, não é senão um momento bem fugidio na imensidade dos tempos que formam para vós a eternidade. (CONSTANTINO, ESPÍRITO PROTETOR, Bordéus, 1863).

3. Jesus gostava da simplicidade dos símbolos e, em sua vigorosa linguagem, os trabalhadores chegados à primeira hora são os profetas, Moisés, e todos os iniciadores que marcaram as etapas do progresso, seguidos através dos séculos pelos apóstolos, os mártires, os Pais da Igreja, os sábios, os filósofos e, enfim, os espíritas. Estes, os últimos a virem, foram anunciados e preditos desde a aurora do Messias e receberão a mesma recompensa; que digo eu? mais alta recompensa. Últimos a chegar, os espíritas aproveitam dos trabalhos intelectuais de seus predecessores, porque o homem deve herdar do homem, e seus trabalhos, e seus resultados são coletivos: Deus abençoa a solidariedade. Muitos dentre eles, aliás, revivem hoje ou reviverão amanhã para arrematar a obra que começaram outrora; mais de um patriarca, mais de um profeta, mais de um discípulo do Cristo, mais de um propagador da fé cristã, encontram-se entre eles, porém, mais esclarecidos, mais avançados, trabalhando não mais na base, mas no coroamento do edifício; seu salário será, pois, proporcional ao mérito do trabalho.

A reencarnação, esse belo dogma, eterniza e precisa a filiação espiritual. O Espírito, chamado a prestar contas do seu mandato terrestre, compreende a continuidade da tarefa interrompida, mas sempre retomada; vê, sente que apanhou no voo o pensamento dos seus antepassados; reentra na liça amadurecido pela experiência, para avançar ainda; e todos, trabalhadores da primeira e da última hora, olhos voltados para a profunda justiça de Deus, não murmuram mais e adoram.

Tal é um dos verdadeiros sentidos desta parábola que encerra, como todas as que Jesus dirigiu ao povo, o germe do futuro, e também, sob todas as formas, sob todas as imagens, a revelação dessa magnífica unidade que harmoniza todas as coisas no Universo, dessa solidariedade que religa todos os seres presentes ao passado e ao futuro. (HENRI HEINE, Paris, 1863).

Missão dos espíritas

4. Não ouvis já se agitar a tempestade que deve dominar o velho mundo e tragar no nada a soma das iniquidades terrestres? Ah! bendizei o Senhor, vós que haveis posto vossa fé em sua soberana justiça e como novos apóstolos da crença revelada pelas vozes proféticas superiores, ide pregar o dogma novo da *reencarnação* e da elevação dos Espíritos, segundo tenham, bem ou mal, cumprido suas missões e suportado suas provas terrestres.

Não vos amedronteis! As línguas de fogo estão sobre as vossas cabeças. Ó verdadeiros adeptos do Espiritismo, sois os eleitos de Deus! Ide e pregai a palavra divina. A hora é chegada em que deveis sacrificar à sua propagação os vossos hábitos, os vossos trabalhos, as vossas ocupações fúteis. Ide e pregai: os Espíritos, do alto, estão convosco. Certamente, falareis a pessoas que não quererão escutar a voz de Deus, porque essa voz as chama sem cessar à abnegação; pregareis o desinteresse aos avaros, a abstinência aos dissolutos, a mansuetude aos tiranos domésticos e aos déspotas: palavras perdidas, eu o sei; mas, que importa! É preciso regar, com os vossos suores, o terreno que deveis semear, porque ele não frutificará e não produzirá senão sob os esforços reiterados da enxada e da charrua evangélicas. Ide e pregai!

Sim, vós todos, homens de boa fé, que credes na vossa inferioridade e olhais os mundos dispostos no infinito, parti em cruzada contra a injustiça e a iniquidade. Ide e destruí esse culto do bezerro de ouro, cada dia mais e mais invasor. Ide, Deus vos conduz! Homens simples e ignorantes, vossas línguas se soltarão, e falareis como nenhum orador fala. Ide e pregai, e as populações atentas acolherão com alegria as vossas palavras de consolação, de fraternidade, de esperança e de paz.

Que importam as armadilhas que serão colocadas no vosso caminho! Só os lobos se prenderão nas armadilhas de lobos, porque o pastor saberá defender suas ovelhas contra os verdugos imoladores.

Ide, homens grandes diante de Deus, que, mais felizes que São Tomé, credes sem pedir para ver e aceitais os fatos da mediunidade quando mesmo não tenhais conseguido jamais obtê-los em vós mesmos; ide, o Espírito de Deus vos conduz.

Marchai avante, pois, falange imponente pela vossa fé! e os grandes batalhões dos incrédulos se desvanecerão diante de vós, como as brumas da manhã aos primeiros raios do sol nascente.

A fé é a virtude que ergue as montanhas, vos disse Jesus; todavia, mais pesados do que as mais pesadas montanhas, jazem no coração dos homens a impureza e todos os vícios da impureza. Parti, pois, com coragem para remover essa montanha de iniquidades que as gerações futuras não devem conhecer senão no estado de lendas, como não conheceis, vós mesmos, senão muito imperfeitamente, o período de tempo anterior à civilização pagã.

Sim, as comoções morais e filosóficas vão manifestar-se em todos os pontos do globo; a hora se aproxima em que a luz divina apresentar-se-á sobre os dois mundos.

Ide, pois, e levai a palavra divina: aos grandes que a desdenharão, aos sábios que dela pedirão prova, aos pequenos e aos simples que a aceitarão, porque será, sobretudo, entre os mártires do trabalho, essa expiação terrestre, que encontrareis o fervor e a fé. Ide; estes receberão, com cânticos de ação de graça e cantando louvores a Deus, a consolação santa que lhes levais, e se inclinarão, agradecendo o quinhão de suas misérias terrestres.

Que a vossa falange se arme, pois, de resolução e de coragem! Mãos à obra! a charrua está pronta; a terra espera; é preciso trabalhar.

Ide e agradecei a Deus pela tarefa gloriosa que vos confiou, mas meditai que, entre os chamados ao Espiritismo, muitos se extraviaram; olhai a vossa rota e segui o caminho da verdade.

Pergunta: Se muitos dos chamados ao Espiritismo se extraviaram, por qual sinal se reconhece aqueles que estão no bom caminho?

Resposta: Vós os reconhecereis pelos princípios de verdadeira caridade que eles professarão e praticarão; vós os reconhecereis pelo número das aflições às quais eles terão levado consolações; vós os reconhecereis pelo seu amor ao próximo, pela sua abnegação, pelo seu desinteresse pessoal; vós os reconhecereis, enfim, pelo triunfo dos seus princípios, porque Deus quer o triunfo da sua lei; aqueles que seguem suas leis são seus eleitos, e ele lhes dará a vitória, mas esmagará aqueles que falseiam o espírito dessa lei e fazem dela um meio para satisfazer sua vaidade e sua ambição. (ERASTO, anjo guardião do médium, Paris, 1863).

Os obreiros do Senhor

5. Atingistes o tempo do cumprimento das coisas anunciado para a transformação da Humanidade; felizes serão aqueles que tiverem trabalhado na seara do Senhor com desinteresse e sem outro móvel senão a caridade! Suas jornadas de trabalho serão pagas ao cêntuplo do que terão esperado. Felizes serão aqueles que terão dito a seus irmãos: "Irmãos, trabalhemos juntos e unamos os nossos esforços a fim de que o Senhor encontre a obra pronta à sua chegada", porque o Senhor lhes dirá: "Vinde a mim, vós que sois bons servidores, que calastes os vossos ciúmes e as vossas discórdias para não deixar a obra prejudicada!" Mas ai daqueles que, por suas dissenções, terão retardado a hora da colheita, porque a tempestade virá e serão carregados no turbilhão! Eles gritarão: "Graça! Graça!" Mas o Senhor lhes dirá: Por que pedis graça, vós que não tivestes piedade de vossos irmãos, e que recusastes lhes estender a mão, vós que esmagastes o fraco em lugar de o sustentar? Por que pedis graça, vós que procurastes a vossa recompensa nas alegrias da Terra e na satisfação do vosso orgulho? Já recebestes a vossa recompensa, tal como a pretendestes; não peçais mais: as recompensas celestes são para aqueles que não terão pedido as recompensas da Terra."

Deus faz, neste momento, o recenseamento dos seus servidores fiéis e marcou com o seu dedo aqueles que não têm senão a aparência do devotamento a fim de que não usurpem mais o salário dos servidores corajosos, porque é àqueles que não recuarem diante de suas tarefas que vai confiar os postos mais difíceis na grande obra de regeneração pelo Espiritismo, e estas palavras se cumprirão: "Os primeiros serão os últimos, e os últimos serão os primeiros no reino dos céus!" (O ESPÍRITO DE VERDADE, Paris, 1862).

XXI
Capítulo 21

Haverá falsos cristos e falsos profetas

Conhece-se a árvore pelo fruto. – Missão dos profetas. – Prodígios dos falsos profetas. – Não acrediteis em todos os Espíritos. – Instruções dos Espíritos: *Os falsos profetas. – Caracteres do verdadeiro profeta. – Os falsos profetas da erraticidade. – Jeremias e os falsos profetas.*

Conhece-se a árvore pelo fruto

1. *A árvore que produz maus frutos não é boa, e a árvore que produz bons frutos não é má; porque cada árvore se conhece pelo seu próprio fruto. Não se colhem figos dos espinheiros e não se colhem cachos de uva das sarças. O homem de bem tira as boas coisas do bom tesouro do seu coração, e o mau tira as más do mau tesouro do seu coração, porque a boca fala do que está cheio o coração. (São Lucas, cap. VI, v. 43, 44, 45).*

2. Guardai-vos dos falsos profetas *que vêm a vós cobertos de peles de ovelhas, e que por dentro são lobos rapaces. Vós os conhecereis pelos seus frutos.* Podem-se colher uvas dos espinheiros ou figos das sarças? *Assim, toda árvore que é boa produz bons frutos, e toda árvore que é má produz maus frutos.* Uma boa árvore não pode produzir maus frutos, e uma árvore má não pode produzir bons frutos. *Toda árvore que não produz bons frutos será cortada e lançada ao fogo. Conhecê-la-eis, pois, por seus frutos. (São Mateus, cap. VII, v. 15 a 20).*

3. *Guardai-vos de que alguém vos seduza; porque vários virão sob meu nome dizendo: "Eu sou o Cristo", e eles seduzirão a muitos.*

Levantar-se-ão vários falsos profetas que seduzirão a muitas pessoas; e porque a iniquidade será abundante, a caridade de muitos se resfriará. Mas será salvo aquele que perseverar até o fim.

Então, se alguém vos disser: O Cristo está aqui ou está ali, não o creiais; porque se levantarão falsos Cristos e falsos profetas que farão grandes prodígios *e coisas de espantar, até seduzir, se for possível, os próprios escolhidos. (São Mateus, cap. XXIV, v. 4, 5, 11, 12, 13, 23, 24. São Marcos, cap. XIII, v. 5, 6, 21, 22).*

Missão dos profetas

4. Atribui-se vulgarmente aos profetas o dom de revelar o futuro, de sorte que as palavras *profecias* e *predições* se tornaram sinônimas. No sentido evangélico, a palavra *profeta* tem uma significação mais ampla; diz-se de todo enviado de Deus com a missão de instruir os homens e de lhes revelar as coisas ocultas e os mistérios da vida espiritual. Um homem pode, pois, ser profeta, sem fazer predições; essa ideia era a dos Judeus ao tempo de Jesus; por isso, quando foi conduzido diante do grande sacerdote Caifás, os Escribas e os Anciãos, estando reunidos, escarraram-lhe no rosto, bateram-lhe com socos e lhe deram bofetadas dizendo: "Cristo, profetiza para nós e dize quem é que te bateu." Entretanto, ocorreu que profetas tiveram presciência do futuro, seja por intuição, seja por revelação providencial, a fim de transmitir advertências aos homens; esses fatos, tendo se cumprido, o dom de predizer o futuro foi encarado como um dos atributos da qualidade de profeta.

Prodígios dos falsos profetas

5. "Levantar-se-ão falsos Cristos e falsos profetas que farão grandes prodígios e coisas de espantar para seduzir os próprios escolhidos." Essas palavras dão o verdadeiro sentido do termo prodígio. Na acepção teológica, os prodígios e os milagres são fenômenos excepcionais, fora das leis da Natureza. As leis da Natureza sendo obra *unicamente* de Deus, Ele pode sem dúvida derrogá-las, se isso lhe apraz, mas o simples bom senso diz que não pode ter dado a seres inferiores e perversos um poder igual ao seu, e ainda menos o direito de desfazer o que Ele fez. Jesus não pode ter consagrado um tal princípio. Se , pois, segundo o sentido que se dá a essas palavras, o Espírito do mal tem o poder de fazer tais prodígios, que os próprios eleitos sejam por ele enganados, disso resultaria que, podendo fazer o que Deus faz, os prodígios e os milagres não são privilégios exclusivos dos enviados de Deus e não provam nada, uma vez que nada distingue os milagres dos santos dos milagres dos demônios. É preciso, pois, procurar um sentido mais racional para essas palavras.

Aos olhos do vulgo ignorante, todo fenômeno cuja causa é desconhecida passa por sobrenatural, maravilhoso e miraculoso; a causa, uma vez conhecida, reconhece-se que o fenômeno, tão extraordinário que pareça, não é outra coisa senão a aplicação de uma lei natural. É assim que o círculo dos fatos sobrenaturais se retrai à medida que se amplia o da Ciência. Em todos os tempos, os homens exploraram, em proveito de sua ambição, de seu interesse e de sua dominação, certos conhecimentos que possuíam a fim de darem a si mesmos o prestígio de um poder supostamente sobre-humano ou de uma pretensa missão divina. Estão aí os falsos Cristos e os falsos profetas; a difusão dos conhecimentos lhes aniquila o crédito, por isso o número deles diminui à medida que os homens se esclarecem. O fato de operar o que, aos olhos de certas pessoas, passa por prodígios, não é, pois, o sinal de uma missão divina, uma vez que pode resultar de conhecimentos que cada um pode adquirir, ou de faculdades orgânicas especiais, que o mais indigno pode possuir tão bem quanto o mais digno. O verdadeiro profeta se reconhece por caracteres mais sérios e exclusivamente morais.

Não acrediteis em todos os Espíritos

6. *Meus bem-amados, não acrediteis em todos os Espíritos, mas experimentai se os Espíritos são de Deus, porquanto vários falsos profetas se ergueram no mundo. (São João, 1ª Epístola, cap. IV, v. 1).*

7. Os fenômenos espíritas, longe de dar crédito aos falsos Cristos e aos falsos profetas, como alguns exageram em dizê-lo, vêm, ao contrário, dar-lhes um último golpe. Não peçais ao Espiritismo milagres nem prodígios, porquanto declara ele formalmente que não os produz; como a física, a química, a astronomia e a geologia vieram revelar as leis do mundo material, ele vem revelar outras leis desconhecidas, as que regem as relações do mundo corporal e do mundo espiritual, e que, como suas primogênitas da Ciência, não são menos leis naturais; em dando a explicação de uma certa ordem de fenômenos incompreendidos até hoje, destrói o que restava ainda no domínio do maravilhoso. Aqueles, pois, que estivessem tentados em explorar esses fenômenos em seu proveito, em se fazendo passar por messias de Deus, não poderiam enganar por muito tempo a credulidade e seriam logo desmascarados. Aliás, como foi dito, só esses fenômenos não provam nada: a missão se prova pelos efeitos morais que não é dado a qualquer um produzir. Esse é um dos resultados do desenvolvimento da ciência espírita; em perscrutando a causa de certos fenômenos, ela ergue o véu sobre muitos mistérios. Os que preferem a obscuridade à luz são os únicos interessados em combatê-la; mas a verdade é como o Sol: dissipa os mais densos nevoeiros.

O Espiritismo vem revelar uma outra categoria bem mais perigosa de falsos Cristos e de falsos profetas, que se encontram, não entre os homens, mas entre os desencarnados: a dos Espíritos enganadores, hipócritas, orgulhosos e pseudossábios que, da Terra, passaram para a erraticidade e se adornam com nomes veneráveis para procurar, graças à máscara com a qual se cobrem, recomendar ideias, frequentemente, as mais bizarras e as mais absurdas. Antes que as relações mediúnicas fossem conhecidas, eles exerciam sua ação de maneira menos ostensiva, pela inspiração, pela mediunidade inconsciente, audiente ou falante. O número daqueles que, em diversas épocas, mas nos últimos tempos sobretudo, deram-se como alguns dos antigos profetas, pelo Cristo, por Maria, mãe do Cristo, e mesmo por Deus, é considerável. São João adverte contra eles, quando diz: "Meus bem-amados, não acrediteis em todos os Espíritos, mas experimentai se os Espíritos são de Deus; porquanto vários falsos profetas se ergueram no mundo." O Espiritismo dá os meios de prová-los, indicando os caracteres pelos quais se reconhecem os bons Espíritos, caracteres *sempre morais e jamais materiais* (1). É no discernimento entre os bons e os maus Espíritos que podem sobretudo ser aplicadas estas palavras de Jesus: "Reconhece-se a qualidade da árvore pelo fruto; uma boa árvore não pode produzir maus frutos, e uma árvore má não pode produzir bons frutos". Julgam-se os Espíritos pela qualidade de suas obras como uma árvore pela qualidade dos seus frutos.

Instruções dos Espíritos

Os falsos profetas

8. Se vos disserem: "O Cristo está aqui", não vades, mas, ao contrário, ponde-vos em guarda, porque os falsos profetas serão numerosos. Não vedes as folhas da figueira que começam a embranquecer; não vedes seus brotos numerosos, esperando a época da floração, e o Cristo não vos disse: Reconhece-se uma árvore pelo seu fruto? Se, pois, os frutos são amargos, julgais que a árvore é má; mas se são doces e salutares, dizeis: Nada de puro pode sair de um tronco mau.

É assim, meus irmãos, que deveis julgar; são as obras o que deveis examinar. Se aqueles que se dizem revestidos do poder divino estão acompa-

(1) Ver, sobre a distinção dos Espíritos. **O Livro dos Médiuns,** cap. XXIV e seguintes.

nhados de todas as marcas de semelhante missão, quer dizer, se possuem no mais alto grau as virtudes cristãs e eternas: a caridade, o amor, a indulgência, a bondade que concilia todos os corações; se, em apoio às palavras, eles juntam os atos, então, podereis dizer: Estes são realmente os enviados de Deus.

Mas desconfiai das palavras hipócritas, desconfiai dos escribas e dos fariseus que oram nas praças públicas, vestidos de longas roupas. Desconfiai daqueles que pretendem ter o único monopólio da verdade!

Não, não, o Cristo não está aí, porque aqueles que ele envia para propagar a sua santa doutrina e regenerar seu povo, serão, a exemplo do Mestre, brandos e humildes de coração acima de todas as coisas; aqueles que devem, por seus exemplos e seus conselhos, salvar a Humanidade que corre para a sua perdição, perambulando nas rotas tortuosas, estes serão, acima de tudo, modestos e humildes. Todo aquele que revele um átomo de orgulho, fugi dele como de uma lepra contagiosa, que corrompe tudo o que toca. Lembrai-vos de que *cada criatura leva na fronte, mas nos seus atos, sobretudo, o cunho de sua grandeza ou da sua decadência.*

Ide, pois, meus filhos bem-amados, marchai sem vacilações, sem preconceitos, na rota bendita que empreendestes. Ide, ide sempre sem temor; afastai corajosamente tudo o que poderia entravar a vossa marcha até o objetivo eterno. Viajores, não estareis senão bem pouco tempo ainda nas trevas e nas dores da prova, se deixardes os vossos corações buscar essa doce doutrina que vem vos revelar as leis eternas e satisfazer todas as aspirações da vossa alma quanto ao desconhecido. Desde o presente, podeis dar corpo a esses silfos fugazes que víeis passar em vossos sonhos, e que, efêmeros, não podiam senão encantar o vosso espírito, mas não diziam nada ao vosso coração. Agora, meus amados, a morte desapareceu para dar lugar ao anjo radioso que conheceis, o anjo do reencontro e da reunião! Agora, vós que bem cumpristes a tarefa imposta pelo Criador, não tendes mais nada a temer da sua justiça, porque ele é pai e perdoa sempre a seus filhos transviados que clamam misericórdia. Continuai, pois, avançai sem cessar; que a vossa divisa seja a do progresso, do progresso contínuo em todas as coisas, até que chegueis, enfim, a esse termo feliz onde vos esperam todos aqueles que vos precederam. (LUÍS, Bordéus, 1861).

Caracteres do verdadeiro profeta

9. *Desconfiai dos falsos profetas.* Esta recomendação é útil em todos os tempos, mas sobretudo nos momentos de transição em que, como neste, elabora-se uma transformação da Humanidade, porque, então, uma multidão de ambiciosos e de intrigantes se coloca como reformadores e como messias. É contra esses impostores que é preciso se manter em guarda, e é dever de todo homem honesto desmascará-los. Perguntareis, sem dúvida, como se pode reconhecê-los: eis os seus sinais.

Não se confia o comando de um exército, senão a um general hábil e capaz de dirigi-lo; credes, pois, que Deus seja menos prudente do que os homens? Estai certos de que ele não confia as missões importantes senão àqueles que sabe capazes de cumpri-las, porque as grandes missões são fardos pesados que esmagariam o homem muito fraco para os carregar. Como em todas as coisas, o mestre deve saber mais do que o aprendiz; para fazer avançar a Humanidade moral e intelectualmente, são precisos homens superiores em inteligência e em moralidade! Por isso, são sempre Espíritos já muito avançados, tendo cumprido suas provas em outras existências, que se encarnam com esse objetivo; porque se não são superiores ao meio no qual devem agir, sua ação será nula.

Isto posto, concluí que o verdadeiro missionário de Deus deve justificar a sua missão pela superioridade, por suas virtudes, por sua grandeza, pelo resultado e pela influência moralizadora de suas obras. Tirai ainda esta consequência: se ele está, por seu caráter, suas virtudes, sua inteligência, abaixo do papel que se atribui, ou do personagem sob o nome do qual se abriga, não é senão um histrião de baixa categoria, que não sabe mesmo copiar o seu modelo.

Uma outra consideração é que a maioria dos verdadeiros missionários de Deus se ignora a si mesmo; eles cumprem aquilo para o que foram chamados pela força do seu gênio, secundados pela força oculta que os inspira e os dirige com o seu desconhecimento, mas sem propósito premeditado. Numa palavra, *os verdadeiros profetas se revelam por seu atos: são adivinhados; enquanto que os falsos profetas se colocam, eles mesmos, como os enviados de Deus;* o primeiro é humilde e modesto; o segundo é orgulhoso e cheio de si mesmo; fala alto e, como todos os mentirosos, parece sempre temer não ser acreditado.

Têm-se visto esses impostores se apresentarem como os apóstolos do Cristo, outros pelo próprio Cristo, e o que envergonha a Humanidade é que têm encontrado pessoas bastante crédulas para dar fé a semelhantes torpezas. Uma consideração, bem simples, entretanto, deveria abrir os olhos do mais cego, é que se o Cristo se reencarnasse na Terra, viria com todo o seu poder e todas as suas virtudes, a menos que se admitisse, o que seria absurdo, que tivesse degenerado; ora, da mesma forma que se tirardes a Deus um só dos seus atributos não tereis mais Deus, se tirardes uma só das virtudes do Cristo, não tereis mais o Cristo. Aqueles que se apresentam como o Cristo têm todas as suas virtudes? Aí está a questão; olhai; perscrutai seus pensamentos e os seus atos e reconhecereis que lhes faltam, além de tudo, as qualidades distintivas do Cristo: a humildade e a caridade, ao passo que têm o que ele não tinha: a cupidez e o orgulho. Notai, aliás, que há neste momento, e em diferentes países, vários pretensos Cristos, como há vários pretensos Elias, São João ou São Pedro, e que, necessariamente, não podem ser todos verdadeiros. Tende por certo que são pessoas que exploram a credulidade e acham cômodo viver às expensas daqueles que os escutam.

Desconfiai, pois, dos falsos profetas, sobretudo, num tempo de renovação, porque muitos impostores se dirão os enviados de Deus; eles se proporcionam uma vaidosa satisfação na Terra, mas uma terrível justiça os espera, podeis disso estar certos. (ERASTO, Paris, 1862).

Os falsos profetas da erraticidade

10. Os falsos profetas não estão somente entre os encarnados; estão também, e em maior número, entre os Espíritos orgulhosos que, sob falsa aparência de amor e de caridade, semeiam a desunião e retardam a obra de emancipação da Humanidade, lançando, de permeio, seus sistemas absurdos que fazem os médiuns aceitarem; e para melhor fascinar aqueles que querem enganar, para dar mais peso às suas teorias, ornam-se, sem escrúpulo, de nomes que os homens não pronunciam senão com respeito.

São eles que semeiam os fermentos de antagonismo entre os grupos, que os compelem a se isolarem uns dos outros e a se verem com maus olhos. Só isso bastaria para desmascará-los, porque, em agindo assim, eles próprios dão o mais formal desmentido ao que pretendem ser. Cegos, pois, são os homens que se deixam prender em armadilha tão grosseira.

Mas há muitos outros meios de reconhecê-los. Os Espíritos da ordem, à qual dizem pertencer, devem ser não apenas muito bons mas, por outro lado, eminentemente racionais. Pois bem, passai seus sistemas pelo crivo da razão e do bom senso e vereis o que deles restará. Convinde comigo, pois, que todas as vezes que um Espírito indique, como remédio para os males da Humanidade ou como meio de atingir a sua transformação, coisas utópicas e impraticáveis, medidas pueris e ridículas; quando formula um sistema contraditado pelas mais vulgares noções da ciência, esse não pode ser senão um Espírito ignorante e mentiroso.

De outro lado, crede bem que se a verdade não é sempre apreciada pelos indivíduos, o é sempre pelo bom senso das massas, e está ainda aí um critério. Se dois princípios se contradizem, tereis a medida do seu valor intrínseco, procurando aquele que encontra mais eco e simpatia; *seria ilógico,* com efeito, *admitir que uma doutrina que visse diminuir o número dos seus partidários fosse mais verdadeira que aquela que vê os seus aumentarem.* Deus, querendo que a verdade chegue para todos, não a confina em um círculo restrito: fá-la surgir em diferentes pontos a fim de que, por toda parte, a luz esteja ao lado das trevas.

Repeli impiedosamente todos esses Espíritos que se apresentam como conselheiros exclusivos, pregando a divisão e o isolamento. Eles são, quase sempre, Espíritos vaidosos e medíocres que tendem a se imporem aos homens fracos e crédulos, prodigalizando-lhes louvores exagerados, a fim de os fascinar e tê-los sob a sua dominação. São geralmente Espíritos ávidos de poder que, déspotas públicos ou privados durante a sua vida, querem ainda vítimas para tiranizar após a sua morte. Em geral, *desconfiai de comunicações que trazem um caráter de misticismo e de estranheza ou que prescrevem cerimônias e atos bizarros;* então, há sempre um motivo legítimo de suspeição.

De outro lado, crede bem que quando uma verdade deve ser revelada à Humanidade, ela é, por assim dizer, instantaneamente comunicada em todos os grupos sérios que possuem médiuns sérios, e não a estes ou aqueles, com exclusão dos outros. Ninguém é médium perfeito se está obsediado, e há obsessão manifesta quando um médium não é apto senão para receber as comunicações de um Espírito especial, por mais elevado que ele mesmo procure se colocar. Em consequência, todo médium, todo grupo que se crê privilegiado por comunicações que só ele pode receber e que, de outra parte, está sujeito a práticas que acentuam a superstição, estão indubitavelmente sob a ação de uma obsessão bem caracterizada, sobretudo quando o Espírito dominador se vangloria de um nome que todos, Espíritos e encarnados, devemos honrar e respeitar, e não deixar comprometer a toda hora.

É incontestável que, submetendo ao cadinho da razão e da lógica todos os dados e todas as comunicações dos Espíritos, será fácil repelir a absurdidade e o erro. Um médium pode ser fascinado, um grupo enganado, mas o controle severo dos outros grupos, o conhecimento adquirido, a alta autoridade moral dos chefes de grupo, as comunicações dos principais médiuns que recebem um cunho de lógica e de autenticidade de nossos melhores Espíritos, farão rapidamente justiça a esses ditados mentirosos e astuciosos emanados de uma turba de Espíritos enganadores ou maus.(ERASTO, discípulo de São Paulo, 1862).

(Ver na introdução o parágrafo: II. *Controle universal do ensinamento dos Espíritos.* – O Livro dos Médiuns, cap. XXIII, *Da obsessão*).

Jeremias e os falsos profetas

11. *Eis o que disse o Senhor dos exércitos: Não escuteis as palavras dos profetas que vos profetizam e que vos enganam. Eles divulgam as visões de seus corações, e não o que aprenderam da boca do Senhor. Dizem àqueles que me blasfemam: O Senhor o disse: vós tereis a paz; e a todos aqueles que caminham na corrupção de seus corações: Não vos atingirá o mal. Mas quem dentre eles assistiu ao conselho de Deus; quem viu e ouviu o que ele disse? Eu não enviava esses profetas e eles corriam por si mesmos; eu não lhes falava e eles profetizavam de sua cabeça. Eu ouvi o que disseram esses profetas que profetizaram a mentira em meu nome, dizendo: Sonhei, sonhei. Até quando essa imaginação estará no coração dos profetas que profetizam a mentira, e cujas profecias não são senão seduções de seus corações? Se, pois, esse povo, ou um profeta, ou um sacerdote vos interroga e vos diz: Qual é o fardo do Senhor? Vós lhe direis: Vós mesmos é que sois o fardo, e eu vos lançaria bem longe de mim, disse o Senhor. (JEREMIAS, cap. XXIII, v. 16, 17, 18, 21, 25, 26, 33).*

É sobre esta passagem do profeta Jeremias que convosco vou conversar, meus amigos. Deus, falando por sua boca, disse: "É a visão dos seus corações que os faz falar." Essas palavras indicam claramente que, já naquela época, os charlatães e os exaltados abusavam do dom da profecia e o exploravam. Abusavam, por conseguinte, da fé simples e quase sempre cega do povo em predizendo *por dinheiro* boas e agradáveis coisas. Essa espécie de mentira era bastante generalizada na nação judia, e é fácil de compreender que o pobre povo, em sua ignorância, estava na impossibilidade de distinguir os bons dos maus, e era sempre mais ou menos enganado por esses supostos profetas que não eram senão impostores ou fanáticos. Não há nada mais significativo do que estas palavras: "Eu não enviei esses profetas, e eles correram por si mesmos; eu não lhes falei, e eles profetizaram?" Mais adiante, diz: "Eu ouvi esses profetas que profetizam a mentira em meu nome, dizendo: Sonhei, sonhei"; ele indicava, assim, um dos meios empregados para explorar a confiança que tinham neles. A multidão, sempre crédula, não pensava em contestar a veracidade dos seus sonhos ou das suas visões; achava isso muito natural e convidava sempre esses profetas a falarem.

Após as palavras do profeta, escutai os sábios conselhos do apóstolo São João quando disse: “Não acrediteis em todos os Espíritos, mas experimentai se os Espíritos são de Deus”, porque entre os invisíveis há também os que se comprazem no logro quando encontram ocasião. Esses enganados, são, bem entendido, os médiuns que não tomam bastante precaução. Aí está, sem contradita, um dos maiores escolhos, contra o qual muitos vêm bater, sobretudo quando são novatos no Espiritismo. É para eles uma prova da qual não podem triunfar senão por uma grande prudência. Aprendei, pois, antes de todas as coisas, a distinguir os bons e os maus Espíritos para não vos tornardes, vós mesmos, falsos profetas. (LUOZ, Espírito protetor, Carlsruhe, 1861).

XXII
Capítulo 22

Não separeis o que Deus juntou

Indissolubilidade do casamento. – O divórcio.

Indissolubilidade do casamento

1. *Os Fariseus vieram também a ele para tentá-lo, dizendo-lhe: É permitido a um homem devolver sua mulher por qualquer causa que seja? Ele lhes respondeu: Não lestes que aquele que criou o homem desde o princípio, os criou macho e fêmea, e que foi dito: Por essa razão o homem deixará seu pai e sua mãe, e se ligará à sua mulher, e não farão mais os dois senão uma só carne? Assim, eles não serão mais dois, mas uma só carne. Que o homem, pois, não separe o que Deus juntou.*

Mas por que, pois, disseram-lhe, Moisés ordenou que se desse à mulher uma carta de separação e que fosse devolvida? Ele lhes respondeu: Foi por causa da dureza do vosso coração que Moisés vos permitiu devolver vossas mulheres: mas isso não foi desde o princípio. Também vos declaro que todo aquele que devolve sua mulher, se não for em caso de adultério, e esposa outra, comete adultério; e que aquele que esposa a que um outro devolveu, comete também adultério. (São Mateus, cap. XIX, v. de 3 a 9).

2. Não há de imutável senão o que vem de Deus; tudo o que é obra dos homens está sujeito a mudanças. As leis da Natureza são as mesmas em todos os tempos e em todos os países; as leis humanas mudam segundo os tempos, os lugares e o progresso da inteligência. No casamento, o que é de ordem divina é a união dos sexos para operar a renovação dos seres que morrem; mas, as condições que regulam essa união são de ordem tão humana, que não há no mundo inteiro, e mesmo na cristandade, dois países em que elas sejam absolutamente as mesmas, e que não haja um em que elas não tenham sofrido mudanças com o tempo; disso resulta que, aos olhos da lei civil, o que é legítimo num país em uma época, é adultério num outro país e noutro tempo; isso porque a lei civil tem por objetivo regular os interesses das famílias, e esses interesses variam segundo os costumes e as necessidades locais; é assim que, por exemplo, em certos países, só o casamento religioso é legítimo; em outros, é preciso também o casamento civil; noutros, enfim, só o casamento civil basta.

3. Mas na união dos sexos, ao lado da lei divina material, comum a todos os seres vivos, há uma outra lei divina, imutável, como todas as leis de Deus, exclusivamente moral e que é a lei de amor. Deus quis que os seres estivessem unidos, não somente pelos laços da carne, mas pelos da alma, a fim de que a afeição mútua dos esposos se transportasse para seus filhos, e que eles fossem dois, em lugar de um, a amá-los, a cuidá-los e fazê-los progredir. Nas condições ordinárias do casamento, foi levada em conta essa lei de amor? De nenhum modo; o que se consulta não é a afeição de dois seres, que um mútuo sentimento atrai um para o outro, uma vez que, o mais frequentemente, rompe-se essa afeição; o que se procura não é a satisfação do coração, mas a do orgulho, da vaidade e da cupidez, numa palavra, de todos os interesses materiais; quando tudo está bem, segundo esses interesses, diz-se que o casamento é conveniente, e quando as bolsas estão bem combinadas, diz-se que os esposos o estão igualmente, e devem ser bem felizes.

Mas nem a lei civil, nem os compromissos que ela faz contrair, podem suprir a lei do amor se esta lei não preside a união; disso resulta que, frequentemente, *o que se une à força, separa-se por si mesmo;* que o juramento que se pronuncia, ao pé do altar, torna-se um perjúrio se dito como uma fórmula banal; daí as uniões infelizes, que acabam por se tornar criminosas; dupla infelicidade que se evitaria se, nas condições do casamento, não se fizesse abstração da única lei que o sanciona aos olhos de Deus: a lei de amor. Quando Deus disse: "Vós não sereis senão uma mesma carne"; e quando Jesus disse: "Vós não separareis o que Deus uniu", isso se deve entender da união segundo a lei imutável de Deus, e não segundo a lei variável dos homens.

4. A lei civil é, pois, supérflua, e é preciso retornar ao casamento segundo a Natureza? Não, certamente; a lei civil tem por objetivo regular as relações sociais e os interesses das famílias, segundo as exigências da civilização; eis porque ela é útil, necessária, mas variável; deve ser previdente, porque o homem civilizado não pode viver como o selvagem; mas nada, absolutamente nada, opõe-se a que seja o corolário da lei de Deus; os obstáculos para o cumprimento da lei divina resultam dos preconceitos e não da lei civil. Esses preconceitos, se bem que ainda vivazes, já perderam seu império entre os povos esclarecidos;

eles desaparecerão com o progresso moral, que abrirá, enfim, os olhos sobre os males sem número, as faltas, os próprios crimes que resultem de uniões contraídas, tendo em vista unicamente os interesses materiais; e se perguntará, um dia, se é mais humano, mais caridoso, mais moral unir indissoluvelmente, um ao outro, seres que não podem viver juntos, do que lhes dar a liberdade; se a perspectiva de uma cadeia indissolúvel não aumenta o número das uniões irregulares.

O divórcio

5. O divórcio é uma lei humana que tem por fim separar legalmente o que está separado de fato; não é contrária à lei de Deus, uma vez que não reforma senão o que os homens fizeram e não é aplicável senão nos casos em que não se levou em conta a lei divina; se fosse contrária a esta lei, a própria Igreja seria forçada a considerar prevaricadores aqueles dos seus chefes que pela sua própria autoridade e, em nome da religião, em mais de uma circunstância, impuseram o divórcio; dupla prevaricação então, uma vez que seria só em vista de interesses temporais, e não para satisfazer a lei do amor.

Mas Jesus, ele mesmo, não consagrou a indissolubilidade absoluta do matrimônio. Não disse: "É por causa da dureza de vosso coração, que Moisés vos permitiu devolver vossas mulheres? O que significa que, desde o tempo de Moisés, a afeição mútua não sendo o objetivo único do casamento, a separação podia tornar-se necessária. Mas acrescenta: "isso não foi desde o princípio"; quer dizer que na origem da Humanidade, quando os homens não estavam ainda pervertidos pelo egoísmo e pelo orgulho, e viviam segundo a lei de Deus, as uniões fundadas sobre a simpatia, e não sobre a vaidade ou a ambição, não davam lugar ao repúdio.

Vai mais longe e especifica o caso em que o repúdio pode ter lugar: o de adultério; ora, o adultério não existe onde reina uma afeição recíproca sincera. Proíbe, é verdade, a todo homem de esposar a mulher repudiada, mas é preciso ter em conta os costumes e o caráter dos homens do seu tempo. A lei mosaica, nesse caso, prescrevia a lapidação; querendo abolir um uso bárbaro, seria preciso, entretanto, uma penalidade, e a achou na ignomínia que devia imprimir a interdição de um segundo matrimônio. Era de alguma sorte uma lei civil substituindo outra lei civil, mas que, como todas as leis dessa natureza, devia sofrer a prova do tempo.

XXIII
Capítulo
23

Moral estranha

Quem não odeia seu pai e sua mãe. – Abandonar pai, mãe e filhos. – Deixai aos mortos o cuidado de enterrar seus mortos. – Não vim trazer a paz, mas a divisão.

Quem não odeia seu pai e sua mãe

1. *Uma grande multidão de povo caminhando com Jesus, ele se volta para eles e lhes diz: Se alguém vem a mim, e não* odeia *seu pai e sua mãe, sua mulher e seus filhos, seus irmãos e suas irmãs, e mesmo sua própria vida, não pode ser meu discípulo. E todo aquele que não carrega sua cruz e não me segue, não pode ser meu discípulo. Assim, todo aquele que, dentre vós, não renuncia a tudo o que tem, não pode ser meu discípulo. (São Lucas, cap. XIV, v. 25, 26, 27, 33).*

2. *Aquele que ama seu pai ou sua mãe mais do que a mim, não é digno de mim; aquele que ama seu filho ou sua filha mais do que a mim não é digno de mim. (São Mateus, cap. X, v. 37).*

3. Certas palavras, muito raras, de resto, fazem um contraste tão estranho na boca do Cristo que, instintivamente, se rejeita seu sentido literal, e a sublimidade de sua doutrina não sofre com isso nenhum prejuízo. Escritas depois da sua morte, uma vez que nenhum Evangelho foi escrito durante a sua vida, é lícito crer que, nesse caso, o fundo do seu pensamento não foi bem exprimido ou, o que não é menos provável, o sentido primitivo pôde sofrer alguma alteração, passando de uma língua para outra. Bastaria que um erro fosse feito uma primeira vez, para que tivesse sido repetido nas reproduções, como se vê, tão frequentemente, nos fatos históricos.

A palavra *ódio*, nesta frase de São Lucas: *Se alguém vem a mim e não odeia seu pai e sua mãe*, está nesse caso; não há ninguém que tenha tido o pensamento de atribuí-la a Jesus; seria pois supérfluo discuti-la e, ainda menos, procurar justificá-la. Seria preciso saber primeiro se ele a pronunciou, e, na afirmação, saber se, na língua em que se exprimia, essa palavra tinha o mesmo valor que na nossa. Nesta passagem de São João: "Aquele que *odeia* sua vida neste mundo, a conserva para a vida eterna", é certo que não exprime a ideia que lhe atribuímos.

A língua hebraica não era rica, e havia muitas palavras com vários significados. Tal é, por exemplo, aquele que, no Gênese, designa as fases da criação, e serviu, a uma só vez, para exprimir um período de tempo qualquer e a revolução diurna; daí, mais tarde, sua tradução para a palavra *dia,* e a crença que o mundo foi obra de seis vezes vinte e quatro horas. Tal é ainda a palavra que se dizia de um *camelo* e de um *cabo,* porque os cabos eram feitos de pelo de camelo, e que foi traduzida por *camelo* na alegoria do buraco de agulha. (Cap. XVI, nº 2). (1)

É preciso, aliás, ter em conta os costumes e o caráter dos povos, que influem sobre o gênio particular de suas línguas; sem esse conhecimento, o sentido verdadeiro de certas palavras escapa; de uma língua a outra, a mesma palavra tem mais ou menos energia; pode ser uma injúria ou uma blasfêmia em uma e não significar em outra, segundo a ideia que a ela se atribuiu; na mesma língua, certas palavras perdem seu significado, alguns séculos depois; por isso, uma tradução rigorosamente literal não exprime sempre perfeitamente o pensamento; e, para ser exato, é preciso por vezes empregar, não as palavras correspondentes, mas palavras equivalentes ou perífrases.

Essas advertências encontram uma aplicação especial na interpretação das Santas Escrituras, e dos Evangelhos em particular. Se não se leva em conta o meio no qual viveu Jesus, fica-se exposto a equivocar-se sobre o valor de certas expressões e de certos fatos, em consequência do hábito que se tem de comparar os outros a si mesmo. Por essa razão, é preciso, pois, afastar da palavra *ódio* a acepção moderna, como contrária ao espírito do ensinamento de Jesus. (Ver também o cap. XIV, nº 5 e seguintes).

---

(1) **Non odit** em latim, **Kaï** ou **miseï** em grego, não quer dizer **odiar,** mas **amar menos.** O que exprime o verbo grego miseïn, o verbo hebreu, do qual deve ter se servido Jesus, o diz ainda melhor; não significa somente **odiar,** mas **amar menos, não amar tanto quanto, igual a um outro.** No dialeto siríaco, do qual se diz que Jesus usava mais frequentemente, essa significação é ainda mais acentuada. Foi nesse sentido que está dito no Gênese (cap. XXIX, v. 30, 31): "E Jacó amou também a Raquel mais do que a Lia, e Jeová vendo que Lia era **odiada...**" É evidente que o verdadeiro sentido é **menos amada;** é assim que é preciso traduzir. Em várias outras passagens hebraicas, e sobretudo siríacas, o mesmo verbo é empregado no sentido de **não amar tanto quanto a um outro,** e seria um contrassenso traduzir por **ódio,** que tem uma outra acepção bem determinada. O texto de São Mateus afasta, aliás, toda a dificuldade. (Nota de M. Pezzani).

Abandonar pai, mãe e filhos

4. *Todo aquele que tiver deixado, por meu nome, sua casa, ou seus irmãos, ou suas irmãs, ou seu pai, ou sua mãe, ou sua mulher, ou seus filhos, ou suas terras, por isso receberá o cêntuplo, e terá por herança a vida eterna. (São Mateus, cap. XIX, v. 29).*

5. *Então, Pedro lhe disse: Por nós, vedes que tudo deixamos, e que vos seguimos. Jesus lhes disse: Digo-vos em verdade, que ninguém deixará pelo reino de Deus, ou sua casa, ou seu pai e sua mãe, ou seus irmãos, ou sua mulher, ou seus filhos, que não receba, já neste, mundo muito mais, e no século futuro, a vida eterna. (São Lucas, cap. XVIII, v. 28, 29, 30).*

6. *Um outro lhe disse: Senhor, eu vos seguirei: mas me permiti dispor antes do que tenho em minha casa. Jesus lhe respondeu: Todo aquele que, tendo a mão na charrua, olha para trás, não está apto para o reino de Deus. (São Lucas, cap. IX, v. 61, 62).*

Sem discutir as palavras, é preciso aqui procurar o pensamento, que era evidentemente este: "Os interesses da vida futura se sobrepõem a todos os interesses e todas as considerações humanas", porque está de acordo com o fundo da doutrina de Jesus, ao passo que a ideia de renúncia à família seria a sua negação.

Não temos, aliás, sob nossos olhos, a aplicação dessas máximas no sacrifício dos interesses e das afeições da família pela pátria? Censura-se um filho por deixar seu pai, sua mãe, seus irmãos, sua mulher, seus filhos, para marchar em defesa do seu país? Não se lhe reconhece, ao contrário, um mérito por se separar do ambiente doméstico e do aconchego da amizade, para cumprir um dever? Há, pois, deveres que se sobrepõem a outros deveres. A lei não torna uma obrigação à filha deixar seus pais para seguir seu esposo? O mundo está repleto de casos em que as separações, as mais penosas, são necessárias; mas as afeições não são quebradas por isso; a distância não diminui nem o respeito, nem a solicitude que se deve aos pais, nem a ternura pelos filhos. Vê-se, pois, que, mesmo tomadas ao pé da letra, salvo o termo *odiar,* essas palavras não seriam a negação do mandamento que prescreve honrar pai e mãe, nem do sentimento de ternura paternal, e com mais forte razão se tomadas quanto ao espírito. Elas tinham por finalidade mostrar, por uma hipérbole, quanto era imperioso o dever de se ocupar com a vida futura. Deveriam, aliás, ser menos chocantes num povo e numa época em que, em consequência dos costumes, os laços de família tinham menos força do que numa civilização moral mais avançada; esses laços, mais fracos nos povos primitivos, fortificam-se com o desenvolvimento da sensibilidade e do senso moral. A própria separação é necessária ao progresso; ocorre nas famílias, como nas raças; elas se abastardam se não há cruzamento, se não se enxertam umas nas outras; é uma lei natural, tanto no interesse do progresso moral quanto do progresso físico. (*)

Essas coisas não são examinadas aqui senão do ponto de vista terrestre; o Espiritismo nos faz vê-las de mais alto, em nos mostrando que os verdadeiros laços de afeição são os do Espírito e não os do corpo; que esses laços não se rompem, nem pela separação, nem mesmo pela morte do corpo; que eles se fortalecem na vida espiritual pela depuração do Espírito: verdade consoladora que dá uma grande força para suportar as vicissitudes da vida. (Cap. IV, nº 18, cap. XIV, nº 8).

Deixai aos mortos o cuidado de enterrar seus mortos

7. *Ele disse a um outro: Segui-me; e ele lhe respondeu: Senhor, permiti-me ir antes enterrar meu pai. Jesus lhe respondeu: Deixai aos mortos o cuidado de enterrar seus mortos, mas, por vós, ide anunciar o reino de Deus. (São Lucas, cap. IX, v. 59, 60).*

8. Que podem significar estas palavras: "Deixai aos mortos o cuidado de enterrar seus mortos?" As considerações precedentes mostram primeiro que, na circunstância em que foram pronunciadas, não poderiam exprimir uma censura contra aquele que considera um dever de piedade filial ir enterrar seu pai; elas encerram, porém, um sentido profundo, que só um conhecimento mais completo da vida espiritual poderia fazer compreender.

A vida espiritual, com efeito, é a verdadeira vida; é a vida normal do Espírito; sua existência terrestre não é senão transitória e passageira; é uma espécie de morte comparada ao esplendor e à atividade da vida espiritual. O corpo não é senão uma veste grosseira que reveste momentaneamente o Espírito, verdadeira cadeia que o prende à gleba da Terra e da qual se sente feliz de estar livre. O respeito que se tem pelos mortos não se prende à matéria, mas, pela lembrança, ao Espírito ausente; é análogo àquele que se tem pelos objetos que lhe pertenceram, que tocou, e que aqueles que o amam guardam como

(*) Vide Nota Explicativa da Editora no final do livro.

relíquias. É o que esse homem não poderia compreender por si mesmo; Jesus lho ensina, dizendo: Não vos inquieteis com o corpo, mas pensai antes no Espírito; ide ensinar o reino de Deus; ide dizer aos homens que sua pátria não está na Terra, mas no céu, porque lá somente está a verdadeira vida.

Não vim trazer a paz, mas a divisão

9. *Não penseis que eu vim trazer a paz sobre a Terra; eu não vim trazer a paz, mas a espada; porque eu vim separar o homem de seu pai, a filha de sua mãe e a nora de sua sogra; e o homem terá por inimigos os de sua casa. (São Mateus, cap. X, v. 34, 35, 36).*

10. *Eu vim lançar o fogo sobre a Terra; e que desejo senão que ele se acenda? Eu devo ser batizado com um batismo e quanto me sinto apressado, que se cumpra!*

Credes que eu vim trazer a paz sobre a Terra? Não, eu vos asseguro, mas, ao contrário, a divisão; porque de hoje em diante, se se encontram cinco pessoas numa casa, elas estarão divididas umas contra as outras; três contra duas, e duas contra três. O pai estará em divisão com seu filho, e o filho com seu pai; a mãe com a filha, e a filha com a mãe; a sogra com a nora, e a nora com a sogra. (São Lucas, cap. XII, v. de 49 a 53).

11. Foi Jesus, a personificação da doçura e da bondade, ele que não cessou de pregar o amor ao próximo, quem pôde dizer: Eu não vim trazer a paz, mas a espada; eu vim separar o filho do pai, o esposo da esposa; eu vim lançar o fogo sobre a Terra, e tenho pressa que ele se acenda? Essas palavras não estão em contradição flagrante com o seu ensinamento? Não há blasfêmia em lhe atribuir a linguagem de um conquistador sanguinário e devastador? Não, não há nem blasfêmia nem contradição nessas palavras, porque foi ele mesmo quem as pronunciou, e elas testemunham a sua alta sabedoria; somente a forma, um pouco equívoca, não exprime exatamente o seu pensamento, o que fez com que se desprezasse seu sentido verdadeiro; tomadas ao pé da letra, tenderiam a transformar a sua missão, toda pacífica, numa missão de perturbações e de discórdias, consequência absurda que o bom senso faz afastar, porque Jesus não poderia se contradizer. (Cap. XIV, nº 6).

12. Toda ideia nova encontra forçosamente oposição e não há uma única que tenha se estabelecido sem lutas; ora, em semelhante caso, a resistência está sempre em razão da importância dos resultados *previstos,* porque quanto mais é grande, mais fere interesses. Se é notoriamente falsa, se julgada sem consequência, ninguém com ela se preocupa e a deixam passar, sabendo que não tem vitalidade. Mas se é verdadeira, se repousa sobre uma base sólida, se se entrevê futuro para ela, um secreto pressentimento adverte seus antagonistas de que é um perigo para eles, e para a ordem das coisas em cuja manutenção estão interessados; por isso, caem sobre ela e seus partidários.

A medida da importância e dos resultados de uma ideia nova se encontra, assim, na emoção que causa em seu aparecimento, na violência da oposição que levanta, e no grau e persistência da cólera dos seus adversários.

13. Jesus vinha proclamar uma doutrina que solapava pelas bases os abusos nos quais viviam os Fariseus, os Escribas e os sacerdotes do seu tempo; assim, fizeram-no morrer, crendo matar a ideia matando o homem; mas a ideia sobreviveu, porque era verdadeira; cresceu porque estava nos desígnios de Deus e, saída de um obscuro burgo da Judeia, foi plantar sua bandeira na própria capital do mundo pagão, em frente dos seus inimigos mais obstinados, daqueles que tinham maior interesse em combatê-la, porque ela derrubava as crenças seculares, que muitos tinham bem mais por interesse do que por convicção. Aí as lutas mais terríveis esperavam seus apóstolos; as vítimas foram inumeráveis, mas a ideia cresceu sempre e saiu triunfante, porque se sobrepunha, como verdadeira, sobre as suas predecessoras.

14. Há a observar-se que o Cristianismo chegou quando o Paganismo estava em seu declínio e se debatia contra as luzes da razão. Era praticado ainda quanto à forma, mas a crença tinha desaparecido, só o interesse pessoal o sustentava. Ora, o interesse é tenaz; não cede jamais à evidência; se irrita tanto mais, quanto os raciocínios que se lhe opõem são mais peremptórios e lhe demonstram melhor seu erro; ele bem sabe que está em erro, mas isso não lhe toca, porque a verdadeira fé não está em sua alma; o que mais teme é a luz que abre os olhos aos cegos; esse erro lhe tem proveito e, por isso, agarra-se a ele e o defende.

Sócrates não tinha, ele também, emitido uma doutrina análoga, até certo ponto, à do Cristo? Por que, pois, não prevaleceu nessa época, entre um dos povos mais inteligentes da Terra? É que o tempo não havia chegado; ele semeou em terra não trabalhada; o Paganismo não estava ainda *gasto.* Cristo recebeu sua missão providencial no tempo próprio. Todos os homens do seu tempo não estavam, tanto quanto era preciso, à altura das ideias cristãs, mas havia uma aptidão mais geral para assimilá-las, porque se começava a sentir o vazio que as crenças vulgares deixam na alma. Sócrates e Platão tinham aberto o caminho e predisposto os espíritos. (Ver na introdução, parágrafo IV, *Sócrates e Platão, precursores da ideia cristã e do Espiritismo).*

15. Infelizmente, os adeptos da nova doutrina não se entenderam sobre a interpretação das palavras do Mestre, a maior parte veladas sob a alegoria e a figura; daí nascerem, desde o início, as seitas numerosas que pretendiam, todas, terem a verdade exclusiva, e que dezoito séculos não puderam pôr de acordo. Esquecendo o mais importante dos divinos preceitos, aquele do qual Jesus havia feito a pedra angular de seu edifício e a condição expressa de salvação: a caridade, a fraternidade e o amor ao próximo, essas seitas trocavam anátemas e se arrojaram umas sobre as outras, as mais fortes esmagando as mais fracas, abafando-as no sangue, nas torturas e nas chamas das fogueiras. Os cristãos, vencedores do Paganismo, de perseguidos se fizeram perseguidores; foi com o ferro e o fogo que plantaram a cruz do cordeiro sem mácula nos dois mundos. É um fato constatado que as guerras religiosas foram as mais cruéis e fizeram mais vítimas do que as guerras políticas, e que em nenhuma se cometeram mais atos de atrocidade e de barbárie.

Isso foi culpa da doutrina do Cristo? Não, certamente, porque ela condena formalmente toda violência. Ele disse alguma vez a seus discípulos: Ide matar, massacrar, queimar aqueles que não creem como vós? Não, porque lhes disse, ao contrário: Todos os homens são irmãos, e Deus é soberanamente misericordioso; amai o vosso próximo; amai os vossos inimigos; fazei o bem àqueles que vos perseguem. E lhes disse ainda: Quem matar pela espada, perecerá pela espada. A responsabilidade não é, pois, da doutrina de Jesus, mas daqueles que a interpretaram falsamente, e dela fizeram um instrumento para servir às suas paixões; daqueles que ignoraram estas palavras: Meu reino não é deste mundo.

Jesus, em sua profunda sabedoria, previa o que deveria ocorrer; mas essas coisas eram inevitáveis, porque se prendiam à inferioridade da natureza humana, que não podia se transformar de repente. Seria preciso que o Cristianismo passasse por essa longa e cruel prova de dezoito séculos para mostrar toda a sua força; porque, malgrado todo o mal cometido em seu nome, saiu dela puro; jamais foi posto em causa; a censura sempre recaiu sobre aqueles que dele abusaram; a cada ato de intolerância, sempre se disse: Se o Cristianismo fosse melhor compreendido e melhor praticado, isso não teria ocorrido.

16. Quando Jesus disse: Não creiais que eu vim trazer a paz, mas a divisão, seu pensamento era este:

"Não creiais que a minha doutrina se estabeleça pacificamente; ela conduzirá a lutas sangrentas, das quais meu nome será o pretexto, porque os homens não me terão compreendido ou não terão querido me compreender;

os irmãos, separados por sua crença, tirarão a espada um contra o outro, e a divisão reinará entre os membros de uma mesma família que não tiverem a mesma fé. Eu vim lançar o fogo sobre a Terra para limpá-la dos erros e dos preconceitos, como se coloca fogo num campo para nele destruir as más ervas, e tenho pressa que ele se acenda para que a depuração seja mais pronta, porque, desse conflito, a verdade sairá triunfante; à guerra, sucederá a paz; ao ódio dos partidos, a fraternidade universal; às trevas do fanatismo, a luz da fé esclarecida. Então, quando o campo estiver preparado, eu vos enviarei *o Consolador, o Espírito de Verdade, que virá restabelecer todas as coisas;* quer dizer, em fazendo conhecer o verdadeiro sentido das minhas palavras, os homens mais esclarecidos poderão, enfim, compreender, e pôr fim à luta fratricida que divide os filhos de um mesmo Deus. Cansados, enfim, de um combate sem resultado, que não arrasta atrás de si senão a desolação, e leva a perturbação até ao seio das famílias, os homens reconhecerão onde estão os seus verdadeiros interesses para este mundo e para o outro; verão de que lado estão os amigos e os inimigos da sua tranquilidade. Todos então virão se abrigar sob a mesma bandeira: a da caridade, e as coisas serão restabelecidas sobre a Terra, segundo a verdade e os princípios que vos ensinei."

17. O Espiritismo vem realizar no tempo certo as promessas do Cristo; entretanto, não pode fazê-lo sem destruir os abusos; como Jesus, encontra, sobre seus passos, o orgulho, o egoísmo, a ambição, a cupidez, o fanatismo cego que, batidos em suas últimas trincheiras, tentam barrar-lhe o caminho e lhe suscitam entraves e perseguições; por isso, lhe é preciso também combater; mas o tempo das lutas e das perseguições sangrentas passou; as que se tem a suportar são todas morais, e o seu termo se aproxima; as primeiras duraram séculos; estas durarão apenas alguns anos, porque a luz, em lugar de partir de um só foco, jorra sobre todos os pontos do globo, e abrirá, mais cedo, os olhos aos cegos.

18. Essas palavras de Jesus devem, pois, entender-se como as cóleras que ele previa que sua doutrina iria levantar, os conflitos momentâneos que lhe iriam ser a consequência, as lutas que teria que sustentar antes de se estabelecer, como ocorreu com os Hebreus antes da sua entrada na Terra Prometida, e não como um desígnio premeditado, da sua parte, de semear a desordem e a confusão. O mal deveria vir dos homens e não dele. Era como o médico que veio curar, mas cujos remédios provocam uma crise salutar, movimentando os humores perigosos do doente.

XXIV
Capítulo
24

Não coloqueis a candeia sob o alqueire

Candeia sob o alqueire. Por que Jesus fala por parábolas. – Não vades aos gentios. – Os sãos não têm necessidade de médico. – Coragem da fé. – Carregar a cruz. Quem quiser salvar a vida, perdê-la-á.

Candeia sob o alqueire. Por que Jesus fala por parábolas

1. *Não se acende uma candeia para colocá-la sob o alqueire, mas colocam-na sobre um candeeiro, a fim de que ela clareie todos aqueles que estão na casa. (São Mateus, cap. V, v. 15).*

2. *Não há ninguém que, depois de ter acendido uma candeia, a cubra com um vaso ou a coloque sob uma cama; mas a põe sobre o candeeiro, a fim de que aqueles que entrem vejam a luz; porque não há nada de secreto que não deva ser descoberto, nem nada de oculto que não deva ser conhecido e manifestar-se publicamente. (São Lucas, cap. VIII, v. 16, 17).*

3. *Seus discípulos, aproximando-se, disseram-lhe: Por que lhes falais por parábolas? E, respondendo-lhe, disse: Porque, para vós outros, vos foi dado conhecer os mistérios do reino dos céus, mas, para eles, não foi dado. Eu lhes falo por parábolas, porque vendo não veem e escutando não ouvem nem compreendem. E a profecia de Isaías se cumprirá neles quando disse: Vós escutareis com vossos ouvidos e não ouvireis; olhareis com vossos olhos e não vereis. Porque o coração desse povo está entorpecido, e seus ouvidos se tornaram surdos, e eles fecharam seus olhos de medo que seus olhos não vejam, que seus ouvidos não ouçam, que seu coração não compreenda, e que, estando convertidos, eu não os cure. (São Mateus, cap. XIII, v. de 10 a 15).*

4. Admira-se de ouvir Jesus dizer que não se deve colocar a luz sob o alqueire, enquanto que ele mesmo oculta, sem cessar, o sentido de suas palavras sob o véu da alegoria, que não pode ser compreendida por todos. Ele se explica, dizendo aos seus apóstolos: Eu lhes falo por parábolas, porque não estão no estado de compreender certas coisas; veem, olham, ouvem e não compreendem; dizer-lhes tudo seria, pois, inútil no momento; mas a vós eu vo-lo digo, porque vos é dado compreender esses mistérios. Tratava, pois, com o povo, como se faz com as crianças, cujas ideias não estão ainda desenvolvidas. Com isso, indica o verdadeiro sentido da máxima: "Não se deve colocar a candeia sob o alqueire, mas sobre o candeeiro, a fim de que todos aqueles que entrem possam vê-la." Não significa que é preciso, inconsideradamente, revelar todas as coisas; todo ensinamento deve ser proporcional à inteligência daquele a quem é dirigido, porque há pessoas a quem uma luz muito viva ofusca sem esclarecê-las.

Ocorre o mesmo com os homens em geral, como com os indivíduos; as gerações têm sua infância, sua juventude e sua idade madura; cada coisa deve vir a seu tempo, e o grão semeado fora da época não frutifica. Mas o que a prudência manda ocultar momentaneamente deve, cedo ou tarde, ser descoberto, porque, chegados a um certo grau de desenvolvimento, os homens procuram, eles mesmos, a luz viva; a obscuridade lhes pesa. Tendo Deus lhes dado a inteligência para compreender e para se guiar nas coisas da Terra e do céu, querem raciocinar sua fé, e é então que não se deve colocar a candeia sob o alqueire, porque *sem a luz da razão, a fé se enfraquece.* (Cap. XIX, nº 7).

5. Se, pois, em sua previdente sabedoria, a Providência não revela as verdades senão gradualmente, as revela sempre à medida que a Humanidade está madura para recebê-las; Ela as mantém em reserva e não sob o alqueire; mas os homens que estão na posse delas, ocultam-nas, a maior parte do tempo, ao vulgo, com a intenção de dominá-lo; são eles que colocam verdadeiramente a luz sob o alqueire. Foi assim que todas as religiões tiveram seus mistérios, cujo exame interditaram; mas ao passo que essas religiões permaneciam atrasadas, a Ciência e a inteligência caminharam e rasgaram o véu misterioso; o vulgo, tornado adulto, quis penetrar o fundo das coisas e, então, rejeitou de sua fé o que era contrário à observação.

Não pode aí haver mistérios absolutos, e Jesus está com a verdade quando diz que não há nada de secreto que não deva ser conhecido. Tudo o que está oculto será revelado um dia, e o que o homem não pode ainda compreender na Terra, será sucessivamente revelado nos mundos mais avançados, quando estiver purificado; neste mundo, ele está ainda no nevoeiro.

6. Pergunta-se que proveito o povo poderia tirar dessa multidão de parábolas, cujo sentido ficou oculto para ele. Deve-se observar que Jesus não se exprimiu por parábolas, senão sobre as partes de alguma sorte abstratas de sua doutrina, mas tendo feito da caridade para com o próximo, e da humildade, a condição expressa de salvação, tudo o que disse a esse respeito está perfeitamente claro, explícito e sem ambiguidade. Devia ser assim, porque era a regra de conduta, regra que todo mundo devia compreender para poder observá-la; era o essencial para a multidão ignorante à qual se limitava a dizer: Eis o que é preciso fazer para ganhar o reino dos céus. Sobre as outras partes, não desenvolvia seu pensamento senão aos seus discípulos; estando estes mais avançados, moral e intelectualmente, Jesus pudera iniciá-los nas verdades mais abstratas; por isso, ele disse: *Àqueles que já têm, será dado ainda mais.* (Cap. XVIII, nº 15).

Entretanto, mesmo com seus apóstolos, permaneceu reticente sobre muitos pontos, cuja completa inteligência estava reservada para tempos ulteriores. Foram esses pontos que deram lugar a interpretações tão diversas, até que a Ciência de um lado, e o Espiritismo do outro, vieram revelar as novas leis naturais que fizeram compreender seu verdadeiro sentido.

7. O Espiritismo vem hoje lançar luz sobre uma multidão de pontos obscuros; entretanto, não a lança inconsideradamente. Os Espíritos procedem nas suas instruções com uma admirável prudência; não foi senão sucessiva e gradualmente que abordaram as diversas partes conhecidas da doutrina, e é assim que as outras partes serão reveladas à medida que o momento tenha chegado para fazê-las sair da sombra. Se a tivessem apresentado completa desde o início, ela não teria sido acessível senão a um pequeno número; teria mesmo assustado os que para isso não estavam preparados, o que teria prejudicado a sua propagação. Se, pois, os Espíritos não dizem ainda tudo ostensivamente, não é porque haja na doutrina mistérios reservados a privilegiados, nem que coloquem a candeia sob o alqueire, mas porque cada coisa deve vir no seu tempo oportuno; eles deixam a uma ideia o tempo de amadurecer e propagar-se antes de apresentarem uma outra, e aos *acontecimentos o de lhe preparar a aceitação.*

Não vades aos gentios

8. *Jesus enviou seus doze (os apóstolos), depois de lhes ter dado as instruções seguintes: Não vades aos Gentios e não entreis nas cidades dos Samaritanos, mas ide antes às ovelhas perdidas da casa de Israel: e nos lugares para onde fordes, pregai, dizendo que o reino dos céus está próximo. (São Mateus, cap. X, v. 5, 6, 7).*

9. Jesus prova, em muitas circunstâncias, que suas vistas não estão circunscritas ao povo judeu, mas que abarcam toda a Humanidade. Se, pois, disse aos seus apóstolos para não ir aos Pagãos, não foi por desdenhar sua conversão, o que teria sido pouco caridoso, mas porque os Judeus, que criam na unicidade de Deus e esperavam o Messias, estavam preparados, pela lei de Moisés e os profetas, para receber a sua palavra. Entre os Pagãos, a própria base faltando, tudo estava por fazer, e os apóstolos não estavam ainda bastante esclarecidos para uma tão pesada tarefa; por isso, disse-lhes: Ide às ovelhas desgarradas de Israel; quer dizer, ide semear num terreno já preparado, sabendo bem que a conversão dos Gentios viria a seu tempo: mais tarde, com efeito, no centro mesmo do paganismo, os apóstolos iriam plantar a cruz.

10. Essas palavras podem se aplicar aos adeptos e aos propagadores do Espiritismo. Os incrédulos sistemáticos, os escarnecedores obstinados, os adversários interessados, são para eles o que eram os Gentios para os apóstolos. A exemplo destes, procuram primeiro os prosélitos entre as pessoas de boa vontade, daqueles que desejam a luz, em quem se encontra um germe fecundo, e o número deles é grande, sem perder seu tempo com aqueles que se recusam ver e ouvir, e se obstinam tanto mais pelo orgulho quanto se parece ligar mais valor à sua conversão. Mais vale abrir os olhos a cem cegos que desejam ver claramente, do que a um único, que se compraz na obscuridade, porque é aumentar o número dos que sustentam a causa em maior proporção. Deixar os outros tranquilos não é indiferença, mas uma boa política; sua vez virá, quando serão dominados pela opinião geral, e ouvirão a mesma coisa repetida sem cessar ao seu redor; então, crerão aceitar a ideia voluntariamente e por si mesmos, e não sob a pressão de um indivíduo. Depois, ocorre com as ideias o mesmo que com as sementes: elas não podem germinar antes da época, e somente em terreno preparado; por isso, é melhor esperar o tempo propício e cultivar primeiro as que germinam, para evitar que abortem as outras em as apressando muito.

Ao tempo de Jesus, e em consequência das ideias restritas e materiais da época, tudo estava circunscrito e localizado; a casa de Israel era um pequeno povo; os Gentios eram pequenos povos circundantes: hoje, as ideias se universalizam e se espiritualizam. A luz nova não é privilégio de nenhuma nação; para ela, não existem mais barreiras; tem seu foco por toda parte e todos os homens são irmãos. Mas também os Gentios não são mais um povo, porém, uma opinião que se encontra por toda parte e da qual a verdade triunfa pouco a pouco, como o Cristianismo triunfou do Paganismo. Não é mais com as armas de guerra que são combatidos, mas com o poder da ideia.

Os sãos não têm necessidade de médico

11. *Jesus, estando à mesa na casa desse homem (Mateus), aí vieram muitos publicanos e pessoas de má vida que se assentaram à mesa com Jesus e seus discípulos; o que os fariseus, tendo visto, disseram aos seus discípulos: Por que vosso Mestre come com os publicanos e pessoas de má vida? Mas Jesus, tendo-os ouvido, disse-lhes: Os sãos não têm necessidade de médico, mas os doentes. (São Mateus, cap. IX, v. 10, 11, 12).*

12. Jesus se dirigia, sobretudo, aos pobres e aos deserdados, porque são os que têm maior necessidade de consolações; aos cegos dóceis e de boa fé, porque pedem para ver, e não aos orgulhosos que creem possuir toda a luz e não ter necessidade de nada. (Ver na introdução: *Publicanos, Portageiros*).

Estas palavras, como tantas outras, encontram sua aplicação no Espiritismo. Admira-se, por vezes, que a mediunidade seja concedida a pessoas indignas e capazes de fazer mau uso dela; parece, diz-se, que uma faculdade tão preciosa deveria ser atributo exclusivo dos mais merecedores.

Digamos primeiro que a mediunidade se prende a uma disposição orgânica da qual todo homem pode estar dotado, como a de ver, de ouvir, de falar. Não há uma da qual o homem, em virtude do seu livre-arbítrio, não possa abusar, e se Deus não houvesse concedido a palavra, por exemplo, senão aos que são incapazes de dizer coisas más, haveria mais mudos que falantes. Deus deu ao homem as faculdades e o deixa livre para usá-las, mas pune sempre aquele que delas abusa.

Se o poder de se comunicar com os Espíritos não fosse dado senão aos mais dignos, qual aquele que ousaria pretendê-lo? Onde estaria, aliás, o limite da dignidade e da indignidade? A mediunidade é dada sem distinção a fim de que os Espíritos possam levar a luz em todas as fileiras, em todas as classes da sociedade, ao pobre como ao rico; aos sábios para os fortalecer no bem, aos viciosos para os corrigir. Estes últimos não são os doentes que têm necessidade de médico? Por que Deus, que não quer a morte do pecador, o privaria do socorro que pode tirá-lo do lamaçal? Os bons Espíritos vêm, pois, ajudá-lo, e seus conselhos, que ele recebe diretamente, são de natureza a impressioná-lo mais vivamente do que se os recebesse por outros caminhos. Deus, em sua bondade, para lhe poupar o trabalho de ir procurar a luz ao longe, lha coloca na mão; não é bem mais culpado se não a considerar? Poderá se desculpar por ignorância, quando terá escrito, ele mesmo, visto com seus olhos, ouvido com seus ouvidos, e pronunciado com sua boca, a sua própria condenação? Se não aproveita, é, então, que é punido com a perda ou desmoralização de sua faculdade, da qual os maus Espíritos se apoderam para obsediá-lo e enganá-lo, sem prejuízo das aflições reais com que Deus atinge seus servidores indignos, e os corações endurecidos pelo orgulho e pelo egoísmo.

A mediunidade não implica, necessariamente, em intercâmbio habitual com os Espíritos superiores; é simplesmente uma *aptidão* para servir de instrumento mais ou menos flexível aos Espíritos em geral. O bom médium não é, pois, aquele que comunica facilmente, mas aquele que é simpático aos bons Espíritos e não é assistido senão por eles. É neste sentido somente que a excelência das qualidades morais tem tanto poder sobre a mediunidade.

Coragem da fé

13. *Todo aquele que me confessar e me reconhecer diante dos homens, eu o reconhecerei e confessarei também, eu mesmo, diante do meu Pai que está nos céus; e todo aquele que me renegar diante dos homens, eu o renegarei também, eu mesmo, diante do meu Pai que está nos céus. (São Mateus, cap. X, v. 32, 33).*

14. *Se alguém se envergonha de mim e das minhas palavras, o Filho do homem se envergonhará também dele, quando vier em sua glória e na de seu Pai e dos santos anjos. (São Lucas, cap. IX, v. 26).*

15. A coragem da opinião sempre foi considerada entre os homens, porque há mérito em afrontar os perigos, as perseguições, as contradições, e mesmo os simples sarcasmos, aos quais se expõe, quase sempre, aquele que não teme confessar claramente ideias que não são as de todo mundo. Aqui, como em tudo, o mérito está em razão das circunstâncias e da importância do resultado. Há sempre fraqueza em recuar diante das consequências da opinião e em renegá-la, mas há casos de uma covardia tão grande quanto a de fugir no momento do combate.

Jesus assinala essa covardia, do ponto de vista especial da sua doutrina, dizendo que se alguém se envergonha das suas palavras, ele se envergonhará também dele; que renegará aquele que o tiver renegado; que aquele que o confessar diante dos homens, o reconhecerá diante do seu Pai que está nos céus; em outros termos: *aqueles que tiverem medo de se confessarem discípulos da verdade, não são dignos de serem admitidos no reino da verdade.* Perderão o benefício de sua fé, porque é uma fé egoísta, que guardam para si mesmos, mas que escondem com medo que lhes cause prejuízo neste mundo, enquanto que, colocando a verdade acima de seus interesses materiais, aqueles que a proclamam abertamente trabalham ao mesmo tempo para o seu futuro e o dos outros.

16. Assim o será com os adeptos do Espiritismo, uma vez que a sua doutrina, não sendo outra senão o desenvolvimento e a aplicação da do Evangelho, é a eles também que se dirigem as palavras do Cristo. Semeiam na Terra o que colherão na vida espiritual; lá, colherão os frutos de sua coragem ou de sua fraqueza.

Carregar a cruz. Quem quiser salvar a vida, perdê-la-á

17. *Sereis bem felizes quando os homens vos odiarem, vos separarem, vos tratarem injuriosamente, rejeitarem vosso nome como mau por causa do Filho do homem. Regozijai-vos nesse dia e exultai de alegria, porque uma grande recompensa vos está reservada no céu, porque foi assim que seus pais trataram os profetas. (São Lucas, cap. VI, v. 22, 23).*

18. *Chamando a si o povo e seus discípulos, ele lhes disse: Se alguém quer vir após mim, que renuncie a si mesmo, carregue sua cruz e me siga; porque aquele que quiser salvar a si mesmo, se perderá; e aquele que se perder por amor a mim e ao Evangelho, se salvará. Com efeito, que serviria a um homem ganhar todo o mundo, e perder a si mesmo? (São Marcos, cap. VIII, v. 34 a 36. São Lucas, cap. IX, v. 23, 24, 25. São Mateus, cap. X, v. 38 e 39. São João, cap. XII, v. 24, 25).*

19. Regozijai-vos, disse Jesus, quando os homens vos odiarem e vos perseguirem por causa de mim, porque por isso sereis recompensados no céu. Estas palavras podem ser traduzidas assim: Sede felizes quando os homens, por sua má vontade a vosso respeito, vos propiciam a ocasião de provar a sinceridade da vossa fé, porque o mal que vos fazem reverte em vosso proveito. Lamentai-os, pois, pela sua cegueira, e não os maldigais.

Depois, ajunta: "Aquele que quer me seguir, carregue sua cruz", quer dizer, suporte corajosamente as tribulações que a sua fé lhe suscitará; porque aquele que quiser salvar sua vida e seus bens, em me renegando, perderá as vantagens do reino dos céus, ao passo que aqueles que tiverem perdido tudo neste mundo, mesmo a vida, para o triunfo da verdade, receberão na vida futura o prêmio da sua coragem, da sua perseverança e da sua abnegação; mas àqueles que sacrificam os bens celestes aos gozos terrestres, Deus disse: Já recebestes a vossa recompensa.

XXV
Capítulo 25

Buscai e achareis

Ajuda-te, e o céu te ajudará. – Observai os pássaros do céu. – Não vos inquieteis pela posse do ouro.

Ajuda-te, e o céu te ajudará

1. *Pedi e se vos dará;* buscai e achareis; *batei à porta e se vos abrirá; porque todo aquele que pede recebe, quem procura acha, e se abrirá àquele que bater à porta.*

Também, qual é o homem, dentre vós, que dá uma pedra ao filho quando lhe pede pão? ou se lhe pede um peixe, lhe dará uma serpente? Se, pois, sendo maus como sois, sabeis dar boas coisas aos vossos filhos, com quanto mais forte razão vosso Pai, que está nos céus, dará os verdadeiros bens àqueles que lhos pedem. (São Mateus, cap. VII, v. de 7 a 11).

2. Sob o ponto de vista terrestre, a máxima: *Buscai e achareis* é análoga a esta: *Ajuda-te, e o céu te ajudará.* É o princípio da *lei do trabalho* e, por conseguinte, da *lei do progresso,* porque o progresso é filho do trabalho, e o trabalho coloca em ação as forças da inteligência.

Na infância da Humanidade, o homem não aplica sua inteligência senão à procura de sua alimentação, dos meios de se preservar das intempéries e de se defender dos seus inimigos; mas Deus lhe deu, a mais do que ao animal, *o desejo incessante do melhor,* e é este desejo do melhor que o impele à procura dos meios de melhorar sua posição, que o conduz às descobertas, às invenções, ao aperfeiçoamento da ciência, porque é a ciência que lhe proporciona o que lhe falta. Através das suas pesquisas, sua inteligência aumenta, sua moral se depura; às necessidades do corpo sucedem as necessidades do espírito; após o alimento material, é preciso o alimento espiritual, e é assim que o homem passa da selvageria à civilização.

Mas o progresso que cada homem cumpre, individualmente, durante a sua vida, é bem pouca coisa, imperceptível mesmo num grande número; como, então, a Humanidade poderia progredir sem a preexistência e a *reexistência* da alma? As almas, indo-se cada dia para não mais voltarem, a Humanidade se renovaria sem cessar com os elementos primitivos, tendo tudo a fazer, tudo a aprender; não haveria, pois, razão para que o homem fosse mais avançado hoje do que nas primeiras idades do mundo, uma vez que, a cada nascimento, todo o trabalho intelectual estaria por recomeçar. A alma, ao contrário, voltando com o seu progresso realizado e adquirindo cada vez alguma coisa a mais, é assim que ela passa gradualmente da barbárie *à civilização material,* e desta *à civilização moral.* (Ver cap. IV, nº 17).

3. Se Deus houvesse isentado o homem do trabalho do corpo, seus membros estariam atrofiados; se o houvesse isentado do trabalho da inteligência, seu espírito teria permanecido na infância, no estado de instinto animal; por isso, fez-lhe do trabalho uma necessidade e lhe disse: *Procura e acharás, trabalha e produzirás;* dessa maneira, serás o filho das tuas obras, delas terás o mérito, e serás recompensado segundo o que tiveres feito.

4. É pela aplicação desse princípio que os Espíritos não vêm poupar o homem do trabalho das pesquisas, trazendo-lhes descobertas e invenções feitas e prontas para produzir, de maneira a não ter que tomar senão o que se lhe colocasse na mão, sem ter o trabalho de se abaixar para recolher, nem mesmo o de pensar. Se assim fosse, o mais preguiçoso poderia se enriquecer, e o mais ignorante tornar-se sábio de graça, e um e outro se dar o mérito do que não teriam feito. Não, *os Espíritos não vêm isentar o homem da lei do trabalho, mas mostrar-lhe o fim que deve atingir e o caminho que a ele conduz, dizendo-lhe: Caminha e chegarás.* Encontrarás pedra sob os teus passos: olha, e tira-as tu mesmo; nós te daremos a força necessária, se a quiseres empregar. (*O Livro dos Médiuns,* cap. XXVI, nºs 291 e seguintes).

5. Sob o ponto de vista moral, aquelas palavras de Jesus significam: Pedi a luz que deve clarear o vosso caminho, e ela vos será dada; pedi a força de resistir ao mal, e a tereis; pedi a assistência dos bons Espíritos, e eles virão vos acompanhar e, como o anjo de Tobias, vos servirão de guias; pedi bons conselhos, e não vos serão jamais recusados; batei à nossa porta, e ela vos será aberta, mas pedi sinceramente, com fé, fervor e confiança; apresentai-vos com humildade e não com arrogância; sem isso, sereis abandonados às vossas próprias forças, e as próprias quedas, que tereis, serão a punição do vosso orgulho.

Tal é o sentido destas palavras: Procurai e achareis, batei e se vos abrirá.

Observai os pássaros do céu

6. *Não ajunteis tesouros na Terra, onde a ferrugem e os vermes os corroem, onde os ladrões os desenterram e roubam; mas formai tesouros no céu, onde nem a ferrugem, nem os vermes os corroem; porque onde está o vosso tesouro, aí também está o vosso coração.*

Por isso eu vos digo: Não vos inquieteis por saber onde achareis do que comer para o sustento da vossa vida, nem de onde tirareis roupa para cobrir o vosso corpo; a vida não é mais do que o alimento, e o corpo mais do que a roupa?

Observai os pássaros do céu: eles não semeiam e não colhem, e não amontoam nada nos celeiros, mas vosso Pai celestial os alimenta; não sois muito mais do que eles? E quem é, dentre vós, aquele que pode, com todos os seus cuidados, aumentar à sua estatura a altura de um côvado?

Por que também vos inquietais pela roupa? Observai como crescem os lírios dos campos; eles não trabalham e não fiam; e, entretanto, eu vos declaro que Salomão, mesmo em toda a sua glória, jamais se vestiu como um deles. Se, pois, Deus tem o cuidado de vestir dessa maneira a erva dos campos, que hoje existe e que amanhã será lançada no fogo, quanto mais cuidado terá em vos vestir, ó homens de pouca fé!

Não vos inquieteis, pois, dizendo: Que comeremos, ou que beberemos, ou de que nos vestiremos? como fazem os pagãos que procuram todas essas coisas; porque vosso Pai sabe que delas tendes necessidade.

Procurai, pois, primeiramente o reino de Deus e a sua justiça, e todas essas coisas vos serão dadas por acréscimo. Por isso, não estejais inquietos pelo dia de amanhã, porque o dia de amanhã cuidará de si mesmo. A cada dia basta o seu mal. (*São Mateus, cap. VI, v. de 19 a 21 e 25 a 34*).

7. Estas palavras, tomadas ao pé da letra, seriam a negação de toda previdência, de todo trabalho e, por conseguinte, de todo progresso. Com semelhante princípio, o homem se reduziria a uma passividade expectante; suas forças físicas e intelectuais estariam inativas; se tal tivesse sido a sua condição normal na Terra, não teria jamais saído do estado primitivo e, se dela fizesse a sua lei atual, não teria mais senão viver sem nada fazer. Tal não pode ter sido o pensamento de Jesus, porque estaria em contradição com o que disse em outro lugar, e mesmo com as leis da Natureza. Deus criou o homem sem roupa e sem abrigo, mas lhe deu a inteligência para fabricá-los. (Cap. XIV, nº 6; cap. XXV, nº 2).

Não se deve, pois, ver nessas palavras senão uma poética alegoria da Providência, que não abandona jamais aqueles que colocam nela sua confiança, mas quer que trabalhem de seu lado. Se ela não vem sempre em sua ajuda por um socorro material, inspira as ideias com as quais se acham os meios de se livrar da dificuldade. (Cap. XXVII, nº 8).

Deus conhece as nossas necessidades e as provê segundo o necessário; mas o homem, insaciável em seus desejos, não sabe sempre se contentar com o que tem; o necessário não lhe basta, lhe é preciso o supérfluo; é então que a Providência o deixa entregue a si mesmo; frequentemente, é infeliz por sua culpa e por ter desconhecido a voz que o advertia na sua consciência, e Deus o deixa sofrer as consequências, a fim de que isso lhe sirva de lição para o futuro. (Cap. V, nº 4).

8. A Terra produzirá bastante para alimentar todos os seus habitantes, quando os homens souberem administrar os bens que ela dá, segundo as leis de justiça, de caridade e de amor ao próximo; quando a fraternidade reinar entre os diversos povos, como entre as províncias de um mesmo império, o supérfluo momentâneo de um suprirá à insuficiência momentânea do outro, e cada um terá o necessário. O rico, então, se considerará como um homem que tem uma grande quantidade de sementes; se as espalha, elas produzirão ao cêntuplo para ele e para os outros; mas se come essas sementes sozinho e as esbanja, deixando perder-se o excesso daquilo que comer, não produzirão nada e não bastarão para todo o mundo; se as guarda em seu celeiro, os vermes as comerão; por isso, Jesus disse: Não ajunteis tesouros na Terra, que são perecíveis, mas formai tesouros no céu, porque são eternos. Em outros termos, não ligueis, aos bens materiais, mais importância do que aos bens espirituais, e sabei sacrificar os primeiros em proveito dos segundos. (Cap. XVI, nº 7 e seguintes).

Não é com as leis que se decreta a caridade e a fraternidade; se elas não estão no coração, o egoísmo as sufocará sempre; fazê-las nele penetrar é a tarefa do Espiritismo.

Não vos inquieteis pela posse do ouro

9. *Não vos inquieteis pela posse do ouro, ou da prata, ou de outra moeda em vossa bolsa. Não prepareis nem um saco para o caminho, nem duas roupas, nem sapatos, nem bastão, porque aquele que trabalha, merece ser alimentado.*

10. *Em qualquer cidade ou em qualquer vila que entrardes, informai-vos de quem é digno de vos alojar, e permanecei com ele até que vos fordes. Entrando na casa, saudai-a dizendo: Que a paz esteja nesta casa. Se essa casa dela for digna, vossa paz virá sobre ela; e se ela não for digna, vossa paz retornará a vós.*

Quando alguém não quiser vos receber, nem escutar vossas palavras, sacudi, em saindo dessa casa ou dessa cidade, o pó de vossos pés. Eu vos digo em verdade, no dia do julgamento, Sodoma e Gomorra serão tratadas menos rigorosamente do que essa cidade. (São Mateus, cap. X, v. de 9 a 15).

11. Estas palavras, que Jesus dirigiu aos seus apóstolos, quando os enviava pela primeira vez para anunciar a boa nova, não tinham nada de estranhas nessa época: estavam de acordo com os costumes patriarcais do Oriente, onde o viajante era sempre recebido sob a tenda. Mas, então, os viajantes eram raros; entre os povos modernos, o aumento da circulação levou a criar novos costumes; não se encontram os costumes dos tempos antigos senão nas regiões distantes, onde o grande movimento ainda não penetrou; e se Jesus retornasse hoje, não poderia mais dizer aos seus apóstolos: Ponde-vos a caminho sem provisões.

Ao lado do sentido próprio, essas palavras têm um sentido moral muito profundo. Jesus ensinava assim aos seus discípulos a se confiarem à Providência; depois, estes, nada tendo, não poderiam tentar a cupidez daqueles que os recebessem; era um meio de distinguir os caridosos dos egoístas; por isso, disse-lhes: "Informai-vos de quem é digno de vos alojar"; quer dizer, quem é bastante humano para abrigar o viajante que não tem com que pagar, porque estes são dignos de ouvirem a vossa palavra; pela sua caridade, vós os reconhecereis.

Quanto àqueles que não quisessem nem recebê-los, nem escutá-los, disse aos seus apóstolos para os maldizerem, imporem-se a eles, usar de violência e de constrangimento para os converter? Não; mas para irem pura e simplesmente para outro lugar e procurarem as pessoas de boa vontade.

Assim, diz hoje o Espiritismo aos seus adeptos. Não violenteis nenhuma consciência; não forceis ninguém a deixar sua crença para adotar a vossa; não lanceis anátema sobre aqueles que não pensam como vós; acolhei aqueles que vêm a vós e deixai em paz os que vos repelem. Lembrai-vos das palavras do Cristo; outrora o céu se tomava pela violência, hoje pela brandura. (Cap. IV, nºs 10, 11).

XXVI
Capítulo 26

Dai gratuitamente o que recebestes gratuitamente

Dom de curar. – Preces pagas. – Vendilhões expulsos do templo. Mediunidade gratuita.

Dom de curar

1. *Restituí a saúde aos doentes, ressuscitai os mortos, curai os leprosos, expulsai os demônios.* Dai gratuitamente o que gratuitamente *recebestes. (São Mateus, cap. X, v. 8).*

2. "Dai gratuitamente o que gratuitamente recebestes" disse Jesus aos seus discípulos; por esse preceito, prescreve não se fazer pagar por aquilo que nada pagou; ora, o que eles tinham recebido gratuitamente era a faculdade de curar os doentes e de expulsar os demônios, quer dizer, os maus Espíritos; esse dom lhes fora dado gratuitamente por Deus para o alívio daqueles que sofriam, e para ajudar a propagação da fé, e lhes disse para dele não fazerem um tráfico, nem um objeto de especulação, nem um meio de vida.

Preces pagas

3. *Ele disse em seguida aos seus discípulos, na presença de todo o povo que o escutava: Guardai-vos dos escribas que ostentam, passeando com longas túnicas, que gostam de ser saudados nas praças públicas, de ocupar as primeiras cadeiras nas sinagogas e os primeiros lugares nas festas; que,* sob pretexto de longas preces, devoram as casas das viúvas. *Essas pessoas receberão por isso uma condenação mais rigorosa. (São Lucas, cap. XX, v. 45, 46, 47. – São Marcos, cap. XII, v. 38, 39, 40 – São Mateus, cap. XXIII, v. 14).*

4. Jesus disse também: Não façais pagar as vossas preces; não façais como os escribas que *"sob o pretexto de longas preces, devoram as casas das viúvas"*; quer dizer, abarcam as fortunas. A prece é um ato de caridade, um impulso do coração; fazer-se pagar pela que se dirige a Deus por outrem, é transformar-se em intermediário assalariado; a prece, então, é uma fórmula cujo comprimento se proporciona à soma que ela rende. Ora, de duas uma: Deus mede ou não mede suas graças pelo número das palavras; se são necessárias muitas, por que dizê-las poucas, ou quase nada, por aquele que não pode pagar? É uma falta de caridade; se uma só basta, o excesso é inútil; por que, pois, fazê-las pagar? É uma prevaricação.

Deus não vende os benefícios que concede; por que, pois, aquele que não é mesmo seu distribuidor, que não pode garantir a sua obtenção, faria pagar um pedido, talvez sem resultado? Deus não pode subordinar um ato de clemência, de bondade ou de justiça que se lhe solicita de sua misericórdia, a uma soma em dinheiro; de outro modo, disso resultaria que se a soma não fosse paga ou fosse insuficiente, a justiça, a bondade e a clemência de Deus seriam suspensas. A razão, o bom senso, a lógica, dizem que Deus, a perfeição absoluta, não pode delegar a criaturas imperfeitas o direito de pôr preço em sua justiça. A justiça de Deus é como o Sol, que está para todos, para o pobre como para o rico. Se se considera imoral traficar as graças de um soberano da Terra, seria lícito vender as do soberano do Universo?

As preces pagas têm um outro inconveniente: aquele que as compra se crê, o mais frequentemente, dispensado de orar, porque se considerou quite quando deu o seu dinheiro. Sabe-se que os Espíritos são tocados por meio do pensamento daquele que se interesse por eles; qual pode ser o fervor daquele que encarrega um terceiro de orar por ele, pagando; qual é o fervor desse terceiro quando delega seu mandato a um outro, este a um outro, e assim por diante? Não é reduzir a eficácia da prece ao valor de uma moeda corrente?

Vendilhões expulsos do templo

5. *Eles vieram em seguida a Jerusalém, e Jesus, tendo entrado no templo, começou por expulsar aqueles que aí vendiam e compravam; derrubou as mesas dos cambistas e os assentos dos que vendiam pombos; não permitiu que ninguém transportasse nenhum utensílio pelo templo. Ele os instruiu também, dizendo-lhes: Não está escrito: Minha casa será chamada casa de orações por todas as nações? E, todavia, fizestes dela um covil de ladrões. O que os príncipes dos sacerdotes, tendo* *ouvido, procuravam um meio de fazê-Lo perder-se; porque eles o temiam, visto que todo o povo estava arrebatado em admiração por sua doutrina. (São Marcos, cap. XI, v. de 15 a 18; São Mateus, cap. XXI, v. 12, 13).*

6. Jesus expulsou os vendilhões do templo, condenando, assim, o tráfico das coisas santas *sob qualquer forma que seja.* Deus não vende nem sua bênção, nem seu perdão, nem a entrada no reino do céus; o homem, pois, não tem o direito de as fazer pagar.

Mediunidade gratuita

7. Os médiuns modernos – porque os apóstolos também tinham mediunidade – igualmente receberam de Deus um dom gratuito: o de serem os intérpretes dos Espíritos para a instrução dos homens, para mostrar-lhes o caminho do bem e conduzi-los à fé, e não para vender-lhes palavras que não lhes pertencem, porque não são o produto de sua *concepção, nem de suas pesquisas, nem de seu trabalho pessoal.* Deus quer que a luz alcance a todos; não quer que o mais pobre dela seja deserdado e possa dizer: Eu não tenho fé, porque não pude pagá-la; não tive a consolação de receber os encorajamentos e os testemunhos de afeição daqueles por quem choro, porque sou pobre. Eis por que a mediunidade não é um privilégio, e se encontra por toda a parte; fazê-la pagar seria, pois, desviá-la da sua finalidade providencial.

8. Todo aquele que conhece as condições nas quais os bons Espíritos se comunicam, sua repulsa por tudo o que seja do interesse egoístico, e que sabe quão pouca coisa é preciso para afastá-los, não poderá jamais admitir que os Espíritos superiores estejam à disposição de qualquer um que os chamasse a tanto por sessão; o simples bom senso repele um tal pensamento. Não seria também uma profanação evocar, a preço de prata, os seres que respeitamos ou que nos são caros? Sem dúvida, pode-se, assim, ter manifestações, mas quem poderia garantir-lhes a sinceridade? Os Espíritos levianos, mentirosos, espertos, e toda a multidão de Espíritos inferiores, muito pouco escrupulosos, vêm sempre e estão sempre prontos para responder ao que se lhes pergunta, sem se importarem com a verdade. Aquele, pois, que quer comunicações sérias, deve primeiro pedi-las seriamente, depois se esclarecer sobre a natureza das ligações do médium com os seres do mundo espiritual; ora, a primeira condição para se conciliar a benevolência dos bons Espíritos é a humildade, o devotamento, a abnegação, o mais absoluto desinteresse *moral e material.*

9. Ao lado da questão moral, apresenta-se uma consideração efetiva, não menos importante, que se prende à própria natureza da faculdade. A mediunidade séria não pode ser, e não será jamais, uma profissão, não somente porque seria desacreditada moralmente e logo comparada aos ledores de sorte, mas porque um obstáculo material a isso se opõe; é uma faculdade essencialmente móvel, fugidia e variável, com a permanência da qual ninguém pode contar. Seria, pois, para o explorador, um recurso sempre incerto, que poderia lhe faltar no momento em que lhe seria mais necessário. Outra coisa é um talento adquirido pelo estudo e pelo trabalho, e que, por isso mesmo, é uma propriedade da qual, naturalmente, é permitido tirar partido. Mas a mediunidade não é nem uma arte, nem um talento, por isso ela não pode se tornar uma profissão; não existe senão pelo concurso dos Espíritos; se esses Espíritos faltarem, não há mais mediunidade; a aptidão pode subsistir, mas o exercício está anulado; assim, não há um só médium no mundo que possa garantir a obtenção de um fenômeno espírita em dado instante. Explorar a mediunidade é, pois, dispor de uma coisa da qual não se é realmente senhor; afirmar o contrário é enganar aquele que paga; há mais, não é de *si mesmo* que se dispõe, são dos Espíritos, das almas dos mortos, cujo concurso é posto à venda; esse pensamento repugna instintivamente. Foi esse tráfico, degenerado em abuso, explorado pelo charlatanismo, a ignorância, a credulidade e a superstição, que motivou a proibição de Moisés. O Espiritismo moderno, compreendendo o lado sério da coisa, pelo descrédito que lançou sobre essa exploração, elevou a mediunidade à categoria de missão. (Ver *O Livro dos Médiuns,* cap. XXVIII, *O Céu e o Inferno,* cap. XI).

10. A mediunidade é uma coisa santa que deve ser praticada santamente, religiosamente. Se há um gênero de mediunidade que requer essa condição de forma ainda mais absoluta, é a mediunidade curadora. O médico dá o fruto dos seus estudos, que fez ao preço de sacrifícios, frequentemente penosos; o magnetizador dá o seu próprio fluido, frequentemente mesmo a sua saúde: eles podem a isso pôr um preço; o médium curador transmite o fluido salutar dos bons Espíritos; ele não tem o direito de vendê-lo. Jesus e os apóstolos, conquanto pobres, não faziam pagar as curas que operavam.

Todo aquele, pois, que não tem do que viver, procure os recursos em outra parte do que na mediunidade; que não consagre a ela, se preciso for, senão o tempo de que possa dispor materialmente. Os Espíritos lhe terão em conta o devotamento e seus sacrifícios, ao passo que se afastam daqueles que esperam fazer deles um meio para subir.

XXVII
Capítulo 27

Pedi e obtereis

Qualidades da prece. – Eficácia da prece. –
Ação da prece. Transmissão do pensamento. –
Preces inteligíveis. – Da prece pelos mortos e pelos
Espíritos sofredores. – Instruções dos Espíritos:
Maneira de orar. – Alegria da prece.

Qualidades da prece

1. *Quando orardes, não vos assemelheis aos hipócritas, que se comprazem em orar em pé nas sinagogas e nas esquinas das ruas para serem vistos pelos homens. Em verdade, digo-vos, eles receberam sua recompensa. Mas quando quiserdes orar, entrai no vosso quarto e, estando fechada a porta, orai ao vosso Pai em segredo; e vosso Pai, que vê o que se passa em segredo, recompensar-vos-á.*

Não afeteis orar muito em vossas preces como fazem os gentios, que pensam ser pela multidão de palavras que serão atendidos. Não vos torneis, pois, semelhantes a eles, porque vosso Pai sabe do que necessitais antes de o pedirdes. (São Mateus, cap. VI, v. 5 a 8).

2. *Quando vos apresentardes para orar, se tiverdes alguma coisa contra alguém, perdoai-lhe, a fim de que vosso Pai, que está nos céus, perdoe também os vossos pecados. Se vós não perdoais, vosso Pai que está nos céus, não vos perdoará também os vossos pecados. (São Marcos, cap. XI, v. 25, 26).*

3. *Ele contou também esta parábola a alguns que confiavam em si mesmos como sendo justos e desprezando os outros.*

Dois homens subiram ao templo a fim de orar; um era fariseu, e o outro, publicano. O fariseu, estando em pé, orava assim consigo mesmo: Meu Deus, eu vos rendo graças porque não sou como os outros homens, que são ladrões, injustos e adúlteros, nem mesmo como esse publicano. Jejuo duas vezes por semana e dou o dízimo de tudo o que possuo.

O publicano, ao contrário, mantendo-se distante, não ousava sequer erguer os olhos ao céu; mas batia no peito dizendo: Meu Deus, tende piedade de mim que sou um pecador.

Eu vos declaro que este retornou, entre os seus, justificado, e não o outro; porque todo aquele que se eleva será humilhado, e todo aquele que se humilha, será exaltado. (São Lucas, cap. XVIII, v. 9 a 14).

4. As qualidades da prece estão claramente definidas por Jesus; quando orardes, diz ele, não vos coloqueis em evidência, mas orai secretamente; não afeteis de muito orar, porque não é pela multiplicidade das palavras que sereis atendidos, mas pela sua sinceridade; antes de orar, se tendes alguma coisa contra alguém, perdoai-lhe, porque a prece não será agradável a Deus, se não parte de um coração purificado de todo sentimento contrário à caridade; orai, enfim, com humildade como o publicano, e não com orgulho como o fariseu; examinai os vossos defeitos e não as vossas qualidades, e se vos comparardes aos outros, procurai o que há de mal em vós. (Cap. X nº 7 e 8).

Eficácia da prece

5. *O que quer que seja que pedirdes na prece, crede que o obtereis e vos será concedido. (São Marcos, cap. XI, v. 24).*

6. Há pessoas que contestam a eficácia da prece e se baseiam no princípio de que, conhecendo Deus nossas necessidades, é supérfluo expô-las. Acrescentam ainda que tudo se encadeando no Universo por leis eternas, nossos desejos não podem mudar os decretos de Deus.

Sem nenhuma dúvida, há leis naturais e imutáveis que Deus não pode derrogar segundo o capricho de cada um; mas daí a acreditar que todas as circunstâncias da vida estão submetidas à fatalidade, a distância é grande. Se assim fora, o homem não seria senão um instrumento passivo, sem livre-arbítrio e sem iniciativa. Nessa hipótese, não teria senão que curvar a cabeça sob o golpe de todos os acontecimentos, sem procurar evitá-los; não deveria procurar desviar o raio. Deus não lhe deu o discernimento e a inteligência para deles não se servir, a vontade para não querer, a atividade para permanecer inativo. Estando o homem livre para agir, num sentido ou noutro, seus atos têm, para ele e para os outros, consequências subordinadas àquilo que faz ou deixa de fazer. Pela sua iniciativa há, pois, acontecimentos que escapam forçosamente à fatalidade e que não destroem a harmonia das leis universais, como o avanço ou o retardo da agulha de um pêndulo não destrói a lei do movimento sobre a qual está estabelecido o mecanismo. Deus pode, pois, aceder a certos pedidos, sem derrogar a imutabilidade das leis que regem o conjunto, ficando seu acesso sempre subordinado à sua vontade.

7. Seria ilógico concluir desta máxima: "o que quer que seja que pedirdes pela prece vos será concedido", que basta pedir para obter, e seria injusto acusar a Providência porque não cede a todo pedido que lhe é feito, pois ela sabe, melhor do que nós, o que é para o nosso bem. O mesmo ocorre com um pai sábio que recusa ao filho as coisas contrárias aos interesses deste. O homem, geralmente, não vê senão o presente; ora, o sofrimento é útil à sua felicidade futura. Deus o deixará sofrer, como o cirurgião deixa o doente sofrer uma operação, que deve conduzi-lo à cura.

O que Deus concederá, se se dirige a ele com confiança, é a coragem, a paciência e a resignação. O que concederá, ainda, são os meios de sair por si mesmo da dificuldade, com a ajuda das ideias que são sugeridas pelos bons Espíritos, deixando-lhes, assim, o mérito. Assiste àqueles que ajudam a si mesmos, segundo esta máxima: "Ajuda-te, que o céu te ajudará", e não àqueles que tudo esperam de um socorro estranho, sem fazer uso das próprias faculdades; mas, geralmente, prefere-se ser socorrido por um milagre, sem nada fazer. (Cap. XXV, nº 1 e seguintes).

8. Tomemos um exemplo. Um homem está perdido num deserto e sofre sede horrível; sente-se desfalecer e se deixa cair no chão. Roga, então, a Deus, para o assistir e espera; mas, nenhum anjo vem lhe trazer o que beber. Entretanto, um bom Espírito lhe *sugere* o pensamento de se levantar, seguir uma das veredas que se apresentam à sua frente; então, por um movimento maquinal, reúne suas forças, levanta-se e caminha ao acaso. Chega a uma elevação e descobre, ao longe, um riacho; diante disso, encoraja-se. Se tem fé, exclamará: "Obrigado, meu Deus, pelo pensamento que me inspirastes, e pela força que me destes". Se não tem fé, dirá: "Que pensamento bom *eu tive!* Que *chance eu tive,* tomando a vereda da direita, ao invés da esquerda; o acaso, algumas vezes, serve-nos verdadeiramente bem! Quanto me felicito pela *minha coragem* e por não ter me deixado abater!"

Mas, dir-se-á, por que o bom Espírito não lhe disse claramente: "Siga esta vereda e ao fim dela encontrarás o de que necessitas?" Por que não se mostrou a ele para o guiar e sustentar no seu desfalecimento? Dessa maneira, ficaria convencido da intervenção da Providência. Foi, primeiro, para lhe ensinar que é preciso ajudar a si mesmo e fazer uso das suas próprias forças. Além disso, pela incerteza, Deus coloca à prova a sua confiança e submissão à sua vontade. Esse homem estava na situação de uma criança que cai e que, percebendo alguém, grita e espera que a venha levantar; se não vê ninguém, esforça-se e se levanta por si mesma.

Se o anjo que acompanhou Tobias lhe tivesse dito: "Eu sou enviado por Deus para te guiar em tua viagem e preservar-te de todo perigo", Tobias não teria tido mérito algum; confiante no seu acompanhante, não teria mesmo necessidade de pensar; por isso, o anjo não se fez reconhecer senão no regresso.

Ação da prece. Transmissão do pensamento

9. A prece é uma invocação; por ela, um ser se coloca em comunicação mental com outro ser ao qual se dirige. Ela pode ter, por objeto, um pedido, um agradecimento ou uma glorificação. Pode-se orar por si mesmo ou por outrem, pelos vivos ou pelos mortos. As preces dirigidas a Deus são ouvidas pelos Espíritos encarregados da execução das suas vontades; aquelas que são dirigidas aos bons Espíritos são levadas a Deus. Quando se ora a outros seres, senão a Deus, é apenas na qualidade de intermediários, intercessores, porque nada se pode fazer sem a vontade de Deus.

10. O Espiritismo faz compreender a ação da prece, explicando o modo de transmissão do pensamento, seja quando o ser chamado vem ao nosso apelo, seja quando nosso pensamento o alcança. Para se inteirar do que se passa nessa circunstância, é preciso mentalizar todos os seres, encarnados e desencarnados, mergulhados no fluido universal que ocupa o espaço, como o somos, neste mundo, na atmosfera. Esse fluido recebe um impulso da vontade; é o veículo do pensamento, como o ar é o veículo do som, com a diferença de que as vibrações do ar são circunscritas, enquanto que as do fluido universal se estendem ao infinito. Portanto, quando o pensamento é dirigido a um ser qualquer, sobre a Terra ou no espaço, de encarnado a desencarnado, ou de desencarnado a encarnado, estabelece-se uma corrente fluídica de um para o outro, transmitindo o pensamento, como o ar transmite o som.

A energia da corrente está em razão do vigor do pensamento e da vontade. Por isso, a prece é ouvida pelos Espíritos, em qualquer lugar em que eles se encontrem; os Espíritos se comunicam entre si, transmitem-nos suas inspirações, os intercâmbios se estabelecem à distância entre os encarnados.

Esta explicação é, sobretudo, para aqueles que não compreendem a utilidade da prece puramente mística e não têm por objetivo materializar a prece, mas tornar seu efeito inteligível, mostrando que pode ter uma ação direta e efetiva. Ela, por isso, não fica menos subordinada à vontade de Deus, juiz supremo em todas as coisas, único que pode tornar sua ação efetiva.

11. Pela prece, o homem chama para si o concurso dos bons Espíritos, que vêm sustentá-lo nas suas boas resoluções e inspirar-lhe bons pensamentos; adquire, assim, a força moral necessária para vencer as dificuldades e reentrar no caminho reto se dele se afastou, assim como afastar de si os males que atrai por sua própria falta. Um homem, por exemplo, vê a sua saúde arruinada pelos excessos que cometeu e arrasta, até o fim de seus dias, uma vida de sofrimentos; ele tem o direito de se lamentar, se não obtém a cura? Não, porque poderia encontrar na prece a força para resistir às tentações.

12. Se se dividissem os males da vida em duas partes, uma daquelas que o homem não pode evitar, outra das tribulações, cuja causa primeira é ele mesmo, pela sua incúria e seus excessos (cap. V, nº 4), ver-se-ia que esta suplanta muito em número sobre a primeira. É, pois, evidente, que o homem é o autor da maioria das suas aflições, e que delas se pouparia se agisse sempre com sabedoria e prudência.

Não é menos certo que essas misérias são o resultado das nossas infrações às leis de Deus, e que se observássemos pontualmente essas leis, seríamos perfeitamente felizes. Se não ultrapassarmos o limite do necessário na satisfação das nossas necessidades, não teremos as doenças que são consequências dos excessos, e as vicissitudes que essas doenças ocasionam. Se colocarmos limite à nossa ambição, não temeremos a ruína. Se não quisermos subir mais alto do que podemos, não temeremos cair. Se formos humildes, não sofreremos as decepções do orgulho humilhado. Se praticarmos a lei da caridade, não seremos nem maldizentes, nem invejosos, nem ciumentos, e evitaremos as querelas e as dissensões. Se não fizermos mal a ninguém, não temeremos as vinganças, etc.

Admitamos que o homem nada pudesse sobre os outros males; que toda prece seja supérflua para deles se preservar, já não seria muito estar livre de todos aqueles que provêm de si mesmo? Ora, aqui a ação da prece se concebe facilmente, porque ela tem por efeito evocar a inspiração salutar dos bons Espíritos, de pedir-lhes a força para resistir aos maus pensamentos, cuja execução pode nos ser funesta. Nesse caso, *não é o mal que afastam, mas, a nós mesmos, do pensamento que pode causar o mal; eles não entravam em nada os decretos de Deus, nem suspendem o curso das leis da Natureza, mas nos impedem de infringir essas leis, dirigindo nosso livre-arbítrio;* mas o fazem com o nosso desconhecimento, de maneira oculta, para não acorrentar a nossa vontade. O homem se encontra, então, na posição daquele que solicita bons conselhos e os coloca em prática, mas que está sempre livre de segui-los ou não. Deus quer que seja assim para que tenha a responsabilidade dos seus atos, e deixa-lhe o mérito da escolha entre o bem e o mal. Isso, o homem sempre pode obter se pede com fervor, e é ao que pode, sobretudo, aplicar-se estas palavras: "Pedi e obtereis."

A eficácia da prece, mesmo reduzida a essa proporção, não teria um resultado imenso? Estava reservado ao Espiritismo provar-nos sua ação pela revelação dos intercâmbios que existem entre o mundo corporal e o mundo espiritual. Mas a isso não se limitam seus efeitos.

A prece é recomendada por todos os Espíritos; renunciar à prece é desconhecer a bondade de Deus, é renunciar, para si mesmo, à sua assistência, e para os outros ao bem que se lhes pode fazer.

13. Acedendo ao pedido que lhe é dirigido, Deus, frequentemente, tem em vista recompensar a intenção, o devotamento e a fé àquele que ora, eis por que a prece do homem de bem é mais meritória aos olhos de Deus e sempre mais eficaz, porque o homem vicioso e mau não pode orar com o fervor e a confiança que só é dado pelo sentimento da verdadeira piedade. Do coração do egoísta, daquele que ora nos lábios, não podem sair senão *palavras,* mas não os impulsos da caridade que dão à prece todo o seu poder. Isso é tão compreensível, que, por um movimento instintivo, a pessoa se recomenda de preferência às preces daqueles nos quais se percebe que a conduta deve ser agradável a Deus, porque são mais ouvidos.

14. Se a prece exerce uma espécie de ação magnética, poder-se-ia crer que seu efeito está subordinado à força fluídica, mas não é assim. Uma vez que os Espíritos exercem essa ação sobre os homens, eles suprem, quando isso seja necessário, a insuficiência daquele que ora, seja agindo diretamente *em seu nome,* seja dando-lhe momentaneamente uma força excepcional, quando é julgado digno desse favor ou que a coisa possa ser útil.

O homem que não se crê bastante bom para exercer uma influência salutar, não deve se abster de orar por outro, pelo pensamento de que não é digno de ser ouvido. A consciência da sua inferioridade é uma prova de humildade sempre agradável a Deus, que leva em conta a intenção caridosa que o anima. Seu fervor e sua confiança em Deus são um primeiro passo para o retorno ao bem, no qual os Espíritos são felizes por encorajá-lo. A prece que é recusada é a do *orgulhoso que tem fé em seu poder e em seus méritos, e crê poder se substituir à vontade do Eterno.*

15. O poder da prece está no pensamento; ela não se prende nem às palavras, nem ao lugar, nem ao momento em que é feita. Pode-se, pois, orar em toda parte, a qualquer hora, sozinho ou em comum. A influência do lugar ou do tempo se prende às circunstâncias que podem favorecer o recolhimento. *A prece em comum tem uma ação mais poderosa, quando todos aqueles que oram se associam de coração a um mesmo pensamento e têm o mesmo objetivo,* porque é como se todos gritassem em conjunto e em uníssono; mas o que importa estarem reunidos em grande número, se cada um age isoladamente e por sua própria conta! Cem pessoas reunidas podem orar como egoístas, enquanto que duas ou três, unidas em comum aspiração, orarão como verdadeiros irmãos em Deus, e sua prece terá mais força que a das outras cem. (Cap. XXVIII, nºs 4 e 5).

Preces inteligíveis

16. *Se não entendo o que significam as palavras, eu serei bárbaro para aquele com quem falo, e aquele que me fala será para mim bárbaro.* Se oro numa língua que não entendo, *meu coração ora, mas minha inteligência está sem fruto. – Se não louvais a Deus senão de coração, como um homem, entre aqueles que não entendem senão a sua própria língua, responderá* amém, *ao final da vossa ação de graças,* uma vez que ele não entende o que dizeis? *Não é que vossa ação não seja boa,* mas, *os outros, dela não estão edificados. (São Paulo, 1ª Epístola aos Coríntios, cap. XIV, v. 11, 14, 16 e 17).*

17. A prece não tem valor senão pelo pensamento ao qual se liga; ora, é impossível ligar um pensamento ao que não se compreende, porque o que não se compreende, não toca o coração. Para a imensa maioria, as preces numa língua incompreendida não são senão conjunto de palavras que nada dizem ao espírito. Para que a prece toque, é preciso que cada palavra revele uma ideia, e se não é compreendida, não pode revelar nenhuma ideia. Repetem-na como uma simples fórmula que tem, mais ou menos, virtude segundo o número de vezes que é repetida; muitos oram por dever, alguns mesmo por hábito; por isso, creem-se quites, quando disseram uma prece, um número determinado de vezes, nesta ou naquela ordem. Deus lê no fundo dos corações, vê o pensamento e a sinceridade, e é rebaixá-lo crê-lo mais sensível à forma do que ao fundo. (Cap. XXVIII, nº 2).

Da prece pelos mortos e pelos Espíritos sofredores

18. A prece é reclamada pelos Espíritos sofredores; ela lhes é útil, porque, vendo que pensam neles, sentem-se menos abandonados, menos infelizes. Mas a prece tem sobre eles uma ação mais direta: reergue-lhes a coragem, excita-lhes o desejo de se elevarem pelo arrependimento e pela reparação e pode desviá-los do pensamento do mal. É nesse sentido, que ela não só pode aliviar, mas abreviar seus sofrimentos. (Vede: *O Céu e o Inferno,* 2ª parte: Exemplos).

19. Certas pessoas não admitem a prece pelos mortos, porque, na sua crença, não há para a alma senão duas alternativas: ser salva ou condenada às penas eternas, e, num e noutro caso, a prece é inútil. Sem discutir o valor dessa crença, admitamos por um instante a realidade das penas eternas e irremissíveis, e que as nossas preces sejam impotentes para lhes pôr um termo. Perguntamos se, nessa hipótese, é lógico, caridoso e cristão, rejeitar a prece pelos condenados? Essas preces, por impotentes que sejam para os livrar, não são, para eles, um sinal de piedade que pode dulcificar seu sofrimento? Sobre a Terra, quando um homem é condenado perpetuamente, no caso mesmo que ele não tenha nenhuma esperança de obter graça, é proibido a uma pessoa caridosa ir sustentar suas correntes para lhe aliviar o peso? Quando alguém está atacado de um mal incurável, porque não oferece nenhuma esperança de cura, é preciso abandoná-lo sem nenhum alívio? Imaginai que, entre os condenados, pode se encontrar uma pessoa que vos foi cara, um amigo, talvez um pai, uma mãe ou um filho, e porque, segundo vós, não poderá esperar sua graça, recusaríeis um copo de água para estancar-lhe a sede? Um bálsamo para secar-lhe as feridas? Não faríeis por ele o que faríeis por um prisioneiro? Não lhe daríeis um testemunho de amor, uma consolação? Não, isso não seria cristão. Uma crença que resseca o coração não pode se aliar com a de um Deus que coloca, em primeiro lugar entre os deveres, o amor ao próximo.

A não eternidade das penas não implica a negação de uma penalidade temporária, porque Deus, na sua justiça, não pode confundir o bem e o mal.

Ora, negar, nesse caso, a eficácia da prece, seria negar a eficácia da consolação, do encorajamento e dos bons conselhos. Seria negar a força, que se haure na assistência moral, daqueles que nos querem bem.

20. Outros se fundamentam numa razão mais especiosa: a imutabilidade dos decretos divinos. Deus, dizem eles, não pode mudar as suas decisões a pedido de suas criaturas; sem isso, nada seria estável no mundo. O homem, pois, nada tem a pedir a Deus, não tem senão que se submeter e adorá-lo.

Há, nessa ideia, uma falsa aplicação da imutabilidade da lei divina, ou melhor, ignorância da lei no que concerne à penalidade futura. Essa lei é revelada pelos Espíritos do Senhor, hoje que o homem está maduro para compreender o que, na fé, está conforme ou contrário aos atributos divinos.

Segundo o dogma da eternidade absoluta das penas, ao culpado não se tem em conta seus remorsos e seu arrependimento; para ele, todo desejo de se melhorar é supérfluo e está condenado a permanecer perpetuamente no mal. Se está condenado por um tempo determinado, a pena cessará quando esse tempo tiver expirado; mas quem diz que, então, terá mudado para melhores sentimentos? Quem diz que, a exemplo de muitos condenados na Terra, na sua saída da prisão, não será tão mau quanto antes? No primeiro caso, seria manter na dor do castigo um homem que retornou ao bem; no segundo, agraciar aquele que permaneceu culpado. A lei de Deus é mais previdente que essa; sempre justa, equitativa e misericordiosa, não fixa nenhuma duração à pena, qualquer que seja; ela se resume assim:

21. "O homem suporta sempre a consequência das suas faltas; não há uma só infração à lei de Deus que não tenha punição.

A severidade do castigo é proporcional à gravidade da falta.

A duração do castigo, para qualquer falta, *é indeterminada e está subordinada ao arrependimento do culpado e seu retorno ao bem.* A pena dura tanto quanto a obstinação no mal e seria perpétua se a obstinação fosse perpétua, de curta duração se o arrependimento chega logo.

Desde que o culpado clame por misericórdia, Deus o ouve e lhe envia a esperança. Mas o simples remorso do mal não basta, pois é preciso a reparação. Por isso, o culpado é submetido a novas provas, nas quais pode sempre, por sua vontade, fazer o bem em reparação ao mal que fez.

O homem é, assim, constantemente, o árbitro de sua própria sorte, podendo abreviar seu suplício ou prolongá-lo indefinidamente. Sua felicidade ou sua infelicidade dependem da sua vontade de fazer o bem."

Tal é a lei; lei *imutável* e conforme a bondade e a justiça de Deus.

O Espírito culpado e infeliz pode, assim, sempre salvar-se a si mesmo: a lei de Deus lhe diz em que condições pode fazê-lo. Frequentemente, o que lhe falta é a vontade, a força, a coragem; se, por nossas preces, nós lhe inspiramos essa vontade, se o sustentamos e encorajamos; se, por nossos conselhos, nós lhe damos as luzes que lhe faltam, *ao invés de solicitar a Deus a derrogação da sua lei, tornamo-nos instrumentos para a execução da sua lei de amor e de caridade,* na qual ele nos permite, assim, participar, dando, nós mesmos, uma prova de caridade. (Vede, *O Céu e o Inferno,* 1ª parte, cap. IV, VII, VIII).

Instruções dos Espíritos

Maneira de orar

22. O primeiro dever de toda criatura humana, o primeiro ato que deve lhe assinalar o retorno à vida ativa de cada dia, é a prece. Quase todos vós orais, mas quão poucos sabem orar! Que importa ao Senhor as frases que ligais, maquinalmente, umas às outras, porque disso tendes hábito; é um dever que vos impondes e, como todo dever, pesa-vos.

A prece do cristão, do *Espírita,* de qualquer culto que seja, deve ser feita desde que o Espírito retomou o jugo da carne. Deve se elevar aos pés da majestade divina com humildade, com profundidade, num arrebatamento de gratidão por todos os benefícios concedidos até esse dia: pela noite que se escoou e durante a qual vos foi permitido, embora inconscientemente, retornar junto de vossos amigos, de vossos guias, para haurir, ao seu contato, mais força e perseverança. Ela deve se elevar humilde aos pés do Senhor, para lhe recomendar vossa fraqueza, pedir seu apoio, sua indulgência, sua misericórdia. Deve ser profunda, porque é vossa alma quem deve se elevar até o Criador, que deve se transfigurar como Jesus no Tabor, e tornar-se alva e irradiante de esperança e de amor.

Vossa prece deve encerrar o pedido das graças de que tendes necessidade, mas uma necessidade real. Inútil, pois, pedir ao Senhor abreviar as vossas provas, dar-vos as alegrias e a riqueza; pedi-lhe para vos conceder os bens mais preciosos da paciência, da resignação e da fé. Não digais, como ocorre a muitos entre vós: "Não vale a pena orar, uma vez que Deus não me atende." Que pedis a Deus na maioria das vezes? Frequentemente, pensastes em lhe pedir o vosso melhoramento moral? Oh! Não, muito pouco; mas imaginais antes lhe pedir *o sucesso nos vossos empreendimentos terrestres,* e exclamastes: "Deus não se ocupa conosco; se disso se ocupasse, não haveria tantas injustiças". Insensatos! Ingratos! Se descêsseis ao fundo da vossa consciência, encontraríeis, quase sempre, em vós mesmos, o ponto de partida dos males dos quais vos lamentais. Pedi, pois, antes de todas as coisas, o vosso progresso e vereis que torrente de graças e de consolações se derramará sobre vós. (Cap. V, nº 4).

Deveis orar sem cessar, sem para isso vos recolherdes em vosso aposento, ou ajoelhar nas praças públicas. A prece diária é o cumprimento dos vossos deveres, dos vossos deveres sem exceção, de qualquer natureza que eles sejam. Não é um ato de amor ao vosso Senhor, assistir vossos irmãos numa necessidade qualquer, moral ou física? Não é fazer um ato de reconhecimento, elevar vosso pensamento até ele, quando uma alegria vos chega, um acidente é evitado, mesmo quando uma contrariedade só vos aflora, se dizeis pelo pensamento: *Sede bendito, meu Pai!* Não é um ato de contrição vos humilhar diante do juiz supremo, quando sentis que falhastes, não fosse senão por um pensamento fugidio, e dizer-lhe: *Perdoai-me, meu Deus, porque eu pequei (por orgulho, por egoísmo, ou por falta de caridade); dai-me a força de não mais falhar e a coragem de reparar?*

Isso é independente das preces regulares da manhã e da tarde, e dos dias consagrados; mas, como vedes, a prece pode ser de todos os instantes, sem ocasionar nenhuma interrupção aos vossos trabalhos; ao contrário, elas os santificam. E crede bem que um só desses pensamentos, partindo do coração, é mais ouvido por vosso Pai celestial que as longas preces ditadas pelo hábito, frequentemente, sem causa determinada, e às quais *a hora convencionada vos lembra maquinalmente.* (V. Monod. Bordéus, 1862).

Alegria da prece

23. Vinde, vós que quereis crer: os Espíritos celestes acorrem e vêm vos anunciar grandes coisas. Deus, meus filhos, abre seus tesouros para vos dar todos os seus benefícios. Homens incrédulos! Se soubésseis quanto a fé faz bem ao coração e leva a alma ao arrependimento e à prece! A prece! Ah! Como são tocantes as palavras que saem da boca que ora! A prece é um orvalho divino que destrói o maior calor das paixões; filha primogênita da fé, ela nos conduz ao caminho que leva a Deus. No recolhimento e na solidão, estais com Deus; para vós não há mais mistérios, eles se vos revelam. Apóstolos do pensamento, para vós é a vida; vossa alma se desliga da matéria e rola nesses mundos infinitos e etéreos que os pobres humanos desconhecem.

Marchai, marchai nos caminhos da prece e ouvireis a voz dos anjos. Que harmonia! Não mais os ruídos confusos e a entonação aguda da Terra; são as liras dos arcanjos, a voz doce e suave dos serafins, mais leves que as brisas da manhã, quando brincam nas folhagens dos vossos grandes bosques. Em que delícias caminhareis! Vossa linguagem não poderá definir essa felicidade, tanto entrará por todos os poros, tanto a fonte na qual bebe, orando, é viva e refrescante! Doces vozes, embriagadores perfumes que a alma ouve e saboreia quando se lança a essas esferas desconhecidas e habitadas pela prece! Sem mistura de desejos carnais, todas as aspirações são divinas. E vós também, orai com o Cristo, levando sua cruz do Gólgota ao Calvário; levai a vossa cruz e sentireis as doces emoções que passavam em sua alma, embora carregado de um madeiro infamante; ele ia morrer, mas para viver a vida celestial na morada de seu Pai. (Santo Agostinho, Paris, 1861).

XXVIII
Capítulo 28

Coletânea de Preces Espíritas

Preâmbulo

1. Os Espíritos sempre disseram: "A forma não é nada, o pensamento é tudo. Orai, cada um, segundo as vossas convicções e o modo que mais vos toca; um bom pensamento vale mais que numerosas palavras estranhas ao coração."

Os Espíritos não prescrevem nenhuma fórmula absoluta de preces; quando as dão é para fixar as ideias e, sobretudo, para chamar a atenção sobre certos princípios da Doutrina Espírita. É também com o objetivo de ajudar as pessoas que têm dificuldades para expressar suas ideias, porque existem as que não creem ter realmente orado, se seus pensamentos não foram formulados.

A coletânea de preces contidas neste capítulo é uma escolha feita entre as que foram ditadas pelos Espíritos em diversas circunstâncias; eles ditaram outras e em outros termos, apropriadas a certas ideias ou a casos especiais, mas pouco importa a forma, se o pensamento fundamental é o mesmo. O objetivo da prece é elevar nossa alma a Deus; a diversidade das fórmulas não deve estabelecer nenhuma diferença entre aqueles que nele creem e ainda menos entre os adeptos do Espiritismo, porque Deus as aceita todas quando são sinceras.

Não é preciso, pois, considerar esta coletânea como um formulário absoluto, mas como uma variedade entre as instruções que dão os Espíritos. É uma aplicação dos princípios da moral evangélica, desenvolvidos neste livro, um complemento aos seus ditados sobre os deveres para com Deus e o próximo, onde são lembrados todos os princípios da Doutrina.

O Espiritismo reconhece como boas as preces de todos os cultos, quando são ditadas pelo coração, e não pelos lábios; não impõe nenhuma delas, nem censura nenhuma. Deus é muito grande, segundo ele, para rejeitar a voz que lhe implora ou que canta seus louvores, porque a faz de um modo antes que de outro. *Todo aquele que lançasse anátema contra as preces que não estão no seu formulário, provaria que desconhece a grandeza de Deus.* Crer que Deus se prende a uma fórmula é emprestar-lhe a pequenez e as paixões da humanidade.

Uma condição essencial da prece, segundo São Paulo (cap. XXVII, nº 16), é de ser inteligível, a fim de que possa falar ao nosso espírito; por isso, não basta que ela seja dita numa língua compreendida daquele que ora; há preces em linguagem vulgar que não dizem muito mais ao pensamento do que se fossem em linguagem estrangeira, e que, por isso mesmo, não vão ao coração; as raras ideias que elas encerram são, frequentemente, sufocadas pela superabundância de palavras e o misticismo da linguagem.

A principal qualidade da prece é ser clara, simples e concisa, sem fraseologia inútil, nem luxo de epítetos que não são senão enfeites de brilho falso. Cada palavra deve ter a sua importância, revelar uma ideia, movimentar uma fibra: numa palavra, *deve fazer refletir;* só com essa condição, a prece pode alcançar o seu objetivo, de outro modo, *não é senão ruído.* Vede também com que ar de distração e volubilidade elas são ditas na maioria das vezes; veem-se lábios que se movimentam, mas, pela expressão da fisionomia e mesmo o som da voz, reconhece-se um ato maquinal, puramente exterior, ao qual a alma permanece indiferente.

As preces reunidas nesta coletânea estão divididas em cinco categorias: preces gerais, preces para si mesmo, preces pelos vivos, preces pelos mortos e preces especiais para os doentes e os obsidiados.

Com a finalidade de chamar mais particularmente a atenção sobre o objeto de cada prece, e melhor fazer compreender a sua importância, elas são todas precedidas de uma instrução preliminar, espécie de exposição de motivos, sob o título de *prefácio.*

I - Preces Gerais

Oração dominical

2. *PREFÁCIO.* Os Espíritos recomendaram colocar a *Oração Dominical* à frente desta coletânea, não somente como prece, mas como símbolo; de todas as preces é a que colocam em primeiro plano, seja porque ela veio do próprio Jesus (São Mateus, cap. VI, v. de 9 a 13), seja porque pode substituir a todas, segundo o pensamento que se lhes fixa; é o mais perfeito modelo de concisão, verdadeira obra-prima de sublimidade na sua simplicidade. Com efeito, sob a mais restrita forma, resume todos os deveres do homem para com Deus, para consigo mesmo e para com o próximo, encerra uma profissão de fé, um ato de adoração e de submissão, o pedido das coisas necessárias à vida, e o princípio da caridade. Dizê-la em intenção de alguém, é pedir para ele o que se pediria para si.

Entretanto, em razão mesmo da sua brevidade, o sentimento profundo encerrado em algumas palavras das quais ela se compõe, escapa à maioria; por isso é dita, geralmente, sem dirigir o pensamento sobre as aplicações de cada uma das suas partes; é dita como uma fórmula, cuja eficácia é proporcional ao número de vezes que é repetida; ora, é quase sempre um dos números cabalísticos *três, sete* ou *nove,* tirados da antiga crença supersticiosa da virtude dos números, e em uso nas operações da magia.

Para completar o vago que a concisão dessa prece deixa no pensamento, segundo o conselho e com a assistência dos bons Espíritos, foi juntado a cada proposição um comentário que lhes desenvolve o sentido e mostra suas aplicações. Segundo as circunstâncias e o tempo disponível, pode-se dizer, pois, a Oração dominical *simples* ou *desenvolvida.*

3. *PRECE. – I. Pai Nosso que estais nos céus, santificado seja o vosso nome!*

Cremos em vós, Senhor, porque tudo revela o vosso poder e a vossa bondade. A harmonia do Universo testemunha uma sabedoria, uma prudência e uma previdência que suplantam todas as faculdades humanas; o nome de um ser soberanamente grande e sábio está inscrito em todas as obras da Criação, desde o ramo de erva e no menor inseto, até os astros que se movem no espaço; por toda parte vemos a prova de uma solicitude paternal; por isso, cego é aquele que não vos reconhece em vossas obras, orgulhoso aquele que não vos glorifica e ingrato aquele que não vos rende ações de graça.

II. Venha o vosso reino!

Senhor, destes aos homens leis cheias de sabedoria e que fariam a sua felicidade se as observassem. Com essas leis, fariam reinar entre eles a paz e a justiça; se ajudariam mutuamente, em lugar de se prejudicarem como o fazem; o forte sustentaria o fraco em lugar de esmagá-lo; evitariam os males que engendram os abusos e os excessos de todos os gêneros. Todas as misérias deste mundo vêm da violação de vossas leis, porque não há uma só infração que não tenha consequências fatais.

Destes ao animal o instinto que lhe traça o limite do necessário, e ele com isso maquinalmente se conforma; mas ao homem, além desse instinto, destes a inteligência e a razão; destes também a liberdade de observar ou infringir aquelas de vossas leis que lhe concernem pessoalmente, quer dizer, de escolher entre o bem e o mal, a fim de que tenha o mérito e a responsabilidade das suas ações.

Ninguém pode pretextar ignorância de vossas leis, porque em vossa previdência paternal, quisestes que elas fossem gravadas na consciência de cada um, sem distinção de culto nem de nações; aqueles que as violam é porque vos desconhecem.

Dia virá em que, segundo a vossa promessa, todos as praticarão; então, a incredulidade terá desaparecido; todos vos reconhecerão por soberano Senhor de todas as coisas, e o reino de vossas leis será o vosso reino na Terra.

Dignai-vos, Senhor, apressar o seu advento, dando aos homens a luz necessária para conduzi-los ao caminho da verdade.

III. Seja feita a vossa vontade, na Terra, como no céu!

Se a submissão é um dever do filho com relação ao pai, do inferior para com o superior, quanto não deve ser maior a da criatura com relação ao seu Criador. Fazer a vossa vontade, Senhor, é observar as vossas leis e submeter-se, sem murmurar, aos vossos decretos divinos; o homem a isso se submeterá, quando compreender que sois a fonte de toda a sabedoria, e que sem vós, ele nada pode; então, fará vossa vontade na Terra, como os eleitos no céu.

IV. Dai-nos o pão de cada dia.

Dai-nos o alimento para a manutenção das forças do corpo; dai-nos também o alimento espiritual para o desenvolvimento do nosso Espírito.

O animal encontra seu alimento, mas o homem o deve à sua própria atividade e aos recursos da sua inteligência, porque o criastes livre.

Vós lhe dissestes: "Tirarás teu alimento da terra com o suor da tua fronte"; com isso, lhe fizestes do trabalho uma obrigação, a fim de que ele exercite a sua inteligência na procura dos meios de prover as suas necessidades e seu bem-estar, uns pelo trabalho material, outros pelo trabalho intelectual; sem o trabalho, permaneceria estacionário e não poderia aspirar à felicidade dos Espíritos superiores.

Secundais o homem de boa vontade que se confia a vós para o necessário, mas não aquele que se compraz na ociosidade e gostaria de tudo obter sem trabalho, nem aquele que procura o supérfluo. (Cap. XXV).

Quantos são os que sucumbem por suas próprias faltas, por sua incúria, sua imprevidência ou sua ambição, e por não quererem se contentar com o que lhes destes! Estes são os artífices de seu próprio infortúnio e não têm o direito de se lamentar, porque são punidos naquilo em que pecaram. Mas a estes mesmos, não abandonais, porque sois infinitamente misericordioso; vós lhes estendeis mão segura desde que, como o filho pródigo, retornem sinceramente a vós. (Cap. V, nº 4).

Antes de nos lamentarmos da nossa sorte, perguntemo-nos se ela não é obra nossa; a cada infelicidade que nos chegue, perguntemo-nos se não dependeu de nós evitá-la; mas digamos também que Deus nos deu a inteligência para nos tirar do lamaçal, e que depende de nós dela fazer uso.

Uma vez que a lei do trabalho é a condição do homem na Terra, dai-nos a coragem e a força para cumpri-la; dai-nos também a prudência, a previdência e a moderação, a fim de não lhe perder o fruto.

Dai-nos, pois, Senhor, nosso pão de cada dia, quer dizer, os meios de adquirir, pelo trabalho, as coisas necessárias à vida, porque ninguém tem o direito de reclamar o supérfluo.

Se o trabalho nos é impossível, confiamo-nos à vossa divina providência.

Se está em vossos desígnios experimentar-nos pelas mais duras privações, malgrado os nossos esforços, nós as aceitaremos como uma justa expiação de faltas que tenhamos cometido nesta vida ou numa vida precedente, porque sois justo; sabemos que não há penas imerecidas, e que não punis jamais sem causa.

Preservai-nos, ó meu Deus, de conceber a inveja contra aqueles que possuem o que não temos, nem mesmo contra aqueles que têm o supérfluo, quando nos falta o necessário. Perdoai-lhes, se olvidam a lei de caridade e de amor ao próximo, que lhes ensinastes. (Cap. XVI, nº 8).

Afastai também, do nosso espírito, o pensamento de negar a vossa justiça, vendo a prosperidade do mau e a infelicidade que oprime, por vezes, o homem de bem. Sabemos, agora, graças às novas luzes que vos aprouve dar-nos, que a vossa justiça se cumpre sempre e não falta a ninguém; que a prosperidade material do mau é efêmera como a sua existência corporal, e que terá terríveis reveses, ao passo que a alegria reservada àquele que sofre com resignação será eterna. (Cap. V, nºs 7, 9, 12, 18).

V. Perdoai as nossas dívidas como nós as perdoamos àqueles que nos devem. Perdoai as nossas ofensas como perdoamos àqueles que nos ofenderam.

Cada uma das nossas infrações às vossas leis, Senhor, é uma ofensa para convosco, e uma dívida contraída que nos será preciso, cedo ou tarde, pagar. Para elas solicitamos o perdão de vossa infinita misericórdia, sob a promessa de fazer esforços para não contrair dívidas novas.

Fizestes uma lei expressa da caridade, mas a caridade não consiste somente em assistir o semelhante na necessidade; consiste também no esquecimento e no perdão das ofensas. Com que direito reclamaríamos a vossa indulgência, se nós mesmos faltamos com ela em relação àqueles dos quais temos do que nos queixar?

Dai-nos, ó meu Deus, a força para sufocar em nossa alma todo ressentimento, todo ódio e todo rancor; *fazei com que a morte não nos surpreenda com um desejo de vingança no coração.* Se vos apraz retirar-nos hoje mesmo deste mundo, fazei com que possamos nos apresentar a vós puros de toda animosidade, a exemplo do Cristo, cujas últimas palavras foram por seus algozes. (Cap. X).

As perseguições que os maus nos fazem suportar, fazem parte das nossas provas terrestres; devemos aceitá-las sem murmurar como todas as outras provas, e não maldizer aqueles que, por sua maldade, abrem-nos o caminho da felicidade eterna, porque dissestes pela boca de Jesus: "Bem-aventurados aqueles que sofrem pela justiça!" Bendigamos, pois, a mão que nos fere e nos humilha, porque as contusões do corpo fortalecem nossa alma, e seremos levantados da nossa humildade. (Cap. XII, nº 4).

Bendito seja o vosso nome, Senhor, por nos haverdes ensinado que a nossa sorte não está irremediavelmente fixada depois da morte; que encontraremos em outras existências os meios de resgatar e de reparar as nossas faltas passadas, de cumprir numa nova vida, o que não pudemos fazer nesta por nosso adiantamento. (Cap. IV; cap. V, nº5).

Assim se explicam, enfim, todas as anomalias aparentes da vida; é a luz lançada sobre nosso passado e nosso futuro, o sinal radioso da vossa soberana justiça e da vossa bondade infinita.

VI. Não nos abandoneis à tentação, mas livrai-nos do mal (1).

Dai-nos, Senhor, a força de resistir às sugestões dos maus Espíritos que

---

(1) Certas traduções trazem: **Não nos induzais em tentação** (et ne nos inducas in tentationem); essa expressão daria a entender que a tentação vem de Deus; que ele compele voluntariamente os homens ao mal, pensamento blasfematório que assemelharia Deus a Satã, e não pode ter sido o de Jesus. Ela está, de resto, conforme a doutrina vulgar sobre o papel dos demônios. (Ver **O Céu e o Inferno,** cap. X, os Demônios).

tentarem desviar-nos do caminho do bem, em nos inspirando maus pensamentos.

Mas somos, nós mesmos, Espíritos imperfeitos, encarnados sobre esta Terra para expiar e nos melhorarmos. A causa primeira do mal está em nós, e os maus Espíritos não fazem senão aproveitar nossas tendências viciosas, nas quais nos mantêm, para nos tentar.

Cada imperfeição é uma porta aberta à sua influência, ao passo que nada podem, e renunciam a toda tentativa, contra os seres perfeitos. Tudo o que poderíamos fazer para os afastar é inútil se não lhes opusermos uma vontade inabalável no bem e uma renúncia absoluta ao mal. É, pois, contra nós mesmos que é preciso dirigir os nossos esforços, e, então, os maus Espíritos se afastarão naturalmente, porque é o mal que os atrai, enquanto que o bem os repele. (Ver adiante, *Preces pelos obsidiados*).

Senhor, sustentai-nos em nossa fraqueza; inspirai-nos, pela voz dos nossos anjos guardiães e dos Bons Espíritos, a vontade de nos corrigir em nossas imperfeições, a fim de fechar, aos Espíritos impuros, o acesso à nossa alma. (Ver adiante nº 11).

O mal não é vossa obra, Senhor, porque a fonte de todo bem não pode nada engendrar de mau; nós mesmos o criamos, infringindo as vossas leis e pelo mau uso que fazemos da liberdade que nos concedestes. Quando os homens observarem vossas leis, o mal desaparecerá da Terra, como já desapareceu dos mundos mais avançados.

O mal não é uma necessidade fatal para ninguém e não parece irresistível senão àqueles que a ele se abandonam com satisfação. Se temos a vontade de fazê-lo, podemos ter também a de fazer o bem; por isso, ó meu Deus, pedimos a vossa assistência e a dos bons Espíritos para resistirmos à tentação.

VII. Assim seja.

Praza a vós, Senhor, que os nossos desejos se cumpram! Mas nos inclinamos diante da vossa sabedoria infinita. Sobre todas as coisas que não nos é dado compreender, que seja feito segundo a vossa santa vontade,e não segundo a nossa, porque não quereis senão o nosso bem e sabeis melhor do que nós o que nos é útil.

Nós vos dirigimos esta prece, meu Deus, por nós mesmos; nós vo-la dirigimos também por todas as almas sofredoras, encarnadas ou desencarnadas, por nossos amigos e nossos inimigos, por todos aqueles que reclamam a nossa assistência, e em particular por N...

Pedimos para todos a vossa misericórdia e a vossa bênção.

Nota: Pode-se formular aqui o que se agradece a Deus e o que se pede para si mesmo ou para outrem. (Ver adiante, as preces nºs 26 e 27).

Reuniões espíritas

4. *Em qualquer lugar em que se encontrem duas ou três pessoas reunidas em meu nome, aí eu estarei no meio delas. (São Mateus, cap. XVIII, v. 20).*

5. PREFÁCIO. Estar reunidos em nome de Jesus não quer dizer que basta estar reunidos materialmente, mas de o estar espiritualmente, pela comunhão de intenções e de pensamentos para o bem; então, Jesus se encontra no meio da assembleia, ele ou os Espíritos puros que o representam. O Espiritismo nos faz compreender como os Espíritos podem estar entre nós. Eles aí estão com o seu corpo fluídico ou espiritual e com a aparência que no-los faria conhecer se se tornassem visíveis. Quanto mais são elevados na hierarquia, maior é o seu poder de irradiação; é assim que possuem o dom da ubiquidade e podem se achar sobre vários pontos simultaneamente: basta-lhes para isso um raio do seu pensamento.

Por essas palavras, Jesus quis mostrar o efeito da união e da fraternidade; não é o maior ou o menor número que o atrai, uma vez que, em lugar de duas ou três pessoas, ele poderia ter dito dez ou vinte, mas o sentimento de caridade que as anime, umas em relação às outras; ora, para isso bastam duas. Mas se essas duas pessoas oram cada uma do seu lado, se bem que se dirijam a Jesus, não há entre elas comunhão de pensamentos, se, sobretudo, não estão movidas por um sentimento de benevolência mútua; se elas mesmas se veem mal, com ódio, inveja ou ciúme, as correntes fluídicas dos seus pensamentos se repelem, em lugar de se unirem por um comum impulso de simpatia, e então *elas não estão reunidas em nome de Jesus;* Jesus não é senão *o pretexto* da reunião, e não o verdadeiro motivo. (Cap. XXVII, nº 9).

Isso não implica que esteja surdo à voz de uma pessoa só; se ele nos disse: "Eu virei para todo aquele que me chamar", é porque exige, antes de tudo, o amor ao próximo, do qual se pode dar mais provas quando se está acompanhado do que no isolamento, e porque todo sentimento pessoal o afasta; segue-se que se, numa assembleia numerosa, duas ou três pessoas somente se unam de coração pelo sentimento de uma verdadeira caridade, enquanto que as outras se isolam e se concentram nas ideias egoísticas ou mundanas, ele estará com as primeiras e não com as outras. Não é, pois, a simultaneidade das palavras, dos cânticos ou dos atos exteriores que constituem a reunião em nome de Jesus, mas a comunhão de pensamentos, conforme o espírito de caridade personificado em Jesus. (Cap. X, nºs 7, 8; cap. XXVII, nºs 2, 3 e 4).

Tal deve ser o caráter das reuniões espíritas sérias, daquelas em que se quer sinceramente o concurso dos bons Espíritos.

6. PRECE. (No início da reunião). Rogamos ao Senhor Deus Todo-Poderoso enviar-nos bons Espíritos para assistir-nos, afastar aqueles que poderiam nos induzir em erro, e nos conceder a luz necessária para distinguirmos a verdade da impostura.

Afastai também os Espíritos malévolos, encarnados ou desencarnados, que poderiam tentar lançar a desunião entre nós e nos desviar da caridade e do amor ao próximo. Se alguns procurarem se introduzir aqui, fazei com que não encontrem acesso no coração de nenhum de nós.

Bons Espíritos, que vos dignai vir nos instruir, tornai-nos dóceis aos vossos conselhos; afastai-nos de todo pensamento de egoísmo, de orgulho, de inveja e de ciúme; inspirai-nos a indulgência e a benevolência para com os nossos semelhantes, presentes ou ausentes, amigos ou inimigos; fazei, enfim, que nos sentimentos dos quais estaremos animados, reconheçamos a vossa salutar influência.

Dai aos médiuns, que encarregardes de nos transmitir os vossos ensinamentos, a consciência da santidade do mandato que lhes está confiado e da gravidade do ato que vão realizar, a fim de que nele empreguem o fervor e o recolhimento necessários.

Se, na assembleia, encontrarem-se pessoas que foram atraídas por outros sentimentos que não os do bem, abri seus olhos à luz e perdoai-lhes, como nós lhes perdoamos, se vieram com intenções malévolas.

Rogamos notadamente ao Espírito de N..., nosso guia espiritual, para nos assistir e velar sobre nós.

7. (No final da reunião). – Agradecemos aos bons Espíritos que quiseram vir se comunicar conosco; nós lhes rogamos ajudar-nos a pôr em prática as instruções que nos deram e fazer com que, saindo daqui, cada um de nós se sinta fortalecido na prática do bem e do amor ao próximo.

Desejamos, igualmente, que essas instruções sejam proveitosas para os Espíritos sofredores, ignorantes ou viciosos que puderam assistir a esta reunião, e para os quais pedimos a misericórdia de Deus.

Pelos médiuns

8. *Nos últimos tempos, disse o Senhor, derramarei do meu Espírito sobre toda carne; vossos filhos e vossas filhas profetizarão, vossos jovens terão visões, e vossos velhos, sonhos. Naqueles dias, derramarei de meu Espírito sobre meus servos e sobre minhas servas, e eles profetizarão. (Atos, cap. II, v. 17 e 18).*

9. PREFÁCIO. O Senhor quis que a luz se fizesse para todos os homens e penetrasse por toda parte pela voz dos Espíritos, a fim de que cada um pudesse obter a prova da imortalidade; é com essa finalidade que os Espíritos se manifestam hoje sobre todos os pontos da Terra, e a mediunidade que se revela nas pessoas de todas as idades e de todas as condições, entre os homens e entre as mulheres, entre as crianças e entre os velhos, é um dos sinais do cumprimento dos tempos preditos.

Para conhecer as coisas do mundo visível e descobrir os segredos da natureza material, Deus deu ao homem a visão do corpo, os sentidos e instrumentos especiais; com o telescópio, ele mergulha seus olhares nas profundezas do espaço, e com o microscópio, descobriu o mundo dos infinitamente pequenos. Para penetrar no mundo invisível lhe deu a mediunidade.

Os médiuns são os intérpretes encarregados de transmitir aos homens os ensinamentos dos Espíritos; ou melhor, *são os órgãos materiais pelos quais se exprimem os Espíritos para se tornarem inteligíveis aos homens.* Sua missão é santa, porque tem por finalidade abrir os horizontes da vida eterna.

Os Espíritos vêm instruir o homem sobre a sua destinação futura, a fim de conduzi-lo no caminho do bem e não para lhe poupar o trabalho material que deve realizar neste mundo para seu adiantamento, nem para favorecer a sua ambição e sua cupidez. Eis do que os médiuns devem se compenetrar bem, para não fazerem mau uso de suas faculdades. Aquele que compreende a gravidade do mandato de que está investido, cumpre-o religiosamente; sua consciência lhe reprovaria, como um ato sacrílego, fazer um divertimento e uma distração, *para si ou para os outros,* de uma faculdade dada com objetivo tão sério, e que o coloca em intercâmbio com os seres do além-túmulo.

Como intérpretes do ensinamento dos Espíritos, os médiuns devem desempenhar um papel importante na transformação moral que se opera; os serviços que podem prestar estão em razão da boa direção que deem à sua faculdade, porque os que estão num mau caminho são mais nocivos do que úteis à causa do Espiritismo; pelas más impressões que produzem, retardam mais de uma conversão. Por isso, lhes serão pedidas contas do uso que terão feito de uma faculdade, que lhes foi dada para o bem de seus semelhantes.

O médium que quer conservar a assistência dos bons Espíritos deve trabalhar pelo próprio adiantamento; o que quer ver crescer e desenvolver a sua faculdade deve, ele próprio, crescer moralmente e abster-se de tudo o que possa desviá-lo de seu objetivo providencial.

Se os bons Espíritos se servem, por vezes, de instrumentos imperfeitos, é para dar bons conselhos e diligenciar em conduzi-los ao bem; mas se encontram corações endurecidos e se seus avisos não são escutados, eles se retiram, e os maus têm, então, o campo livre. (Cap. XXIV, n°s 11 e 12).

A experiência prova que, entre aqueles que não sabem aproveitar os conselhos que recebem dos bons Espíritos, as comunicações, após terem brilhado durante certo tempo, degeneram, pouco a pouco, e acabam por cair no erro, na verbosidade ou no ridículo, sinal incontestável do afastamento dos bons Espíritos.

Obter a assistência dos bons Espíritos, afastar os Espíritos levianos e mentirosos, tal deve ser o objetivo dos esforços constantes de todos os médiuns sérios; sem isso, a mediunidade é uma faculdade estéril, que pode mesmo reverter em prejuízo daquele que a possui, porque pode degenerar em obsessão perigosa.

O médium que compreende seu dever, em lugar de se envaidecer de uma faculdade que não lhe pertence, uma vez que pode lhe ser tirada, atribui a Deus as coisas boas que obtém. Se suas comunicações merecem elogios, disso não se envaidece, porque sabe que elas são independentes do seu mérito pessoal e agradece a Deus por haver permitido que bons Espíritos viessem se manifestar por ele. Se dão lugar à crítica, não se ofende com isso, porque não são obra do seu próprio Espírito; diz a si mesmo que não foi um bom instrumento e que não possui todas as qualidades necessárias para se opor à ingerência dos maus Espíritos; por isso, procura adquirir essas qualidades e pede, pela prece, a força que lhe falta.

10. PRECE. – Deus Todo-Poderoso, permiti aos bons Espíritos me assistirem na comunicação que solicito. Preservai-me da presunção de crer-me ao abrigo dos maus Espíritos; do orgulho que poderia me enganar sobre o valor do que obtenho; de todo sentimento contrário à caridade, com respeito aos outros médiuns. Se estou induzido ao erro, inspirai a alguém o pensamento de me advertir, e a mim a humildade que me fará aceitar a crítica com reconhecimento e tomar para mim mesmo, e não para os outros, os conselhos que quererão me ditar os bons Espíritos.

Se estou tentado em abusar do que quer que seja ou de me envaidecer da faculdade que vos aprouve me conceder, eu vos peço ma retirar, antes de permitir que seja desviada de seu fim providencial, que é o bem de todos, e meu próprio adiantamento moral.

II - Preces para si mesmo

Aos anjos guardiães e aos Espíritos protetores

11. PREFÁCIO. Todos temos um bom Espírito, que se ligou a nós desde o nosso nascimento e nos tomou sob a sua proteção. Cumpre, junto de nós, a missão de um pai junto ao filho: a de nos conduzir no caminho do bem e do progresso através das provas da vida. Ele é feliz quando correspondemos à sua solicitude; sofre quando nos vê sucumbir.

Seu nome nos importa pouco, porque pode não ter nome conhecido na Terra; nós o evocamos, então, como nosso anjo guardião, nosso bom gênio; podemos mesmo invocá-lo sob o nome de um Espírito superior qualquer, pelo qual sentimos, mais particularmente, simpatia.

Além do nosso anjo guardião, que é sempre um Espírito superior, temos Espíritos protetores que, por serem menos elevados, não são menos bons e benevolentes; são parentes, ou amigos, ou, algumas vezes, pessoas que não conhecemos em nossa existência atual. Eles nos assistem com seus conselhos, e, frequentemente, pela sua intervenção nos atos da nossa vida.

Os Espíritos simpáticos são aqueles que se ligam a nós por uma certa semelhança de gostos e tendências: podem ser bons ou maus, segundo a natureza das inclinações que os atraem para nós.

Os Espíritos sedutores se esforçam por nos desviar do caminho do bem, sugerindo-nos maus pensamentos. Aproveitam de todas as nossas fraquezas como de tantas portas abertas que lhes dão acesso à nossa alma. Há os que se obstinam contra nós como sobre uma presa, mas *se afastam quando reconhecem não poderem lutar contra a nossa vontade.*

Deus nos deu um guia principal e superior em nosso anjo guardião, e guias secundários em nossos Espíritos protetores e familiares; mas é um erro crer que temos *forçosamente* um mau gênio colocado perto de nós para contrabalançar as boas influências. Os maus Espíritos vêm *voluntariamente* segundo encontrem acesso sobre a nossa fraqueza ou nossa negligência em seguir as inspirações dos bons Espíritos ; portanto, somos nós quem os atraímos. Disso resulta que ninguém está jamais privado da assistência dos bons Espíritos, e que depende de nós afastar os maus. Por suas imperfeições, o homem, sendo a causa primeira das misérias que suporta, é o mais frequentemente, seu próprio mau gênio. (Cap. V, nº 4).

A prece aos anjos guardiães e aos Espíritos protetores deve ter por finalidade solicitar sua intervenção junto de Deus, de lhes pedir a força de resistir às más sugestões e a sua assistência nas necessidades da vida.

12. PRECE. – Espíritos sábios e benevolentes, mensageiros de Deus, cuja missão é assistir os homens e conduzi-los no bom caminho, sustentai-me nas provas desta vida; dai-me a força de suportá-las sem murmurar; desviai de mim os maus pensamentos e fazei com que eu não dê acesso a nenhum dos maus Espíritos que tentarem me induzir ao mal. Esclarecei minha consciência sobre meus defeitos e elevai, de sobre meus olhos, o véu do orgulho que poderia me impedir de os perceber e confessá-los a mim mesmo.

Vós, sobretudo N..., meu anjo guardião, que velais mais particularmente por mim, e vós, todos Espíritos protetores que vos interessais por mim, fazei com que me torne digno da vossa benevolência. Conheceis as minhas necessidades, que elas sejam satisfeitas segundo a vontade de Deus.

13. (Outra). – Meu Deus, permiti aos bons Espíritos que me cercam, virem em minha ajuda quando estiver em dificuldade, e sustentar-me se vacilo. Fazei, Senhor, que eles me inspirem a fé, a esperança e a caridade; que sejam para mim um apoio, uma esperança e uma prova da vossa misericórdia; fazei, enfim, que eu encontre junto deles a força que me falta nas provas da vida, e, para resistir às sugestões do mal, a fé que salva e o amor que consola.

14. (Outra). – Espíritos bem-amados, anjos guardiães, vós a quem Deus, em sua infinita misericórdia, permite velar pelos homens, sede meus protetores nas provas da minha vida terrestre. Dai-me a força, a coragem e a resignação; inspirai-me tudo o que é bom e detende-me na inclinação do mal; que vossa doce influência penetre minha alma; fazei com que eu sinta que um amigo devotado está perto de mim, que vê meus sofrimentos e partilha minhas alegrias.

E vós, meu bom anjo, não me abandoneis; tenho necessidade de toda a vossa proteção para suportar com fé e amor as provas que aprouver a Deus me enviar.

Para afastar os maus Espíritos

15. *Ai de vós, Escribas e Fariseus hipócritas, porque limpais o exterior do copo e do prato e estais por dentro cheios de rapina e de impurezas. Fariseus cegos, limpai primeiramente o interior do copo e do prato, a fim de que o exterior também esteja limpo. Ai de vós, Escribas e Fariseus hipócritas! porque sois semelhantes a sepulcros caiados, que por fora parecem belos aos olhos dos homens, mas que, por dentro, estão cheios de toda sorte de podridão. Assim, por fora, pareceis justos aos olhos dos homens, mas, por dentro, estais cheios de hipocrisia e de iniquidades. (São Mateus, cap. XXIII, v. 25 a 28).*

16. PREFÁCIO. Os maus Espíritos não vão senão onde acham com o que satisfazerem a sua perversidade; para afastá-los, não basta pedir-lhes, nem mesmo ordenar: é preciso despojar de si o que os atrai. Os maus Espíritos farejam as chagas da alma como as moscas farejam as chagas do corpo; do mesmo modo que limpais o corpo para evitar a bicheira, limpai também a alma de suas impurezas para evitar os maus Espíritos. Como vivemos num mundo onde pululam os maus Espíritos, as boas qualidades do coração não nos colocam ao abrigo de suas tentativas, mas dão a força de lhes resistir.

17. PRECE. Em nome de Deus Todo-Poderoso, que os maus Espíritos se afastem de mim, e que os bons me sirvam de proteção contra eles!

Espíritos malfazejos, que inspirais aos homens maus pensamentos; Espíritos trapaceiros e mentirosos, que os enganais; Espíritos zombeteiros, que vos divertis com a sua credulidade, eu vos repilo com todas as forças de minha alma e fecho o ouvido às vossas sugestões; mas peço para vós a misericórdia de Deus.

Bons Espíritos, que vos dignais me assistir, dai-me a força de resistir à influência dos maus Espíritos, e as luzes necessárias para não ser vítima de seus embustes. Preservai-me do orgulho e da presunção; afastai do meu coração o ciúme, o ódio, a malevolência e todo sentimento contrário à caridade, que são tantas outras portas abertas ao Espírito do mal.

Para pedir a corrigenda de um defeito

18. PREFÁCIO. Nossos maus instintos são o resultado da imperfeição do nosso próprio Espírito, e não do nosso corpo; de outra forma, o homem escaparia de toda espécie de responsabilidade. Nosso adiantamento depende de nós, porque todo homem que tem o gozo de suas faculdades, para todas as coisas, tem a liberdade de fazer ou não fazer; não lhe falta, para fazer o bem, senão a vontade. (Cap. XV, nº 10; cap. XIX, nº 12).

19. PRECE. Vós me destes, ó meu Deus, a inteligência necessária para distinguir o que é bem do que é mal; ora, do momento em que eu reconheço que uma coisa é má, sou culpado por não me esforçar em resistir a ela.

Preservai-me do orgulho, que poderia me impedir de aperceber-me dos meus defeitos e dos maus Espíritos, que poderiam me excitar a neles perseverar.

Entre minhas imperfeições, reconheço que sou particularmente inclinado à... e se não resisto a esse arrastamento é pelo hábito que contraí de a ele ceder.

Não me criastes culpado, porque sois justo, mas com uma aptidão igual para o bem e para o mal; se sigo o mau caminho, é por efeito do meu livre-arbítrio. Mas, pela mesma razão que tenho a liberdade de fazer o mal, tenho a de fazer o bem; por conseguinte, tenho a de mudar de caminho.

Meus defeitos atuais são um resto das imperfeições que conservei das minhas precedentes existências; é o meu pecado original, do qual posso me desembaraçar com minha vontade e com a assistência dos bons Espíritos.

Bons Espíritos que me protegeis, e sobretudo vós, meu anjo guardião, dai-me a força de resistir às más sugestões e de sair vitorioso da luta.

Os defeitos são as barreiras que nos separam de Deus, e cada defeito superado será um passo dado na senda do progresso, que dele me há de aproximar.

O Senhor, em sua infinita misericórdia, houve por bem conceder-me a existência atual, para que sirva ao meu adiantamento; bons Espíritos, ajudai-me a aproveitá-la, a fim de que não se torne perdida para mim, e que, quando a Deus aprouver ma retirar, eu dela saia melhor do que entrei. (Cap. V, nº 5; cap. XVII, nº 3).

Para pedir a força de resistir a uma tentação

20. PREFÁCIO. Todo mau pensamento pode ter duas fontes: a própria imperfeição da nossa alma ou uma funesta influência que age sobre ela; neste último caso, é sempre o indício de uma fraqueza que nos torna propensos a receber essa influência e, por conseguinte, de uma alma imperfeita; de tal sorte que, aquele que faliu, não poderia invocar, para se desculpar, a influência de um Espírito estranho, uma vez que *esse Espírito não o teria solicitado ao mal se o considerasse inacessível à sedução.*

Quando um mau pensamento surge em nós, podemos, pois, supor um Espírito malévolo solicitando-nos ao mal, e ao qual estamos inteiramente livres para ceder ou resistir, como se se tratasse das solicitações de uma pessoa viva. Devemos, ao mesmo tempo, imaginar o nosso anjo guardião ou Espírito protetor que, de sua parte, combate em nós a má influência e espera com ansiedade a *decisão que vamos tomar.* Nossa hesitação em fazer o mal é a voz do bom Espírito que se faz ouvir pela consciência.

Reconhece-se que um pensamento é mau, quando ele se afasta da caridade, que é a base de toda a verdadeira moral; quando tem por princípio o orgulho, a vaidade ou o egoísmo; quando sua realização pode causar um prejuízo qualquer a outrem; quando, enfim, solicita-nos fazer aos outros o que não gostaríamos que nos fosse feito. (Cap. XXVIII, nº 15; cap. XV, nº 10).

21. PRECE. Deus Todo-Poderoso, não me deixeis sucumbir à tentação em que deva falir. Espíritos benevolentes, que me protegeis, desviai de mim esse mau pensamento e dai-me a força de resistir à sugestão do mal. Se eu sucumbir, terei merecido a expiação de minha falta nesta vida e em outra, porque sou livre para escolher.

Ação de graças pela vitória obtida sobre uma tentação

22. PREFÁCIO. Aquele que resistiu a uma tentação, deve-o à assistência dos bons Espíritos, dos quais escutou a voz. Deve agradecer a Deus e ao seu anjo guardião.

23. PRECE. Meu Deus, eu vos agradeço por me terdes permitido sair vitorioso da luta que venho de sustentar contra o mal; fazei com que essa vitória me dê a força de resistir a novas tentações.

E vós, meu anjo guardião, eu vos agradeço pela assistência que me destes. Possa minha submissão aos vossos conselhos merecer de novo a vossa proteção.

Para pedir um conselho

24. PREFÁCIO. Quando estamos indecisos em fazer ou não fazer uma coisa, devemos, antes de tudo, colocar-nos as seguintes questões:

1º – A coisa que hesito em fazer pode causar um prejuízo qualquer a outrem?

2º – Ela pode ser útil a alguém?

3º – Se alguém a fizesse a mim, eu ficaria satisfeito?

Se a coisa não interessa senão a si, é permitido balancear a soma das vantagens e dos inconvenientes pessoais que podem dela resultar.

Se ela interessa a outrem, e fazendo o bem a um possa fazer o mal a outro, é preciso, igualmente, pesar a soma do bem e do mal, para se abster ou agir.

Enfim, mesmo para as melhores coisas, é preciso ainda considerar a oportunidade e as circunstâncias acessórias, porque uma coisa boa em si mesma pode ter maus resultados em mãos inábeis, se não é conduzida com prudência e circunspecção. Antes de empreendê-la, convém consultar as forças e os meios de execução.

Em todos os casos, pode-se sempre reclamar a assistência dos Espíritos protetores, lembrando-se desta sábia máxima: *Na dúvida, abstém-te.* (Cap. XXVIII, nº 38).

25. PRECE. Em nome de Deus Todo-Poderoso, bons Espíritos que me protegeis, inspirai-me a melhor resolução a tomar na incerteza em que estou. Dirigi meu pensamento para o bem, e desviai a influência daqueles que tentarem me desencaminhar.

Nas aflições da vida

26. PREFÁCIO. Podemos pedir a Deus favores terrestres, e ele pode no-los conceder, quando têm uma finalidade útil e séria; mas, como julgamos a utilidade das coisas pelo nosso ponto de vista, e nossa visão é limitada ao presente, nem sempre vemos o lado mau daquilo que desejamos. Deus, que vê melhor do que nós e não quer senão o nosso bem, pode, pois, recusar-nos, como um pai recusa a seu filho o que poderia prejudicá-lo. Se o que pedimos não nos é concedido, nisso não devemos conceber nenhum desencorajamento; é preciso pensar, ao contrário, que a privação do que desejamos nos é imposta como prova ou expiação, e que a nossa recompensa será proporcional à resignação com a qual a tivermos suportado. (Cap. XXVII, nº 6, cap. II, nº 5, 6 e 7).

27. PRECE. Deus Todo-Poderoso, que vedes as nossas misérias, dignai-vos escutar favoravelmente os votos que vos dirijo neste momento. Se o meu pedido for inconveniente, perdoai-mo; se for justo e útil aos vossos olhos, que os bons Espíritos, que executam vossas vontades, venham em minha ajuda para o seu cumprimento.

O que quer que me advenha, meu Deus, que a vossa vontade seja feita. Se meus desejos não são atendidos, é porque entra nos vossos desígnios experimentar-me, e eu me submeto sem murmurar. Fazei com que eu não conceba nisso nenhum desencorajamento, e que nem minha fé, nem minha resignação, sejam abaladas.

(Formular o pedido).

Ação de graças por um favor obtido

28. PREFÁCIO. Não é preciso considerar, apenas como acontecimentos felizes, as coisas de grande importância; as menores em aparência são, frequentemente, as que influem mais sobre o nosso destino. O homem esquece facilmente o bem e se lembra antes daquilo que o aflige. Se registrássemos, dia a dia, os benefícios dos quais somos objeto, sem os ter pedido, ficaríamos frequentemente espantados de os ter recebido tantos, que se apagaram da nossa memória, humilhados com a nossa ingratidão.

Cada noite, elevando nossa alma a Deus, devemos lembrar-nos dos favores que ele nos concedeu, durante o dia, e agradecê-los. É, sobretudo, no próprio momento em que experimentamos os efeitos da sua bondade e da sua proteção que, por um movimento espontâneo, devemos lhe testemunhar a nossa gratidão; basta, para isso, um pensamento que lhe atribua o benefício, sem que seja necessário se desviar do trabalho.

Os benefícios de Deus não consistem somente nas coisas materiais; é preciso igualmente agradecer-lhe as boas ideias, as inspirações felizes que nos são sugeridas. Enquanto o orgulhoso acha nelas um mérito, o incrédulo as atribui ao acaso, aquele que tem fé rende graças a Deus e aos bons Espíritos. Por isso, as longas frases são inúteis: *"Obrigado, meu Deus, pelo bom pensamento que me inspirou,"* diz mais do que muitas palavras. O impulso espontâneo que nos faz atribuir a Deus o que nos chega de bem, testemunha um hábito de reconhecimento e de humildade que nos atrai a simpatia dos bons Espíritos. (Cap. XXVII, nºs 7 e 8).

29. PRECE. Deus infinitamente bom, que o vosso nome seja bendito pelos benefícios que me concedestes; deles seria indigno se os atribuísse ao acaso dos acontecimentos ou ao meu próprio mérito.

Bons Espíritos, que fostes executores das vontades de Deus, e vós sobretudo, meu anjo guardião, eu vos agradeço. Desviai de mim o pensamento de nele conceber o orgulho, e deles fazer um uso que não fosse para o bem. Eu vos agradeço notadamente por...

Ato de submissão e de resignação

30. PREFÁCIO. Quando um motivo de aflição nos atinge, se lhe procuramos a causa, acharemos, frequentemente, que é a consequência de nossa imprudência, de nossa imprevidência ou de uma ação anterior; nesse caso, não devemos atribuí-lo senão a nós mesmos. Se a causa de uma infelicidade é independente de toda participação que seja nossa, é ela uma prova para esta vida ou a expiação de uma existência passada, e, neste último caso, a natureza da expiação pode nos fazer conhecer a natureza da falta, porque somos sempre punidos naquilo em que pecamos. (Cap. V, nºs 4, 6 e seguintes).

No que nos aflige, não vemos, em geral, senão o mal presente, e não as consequências ulteriores favoráveis que isso pode ter. O bem, frequentemente, é a consequência de um mal passageiro como a cura de uma doença é o resultado dos meios dolorosos que se empregam para obtê-la. Em todos os casos, devemos nos submeter à vontade de Deus, suportar com coragem as tribulações da vida, se quisermos que nos sejam tidas em conta, e que estas palavras do Cristo nos sejam aplicadas: Bem-aventurados aqueles que sofrem. (Cap. V, nº 18).

31. PRECE. Meu Deus, sois soberanamente justo; todo sofrimento neste mundo deve ter, pois, sua causa e sua utilidade. Aceito o motivo de aflição, que venho de experimentar, como uma expiação das minhas faltas passadas e uma prova para o futuro.

Bons Espíritos que me protegeis, dai-me a força de suportá-lo sem lamentação; fazei com que seja para mim uma advertência salutar; que aumente a minha experiência; que combata em mim o orgulho, a ambição, a tola vaidade e o egoísmo, e que ele contribua, assim, para o meu adiantamento.

32. (Outra). Eu sinto, meu Deus, a necessidade de vos rogar dar-me a força para suportar as provas que vos aprouve me enviar. Permiti que a luz se faça bastante viva em meu espírito, para que eu aprecie toda a extensão de um amor que me aflige por querer me salvar. Eu me submeto com resignação, ó meu Deus; mas, ai de mim! A criatura é tão fraca que, se vós não me sustentais, temo sucumbir. Não me abandoneis, Senhor, porque sem vós não sou nada.

33. (Outra). Elevei meu olhar para ti, ó Eterno, e me senti fortalecido. Tu és a minha força, não me abandones; ó Deus! Estou esmagado sob o peso das minhas iniquidades! Ajuda-me; tu conheces a fraqueza de minha carne e não desvias teu olhar dc sobre mim!

Estou devorado por uma sede ardente; fazei jorrar a fonte de água viva, e me dessedentarei. Que a minha boca não se abra senão para cantar teus louvores, e não para murmurar nas aflições da minha vida. Sou fraco, Senhor, mas o teu amor me sustentará.

Ó Eterno, só tu és grande, só tu és o fim e o objetivo da minha vida! Teu nome seja bendito se me feres, porque és o Senhor, e eu, o servidor infiel; curvarei minha fronte sem me lamentar, porque tu és grande, só tu és a meta.

Num perigo iminente

34. PREFÁCIO. Pelos perigos que corremos, Deus nos lembra a nossa fraqueza e a fragilidade da nossa existência. Ele nos mostra que a nossa vida está em suas mãos e que a sustenta por um fio que pode se partir no momento em que nós menos esperamos. Sob esse aspecto, não há privilégio para ninguém, porque o grande e o pequeno estão submetidos às mesmas alternativas.

Se se examinar a natureza e as consequências do perigo, ver-se-á que, o mais frequentemente, essas consequências, se houvessem ocorrido, teriam sido a punição de uma falta cometida ou *de um dever negligenciado.*

35. PRECE. Deus Todo-Poderoso e, vós, meu anjo guardião, socorrei-me! Se devo sucumbir, que a vontade de Deus seja feita. Se eu for salvo, que o resto da minha vida repare o mal que pude fazer e do qual me arrependo.

Ação de graças depois de ter escapado de um perigo

36. PREFÁCIO. Pelos perigos que corremos, Deus nos mostra que podemos, de um momento para outro, ser chamados a prestar contas do emprego que fizemos da vida; ele nos adverte assim para nos concentrarmos e nos emendarmos.

37. PRECE. Meu Deus, e vós, meu anjo guardião, eu vos agradeço pelo socorro que me enviastes no perigo que me ameaçou. Que esse perigo seja para mim uma advertência e que ele me esclareça sobre as faltas que puderam mo atrair. Compreendo, Senhor, que a minha vida está em vossas mãos, e que podeis ma retirar quando vos aprouver. Inspirai-me, pelos bons Espíritos que me assistem, o pensamento de empregar utilmente o tempo que me concedeis ainda neste mundo.

Meu anjo guardião, sustentai-me na resolução que tomo de reparar os meus erros e de fazer todo o bem que estiver em meu poder a fim de chegar menos carregado de imperfeições no mundo dos Espíritos quando aprouver a Deus me chamar.

No momento de dormir

38. PREFÁCIO. O sono é o repouso do corpo, mas o Espírito não tem necessidade de repouso. Enquanto os sentidos estão entorpecidos, a alma se liberta, em parte, da matéria e goza das suas faculdades de Espírito. O sono foi dado ao homem para a reparação das forças orgânicas e para a reparação das forças morais. Enquanto o corpo recupera os elementos que perdeu pela atividade da vigília, o Espírito vai se retemperar entre os outros Espíritos; ele haure no que vê, no que ouve, e nos conselhos que lhe são dados, ideias que reencontra ao despertar, em estado de intuição; é o retorno temporário do exilado à sua verdadeira pátria; é o prisioneiro momentaneamente libertado.

Mas ocorre, como para o prisioneiro perverso, que o Espírito nem sempre aproveita esse momento de liberdade para o seu adiantamento; se ele tem maus instintos, em lugar de procurar a companhia dos bons Espíritos, procura a dos seus iguais e vai visitar os lugares onde pode dar livre curso às suas tendências.

Aquele que está compenetrado desta verdade eleve o seu pensamento no momento em que sentir a aproximação do sono; faça apelo aos conselhos dos bons Espíritos e daqueles cuja memória lhe é cara, a fim de que venham se reunir a ele, no curto intervalo que lhe é concedido, e ao despertar se sentirá mais forte contra o mal, mais corajoso contra a adversidade.

39. PRECE. Minha alma vai se encontrar por um instante com os outros Espíritos. Que aqueles que são bons venham me ajudar com os seus conselhos. Meu anjo guardião, fazei com que, ao despertar, eu conserve deles uma impressão durável e salutar.

Na previsão da morte próxima

40. PREFÁCIO. A fé no futuro, a elevação de pensamento, durante a vida, com vistas à destinação futura, ajudam o pronto desligamento do Espírito, em se enfraquecendo os laços que o retêm no corpo e, frequentemente, a vida corporal ainda não se extinguiu, e a alma, impaciente, já empreendeu seu voo para a imensidade. No homem, ao contrário, que concentra todos os seus pensamentos nas coisas materiais, esses laços são mais tenazes, *a separação é mais penosa e dolorosa,* e o despertar no além-túmulo é cheio de perturbação e ansiedade.

41. PRECE. Meu Deus, eu creio em vós e na vossa bondade infinita; por isso, não posso crer que destes ao homem a inteligência para vos conhecer e a aspiração do futuro, para depois mergulhá-lo no nada.

Creio que meu corpo não é senão o envoltório perecível da minha alma, e que, quando tiver cessado de viver, despertarei no mundo dos Espíritos.

Deus Todo-Poderoso, sinto se partirem os laços que unem minha alma ao meu corpo e logo vou ter de prestar contas do emprego da vida que deixo.

Vou suportar as consequências do bem e do mal que fiz; lá não há mais ilusão, nem mais subterfúgio possível; todo o meu passado vai se desenrolar diante de mim, e serei julgado segundo as minhas obras.

Não levarei nada dos bens da Terra; honrarias, riquezas, satisfação da vaidade e do orgulho, tudo o que se prende ao corpo, enfim, vai ficar neste mundo; a menor parcela não me seguirá, e nada, de tudo isso, me será o menor socorro no mundo dos Espíritos. Não levarei comigo senão o que se prende à minha alma, quer dizer, as boas e as más qualidades, que serão pesadas na balança de uma rigorosa justiça, e serei julgado com tanto mais severidade quanto minha posição na Terra me tenha dado mais ocasião de fazer o bem que não fiz. (Cap. XVI, nº 9).

Deus de misericórdia, que meu arrependimento chegue até vós. Dignai-vos estender sobre mim a vossa indulgência.

Se vos apraz prolongar a minha existência, que o resto seja empregado em reparar, tanto quanto estiver em mim, o mal que pude fazer. Se minha hora soou para sempre, carrego o pensamento consolador de que me será permitido remir-me por novas provas a fim de merecer, um dia, a felicidade dos eleitos.

Se não me é dado gozar imediatamente dessa felicidade sem mácula, que não cabe senão ao justo por excelência, sei que a esperança não me está interditada para sempre, e que, com o trabalho, atingirei o objetivo, mais cedo ou mais tarde, segundo os meus esforços.

Sei que os bons Espíritos e meu anjo guardião estão perto de mim para me receberem; dentro em pouco, os verei como eles me veem. Sei que encontrarei aqueles que amei sobre a Terra *se o tiver merecido,* e que aqueles que aqui deixo virão me reencontrar para estarmos, um dia, reunidos para sempre e que, até lá, poderei vir visitá-los.

Sei também que vou reencontrar aqueles a quem ofendi; possam eles perdoar-me pelo que têm a me censurar: meu orgulho, minha dureza, minhas injustiças, e não me cobrir de vergonha pela sua presença!

Perdoo aos que me fizeram ou quiseram mal na Terra; não carrego nenhum ódio contra eles e peço a Deus que os perdoe.

Senhor, dai-me a força de deixar, sem pesar, as alegrias grosseiras deste mundo, que não são nada perto das alegrias puras do mundo em que vou entrar. Nele, para o justo, não há mais tormentos, sofrimentos, misérias; só o culpado sofre, mas lhe resta a esperança.

Bons Espíritos e, vós, meu anjo guardião, não me deixeis falhar neste momento supremo: fazei luzir aos meus olhos a luz divina, a fim de reanimar a minha fé, se ela vier a se abalar.

Nota. – Ver adiante, parágrafo V: Preces pelos doentes e pelos obsidiados

III - Preces pelos outros

Por alguém que esteja em aflição

42. PREFÁCIO (*): Se é do interesse do aflito que sua prova siga o seu

(*) No original, falta a palavra **prefácio.** (N. do T.).

curso, ela não será abreviada pelo nosso pedido; mas seria ato de impiedade desencorajar-se porque o pedido não foi atendido; aliás, na falta de cessação da prova, pode-se esperar obter qualquer outra consolação que modere a sua amargura. O que é verdadeiramente útil para aquele que sofre é a coragem e a resignação, sem as quais o que suporta é sem proveito para ele, porque será obrigado a recomeçar a prova. É, pois, para essa finalidade que é preciso, sobretudo, dirigir seus esforços, seja em apelando aos bons Espíritos em sua ajuda, seja em reerguendo por si mesmo o moral do aflito por conselhos e encorajamentos, seja, enfim, em o assistindo materialmente, se for possível. A prece, neste caso, pode, por outro lado, ter um efeito direto, dirigindo sobre a pessoa uma corrente fluídica para fortalecer seu moral. (Cap. V, nºs 5 e 27; cap. XXVII, nºs 6 e 10).

43. PRECE. Meu Deus, cuja bondade é infinita, dignai-vos abrandar a amargura da posição de N..., se isso for da vossa vontade.

Bons Espíritos, em nome de Deus Todo-Poderoso, eu vos suplico assisti-lo em suas aflições. Se, no seu interesse, elas não podem lhe ser poupadas, fazei-o compreender que são necessárias ao seu adiantamento. Dai-lhe a confiança em Deus e no futuro, que as tornará menos amargas. Dai-lhe também a força de não sucumbir ao desespero, que lhe faria perder seu fruto e tornaria sua posição futura ainda mais penosa. Conduzi meu pensamento até ele, e que ajude a sustentar a sua coragem.

Ação de graças por um benefício concedido a outrem

44. PREFÁCIO. Aquele que não está dominado pelo egoísmo se rejubila com o bem que chega a seu próximo, mesmo quando não o tenha solicitado pela prece.

45. PRECE. Meu Deus, sede bendito pela felicidade que chegou para N...

Bons Espíritos, fazei com que ele veja nela um efeito da bondade de Deus. Se o bem que lhe chega é uma prova, inspirai-lhe o pensamento de fazer dele bom uso e de não se envaidecer, a fim de que esse bem não resulte em seu prejuízo para o futuro.

Vós, meu bom gênio, que me protegeis e desejais a minha felicidade, afastai do meu pensamento todo sentimento de inveja e de ciúme.

Por nossos inimigos e pelos que nos querem mal

46. PREFÁCIO. Jesus disse: *Amai mesmo os vossos inimigos.* Esta máxima é o sublime da caridade cristã; mas, com ela, Jesus não quer dizer que devemos ter para com os nossos inimigos a ternura que temos para com os nossos amigos; ele nos disse, com essas palavras, para esquecer suas ofensas, perdoar o mal que nos fazem, pagar o mal com o bem. Além do mérito que isso resulta aos olhos de Deus, mostra aos olhos dos homens a verdadeira superioridade. (Cap. XII, nºs 3 e 4).

47. PRECE. Meu Deus, perdoo a N... o mal que me fez e o que quis me fazer, como desejo que me perdoeis, e que ele também me perdoe as injustiças que eu possa ter cometido. Se o colocastes no meu caminho como uma prova, que seja feita a vossa vontade.

Desviai de mim, meu Deus, a ideia de maldizê-lo, e todo desejo malévolo contra ele. Fazei com que eu não experimente nenhuma alegria com as infelicidades que poderiam lhe chegar, nem nenhuma inquietação com os bens que poderiam lhe ser concedidos a fim de não enlamear minha alma com pensamentos indignos de um cristão.

Possa a vossa bondade, Senhor, em se estendendo sobre ele, conduzi-lo aos melhores sentimentos para comigo.

Bons Espíritos, inspirai-me o esquecimento do mal e a lembrança do bem. Que nem o ódio, nem o rancor, nem o desejo de lhe retribuir o mal com o mal entrem em meu coração, porque o ódio e a vingança não pertencem senão aos maus Espíritos, encarnados e desencarnados. Que eu esteja pronto, ao contrário, em lhe estender mão fraterna, a lhe retribuir o mal com o bem e vir em sua ajuda se isso estiver em meu poder.

Desejo, para provar a sinceridade de minhas palavras, que me seja oferecida ocasião de lhe ser útil; mas, sobretudo, meu Deus, preservai-me de fazê-lo por orgulho ou ostentação, em o oprimindo por uma generosidade humilhante, o que me faria perder o fruto da minha ação, porque, então, eu mereceria que estas palavras do Cristo me fossem aplicadas: *Já recebestes vossa recompensa.* (Cap. XIII, nºs 1 e seguintes).

Ação de graças pelo bem concedido aos nossos inimigos

48. PREFÁCIO. Não desejar o mal aos inimigos é não ser caridoso senão pela metade; a verdadeira caridade quer que lhes desejemos o bem e que estejamos felizes com o bem que lhes chega. (Cap. XII, nºs 7 e 8).

49. PRECE. Meu Deus, em vossa justiça, entendestes dever alegrar o coração de N... Eu vo-lo agradeço por ele, malgrado o mal que me fez ou que procura me fazer. Se dele se aproveitasse para me humilhar, eu o aceitaria como uma prova para a minha caridade.

Bons Espíritos, que me protegeis, não permitais que eu conceba nisso nenhum pesar; desviai de mim a inveja e o ciúme que rebaixam; inspirai-me, ao contrário, a generosidade que eleva. A humilhação está no mal, e não no bem, e sabemos que, cedo ou tarde, justiça será feita a cada um segundo as suas obras.

Pelos inimigos do Espiritismo

50. *Bem-aventurados os que estão famintos de justiça, porque serão saciados.*

Bem-aventurados os que sofrem perseguição pela justiça, porque deles é o reino dos céus.

Felizes sereis quando os homens vos carregarem de maldições, e vos perseguirem e disserem falsamente toda espécie de mal contra vós por causa de mim. Rejubilai-vos então, porque uma grande recompensa vos está reservada nos céus, porque foi assim que perseguiram os profetas que foram antes de vós. (São Mateus, cap. V, v. 6, 10, 11 e 12).

Não temais aqueles que matam o corpo e que não podem matar a alma; mas temei antes aquele que pode perder a alma e o corpo no inferno. (São Mateus, cap. X, v. 28).

51. PREFÁCIO. De todas as liberdades, a mais inviolável é a de pensar, que compreende também a liberdade de consciência. Lançar o anátema sobre aqueles que não pensam como nós é reclamar essa liberdade para si e recusá-la aos outros, é violar o primeiro mandamento de Jesus: a caridade e o amor ao próximo. Persegui-los pela sua crença, é atentar contra o direito mais sagrado que todo homem tem de crer no que lhe convém e adorar a Deus como o entende. Constrangê-lo a atos exteriores semelhantes aos nossos é mostrar que se prende mais à forma do que ao fundo, às aparências mais do que à convicção. A abjuração forçada jamais deu a fé: ela não pode fazer senão hipócritas; é um abuso da força material que não prova a verdade; *a verdade está segura de si mesma; convence e não persegue, porque disso não tem necessidade.*

O Espiritismo é uma opinião, uma crença; fosse mesmo uma religião, por que não se teria a liberdade de se dizer espírita como se tem a de se dizer católico, judeu ou protestante, partidário desta ou daquela doutrina filosófica, deste ou daquele sistema econômico? Essa crença é falsa ou é verdadeira; se é falsa, cairá por si mesma, porque o erro não pode prevalecer contra a verdade, quando a luz se faz nas inteligências; se é verdadeira, a perseguição não a tornará falsa.

A perseguição é o batismo de toda ideia nova, grande e justa; ela cresce com a grandeza e a importância da ideia. A animosidade e a cólera dos inimigos da ideia está em razão do medo que ela lhes inspira. Foi por essa razão que o Cristianismo foi perseguido outrora, e o Espiritismo o é hoje, com a diferença, todavia, de que o Cristianismo o foi pelos Pagãos, ao passo que o Espiritismo o é pelos Cristãos. O tempo das perseguições sangrentas passou, é verdade, mas, se não se mata mais o corpo, tortura-se a alma; é atacada até em seus sentimentos mais íntimos, em suas afeições mais caras; dividem-se as famílias, excita-se a mãe contra a filha, a mulher contra o marido; ataca-se mesmo o corpo em suas necessidades materiais, tirando-lhes seu ganha-pão para tomá-lo pela fome. (Cap. XXIII, nºs 9 e seguintes).

Espíritas, não vos aflijais com os golpes que vos dão, porque eles provam que estais na verdade; não fora isso, vos deixariam tranquilos, e não vos feririam. É uma prova para a vossa fé, porque será pela vossa coragem, pela vossa resignação, pela vossa perseverança, que Deus vos reconhecerá entre seus fiéis servidores, dos quais faz hoje a enumeração para dar a cada um a parte que lhe toca, segundo as suas obras.

A exemplo dos primeiros Cristãos, sede, pois, orgulhosos em carregar a vossa cruz. Crede na palavra do Cristo, que disse: "Bem-aventurados aqueles que sofrem perseguição pela justiça, porque é deles o reino dos céus. Não temais aqueles que matam o corpo, mas não podem matar a alma." Ele disse também: "Amai os vossos inimigos, fazei o bem àqueles que vos fazem mal e orai por aqueles que vos perseguem". Mostrai que sois seus verdadeiros discípulos, e que a vossa doutrina é boa em fazendo o que ele disse e o que ele mesmo fez.

A perseguição não terá senão uma época; esperai, pois, pacientemente, o levantar da aurora, porque já a estrela da manhã se mostra no horizonte. (Cap. XXIV, nºs 13 e seguintes).

52. PRECE. Senhor, vós nos dissestes, pela boca de Jesus, o vosso Messias: "Bem-aventurados aqueles que sofrem perseguição pela justiça; perdoai aos vossos inimigos; orai por aqueles que vos perseguem"; e ele mesmo nos mostrou o caminho, orando por seus algozes.

A seu exemplo, meu Deus, imploramos a vossa misericórdia para aqueles que desconhecem os vossos divinos preceitos, os únicos que podem assegurar a paz neste mundo e no outro. Como Cristo, nós vos dizemos: "Perdoai-lhes, meu Pai, porque eles não sabem o que fazem."

Dai-nos a força de suportar com paciência e resignação, como provas para a nossa fé e a nossa humildade, suas zombarias, suas injúrias, suas calúnias e suas perseguições; desviai-nos de todo pensamento de represálias, porque a hora da vossa justiça soará para todos, e nós a esperamos, submetendo-nos à vossa santa vontade.

Por uma criança que acaba de nascer

53. PREFÁCIO. Os Espíritos não chegam à perfeição senão depois de terem passado pelas provas da vida corporal; os que são errantes esperam que Deus lhes permita retomar uma existência que deve lhes fornecer um meio de adiantamento, seja pela expiação de suas faltas passadas por meio das vicissitudes às quais são submetidos, seja cumprindo uma missão útil à Humanidade. Seu adiantamento e sua felicidade futura serão proporcionais à maneira pela qual terão empregado o tempo que devem passar na Terra. O encargo de guiar seus primeiros passos e de os dirigir para o bem está confiado aos seus pais, que responderão, diante de Deus, pela maneira com que terão cumprido o seu mandato. Foi para facilitar-lhes a execução, que Deus fez do amor paternal e do amor filial uma lei da Natureza, lei que jamais é violada impunemente.

54. PRECE. (Para os pais). Espírito, que está encarnando no corpo do nosso filho, seja bem-vindo entre nós. Deus Todo-Poderoso, que o enviastes, sede bendito.

É um depósito que nos está confiado e do qual deveremos prestar contas um dia. Se ele pertence à nova geração de bons Espíritos que devem povoar a Terra, obrigado, meu Deus, por esse favor! Se é uma alma imperfeita, nosso dever é ajudá-la a progredir no caminho do bem pelos nossos conselhos e pelos nossos bons exemplos; se cair no mal por nossa causa, por isso responderemos diante de vós, porque não teremos cumprido a nossa missão para com ele.

Senhor, sustentai-nos na nossa tarefa e dai-nos a força e a vontade de cumpri-la. Se esta criança deve ser um motivo de provas para nós, que seja feita a vossa vontade!

Bons Espíritos que viestes presidir ao seu nascimento e que deveis acompanhá-lo durante a vida, não o abandoneis. Afastai dele os maus Espíritos que tentarem induzi-lo ao mal; dai-lhe a força para resistir às suas sugestões e a coragem de suportar, com paciência e resignação, as provas que o esperam na Terra. (Cap. XIV, nº 9).

55. *(Outra).* Meu Deus, me confiastes a sorte de um de vossos Espíritos; fazei, Senhor, com que eu seja digno da tarefa que me foi imposta; concedei-me a vossa proteção; aclarai a minha inteligência a fim de que eu possa discernir cedo as tendências daquele que devo preparar para entrar na vossa paz.

56. *(Outra).* Deus de bondade, uma vez que te aprouve permitir ao Espírito desta criança vir de novo suportar as provas terrenas, destinadas a fazê-lo progredir, concede-lhe a luz, a fim de que aprenda a te conhecer, a te amar e a te adorar. Faze, pela tua onipotência, que esta alma se regenere no manancial das tuas divinas instruções; que, sob a égide de seu anjo guardião, a sua inteligência cresça, desenvolva-se e o faça aspirar a se aproximar, cada vez mais, de ti; que a ciência do Espiritismo seja a brilhante luz que o clareie através dos escolhos da vida; que ele saiba, enfim, apreciar toda a extensão de teu amor, que nos experimenta para nos purificar.

Senhor, lança um olhar paternal sobre a família à qual confiaste esta alma; possa ela compreender a importância da sua missão e fazer germinar, nesta criança, as boas sementes, até o dia em que poderá, por suas próprias aspirações, elevar-se sozinha para ti.

Digna-te, meu Deus, atender esta humilde prece em nome e pelos méritos d'Aquele que disse: "Deixai vir a mim as criancinhas, porque o reino dos céus é para aqueles que se lhes assemelham."

Por um agonizante

57. PREFÁCIO. A agonia é o prelúdio da separação da alma e do corpo; pode-se dizer que, nesse momento, o homem não tem mais que um pé neste mundo, e que já tem um no outro. Essa passagem é algumas vezes penosa para aqueles que se prendem à matéria e viveram mais para os bens deste mundo do que para os do outro, ou cuja consciência está agitada pelos desgostos e pelos remorsos; para aqueles, ao contrário, cujos pensamentos estão elevados ao Infinito e estão desprendidos da matéria, os laços são menos difíceis de romper, e os últimos momentos não têm nada de doloroso; a alma, então, não se prende ao corpo senão por um fio, enquanto que, na outra posição, a ele se prende por profundas raízes; em todos os casos, a prece exerce uma ação poderosa sobre o trabalho da separação. (Ver adiante: Preces pelos doentes. *O Céu e o Inferno,* 2ª parte, cap. I, *A passagem*).

58. PRECE. Deus poderoso e misericordioso, eis uma alma que deixa o seu envoltório terrestre para retornar ao mundo dos Espíritos, a sua verdadeira pátria; possa nele entrar em paz, e a vossa misericórdia estender-se sobre ela.

Bons Espíritos, que a acompanhastes na Terra, não a abandoneis nesse momento supremo; dai-lhe a força de suportar os últimos sofrimentos que deve experimentar neste mundo para o seu adiantamento futuro; inspirai-a para que ela consagre ao arrependimento das suas faltas os últimos clarões de inteligência que lhe restam ou que possam, momentaneamente, retornar-lhe.

Dirigi meu pensamento a fim de que a sua ação torne menos penoso o trabalho da separação, e que ela leve consigo, no momento de deixar a Terra, as consolações da esperança.

IV - Preces por aqueles que não estão mais na Terra

Por alguém que acaba de morrer

59. PREFÁCIO. As preces pelos Espíritos que acabam de deixar a Terra não têm somente a finalidade de lhes dar um testemunho de simpatia, mas têm ainda por efeito ajudar o seu desligamento e, com isso, abreviar a perturbação que segue sempre a separação e tornar o despertar mais calmo. Mas aí ainda, como em outra circunstância, a eficácia está na sinceridade do pensamento, e não na abundância de palavras ditas com mais ou menos pompa, e nas quais, frequentemente, o coração não toma parte.

As preces que partem do coração ressoam em torno do Espírito, cujas ideias são ainda confusas, como as vozes amigas que vêm nos tirar do sono. (Cap. XXVII, nº 10).

60. PRECE. Deus Todo-Poderoso, que a vossa misericórdia se estenda sobre a alma de N... que vindes de chamar para vós. Possam as provas que ele (ou ela) suportou na Terra lhe serem contadas, e as nossas preces abrandar e abreviar as penas que pode ainda experimentar como Espírito!

Bons Espíritos, que viestes recebê-lo e, vós, sobretudo, seu anjo guardião, assisti-o para ajudá-lo a se despojar da matéria; dai-lhe a luz e a consciência de si mesmo, a fim de tirá-lo da perturbação que acompanha a passagem da vida corporal para a vida espiritual. Inspirai-lhe o arrependimento das faltas que pôde cometer, e o desejo que lhe seja permitido repará-las para apressar o seu adiantamento para a vida eterna feliz.

N..., vindes de reentrar no mundo dos Espíritos e, entretanto, estais aqui presente entre nós; vede-nos e nos ouvis, porque não há de menos entre nós e vós senão o corpo perecível, que vindes de deixar e que logo será reduzido a pó.

Deixastes o grosseiro envoltório sujeito às vicissitudes e à morte e não conservastes senão o envoltório etéreo, imperecível e inacessível aos sofrimentos. Se não viveis mais pelo corpo, viveis da vida dos Espíritos, e essa vida é isenta das misérias que afligem a Humanidade.

Não tendes mais o véu que oculta aos nossos olhos os esplendores da vida futura; podeis, de hoje em diante, contemplar novas maravilhas, ao passo que nós estamos ainda mergulhados nas trevas.

Ides percorrer o espaço e visitar os mundos em inteira liberdade, ao passo que nós rastejamos penosamente sobre a Terra, onde nos retém nosso corpo material, semelhante para nós a um pesado fardo.

O horizonte do infinito vai se desenrolar diante de vós, e, em presença de tanta grandeza, compreendereis a vaidade dos nossos desejos terrestres, das nossas ambições mundanas e das alegrias fúteis das quais os homens fazem as suas delícias.

A morte não é, entre os homens, senão uma separação material de alguns instantes. Do lugar de exílio, onde nos retém ainda a vontade de Deus, assim como os deveres que temos a cumprir neste mundo, nós vos seguiremos pelo pensamento até o momento em que nos será permitido nos reunirmos a vós, como estais reunido com aqueles que vos precederam.

Se não podemos ir perto de vós, podeis vir perto de nós. Vinde, pois, entre aqueles que vos amam e que amastes; sustentai-os nas provas da vida; velai sobre aqueles que vos são caros; protegei-os segundo o vosso poder e abrandai seus pesares pelo pensamento de que estais mais feliz agora, e a consoladora certeza de estarem um dia reunidos a vós num mundo melhor.

No mundo em que estais, todos os ressentimentos terrestres devem se extinguir. Para vossa felicidade futura, de hoje em diante, que possais a eles ser inacessível. Perdoai, pois, àqueles que procederam mal para convosco, como vos perdoam os que podeis ter procedido mal para com eles.

Nota. Podem-se ajuntar a esta prece, que se aplica a todos, algumas palavras especiais, segundo as circunstâncias particulares de família ou de relações e a posição do falecido. Se se trata de uma criança, o Espiritismo nos ensina que não é um Espírito de criação recente, mas que já viveu e pode estar muito avançado. Se a sua última existência foi curta, é que ela não era senão um complemento de prova ou devia ser uma prova para os pais. (Cap. V, nº 21).

61. *(Outra).* (1) Senhor Todo-Poderoso, que a vossa misericórdia se estenda sobre os nossos irmãos que acabam de deixar a Terra. Que a vossa luz brilhe aos seus olhos. Afastai-os das trevas; abri seus olhos e seus ouvidos. Que os vossos bons Espíritos os envolvam e lhes façam ouvir palavras de paz e de esperança.

Senhor, por indignos que sejamos, ousamos implorar a vossa misericordiosa indulgência em favor daquele, dos nossos irmãos, que vem de ser chamado do exílio; fazei com que seu retorno seja o do filho pródigo. Olvidai, meu Deus, as faltas que ele pôde cometer para vos lembrar do bem que pôde fazer. A vossa justiça é imutável, nós o sabemos, mas o vosso amor é imenso; nós vos suplicamos abrandar a vossa justiça por essa fonte de bondade que provém de vós.

Que a luz se faça para vós, meu irmão, que vindes de deixar a Terra. Que os bons Espíritos do Senhor desçam até vós, envolvam-vos e vos ajudem a sacudir as vossas cadeias terrestres. Compreendei e vede a grandeza de nosso Senhor; submetei-vos, sem murmurar, à sua justiça, mas não desespereis jamais da sua misericórdia. Irmão! Que um sério retorno no vosso passado vos abra as portas do futuro em vos fazendo compreender as faltas que deixastes atrás de vós, e o trabalho que vos resta fazer para repará-las. Que Deus vos perdoe, e que os bons Espíritos vos sustentem e vos encorajem. Vossos irmãos na Terra orarão por vós, e vos pedem orar por eles.

Pelas pessoas a quem tivemos afeição

62. PREFÁCIO. Como é horrível a ideia do nada. Quanto se deve lamentar aqueles que creem que a voz do amigo que chora seu amigo se perde no vazio e não encontra nenhum eco para lhe responder. Jamais conheceram as puras e santas afeições, aqueles que pensam que tudo morre com o corpo; que o gênio que iluminou o mundo com a sua vasta inteligência é um jogo

(1) Esta prece foi ditada a um médium de Bordéus, no momento em que passava, diante de suas janelas, o enterro de um desconhecido.

da matéria que se extingue para sempre, como um sopro; que do ser mais querido, de um pai, de uma mãe ou de um filho adorado, não resta senão um pouco de pó que o tempo dissipa para sempre.

Como um homem de coração pode permanecer frio a esse pensamento? Como a ideia de um aniquilamento absoluto não lhe gela de pavor e não lhe faz ao menos desejar que não seja assim? Se até esse dia sua razão não bastou para tirar as suas dúvidas, eis que o Espiritismo vem dissipar toda a incerteza sobre o futuro, pelas provas materiais que dá da sobrevivência da alma e da existência dos seres de além-túmulo. Por isso, por toda parte, essas provas são acolhidas com alegria; a confiança renasce, porque o homem sabe, de hoje em diante, que a vida terrestre não é senão uma curta passagem que conduz a uma vida melhor; que seus trabalhos deste mundo não estão perdidos para ele e que as suas mais santas afeições não estão esfaceladas sem esperança. (Cap. IV, nº 18; cap. V, nº 21).

63. PRECE. Dignai-vos, meu Deus, acolher favoravelmente a prece que vos dirijo pelo Espírito de N...; fazei-lhe entrever as vossas divinas claridades e tornai-lhe fácil o caminho da felicidade eterna. Permiti que os bons Espíritos levem a ele as minhas palavras e o meu pensamento.

Tu, que me eras caro neste mundo, ouve minha voz que te chama para te dar um novo testemunho da minha afeição. Deus permitiu que fosses libertado primeiro; eu não poderia me lamentar com isso sem egoísmo, porque seria estar aflito por não ter mais para ti as penas e os sofrimentos da vida. Espero, pois, com resignação, o momento da nossa união no mundo mais feliz, no qual me precedeste.

Eu sei que a nossa separação não é senão momentânea, e que, tão longa que me possa parecer, a sua duração se apaga diante da eternidade da felicidade que Deus promete aos seus eleitos. Que a sua bondade me preserve de nada fazer que possa retardar esse instante desejado, e que me poupe assim a dor de não te reencontrar ao sair do meu cativeiro terreno.

Oh! como é doce e consoladora a certeza de que não há entre nós senão um véu material que te oculta à minha visão! Que tu possas estar aqui, ao meu lado, ver-me e ouvir-me como antigamente, e melhor ainda do que antigamente; que não me olvideis mais, e que eu mesmo não te olvide; que os nossos pensamentos não cessem de se confundir, e que o teu me siga e me sustente sempre.

Que a paz do Senhor seja contigo.

Pelas almas sofredoras que pedem preces

64. PREFÁCIO. Para compreender o alívio que a prece pode proporcionar aos Espíritos sofredores, é preciso se informar quanto ao seu modo de ação que está atrás explicado. (Cap. XXVII, nºs 9, 18 e seguintes). Aquele que está compenetrado dessa verdade ora com mais fervor, pela certeza de não orar em vão.

65. PRECE. Deus clemente e misericordioso, que a vossa bondade se estenda sobre todos os Espíritos que se recomendam às nossas preces, notadamente sobre a alma de N...

Bons Espíritos, para os quais o bem é a única ocupação, intercedei comigo pelo seu alívio. Fazei brilhar, aos seus olhos, um raio de esperança, e que a divina luz os esclareça sobre as imperfeições que os afastam da morada dos felizes. Abri seu coração ao arrependimento e ao desejo de se depurar para apressar o seu adiantamento. Fazei-os compreender que, pelos seus esforços, eles podem abreviar o tempo das suas provas.

Que Deus, em sua bondade, dê-lhes a força de perseverar em suas boas resoluções!

Possam estas palavras benevolentes abrandar as suas penas, em lhes mostrando que há, na Terra, seres que sabem deles se compadecer e que desejam a sua felicidade.

66. (Outra). Nós vos pedimos, Senhor, derramar, sobre todos aqueles que sofrem, seja no espaço como Espíritos errantes, seja entre nós como Espíritos encarnados, as graças do vosso amor e da vossa misericórdia. Apiedai-vos das nossas fraquezas. Falíveis nos fizestes, mas nos destes a força de resistir ao mal e vencê-lo. Que a vossa misericórdia se estenda sobre todos aqueles que não puderam resistir aos seus maus pendores, e estão ainda arrastados para um mau caminho. Que vossos bons Espíritos os envolvam; que a vossa luz brilhe aos seus olhos, e que, atraídos pelo seu calor vivificante, eles venham se prosternar aos vossos pés, humildes, arrependidos e submissos.

Nós vos pedimos igualmente, Pai de misericórdia, por aqueles dos nossos irmãos que não tiveram a força de suportar as suas provas terrestres. Vós nos destes um fardo a carregar, Senhor, e não devemos depô-lo senão aos vossos pés; mas a nossa fraqueza é grande e a coragem nos falta, às vezes, no caminho. Tende piedade destes servidores indolentes que abandonaram a obra antes da hora; que a vossa justiça os poupe e permita aos vossos bons Espíritos trazer-lhes o alívio, as consolações e a esperança do futuro. O caminho do perdão é fortificante para a alma; mostrai-o, Senhor, aos culpados que desesperam, e sustentados por essa esperança, eles haurirão forças na grandeza mesma de suas faltas e de seus sofrimentos, para resgatar o seu passado e preparar-se para conquistar o futuro.

Por um inimigo morto

67. PREFÁCIO. A caridade para com os nossos inimigos deve segui-los além do túmulo. É preciso pensar que o mal que nos fizeram foi para nós uma prova que pôde ser útil ao nosso adiantamento, se soubemos dela aproveitar-nos. Ela pôde nos ser ainda mais proveitosa que as aflições puramente materiais, naquilo que nos permitiu juntar à coragem e à resignação, a caridade e o esquecimento das ofensas. (Cap. X, nº 6; cap. XII, nºs 5 e 6).

68. PRECE. Senhor, vos aprouve chamar, antes de mim, a alma de N... Eu o perdoo do mal que me fez, e suas más intenções a meu respeito; possa ele disso arrepender-se, agora que não tem mais as ilusões deste mundo.

Que a vossa misericórdia, meu Deus, estenda-se sobre ele, e afastai de mim o pensamento de me alegrar com a sua morte. Se eu procedi mal para com ele, que me perdoe, como olvido aqueles que assim procederam para comigo.

Por um criminoso

69. PREFÁCIO. Se a eficácia das preces fosse proporcional ao seu comprimento, as mais longas deveriam ser reservadas para os mais culpados, porque eles têm mais necessidade do que aqueles que viveram santamente. Recusá-las aos criminosos é faltar com a caridade e desconhecer a misericórdia de Deus; crê-las inúteis porque um homem teria cometido esta ou aquela falta, é prejulgar a justiça do Altíssimo. (Cap. XI, nº 14).

70. PRECE. Senhor, Deus de misericórdia, não repilais esse criminoso que acaba de deixar a Terra; a justiça dos homens pôde atingi-lo, entretanto, não o isentou da vossa justiça, se seu coração não foi tocado pelo remorso.

Erguei a venda que lhe oculta a gravidade das suas faltas; possa o seu arrependimento encontrar graça diante de vós e aliviar os sofrimentos da sua alma! Possam também as nossas preces e a intercessão dos bons Espíritos levar-lhe a esperança e a consolação; inspirai-lhe o desejo de reparar as suas más ações numa nova existência e dar-lhe a força de não sucumbir nas novas lutas que empreenderá.

Senhor, tende piedade dele!

Por um suicida

71. PREFÁCIO. O homem não tem jamais o direito de dispor da própria vida, porque só a Deus cabe tirá-lo do cativeiro terrestre quando o julga oportuno. Todavia, a justiça divina pode abrandar os seus rigores em favor das circunstâncias, mas reserva toda a sua severidade para aquele que quis se subtrair às provas da vida. O suicida é como o prisioneiro que se evade da prisão, antes de expirar a sua pena, e que, quando é recapturado, é mantido mais severamente. Assim ocorre com o suicida, que crê escapar às misérias presentes e mergulha em infelicidades maiores. (Cap. V, nºs 14 e seguintes).

72. PRECE. Sabemos, ó meu Deus, a sorte reservada àqueles que violam as vossas leis, abreviando voluntariamente os seus dias; mas sabemos também que a vossa misericórdia é infinita: dignai-vos estendê-la sobre a alma de N... Possam as nossas preces e a vossa comiseração abrandar a amargura dos sofrimentos que ele experimenta por não ter tido a coragem de esperar o fim das suas provas!

Bons Espíritos, cuja missão é assistir os infelizes, tomai-o sob a vossa proteção; inspirai-lhe o arrependimento de sua falta, e que a vossa assistência lhe dê a força de suportar com mais resignação as novas provas que terá de sofrer para repará-la. Afastai dele os maus Espíritos que poderiam, de novo, levá-lo ao mal e prolongar os seus sofrimentos, fazendo-o perder o fruto das suas futuras provas.

Vós, cuja infelicidade é o objeto das nossas preces, que a nossa comiseração possa vos abrandar a amargura, fazer nascer em vós a esperança de um futuro melhor! Esse futuro está nas vossas mãos; confiai-vos à bondade de Deus, cujo seio está aberto a todos os arrependidos, e não permanece fechado senão para os corações endurecidos.

Pelos Espíritos arrependidos

73. PREFÁCIO. Seria injusto situar na categoria dos maus Espíritos os Espíritos sofredores e arrependidos que pedem preces; estes puderam ser maus, mas não o são mais do momento em que reconhecem as suas faltas e as lamentam: eles não são senão infelizes; alguns mesmo começam a gozar de uma felicidade relativa.

74. PRECE. Deus de misericórdia, que aceitais o arrependimento sincero do pecador, encarnado ou desencarnado, eis um Espírito que se comprazia no mal, mas que reconhece seus erros e entra no bom caminho; dignai, ó Deus, recebê-lo como um filho pródigo e perdoai-lhe.

Bons Espíritos, cuja voz ele desconheceu, ele quer vos escutar de hoje em diante; permiti-lhe entrever a felicidade dos eleitos do Senhor, a fim de que persista no desejo de se purificar para alcançá-lo; sustentai-o em suas boas resoluções e dai-lhe a força de resistir aos seus maus instintos.

Espírito de N..., nós vos felicitamos pela vossa mudança e agradecemos aos bons Espíritos que vos ajudaram.

Se vos comprazíeis outrora em fazer o mal, foi porque não compreendíeis o quanto é doce a alegria de fazer o bem; vós vos sentíeis também muito baixo para esperar atingi-lo. Mas desde o instante em que colocastes o pé no bom caminho, uma luz se fez para vós; começastes a provar uma felicidade desconhecida, e a esperança entrou no vosso coração. É que Deus escuta sempre a prece do pecador arrependido e não repele nenhum daqueles que vão a ele.

Para entrar completamente em graça junto dele, aplicai-vos de hoje em diante, não somente a não mais fazer o mal, mas a fazer o bem e, sobretudo, a reparar o mal que fizestes; então, tereis satisfeito a justiça de Deus; cada boa ação apagará uma das vossas faltas passadas.

O primeiro passo está dado; agora, quanto mais avançares, tanto mais o caminho vos parecerá fácil e agradável. Perseverai, pois, e, um dia, tereis a glória de ser contado entre os bons Espíritos e os Espíritos felizes.

Pelos Espíritos endurecidos

75. PREFÁCIO. Os maus Espíritos são aqueles que o arrependimento ainda não tocou; que se comprazem no mal, e nele não concebem nenhum remorso; que são insensíveis às censuras, repelem a prece e, frequentemente, blasfemam contra o nome de Deus. São essas almas endurecidas que, depois da morte, vingam-se, nos homens, dos sofrimentos que experimentam e perseguem com o seu ódio aqueles a quem odiaram durante a vida, seja pela obsessão, seja por uma falsa influência qualquer. (Cap. X, nº 6; cap. XII, nºs 5 e 6).

Entre os Espíritos perversos, há duas categorias bem distintas: aqueles que são francamente maus e os que são hipócritas. Os primeiros são infinitamente mais fáceis de conduzir ao bem do que os segundos; são, o mais frequentemente, de natureza bruta e grosseira, como são vistos entre os homens, que fazem o mal mais por instinto do que por cálculo e não procuram se fazer passar por melhores do que são; mas há neles um germe latente que é preciso fazer eclodir, o que é conseguido, quase sempre, com a perseverança, a firmeza unida à benevolência, pelos conselhos, pelo raciocínio e pela prece. Na mediunidade, a dificuldade que eles têm em escrever o nome de Deus é indício de um temor instintivo, de uma voz íntima da consciência que lhes diz que são indignos; aquele com quem ocorre isso está no limiar da conversão e pode-se esperar tudo dele: basta encontrar o ponto vulnerável do coração.

Os Espíritos hipócritas são quase sempre muito inteligentes, mas não têm no coração nenhuma fibra sensível; nada os toca; simulam todos os bons sentimentos para captar confiança e ficam felizes quando encontram tolos que os aceitam como santos Espíritos, e que eles podem governar à sua vontade. O nome de Deus, longe de lhe inspirar o menor temor, serve-lhes de máscara para cobrir as suas torpezas. No mundo invisível, como no mundo visível, os hipócritas são os seres mais perigosos porque agem na sombra e deles não se desconfia. Eles têm as aparências da fé, mas não a fé sincera.

76. PRECE. Senhor, dignai-vos lançar um olhar de bondade sobre os Espíritos imperfeitos que estão ainda nas trevas da ignorância e vos desconhecem, notadamente sobre o de N...

Bons Espíritos, ajudai-nos a fazê-lo compreender que, induzindo os homens ao mal, obsidiando-os e atormentando-os, prolonga seus próprios sofrimentos; fazei com que o exemplo de felicidade de que gozais, seja um encorajamento para ele.

Espíritos que vos comprazeis ainda no mal, vindes de ouvir a prece que fizemos por vós; ela deve vos provar que desejamos vos fazer o bem, embora façais o mal.

Sois infelizes, porque é impossível ser feliz fazendo o mal; por que, pois, permanecer em pena quando depende de vós dela sair? Olhai os bons Espíritos que vos cercam; vede quanto são felizes, e se não vos seria mais agradável gozar da mesma felicidade!

Direis que isso vos é impossível; mas nada é impossível àquele que quer, porque Deus vos deu, como a todas as suas criaturas, a liberdade de escolher entre o bem e o mal; quer dizer, entre a felicidade e a infelicidade, e ninguém está condenado a fazer o mal. Se tendes a vontade de fazê-lo, podeis ter a de fazer o bem e de ser feliz.

Voltai vossos olhares para Deus; elevai-vos um só instante até ele pelo pensamento, e um raio de sua divina luz virá vos esclarecer. Dizei conosco estas simples palavras: *Meu Deus, eu me arrependo, perdoai-me.* Experimentai o arrependimento e fazei o bem em lugar de fazer o mal e vereis que logo a sua misericórdia se estenderá sobre vós, e que um bem-estar desconhecido virá substituir as angústias que sentis.

Uma vez que houverdes dado um passo no bom caminho, o resto do percurso vos parecerá fácil. Compreendereis, então, quanto tempo perdestes, por vossa falta, de felicidade; mas um futuro radioso e cheio de esperança se abrirá diante de vós e vos fará esquecer vosso miserável passado, cheio de perturbação e de torturas morais que seriam, para vós, o inferno se devessem durar eternamente. Dia virá em que essas torturas serão tais que, a todo preço, querereis fazê-las cessar; quanto mais esperardes, porém, mais isso vos será difícil.

Não creiais que permanecereis sempre no estado em que estais; não, isso é impossível; tendes diante de vós duas perspectivas: uma é a de sofrer muito mais do que sofreis agora, a outra, de ser feliz como os bons Espíritos que estão ao vosso redor; a primeira é inevitável se persistis em vossa obstinação, e um simples esforço da vossa vontade basta para vos tirar da má situação em que estais. Apressai-vos, pois, porque cada dia de atraso é um dia perdido para a vossa felicidade.

Bons Espíritos, fazei com que estas palavras encontrem acesso nessa alma ainda atrasada, a fim de que a ajudem a se aproximar de Deus. Nós vos pedimos em nome de Jesus Cristo, que teve um tão grande poder sobre os maus Espíritos.

V - Preces pelos doentes e pelos obsidiados

Pelos doentes

77. PREFÁCIO. As doenças fazem parte das provas e das vicissitudes da vida terrestre; elas são inerentes à imperfeição da nossa natureza material e à inferioridade do mundo que habitamos. As paixões e os excessos de todos os gêneros semeiam em nós germes malsãos, frequentemente hereditários. Nos mundos mais avançados, física ou moralmente, o organismo humano, mais depurado e menos material, não está sujeito às mesmas enfermidades, e o corpo não é minado surdamente pela devastação das paixões (cap. III, nº 9). É preciso, pois, resignar-se em suportar as consequências do meio onde nos coloca a nossa inferioridade, até que tenhamos mérito de trocá-lo. Isso não deve nos impedir, à espera do mérito, de fazer o que depende de nós para melhorar a nossa posição atual; mas se, malgrado os nossos esforços, a isso não pudemos chegar, o Espiritismo nos ensina a suportar com resignação nossos males passageiros.

Se Deus não tivesse querido que os sofrimentos corporais fossem dissipados ou abrandados em certos casos, não teria colocado os meios curativos à nossa disposição. Sua previdente solicitude a esse respeito, de acordo nisso com o instinto de conservação, indica que é do nosso dever procurá-los e aplicá-los.

Ao lado da medicação ordinária, elaborada pela Ciência, o Magnetismo nos fez conhecer o poder da ação fluídica; depois, o Espiritismo veio nos revelar uma outra força na *mediunidade curadora* e a influência da prece. (Ver no cap. XXVI, a notícia sobre a mediunidade de cura).

78. PRECE. (Para o doente pronunciar *). Senhor, sois todo justiça; a doença que vos aprouve me enviar, devo-a merecer, pois não fazeis sofrer jamais sem causa. Eu me entrego, para a minha cura, à vossa infinita misericórdia; se vos apraz restituir-me a saúde, que o vosso santo nome seja bendito; se, ao contrário, devo ainda sofrer, que ele seja bendito da mesma forma; eu me submeto sem murmurar aos vossos divinos decretos, porque tudo o que fazeis não pode ter por finalidade senão o bem das vossas criaturas.

Fazei, ó meu Deus, que esta doença seja para mim uma advertência salutar, e me leve a meditar sobre mim mesmo; aceito-a como uma expiação do passado, e como uma prova para a minha fé e a minha submissão à vossa santa vontade. (Ver a prece nº 40).

79. PRECE. (Pelo doente). Meu Deus, vossos desígnios são impenetráveis, e em vossa sabedoria acreditastes dever afligir N... pela doença. Lançai, eu vos suplico, um olhar de compaixão sobre os seus sofrimentos e dignai-vos pôr-lhes um fim.

(*) No original, **par le malade.** (N. do T.).

Bons Espíritos, ministros do Todo-Poderoso, secundai, eu vos peço, meu desejo de aliviá-lo; dirigi meu pensamento, a fim de que ele vá derramar um bálsamo salutar sobre o seu corpo e consolação em sua alma.

Inspirai-lhe a paciência e a submissão à vontade de Deus; dai-lhe a força de suportar as suas dores com resignação cristã a fim de que não perca o fruto das suas provas. (Ver prece nº 57).

80. PRECE. (Para ser pronunciada pelo médium curador *). Meu Deus, se dignais servir-vos de mim, indigno que sou, eu posso curar esse sofrimento, se tal é a vossa vontade, porque tenho fé em vós; mas sem vós eu não posso nada. Permiti aos bons Espíritos me penetrarem com seu fluido salutar a fim de que o transmita a este doente, e afastai de mim todo pensamento de orgulho e de egoísmo, que poderia alterar-lhe a pureza.

Pelos obsidiados

81. PREFÁCIO. A obsessão é a ação persistente que um mau Espírito exerce sobre um indivíduo. Apresenta caracteres muito diferentes, desde a simples influência moral, sem sinais exteriores sensíveis, até a perturbação completa do organismo e das faculdades mentais. Ela oblitera todas as faculdades medianímicas; na mediunidade escrevente, traduz-se pela obstinação de um Espírito em se manifestar, com exclusão de todos os outros.

Os maus Espíritos pululam ao redor da Terra, em consequência da inferioridade moral dos seus habitantes. Sua ação malfazeja faz parte dos flagelos dos quais a Humanidade é o alvo neste mundo. A obsessão, como as doenças e todas as tribulações da vida, deve, pois, ser considerada como uma prova ou uma expiação, e aceita como tal.

Da mesma forma que as doenças são o resultado de imperfeições físicas que tornam o corpo acessível às influências perniciosas exteriores, a obsessão é sempre o resultado de uma imperfeição moral que o expõe a um mau Espírito. A uma causa física se opõe uma força física: a uma causa moral é preciso opor uma força moral. Para se preservar das doenças, fortifica-se o corpo; para se garantir da obsessão, é preciso fortalecer a alma; daí, para o obsidiado, a necessidade de trabalhar pela sua própria melhoria, o que basta, o mais frequentemente, para livrá-lo do obsessor sem o socorro de pessoas estranhas. Esse socorro se torna necessário quando a obsessão degenera em subjugação

(*) **Par le médium guérisseur,** no original. (N. do T.)

e em possessão, porque, então, o paciente perde, por vezes, a sua vontade e o seu livre-arbítrio.

A obsessão é quase sempre o resultado de uma vingança exercida por um Espírito e que, o mais frequentemente, tem sua origem nas relações que o obsidiado teve com ele numa precedente existência. (Ver cap. X, nº 6; cap. XII, nºs 5 e 6).

Nos casos de obsessão grave, o obsidiado está como envolvido e impregnado de um fluido pernicioso que neutraliza a ação dos fluidos salutares e os repele. É desse fluido que é preciso desembaraçá-lo; ora, um mau fluido não pode ser repelido por um mau fluido. Por uma ação idêntica à do médium curador nos casos de doenças, é preciso expulsar o fluido mau com a ajuda de um fluido melhor, que produza, de alguma sorte, o efeito de um reativo. Essa é a ação mecânica, mas que não basta; é preciso também, e sobretudo, *agir sobre o ser inteligente* com o qual é preciso ter o direito de falar com autoridade, e essa autoridade não é dada senão pela superioridade moral; quanto mais esta é grande, maior é a autoridade.

Ainda não é tudo; para assegurar a libertação, é preciso levar o Espírito perverso a renunciar aos seus maus desígnios; é preciso fazer nascer nele o arrependimento e o desejo do bem, com a ajuda de instruções habilmente dirigidas nas evocações particulares feitas com vistas à sua educação moral; então, pode-se ter a dupla satisfação de livrar um encarnado e converter um Espírito imperfeito.

A tarefa se torna mais fácil quando o obsidiado, compreendendo a sua situação, traz seu concurso de vontade e de prece; não ocorre assim quando este, seduzido pelo Espírito enganador, ilude-se sobre as qualidades daquele que o domina e se compraz no erro em que este último o mergulha; porque, então, longe de secundar, ele repele toda assistência. É o caso da fascinação, sempre infinitamente mais rebelde do que a subjugação mais violenta. (*O Livro dos Médiuns,* cap. XXIII).

Em todos os casos de obsessão, a prece é o mais poderoso auxiliar para agir contra o Espírito obsessor.

82. PRECE. (Para ser pronunciada pelo obsidiado *). Meu Deus, permiti aos bons Espíritos livrar-me do Espírito malfazejo que está ligado a mim. Se é uma vingança, que exerce por injustiças que eu terei feito outrora para com ele, vós o permitis, meu Deus, para minha punição, e eu suporto a con-

---

(*) No original, **par l'obsédé.** (N. do T.).

sequência da minha falta. Possa o meu arrependimento merecer vosso perdão e minha libertação! Mas, qualquer que seja seu motivo, peço para ele a vossa misericórdia; dignai-vos facilitar-lhe o caminho do progresso, que o desviará do pensamento de fazer o mal. Possa eu, de minha parte, retribuindo o mal com o bem, conduzi-lo a melhores sentimentos.

Mas eu sei também, ó meu Deus, que são as minhas imperfeições que me tornam acessível às influências dos Espíritos imperfeitos. Dai-me a luz necessária para reconhecê-las; combatei, sobretudo, em mim, o orgulho que me cega sobre meus defeitos.

Qual não deve ser a minha indignidade, uma vez que um ser malfazejo pode me senhorear!

Fazei, ó meu Deus, que esse revés para a minha vaidade me sirva de lição para o futuro; que ele me fortaleça na resolução que tomo de me depurar pela prática do bem, da caridade e da humildade, a fim de opor, de hoje em diante, uma barreira às más influências.

Senhor, dai-me a força de suportar esta prova com paciência e resignação; eu compreendo que, como todas as outras provas, ela deve ajudar o meu adiantamento se não perder-lhe o fruto com meus murmúrios, uma vez que me fornece ocasião de mostrar a minha submissão e de exercer uma caridade para com um irmão infeliz, perdoando-lhe o mal que me fez. (Cap. XII, nºs 5 e 6; cap. XXVIII, nºs 15 e seguintes, 46 e 47).

83. PRECE. (Para o obsidiado). Deus Todo-Poderoso, dignai-vos dar-me o poder de libertar N... do Espírito que o obsidia; se entra em vossos desígnios pôr termo a essa prova, concedei-me a graça de falar a esse Espírito com autoridade.

Bons Espíritos que me assistis, e vós, seu anjo guardião, prestai-me vosso concurso; ajudai-me a desembaraçá-lo do fluido impuro com o qual está envolvido.

Em nome de Deus Todo-Poderoso, eu abjuro o Espírito malfazejo, que o atormenta, a se retirar.

84. PRECE. (Para o Espírito obsessor). Deus infinitamente bom, imploro a vossa misericórdia para o Espírito que obsidia N...; fazei-o entrever as divinas claridades a fim de que ele veja o falso caminho em que está empenhado. Bons Espíritos, ajudai-me a fazê-lo compreender que tem tudo a perder fazendo o mal, e tudo a ganhar fazendo o bem.

Espírito que vos comprazeis em atormentar N..., escutai-me porque eu vos falo em nome de Deus.

Se quiserdes refletir, compreendereis que o mal não pode se impor ao bem, e que não podeis ser mais forte do que Deus e os bons Espíritos.

Eles poderiam preservar N... de todo golpe da vossa parte; se não o fizeram, foi porque ele (ou ela) tinha uma prova a suportar. Mas quando essa prova tiver acabado, vos tirarão toda ação sobre ele; o mal que lhe tendes feito, em lugar de prejudicá-lo, servirá para o seu adiantamento, e com isso não será senão mais feliz; assim, vossa maldade terá sido uma pura perda para vós e reverterá contra vós.

Deus, que é todo-poderoso, e os Espíritos superiores, seus servidores, que são mais poderosos do que vós, poderão, pois, pôr fim a essa obsessão quando o quiserem, e vossa tenacidade se quebrará diante dessa suprema autoridade. Mas, pelo fato mesmo de que Deus é bom, ele quer vos deixar o mérito de cessá-la de vossa própria vontade. É uma moratória que vos é concedida; se não a aproveitais, sofrereis as suas deploráveis consequências; grandes castigos e cruéis sofrimentos vos esperam; sereis forçado a implorar a piedade e as preces da vossa vítima, que já vos perdoa e ora por vós, o que é um grande mérito aos olhos de Deus, e apressará a sua libertação.

Refleti, pois, enquanto é tempo ainda, porque a justiça de Deus se abaterá sobre vós como sobre todos os Espíritos rebeldes. Pensai que o mal que fazeis neste momento terá forçosamente um fim, enquanto que, se persistis no vosso endurecimento, vossos sofrimentos irão aumentando sem cessar.

Quando estáveis sobre a Terra, não teríeis achado estúpido sacrificar um grande bem por pequena satisfação de um momento? Ocorre o mesmo agora que sois Espírito. Que ganhais com o que fazeis? O triste prazer de atormentar alguém, o que não vos impede de ser infeliz, o que quer que possais dizer, vos tornará mais infeliz ainda.

Ao lado disso, vede o que perdeis; olhai os bons Espíritos que vos cercam e vede se sua sorte não é preferível à vossa. A felicidade que eles gozam será vosso quinhão quando o quiserdes. O que é preciso para isso? Implorar a Deus e fazer o bem, em lugar de fazer o mal. Eu sei que não podeis vos transformar de repente; mas Deus não pede o impossível; o que ele quer é a boa vontade. Experimentai, pois, e nós vos ajudaremos. Fazei com que logo possamos dizer por vós a prece pelos Espíritos arrependidos (nº 73), e não mais vos situar entre os maus Espíritos, até que possais estar entre os bons.

(Ver também, nº 75, a prece pelos Espíritos endurecidos).

Nota: A cura das obsessões graves requer muita paciência, perseverança e devotamento; ela exige também tato e habilidade para conduzir ao bem Espíritos, frequentemente, muito perversos, endurecidos e astuciosos, porque há rebeldes em último grau; na maioria dos casos, é preciso se guiar segundo as circunstâncias; mas, qualquer que seja o caráter do Espírito, é um fato certo que não se obtém nada pela violência ou pela ameaça; toda influência está na ascendência moral. Uma outra verdade, igualmente constatada pela experiência, assim como pela lógica, é *a completa ineficácia de exorcismos, fórmulas, palavras sacramentais, amuletos, talismãs, práticas exteriores ou sinais materiais quaisquer.*

A obsessão muito prolongada pode ocasionar desordens patológicas e requer, por vezes, um tratamento simultâneo ou consecutivo, seja magnético, seja médico, para restabelecer o organismo. A causa estando destruída, resta combater os efeitos. (Ver *O Livro dos Médiuns* cap. XXIII; Da obsessão. – *Revista Espírita,* fevereiro e março de 1864; abril 1865: exemplos de curas de obsessões).

Índice Analítico Único
DOS ASSUNTOS DAS DUAS OBRAS

O Livro dos Espíritos (LE)

(Questões em algarismos arábicos, Introdução (introd.) e Conclusão (concl.) em algarismos romanos)

O Evangelho Segundo o Espiritismo (EV)

(Capítulos em algarismos romanos e itens em algarismos arábicos)

NOTA EXPLICATIVA

> *"Hoje, creem, e sua fé é inabalável, porque assentada na evidência e na demonstração, e porque satisfaz à razão. [...]. Tal é a fé dos espíritas, e a prova de sua força é que se esforçam por se tornarem melhores, domarem suas inclinações más e porem em prática as máximas do Cristo, olhando todos os homens como irmãos, sem acepção de raças, de castas, nem de seitas, perdoando aos seus inimigos, retribuindo o mal com o bem, a exemplo do divino modelo." (KARDEC, Allan. Revista Espírita de 1868.1ª.ed. Rio de Janeiro: FEB, 2005. p. 28, janeiro de 1868.)"*

A investigação rigorosamente racional e científica de fatos que revelavam a comunicação dos homens com os Espíritos, realizada por Allan Kardec, resultou na estruturação da Doutrina Espírita, sistematizada sob os aspectos científico, filosófico e religioso.

A partir de 1854 até seu falecimento, em 1869, seu trabalho foi constituído de cinco obras básicas: "O Livro dos Espíritos" (1857), "O Livro dos Médiuns" (1861), "O Evangelho segundo o Espiritismo" (1864), "O Céu e o Inferno" (1865), "A Gênese" (1868), além da obra "O Que é o Espiritismo" (1859), de uma série de opúsculos e 136 edições da "Revista Espírita" (de janeiro de 1858 a abril de 1869). Após sua morte, foi editado o livro "Obras Póstumas" (1890).

O estudo meticuloso e isento dessas obras nos permite extrair conclusões básicas: a) todos os seres humanos são Espíritos imortais criados por Deus em igualdade de condições, sujeitos às mesmas leis naturais de progresso que levam todos, gradativamente, à perfeição; b) o progresso ocorre através de sucessivas experiências em inúmeras reencarnações, vivenciando necessariamente todos os segmentos sociais, única forma de o Espírito acumular o aprendizado necessário ao seu desenvolvimento; c) no período entre as reencarnações, o Espírito permanece no Mundo Espiritual, podendo comunicar-se com os homens; d) o progresso obedece às leis morais ensinadas e vivenciadas por Jesus, nosso guia e modelo, referência para todos os homens que desejam se desenvolver de forma consciente e voluntária.

Em diversos pontos de sua obra, o Codificador se refere aos Espíritos encarnados em tribos incultas e selvagens, então existentes em algumas regiões do Planeta, e que, em contato com outros polos de civilização, vinham sofrendo inúmeras transformações, muitas com evidente benefício para os seus membros, decorrentes do progresso geral ao qual estão sujeitas todas as etnias, independentemente da coloração de sua pele.

Na época de Allan Kardec, as ideias frenológicas de Gall e as da fisiognomonia de Lavater eram aceitas por eminentes homens de Ciência, assim como provocou enorme agitação nos meios de comunicação e junto à intelectualidade e à população em geral, a publicação, em 1859 – dois anos depois do lançamento de *O Livro dos Espíritos* – do livro sobre a *Evolução das Espécies,* de Charles Darwin, com as naturais incorreções e incompreensões que toda ciência nova apresenta. Ademais, a crença de que os traços da fisionomia revelam o caráter da pessoa é muito antiga, pretendendo-se haver aparentes relações entre o físico e o aspecto moral.

O Codificador não concordava com diversos aspectos apresentados por essas, assim chamadas, ciências. Desse modo, procurou avaliar as conclusões desses eminentes pesquisadores à luz da revelação dos Espíritos, trazendo ao debate o elemento espiritual como fator decisivo no equacionamento das questões da diversidade e desigualdade humanas.

Allan Kardec encontrou, nos princípios da Doutrina Espírita, explicações que apontam para leis sábias e supremas, razão pela qual afirmou que o Espiritismo permite "resolver os milhares de problemas históricos, arqueológicos, antropológicos, teológicos, psicológicos, morais, sociais, etc." (Revista Espírita, 1862, p. 401). De fato, as leis universais do amor, da caridade, da imortalidade da alma, da reencarnação, da evolução, constituem novos parâmetros para a compreensão do desenvolvimento dos grupos humanos nas diversas regiões do Orbe.

Essa compreensão das Leis Divinas permite a Allan Kardec afirmar que:

"O corpo deriva do corpo, mas o Espírito não procede do Espírito. Entre os descendentes das raças apenas há consanguinidade." (O Livro dos Espíritos, item 207, p. 176).

"[...] o Espiritismo, restituindo ao Espírito o seu verdadeiro papel na Criação, constatando a superioridade da inteligência sobre a matéria, faz com que desapareçam, naturalmente, todas as distinções estabelecidas entre os homens, conforme as vantagens corporais e mundanas, sobre as quais só o orgulho fundou as castas e os estúpidos preconceitos de cor."(Revista Espírita, 1861, p. 432.)

"Os privilégios de raças têm sua origem na abstração que os homens geralmente fazem do princípio espiritual, para considerar apenas o ser material exterior. Da força ou da fraqueza constitucional de uns, de uma diferença de cor em outros, do nascimento na opulência ou na miséria, da filiação consanguínea nobre ou plebeia, concluíram por uma superioridade ou uma inferioridade natural. Foi sobre este dado que estabeleceram suas leis sociais e os privilégios de raças. Deste ponto de vista circunscrito, são consequentes consigo mesmos, porquanto, não considerando senão a vida material, certas classes parecem pertencer, e realmente pertencem, a raças diferentes. Mas se se tomar seu ponto de vista do ser espiritual, do ser essencial e progressivo, numa palavra, do Espírito preexistente e sobrevivente a tudo, cujo corpo não passa de um invólucro temporário, variando, como a roupa, de forma e de cor; se, além disso, do estudo dos seres espirituais, ressalta a prova de que esses seres são de natureza e de origem idênticas, que seu destino é o mesmo, que todos partem do mesmo ponto e tendem para o mesmo objetivo; que a vida corporal não passa de um incidente, uma das fases da vida do Espírito, necessária ao seu adiantamento intelectual e moral; que em vista desse avanço o Espírito pode sucessivamente revestir envoltórios diversos, nascer em posições diferentes, chega-se à consequência capital da igualdade de natureza e, a partir daí, à igualdade dos direitos sociais de todas as criaturas

humanas e à abolição dos privilégios de raças. Eis o que ensina o Espiritismo. Vós que negais a existência do Espírito para considerar apenas o homem corporal, a perpetuidade do ser inteligente para só encarar a vida presente, repudiais o único princípio sobre o qual é fundada, com razão, a igualdade de direitos que reclamais para vós mesmos e para os vossos semelhantes." (Revista Espírita, 1867, p. 231.)

"Com a reencarnação, desaparecem os preconceitos de raças e de castas, pois o mesmo Espírito pode tornar a nascer rico ou pobre, capitalista ou proletário, chefe ou subordinado, livre ou escravo, homem ou mulher. De todos os argumentos invocados contra a injustiça da servidão e da escravidão, contra a sujeição da mulher à lei do mais forte, nenhum há que prime, em lógica, ao fato material da reencarnação. Se, pois, a reencarnação funda, numa lei da Natureza o princípio da fraternidade universal, também funda na mesma lei o da igualdade dos direitos sociais e, por conseguinte, o da liberdade. (A Gênese, cap. I, item 36, p. 42-43. Vide também Revista Espírita, 1867, p.373).

Na época, Allan Kardec sabia apenas o que vários autores contavam a respeito dos selvagens africanos, sempre reduzidos ao embrutecimento quase total, quando não escravizados impiedosamente.

É baseado nesses informes "científicos" da época que o Codificador repete, com outras palavras, o que os pesquisadores europeus descreviam quando de volta das viagens que faziam à África negra. Todavia, é peremptório ao abordar a questão do preconceito racial:

"Nós trabalhamos para dar a fé aos que em nada creem; para espalhar uma crença que os torna melhores uns para os outros, que lhes ensina a perdoar aos inimigos, a se olharem como irmãos, sem distinção de raça, casta, seita, cor, opinião política ou religiosa; numa palavra, uma crença que faz nascer o verdadeiro sentimento de caridade, de fraternidade e deveres sociais." (KARDEC, Allan. Revista Espírita de 1863 - 1ª.ed. Rio de Janeiro: FEB, 2005. - janeiro de 1863.)

"O homem de bem é bom, humano e benevolente para com todos, sem distinção de raças, nem de crenças, porque, em todos os homens, vê irmãos seus." (O Evangelho segundo o Espiritismo, Cap. XVII, item 3, p. 348)

É importante compreender também, que os textos publicados por Allan Kardec na *Revista Espírita* tinham por finalidade submeter à avaliação geral as comunicações recebidas dos Espíritos, bem como aferir a correspondência desses ensinos com teorias e sistemas de pensamento vigentes à época. Em Nota ao Capítulo XI, item 43, do livro *A Gênese*, o Codificador explica essa metodologia:

"Quando, na Revista Espírita de janeiro de 1862, publicamos um artigo sobre a "interpretação da doutrina dos anjos decaídos", apresentamos essa teoria como simples hipótese, sem outra autoridade afora a de uma opinião pessoal controversível, porque nos faltavam, então, elementos bastantes para uma afirmação peremptória. Expusemo-la a título de ensaio, tendo em vista provocar o exame da questão, decidido, porém, a abandoná-la ou modificá-la, se fosse preciso. Presentemente, essa teoria já passou pela prova do controle universal. Não só foi bem aceita pela maioria dos espíritas, como a mais racional e a mais concorde com a soberana justiça de Deus, mas também foi confirmada pela generalidade das instruções que os Espíritos deram sobre o assunto. O mesmo se verificou com a que concerne à origem da raça adâmica." (A Gênese, Cap. XI, item 43, Nota, p. 292.)

Por fim, urge reconhecer que o escopo principal da Doutrina Espírita reside no aperfeiçoamento moral do ser humano, motivo pelo qual as indagações e perquirições científicas e/ou filosóficas ocupam posição secundária, conquanto importantes, haja vista o seu caráter provisório decorrente do progresso e do aperfeiçoamento geral. Nesse sentido, é justa a advertência do Codificador:

"É verdade que esta e outras questões se afastam do ponto de vista moral, que é a meta essencial do Espiritismo. Eis por que seria um equívoco fazê-las objeto de preocupações constantes. Sabemos, aliás, no que respeita ao princípio das coisas, que os Espíritos, por não saberem tudo, só dizem o que sabem ou o que pensam saber. Mas como há pessoas que poderiam tirar da divergência desses sistemas uma indução contra a unidade do Espiritismo, precisamente porque são formulados pelos Espíritos, é útil poder comparar as razões pró e contra, no interesse da própria doutrina, e apoiar no assentimento da maioria o julgamento que se pode fazer do valor de certas comunicações." (Revista Espírita, 1862, p. 38.)

Feitas essas considerações, é lícito concluir que na Doutrina Espírita vigora o mais absoluto respeito à diversidade humana, cabendo ao Espírita o dever de cooperar para o progresso da Humanidade, exercendo a caridade no seu sentido mais abrangente *("benevolência para com todos, indulgência para as imperfeições dos outros e perdão das ofensas")*, tal como a entendia Jesus, nosso Guia e Modelo, sem preconceitos de nenhuma espécie: de cor, etnia, sexo, crença ou condição econômica, social ou moral.

A Editora

IDE | Conhecimento e educação espírita

No ano de 1963, Francisco Cândido Xavier ofereceu a um grupo de voluntários o entusiasmo e a tarefa de fundarem um periódico para divulgação do Espiritismo. Nascia, então, o Instituto de Difusão Espírita - IDE, cujos nome e sigla foram também sugeridos por ele.

Assim, com a ajuda de muitas pessoas e da espiritualidade, o Instituto de Difusão Espírita se tornou uma entidade de utilidade pública, assistencial e sem fins lucrativos, fiel à sua finalidade de divulgar a Doutrina Espírita, por meio de livros, estudos e auxílio (material e espiritual).

Tendo como foco principal as obras básicas de Allan Kardec, a preços populares, a IDE Editora possui cerca de 300 títulos, muitos psicografados por Chico Xavier, divulgando-os em todo o Brasil e em várias partes do mundo.

Além da editora, o Instituto de Difusão Espírita também se desenvolveu em outras frentes de trabalho, tanto voltadas à assistência e promoção social, como o acolhimento de pessoas em situação de rua (albergue), alimentação às famílias em momento de vulnerabilidade social, quanto aos trabalhos de evangelização infantil, mocidade espírita, artes, cursos doutrinários e assistência espiritual.

Ao adquirir um livro da IDE Editora, além de conhecer a Doutrina Espírita e aplicá-la em seu desenvolvimento espiritual, o leitor também estará colaborando com a divulgação do Evangelho do Cristo e com os trabalhos assistenciais do Instituto de Difusão Espírita.

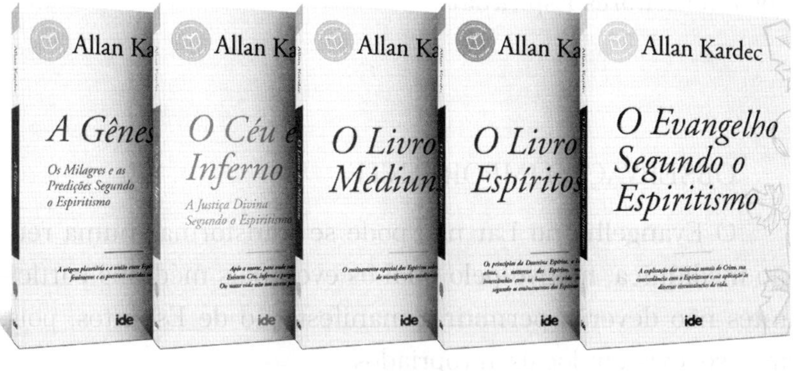

www.idelivraria.com.br

Roteiro para O Evangelho no Lar

1. Escolha um dia e horário fixo mais conveniente da semana, para não ser interrompido;

2. Coloque uma jarra com água para ser fluidificada e bebida ao final do Evangelho no Lar;

3. Inicie com uma prece simples e espontânea, rogando a proteção dos Benfeitores Espirituais;

4. Faça a leitura de um trecho de O Evangelho Segundo o Espiritismo, abrindo-o ao acaso, ou na ordem sequencial dos Capítulos;

5. Comente com os demais participantes sobre o assunto lido, por aproximadamente quinze minutos, evidenciando o ensino moral;

6. Em seguida faça uma rogativa a Deus, a Jesus, e aos Espíritos do Bem, em favor da harmonia do lar e dos familiares encarnados e desencarnados, extensiva também à paz entre os povos;

7. Faça uma prece de encerramento, agradecendo o amparo dos Benfeitores Espirituais;

OBSERVAÇÃO IMPORTANTE.

O Evangelho no Lar não pode se transformar numa reunião mediúnica, motivo pelo qual os eventuais médiuns participantes não deverão permitir a manifestação de Espíritos, pois, para isso, existem locais apropriados.

Prece de Cáritas

Deus, nosso Pai, Vós que sois todo poder e bondade, dai força àquele que passa pela provação. Dai a luz àquele que procura a verdade, ponde no coração do homem a compaixão e a caridade. Deus, dai ao viajor a estrela guia, ao aflito a consolação, ao doente o repouso. Pai, dai ao culpado o arrependimento, ao Espírito a verdade, à criança o guia, ao órfão o pai.

Senhor, que Vossa bondade se estenda sobre tudo o que criastes.

Piedade, Senhor, para aqueles que não Vos conhecem, esperança para aqueles que sofrem.

Que a Vossa bondade permita aos Espíritos consoladores derramarem por toda parte a paz, a esperança e a fé.

Deus, um raio, uma faísca do Vosso amor pode abrasar a Terra. Deixai-nos beber nas fontes dessa bondade fecunda e infinita e todas as lágrimas secarão, todas as dores se acalmarão.

Uma só voz, um só coração, um só pensamento subirá até Vós, como um grito de reconhecimento e amor.

Como Moisés sobre a montanha, nós lhe esperamos com os braços abertos.

Oh! Poder, Oh! Bondade, Oh! Beleza, Oh! Perfeição.

E queremos, de alguma forma, alcançar Vossa misericórdia.

Deus, dai-nos a força de ajudar o progresso afim de subirmos até Vós. Dai-nos a caridade pura.

Dai-nos a fé e a razão.

Dai-nos a simplicidade, que fará de nossas almas um espelho onde se refletirá a Vossa santa e misericordiosa imagem.

(*) Origem da Prece de Cáritas: A prece de Cáritas foi psicografada pela médium Madame W. Krell, na cidade de Bordeaux, na França, durante a noite de Natal do ano de 1873. Reunida a outras mensagens da médium, faz parte do livro "Rayonnements de la Vie Spirituelle", publicado na França em 1875.